Michael Thaut

Direktzusage und Pensionsfonds

GABLER EDITION WISSENSCHAFT

Schriften zum Steuer-, Rechnungs- und Prüfungswesen

SRP

Herausgeber:
Professor Dr. Lutz Haegert,
Humboldt-Universität zu Berlin,
Professor Dr. Theodor Siegel,
Humboldt-Universität zu Berlin,
Professor Dr. Ulrich Schreiber,
Universität Mannheim,
Professor Dr. Dr. h.c. Franz W. Wagner,
Universität Tübingen,
Professor Dr. Dietmar Wellisch,
Universität Hamburg

Die Schriftenreihe möchte ein Forum für wissenschaftliche Beiträge aus den Bereichen betriebswirtschaftliche Steuerlehre, Rechnungswesen und Wirtschaftsprüfung schaffen. Ihr Ziel ist es, methodisch fundierte wissenschaftliche Arbeiten, Dissertationen und Habilitationsschriften der betriebswirtschaftlichen Forschung aus diesen Gebieten zu veröffentlichen. Die Reihe wendet sich an Studenten und Wissenschaftler einschlägiger Fachrichtungen sowie an Steuerberater, Wirtschaftsprüfer und alle anderen an dieser Thematik interessierten Personen.

Michael Thaut

Direktzusage und Pensionsfonds

Ein Vorteilhaftigkeitsvergleich für leistungsabhängige und beitragsorientierte Systeme und die Umstellung der Direktzusage auf den Pensionsfonds

Mit einem Geleitwort von Prof. Dr. Dirk Kiesewetter

Deutscher Universitäts-Verlag

Bibliografische Information Der Deutschen Nationalbibliothek
Die Deutsche Nationalbibliothek verzeichnet diese Publikation in der
Deutschen Nationalbibliografie; detaillierte bibliografische Daten sind im Internet über
<http://dnb.d-nb.de> abrufbar.

Dissertation Universität Tübingen, 2006

1. Auflage März 2007

Lektorat: Brigitte Siegel / Nicole Schweitzer

Der Deutsche Universitäts-Verlag ist ein Unternehmen von Springer Science+Business Media.
www.duv.de

Umschlaggestaltung: Regine Zimmer, Dipl.-Designerin, Frankfurt/Main
Gedruckt auf säurefreiem und chlorfrei gebleichtem Papier
Printed in Germany

ISBN 978-3-8350-0694-2

Für Claudia

Geleitwort

Seit Beginn dieses Jahrzehnts hat der Gesetzgeber die Rahmenbedingungen der betrieblichen Altersversorgung grundlegend reformiert, um diese für Arbeitgeber und Arbeitnehmer attraktiver zu gestalten. Eckpfeiler dieser Reformen sind (1.) die Einführung des Pensionsfonds, der weniger restriktiven Anlagevorschriften unterliegt als die bisher bekannten unternehmensexternen Versorgungsträger, (2.) die Einführung sogenannter Beitragszusagen mit Mindestleistung, wodurch die Kostenrisiken des Arbeitgebers gegenüber den bisher ausschließlich möglichen Leistungszusagen, bei denen der Arbeitgeber Chancen und Risiken der Anlagerenditen trägt, reduziert werden, und schließlich (3.) der Übergang zur nachgelagerten Besteuerung rentenförmiger Leistungen bei gleichzeitiger Verschärfung der Besteuerung kapitalförmiger Leistungen. Seither ist in der Praxis zu beobachten, dass Neuzusagen zumeist als Beitragszusagen und nur noch selten als Leistungszusagen erteilt werden und dass hierfür häufig ein Pensionsfonds genutzt wird. Allerdings erlebt auch die Direktzusage eine Renaissance. Während es sich in früheren Jahrzehnten hierbei v.a. um nicht kapitalgedeckte Leistungszusagen handelte, werden diese nunmehr als sog. „beitragsorientierte Leistungszusagen" ausgestaltet, für die ein unternehmensinternes Deckungsvermögen als sog. „interner Pensionsfonds" angesammelt wird. Weiterhin ist zu beobachten, dass Altzusagen (Leistungszusagen als Direktzusagen) zunehmend aus den Unternehmen ausgelagert und auf Pensionsfonds übertragen werden. Die Auslagerung wird steuerlich durch eine Übergangsvorschrift erleichtert. Dieser Trend dürfte durch das Bemühen deutscher Unternehmen genährt werden, Pensionsverpflichtungen aus ihren Bilanzen zu entfernen.

Michael Thaut untersucht die skizzierten Entwicklungen unter dem Blickwinkel der Steuerplanung. Er vergleicht die steuerliche Vorteilhaftigkeit der in der aktuellen Beratungspraxis vorherrschenden Durchführungswege Direktzusage und Pensionsfonds sowohl für Leistungs- als auch für Beitragszusagen. Die Ergebnisse sind für Personen- und für Kapitalgesellschaften anwendbar und besitzen insbesondere auch für die traditionell bedeutsamen nicht kapitalgedeckten Direktzusagen Gültigkeit. Die vorliegende Arbeit knüpft an den aktuellen Stand der Diskussion in der betriebswirtschaftlichen Steuerlehre an und liefert wesentliche neue Einsichten bezüglich der Steuerwirkungen des neuen Instrumentariums der betrieblichen Altersversorgung. Dem mit der Materie befassten Wirtschaftswissenschaftler empfehle ich die Lektüre nachdrücklich.

Das Buch richtet sich auch an Leser, die auf dem Gebiet der betrieblichen Altersversorgung beratend oder gestaltend tätig sind. Denn das verwendete steuerplanerische Modell analysiert Versorgungszusagen aus einer Kontraktperspektive, d.h. unter Berücksichtigung der Vermögensposition des Arbeitgeberunternehmens und des Begünstigten. Dadurch vermeidet es die gängigen Fehler zahlreicher Praktikerveröffentlichungen auf diesem Themengebiet. Dank der ausführlichen und sorgfältigen Erläuterungen der Berechnungen ist das Buch dem einschlägig erfahrenen Berufspraktiker gut zugänglich.

Prof. Dr. Dirk Kiesewetter

Vorwort

Diese Arbeit wurde im Mai 2006 von der Wirtschaftswissenschaftlichen Fakultät der Universität Tübingen als Dissertation angenommen.

Herrn Professor Dr. Dr. h.c. Franz W. Wagner möchte ich für seine Bereitschaft danken, mich als Doktorand anzunehmen. Mein Interesse an der betriebswirtschaftlichen Steuerlehre hat er durch sein Engagement für dieses Fach früh geweckt. Seine unnachahmliche Art, betriebswirtschaftliche Problemstellungen exakt zu formulieren und sie systematisch zu lösen, hat mich geprägt. Für unsere wissenschaftlichen Diskussionen möchte ich ihm danken.

Herrn Professor Dr. Dirk Kiesewetter möchte ich für die Ermöglichung meiner Promotion ebenfalls danken. Er war zu Beginn meiner Promotion wissenschaftlicher Assistent von Herrn Professor Dr. Dr. h.c. Franz W. Wagner und betreute schon meine Diplomarbeit im Bereich der privaten Altersversorgung. Zur vorliegenden Arbeit haben seine Anregungen wesentlich beigetragen. Insbesondere möchte ich ihm dafür danken, dass er meine Promotion auch nach der Übernahme der Professur in Magdeburg unverändert weiterbetreute.

Für ein freundschaftliches Klima am Lehrstuhl möchte ich Herrn Dipl.-Kfm. Mark Bachmann und Dipl.-Kfm. Marcel Brassat danken.

Bei meiner Familie möchte ich mich für ihre vielfältige Unterstützung auf meinem bisherigen Lebensweg bedanken.

Ohne meine Frau Claudia wäre allerdings diese Arbeit nie entstanden. Sie hat mir Mut für die Promotion zugesprochen und mich anschließend in jeglicher Hinsicht unterstützt. Ihr ist diese Arbeit gewidmet.

Michael Thaut

Inhaltsverzeichnis

Tabellenverzeichnis

Abbildungsverzeichnis

Abkürzungsverzeichnis

a. A.	andere Ansicht
a. F.	alte Fassung
a. G.	auf Gegenseitigkeit
aba	Arbeitsgemeinschaft für betriebliche Altersversorgung
Abs.	Absatz
AG	Aktiengesellschaft
AltEinkG	Alterseinkünftegesetz
AltZertG	Alterszertifizierungsgesetz
Anm.	Anmerkung
AO	Abgabenordnung
AR	Altersrente
AR m KWR	Altersrente mit Kapitalwahlrecht
ArEV	Arbeitsentgeltverordnung
Art.	Artikel
AVmG	Altersvermögensgesetz
AZR	Aktenzeichen Revisionen
BaFin	Bundesanstalt für Finanzdienstleistungen
BAG	Bundesarbeitsgericht
bAV	betriebliche Altersversorgung
BBG	Beitragsbemessungsgrenze
BetrAVG	Betriebsrentengesetz / Gesetz zur Verbesserung der betrieblichen Altersversorgung
BFH	Bundesfinanzhof
BMF	Bundesministerium der Finanzen
bspw.	beispielsweise
BStBl	Bundessteuerblatt
bzw.	beziehungsweise
c. p.	ceteris paribus
ca.	circa
d. h.	das heißt
DAV	Deutsche Aktuarvereinigung
DAV 1994 R	Rententafel 1994 der Deutschen Aktuarvereinigung
DAV 2004 R	Rententafel 2004 der Deutschen Aktuarvereinigung
DAX	Deutscher Aktienindex
DIA	Deutsches Institut für Altersvorsorge
Dr.	Doktor
EGHGB	Einführungsgesetz zum Handelsgesetzbuch
EStG	Einkommensteuergesetz

EStR	Einkommensteuerrichtlinien
et al.	et alii, und andere
etc.	et cetera
EzA	Entscheidungssammlung zum Arbeitsrecht
f.	folgende
ff.	fortfolgende
Fn.	Fußnote
GAAP	Generally Accepted Accounting Principles
GDV	Gesamtverband der deutschen Versicherungswirtschaft
GewStG	Gewerbesteuergesetz
ggf.	gegebenenfalls
GRV	Gesetzliche Rentenversicherung
GuV	Gewinn- und Verlustrechnung
h.c.	honoris causa
h. M.	herrschende Meinung
HGB	Handelsgesetzbuch
html	Hypertext Markup Language
http	Hypertext Transfer Protocol
i. d. R.	in der Regel
i. S. d.	im Sinne des/der
i. S. v.	im Sinne von
i. V. m.	in Verbindung mit
IBS	Institut für Bevölkerungsforschung und Sozialpolitik
IDW	Institut der Wirtschaftsprüfer in Deutschland
IFRS	International Financial Reporting Standards
KA	Kapitalauszahlung
KA m VO	Kapitalauszahlung mit Verrentungsoption
KStG	Körperschaftsteuergesetz
KWR	Kapitalwahlrecht
LStDV	Lohnsteuer-Durchführungsverordnung
m. E.	meines Erachtens
Mio.	Millionen
n	nach
NBER	National Bureau of Economic Research
Nr.	Nummer
o	ohne
O.	Ordnung
p. a.	per annum
PFDeckRV	Pensionsfonds-Deckungsrückstellungsverordnung

PFKapAV	Pensionsfonds-Kapitalanlagenverordnung
PFKAustV	Pensionsfonds-Kapitalausstattungsverordnung
PSV	Pensions-Sicherungs-Verein a. G.
q. e. d.	quod erat demonstrandum
R	Richtlinie
RechPensV	Pensionsfonds-Rechnungslegungsverordnung
Rn.	Randnummer
RRG	Rentenreformgesetz
Rz.	Randziffer
S	Steuern
s.	siehe
S.	Seite
SGB	Sozialgesetzbuch
StSenkG	Steuersenkungsgesetz
u. a.	unter anderem
u. ä.	und ähnlichem
U.K.	United Kingdom
US (U.S.)	United States
usw.	und so weiter
v	vor
VAG	Versicherungsaufsichtsgesetz
VDR	Verband Deutscher Rentenversicherungsträger
VerBAV	Bundesaufsichtsamt für das Versicherungswesen
vgl.	vergleiche
www	world wide web
z. B.	zum Beispiel
z. T.	zum Teil

Symbolverzeichnis

Kapitel 5

As	Ausschüttung
AZ	Auszahlungsbarwert
b	Sozialabgabensatz
B	Beitrags- bzw. Ansparphase
bLZ	beitragsdotierte Leistungszusage
BR	Barwert der Rentenzahlungen
d	Steigerungsrate des Arbeitentgelts
DRS	Deckungsrückstellung
DST_t	rechnungsmäßiger Deckungsstock im Zeitpunkt t
$DST_{t,s}$	Deckungsstock nach Steuern im Zeitpunkt t
$DST_{m,s}^{JDK}$	Deckungsstock nach Steuern im Zeitpunkt m, der auf der Anlage des Umwandlungsbeitrags JDK basiert
eff	effektiv
er	kombinierter Ertragsteuersatz
est	Einkommensteuer
ft	fiktiv
gst	Gewerbesteuer
h	Zwischenzeit
H	Hebesatz
i	Rendite
JB	Jahresbetrag der Pensionsrückstellung
JDK	Umwandlungsbeitrag
JPF	Dotierungsbetrag des Pensionsfonds mit klassischer Leistungszusage
K	Kostenbarwert
kLZ	klassische Leistungszusage
KP	Kapitalgesellschaft
kst	Körperschaftsteuer
kt	kritisch
l	Lohnverzicht
L	Leistungs- bzw. Rentenphase
LZ	Leistungszusage
m	Zeitspanne vom Dienstantritt bis zum Ende der Ansparphase, Steuermesszahl
max	maximal
n	Dauer der Rentenphase

nE	nach Erhöhung
PF	Pensionsfonds
PRS	Pensionsrückstellung
q_s	Auf- bzw. Abzinsungsfaktor, der auf der Rendite i_s basiert
$q_{\beta,s}$	Auf- bzw. Abzinsungsfaktor, der auf der Rendite $i_{\beta,s}$ basiert
r	Rechnungszins des Teilwertverfahrens / Rechnungszins der Leistungszusage / rechnungsmäßige Verzinsung
R	Altersrente im Modell bei Sicherheit
$rbfn$	nachschüssiger Rentenbarwertfaktor
$refn$	nachschüssiger Rentenendwertfaktor
s	Steuersatz / nach Steuern
sf	steuerfrei
$SJDK$	Sparanteil des Umwandlungsbeitrags
t	Zeitpunkt
tfz	Transferzahlungen
Th	Thesaurierung
ts	Steuervorteil pro Renteneinheit
TS	Steuervorteil
TW	Teilwert
TWV	Teilwertverfahren
v	Rechnungszins des Pensionsfonds
vE	vor Erhöhung
w	Dynamisierungsrate der Rentenleistung
x	Alter des Arbeitnehmers bei Dienstantritt
z	Überschuss
$zdrs$	Zuführung zur Deckungsrückstellung
$zdst$	Zuführung zum rechnungsmäßigen Deckungsstock
$zprs$	Zuführung zur Pensionsrückstellung
β	Steuerpflichtigkeit der Erträge
€	Euro

Kapitel 6

eff	effektiv
g	garantiert
$gDST$	garantierter bzw. planmäßiger Deckungsstock

$gDST^{nE}_{m,s,(t)}$	garantierter bzw. planmäßiger Deckungsstock, der sich nach der Erhöhung der Garantieleistung im Beobachtungszeitpunkt t für das Ende der Ansparphase ergibt
gR	Garantierente der Beitragszusage bzw. der beitragsorientierten Leistungszusage mit Mindestleistung
N	Nenner des Quotients
nE	nach Erhöhung
r	planmäßige Verzinsung
$SJDK$	Sparanteil des Umwandlungsbeitrags
vE	vor Erhöhung
Z	Zähler des Quotients
Δ	Differenz
τ	Zeitpunkt vor oder nach dem Beobachtungszeitpunkt t
θ	Nummer des Rechenschritts

Kapitel 7

A	Altersrente
A^g	garantierte Altersrente
$aprs$	Auflösung der Pensionsrückstellung
Bt	Basistafel
$DAV2O$	DAV 2004 R 2. Ordnung
EA	(erwarteter) Barwert der Rentenzahlungen
EJB	(erwarteter) Barwert der Jahresbeträge zur Pensionsrückstellung
$EJDK$	(erwarteter) Barwert der Umwandlungsbeiträge
ep	(Schätzung der) ex-post Wahrscheinlichkeiten
G	Generationentafel
HB	Heubeck-Richttafeln
$IBS-G$	IBS-Generationentafel (mittlere Variante)
kl	kalkulatorisch
nA	nach Rentenauszahlung
P	Periodentafel
vA	vor Rentenauszahlung
wkt	wird in den Zeilenbezeichnungen von Tabellen anstatt von q_{x+t-1}/p_{x+t-1} verwendet
ϖ	Dauer der Rentenphase

Kapitel 8

D	Differenzbetrag
Dif	Differenz
e	relative Erhöhung der Leistung der Direktzusage
FB	Versorgungsgesamtfreibetrag
J	Jahr, in dem der Versorgungsberechtigte in den Ruhestand geht
M	(Umstellungs-)Modell
nW	Erhöhung nach Wechsel
P	Einmalprämie
s_L	Steuersatz des Versorgungsberechtigten in der Leistungsphase
stR	stille Reserven
T	Umstellungszeitpunkt
$U_{0,(T),s}$	Umstellungsbarwert
$U_{T,s}$	Umstellungswert
vBA	volle Betriebsausgabe
vl	vorläufig
vW	vor Wechsel
X	Alter des Versorgungsberechtigten im Jahr 2005
Z	Überschussbarwert
α	Anteil des Differenzbetrags, der aus Zahlungsüberschüssen finanziert wird
ΔDot	Höherdotierung gegenüber dem kostenneutralen Umwandlungsbeitrag
ε	Steuerpflichtigkeit der aufgedeckten stillen Reserven
κ	Zeitspanne vom Umstellungszeitpunkt bis zum Aufdeckungszeitpunkt der stillen Reserven

1 Einleitung

1.1 Problemstellung

1.1.1 Entwicklung der Alterssicherungssysteme in Deutschland

Die demographische Entwicklung der deutschen Bevölkerung führt zu einem Rückgang der Leistungen aus der umlagefinanzierten gesetzlichen Rentenversicherung. Besonders für die junge Generation ist die Weichenstellung hin zu einer kapitalgedeckten Altersvorsorge von entscheidender Bedeutung. Wissenschaftliche Untersuchungen zeigen, dass das gegenwärtige Nettorentenniveau eines 65-jährigen Durchschnittsrentners aus der gesetzlichen Rentenversicherung in Höhe von rund 70 % bis zum Jahre 2050 auf ungefähr 50 % absinkt.[1] Um die entstehende Versorgungslücke zu schließen, müssen zukünftig die kapitalgedeckten Sicherungssysteme der betrieblichen und privaten Altersversorgung einen größeren Beitrag zur Erhaltung der Lebensverhältnisse der deutschen Bevölkerung nach Ausscheiden aus der Erwerbstätigkeit leisten.

Die betriebliche Altersversorgung (bAV) ist im Gegensatz zu anderen Industrieländern in Deutschland seit langer Zeit etabliert und stellt die zweite Säule der Altersversorgung dar. Lange Zeit wurde sie als freiwillige Sozialleistung des Arbeitgebers angesehen.[2] Sie konnte über die traditionellen Durchführungswege Direktzusage, Unterstützungskasse, Direktversicherung und Pensionskasse durchgeführt werden. Als Leistungssystem wurde hauptsächlich die Leistungszusage gewählt und die betriebliche Absicherung des Arbeitnehmers oder dessen Hinterbliebenen wurde über die Zahlung einer Versorgungsrente gewährleistet.[3]

Seit Beginn der 80er Jahre stagnierte die Verbreitung der betrieblichen Altersversorgung, wobei die Zahlen z. T. sogar rückläufig waren.[4] Als Hauptursachen dieser Entwicklung wurde von den Unternehmen die Wirtschaftslage sowie der zunehmende Kostendruck im Rahmen der Globalisierung ins Felde geführt.[5] Diese Argumentation basierte auf dem Verständnis der betrieblichen Altersversorgung als ein von der Arbeitgeberseite erfolgendes Geschenk an den Arbeitnehmer. In den 90er Jahren wurde diese Sichtweise zugunsten eines Verständnisses aufgegeben, das die betriebliche Altersversorgung als ein den Barlohn substituierendes Institut ansieht. Danach wurden hauptsächlich die mangelnde Flexibilität und die extrem arbeitnehmerfreundliche Ausgestaltung der arbeits- und steuerrechtlichen Rahmenbedingungen für die rückläufige Entwicklung verantwortlich gemacht. Hierbei wurde insbesondere die Verpflichtung des Arbeitgebers zu einer inflationsbedingten Rentenanpassung nach § 16 BetrAVG angeführt.[6] Einen weiteren

[1] Zu den Annahmen und einer Differenzierung der Nettorentenniveaus nach Geburtsjahrgängen, Haushaltstypen und Einkommenshöhen vgl. *Schnabel* (2003).

[2] Die grundlegenden betriebswirtschaftlichen Untersuchungen von Pensionszusagen, wie *Sturm* (1980), *Haegert* (1987), *Franke / Hax* (1988), *Drukarczyk* (1990) und *Haegert / Schwab* (1990), gehen allesamt von einem Geschenkcharakter der betrieblichen Altersversorgung aus. Lediglich *Sturm* (1980) erweiterte sein Modell um die Idee der Lohnsubstitution.

[3] Vgl. z. B. *Fink* (1998), S. 45 und S. 50.

[4] Vgl. *Ruppert* (1994), Tabellen 1 und 2 (S. 8 f.).

[5] Vgl. z. B. *Ruppert* (1994), S. 10 ff.

[6] Vgl. z. B. *Blomeyer* (1997), S. 1921, und *Esser / Sieben* (1997), S. 9 f.

Anstoß erfuhr diese Entwicklung durch die zunehmende Sensibilisierung der Arbeitgeber für die mit der Übernahme von leistungsbezogenen Pensionszusagen verbundenen Kosten und Risiken.[7] Diese manifestierten sich insbesondere am Ende der 90er Jahre durch die Entwicklung an den Kapitalmärkten.

Um bestehende Versorgungsverhältnisse arbeitgeberfreundlicher zu gestalten und die betriebliche Altersversorgung in Deutschland wieder zu beleben, wurden daraufhin in der betriebswirtschaftlichen Literatur Änderungsvorschläge erarbeitet. Forderungen waren u. a. die Begrenzung der Risiken des Arbeitgebers,[8] eine Verbesserung der steuerrechtlichen Rahmenbedingungen und die Einführung von Pensionsfonds.[9]

1.1.2 Weichenstellung des Gesetzgebers zu einer kapitalgedeckten betrieblichen Altersversorgung

Der Gesetzgeber hat inzwischen auf diese Änderungsvorschläge reagiert. Sein Handeln war dabei durch den künftigen Wegfall von Leistungen aus der gesetzlichen Rentenversicherung motiviert. Um in der deutschen Bevölkerung verstärkt Anreize für eine betriebliche Altersversorgung zu schaffen und der wachsenden Skepsis von Unternehmen gegenüber der Durchführung betrieblicher Pensionszusagen zu begegnen, wurde vom Gesetzgeber zunächst das Rentenreformgesetz (RRG) geschaffen und mit Wirkung ab 1.1.1999 in Kraft gesetzt. Weitere Änderungsvorschläge wurden im Altersvermögensgesetz (AVmG) aufgenommen, das mit Wirkung ab 1.1.2002 in Kraft trat. Modifikationen wurden ebenfalls durch das Alterseinkünftegesetz (AltEinkG) vollzogen, das zum 1.1.2005 eingeführt wurde.[10]

Inhaltlich sollen u. a. folgende gesetzlichen Änderungen und Neuerungen die Verbreitung von insbesondere kapitalgedeckten betrieblichen Altersversorgungssystemen fördern:[11]

1. Die beitragsorientierte Leistungszusage wurde als Leistungsform der betrieblichen Altersversorgung im Gesetz zur Verbesserung der betrieblichen Altersversorgung (BetrAVG) explizit berücksichtigt.

2. Bei der Besteuerung der Leistungen aus der betrieblichen Altersversorgung wurde auf die nachgelagerte Besteuerung umgestellt.

3. Das Leistungssystem der Beitragszusage mit Mindestleistung wurde eingeführt.

4. Neu geschaffen wurde nach internationalem Vorbild der Durchführungsweg des Pensionsfonds.

---

[7] Vgl. auch *Lohneiß* (1997), S. 215.

[8] Darunter fallen z. B. die Forderung nach der Einführung des Leistungssystems einer Beitragszusage und die Entschärfung des § 16 BetrAVG.

[9] Vgl. u. a. *Blomeyer* (1997), S. 1922 ff., *Esser / Sieben* (1997), S. 10, *Hanau / Arteaga / Kessel* (1997), S. 1401 ff., *Spengel / Schmidt* (1997b), S. 83, und *Grabner* (1999), S. 903 f.

[10] Vgl. z. B. *Blumenstein / Krekeler* (1999), S. 52, und *Blumenstein* (2004), S. 236.

[11] Vgl. *Harder-Buschner* (2005a), S. 13218.

5. Gleichzeitig wurde dem Arbeitgeber die Möglichkeit eröffnet, bestehende Direktzusagen an Pensionsfonds steuerlich begünstigt auszulagern.

Von diesen neuen Möglichkeiten haben die Unternehmen inzwischen verstärkt Gebrauch gemacht. So sehen Pensionspläne von Direktzusagen in jüngster Zeit häufig sogenannte beitragsorientierte Leistungszusagen mit Mindestleistung vor.[12] Im Rahmen dieses Zusagesystems werden dem Arbeitnehmer die vom Arbeitgeber geleisteten Beiträge mitgeteilt, die unter Verwendung eines niedrig angesetzten Garantiezinses und biometrischer Rechnungsgrundlagen in Kapital- bzw. Rentenbausteine umgewandelt werden. Die garantierte Leistung des Arbeitgebers ergibt sich aus den rechnungsmäßig angesammelten Bausteinen. Da die zugrunde liegende Garantieverzinsung so niedrig gewählt ist, dass die Verpflichtung höchstwahrscheinlich mehr als gedeckt ist, können regelmäßig die erzielten Überschüsse zu einer Leistungserhöhung benutzt werden.[13]
Ebenfalls großer Beliebtheit erfreut sich der neu geschaffene Pensionsfonds, der für Unternehmen aufgrund seiner flexiblen Gestaltungsmöglichkeiten besonders attraktiv ist. Sowohl arbeitgeber- als auch arbeitnehmerfinanzierte Zusagen sind im Rahmen dieses Versorgungswegs durchführbar. Besonders vorteilhaft ist er in Verbindung mit einer Beitragszusage mit Mindestleistung aus zweierlei Gründen. Zum einen minimiert die Wahl dieses Leistungssystems das Risiko des Arbeitgebers, das er durch die Zusage eingeht. Zum anderen verfügt der Pensionsfonds gegenüber der Direktversicherung und der Pensionskasse, die ebenfalls zur Durchführung einer Beitragszusage mit Mindestleistung berechtigt sind, über einen spezifischen Vorteil durch recht weitgehende Freiheiten bezüglich der Anlage seiner Mittel. Daher liegt die Vermutung nahe, dass Pensionsfonds in Deutschland zumindest zum wichtigsten externen Durchführungsweg der betrieblichen Altersversorgung avancieren werden.[14] International nimmt der Pensionsfonds bereits die dominierende Stellung ein.[15]

1.1.3 Vorteilhaftigkeit von Direktzusage und Pensionsfonds

Ziel der Untersuchung ist ein Vorteilhaftigkeitsvergleich für arbeitgeberfinanzierte Neuzusagen zwischen der derzeit in Deutschland vorherrschenden Direktzusage,[16] die über einen (betriebs-)internen Pensionsfonds finanziert wird,[17] und dem neu eingeführten klassischen bzw. (betriebs-)externen Pensionsfonds. Die Vorteilhaftigkeit wird dabei insbesondere hinsichtlich des zugrunde gelegten Leistungssystems beleuchtet. Neben der Leistungszusage wird ebenso die Beitragszusage mit Mindestleistung auf Seiten des Pensionsfonds modelliert. Da über eine Direktzusage

[12] Vgl. z. B. *Knoll* (2003), S. 307.
[13] Vgl. *Grabner* (1999), S. 904.
[14] Vgl. *Schacht / Schareck* (2002), S. 222.
[15] Vgl. z. B. *Spengel / Schmidt* (1997a), S. 2097, und *Westerheide* (2002).
[16] Auf Direktzusagen entfallen gegenwärtig ungefähr 59 % der gesamten Deckungsmittel in der betrieblichen Altersversorgung. Die Pensionskasse als wichtigster externer Durchführungsweg bindet etwa 21 %. In Direktversicherungen sind Deckungsmittel in Höhe von ca. 12 % reserviert, rund 7 % entfallen auf Unterstützungskassen. Diese Zahlenverhältnisse sind in den letzten 15 Jahren sehr stabil. Vgl. die Werte aus *DIA* (2005).
[17] Die Wahl dieses Finanzierungsverfahrens der Direktzusage wird im Kapitel 2.3 begründet.

eine solche Zusage nicht zulässig ist, wird auf ihrer Seite das Pendant dazu entwickelt – die beitragsorientierte Leistungszusage mit Mindestleistung.
Unterschiede bestehen zwischen beiden Durchführungswegen vor allem bei der Rückstellungsbildung. So wird die Pensionsrückstellung der Direktzusage nach dem Teilwertverfahren gemäß § 6a EStG berechnet, das sich auf einem Rechnungszins von 6 % und i. d. R. auf den biometrischen Wahrscheinlichkeiten der Heubeck-Richttafeln stützt. Zudem dürfen Pensionsrückstellungen nur auf Grundlage des vom Arbeitgeber fest zugesagten Versorgungsanspruchs gebildet werden. Dies ist insbesondere bei der Modellierung einer beitragsorientierten Leistungszusage mit Mindestleistung zu beachten, die bei Erteilung der Zusage auf einer niedrigen Versorgungsleistung basiert.
Der Pensionsfonds dagegen verfügt über zwei Verfahren zur Rückstellungsbildung, dem prospektiven und dem retrospektiven Verfahren. Im Rahmen des prospektiven Verfahrens, das vom Grundsatz her dem Teilwertverfahren entspricht, ist ein Rechnungszins von maximal 2,75 % vorgeschrieben und als biometrische Rechnungsgrundlage wird die Rententafel 2004 der Deutschen Aktuarvereinigung (DAV 2004 R) verwendet. Das retrospektive Verfahren wendet der Pensionsfonds an, sofern Erträge im Deckungsstock akkumuliert werden, die dem Versorgungsberechtigten zustehen.
Da die Rückstellungsentwicklung maßgeblich den Pensionsanspruch durch den mit ihr verbundenen Steuervorteil finanziert, werden die unterschiedlichen Rechnungsgrundlagen eine spezifische Wirkung auf die Vorteilhaftigkeit der beiden Durchführungswege entfalten, die genauer zu untersuchen sind.
Die Ablösung des körperschaftsteuerlichen Anrechnungsverfahrens durch das Halbeinkünfteverfahren im Rahmen des Steuersenkungsgesetzes (StSenkG) ist ebenfalls in die Vorteilhaftigkeitsüberlegungen einzubeziehen. Sie führt zu einem Vorteil der Direktzusage gegenüber dem Pensionsfonds.[18]
Auf Basis dieses Vergleichs von Direktzusage und Pensionsfonds für Neuzusagen stellt sich für Unternehmen weiter die Frage, ob sie die mit der Einführung des Altersvermögensgesetzes geschaffene Möglichkeit nutzen sollten, um eine Umstellung bestehender Versorgungsverpflichtungen von einer Direktzusage auf einen Pensionsfonds vorzunehmen. Dabei sind die arbeits- und die steuerrechtlichen Konsequenzen einer möglichen Umstellung zu beachten. Die Modelle, die zunächst für Neuzusagen entwickelt werden, sind entsprechend zu erweitern.

1.1.4 Literaturüberblick

Modelltheoretische Untersuchungen zu den Vorteilhaftigkeitsverhältnissen zwischen einer Direktzusage, die über einen internen Pensionsfonds finanziert wird, und einem externen Pensionsfonds sind in der betriebswirtschaftlichen Literatur bis dato kaum ausgeleuchtet worden. *Brassat / Kiesewetter* (2003) vergleichen alle wesentlichen Durchführungswege für Leistungszusagen, wobei die Wirkung des Halbeinkünfteverfahrens auf die Vorteilhaftigkeit der Direkt-

[18] Vgl. *Brassat / Kiesewetter* (2003), S. 1070.

zusage nur kurz problematisiert wird.[19] *Wellisch* (2003) führt eine entsprechende Analyse aller wesentlichen Durchführungswege für beitragsorientierte Leistungszusagen mit Mindestleistung durch. Allerdings ging er bei der Direktzusage offensichtlich davon aus, dass eine Rückstellungsbildung in diesem Leistungssystem auch für den über den garantierten Teil der Zusage hinausgehenden Überschussanteil möglich ist.[20] Eine solche Rückstellungsbildung ist allerdings nicht zulässig, wie das BMF-Schreiben vom 17.12.2002 klarstellt.[21] *Kiesewetter* (2003) untersucht daraufhin, welche Rückstellungsbildung für wertpapiergebundene Direktzusagen im Halbeinkünfteverfahren begründet ist.

Allen bisher angeführten Veröffentlichungen gemeinsam ist die Annahme der Sicherheit bezüglich der Zahlungszeitpunkte der versprochenen Versorgungsleistung; eine Einbindung von biometrischen Wahrscheinlichkeiten im Rahmen eines versicherungsmathematischen Modells wird nicht berücksichtigt, obwohl die Leistungen einer Pensionszusage an den Eintritt eines biologischen Ereignisses gebunden sind.

Grabner / Bode / Stein (2001) und *Grabner / Bode / Stein* (2002) führen Berechnungen zu einer Entgeltumwandlung bei einer beitragsorientierten Leistungszusage mit Mindestleistung durch.[22] Diese stützen sich offenbar zwar auf ein versicherungsmathematisches Modell, jedoch basieren sie insgesamt auf einem Marginalkalkül. So wird beispielsweise die Rückstellungsbildung für diese Zusage nicht problematisiert. Insgesamt sind die Berechnungen aufgrund ihrer praxisnahen Ausrichtung nicht unmittelbar nachvollziehbar.

Die Umstellung bestehender Versorgungsverpflichtungen von einer Direktzusage auf einen Pensionsfonds wurde bis dato insbesondere durch *Kolvenbach / Sartoris* (2004) angesprochen, die sich allgemein mit der bilanziellen Auslagerung von Pensionsverpflichtungen beschäftigen. Das darin von *Unger / Bartels* (2004) aufgestellte Modell, das die Umstellung der Direktzusage auf einen Pensionsfonds untersucht, beschränkt sich auf die Herleitung des Preises, die der Arbeitgeber im Zeitpunkt der Umstellung bei unterschiedlichen Auslagerungsmodellen an den Pensionsfonds zu zahlen hat. Eine Vorteilhaftigkeitsanalyse zwischen der weiteren (betriebs-)internen Durchführung der Versorgungszusage und der Umstellung auf den Pensionsfonds unterbleibt. Weitere Veröffentlichungen sind z. B. *Rhiel* (2002) und *Meier / Batzel* (2004), die ihrer Analyse jedoch allenfalls ein Marginalkalkül zugrunde legen.

1.2 Verlauf der Untersuchung

Um einen Vorteilhaftigkeitsvergleich zwischen Direktzusage und Pensionsfonds durchführen zu können, bedarf es einiger allgemeiner Modellannahmen, die in Kapitel 2 vorgestellt werden. Der Entgeltcharakter der Zusage und die Berücksichtigung von Sozialabgaben im Modell werden er-

[19] Vgl. *Brassat / Kiesewetter* (2003), S. 1070 f.

[20] Zu dieser Schlussfolgerung gelangt man, weil *Wellisch* (2003), S. 11 f., die Teilwertbildung auf der Grundlage der Versorgungsleistung kalkuliert, in der die Überschüsse der Ansparphase bereits eingerechnet sind.

[21] Vgl. BStBl. I 2002 S. 1397 und die Ausführungen im Kapitel 3.1.2.2.1.

[22] Vgl. auch die Musterberechnungen in *Bode / Grabner* (2002), S. 219 ff., die aus den zitierten Veröffentlichungen übernommen wurden.

läutert. Zudem wird die Einrichtung eines internen Pensionsfonds im Rahmen der Direktzusage begründet.

Der Rechtsrahmen von Direktzusage und Pensionsfonds wird im Kapitel 3 behandelt. Dabei wird insbesondere auf das steuerliche Umfeld der beiden Durchführungswege sowohl auf Arbeitgeber- als auch auf Arbeitnehmerseite eingegangen. Ebenso werden die spezifischen sozialversicherungs- und insolvenzsicherungsrechtlichen Regelungen und die Anpassungsüberprüfungspflicht nach § 16 BetrAVG vorgestellt.

Auf Basis dieser Ausführungen werden im Kapitel 4 die Modellannahmen konkretisiert. Als Rechtsform des Arbeitgeberunternehmens wird anfänglich eine Personengesellschaft gewählt.

Daran schließt im Kapitel 5 der erste Teil der Untersuchungen an. Es wird ein Modell unter Sicherheit präsentiert. Als Versorgungszusage wird eine Leistungszusage unterstellt, wobei zunächst ausgewählte Annahmen gesetzt werden. Für den Pensionsfonds werden zwei Gestaltungsmöglichkeiten entwickelt, die sich am Beitrag des Arbeitgebers bzw. am Umfang der vom Pensionsfonds garantierten Leistungen orientieren. Bei der Direktzusage stehen insbesondere die Rückstellungsbildung nach § 6a EStG und das Halbeinkünfteverfahren im Mittelpunkt, die hinsichtlich ihrer Wirkung auf die Vorteilhaftigkeit der Direktzusage untersucht werden. Auf dieser Basis werden daraufhin Analysen der Vorteilhaftigkeit der beiden Durchführungswege vorgenommen. Zwei Faktoren sind hierbei von Bedeutung: 1. die Gestaltung des (externen)[23] Pensionsfonds und 2. der Aktienanteil des Deckungsstocks, den der interne Pensionsfonds der Direktzusage und der (externe) Pensionsfonds aufweisen. Anschließend werden die Annahmen dieses Modells modifiziert. Das zunächst für Personengesellschaften entwickelte Modell wird dann auf Kapitalgesellschaften übertragen. Da die Direktzusage von dieser Rechtsform des Arbeitgebers profitiert, stellt sie einen weiteren Faktor dar, der die Vorteilhaftigkeit der beiden Durchführungswege bestimmt. Die Prämissenkritik der Annahmen folgt darauf.

In Kapitel 6 wird eine Beitragszusage bzw. eine beitragsorientierte Leistungszusage mit Mindestleistung für den Pensionsfonds bzw. die Direktzusage modelliert. Die Direktzusage steht dabei aufgrund ihrer steuerlichen Rahmenbedingungen im Mittelpunkt. Es werden die Kosten bewertet, die dadurch induziert werden, dass das Teilwertverfahren nach § 6a EStG auf die Rückstellungsbildung der Mindestleistung anzuwenden ist. In einem weiteren Schritt werden drei Strategien entwickelt, nach denen der Arbeitgeber die Mindestleistung an erzielte Überschüsse anpasst. Schließlich wird die Vorteilhaftigkeit von Direktzusage und Pensionsfonds ermittelt. Sie hängt wie bei der Leistungszusage von den Faktoren Aktienanteil des Deckungsstocks und Rechtsform des Arbeitgebers ab.

Da die Pensionsleistung vom Eintritt eines den Versorgungsanspruch auslösenden biologischen Ereignisses abhängt, sind die Zahlungen des Arbeitgebers an ein ungewisses Ereignis der Zukunft gekoppelt. Daher wird im Kapitel 7 das zuvor für die Leistungszusage entwickelte Modell

[23] Der Begriff „Pensionsfonds“ wird als Kurzbezeichnung für den klassischen bzw. externen Pensionsfonds verwendet.

um die entsprechende Unsicherheitskomponente erweitert. Dies erfordert die Verwendung von biometrischen Rechnungsgrundlagen. Ihre Eignung wird in Abhängigkeit von der zugrunde liegenden Versorgungszusage beleuchtet. Die Vorteilhaftigkeit der beiden Durchführungswege wird anschließend ermittelt. Ein Vergleich mit dem Modell unter Sicherheit zeigt, dass zwar dieselben Faktoren die Vorteilhaftigkeit bestimmen, jedoch der Ausbau zu veränderten Ergebnissen zugunsten des Pensionsfonds führt.
In Kapitel 8 wird schließlich die Vorteilhaftigkeit der Umstellung einer Direktzusage auf einen Pensionsfonds untersucht. Ihre arbeits-, steuer- und sozialversicherungsrechtlichen Rahmenbedingungen werden vorgestellt. Drei ausgewählte Umstellungsmodelle werden beschrieben, wobei eine Leistungszusage unterstellt wird. Anschließend werden zwei davon modelliert. Zunächst wird die Umstellung einer Zusage in deren Zeitablauf auf ihre Vorteilhaftigkeit überprüft. Auf Basis dieses Ergebnisses wird die Umstellung eines derzeitigen (Bezugsjahr 2005) Versorgungsbestandes analysiert. Wie sich dabei herausstellt, spielt neben den genannten Faktoren nun auch der Zeitpunkt einer möglichen Umstellung sowie das derzeitige Alter des Versorgungsberechtigten eine gewichtige Rolle.

2 Allgemeine Modellannahmen

2.1 Entgeltcharakter

Bis Mitte der 90er Jahre war die Auffassung weit verbreitet, dass es sich bei Pensionszusagen um freiwillige Sozialleistungen der Arbeitgeber handelte, die zusätzlich zum ohnehin zu entrichtenden Arbeitslohn gewährt wurden.[24] Die grundlegenden deutschsprachigen betriebswirtschaftlichen Untersuchungen betrieblicher Versorgungszusagen von *Sturm* (1980), *Haegert* (1987), *Franke / Hax* (1988), *Schwab* (1988), *Drukarczyk* (1990) und *Haegert / Schwab* (1990) gehen daher von einem Geschenkcharakter der betrieblichen Altersversorgung aus.
Diese Auffassung, dass Arbeitgeber aus Altruismus Geschenke in Form von Pensionszusagen an Arbeitnehmer verteilen, ist der Vergangenheit zuzuschreiben und widerspricht dem heutigen ökonomischen Grundverständnis. Aufgrund der Ausrichtung betriebswirtschaftlicher Entscheidungen auf den Shareholder-Value des Unternehmens werden Entgelte bezahlt, die dem Marktpreis der Arbeit entsprechen. Pensionsansprüche werden daher als Bestandteile des Entgelts angesehen, das ein Arbeitnehmer für seine Leistung erhält. Pensionszusagen werden also in der modernen betriebswirtschaftlichen Literatur aus dem Verständnis heraus analysiert, dass sie Barlohn substituieren. Diese Ansicht wurde erstmals von *Esser* (1990), *Krahnen* (1990), *Sieben / Thelen* (1990), *Thelen* (1990) und *Steinmayer* (1991) vertreten.[25] Theoretisch stark vereinfachte Modelle wurden erstmals von *Krahnen / Meran* (1991) und *Schwinger* (1993) analysiert. Allerdings ist anzumerken, dass bereits *Sturm* (1980) seine Arbeit, die auf dem Geschenkmotiv des Arbeitgebers basiert, um die Idee der Personalkostenersparnis infolge betrieblicher Pensionszusagen erweitert.
Zweifel daran, dass arbeitgeberfinanzierte Zusagen ein Entgelt des Arbeitgebers darstellen, dürften nach der Einführung eines Rechtsanspruchs auf Entgeltumwandlung mit dem Altersvermögensgesetz zum 1.1.2002 endgültig ausgeräumt sein: Ob der Vertrag zwischen Arbeitgeber und Arbeitnehmer die Auszahlung des gesamten Entgelts als Barlohn vorsieht, und der Arbeitnehmer dann die Umwandlung eines bestimmten Teils verlangt (arbeitnehmerfinanzierte Zusage) oder ob der Arbeitgeber dem Arbeitnehmer dieses Paket von Barlohn und Pensionszusage von vornherein als Entgelt anbietet (arbeitgeberfinanzierte Zusage), ist für die Kosten auf Arbeitgeberseite und die Höhe des Entgelts auf Arbeitnehmerseite unerheblich. Da die arbeitnehmerfinanzierte Zusage naturgemäß Entgeltcharakter aufweist, muss die entsprechende arbeitgeberfinanzierte Zusage aufgrund dieser Überlegung ebenso als Entgelt des Arbeitgebers angesehen werden.

[24] Vgl. z. B. *Hieber* (1986), S. 168, und *Wagner* (1994), S. 171.
[25] Vgl. *Esser* (1990), S. 419, *Krahnen* (1990), S. 200, *Sieben / Thelen* (1990), S. 403, *Thelen* (1990), S. 5, und *Steinmayer* (1991), S. 54 f.

2.2 Sozialabgaben

Grundsätzlich sind die gesetzlichen Sozialabgaben in das Entscheidungskalkül einzubeziehen, weil sie „öffentlich-rechtliche Zwangsversicherungen"[26] sind und die Vorteilhaftigkeit der betrieblichen Altersversorgung maßgeblich beeinflussen.[27] Bei den Sozialversicherungen ist dabei grundsätzlich zwischen solchen zu unterscheiden, deren Leistungen von der Höhe der einbezahlten Beiträge abhängig sind und solchen, bei denen die Leistungen unabhängig davon sind. Während zu letzteren die Kranken- und die Pflegeversicherung gehören, bemessen sich die Leistungen der gesetzlichen Rentenversicherung und der Arbeitslosenversicherung an den einbezahlten Beiträgen.

Sozialversicherungsrechtliche Bemessungsgrundlage ist das Arbeitsentgelt des Arbeitnehmers. Dies ist für die gesetzliche Rentenversicherung in § 162 Nr. 1 SGB VI, für die Arbeitlosenversicherung in § 342 SGB III, für die Krankenversicherung in § 226 I Satz 1 Nr. 1 SGB V und für die Pflegeversicherung in § 57 I SGB XI i. V. m. § 226 I Nr. 1 SGB V geregelt.

Arbeitsentgelt sind gemäß § 14 I Satz 1 SGB IV alle laufenden oder einmaligen Einnahmen, die im Rahmen eines Beschäftigungsverhältnisses als Vergütung gewährt werden. Diese sehr weit gefasste Definition wird für die Direktzusage durch § 14 I Satz 2 SGB IV und für die Direktversicherung, die Pensionskasse und den Pensionsfonds durch die Arbeitsentgeltverordnung (ArEV) konkretisiert.

Im Umkehrschluss aus § 14 I Satz 2 SGB IV ergibt sich, dass das Arbeitsentgelt nicht die Beitragszahlungen umfasst, die im Rahmen von arbeitgeberfinanzierten Pensionszusagen im Wege einer Direktzusage vom Arbeitgeber gewährt werden.

Was die Beitragszahlungen vom Arbeitgeber an den Pensionsfonds bei einer arbeitgeberfinanzierten Altersversorgung anbetrifft, so regelt die Arbeitsentgeltverordnung, dass dem Arbeitsentgelt nicht zuzurechnen sind:

- die steuerfreien Zuwendungen an Pensionsfonds nach § 3 Nr. 63 Satz 1 des Einkommensteuergesetzes im Kalenderjahr bis zur Höhe von insgesamt 4 % der Beitragsbemessungsgrenze in der allgemeinen Rentenversicherung (vgl. § 2 II Nr. 5 ArEV) und
- die Leistungen eines Arbeitgebers an einen Pensionsfonds zur Übernahme bestehender Versorgungsverpflichtungen durch den Pensionsfonds, soweit diese nach § 3 Nr. 66 des Einkommensteuergesetzes steuerfrei sind (vgl. § 2 II Nr. 6 ArEV).

Insgesamt sind also Lohnzahlungen sozialabgabenpflichtig, während Beitragszahlungen im Rahmen von arbeitgeberfinanzierten Direktzusagen grundsätzlich sozialabgabenfrei sind. Beitragszahlungen an Pensionsfonds sind begrenzt sozialabgabenfrei.

Die Beiträge zu den Sozialversicherungen sind prozentual vom Arbeitsentgelt – bis zur Höhe der Beitragsbemessungsgrenze – zu entrichten. Während der Beschäftigungsphase sind die Beiträge

[26] *Kranz* (1998), S. 28.
[27] Vgl. u. a. *Drukarczyk / Schüler* (2000), S. 44, und *Drukarczyk / Ebinger / Schüler* (2002), S. 7.

jeweils zur Hälfte vom Arbeitgeber und Arbeitnehmer zu tragen (vgl. § 346 I Satz 1 SGB III, § 249 I SGB V, § 168 I Nr. 1 SGB VI, § 58 I SGB XI). In der Rentenphase muss ausschließlich der Arbeitnehmer Beiträge leisten. Allerdings entfallen die Beiträge zur gesetzlichen Renten- und Arbeitslosenversicherung.[28]
Abschließend enthält die Tabelle 1 die Beitragssätze und die Beitragsbemessungsgrenzen der alten Bundesländer für das Bezugsjahr 2005.[29]

Tabelle 1: Sozialversicherungsbeiträge und Beitragsbemessungsgrenzen der alten Bundesländer für das Jahr 2005

	Beiträge während der Beitragsphase		Beiträge während der Leistungsphase	
	Arbeitnehmer und Arbeitgeber (in %)	Beitrags-bemessungsgrenze (in €)	Arbeitnehmer (in %)	Beitrags-bemessungsgrenze (in €)
Rentenversicherung	19,5	62.400	entfällt	
Arbeitlosenversicherung	6,5	62.400	entfällt	
Krankenversicherung	14,0	42.300	14,0	42.300
Pflegeversicherung	1,7	42.300	1,7	42.300
Summe der Beiträge	41,7		15,7	

2.3 Finanzierung der Direktzusage über einen betriebsinternen Pensionsfonds

Ziel der Untersuchung ist es, die Durchführungswege der Direktzusage und des (externen) Pensionsfonds zu vergleichen. Sie könnten sich insbesondere im Hinblick auf die Finanzierung der Versorgungszusage voneinander unterscheiden. So sind Pensionsfonds aufsichtsrechtlich gezwungen, das Kapitaldeckungsverfahren zur Finanzierung der Zusage zu verwenden.[30] Dagegen bleibt der Arbeitgeber bei einer Direktzusage in der Wahl des Finanzierungsverfahrens völlig frei. Zwei Möglichkeiten stehen ihm hierbei grundsätzlich zur Verfügung, um die geschuldete Leistung erbringen zu können. Erstens kann der Arbeitgeber intern ein Sondervermögen – einen sogenannten (betriebs-)internen Pensionsfonds – anlegen, um die Versorgungsverpflichtungen gegenüber den Arbeitnehmern abzudecken (Kapitaldeckungsverfahren). Zweitens besteht für ihn die Möglichkeit, die Versorgungsverpflichtungen nicht vorzufinanzieren, sondern sie erst bei ihrer Fälligkeit in der Leistungsphase durch das operative Geschäft zu decken (Umlageverfahren).

Wenn man die betriebswirtschaftlichen Analysen der Literatur nach den Finanzierungsverfahren von Pensionszusagen untersucht und die darin angeführten Argumente gegeneinander abwägt,

[28] Für weitergehende Ausführungen siehe *Wellisch / Näth* (2002), S. 1397 f.
[29] Für die neuen Bundesländer gelten dieselben Werte mit Ausnahme der Beitragsbemessungsgrenze für die Renten- und Arbeitslosenversicherung. Diese beträgt 52.800 €. Eine entsprechende tabellarische Übersicht für das Jahr 1998 bzw. für das Jahr 2002 ist in *Ebinger / Knoll* (1999), S. 89, bzw. in *Drukarczyk / Ebinger / Schüler* (2002), S. 8, und *Wellisch / Näth* (2002), S. 1398, angeführt.
[30] Vgl. § 112 I Satz 1 Nr. 1 VAG.

so muss dies jeweils im Zusammenhang mit dem zeitlichen Umfeld der Veröffentlichung sowie der von den Autoren definierten Zielsetzung gesehen werden. So beschäftigen sich beispielsweise Autoren, deren Veröffentlichungen aus den 80er Jahren des letzten Jahrhunderts stammen, hauptsächlich mit der Frage, ob Unternehmen freiwillig eine betriebliche Altersversorgung anbieten sollten. Ihr Blickfeld beschränkt sich i. d. R. auf den Durchführungsweg der Direktzusage, die zudem nach dem Umlageverfahren finanziert wird.[31] Dieses begrenzte Entscheidungsfeld hat sich durch die Entwicklungen in der betrieblichen Altersversorgung der letzten Jahre deutlich verändert. So hat der Gesetzgeber dem Arbeitnehmer einen Anspruch auf Entgeltumwandlung eingeräumt. Sollte der Arbeitgeber also nicht schon auf freiwilliger Basis eine betriebliche Altersversorgung eingerichtet haben, so wird er durch diesen gesetzlichen Anspruch des Arbeitnehmers dazu gezwungen. Somit lautet die gegenwärtige Frage des Arbeitgebers nicht mehr ob, sondern vielmehr wie eine betriebliche Altersversorgung durchgeführt werden sollte. Neben der Wahl eines bestimmten Leistungssystems steht daher die Bestimmung des Durchführungswegs im Vordergrund. Als Vehikel hat der Gesetzgeber im Jahr 2002 neben den vier traditionellen Durchführungswegen zusätzlich den Pensionsfonds geschaffen. Wie bereits im Kapitel 1.1.2 ausgeführt, wird sich die Wahl eines bestimmten Durchführungswegs zukünftig hauptsächlich auf die Direktzusage und den Pensionsfonds beschränken. Um deren Vorteilhaftigkeit in Abhängigkeit von dem der Versorgungszusage zugrunde liegenden Leistungssystem beurteilen zu können, ist ein möglichst exakter Vergleich zwischen beiden vorzunehmen. Da der Pensionsfonds aufsichtsrechtlich an das Kapitaldeckungsverfahren gebunden ist, muss die Direktzusage daher durch einen internen Pensionsfonds finanziert werden, der exakt dem externen Pensionsfonds nachzubilden ist. Die Alternative, eine umlagefinanzierte Direktzusage mit einem Pensionsfonds zu vergleichen, verursacht dagegen Bewertungsprobleme. Beurteilt man ausschließlich die Finanzierungsverfahren, weisen beide unterschiedliche Vorteile auf. Das Umlageverfahren erlaubt dem Arbeitgeber, dass er die Liquidität, die auf der Pensionsrückstellungsbildung basiert, zu einer Ablösung von Fremd- oder Eigenkapital nutzt.[32] Isoliert betrachtet ergibt sich hieraus ein Vorteil für das zusagende Unternehmen, weil insbesondere die Verzinsung von Fremd- oder Eigenkapital i. d. R. höher ist als die im Rahmen der Zusage für die Festlegung der Altersrente unterstellte Verzinsung des Lohnverzichts von Arbeitnehmern.[33]

Das Kapitaldeckungsverfahren indessen ermöglicht dem Arbeitgeber, durch den Kauf von Wertpapieren am Kapitalmarkt, die der Deckung von Versorgungsverpflichtungen dienen, das gesamte Geschäftsrisiko des Unternehmens breiter zu streuen. Im internen Pensionsfonds kann das Unternehmen zudem die Diversifikation der Anlagen des Deckungsstocks hinsichtlich ihrer

[31] Vgl. u. a. *Franke / Hax* (1988), S. 515 ff., *Drukarczyk* (1990) sowie *Haegert / Schwab* (1990). *Haegert* (1987) und *Schwab* (1988) vergleichen die Vorteilhaftigkeit verschiedener Durchführungswege, sie beschränken sich allerdings im Rahmen der Direktzusage auch auf deren Finanzierung nach dem Umlageverfahren.

[32] Vgl. z. B. *Spengel / Schmidt* (1997a), S. 2103, und *Gerke / Pellens* (2003), S. 10. Die Möglichkeit, die Liquität für einen Ausbau des (Real-)Investitionsprogramms zu verwenden, wird in der Literatur nur am Rande betrachtet (vgl. hierzu z. B. *Drukarczyk / Ebinger / Schüler* (2002), S. 17 ff.).

[33] Im Fall einer Aufnahme von Fremdkapital erhöht sich zudem der Gewerbeertrag gemäß § 8 Nr. 1 GewStG um 50 % der Zinszahlungen; weitere Vorteile von Pensionsrückstellungen werden in *Gerke / Pellens* (2003), S. 57 f. und S. 96 f., angeführt.

Rendite und ihres Risikos optimieren. Ebenso kann der interne Pensionsfonds auf ein Asset-Liability-Modell ausgerichtet werden. Mit diesem können Kapitalanlagen und Pensionszahlungen hinsichtlich Fristigkeit und Höhe besser aufeinander abgestimmt werden, als dies bei der Leistung aus dem operativen Geschäft möglich ist.[34] Durch die Einrichtung eines internen Pensionsfonds wird zudem das Kerngeschäft des Unternehmens von der betrieblichen Altersversorgung weitgehend entkoppelt.[35] Diese Entkoppelung von Kerngeschäft und Pensionszusage ist insbesondere bei Anwendung der Rechnungslegung nach US-GAAP oder IFRS an der Bilanz zu erkennen, die für börsennotierte Unternehmen ab dem Jahr 2005 verpflichtend ist. Nach US-GAAP oder IFRS führt die Finanzierung von Direktzusagen mit Deckungsmitteln im Gegensatz zum deutschen Handels- und Steuerrecht zu einer Bilanzverkürzung, sodass Direktzusagen ohne Asset Funding ein unvorteilhaftes Bild auf Unternehmen werfen.[36] Dies wird auch in der von *Förster* (2003) durchgeführten Umfrage, an der mehr als 450 Unternehmen teilnahmen, als wesentliches Argument für eine Auslagerung der Pensionsverpflichtung angesehen.[37] Daher sind in jüngster Zeit vor allem Unternehmen mit internationaler Ausrichtung bestrebt, ihre Direktzusagen über einen internen Pensionsfonds abzuwickeln,[38] um eine Verkürzung ihrer Bilanz zu erreichen.[39] Dieser Trend ist derzeit ungebrochen.[40]

Umlage- und Kapitaldeckungsverfahren verfügen somit über spezifische Vorzüge. Da sie unterschiedliche Risiken für das zusagende Unternehmen implizieren, verbietet sich ein Vorteilhaftigkeitsvergleich beider Verfahren, der ausschließlich auf den entsprechenden Zahlungsströmen basiert.[41] Aufgrund der beschriebenen, jüngsten Entwicklungen werden nachfolgend umlagefinanzierte Versorgungsleistungen aus Direktzusagen[42] nicht weiter betrachtet.

---

[34] Vgl. *Jasper / Schwinger / Delvai* (2004), S. 3.

[35] Zu den Argumenten für ein Asset Funding vgl. u. a. *Blome / Zwiesler* (2003), S. 99 ff., *Hauner / Menßen* (2000), S. 238 ff., und *Nowak et al.* (2004), S. 73 ff.

[36] Vgl. z. B. *Stöhr* (1998), S. 2233, und *Ebinger* (2001), S. 201 f.

[37] Vgl. *Förster* (2003), S. 718.

[38] Beispiele sind Shell (vgl. *Stöhr* (1998)), Siemens und DaimlerChrysler (vgl. *Stöhr* (2000)).

[39] Ein weiteres Motiv für die Einrichtung eines betriebsinternen Pensionsfonds ist die Insolvenzsicherung der Pensionsansprüche (vgl. *Küppers / Louven / Schröder* (2005), S. 763).

[40] Vgl. *Schäfer / Wojtysiak* (2002), S. 349, *Schanz* (2002), S. 2655, und *Küppers / Louven / Schröder* (2005), S. 763.

[41] Zur Problematik der Bewertung von umlagefinanzierten Versorgungszusagen im Unternehmensrating vgl. u. a. *Gerke / Pellens* (2003), *Gohdes / Meier* (2003), *Seeger* (2003) und *Heubeck / Seeger* (2004).

[42] Diese wurden bislang in den betriebswirtschaftlichen Analysen regelmäßig unterstellt (vgl. *Drukarczyk* (1990), *Drukarczyk / Schüler* (2000), *Kruschwitz / Lodowicks* (2003) etc.).

3 Rechtsrahmen von Direktzusage und Pensionsfonds

3.1 Direktzusage

3.1.1 Begriff und Kennzeichen

Direktzusagen werden durch die Zusage eines Unternehmens begründet, Versorgungsleistungen zugunsten des Arbeitnehmers im Versorgungsfall unmittelbar aus Unternehmensvermögen zu erbringen. Sie sind im Gegensatz zu Pensionsfonds gesetzlich an keine Leistungsformen gebunden. Der Arbeitgeber kann daher frei entscheiden, ob er die Versorgungsleistung in Form einer lebenslang laufenden Rentenzahlung (Leibrente), einer zeitlich begrenzten Rente (Zeitrente) oder einer einmaligen Kapitalleistung vollbringt. Ebenfalls kann er das Verfahren zur Finanzierung der Versorgungsleistungen wählen. Neben dem für Pensionsfonds vorgeschriebenen Kapitaldeckungsverfahren kommen demnach auch das Umlageverfahren und andere Verfahren in Betracht.[43] Sollte der Arbeitgeber die Direktzusage – wie angenommen – durch einen (betriebs-)internen Pensionsfonds finanzieren, so unterliegen die Deckungsstockmittel keiner gesetzlichen Vorschrift, die eine bestimmte Vermögensanlage oder Mischung vorgibt. Bei der Auswahl eines bestimmten Leistungssystems bleibt dem Arbeitgeber die Durchführung einer Beitragszusage mit Mindestleistung i. S. d. § 1 II Nr. 2 BetrAVG grundsätzlich verwehrt.[44]

3.1.2 Handels- und steuerrechtliches Umfeld

3.1.2.1 Steuerliche Auswirkungen beim Arbeitnehmer

Die Beitragszahlungen an den internen Pensionsfonds durch den Arbeitgeber stellen kein steuerbares Einkommen beim Arbeitnehmer dar, weil dieser keinen rechtlichen Anspruch gegenüber dem Arbeitgeber erwirbt und daher die Zahlungen nicht zu einem Zufluss von Einkommen führen.[45] Die Versorgungsleistungen des internen Pensionsfonds sind nachträgliche Einkünfte aus nichtselbständiger Arbeit nach § 19 I Satz 1 Nr. 2 EStG und unterliegen daher wie Arbeitseinkommen der Einkommensteuer. Die Direktzusage wird folglich unabhängig von der Höhe der Beiträge nachgelagert besteuert.

Zudem bestand im Veranlagungszeitraum 2004 ein Versorgungsfreibetrag in Höhe von 40 % der Versorgungsbezüge, maximal 3.072 €. Zusätzlich konnte nach § 9a Satz 1 Nr. 1 EStG a. F. ein Arbeitnehmer-Pauschbetrag von 920 € für diese Einnahmen steuerlich geltend gemacht werden. Durch die Einführung des Alterseinkünftegesetzes sieht nun das Einkommensteuergesetz des Veranlagungszeitraums 2005 vor, in einer Übergangsphase von 2005 bis 2040 diese Freibeträge abzuschmelzen. Für den Veranlagungszeitraum 2005 beträgt nun der Versorgungsfreibetrag

[43] Für eine Übersicht der Finanzierungsverfahren siehe *Gohdes* (1997).

[44] Vgl. z. B. *Ahrend / Förster /Rühmann* (2002), § 1, Rn. 22, *Kemper / Kisters-Kölkes* (2004), Rn. 123, *Clemens* (2005), S. 56 f., und *Harder-Buschner* (2005a), S. 13220. A. A. *Höfer* (2003), Rn. 179, bzw. *Höfer* (2005), Rn. 2538.

[45] Vgl. *Wellisch / Näth* (2002), S. 1395 f.

40 % der Versorgungsbezüge, maximal 3.000 €, zuzüglich eines Zuschlags darauf in Höhe von 900 €, der die Kürzung des Pauschbetrags auf 102 € kompensieren soll.[46] Der Versorgungsfreibetrag und der Zuschlag darauf wird in den Folgejahren kontinuierlich um 4 %-Punkte gesenkt, sodass im Jahr 2040 keine Freibeträge für die Versorgungsbezüge mehr bestehen.
Sollte als Versorgungsleistung eine Kapitalauszahlung im Leistungsplan vorgesehen sein, so ergibt sich ihre Steuerbelastung im Zeitpunkt ihrer Leistung aus § 34 I Satz 2, Satz 3 EStG, weil sie nach h. M. als eine Vergütung für eine mehrjährige Tätigkeit i. S. v. § 34 II Nr. 4 EStG gilt.[47]

3.1.2.2 Steuerliche Auswirkungen beim Arbeitgeber

Für die Finanzierung der Direktzusage legt der Arbeitgeber einen internen Pensionsfonds an. Dessen Deckungsstockmittel werden im Versorgungsfall dazu verwendet, die Ansprüche des Arbeitnehmers zu bedienen. Die Erträge des Deckungsstocks sind nach Maßgabe des Einkommen- bzw. Körperschaftsteuer- und des Gewerbesteuergesetzes zu versteuern. Für die Bemessung der Körperschaftsteuer und der Gewerbesteuer ist das zu versteuernde Einkommen des Einkommensteuergesetzes heranzuziehen, sofern keine körperschaft- oder gewerbesteuerlichen Sondervorschriften vorliegen.[48] Da Personen- und Kapitalgesellschaften den Gewinn durch Bestandsvergleich nach § 5 i. V. m. § 4 I Satz 1 EStG ermitteln, gilt der Grundsatz der Maßgeblichkeit der Handelsbilanz für die Steuerbilanz gemäß § 5 I Satz 1 EStG.

3.1.2.2.1 Pensionsrückstellungen

Die Verpflichtung des Arbeitgebers, selbst die zugesagten Leistungen ohne die Einschaltung Dritter zu übernehmen, stellt eine Verbindlichkeit dar, deren Höhe und Fälligkeitszeitpunkte gegenüber dem versorgungsberechtigten Arbeitnehmer am Bilanzstichtag unbekannt sind. Nach § 249 I Satz 1 HGB besteht daher die Pflicht, eine Rückstellung für ungewisse Verbindlichkeiten in der Bilanz anzusetzen. Lediglich für Altzusagen, die vor dem 1.1.1987 erteilt wurden, besteht gemäß Art. 28 I Satz 1 EGHGB ein Passivierungswahlrecht. Sollte aufgrund dessen die Rückstellung in der Bilanz nicht passiviert werden, so ist diese nach Art. 28 II EGHGB im Anhang anzugeben. Im Rahmen der Untersuchung werden Altzusagen nicht berücksichtigt.
Pensionsrückstellungen sind nach § 252 I Nr. 3 HGB einzeln zu bewerten und in Höhe des Betrags anzusetzen, der gemäß § 253 I Satz 2 HGB nach vernünftiger kaufmännischer Beurteilung notwendig ist. Spezielle Bewertungsverfahren werden im Rahmen des HGB nicht vorgeschrieben. Allerdings kommen für die Handelsbilanz insbesondere das Gegenwartsverfahren und das Teilwertverfahren nach § 6a EStG als Bewertungsverfahren in Frage.[49]

Aufgrund des Maßgeblichkeitsprinzips ist grundsätzlich in der Steuerbilanz der Ansatz und die Bewertung des Betriebsvermögens der Handelsbilanz zu übernehmen. Allerdings wird die

[46] Vgl. *Sachverständigenkommission* (2003), S. 68, und *Harder-Buschner* (2005b), S. 13274.
[47] Vgl. auch *Seeger* in: *Schmidt* (2005), § 34, Rz. 40 f., und *Ahrend / Förster / Rößler* (2005), Teil 2, Rz. 1472.
[48] Vgl. § 7 I, II i. V. m. § 8 I KStG, § 7 GewStG.
[49] Das modifizierte Teilwertverfahren, das Anwartschaftsbarwertverfahren und das Verfahren des quotierten Anwartschaftsbarwerts kommen ebenfalls in Betracht (vgl. z. B. *Winnefeld* (2002), Rn. 1637 ff.).

Bilanzierung und Bewertung von Pensionsrückstellungen in § 6a EStG für die Steuerbilanz gesondert geregelt. Sollte darin die Pensionsverpflichtung dem Grunde oder der Höhe nach anders reglementiert sein, so tritt nach § 5 VI EStG der generelle Verweis auf den Handelsbilanzansatz gegenüber dieser speziellen einkommensteuerlichen Vorschrift zurück.[50] Pensionsrückstellungen dürfen demzufolge in der Steuerbilanz nur gebildet werden, sofern neben den handelsrechtlichen auch folgende Voraussetzungen des § 6a EStG erfüllt sind:

1. Dem Versorgungsberechtigten muss ein Rechtsanspruch auf die Pensionsleistungen eingeräumt sein (§ 6a I Nr. 1 EStG). Ob eine rechtsverbindliche Pensionsverpflichtung vorliegt, ist nach arbeitsrechtlichen Grundsätzen zu beurteilen. Sie liegt jedenfalls dann vor, wenn sie auf Einzelvertrag, Gesamtzusage, Betriebsvereinbarung, Tarifvertrag oder Besoldungsverordnung beruht (vgl. R 41 II EStR Satz 1 und Satz 3).

2. Die Pensionszusage darf keine Leistungen in Abhängigkeit von künftigen gewinnabhängigen Bezügen vorsehen (§ 6a I Nr. 2 EStG).

3. Die Pensionszusage darf keinen steuerschädlichen Widerrufsvorbehalt enthalten (§ 6a I Nr. 2 EStG). Ein solcher liegt vor, wenn der Arbeitgeber sie nach freiem Belieben, d. h. nach seinen eigenen Interessen ohne Berücksichtigung der Interessen des Pensionsberechtigten widerrufen kann (R 41 III Satz 1 EStR).

4. Die Pensionszusage muss schriftlich erteilt worden sein und muss Angaben zu Art, Form, Voraussetzungen und Höhe der in Aussicht gestellten künftigen Leistungen enthalten (§ 6a I Nr. 3 EStG).

Die Höhe der Pensionsrückstellung bemisst sich nach dem Teilwertverfahren gemäß § 6a III EStG.
Der Teilwert ergibt sich vor Eintritt des Versorgungsfalls und vor Beendigung des Dienstverhältnisses als der Barwert der künftigen Pensionsleistungen abzüglich des Barwerts gleichbleibender Jahresbeträge (vgl. § 6a III Satz 2 Nr. 1 1. Halbsatz EStG).[51] Der maßgebliche Verteilungszeitraum für die gleichbleibenden Jahresbeträge erstreckt sich vom Jahr des Dienstantritts, frühestens jedoch vom 28. Lebensjahr an, bis zum vertraglichen Pensionsalter (vgl. § 6a III Satz 2 Nr. 1 Satz 3 EStG). Nach Eintritt des Versorgungsfalls ergibt sich der Teilwert der Pensionszusage als Barwert der künftigen Pensionsleistungen (vgl. § 6a III Satz 2 Nr. 2 1. Halbsatz EStG).
Bei der Berechnung des Teilwerts ist ein Zinssatz in Höhe von 6 % anzuwenden und die Berechnung muss nach den anerkannten Regeln der Versicherungsmathematik erfolgen (vgl. § 6a

[50] Für Altzusagen gilt daher ein Passivierungswahlrecht, Neuzusagen sind dagegen passivierungspflichtig (vgl. R 41 I Satz 3 EStR).

[51] Grundsätzlich ist bei der Bewertung der Pensionsverpflichtung zu beachten, dass ausschließlich die Versorgungsleistungen zu berücksichtigen sind. Zukünftige Kosten, selbst wenn sie mit Sicherheit anfallen und damit antizipierbar sind, dürfen nicht in die Bemessung der Pensionsverpflichtung einfließen (vgl. z. B. *Ahrend / Förster / Rößler* (2005), Teil 8, Rz. 147 und Rz. 150).

III Satz 3 EStG). Zu den wesentlichen Kriterien dieser Regeln gehören Statistiken über die Sterbe- und Invaliditätswahrscheinlichkeiten der versorgungsberechtigten Mitarbeiter, die in Deutschland mit ausdrücklicher Anerkennung der Finanzverwaltung in Form der jeweiligen Heubeck-Richttafeln verwendet werden.[52] Zwar kommen grundsätzlich für die Teilwertbestimmung auch andere Tafeln in Frage, allerdings wird in der Praxis von ihnen kaum Gebrauch gemacht.[53]

Zur steuerlich zulässigen Pensionsrückstellungsbildung bei einer wertpapiergebundenen Zusage bzw. einer beitragsorientierten Leistungszusage mit Mindestleistung nahm das Bundesfinanzministerium mit Schreiben vom 17.12.2002 Stellung.[54] Demzufolge muss die Pensionsrückstellung in der Steuerbilanz – wie für Leistungszusagen – zwingend nach dem steuerlichen Teilwertverfahren ermittelt werden. Die Bildung von Rückstellungen ist hierbei nur für die garantierte Mindestleistung zulässig, soweit sich der Anspruch auf einen festen Euro-Betrag bezieht. Dagegen sind wertpapierabhängige Bestandteile der Zusage bereits dem Grunde nach nicht in der Pensionsrückstellung zu berücksichtigen, weil ein diesbezüglicher Rechtsanspruch nicht besteht.[55] Ferner ist weder die zusammengefasste Bewertung von Rückstellung und Deckungsstock in Form einer Bewertungseinheit noch die Saldierung der beiden Bilanzpositionen zulässig.

3.1.2.2.2 Deckungsstock

Als mögliche Arten von Vermögensgegenständen, die im Deckungsstock des internen Pensionsfonds für die Leistungen der Pensionszusage reserviert sind, kommen insbesondere Wertpapieranlagen aber auch Rückdeckungsversicherungen in Frage. Im Rahmen einer Direktzusage werden diese grundsätzlich im Anlagevermögen ausgewiesen.[56] Die Besteuerung von Deckungsstockmitteln unterscheidet sich folglich nicht von der Besteuerung von Finanzanlagen, die im Anlagevermögen des Unternehmens gehalten werden.

Wertpapieranlagen

Aktien, Zinstitel und Fonds sind mögliche Wertpapieranlagen des Deckungsstocks.

Wertobergrenze der Vermögensgegenstände sind gemäß § 253 I Satz 1 HGB die Anschaffungskosten der Wertpapiere. Diese umfassen den Kaufpreis und die Anschaffungsnebenkosten wie Bankspesen, Provisionen usw. Nach § 253 II Satz 3 HGB ist bei einer voraussichtlich dauernden Wertminderung auf den niedrigeren beizulegenden Wert abzuschreiben, der sich aus dem Börsen- bzw. Marktpreis der Wertpapiere ergibt.[57] Dagegen kann bei einer vorübergehenden Wertminderung auf den beizulegenden Wert abgeschrieben werden. Dies gilt sowohl für

[52] Vgl. *Langohr-Plato* (2002), Rn. 68.
[53] Vgl. *Ahrend / Förster / Rößler* (2005), Teil 2, Rz. 577.
[54] Vgl. BStBl. I 2002 S. 1397.
[55] *Wellisch / Schwinger / Mühlberger* (2003) und *Knoll* (2003) kritisieren diese Rechtssprechung. Sie vertreten die Ansicht, dass Zusagen nach dem Wert der entsprechenden Wertpapiere am Bilanzstichtag zu bewerten sind und insbesondere nicht abzuzinsen sind. *Budinger* (2002), S. 133, ist ebenfalls dieser Ansicht.
[56] Vgl. z. B. *Päsler* (2000), S. 76, und *Wellisch / Schwinger* (2004), S. 250.
[57] Vgl. z. B. *Schildbach* (1997), S. 243.

Personen- als auch für Kapitalgesellschaften gemäß §§ 253 II Satz 3 HGB, 253 II Satz 3 i. V. m. § 279 I Satz 2 HGB.
Sollte sich im Laufe der Zeit eine Wertaufholung der Wertpapiere einstellen, so können Personengesellschaften gemäß § 253 V HGB den niedrigeren Wert beibehalten. Kapitalgesellschaften müssen dagegen nach § 280 I HGB diesen Betrag zuschreiben, soweit die Anschaffungskosten nicht überschritten werden.
Erträge aus Deckungsmitteln sind wegen des Realisationsprinzips nach § 252 I Nr. 4 2. Halbsatz HGB erst dann auszuweisen, wenn sie realisiert sind.

In der Steuerbilanz sind die Werte der Handelsbilanz wegen des Maßgeblichkeitsgrundsatzes zu übernehmen.
Allerdings sieht das Einkommensteuergesetz Sonderregelungen für die Bewertung von Wertpapieranlagen vor. Sie dürfen zum einen nicht auf den niedrigeren Teilwert, d. h. im Fall von Wertpapieren auf den niedrigeren Markt- oder Börsenpreis, abgeschrieben werden, sofern sich bei ihnen nur eine vorübergehende Wertminderung eingestellt hat; dies ergibt sich im Umkehrschluss aus der Vorschrift des § 6 I Nr. 2 Satz 2 EStG. Zum anderen besteht bei der Ermittlung der Steuerbilanz auch für Personengesellschaften ein Wertaufholungsgebot nach § 6 I Nr. 2 Satz 3 i. V. m. Nr. 1 Satz 4 EStG, sofern in den Jahren zuvor steuerwirksam auf den niedrigeren Börsen- bzw. Marktpreis abgeschrieben wurde.[58] Insgesamt ist daher die Abschreibung und Zuschreibung für Personen- und Kapitalgesellschaften in der Steuerbilanz einheitlich geregelt. Abschreibungen sind bei voraussichtlich dauernder Wertminderung der Anlage vorzunehmen und müssen, sofern sich eine spätere Wertaufholung einstellt, wieder zugeschrieben werden.
Das Ergebnis der Steuerbilanz ist Grundlage für die Bemessung der Körperschaft- und Gewerbesteuer (§ 7 I i. V. m. § 8 I KStG und § 6 i. V. m. § 7 GewStG).

Hinsichtlich der Steuerbarkeit von Erträgen ist seit der Einführung des sogenannten Halbeinkünfteverfahrens mit dem Steuersenkungsgesetz zum 1.1.2001 zwischen der Körperschaft- und der Gewerbesteuer, den Rechtsformen des Unternehmens und den verschiedenen Wertpapieranlagen zu differenzieren.
Für Kapitalgesellschaften sieht § 8b I, II, III, V KStG eine sachliche Steuerbefreiung von Dividenden und Gewinnen aus der Veräußerung von Aktien in Höhe von 95 % vor, weshalb das Steuerbilanzergebnis für Zwecke der Körperschaftsteuer um diese Erträge zu bereinigen ist.[59]
Bei personenbezogenen Unternehmen sind Dividenden gemäß § 3 Nr. 40 Buchstabe d i. V. m. § 20 I Nr. 1 EStG und Gewinne aus der Veräußerung von Anteilen an Kapitalgesellschaften nach § 3 Nr. 40 Buchstabe j EStG nur zur Hälfte steuerbefreit.
Im Rahmen der Gewerbesteuer ist zwischen Dividenden und Veräußerungsgewinnen zu unterscheiden. Für die Ermittlung des Gewerbeertrags sind Dividenden, sofern diese aus Beteiligungen an einer nicht steuerbefreiten inländischen Kapitalgesellschaft von höchstens 10 % stam-

[58]Vgl. auch *Horschitz / Gross / Weidner* (2000), S. 450 f. und S. 732 f.
[59]Vgl. *Scheffler* (2005), S. 168.

men, nach § 8 Nr. 5 GewStG zu jenem Gewinn hinzuzurechnen, der nach den Vorschriften des Einkommensteuer- oder des Körperschaftsteuergesetzes zu ermitteln ist. Somit unterliegen diese sogenannten Streubesitzdividenden sowohl für Personen- als auch für Kapitalgesellschaften der Gewerbesteuer.[60] Dagegen sind Veräußerungsgewinne im Sinne des § 8b II KStG für Kapitalgesellschaften im Rahmen der Gewerbesteuer zu 95 % steuerfrei, für Personengesellschaften werden sie hälftig erfasst.
Für Zinsen aus festverzinslichen Wertpapieren bestehen keine steuerlichen Regelungen, sodass diese vollumfänglich und unabhängig von der Rechtsform des Unternehmens besteuert werden.

Rückdeckungsversicherung
Bei einer Rückdeckungsversicherung schließt der Arbeitgeber eine Lebens- oder Rentenversicherung auf das Leben des Arbeitnehmers ab. Sollte der Leistungsfall eintreten, werden die Leistungen des Versicherungsvertrags an den Arbeitgeber ausbezahlt.
Da der Arbeitgeber die begünstigte Person des Vertrags ist, besteht ein Anspruch gegenüber der Versicherung, der unter der Bilanzposition „Sonstige Vermögensgegenstände" als Forderung zu aktivieren ist. Prämienzahlungen an die Versicherung sind „sonstiger betrieblicher Aufwand".[61]
Die bilanzielle Erfassung der Rückdeckungsversicherung in der Steuerbilanz ist in der Richtlinie R 41 XXIV EStR geregelt. Danach ist der Rückdeckungsanspruch grundsätzlich mit dem geschäftsrechnungsmäßigen Deckungskapital zuzüglich eines vorhandenen Guthabens aus Beitragsrückerstattungen (Überschussbeteiligung) zu aktivieren.[62] Dieser Wertansatz gilt auch für die Handelsbilanz.[63]

3.1.3 Rentenanpassung nach § 16 BetrAVG

Direktzusagen unterliegen wie die Unterstützungskasse, die Direktversicherung und die Pensionskasse seit Einführung des Betriebsrentengesetzes bzw. des Gesetzes zur Verbesserung der betrieblichen Altersversorgung zum 1.1.1974 der Anpassungsüberprüfungspflicht des § 16 BetrAVG. Wenn ein Versorgungsfall eingetreten ist, so ist gemäß § 16 I BetrAVG vom Arbeitgeber alle drei Jahre zu überprüfen, ob eine Anpassung der Leistung vorzunehmen ist. Über die Anpassungshöhe kann der Arbeitgeber nach billigem Ermessen entscheiden; dabei sind insbesondere die Belange des Versorgungsempfängers und die wirtschaftliche Lage des Arbeitgebers zu berücksichtigen.[64]
Diese ursprünglich im BetrAVG vom 1.1.1974 einzige und sehr abstrakt gehaltene Anpassungsüberprüfungspflicht wurde durch die Rechtsprechung im Laufe der Zeit ausgelegt und inhaltlich konkretisiert.[65] Daraus haben sich die derzeit geltenden Grundsätze des § 16 BetrAVG entwickelt.

[60] Wesentliche Beteiligungen werden als Deckungsstockmittel ausgeschlossen.
[61] Vgl. *Berger et al.* (2003), § 275, Rn. 135.
[62] Vgl. BFH-Urteil vom 25.2.2004 (BStBl. 2004 II S. 654).
[63] Vgl. *Winnefeld* (2002), Rn. 1269.
[64] Vgl. *Höfer* (2005), Rn. 5103.
[65] Eine Auflistung entsprechender Urteile ist in *Langohr-Plato* (2002), Rn. 577, angeführt.

In der Novellierung des BetrAVG, die zum 1.1.1999 in Kraft trat, wurde der Absatz 2 eingefügt; danach gilt die Verpflichtung zur Anpassung dann als erfüllt, wenn die Teuerung im Prüfungszeitraum, entweder gemessen am Preisindex für die Lebenshaltung von 4-Personen-Haushalten von Arbeitern und Angestellten mit mittlerem Einkommen oder an den Nettolöhnen vergleichbarer Arbeitnehmergruppen des Unternehmens, durch die Anpassung ausgeglichen wird. Zusätzlich wurde für den Arbeitgeber die Möglichkeit geschaffen, der Anpassungsüberprüfungspflicht zu genügen, indem er sich verpflichtet, laufende Rentenleistungen um mindestens 1 % p. a. anzuheben (vgl. § 16 III Nr. 1 BetrAVG).[66]
Überprüfungspflichtig sind grundsätzlich nach § 16 I Satz 1 BetrAVG ausschließlich laufende, d. h. regelmäßig wiederkehrende Versorgungsverpflichtungen, die entweder lebenslang oder zumindest für eine längere Laufzeit gewährt werden.[67] Neben Altersrenten unterliegen daher auch Hinterbliebenen- und Invalidenrenten, nicht dagegen Kapitalleistungen der Anpassungsüberprüfungspflicht. Monatliche Raten, die im Rahmen eines Auszahlungsplans im Sinne des § 82 II EStG geleistet werden, sind dagegen nach § 16 VI BetrAVG nicht überprüfungspflichtig.

3.1.4 Insolvenzsicherungs- und Sozialversicherungsrecht

Direktzusagen sind gemäß § 10 I BetrAVG grundsätzlich insolvenzsicherungspflichtig. Als Bemessungsgrundlage für die Beiträge, die vom Arbeitgeber zu entrichten sind, ist gemäß § 10 III Nr. 1 BetrAVG der Teilwert nach § 6a III EStG heranzuziehen. Zum Sozialversicherungsrecht vgl. die Ausführungen im Kapitel 2.2.

3.2 Pensionsfonds

3.2.1 Begriff und Kennzeichen

§ 112 VAG definiert den Pensionsfonds als einen rechtlich selbständigen Versorgungsträger, der im Wege des Kapitaldeckungsverfahrens die betriebliche Altersversorgung für den Arbeitgeber durchführt. Der Pensionsfonds räumt dem Arbeitnehmer einen Rechtsanspruch auf Versorgungsleistungen ein.
Pensionsfonds sind nach § 112 I Satz 1 Nr. 4 VAG verpflichtet, die Altersversorgungsleistung als lebenslange Zahlung auszuzahlen. Durch diese Verpflichtung muss der Pensionsfonds ab Eintritt des Versorgungsfalls das biometrische Risiko der Langlebigkeit des Arbeitnehmers übernehmen. Der Pensionsfonds betreibt daher eine Art Versicherungsgeschäft, weswegen er neben den Versicherungsunternehmen grundsätzlich nach § 1 I VAG der Versicherungsaufsicht unterliegt. Zulässige Rechtsformen des Pensionsfonds sind die Aktiengesellschaft und der Pensionsfondsverein auf Gegenseitigkeit.[68] Die Vorschriften für Versicherungsunternehmen sind gemäß § 113

[66]Bei Entgeltumwandlungen muss die laufende Rente um ein 1 % p. a. angepasst werden.
[67]Dabei ist die Art und Güte der Leistung unerheblich, sodass neben Geldleistungen grundsätzlich auch Sachleistungen der Überprüfungspflicht unterliegen (vgl. *Ahrend / Förster /Rühmann* (2002), § 16, Rn. 5).
[68]Vgl. § 113 II Nr. 3 i. V. m. § 7 I VAG.

I VAG auch für Pensionsfonds maßgeblich, sofern § 113 II VAG keine abweichenden Regelungen enthält.

Pensionsfonds haben daher die Erlaubnis zum Geschäftsbetrieb bei der Bundesanstalt für Finanzdienstleistungen (BaFin) einzuholen (§ 112 II VAG). Sie sind verpflichtet, einen Geschäftsplan gemäß § 113 I, II Nr. 1 und 2 i. V. m. § 5 II, III VAG aufzustellen, der unter anderem die Satzung und den Pensionsplan beinhalten muss. In letzterem sind die Bedingungen zur rechnungsmäßigen Leistungserbringung im Versorgungsfall festzuschreiben. Darin sind u. a. der Kreis der Begünstigten, das Leistungssystem und die Versorgungsleistungen festzulegen, des Weiteren sind Auskünfte über die biometrischen Rechnungsgrundlagen, die Höhe der Eigenmittel, die Finanzierung der Versorgungsleistungen und die Vermögensanlage zu erteilen.

In der Bestimmung, welche Leistungsarten im Pensionsplan aufgenommen und wie diese gestaltet werden, bleibt der Arbeitgeber weitgehend frei. Auf jeden Fall beinhaltet der Pensionsplan die Zahlung einer Altersrente, die an das Erreichen einer vertraglichen Altersgrenze gebunden ist.

Im Gegensatz zu Versicherungsunternehmen dürfen Pensionsfonds gemäß § 112 I Satz 1 Nr. 2 VAG nicht für alle im Pensionsplan vorgesehenen Leistungsfälle eine versicherungsförmige Garantie abgeben. Diese liegt vor, wenn sich ein Pensionsfonds gegen in Höhe und Fälligkeit fest vereinbarte Beträge zu fest vereinbarten Leistungen verpflichtet.[69] Für die so garantierten Leistungsbestandteile übernimmt der Pensionsfonds die Einstandspflicht des Arbeitgebers. Jener wird allerdings dadurch nicht vollständig von einer eventuellen Nachschussverpflichtung entbunden, weil er im Fall einer Insolvenz des Pensionsfonds subsidiär haftet.[70]

Als Leistungssystem kommt neben der Leistungszusage ebenfalls eine Beitragszusage mit Mindestleistung in Betracht.[71]

Je nach Leistungssystem wird der Pensionsfonds in der Praxis eine versicherungsförmige Garantie für einzelne Leistungsbestandteile abgeben. Im Regelfall wird er bei einer Leistungszusage eine versicherungsförmige Garantie für die Rentenleistungen aussprechen,[72] die auf dem derzeit maximal zulässigen Rechnungszins von 2,75 % basiert.

Die für den Pensionsfonds zulässigen Leistungsformen sind begrenzt. Das am Ende des Dienstverhältnisses vorhandene Vorsorgekapital kann entweder in Form einer lebenslang laufenden Rente (Leibrente) ausgezahlt werden oder es wird ein Auszahlungsplan mit anschließender Restverrentung festgelegt, der den formalen Kriterien des § 1 I Satz 1 Nr. 4 des Altersvorsorgeverträge-Zertifizierungsgesetzes (AltZertG) genügt. Grob unterscheiden sich die beiden möglichen Auszahlungsformen dadurch, dass zum einen im Auszahlungsplan die Höhe und die Kombination der periodischen Renten- bzw. Ratenzahlungen flexibler gestaltet werden können als bei der Leistung der Leibrente und dass zum anderen nur beim Auszahlungsplan eine Kapitalleistung

---

[69] Vgl. § 1 II Satz 1 PFDeckRV.

[70] Vgl. z. B. *Bode / Grabner* (2002), S. 132.

[71] Vgl. § 1 I Satz 1, II Nr. 1, II Nr. 2 BetrAVG.

[72] Vgl. auch *Bode / Grabner* (2002), S. 131 und S. 134. Eine Ausnahme hiervon erlaubt § 112 Ia VAG für den Fall, dass sich der Arbeitgeber verpflichtet, Nachschusszahlungen ggf. auch in der Rentenphase zur Finanzierung der Altersrente zu leisten.

in Höhe von 30 % des zu Beginn der Pensionierung des Arbeitnehmers zur Verfügung stehenden Vorsorgevermögens möglich ist.
Die Kapitalausstattung des Pensionsfonds regelt § 114 VAG. Danach sind Pensionsfonds verpflichtet, zur Sicherstellung der dauernden Erfüllbarkeit der Verträge über freie unbelastete Eigenmittel[73] mindestens in Höhe der sogenannten Solvabilitätsspanne zu verfügen, deren Umfang in der Pensionsfonds-Kapitalausstattungsverordnung (PFKAustV) festgelegt wird. Ein Drittel dieser Solvabilitätsspanne gilt als Garantiefonds, der mindestens 3 Millionen € umfassen muss. Für Pensionsfondsvereine auf Gegenseitigkeit ermäßigt sich dieser Betrag um bis zu 25 % auf 2,25 Millionen €, soweit in der Satzung des Pensionsfonds eine entsprechende Nachschusspflicht des Arbeitgebers festgelegt ist.[74]
Die Höhe der Solvabilitätsspanne selbst wird in Abhängigkeit von der Übernahme einer versicherungsförmigen Garantie festgesetzt. Sie beträgt für garantierte Leistungsbestandteile 4 % der Deckungsrückstellung zuzüglich 0,3 % des Risikokapitals im Sinne der Verordnung über die Kapitalausstattung von Versicherungsunternehmen, sofern das entsprechende Kapitalanlagerisiko nicht durch Zukauf von Versicherungsschutz übertragen wird.[75] Im Fall einer Beitragszusage mit Mindestleistung kann Vermögen, das nicht für versicherungsförmig übernommene Garantien reserviert ist, zu 75 %, höchstens aber in einem Umfang von 3 % der Deckungsrückstellung, auf die erforderliche Solvabilitätsspanne angerechnet werden.[76] Wird eine versicherungsförmige Garantie für Leistungsbestandteile nicht getragen, verbleibt die Verpflichtung, eine Solvabilitätsspanne auszuweisen, die 0,3 % des Risikokapitals beträgt.[77]
Die Vermögensanlage des Pensionsfonds wird durch § 115 VAG i. V. m. der Pensionsfonds-Kapitalanlagenverordnung (PFKapAV) geregelt. Nach § 115 I VAG muss der Pensionsfonds einen Deckungsstock bilden, dessen Bestand zusammen mit dem übrigen gebundenen Vermögen so anzulegen ist, dass eine möglichst große Sicherheit und Rentabilität bei ausreichender Liquidität unter Wahrung angemessener Mischung und Streuung erreicht wird. Einzelheiten werden in der PFKapAV geregelt, die vom Bundesfinanzministerium erlassen wurde und zum 1.1.2002 in Kraft getreten ist. Diese beinhaltet eine insgesamt relativ freie Vermögensanlage der dem Pensionsfonds zur Verfügung stehenden Mittel. Beispielsweise können Pensionsfonds im Gegensatz zu Pensionskassen und Lebensversicherern unbegrenzt in Verträge mit Versicherungsunternehmen investieren. Darüber hinaus bleibt die Mischung der Anlageformen dem Pensionsfonds vorbehalten.

[73] § 3 PFKAustV legt durch Aufzählung fest, welche Positionen der Bilanz als Eigenmittel gelten.
[74] Vgl. § 2 PFKAustV.
[75] Vgl. § 1 I Nr. 1 Satz 1, Nr. 4 Satz 1 i. V. m. § 1 III PFKAustV. Für zukünftig anfallenden Verwaltungskosten ist eine von ihrem Planungshorizont abhängige Erhöhung der erforderlichen Solvabilitätsspanne vorzunehmen, s. § 1 I Nr. 2, Nr. 3 PFKAustV.
[76] Vgl. § 1 I Nr. 1 Satz 2 PFKAustV.
[77] Eine Übersicht zur Ermittlung der Solvabilitätsspanne wird in *Ahrend / Förster / Rößler* (2005), Teil 5a, Rz. 201 aufgeführt.

3.2.2 Handels- und steuerrechtliches Umfeld

3.2.2.1 Steuerliche Auswirkungen beim Arbeitgeber und Arbeitnehmer

Die Beiträge, die der Arbeitgeber an einen Pensionsfonds leistet, sind gemäß § 4e I EStG steuerlich abzugsfähig, soweit sie auf einer festgelegten Verpflichtung beruhen oder der Abdeckung von Fehlbeträgen bei dem Fonds dienen.
Auf der Seite des Arbeitnehmers stellen die Beiträge des Arbeitgebers nach § 2 II Nr. 3 LStDV Arbeitslohn dar. Der Beitrag ist gemäß § 11 I Satz 1 EStG in dem Lohnzahlungszeitraum zu versteuern, in dem der Arbeitgeber diesen leistet. Jedoch sind Beiträge gemäß § 3 Nr. 63 Satz 1 EStG lohnsteuerfrei, wenn sie 4 % der Beitragsbemessungsgrenze (West) zur gesetzlichen Rentenversicherung nicht übersteigen.[78] Zusätzlich zu diesem Höchstbetrag sind Beiträge für Zusagen, die vom Arbeitgeber nach dem 31. 12. 2004 erteilt werden, bis zur Höhe von 1.800 € – dem Zusatzhöchstbetrag – steuerfrei (vgl. § 3 Nr. 63 Satz 3 EStG). Bei einer Beitragsbemessungsgrenze zur gesetzlichen Rentenversicherung des Bezugsjahres 2005 von 62.400 € sind also für Neuzusagen insgesamt Beiträge bis zu 4.296 € p. a. steuerfrei.
In der Leistungsphase unterliegen die Leistungen aus diesen Beiträgen nach § 22 Nr. 5 Satz 1 EStG vollständig der Einkommensbesteuerung.
Für diesen Beitragsanteil liegt daher eine nachgelagerte Besteuerung vor, welche eine völlige Steuerfreiheit der Anlageerträge impliziert.[79] Beiträge, die die Grenzen des § 3 Nr. 63 EStG überschreiten, müssen vom Arbeitnehmer individuell versteuert werden. Die Rentenleistungen sind mit dem Ertragsanteil gemäß § 22 Nr. 1 Satz 3 Buchstabe a Doppelbuchstabe aa EStG zu versteuern.

3.2.2.2 Steuerliche Auswirkungen beim Pensionsfonds

Der Pensionsfonds selbst unterliegt im Gegensatz zur Pensionskasse der Körperschaftsteuer- und Gewerbesteuerpflicht gemäß § 1 I KStG und § 2 GewStG. Die Rechtsform des Pensionsfonds ist dabei unerheblich. Pensionsfonds ermitteln den Gewinn ebenfalls nach dem Bestandsvergleich nach § 5 i. V. m. § 4 I Satz 1 EStG. Die Bilanz und die GuV des Pensionsfonds sind nach den Vorschriften der Pensionsfonds-Rechnungslegungsverordnung (RechPensV) aufzustellen.

3.2.2.2.1 Deckungsrückstellung

Die Bilanzierung und Bewertung der Rückstellung erfolgt gemäß § 341 IV Satz 1 HGB nach den §§ 341e, 341f, 341g, 341h HGB. Auch hier wird bei der Bewertung auf das Vorhandensein einer versicherungsförmig garantierten Leistungsverpflichtung abgestellt.
So ist für versicherungsförmig garantierte Leistungsbestandteile nach § 341f I Satz 1 HGB das prospektive Verfahren zur Ermittlung der Deckungsrückstellung heranzuziehen. Die Deckungsrückstellung ergibt sich somit aus der Differenz der versicherungsmathematischen Barwerte der noch zu entrichtenden Prämien und der künftigen Leistungen. Nach Art. 18 der 3. Lebensversi-

[78] Vgl. BMF-Schreiben vom 5.8.2002, Rz. 162, BStBl. I 2002 S. 785.
[79] Vgl. *Schwinger* (1992), S. 35.

cherungsrichtlinie gehören in die Berechnung der Deckungsrückstellung, neben den eigentlichen Rentenleistungen, auch Verwaltungsaufwendungen.[80] Da grundsätzlich für den Bilanzansatz nach § 341e I Satz 2 HGB die Rechnungsgrundlagen zu beachten sind, die versicherungsaufsichtsrechtlich vorgeschrieben sind, erfolgt die konkrete Ausgestaltung des prospektiven Verfahrens in der Pensionsfonds-Deckungsrückstellungsverordnung. Nach § 2 I PFDeckRV sind die biometrischen Rechnungsgrundlagen aus statistisch ermittelten Daten abzuleiten und ausreichend vorsichtig festzusetzen. Die BaFin, die die Zulässigkeit von Pensionsfonds prüft, hat diesbezüglich angeordnet, dass als biometrische Rechnungsgrundlage die DAV 2004 R zu verwenden ist.[81] Die Berechnung der Deckungsrückstellung erfolgt gemäß § 1 I Satz 3 PFDeckRV auf Basis des Höchstrechnungszinses von 2,75 %. Dagegen ist nach § 6 I Nr. 3a Buchstabe e 1. Halbsatz EStG für die Steuerbilanz ein Rechnungszins in Höhe von 5,5 % heranzuziehen. Insoweit ist die Maßgeblichkeit der Handelsbilanz für die Steuerbilanz gebrochen. Allerdings sieht nun das Körperschaftsteuergesetz für die Ermittlung des zu versteuernden Einkommens nach § 8 I KStG eine Sondervorschrift für die Bewertung der Deckungsrückstellung vor. So ist nach § 21a I Satz 1 KStG die diesbezügliche Regelung des Einkommensteuergesetzes mit der Maßgabe anzuwenden, dass Deckungsrückstellungen i. S. d. § 341f HGB mit dem Höchstrechnungszins von aktuell 2,75 % abgezinst werden können. Somit ist die Übernahme der handelsrechtlichen Bewertung der Deckungsrückstellung für die Bemessung der Körperschaftsteuer und daran anknüpfend auch für die der Gewerbesteuer möglich.

Die Bewertung der Deckungsrückstellung für nicht versicherungsförmig garantierte Leistungsbestandteile erfolgt dagegen gemäß § 341f I Satz 2 HGB nach dem retrospektiven Verfahren. Sie ist zum jeweiligen Zeitwert der Vermögensmittel anzusetzen, die für Rechnung und Risiko des Arbeitnehmers im Deckungsstock akkumuliert werden.[82] Der Handelsbilanzansatz wird ebenfalls für die körperschaft- und gewerbesteuerliche Bewertung übernommen.[83]

3.2.2.2.2 Deckungsstock

Im Rahmen der Handelsbilanz sind gemäß § 341 IV Satz 1 HGB die Vorschriften des §§ 341b, 341c, 341d HGB für die Bewertung der Deckungsmittel heranzuziehen. Für den Pensionsfonds besteht dabei ein faktisches Wahlrecht, ob er die Deckungsmittel dem Anlage- oder dem Umlaufvermögen zuordnet.[84]

Soweit sie für versicherungsförmig garantierte Leistungsbestandteile reserviert sind, sind nach § 341b HGB u. a. Aktien und festverzinsliche Wertpapiere nach den hierfür üblichen Bewertungsvorschriften anzusetzen.

Sollten allerdings die Deckungsmittel im Pensionsfonds für Rechnung und Risiko von Arbeitnehmern gehalten werden, so muss dieses Fondsvermögen unabhängig von dessen Anschaffungskos-

[80] Vgl. *IDW* (2000), Abschnitt K, Rn. 354.

[81] Vgl. *BaFin* (2005), A II.

[82] Vgl. *Ahrend / Förster / Rößler* (2005), Teil 5a, Rz. 165.

[83] Vgl. *Ahrend / Förster / Rößler* (2005), Teil 5a, Rz. 365. Ob sich dies schon aus § 6 IIIa Buchstabe e 2. Halbsatz EStG oder erst aus § 21a I Satz 1 KStG ergibt, wird von ihnen nicht problematisiert und kann auch dahinstehen, weil beide zu demselben Ergebnis führen.

[84] Vgl. *IDW* (2002), S. 475, und *GDV* (2001).

ten nach § 341d HGB mit dem Markt- bzw. Zeitwert unter Berücksichtigung des Grundsatzes der Vorsicht bewertet werden.
Diese Bewertung stellt die Bemessungsgrundlage der Körperschaft- und Gewerbesteuer dar.[85]
Durch die Einführung des Halbeinkünfteverfahrens waren bis zum Fiskaljahr 2003 Beteiligungserträge sachlich steuerbefreit, sofern es sich um keine wesentlichen Beteiligungen handelte. Nach der Rechtslage ab dem 1.1.2004 und wahlweise auch rückwirkend für die Jahre ab 2001 sind alle Beteiligungserträge des Pensionsfonds, wie auch bei Lebens- und Krankenversicherungsunternehmen, voll steuerpflichtig.[86]

3.2.3 Rentenanpassung nach § 16 BetrAVG

Pensionsfonds unterliegen der Anpassungsüberprüfungspflicht nach § 16 BetrAVG. Für sie gelten die gleichen Grundsätze wie für die anderen Durchführungswege der betrieblichen Altersversorgung.
Laufende Rentenleistungen sind daher entweder alle drei Jahre entsprechend den in § 16 II BetrAVG angeführten Regelungen anzupassen oder um mindestens 1 % p. a. anzuheben.
Bei der Durchführung einer Beitragszusage mit Mindestleistung entfällt nach § 16 III Nr. 3 BetrAVG die Anpassungsüberprüfungspflicht.[87]

3.2.4 Insolvenzsicherungs- und Sozialversicherungsrecht

Pensionsfonds sind gemäß § 10 I BetrAVG grundsätzlich insolvenzsicherungspflichtig. Nicht der Pensionsfonds selbst, sondern der Arbeitgeber, der Beiträge zur Finanzierung der betrieblichen Altersversorgung leistet, ist dem Pensions-Sicherungs-Verein a. G. (PSV) gegenüber beitragspflichtig (vgl. § 10 III Nr. 4 BetrAVG). Als Beitragsbemessungsgrundlage gilt gemäß § 10 III Nr. 4 i. V. m. Nr. 1 BetrAVG 20 % des Teilwerts (§ 6a III EStG). Bei Beitragszusagen mit Mindestleistung ist als Beitragsbemessungsgrundlage nur die Mindestleistung heranzuziehen.[88]
Zum Sozialversicherungsrecht vgl. die Ausführungen im Kapitel 2.2.

[85] Dies ergibt sich aus § 7 I i. V. m. § 8 I KStG, § 6 i. V. m. § 7 GewStG und § 5 I EStG.

[86] Vgl. §§ 8b VIII, 34 VII Satz 8 KStG. *Siegmund* (2004) stellt vor diesem Hintergrund Überlegungen zu einer systemgerechten Besteuerung von Versicherungsunternehmen und Pensionsfonds an.

[87] Diese Regelung steht im Zusammenhang mit der Vorschrift des § 16 III Satz 1 Nr. 2 BetrAVG. Danach sind die Direktversicherung und die Pensionskasse von der Anpassungsprüfungspflicht entbunden, sofern ab Rentenbeginn sämtliche auf den Rentenbestand entfallende Überschussanteile zur Erhöhung der laufenden Leistungen verwendet werden und zur Berechnung der Garantieleistung der in § 65 I Nr. 1 Buchstabe a VAG festgelegte Höchstzinssatz nicht überschreiten wird. Als Konsequenz dieser Regelung entfällt bei Beitragszusagen mit Mindestleistung die Anpassungsüberprüfungspflicht des Arbeitgebers, weil dem Arbeitnehmer die Erträge aus der Anlage der Beiträge grundsätzlich zustehen. Die explizite Regelungsvorschrift in § 16 III Satz 1 Nr. 3 BetrAVG ist deshalb im Allgemeinen überflüssig. *Ahrend / Förster /Rühmann* (2002), § 16, Rn. 24, erkennen diesen Zusammenhang nicht. Sie mutmaßen daher, dass die Überprüfungspflicht entfällt, weil „der Gesetzgeber diese neue Leistungsform für den Arbeitgeber besonders attraktiv gestalten wollte".

[88] Vgl. *PSV* (2003), S. 2.

4 Konkretisierung der Modellannahmen

Betrachtet wird zunächst eine Personengesellschaft,[89] deren Mitunternehmer im Inland unbeschränkt steuerpflichtige natürliche Personen sind. Sie bietet neu eingestellten Arbeitnehmern die Möglichkeit an, auf einen Teil ihres Bruttogehalts während der Beschäftigungsphase zu verzichten und im Gegenzug diesen Teil des Gehalts als Beitrag in eine Pensionszusage umzuwandeln. Das auf diese Weise vorab vereinbarte Paket aus Barlohnzahlung und Beitragsleistung für die Pensionszusage entrichtet der Arbeitgeber als Entgelt an den Arbeitnehmer, weswegen es sich bei der Zusage um eine arbeitgeberfinanzierte Maßnahme handelt.[90] Als Durchführungsweg der betrieblichen Altersversorgung kommt eine Direktzusage oder ein Pensionsfonds in Frage. Betrachtet werden die Leistungszusage und die Beitragszusage bzw. die beitragsorientierte Leistungszusage mit Mindestleistung.[91] Die Zusage umfasst eine Altersrente und eventuell ein Kapitalwahlrecht. Die Einbeziehung von Invaliden- oder Hinterbliebenenleistungen unterbleibt, weil sie nur das Kalkül komplexer machen würde, ohne dass sich die Ergebnisrangfolge der alternativen Durchführungswege verändert.[92] Grundsätzlich werden die Besteuerung und die Sozialabgabenpflicht auf Arbeitgeberseite berücksichtigt. Die risikoneutralen Mitunternehmer der Personengesellschaft sind daher indifferent zwischen Pensionszusage und Gehaltsauszahlung, wenn deren Barwert nach Berücksichtigung der Steuern auf Arbeitgeberseite und der Arbeitgeberanteile an den Sozialabgaben identisch ist. Vereinfachend wird davon ausgegangen, dass jeder Mitunternehmer denselben Grenzsteuersatz s hat und dass die Steuerermäßigung gemäß § 35 EStG zu einer vollständigen Anrechnung der Gewerbesteuer auf die Einkommensteuer führt.[93] Kirchensteuer und Solidaritätszuschlag werden vernachlässigt. Ferner wird eine sofortige vollständige Verlustverrechnung unterstellt.[94] Es werden jährliche Beitragszahlungen angenommen, die 4 % der Beitragsbemessungsgrenze der gesetzlichen Rentenversicherung nicht erreichen.[95] Direktzusage und Pensionsfonds werden damit nachgelagert besteuert und es fallen in der Ansparphase keine Sozialversicherungsbeiträge an. Das Vorteilhaftigkeitskalkül wird auf die Basis der Bruttorente gestellt, weil durch die Einführung des Alterseinkünftegesetzes die Besteuerung der Versorgungsleistungen der Direktzusage und des Pensionsfonds harmonisiert werden und daher noch bestehende Unterschiede ab dem Jahr 2040 entfallen. Von Verwaltungskosten, Insolvenzsicherungskosten und den sonstigen Kosten aus der Durchführung der betrieblichen Altersversorgung wird abgesehen.

[89] Das Modell wird an späterer Stelle auf eine Kapitalgesellschaft übertragen.

[90] Eine arbeitnehmerfinanzierte Pensionszusage ist dagegen suboptimal, weil diese zur Sozialversicherungspflicht ab dem Jahr 2009 führt (vgl. § 14 I Satz 2 SGB IV und § 2 II Nr. 5 ArEV).

[91] Bei einer Direktzusage ist die beitragsorientierte Leistungszusage mit Mindestleistung das Pendant zur Beitragszusage mit Mindestleistung, die über einen Pensionsfonds durchgeführt wird (vgl. ausführlich Kapitel 6.1).

[92] Eine Beschränkung auf die Altersleistung nehmen u. a. *Brassat / Kiesewetter* (2003), S. 1053, und *Sturm* (1980), S. 152, vor.

[93] Vgl. *Brassat / Kiesewetter* (2003), S. 1054.

[94] Vgl. z. B. *Drukarczyk / Ebinger / Schüler* (2005), S. 244, und *Schwetzler* (2003), S. 412.

[95] Das entspricht derzeit einem Betrag von 2.496 €.

Um einen exakten Vergleich zwischen Direktzusage und Pensionsfonds zu gewährleisten, wird zur Deckung der Direktzusage ein interner Pensionsfonds vom Arbeitgeber angelegt. Sowohl dieser als auch der externe Pensionsfonds sind zu jedem Zeitpunkt der Anspar- und der Rentenphase rechnungsmäßig, d. h. auf Basis der Rechnungsgrundlagen voll gedeckt.[96] Dies impliziert, dass die Modellierung der beiden Durchführungswege beitragsorientiert erfolgt.[97]

Da ausschließlich die Wirkung der Besteuerung und der Sozialabgaben auf die Vorteilhaftigkeit der beiden Durchführungswege analysiert werden soll, wird erstens angenommen, dass interner und externer Pensionsfonds zu jedem Zeitpunkt der Anspar- und Rentenphase dasselbe Portefeuille aufweisen.[98] Dies impliziert, dass beide dieselbe Vorsteuerrendite i erwirtschaften und dass das dem Deckungsstock inhärente Risiko bei beiden Pensionsfonds zu jedem Zeitpunkt der Versorgungszusage identisch ist. Zweitens wird als alternative Finanzanlage des Mitunternehmers – sowohl auf betrieblicher als auch auf privater Ebene – ebenfalls das Portefeuille dieses Deckungsstocks unterstellt. Der Mitunternehmer nimmt damit sowohl auf betrieblicher als auch auf privater Ebene unabhängig von den durch die Zusage entstehenden Mehr- oder Minderzahlungen dieselbe Rendite-Risikoposition ein.

Durch diese Annahmen kann die Wirkung der Besteuerung auf die Vorteilhaftigkeit der Durchführungswege der Direktzusage und des Pensionsfonds bzw. des internen und des externen Pensionsfonds isoliert werden.

---

[96] Vgl. auch *Blome / Zwiesler* (2003), S. 98.

[97] Das Modell unterscheidet sich dadurch grundlegend von demjenigen, dass von *Brassat / Kiesewetter* (2003) entwickelt wurde. Die Annahmen lehnen sich ansonsten an *Brassat / Kiesewetter* (2003) an.

[98] Vgl. auch *Wellisch* (2004), S. 600 und S. 609.

5 Leistungszusage bei Sicherheit

5.1 Modellannahmen

Im Ausgangsmodell wird Sicherheit unterstellt. Ein $x \geq 28$-jähriger Arbeitnehmer erhält zum Zeitpunkt 0 eine Zusage vom Arbeitgeber über die Leistung einer Altersrente. Der Arbeitnehmer arbeitet danach noch m Jahre im Betrieb des Arbeitgebers. Er geht anschließend im Alter von $x + m$ in den Ruhestand. Ab diesem Zeitpunkt erhält er periodisch eine Rente, bis er im Alter von $x + m + n$ verstirbt. Zahlungen bezieht er vom Arbeitgeber an den Periodenenden; der Arbeitgeber leistet damit die letzte Gehaltszahlung und die letzte Beitragszahlung zur betrieblichen Altersversorgung in $t = m$ im Alter $x + m$, die erste Rentenzahlung in $t = m + 1$ im Alter $x + m + 1$ und die letzte Rentenzahlung in $m + n$ im Alter $x + m + n$ des Arbeitnehmers. Derjenige Durchführungsweg ist für den Arbeitgeber vorteilhaft, der durch seine steuerliche Behandlung bei sonst identischen Variablen mit niedrigeren Kosten verbunden ist.[99]

5.2 Pensionsfonds

5.2.1 Kostenneutraler Beitrag des Arbeitgebers

Die Höhe des Beitrags, die der Arbeitgeber periodisch während der Ansparphase an den (externen) Pensionsfonds leistet, legt er durch einen periodisch durchgeführten Kostenvergleich zwischen den alternativen Auszahlungsformen Barlohn und Rentenzahlung fest. Sofern er zu keinem Zeitpunkt zusätzliche Kosten durch die Umwandlung des Barlohns in einen Versorgungsbeitrag tragen will, kann er maximal den Beitrag JDK beisteuern, der ihn gegenüber der Auszahlung des Lohns unter Berücksichtigung von Steuern und Sozialabgaben gerade kostenindifferent stellt.

Bei Auszahlung des Barlohns muss der Arbeitgeber stets Sozialabgaben abführen.[100] Unter Berücksichtigung des Arbeitgebersanteils an den Sozialabgaben b_B in der Anspar- bzw. Beitragsphase B und der steuerlichen Abzugsfähigkeit des Lohnaufwandes ergeben sich für den Arbeitgeber periodisch Auszahlungen nach Steuern und Sozialabgaben in Höhe von $(1 - s)(1 + 0,5b_B)\, l$. Dagegen fallen c. p. bei der Leistung des Beitrags JDK an den Pensionsfonds zu keinem Zeitpunkt Sozialabgaben an. Die Auszahlung des Beitrags JDK nach Steuern beläuft sich somit periodisch wegen seiner steuerlichen Abzugsfähigkeit auf $(1 - s)\, JDK$.

Der kostenneutrale[101] Umwandlungsbeitrag für den Arbeitgeber ergibt sich durch Gleichsetzen der Auszahlungen der beiden Alternativen zu:

---

[99] Die sozialversicherungsrechtliche Behandlung ist bei beiden Durchführungswegen aufgrund der angenommenen Höhe der Beitragszahlungen gleich.

[100] Vgl. Kapitel 2.2.

[101] *Schanz* (1997), S. 21, spricht in diesem Zusammenhang von der „aufwandsneutralen" Umwandlung des Gehalts in eine Pensionszusage.

$$(1-s)\,JDK = (1-s)\,(1+0,5b_B)\,l \Rightarrow \tag{1}$$

$$JDK = \frac{(1-s)\,(1+0,5b_B)\,l}{(1-s)} = (1+0,5b_B)\,l. \tag{2}$$

Der Arbeitgeber setzt somit den Beitrag auf die Höhe der gesparten Bruttolohnzahlungen einschließlich deren Sozialabgaben fest.

5.2.2 Höhe der Leistung

Im Rahmen einer Leistungszusage garantiert der Arbeitgeber dem Arbeitnehmer Versorgungsleistungen, die der Höhe nach genau bestimmt sind. Aus einem beitragsorientierten Blickwinkel betrachtet, fixiert er ihre Höhe auf Basis des periodischen Umwandlungsbeitrags und eines festgelegten Rechnungszinses. In dieser Untersuchung wird für die Bestimmung des Verhältnisses von Beitrags- und Versorgungsleistungen als Rechnungszins der Leistungszusage der Rechnungszins des § 6a EStG von $r = 6$ % verwendet; dieser wird in der Literatur[102] hierfür üblicherweise angenommen. Ausgehend vom kostenneutralen Umwandlungsbeitrag JDK der Ansparphase legt der Arbeitgeber auf Basis dieses Rechnungszinses die konstante Rente[103] auf die Höhe von

$$\begin{aligned} R &= JDK \frac{\sum_{t=1}^{m} (1+r)^{m-t}}{\sum_{t=m+1}^{m+n} (1+r)^{m-t}} \\ &= JDK \frac{refn\,(r,m)}{rbfn\,(r,n)} \end{aligned} \tag{3}$$

fest, die er dem Arbeitnehmer unabhängig von den künftigen Kapitalmarktentwicklungen verspricht. $rbfn\,(r,n)$ bzw. $refn\,(r,m)$ bezeichnet den nachschüssigen Rentenbarwert- bzw. Rentenendwertfaktor, der sich für einen bei Versorgungsbeginn x-jährigen Versorgungsberechtigten am Ende der Ansparphase zum Zeitpunkt m unter Zugrundelegung des Zinssatzes r für n bzw. m Zahlungen der Renten- bzw. der Ansparphase ergibt.

5.2.3 Gestaltungsmöglichkeiten

Dem Pensionsfonds steht prinzipiell frei, für welche Leistungsbestandteile der Zusage er eine versicherungsförmige Garantie übernimmt; er darf allerdings nicht für alle eine solche Garantie aussprechen.[104] Diese allgemein gehaltene Regelung lässt die Frage offen, welchen Umfang der Pensionsfonds maximal versicherungsförmig garantieren darf. Im Hinblick auf die Abwicklung

[102] Vgl. z. B. *Grawert / Knoll* (1998), S. 1693, *Ebinger / Knoll* (1999), S. 80, und *Eckert / Mössle / Wolff* (2005), S. 233.

[103] Von der Anpassungsverpflichtung nach § 16 BetrAVG wird zunächst abgesehen.

[104] Siehe die Ausführungen im Kapitel 3.2.1.

der Zusage stehen ihm somit grundsätzlich eine Vielzahl von Gestaltungsmöglichkeiten offen.[105] Diese Möglichkeiten werden sich in der Praxis an den Interessen von Arbeitgebern orientieren, welche die am Markt vorhandenen Pensionsfonds insbesondere nach zwei Kriterien beurteilen dürften: Dies sind zum einen die Dotierung des Pensionsfonds und zum anderen der Umfang an Leistungsbestandteilen, die der Pensionsfonds versicherungsförmig garantiert.
Um eine möglichst große Bandbreite an Möglichkeiten abzudecken und deren Implikationen offen zu legen, werden im Folgenden zwei davon analysiert. Zum einen wird eine als „klassische" Leistungszusage bezeichnete Gestaltungsmöglichkeit modelliert, in deren Rahmen der Pensionsfonds sämtliche Leistungsbestandteile versicherungsförmig garantiert. Dies ist zwar in dieser Form nicht zulässig, aber sie stellt das Maximum dar, das der Pensionsfonds gerade nicht mehr versicherungsförmig garantieren darf. Zum anderen wird eine im Folgenden als „beitragsdotierte" Leistungszusage bezeichnete Modellierungsweise vorgestellt, bei der der Arbeitgeber den Pensionsfonds mit dem kostenneutralen Umwandlungsbeitrag JDK dotiert.

In der Literatur wird davon ausgegangen, dass sich der Deckungsstock,[106] mit dem der Pensionsfonds die Versorgungsverpflichtungen gegenüber den versorgungsberechtigten Arbeitnehmern abdeckt, auf Basis der Rechnungsgrundlagen steuerfrei aufbaut;[107] die Rechnungsgrundlage ist hier die Vorsteuerverzinsung, die das Verhältnis zwischen Rentenleistung und Dotierungsbetrag determiniert. Der darauf basierende steuerfreie Aufbau des Deckungsstocks wird im Folgenden als „rechnungsmäßiger"[108] Aufbau des Deckungsstocks oder kurz als „rechnungsmäßiger" Deckungsstock bezeichnet. Die dabei unterstellte Verzinsung wird analog dazu als „rechnungsmäßige" Verzinsung bezeichnet; ausgehend von dem jeweiligen Dotierungsbetrag des Arbeitgebers führt sie im Fall ihrer steuerfreien Vereinnahmung zu einem steuerfreien Aufbau des Deckungsstocks. Der rechnungsmäßige Deckungsstock deckt folglich die Versorgungsverpflichtung voll ab.
Ob sich der Pensionsfonds rechnungsmäßig, d. h. auf Basis des Dotierungsbetrags des Arbeitgebers und des zugrunde gelegten Vorsteuerzinses, entwickelt, falls der Deckungsstock des Pensionsfonds diese Vorsteuerrendite im Ablauf der Versorgungszusage erwirtschaftet, ist zunächst fraglich, denn der Pensionsfonds unterliegt grundsätzlich der Steuerpflicht. Sämtliche Dotierungen des Arbeitgebers sowie Erträge aus dem angelegten Deckungsstock sind somit steuerpflichtig, weswegen der Deckungsstockaufbau grundsätzlich steuerbelastet ist. Allerdings bilden Pensionsfonds Deckungsrückstellungen, deren periodische Erhöhungen Betriebsausgaben darstellen und somit den steuerpflichtigen Gewinn mindern.[109] Bei der Modellierung der

[105] Dies ist vermutlich auch die Intention der allgemeinen Regelung, weswegen von der BaFin in der Zukunft keine Einschränkung dieser Möglichkeiten zu erwarten ist.
[106] Deckungskapital ist ein Synonym dafür.
[107] Vgl. z. B. *Brassat / Kiesewetter* (2003), S. 1063.
[108] Dieser Begriff wird ebenfalls z. B. von *Neuburger* (1997), S. 80, und im EStG in § 6a III Satz 2 Nr. 1 Satz 3 verwendet.
[109] Siehe die Ausführungen im Kapitel 3.2.2.2. Die Solvabilitätsspanne, die vom Umfang der versicherungsförmig garantierten Leistungen bzw. von der damit verbundenen Höhe der Deckungsrückstellung abhängt, wird aus Vereinfachungsgründen vernachlässigt; der Steuervorteil daraus, dass steuerpflichtige Gewinne für die Bereitstellung dieser Spanne benötigt werden und daher steuerfrei vereinnahmt werden, ist für die Vorteilhaftigkeit

klassischen und der beitragsdotierten Leistungszusage wird daher zunächst überprüft, ob der Pensionsfonds den rechnungsmäßigen Deckungsstock durch die Bildung von Rückstellungen steuerfrei aufbauen kann. Sollte der Pensionsfonds den Deckungsstock nicht steuerfrei aufbauen, entstehen für den Arbeitgeber insoweit Kosten. Auf dieser Grundlage werden anschließend in Abhängigkeit von der Gestaltung des Pensionsfonds die Überschusszahlungen vom Pensionsfonds an den Arbeitgeber bzw. die Nachschusszahlungen des Arbeitgebers an den Pensionsfonds modelliert, die entstehen, wenn der Deckungsstock außerrechnungsmäßige Renditen erwirtschaftet; Überschusszahlungen mindern und Nachschusszahlungen erhöhen dabei grundsätzlich die Kosten des Arbeitgebers.

5.2.3.1 Klassische Leistungszusage

5.2.3.1.1 Dotierung des Pensionsfonds

Bei der klassischen Leistungszusage (kLZ) kalkuliert der Pensionsfonds (PF) die Dotierung, die er im Gegenzug für seine Versorgungsleistungen vom Arbeitgeber verlangt, auf Basis der Leistungsbestandteile, die er versicherungsförmig garantiert. Bei dieser Gestaltung des Pensionsfonds wird, wie bereits erläutert wurde, angenommen, dass der Pensionsfonds die Altersrente des Arbeitnehmers vollständig versicherungsförmig garantiert.[110] Damit kommt der Pensionsfonds praktisch einem Lebensversicherer gleich.[111] Zur Finanzierung der Rente verlangt er eine Dotierung JPF vom Arbeitgeber, die er auf Basis des für Pensionsfonds maximal zulässigen Rechnungszinses von $v = 2,75$ % kalkuliert. Nach diesem Prinzip ist die Dotierung so festzulegen, dass sich bei Erteilung der Pensionszusage, zu Beginn der Ansparphase, der Barwert der Dotierungen und der Barwert der Rentenleistungen entsprechen. Im Hinblick auf die zu einem späteren Zeitpunkt erfolgende Modellierung einer Beitragszusage mit Mindestleistung wird eine Differenzierung zwischen dem Rechnungszins der Anspar- bzw. Beitragsphase B und der Renten- bzw. Leistungsphase L vorgenommen.

$$\sum_{t=1}^{m} JPF\,(1+v_B)^{-t} = \sum_{t=m+1}^{m+n} R\,(1+v_L)^{m-t}\,(1+v_B)^{-m} \tag{4}$$

Dies ist äquivalent dazu, dass sich der Endwert der Beitragszahlungen am Ende der Ansparphase zum Zeitpunkt m

$$\sum_{t=1}^{m} JPF\,(1+v_B)^{m-t} = JPF \times refn\,(v_B, m) \tag{5}$$

und der Barwert der Rentenleistungen der Leistungsphase zum Zeitpunkt m

$$\sum_{t=m+1}^{m+n} R\,(1+v_L)^{m-t} = R \times rbfn\,(v_L, n) \tag{6}$$

des Pensionsfonds unerheblich (vgl. *Brassat / Kiesewetter* (2003), S. 1062).

[110] Dieser Modellierungsweg wird von *Brassat / Kiesewetter* (2003), S. 1061 ff., beschritten.

[111] Vgl. *Unger / Bartels* (2004), S. 259.

entsprechen. $rbfn\,(v_L, n)$ $(refn\,(v_B, m))$ ist der nachschüssige Rentenbarwertfaktor (Rentenendwertfaktor), der sich am Ende der Ansparphase zum Zeitpunkt m unter Zugrundelegung des Zinssatzes v_L (v_B) für n (m) Zahlungen der Rentenphase (Ansparphase) ergibt.
Der vom Pensionsfonds geforderte Beitrag beläuft sich folglich auf:

$$JPF \times refn\,(v_B, m) = R \times rbfn\,(v_L, n) \Rightarrow \tag{7}$$

$$\begin{aligned} JPF &= R\frac{rbfn\,(v_L, n)}{refn\,(v_B, m)} \\ &= JDK\frac{refn\,(r, m)}{rbfn\,(r, n)}\frac{rbfn\,(v_L, n)}{refn\,(v_B, m)}. \end{aligned} \tag{8}$$

Dieser Beitrag JPF ist höher als der kostenneutrale Umwandlungsbeitrag JDK, weil der Pensionsfonds den Beitrag JPF auf Basis des Rechnungszinses $v_B = v_L = v = 2,75$ % kalkuliert, während der Arbeitgeber den höheren Rechnungszins von $r = 6$ % bei der Umrechnung des Beitrags JDK in die Versorgungsleistung R verwendet. Somit muss der Arbeitgeber zur Finanzierung des Pensionsfonds den Differenzbetrag $JPF - JDK$ zusätzlich zum kostenneutralen Umwandlungsbeitrag erbringen. Aus Sicht des Arbeitgebers, der von einer Verzinsung des Deckungsstocks von $r = 6$ % ausgeht, ist damit der Pensionsfonds systematisch überdotiert.[112]

5.2.3.1.2 Steuerfreier Aufbau des Deckungsstocks durch die Bildung der Deckungsrückstellung bei rechnungsmäßiger Verzinsung?

Im ersten Schritt der Analyse wird nun überprüft, ob der Pensionsfonds mit klassischer Leistungszusage bei Erwirtschaftung einer Vorsteuerverzinsung in Höhe der rechnungsmäßigen Verzinsung den Deckungsstock durch eine entsprechende Bildung von Deckungsrückstellungen steuerfrei aufbauen kann. Sollte dies der Fall sein, entwickelt sich der Deckungsstock rechnungsmäßig, d. h. er deckt die Versorgungsverpflichtung auf Basis der Rechnungsgrundlage v_B bzw. v_L voll ab.
Die Untersuchung erfolgt dabei getrennt für die Anspar- und die Rentenphase, weil sich beide Phasen durch ihre Zahlungsströme (Dotierung des Pensionsfonds in der Ansparphase und Auszahlung der Renten in der Rentenphase) unterscheiden.
Sie kann auf zwei alternativen Wegen durchgeführt werden. Die erste Möglichkeit besteht darin, eine periodenweise Überprüfung vorzunehmen; in deren Rahmen müsste für jede einzelne Periode der Zusage sowohl in der Anspar- als auch in der Rentenphase kontrolliert werden, ob die Bildung der Deckungsrückstellung den steuerpflichtigen Aufbau des Deckungsstocks vor einer Besteuerung schützt. Der zweite und elegantere Weg setzt dagegen an der gesamten Laufzeit der Zusage an, um die Steuerfreiheit des Deckungsstockaufbaus zu überprüfen. Dieser Weg wird im Folgenden beschritten.
Hierfür muss man sich zunächst vor Augen führen, dass der Pensionsfonds die Beitragszahlungen des Arbeitgebers JPF auf Basis der Rentenleistung R und der Renditen vor Steuern v_B und

[112] Vgl. *Brassat / Kiesewetter* (2003), S. 1068.

v_L festsetzt (vgl. Formel (8)). Diese Tarifierung setzt einen steuerfreien Aufbau des Deckungsstocks voraus, der sich sowohl auf die Anspar- als auch die Rentenphase bezieht. Daraus folgt im Umkehrschluss, dass der Pensionsfonds den Deckungsstock genau dann steuerfrei aufbaut, wenn er die Rente bei Erwirtschaftung einer Vorsteuerverzinsung in Höhe der rechnungsmäßigen Verzinsung durch den dadurch aufgebauten Deckungsstock exakt finanzieren kann. Die Finanzierung des Deckungsstocks setzt sich dabei aus zwei Komponenten zusammen:[113]

1. der Anlage der Deckungsmittel im Deckungsstock, dessen Dotierungen vom Arbeitgeber und dessen Zinserträge grundsätzlich Betriebseinnahmen darstellen und damit steuerpflichtig sind, und

2. der Bildung der Deckungsrückstellung, deren Zuführungen die Steuerbemessungsgrundlage des Pensionsfonds schmälern und damit einen Steuervorteil induzieren.

Sollte daher für den Fall, dass der Deckungsstock eine Vorsteuerrendite in Höhe der rechnungsmäßigen Verzinsung erwirtschaftet, belegt werden können, dass die Auszahlung der steuerfrei gebildeten Rente aus diesen beiden Komponenten exakt finanziert wird, so trägt der Pensionsfonds – über die gesamte Pensionszusage gesehen – keine Steuerlast. Dies bedeutete auch gleichzeitig, dass der Deckungsstock für jede einzelne Periode der Anspar- und der Rentenphase durch die Rückstellungsbildung steuerfrei aufgebaut wird. Der formal steuerpflichtige Pensionsfonds wäre damit im Rahmen der Leistungszusage bei rechnungsmäßiger Verzinsung des Deckungsstocks effektiv steuerbefreit.
Auf Basis dieses Weges wird nachfolgend ein steuerfreier Aufbau des Deckungsstocks getrennt für Anspar- und Rentenphase überprüft.

Steuerfreistellung der Erträge der Ansparphase durch die Bildung einer prospektiven Deckungsrückstellung bei rechnungsmäßiger Verzinsung?
Die Dotierungen in Höhe von JPF stellen grundsätzlich Betriebseinnahmen des Pensionsfonds dar. Ihm verbleibt daraus ein Nettobetrag in Höhe von $(1-s)JPF$, der den Deckungsstock erhöht. Der Deckungsstock erwirtschaftet periodisch die rechnungsmäßige Verzinsung v_B, die der Pensionsfonds vollständig als Ertrag ausweisen muss. Der Deckungsstock, der aus der Anlage des periodischen Dotierungsbetrags nach Steuern finanziert wird, beträgt demnach am Ende der Ansparphase zum Zeitpunkt m:

$$\begin{aligned} DST_{m,s}^{JPF} &= \sum_{t=1}^{m} (1-s)\, JPF\, (1+v_{B,s})^{m-t} \\ &= (1-s)\, JPF \times refn\,(v_{B,s}, m)\,. \end{aligned} \tag{9}$$

Gleichzeitig bildet der Pensionsfonds eine Deckungsrückstellung, die wegen der Übernahme der versicherungsförmigen Garantie für die gesamte Versorgungsleistung R ausschließlich nach

[113] Diese zwei Komponenten verwendet auch *Kiesewetter* (2003), um den steuerfreien Aufbau des Deckungsstocks bei einer wertpapiergebundenen Direktzusage für eine Kapitalzusage aufzuzeigen.

dem prospektiven Verfahren[114] zu bilden ist. Die Deckungsrückstellung DRS zu einem bestimmten Zeitpunkt t ergibt sich daher in der Ansparphase als der Barwert der künftigen Pensionsleistungen R abzüglich des Barwerts der Dotierungen JPF, die nach dem Pensionsplan vom Arbeitgeber zukünftig noch zu leisten sind. Als Rechnungszins der Deckungsrückstellung wird $v_B = v_L = v = 2,75\ \%$ unterstellt, der auch als Rechnungszins, wie erwähnt, bei der Berechnung der Dotierung JPF aus der Rentenleistung R fungiert.

$$DRS_t^{PF(kLZ)} = R \times rbfn\,(v_L, n)\,(1+v_B)^{t-m} - JPF \times rbfn\,(v_B, m-t) \tag{10}$$

Da zwischen dem Dotierungsbetrag und der Rentenhöhe die Beziehung

$$R = JPF \times refn\,(v_B, m)\,/rbfn\,(v_L, n)$$

besteht (vgl. Formel (8)), lässt sich Formel (10) schreiben als:

$$\begin{aligned} DRS_t^{PF(kLZ)} &= JPF\frac{refn\,(v_B, m)}{rbfn\,(v_L, n)}rbfn\,(v_L, n)\,(1+v_B)^{t-m} - JPF \times rbfn\,(v_B, m-t) \\ &= JPF \times refn\,(v_B, m)\,(1+v_B)^{t-m} - JPF \times rbfn\,(v_B, m-t) \\ &= JPF \times refn\,(v_B, t) \\ &= R\frac{rbfn\,(v_L, n)}{refn\,(v_B, m)}refn\,(v_B, t)\,. \end{aligned} \tag{11}$$

Die Höhe der Deckungsrückstellung ergibt sich demnach als Endwert der Dotierungen, die bereits vom Arbeitgeber an den Pensionsfonds entrichtet worden sind. Das prospektive Verfahren zur Ermittlung der Deckungsrückstellung kann somit in ein retrospektives Verfahren überführt werden. Dies ist darauf zurückzuführen, dass der Pensionsfonds die Dotierung JPF aus der Versorgungsleistung R auf Basis des Rechnungszinses v_B bzw. v_L ermittelt.[115]
Die periodische Zuführung $zdrs_t$ zur Deckungsrückstellung lässt sich folglich ableiten zu:

$$\begin{aligned} zdrs_t^{PF(kLZ)} &= DRS_t^{PF(kLZ)} - DRS_{t-1}^{PF(kLZ)} \\ &= JPF \times refn\,(v_B, t) - JPF \times refn\,(v_B, t-1) \\ &= JPF\,(1+v_B)^{t-1} \\ &= JPF + v_B \times JPF\frac{(1+v_B)^{t-1} - 1}{v_B} \\ &= JPF + v_B \times DRS_{t-1}^{PF(kLZ)}. \end{aligned} \tag{12}$$

Wie aus dieser Gleichung zu entnehmen ist, besteht sie aus der Dotierung JPF des Arbeitgebers und der rechnungsmäßigen Verzinsung der letzten Deckungsrückstellung $v_B \times DRS_{t-1}^{PF(kLZ)}$. Da

[114] Vgl. Kapitel 3.2.2.2.1.

[115] Die Äquivalenz von prospektiven und retrospektiven Verfahren zur Berechnung der Deckungsrückstellung ist in der Versicherungswissenschaft bekannt (vgl. z. B. *Neuburger* (1997), S. 81).

sie als Betriebsausgabe den steuerpflichtigen Gewinn des Pensionsfonds mindert, impliziert sie einen periodischen Steuervorteil. Durch die Rückstellungsbildung wird damit in der Ansparphase ein (Gesamt-)Steuervorteil induziert, der den Deckungsstock finanziert. Er beträgt unter der Annahme der steuerpflichtigen Verzinsung des Deckungsstocks in Höhe des Rechnungszinses v_B zum Zeitpunkt m am Ende der Ansparphase:

$$\begin{aligned} TS_{B,m}^{PF(kLZ)} &= s \sum_{t=1}^{m} zdrs_t^{PF(kLZ)} \left(1+v_{B,s}\right)^{m-t} \\ &= s \sum_{t=1}^{m} \left(JPF + v_B \times DRS_{t-1}^{PF(kLZ)}\right) \left(1+v_{B,s}\right)^{m-t} \\ &= s \times JPF \sum_{t=1}^{m} \left(1+v_B\right)^{t-1} \left(1+v_{B,s}\right)^{m-t}. \end{aligned} \tag{13}$$

Mit der Beziehung[116]

$$\sum_{t=1}^{m} \left(1+v_B\right)^{t-1} \left(1+v_{B,s}\right)^{m-t} = \frac{\left(1+v_{B,s}\right)^m - \left(1+v_B\right)^m}{v_{B,s} - v_B}, \tag{14}$$

wobei

$$\frac{\left(1+v_{B,s}\right)^m - \left(1+v_B\right)^m}{v_{B,s} - v_B}$$

im Folgenden kurz mit „$refn\left(v_{B,s}, v_B, m\right)$“ bezeichnet wird – es handelt sich um den Endwertfaktor einer Rente, die m Zeitpunkte nachschüssig gezahlt wird und dabei periodisch um v_B geometrisch steigt –, lässt sich Gleichung (13) umformen zu:

$$\begin{aligned} TS_{B,m}^{PF(kLZ)} &= s \times JPF \times refn\left(v_{B,s}, v_B, m\right) \\ &= s \times R \frac{rbfn\left(v_L, n\right)}{refn\left(v_B, m\right)} refn\left(v_{B,s}, v_B, m\right). \end{aligned} \tag{15}$$

Fasst man die beiden Finanzierungsquellen, den Deckungsstock nach Steuern, der auf der Finanzanlage der Dotierung JPF basiert, und den Steuervorteil aus der Rückstellungsbildung, zusammen, so ergibt sich daraus folgender Deckungsstock nach Steuern am Ende der Ansparphase:

$$\begin{aligned} DST_{m,s}^{PF(kLZ)} &= DST_{m,s}^{JPF} + TS_{B,m}^{PF(kLZ)} \\ &= (1-s)\, JPF \times refn\left(v_{B,s}, m\right) + s \times JPF \times refn\left(v_{B,s}, v_B, m\right) \\ &= JPF \frac{\left[1+v_B(1-s)\right]^m - 1}{v_B(1-s)} - JPF \frac{\left[1+v_B(1-s)\right]^m - \left(1+v_B\right)^m}{v_B(1-s) - v_B} \\ &= JPF \times refn\left(v_B, m\right) \\ &= DST_m^{PF(kLZ)}. \end{aligned} \tag{16}$$

[116] Zur Herleitung vgl. *Kruschwitz* (1995), S. 111 f.

Wie das Resultat zeigt, neutralisieren sich die grundsätzliche Steuerbelastung des Deckungsstockaufbaus und die Steuerentlastung, die aus der Rückstellungsbildung resultiert. Der Deckungsstock wird somit zumindest bis zum Ende der Ansparphase steuerfrei aufgebaut, obwohl der Pensionsfonds der Steuerpflicht unterliegt. Der Pensionsfonds weist damit am Ende der Ansparphase den rechnungsmäßigen Deckungsstock (DST) aus.

Steuerfreistellung der Erträge der Rentenphase durch die Bildung einer prospektiven Deckungsrückstellung bei rechnungsmäßiger Verzinsung?

Die Modellierung des Pensionsfonds in der Rentenphase wird in Analogie zur Modellierung in der Ansparphase vorgenommen. Deckungsstock und Deckungsrückstellung werden also zunächst voneinander isoliert, um beide Komponenten wiederum anschließend zusammenzuführen.

Als Finanzierungsquelle der Rente wird daher zum einen der am Ende der Ansparphase vorhandene Deckungsstock nach Steuern einschließlich seiner in der Rentenphase anfallenden steuerpflichtigen Erträge betrachtet. Die daraus finanzierte Rente ergibt sich somit aus diesem Deckungsstock nach Steuern, der auf die Laufzeit der Rentenphase mit dem Rechnungszins nach Steuern verrentet wird.

$$R^{DST_{m,s}^{PF(kLZ)};v_{L,s}} = DST_{m,s}^{PF(kLZ)} \frac{1}{rbfn\,(v_{L,s}, n)} \tag{17}$$

Zum anderen mindern die Zuführungen zur Deckungsrückstellung den steuerpflichtigen Gewinn. Die Höhe der Deckungsrückstellung zu einem beliebigen Zeitpunkt t in der Rentenphase ist der Barwert der verbleibenden Rentenzahlungen unter Verwendung des Rechnungszinses v_L.

$$DRS_t^{PF(kLZ)} = R \times rbfn\,(v_L, m+n-t) \tag{18}$$

Die Zuführung zur Deckungsrückstellung in der Rentenphase ergibt sich aus der Deckungsrückstellung des letzten Bilanzstichtages $t-1$ und der Deckungsrückstellung kurz vor Auszahlung der Rente zum Zeitpunkt t zu:

$$\begin{aligned}
zdrs_t^{PF(kLZ)} &= DRS_t^{PF(kLZ)} + R - DRS_{t-1}^{PF(kLZ)} \\
&= R \times rbfn\,(v_L, m+n-t) + R - R \times rbfn\,(v_L, m+n-t+1) \\
&= R\left[rbfn\,(v_L, m+n-t+1)\,(1+v_L) - 1\right] + R - R \times rbfn\,(v_L, m+n-t+1) \\
&= v_L \times R \times rbfn\,(v_L, m+n-t+1) \\
&= v_L \times DRS_{t-1}^{PF(kLZ)}.
\end{aligned} \tag{19}$$

Sie besteht somit aus der rechnungsmäßigen Verzinsung der letztjährigen Deckungsrückstellung. Die anschließende Auszahlung der Altersrente mindert zwar die Rückstellung und ist daher grundsätzlich erfolgswirksam, sie erfolgt jedoch insgesamt erfolgsneutral. Dies ist darauf zurückzuführen, dass der Ertrag aus der Rückstellungsauflösung in Höhe der ausbezahlten Rente und der Aufwand, der aus der Auszahlung der Rente resultiert, identisch sind.

Aus der periodischen Zuführung zur Deckungsrückstellung lässt sich der für die gesamte Rentenphase induzierte Steuervorteil ableiten, der zum Zeitpunkt m zu Beginn der Rentenphase

$$\begin{aligned} TS_{L,m}^{PF(kLZ)} &= s \sum_{t=m+1}^{m+n} zdrs_t^{PF(kLZ)} \left(1+v_{L,s}\right)^{m-t} \\ &= s \sum_{t=m+1}^{m+n} v_L \times DRS_{t-1}^{PF(kLZ)} \left(1+v_{L,s}\right)^{m-t} \\ &= s \sum_{t=m+1}^{m+n} v_L \times R \times rbfn\left(v_L, m+n-t+1\right)\left(1+v_{L,s}\right)^{m-t} \\ &= s \times R \sum_{t=m+1}^{m+n} \left[1-\left(1+v_L\right)^{t-1-m-n}\right]\left(1+v_{L,s}\right)^{m-t} \end{aligned} \tag{20}$$

beträgt.

Da

$$\sum_{t=m+1}^{m+n} \left(1+v_L\right)^{t-1-m-n}\left(1+v_{L,s}\right)^{m-t} = \frac{1}{\left(1+v_L\right)^n} \frac{\left(1+v_{L,s}\right)^n - \left(1+v_L\right)^n}{\left(v_{L,s}-v_L\right)\left(1+v_{L,s}\right)^n} \tag{21}$$

ist[117] und

$$\frac{\left(1+v_{L,s}\right)^n - \left(1+v_L\right)^n}{\left(v_{L,s}-v_L\right)\left(1+v_{L,s}\right)^n}$$

kurz mit „$rbfn\left(v_{L,s}, v_L, n\right)$" bezeichnet wird – es handelt sich um den Barwertfaktor einer Rente, die n Zeitpunkte nachschüssig gezahlt wird und dabei periodisch um v_L geometrisch steigt –, lässt sich Formel (20) auch schreiben als:

$$TS_{L,m}^{PF(kLZ)} = s \times R \times rbfn\left(v_{L,s}, n\right) - s \times R \frac{1}{\left(1+v_L\right)^n} rbfn\left(v_{L,s}, v_L, n\right). \tag{22}$$

Hebt man nun die Trennung der beiden Finanzierungsquellen auf, so kann der Pensionsfonds eine Rente leisten, deren Höhe sich aus der Verrentung einerseits des Deckungsstocks nach Steuern und andererseits des Steuervorteils aus der Rückstellungsbildung in der Rentenphase auf Basis des Rechnungszinses nach Steuern ergibt.

$$\begin{aligned} R^{DST_{m,s}^{PF(kLZ)};v_{L,s},TS_{L,m}^{PF(kLZ)}} &= \left(DST_{m,s}^{PF(kLZ)} + TS_{L,m}^{PF(kLZ)}\right)\frac{1}{rbfn\left(v_{L,s}, n\right)} \\ &= R^{DST_{m,s}^{PF(kLZ)};v_{L,s}} + TS_{L,m}^{PF(kLZ)} \frac{1}{rbfn\left(v_{L,s}, n\right)} \\ &= R^{DST_{m,s}^{PF(kLZ)};v_{L,s}} + s \times R \\ &\quad - s \times R \frac{1}{rbfn\left(v_{L,s}, n\right)} \frac{1}{\left(1+v_L\right)^n} rbfn\left(v_{L,s}, v_L, n\right) \\ &= JPF \frac{refn\left(v_B, m\right)}{rbfn\left(v_{L,s}, n\right)} + s \times JPF \frac{refn\left(v_B, m\right)}{rbfn\left(v_L, n\right)} \end{aligned}$$

[117] Zum mathematischen Beweis dieser Umformung siehe Anhang A.1.

$$- s \times JPF \frac{refn\left(v_B, m\right)}{rbfn\left(v_L, n\right)} \frac{1}{rbfn\left(v_{L,s}, n\right)} \frac{1}{\left(1+v_L\right)^n} rbfn\left(v_{L,s}, v_L, n\right)$$

$$= JPF \frac{refn\left(v_B, m\right)}{rbfn\left(v_{L,s}, n\right)}$$

$$\left[1 + s\frac{rbfn\left(v_{L,s}, n\right)}{rbfn\left(v_L, n\right)} - s\frac{1}{rbfn\left(v_L, n\right)} \frac{1}{\left(1+v_L\right)^n} rbfn\left(v_{L,s}, v_L, n\right)\right]$$

$$= JPF \frac{refn\left(v_B, m\right)}{rbfn\left(v_{L,s}, n\right) rbfn\left(v_L, n\right)}$$

$$\left[rbfn\left(v_L, n\right) + s \times rbfn\left(v_{L,s}, n\right) - s\frac{1}{\left(1+v_L\right)^n} rbfn\left(v_{L,s}, v_L, n\right)\right] \tag{23}$$

Da

$$rbfn\left(v_L, n\right) + s \times rbfn\left(v_{L,s}, n\right) - s\frac{1}{\left(1+v_L\right)^n} rbfn\left(v_{L,s}, v_L, n\right) = rbfn\left(v_{L,s}, n\right) \tag{24}$$

ist,[118] lässt sich Formel (23) vereinfachen zu:

$$R^{DST_{m,s}^{PF(kLZ)};v_{L,s},TS_{L,m}^{PF(kLZ)}} = JPF \frac{refn\left(v_B, m\right)}{rbfn\left(v_{L,s}, n\right)} \frac{rbfn\left(v_{L,s}, n\right)}{rbfn\left(v_L, n\right)} = JPF \frac{refn\left(v_B, m\right)}{rbfn\left(v_L, n\right)} = R. \tag{25}$$

Der Pensionsfonds kann folglich c. p. die Rente auf Basis eines in Anspar- und Rentenphase steuerfrei aufgebauten Deckungsstocks auszahlen. Offensichtlich nivelliert sich der durch die Rückstellungsbildung induzierte Steuervorteil mit der Steuerbelastung des für die Finanzierung der Leistung aufzubauenden Deckungsstocks.

$$\overbrace{\begin{array}{l} s\sum_{t=1}^{m} zdst_t^{PF(kLZ)}\left(1+v_{B,s}\right)^{m-t} + \\ s\sum_{t=m+1}^{m+n} zdst_t^{PF(kLZ)}\left(1+v_{L,s}\right)^{m-t} \end{array}}^{\substack{\text{Steuerbelastung des Deckungsstockaufbaus} \\ \text{(bewertet für t = m)}}} = \overbrace{\begin{array}{l} s\sum_{t=1}^{m} zdrs_t^{PF(kLZ)}\left(1+v_{B,s}\right)^{m-t} + \\ s\sum_{t=m+1}^{m+n} zdrs_t^{PF(kLZ)}\left(1+v_{L,s}\right)^{m-t} \end{array}}^{\substack{\text{Steuervorteil der Deckungsrückstellungsbildung} \\ \text{(bewertet für t = m)}}} \tag{26}$$

Die in der Ansparphase vom Arbeitgeber geleisteten, für ihn kostenneutralen Umwandlungsbeiträge reichen damit bei rechnungsmäßiger Verzinsung des Deckungsstocks exakt aus, um die steuerfrei berechnete Altersrente zu finanzieren.

Anzumerken ist an dieser Stelle noch, dass man den steuerfreien Aufbau des Deckungsstocks auch beweisen könnte, indem man die Gleichheit des Barwerts der Rentenzahlung nach Steuern $R \times rbfn\left(v_{L,s}, n\right)$ und des Deckungsstocks nach Steuern am Ende der Ansparphase $DST_{m,s}^{PF(kLZ)}$ zuzüglich des für diesen Zeitpunkt bewerteten Steuervorteils $TS_{L,m}^{PF(kLZ)}$ aus der Rückstellungsbildung der Rentenphase aufzeigt.

$$R \times rbfn\left(v_{L,s}, n\right) = DST_{m,s}^{PF(kLZ)} + TS_{L,m}^{PF(kLZ)} \tag{27}$$

[118] Zum mathematischen Beweis dieser Umformung siehe Anhang A.2.

Tabelle 2: Deckungsstock und Deckungsrückstellung und deren Zuführungen in der Ansparphase bei rechnungsmäßiger Verzinsung ($v = 2,75$ %)

t	1	2	5	10	15	20	25	30	35	37
Deckungsstock vor Steuern										
DST[t-1]	0,00	3,17	13,23	31,93	53,34	77,86	105,94	138,10	174,94	191,13
JPF	3,17	3,17	3,17	3,17	3,17	3,17	3,17	3,17	3,17	3,17
v*DST[t-1]	0,00	0,09	0,36	0,88	1,47	2,14	2,91	3,80	4,81	5,26
zdst[vS][t]	3,17	3,26	3,54	4,05	4,64	5,32	6,09	6,97	7,99	8,43
DST[vS][t]	3,17	6,44	16,77	35,98	57,98	83,17	112,03	145,08	182,92	199,56
Deckungsrückstellung										
DRS[t-1]	0,00	3,17	13,23	31,93	53,34	77,86	105,94	138,10	174,94	191,13
JPF	3,17	3,17	3,17	3,17	3,17	3,17	3,17	3,17	3,17	3,17
v*DRS[t-1]	0,00	0,09	0,36	0,88	1,47	2,14	2,91	3,80	4,81	5,26
zdrs[t]	3,17	3,26	3,54	4,05	4,64	5,32	6,09	6,97	7,99	8,43
DRS[t]	3,17	6,44	16,77	35,98	57,98	83,17	112,03	145,08	182,92	199,56
Deckungsstock nach Steuern										
(1-s)JPF	1,90	1,90	1,90	1,90	1,90	1,90	1,90	1,90	1,90	1,90
s*zdst[vS][t]	1,27	1,30	1,42	1,62	1,86	2,13	2,44	2,79	3,19	3,37
zdst[nS][t]	1,90	1,96	2,12	2,43	2,79	3,19	3,65	4,18	4,79	5,06
DST[nS,oTS][t]	1,90	5,13	15,36	34,36	56,12	81,05	109,59	142,29	179,73	196,19
s*zdrs[t]	1,27	1,30	1,42	1,62	1,86	2,13	2,44	2,79	3,19	3,37
DST[nS][t] = DST[t]	3,17	6,44	16,77	35,98	57,98	83,17	112,03	145,08	182,92	199,56

Diese alternative Vorgehensweise basiert, wie man leicht durch die mathematische Umstellung der Formel (23) erkennt, auf der zuvor angestellten Überlegung, dass sich die Altersrente aus dem Deckungsstock nach Steuern am Ende der Ansparphase und dem Steuervorteil der Rentenphase finanziert.

In Tabelle 2 ist ausführlich der Verlauf des Deckungsstocks und der Deckungsrückstellung bei rechnungsmäßiger Verzinsung für eine Zusage dargestellt, die der Arbeitgeber einem $x = 28$-jährigen Arbeitnehmer erteilt, der im Alter von $x + m = 65$ Jahren in den Ruhestand geht und danach noch $n = 18$ Jahre lebt. Ausgehend von dem für den Arbeitgeber kostenneutralen Umwandlungsbeitrag[119]

$$JDK = (1 + 0,5b_B)\, l = 1,2085$$

und dem Rechnungszins der Leistungszusage von $r = 6$ % verspricht der Arbeitgeber damit dem Arbeitnehmer eine Altersrente in Höhe von (vgl. Formel (3)):

$$R = JDK \frac{refn\,(r,m)}{rbfn\,(r,n)} = 1,2085 \frac{refn\,(6\ \%, 37)}{rbfn\,(6\ \%, 18)} = 14,20.$$

[119]Es wird angenommen, dass der Beitragssatz der Rentenversicherung 19,5 %, der Arbeitlosenversicherung 6,5 %, der Krankenversicherung 14 % und der Pflegeversicherung 1,7 % beträgt. Der Beitragssatz zur Sozialversicherung b_A ergibt sich damit zu 41,7 %.

Zur Finanzierung dieser Rente verlangt der Pensionsfonds in der Ansparphase nachschüssig Dotierungen des Arbeitgebers, die er unter Zugrundelegung seines Rechnungszinses $v_B = v_L = v = 2,75$ % auf die Höhe von

$$JPF = R\frac{rbfn\,(v_B, n)}{refn\,(v_L, m)} = 14,20\frac{rbfn\,(2,75\ \%, 18)}{refn\,(2,75\ \%, 37)} = 3,17$$

festlegt (vgl. Formel (8)). Diese Dotierung erhält der Pensionsfonds erstmalig zum Zeitpunkt 1. Sie stellt bei ihm eine Betriebseinnahme dar; sie ist deshalb grundsätzlich mit Steuern zu belasten und beträgt daher nach Steuern $(1 - s)\,JPF = 1,90$. Allerdings bildet der Pensionsfonds eine prospektive Deckungsrückstellung, der er zu diesem Zeitpunkt erstmalig den Dotierungsbetrag $JPF = 3,17$ zuführt. Da sich diese Zuführung zur Deckungsrückstellung (vgl. Zeile „zdrs[t]") und die Zuführung zum Deckungsstock vor Steuern (vgl. Zeile „zdst[vS][t]") für den Zeitpunkt 1 entsprechen, vereinnahmt der Pensionsfonds den Dotierungsbetrag zu diesem Zeitpunkt effektiv steuerfrei. Der Deckungsstock nach Steuern wird also zu diesem Zeitpunkt durch die Rückstellungsbildung steuerfrei aufgebaut, weswegen er dem rechnungsmäßigen Deckungsstock entspricht (vgl. Zeile „DST[nS][t] = DST[t]"). Diesen Betrag verwendet der Pensionsfonds, um Wertpapiere zu kaufen. Diese erzielen dann die rechnungsmäßige Rendite $v_B = v_L = v = 2,75$ %, sodass der Deckungsstock bis zum Zeitpunkt 2 Zinsen (vgl. Zeile „v*DST[t-1]") in Höhe von 0,09 erwirtschaftet. Sodann erhält der Pensionsfonds wiederum die vereinbarte Dotierung JPF vom Arbeitgeber. Die aus der Dotierung und Verzinsung des letztjährigen Deckungsstocks resultierende Zuführung zum Deckungsstock vor Steuern erhöht allerdings zunächst nicht den Wert des Deckungsstocks um die gesamte Höhe der Bruttozuführung, sondern nur um den nach Berücksichtigung der Steuerbelastung (vgl. Zeile „s*zdst[vS][t]") verbleibenden Teil (vgl. Zeile „zdst[nS][t]"). Der Deckungsstock nach Steuern beziffert sich damit ohne den Steuervorteil aus der Rückstellungsbildung auf 5,13 (vgl. Zeile „DST[nS,oTS][t]"). Auf Seiten der Deckungsrückstellung erhöht sich die letzte (vgl. Zeile „DRS[t-1]") auf die zu diesem Zeitpunkt bewertete Deckungsrückstellung (vgl. Zeile „DRS[t]"). Diese Zuführung zur Deckungsrückstellung ergibt sich – wie in Gleichung (12) ermittelt – aus der vom Arbeitgeber geleisteten Prämie JPF und der kalkulatorischen Verzinsung der letzten Deckungsrückstellung $v_B \times DRS_{t-1}^{PF(kLZ)}$. Der daraus resultierende Steuervorteil (vgl. Zeile „s*zdrs[t]") und die Steuerbelastung des Deckungsstockaufbaus heben sich gegeneinander auf, sodass der Deckungsstock weiterhin steuerfrei aufgebaut wird; der Deckungsstock nach Steuern und der rechnungsmäßige Deckungsstock sind daher identisch.

Dies gilt auch für den Gesamtverlauf der Ansparphase, der in der Tabelle 2 für ausgewählte Zeitpunkte dargestellt ist. Am Ende der Ansparphase steht dem Pensionsfonds damit ein Deckungsstock von 199,56 zur Deckung der Versorgungsverpflichtung zur Verfügung.

Die Darstellung der Rentenphase erfolgt in Tabelle 3. Sie unterscheidet sich von der bisher erläuterten Ansparphase dadurch, dass der Pensionsfonds Rentenzahlungen an den Begünstigten leistet und hierfür rechnungsmäßig keine weiteren Prämien vom Arbeitgeber erhält. Die

Tabelle 3: Deckungsstock und Deckungsrückstellung und deren Zuführungen in der Rentenphase bei rechnungsmäßiger Verzinsung ($v = 2,75\ \%$)

t	38	39	40	45	50	55
Deckungsstock vor Steuern						
DST[t-1]	199,56	190,84	181,89	133,27	77,59	13,82
zdst[vS][t] = v*DST[t-1]	5,49	5,25	5,00	3,66	2,13	0,38
DST[vS,vR][t]	205,05	196,09	186,89	136,93	79,73	14,20
Deckungsrückstellung						
DRS[t-1]	199,56	190,84	181,89	133,27	77,59	13,82
zdrs[t] = v*DRS[t-1]	5,49	5,25	5,00	3,66	2,13	0,38
DRS[vR][t]	205,05	196,09	186,89	136,93	79,73	14,20
Deckungsstock nach Steuern						
s*zdst[vS][t]	2,20	2,10	2,00	1,47	0,85	0,15
zdst[nS][t]	3,29	3,15	3,00	2,20	1,28	0,23
DST[nS,oTS,vR][t]	202,85	193,99	184,89	135,47	78,87	14,05
s*zdrs[t]	2,20	2,10	2,00	1,47	0,85	0,15
DST[nS,vR][t]	205,05	196,09	186,89	136,93	79,73	14,20
R	14,20	14,20	14,20	14,20	14,20	14,20
DST[nS,nR][t] = DST[t]	190,84	181,89	172,68	122,73	65,52	0,00
DRS[t]	190,84	181,89	172,68	122,73	65,52	0,00

Zuführung zum Deckungsstock vor Steuern besteht nunmehr zu einem beliebigen Zeitpunkt t ausschließlich aus den steuerpflichtigen Zinserträgen, die der Deckungsstock seit dem Zeitpunkt $t-1$ erwirtschaftet hat. Auf der Seite der Deckungsrückstellung führt ihre prospektive Bildung dazu, dass ihr in jeder Periode die kalkulatorische Verzinsung der letzten Deckungsrückstellung zugeführt wird (vgl. Formel (19)). Sie hebt die Steuerbelastung der Zinserträge vollständig auf. Die Auszahlung der Rente erfolgt effektiv erfolgsneutral, weil sich die erfolgswirksame Auflösung der Deckungsrückstellung um die Höhe der Altersrente mit dem Betriebsausgabenabzug aus der Auszahlung der Altersrente nivelliert. Der Deckungsstock und die Deckungsrückstellung vor Auszahlung der Rente (vgl. Zeilen „DST[nS,vR][t]“ und „DRS[vR][t]“) verringert sich anschließend um die Auszahlung der Rente (vgl. Zeilen „DST[nS,nR][t] = DST[t]“ und „DRS[t]“). Der Deckungsstock nach Steuern und Auszahlung der Altersrente „DST[nS,nR][t]“ und der rechnungsmäßige Deckungsstock „DST[t]“ sind dabei wie schon in der Ansparphase durch den weiterhin steuerfrei erfolgenden Aufbau des Deckungsstocks identisch. Zum Schlussalter im Zeitpunkt 55 ist der Deckungsstock vor Auszahlung der letzten Rente folglich gerade so hoch dotiert, dass der Pensionsfonds die fällige Rente genau finanzieren kann.
Wie bereits in der allgemeinen Beweisführung belegt wurde, bestätigen somit auch die Tabellen 2 und 3, dass die Leistung der steuerfrei kalkulierten Rente vom Pensionsfonds rechnungsmäßig erfüllt wird.

Hätte man auf die ausführliche, periodische Darstellung der Entwicklung von Deckungsstock und Deckungsrückstellung verzichten wollen, so hätte man den Umfang der beiden Tabellen auf die zahlungsrelevanten Größen reduzieren können: Übrig bliebe dann der mit Steuern belastete Umwandlungsbeitrag und der Steuervorteil aus der Rückstellungsbildung (vgl. Formeln (9), (15) und (22)), anhand derer bereits in der Untersuchung allgemein der steuerfreie Aufbau des Deckungsstocks abgeleitet wurde. In den Tabellen 4 und 5 sind die Werte für ausgewählte Zeitpunkte aufgeführt.

Tabelle 4: Deckungsstock nach Steuern und Steuervorteil der Ansparphase in $t = m$ bei rechnungsmäßiger Verzinsung ($v = 2,75\,\%$)

t	1	2	5	10	15	20	25	30	35	37	Summe
$(1-s)JPF$	1,90	1,90	1,90	1,90	1,90	1,90	1,90	1,90	1,90	1,90	
$(1-s)JPF(1+v_s)^{(m-t)}$	3,43	3,38	3,22	2,96	2,73	2,52	2,32	2,14	1,97	1,90	96,08
$s * zdrs_t$	1,27	1,30	1,42	1,62	1,86	2,13	2,44	2,79	3,19	3,37	
$s * zdrs_t(1+v_s)^{(m-t)}$	2,29	2,31	2,39	2,52	2,66	2,81	2,96	3,13	3,30	3,37	103,48

Tabelle 5: Steuervorteil der Rentenphase in $t = m$ bei rechnungsmäßiger Verzinsung ($v = 2,75\,\%$)

t	38	39	40	45	50	55	Summe
$s * zdrs_t$	2,20	2,10	2,00	1,47	0,85	0,15	
$s * zdrs_t(1+v_s)^{(m-t)}$	2,16	2,03	1,90	1,29	0,69	0,11	20,10

Wie daraus hervorgeht, beträgt der aus der Finanzanlage des periodischen Dotierungsbetrags nach Steuern $(1-s)\,JPF = 1,90$ finanzierte Deckungsstock 96, 08 (vgl. Zelle „$(1-s)JPF(1+v_s)^{(m-t)}$, Summe" in Tabelle 4). Der Steuervorteil aus der Rückstellungsbildung der Ansparphase beziffert sich auf $TS_{B,m}^{PF(kLZ)} = 103,48$ (vgl. Zelle „$s * zdrs_t(1+v_s)^{(m-t)}$, Summe" in Tabelle 4). Zusammen führen sie zu einem Deckungsstock nach Steuern in Höhe von $DST_{m,s}^{PF(kLZ)} = DST_{m,s}^{JPF} + TS_{B,m}^{PF(kLZ)} = 96,08 + 103,48 = 199,56$.[120] Der Steuervorteil aus der Rentenphase der Pensionszusage beträgt zu Beginn der Rentenphase zum Zeitpunkt m $TS_{L,m}^{PF(kLZ)} = 20,10$ (vgl. Zelle „$s * zdrs_t(1+v_s)^{(m-t)}$, Summe" in Tabelle 5).
Insgesamt addieren sich der Wert aus der Finanzanlage des mit Steuern belasteten Umwandlungsbeitrags und der Steuervorteil aus der Rückstellungsbildung zu:

$$DST_{m,s}^{JPF} + TS_{B,m}^{PF(kLZ)} + TS_{L,m}^{PF(kLZ)} = DST_{m,s}^{PF(kLZ)} + TS_{L,m}^{PF(kLZ)} = 199,56 + 20,10 = 219,66.$$

Dies entspricht genau dem Barwert nach Steuern der Rentenzusage von:

$$R \times rbfn\,(v_{L,s}, n) = 14,20 \times 15,46 = 219,66.$$

Die beiden Finanzierungsquellen – die Finanzanlage der Dotierungen während der Ansparphase und der Steuervorteil aus der Rückstellungsbildung – ergeben also exakt die Rentenleistung

[120] Vgl. auch Zelle „DST[nS][t] = DST [t], t = 37" in Tabelle 2.

des Arbeitgebers (vgl. Formel (23)).

$$\frac{DST_{m,s}^{JPF}}{rbfn\left(v_{L,s},n\right)}+\frac{TS_{B,m}^{PF(kLZ)}}{rbfn\left(v_{L,s},n\right)}+\frac{TS_{L,m}^{PF(kLZ)}}{rbfn\left(v_{L,s},n\right)}=\frac{DST_{m,s}^{PF(kLZ)}}{rbfn\left(v_{L,s},n\right)}+\frac{TS_{L,m}^{PF(kLZ)}}{rbfn\left(v_{L,s},n\right)}$$
$$=\frac{199,56}{15,46}+\frac{20,10}{15,46}=14,20$$

Sowohl die ausführliche, periodische als auch die periodenübergreifende, auf die zahlungsrelevanten Größen reduzierte Darstellung zeigen damit auf, dass der Deckungsstock des Pensionsfonds steuerfrei aufgebaut wird. Der Pensionsfonds deckt damit die Versorgungsverpflichtung bei rechnungsmäßiger Verzinsung ab.
Die Ursache für die effektive Steuerfreiheit des Deckungsstockaufbaus des Pensionsfonds bei rechnungsmäßiger Verzinsung wurde durch die ausführliche periodische Darstellung auf besonders anschauliche Weise offen gelegt: Die periodischen Zuführungen zum Deckungsstock vor Steuern, die zu einer entsprechenden Steuerbelastung des Pensionsfonds führen, werden durch die äquivalenten steuerentlastenden Zuführungen zur Deckungsrückstellung ausgeglichen.
Wie in Gleichung (11) gezeigt, lässt sich die prospektive Bildung der Deckungsrückstellung in eine retrospektive umwandeln. Die Ursache für die identische Zuführung

$$zdst_t^{PF(kLZ)}=zdrs_t^{PF(kLZ)} \tag{28}$$

mit

$$zdst_t^{PF(kLZ)}=zdrs_t^{PF(kLZ)}=\begin{cases} JPF\left(1+r\right)^{t-1} & ;\ B \\ v\times R\times rbfn\left(v,m+n-t+1\right) & ;\ L \end{cases}, \tag{29}$$

und die damit verbundene periodische Übereinstimmung des rechnungsmäßigen Deckungsstocks mit der Deckungsrückstellung

$$DST_t^{PF(kLZ)}=DRS_t^{PF(kLZ)}=\begin{cases} JPF\times refn\left(v_B,t\right) & ;\ B \\ R\times rbfn\left(v_L,m+n-t\right) & ;\ L \end{cases} \tag{30}$$

ist folglich darauf zurückzuführen, dass der Rechnungszins des Deckungsstocks und der Rechnungszins der Deckungsrückstellung, die der Pensionsfonds zur Bestimmung des Beitrags- und Leistungsverhältnisses unterstellt, gleich sind.

$$v_B;v_L\left(DST\right)=v_B;v_L\left(DRS\right) \tag{31}$$

Der Deckungsstock entwickelt sich also summa summarum genau dann rechnungsmäßig und deckt daher die Versorgungsverpflichtung voll ab, wenn

1. die Rechnungsgrundlagen bei Deckungsstock und Deckungsrückstellung identisch sind, d. h. der rechnungsmäßige Deckungsstock der Deckungsrückstellung entspricht, und

2. diese Rechnungsgrundlagen, hier die rechnungsmäßige Verzinsung, im Verlauf der Pensionszusage eintreffen.

Eine Berücksichtigung von Steuern ist damit im Modell eines Pensionsfonds mit klassischer Leistungszusage nicht notwendig, sofern der Deckungsstock eine Vorsteuerrendite in Höhe des Rechnungszinses erwirtschaftet.

5.2.3.1.3 Außerrechnungsmäßige Renditen

Die Dotierung des Pensionsfonds mit klassischer Leistungszusage in Höhe von JPF impliziert, dass der Pensionsfonds die Altersrente des Arbeitnehmers nicht erst bei der Erwirtschaftung der vom Arbeitgeber unterstellten Rendite von $r = 6$ %, sondern bereits bei der rechnungsmäßigen Rendite des Pensionsfonds in Höhe von $v_R = v_L = v = 2,75$ % finanzieren kann. Sollte der Pensionsfonds daher eine Verzinsung über $v = 2,75$ % erwirtschaften, entstehen Überschüsse vor Steuern. Sie werden vom Pensionsfonds periodisch direkt an den Arbeitgeber zurückgezahlt (Prämienrückgewähr),[121] um eine Steuerpflicht zu vermeiden. Nach ihrer Auszahlung besteht deshalb zu jedem Zeitpunkt ein Deckungsstock in Höhe des rechnungsmäßigen Deckungsstocks. Somit beträgt die periodische Vergütung von Überschüssen des Pensionsfonds an den Arbeitgeber in Abhängigkeit von der Höhe der Verzinsung i:

$$z_t^{PF(kLZ)} = (i - v)DST_{t-1}^{PF(kLZ)}. \tag{32}$$

Der letztjährige rechnungsmäßige Deckungsstock $DST_{t-1}^{PF(kLZ)}$ ergibt sich in der Ansparphase als Endwert des auf diesen Zeitpunkt $t-1$ mit dem rechnungsmäßigen Zinssatz $v = 2,75$ % aufgezinsten periodischen Dotierungsbetrags JPF zu:[122]

$$DST_{t-1}^{PF(kLZ)} = JPF \times refn\,(v, t-1)\,. \tag{33}$$

In der Rentenphase beläuft er sich auf den Barwert der künftigen Rentenzahlungen.

$$\begin{aligned} DST_{t-1}^{PF(kLZ)} &= R \times rbfn\,(v, m+n-t+1) \\ &= \frac{1}{v}R\left[1-(1+v)^{t-1-m-n}\right] \end{aligned} \tag{34}$$

Der periodische Überschuss ergibt sich in der Anspar- und Rentenphase folglich zu:

$$z_t^{PF(kLZ)} = (i - v)DST_{t-1}^{PF(kLZ)}$$

[121] Die Anrechnung der Überschüsse auf die künftigen Dotierungen des Trägerunternehmens (Prämienanrechnung) ist gegenüber der Prämienrückgewähr suboptimal; einbehaltene Überschüsse erwirtschaften im Pensionsfonds voll steuerpflichtige Erträge, während Überschüsse, die an das Trägerunternehmen transferiert werden, je nach Anlage zumindest teilweise steuerfrei verzinst werden.

[122] Eine Differenzierung zwischen dem Rechnungszins der Anspar- und Rentenphase unterbleibt im Rahmen der Modellierung der Überschüsse. Die Differenzierung im Kapitel zuvor wurde im Hinblick auf die an späterer Stelle erfolgende Modellierung der Beitragszusage mit Mindestleistung vorgenommen.

$$= \begin{cases} (i-v)JPF \times refn\,(v, t-1) & ; \; B \\ \frac{i-v}{v} R\left[1-(1+v)^{t-1-m-n}\right] & ; \; L \end{cases}. \tag{35}$$

Von der Möglichkeit, dass der Pensionsfonds die Garantierendite $v = 2,75\ \%$ nicht erwirtschaftet und daher Nachschusszahlungen leisten muss, wird abgesehen.

5.2.3.2 Beitragsdotierte Leistungszusage

5.2.3.2.1 Dotierung des Pensionsfonds

Bei dieser Gestaltungsmöglichkeit des Pensionsfonds legt der Arbeitgeber die periodische Dotierung auf die Höhe des Umwandlungsbeitrags JDK fest. Diesen kann er dem Pensionsfonds leisten, ohne gegenüber der alternativen Lohnauszahlung einen höheren Beitrag aufbringen zu müssen. Der Pensionsfonds übernimmt dann für einen Teil der vom Arbeitgeber versprochenen Rentenleistung eine versicherungsförmige Garantie, den er auf Basis des Rechnungszinses von $v = 2,75\ \%$ und des Dotierungsbetrags JDK auf

$$R^g = JDK \frac{refn\,(v,m)}{rbfn\,(v,n)} \tag{36}$$

fixiert. Da der Arbeitgeber dem Arbeitnehmer eine Rente verspricht, die nicht nur eine Verzinsung der Beiträge JDK in Höhe des Rechnungszinses des Pensionsfonds von $v = 2,75\ \%$, sondern eine Gesamtverzinsung von $r = 6\ \%$ garantiert, setzt er mit dem Pensionsfonds vertraglich fest, dass die gesamten Überschüsse, die im Deckungsstock bei Erwirtschaftung eines Zinssatzes über $v = 2,75\ \%$ entstehen, solange zu einer Erhöhung des Rentenanspruchs des Arbeitnehmers verwendet werden, bis der Pensionsfonds die gesamte vom Arbeitgeber versprochene Rentenhöhe R versicherungsförmig garantieren kann.[123]

5.2.3.2.2 Steuerfreier Aufbau des Deckungsstocks durch die Bildung der Deckungsrückstellung bei rechnungsmäßiger Verzinsung?

Bei einer beitragsdotierten Leistungszusage des Pensionsfonds muss danach differenziert werden, welche Leistungsbestandteile der Fonds versicherungsförmig garantiert und für welche Bestandteile er eine solche Garantie nicht übernimmt. Für Leistungsbestandteile, die er versicherungsförmig garantiert, bildet er eine prospektive, für solche, die er nicht garantiert, eine retrospektive Deckungsrückstellung.[124]

Von der klassischen unterscheidet sich die beitragsdotierten Leistungszusage durch die Rentenhöhe, für die der Pensionsfonds eine versicherungsförmige Garantie übernimmt. Der für die klassische Leistungszusage nachgewiesene steuerfreie Aufbau des Deckungsstocks durch eine prospektive Deckungsrückstellungsbildung gilt hier also analog für den Teil des Deckungsstocks, der die versicherungsförmig garantierte Rentenhöhe finanziert.

[123] Vgl. Kapitel 3.2.2.2.1.
[124] Vgl. Kapitel 3.2.2.2.1.

Der Pensionsfonds kann für erwirtschaftete Überschüsse solange eine retrospektive Rückstellung bilden, bis diese ausreichen, um die gesamte Altersrente R des Arbeitnehmers versicherungsförmig garantieren zu können. Zu diesem Zeitpunkt erreicht sie ihre maximale Höhe. Für darüber hinausgehende Überschüsse darf der Pensionsfonds keine retrospektive Rückstellung bilden, weshalb diese für ihn einen steuerpflichtigen Gewinn darstellen. Da sie an den Arbeitgeber ausbezahlt werden, entspricht im Modell der zeitpunktbezogene Deckungsstock dem Volumen nach der Summe aus der prospektiven und retrospektiven Deckungsrückstellung (vgl. Tabelle 6).

Tabelle 6: Deckungsstock, prospektive und retrospektive Deckungsrückstellung

Aktiva	Passiva
Deckungsstock	prospektive Deckungsrückstellung
	retrospektive Deckungsrückstellung

Der Pensionsfonds mit beitragsdotierter Leistungszusage baut daher den Deckungsstock zur Finanzierung der Altersrente R – bei der aus Sicht des Arbeitgebers rechnungsmäßigen Verzinsung ($r = 6$ %) – wie der Pensionsfonds mit klassischer Leistungszusage steuerfrei auf.[125] Der Deckungsstock, der den garantierten Leistungsbestandteil R^g der Altersrente finanziert, wird durch eine prospektive Deckungsrückstellung und der darüber hinausgehende Teil des Deckungsstocks, der den verbleibenden Teil $R - R^g$ der Altersrente des Arbeitnehmers deckt, wird durch eine retrospektive Deckungsrückstellung vor einer Besteuerung geschützt.

5.2.3.2.3 Außerrechnungsmäßige Renditen

Aufgrund der vertraglichen Regelung mit dem Arbeitgeber akkumuliert der Pensionsfonds mit beitragsdotierter Leistungszusage Überschüsse bis zu dem Zeitpunkt, zu dem er durch die bisherige Verzinsung i der Deckungsmittel für die Altersrente R eine versicherungsförmige Garantie übernehmen kann. Da der Pensionsfonds die Überschüsse bis zu diesem Zeitpunkt durch eine entsprechende Rückstellungsbildung steuerfrei vereinnahmt, ergibt sich der Deckungsstock zu:[126]

$$DST_t^{PF(bLZ),i} = \begin{cases} JDK \times refn\,(i,t) & ; \; B \\ JDK \times refn\,(i,m)\,(1+i)^{t-m} - R \times refn\,(i,t-m) & ; \; L \end{cases} . \tag{37}$$

[125] Dies gilt somit auch grundsätzlich für andere Gestaltungsalternativen des Pensionsfonds, sofern sich der Deckungsstock mit der für die jeweilige Gestaltungsalternative rechnungsmäßigen Rendite verzinst.

[126] Der Deckungsstock bei steuerfreier Vereinnahmung der Rendite $i > r$ ergibt sich bspw. für $t = 40$ zu:

$$\begin{aligned} DST_t^{PF(bLZ),i} &= \{[JDK \times refn\,(i,m)\,(1+i) - R]\,(1+i) - R\}\,(1+i) - R \\ &= JDK \times refn\,(i,m)\,(1+i)^3 - R\,(1+i)^2 - R\,(1+i) - R \\ &= JDK \times refn\,(i,m)\,(1+i)^3 - R\left[(1+i)^2 + (1+i) + 1\right] \\ &= JDK \times refn\,(i,m)\,(1+i)^3 - R \times refn\,(i,3) \end{aligned}$$

Für einen beliebigen Zeitpunkt der Rentenphase ergibt sich daher die in Formel (37) angegebene Höhe des Deckungsstocks bei steuerfreier Vereinnahmung der Rendite $i > r$.

Der für den Pensionsfonds durch die prospektive und retrospektive Deckungsrückstellung maximal steuerfrei akkumulierbare Deckungsstock $DST_t^{PF(bLZ),\max}$ – mit diesem kann er zum Zeitpunkt t eine versicherungsförmige Garantie für die gesamte Altersrente übernehmen – basiert auf dem Garantiezins $v = 2,75$ % und berechnet sich als Barwert der Rente abzüglich des Barwerts der vom Arbeitgeber noch rechnungsmäßig zu entrichtenden Beiträge zu:

$$\begin{aligned} DST_t^{PF(bLZ),\max} &= DRS_t^{PF(bLZ),\max} \\ &= \begin{cases} R \times rbfn\,(v,n)\,(1+v)^{t-m} - JDK \times rbfn\,(v,m-t) & ; B \\ R \times rbfn\,(v,m+n-t) & ; L \end{cases} \\ &= R \begin{cases} \left[rbfn\,(v,n)\,(1+v)^{t-m} - \frac{rbfn(r,n)}{refn(r,m)} rbfn\,(v,m-t)\right] & ; B \\ rbfn\,(v,m+n-t) & ; L \end{cases} . \end{aligned} \tag{38}$$

Wenn dieser Deckungsstock im Verlauf der Pensionszusage erstmals erreicht wird, wird der Teil des Überschusses, der ihn überragt, direkt dem Arbeitgeber ausbezahlt.

$$z_t^{PF(bLZ)} = \begin{matrix} (1+i)\,DST_{t-1}^{PF(bLZ),i} \\ -DST_t^{PF(bLZ),\max} \end{matrix} \quad ; \quad \begin{matrix} DST_{t-1}^{PF(bLZ),i} < DST_{t-1}^{PF(bLZ),\max} \wedge \\ DST_t^{PF(bLZ),\max} < DST_t^{PF(bLZ),i} \end{matrix} \tag{39}$$

Nach diesem Zeitpunkt werden dann sämtliche Überschüsse, die der Deckungsstock erwirtschaftet, dem Arbeitgeber gutgeschrieben.

$$z_t^{PF(bLZ)} = (i-v)\,DST_{t-1}^{PF(bLZ),i} \quad ; \quad DST_{t-1}^{PF(bLZ),i} \geq DST_{t-1}^{PF(bLZ),\max} \tag{40}$$

Insgesamt ergeben sich daher Überschusszahlungen des Pensionsfonds an den Arbeitgeber von:

$$z_t^{PF(bLZ)} = \begin{cases} \begin{matrix} (1+i)\,DST_{t-1}^{PF(bLZ),i} \\ -DST_t^{PF(bLZ),\max} \end{matrix} & ; \begin{matrix} DST_{t-1}^{PF(bLZ),i} < DST_{t-1}^{PF(bLZ),\max} \wedge \\ DST_t^{PF(bLZ),\max} < DST_t^{PF(bLZ),i} \end{matrix} \\ (i-v)\,DST_{t-1}^{PF(bLZ),\max} & ; DST_{t-1}^{PF(bLZ),i} \geq DST_{t-1}^{PF(bLZ),\max} \end{cases} . \tag{41}$$

Sollte dagegen der Pensionsfonds eine Rendite unter dem rechnungsmäßigen Zinssatz des Arbeitgebers von $r = 6$ % erzielen, so wird vertraglich des Weiteren vereinbart, dass der Arbeitgeber periodisch Beiträge nachschießt, soweit der Pensionsfonds diese Rendite r nicht erreicht hat. Um die Deckungslücke zum aus Sicht des Arbeitgebers rechnungsmäßigen Deckungsstock

$$DST_t^{PF(bLZ)} = \begin{cases} JDK \times refn\,(r,t) & ; B \\ R \times rbfn\,(r,m+n-t) & ; L \end{cases} \tag{42}$$

zu schließen, ergeben sich somit Nachschusszahlungen des Arbeitgebers an den Pensionsfonds von:

$$z_t^{PF(bLZ)} = (i-r)\,DST_{t-1}^{PF(bLZ)}. \tag{43}$$

5.3 Direktzusage

5.3.1 Beitrag des Arbeitgebers

Der Arbeitgeber leistet im Rahmen der Direktzusage, wie bei der Durchführung über den Pensionsfonds, den Umwandlungsbeitrag JDK, der die durch die betriebliche Altersversorgung gesparten Bruttobarlohnzahlungen einschließlich deren Sozialabgaben umfasst.

$$JDK = (1 + 0,5b_B)\, l \tag{44}$$

Der Umwandlungsbeitrag wird dabei in dieser Höhe festgelegt, um zu einem späteren Zeitpunkt den Vergleich zwischen der Direktzusage und dem Pensionsfonds zu ermöglichen.[127]

5.3.2 Höhe der Leistung

Der Arbeitgeber verspricht dem Arbeitnehmer Rentenleistungen, die er auf Basis des hierfür in der Literatur üblichen und auch im Rahmen der Modellierung des Pensionsfonds bereits verwendeten Zinssatzes von $r = 6\ \%$ festgelegt. Somit beläuft sich die bei der Direktzusage versprochene Altersrente, wie im Fall des Pensionsfonds, auf:

$$R = JDK \frac{refn\,(r,m)}{rbfn\,(r,n)}. \tag{45}$$

5.3.3 Teilwertverfahren nach § 6a EStG

Die Pensionszusage stellt eine Verbindlichkeit gegenüber dem Versorgungsberechtigten dar, deren Höhe am Bilanzstichtag noch unbekannt ist. Der Arbeitgeber ist daher verpflichtet, eine Pensionsrückstellung nach dem sogenannten Teilwertverfahren gemäß § 6a EStG zu bilden.
Vor Eintritt des Versorgungsfalls darf die Rückstellung erstmals für das Jahr gebildet werden, in dem die Pensionszusage erteilt wird, frühestens jedoch für das Jahr, in dem der Arbeitnehmer das 28. Lebensjahr vollendet oder für das Jahr, in dem die Pensionsanwartschaft unverfallbar wird.
Der Teilwert der Pensionsrückstellung ist in der Ansparphase als Barwert der künftigen Versorgungsleistungen R abzüglich gleichbleibender Jahresbeträge definiert. Diese sind so zu bemessen, dass ihr Barwert zu Beginn des Dienstverhältnisses im Alter x des Arbeitnehmers gleich dem Barwert der künftigen Versorgungsleistungen ist; der Jahresbetrag JB ergibt sich folglich

[127] Ob der Arbeitgeber diesen Betrag JDK bei der Direktzusage kostenneutral leistet, wie dies im Rahmen des externen Pensionsfonds der Fall ist, lässt sich ohne weiteres nicht beantworten. Dies liegt darin begründet, dass der Umwandlungsbeitrag, den der Arbeitgeber bei der Direktzusage an den internen Pensionsfonds leistet, grundsätzlich nicht – im Gegensatz zu einer solchen Leistung an einen externen Pensionsfonds – als Betriebsausgabe abzugsfähig ist. Allerdings muss der Arbeitgeber eine Pensionsrückstellung bilden, die die jährliche Zuführung eines konstanten und als Betriebsausgabe abzugsfähigen Jahresbetrags impliziert. In steuerlicher Hinsicht ist dieser Jahresbetrag somit das Pendant zur abzugsfähigen Beitragszahlung an einen externen Pensionsfonds. Die Höhe des Jahresbetrags ist allerdings abhängig von den bei der Pensionszusage zugrunde gelegten Annahmen und entspricht somit nicht unbedingt der Beitragszahlung an einen externen Pensionsfonds.

als Annuität aus dem zum Zeitpunkt m ermittelten Rentenbarwert.[128] Als Rechnungszins ist ein Zinssatz in Höhe von $r = 6$ % vorgeschrieben.

$$JB \times rbfn\,(r,m) = R \times rbfn\,(r,n)\,(1+r)^m \Rightarrow \tag{46}$$

$$JB = R\frac{rbfn\,(r,n)}{refn\,(r,m)} \tag{47}$$

Bei einem Beginn des Dienstverhältnisses im Alter $x \geq 28$ Jahren des Arbeitnehmers zum Zeitpunkt $t = 0$ der Pensionszusage ergibt sich daher der Teilwert der Pensionsrückstellung als:

$$\begin{aligned} PRS_t &= \sum_{\tau=m+1}^{m+n} R(1+r)^{m-\tau}(1+r)^{t-m} - \sum_{\tau=t+1}^{m} JB(1+r)^{t-m} \\ &= R \times rbfn\,(r,n)\,(1+r)^{t-m} - JB \times rbfn\,(r,m-t) \\ &= JB \times refn\,(r,t)\,. \end{aligned} \tag{48}$$

Die Zuführung zur letztjährigen Pensionsrückstellung ergibt sich in der Ansparphase aus dem konstanten Jahresbetrag und der kalkulatorischen Verzinsung der letztjährigen Pensionsrückstellung.[129]

$$zprs_t = JB + r \times PRS_{t-1} \tag{49}$$

Diese Gleichung lässt sich mit der Beziehung (48) vereinfachen zu:[130]

$$\begin{aligned} zprs_t &= JB + r \times PRS_{t-1} \\ &= JB + r \times JB\frac{(1+r)^{t-1}-1}{r} \\ &= JB\,(1+r)^{t-1}\,. \end{aligned} \tag{50}$$

In der Rentenphase ist der Teilwert der Pensionsverpflichtung der Barwert der künftigen Rentenleistungen

$$PRS_t = R \times rbfn\,(r,m+n-t)\,, \tag{51}$$

woraus sich die periodische Zuführung zur Pensionsrückstellung errechnen lässt als:[131]

$$zprs_t = r \times PRS_{t-1}. \tag{52}$$

Unter Berücksichtigung der Formel (51) lässt sich Gleichung (52) umformen zu:

$$zprs_t = r \times R \times rbfn\,(r,m+n-t+1)\,. \tag{53}$$

[128] Vgl. z. B. *Drukarczyk* (1993), S. 512 f.
[129] Vgl. z. B. *Brassat / Kiesewetter* (2003), S. 1059.
[130] Vgl. z. B. *Dirrigl* (1997), S. 69.
[131] Vgl. z. B. *Brassat / Kiesewetter* (2003), S. 1059.

5.3.4 Steuerfreier Aufbau des Deckungsstocks durch die Bildung der Pensionsrückstellung bei rechnungsmäßiger Verzinsung?

Da der Arbeitgeber die Höhe der Rentenleistungen auf Basis der Vorsteuerrendite von $r = 6\ \%$ kalkuliert, stellt sich nun die Frage – wie im Fall des externen Pensionsfonds –, ob der Deckungsstock bei Erwirtschaftung einer Vorsteuerverzinsung in Höhe der rechnungsmäßigen Verzinsung effektiv steuerfrei aufgebaut wird. Hierzu müsste die Bildung der Pensionsrückstellung nach § 6a EStG den Aufbau des Deckungsstocks vor dessen Besteuerung schützen. Andernfalls entstehen für den Arbeitgeber Kosten.

Die Pensionsrückstellungsbildung nach § 6a EStG setzt an der Höhe der Versorgungsleistung an und ist daher allgemein als prospektives Verfahren zur Ermittlung der Rückstellung zu qualifizieren.[132] Um eine Aussage über die Möglichkeit eines steuerfreien Aufbaus des Deckungsstocks zu treffen, bietet es sich daher an, sich nochmals die Bedingungen zu vergegenwärtigen, unter denen der Pensionsfonds mit klassischer Leistungszusage, der Deckungsrückstellungen ausschließlich nach dem prospektiven Verfahren ermittelt, den Deckungsstock steuerfrei aufbauen kann. Wie abgeleitet wurde, beruht dies darauf, dass der Rechnungszins des Deckungsstocks, mit dem der Pensionsfonds das Verhältnis zwischen dem Dotierungsbeitrag JPF und der Altersrente R festlegt, dem Rechnungszins der Deckungsrückstellung entspricht. Die Zuführungen zum rechnungsmäßigen Deckungsstock $zdst_t^{PF(kLZ)}$ und die Zuführungen zur Deckungsrückstellung $zdrs_t^{PF(kLZ)}$ entsprechen sich dann, woraus eine identische Entwicklung des rechnungsmäßigen Deckungsstocks und der Deckungsrückstellung resultiert.

Wenn man nun auf dieser Grundlage die Steuerfreiheit des Deckungsstockaufbaus des internen Pensionsfonds prüfen will, ist zunächst der Frage nachzugehen, ob einerseits der rechnungsmäßige Deckungsstock und andererseits die Rückstellung des internen Pensionsfonds nach den Verfahren aufgebaut werden, die denjenigen des externen Pensionsfonds mit klassischer Leistungszusage entsprechen. Wäre dies gegeben, stimmten der rechnungsmäßige Deckungsstock und die Rückstellung des internen Pensionsfonds jeweils mit dem rechnungsmäßigen Deckungsstock und der Rückstellung des externen Pensionsfonds zu jedem Zeitpunkt überein, sofern man bei beiden jeweils denselben Rechnungszinssatz für die Bildung des Deckungsstocks und der Rückstellung unterstellt. Die Folge daraus wäre, dass der grundsätzlich steuerpflichtige Deckungsstockaufbau bei rechnungsmäßiger Verzinsung durch die Bildung der Pensionsrückstellung effektiv steuerfrei gestaltet werden kann.
Was die Bildung des Deckungsstocks anbelangt, so macht der Arbeitgeber im Rahmen der Direktzusage nicht von der zusätzlichen Möglichkeit Gebrauch, liquide Mittel zur Finanzierung seines Geschäftsbetriebs zu verwenden.[133] Interner und externer Pensionsfonds werden somit gleichermaßen auf Basis ihrer Rechnungsgrundlagen voll dotiert, das Verfahren ist damit bei beiden identisch.

---

[132] Vgl. *Hör* (2000), S. 62.
[133] Vgl. Kapitel 2.3.

Ebenfalls ist das Verfahren zur Bildung der Deckungsrückstellung und der Pensionsrückstellung unter den getroffenen Modellannahmen identisch,[134] wobei auf die Besonderheiten der Bildung der Pensionsrückstellung nach § 6a EStG, bei deren Berechnung insbesondere auf die Erteilungsfiktion im Alter von 28 Jahren und auf einen fiktiv gleichbleibenden Jahresbetrag abgestellt wird, in den Kapiteln 5.5.2 und 5.5.3 eingegangen wird.

Der einzige Unterschied zwischen der Höhe des rechnungsmäßigen Deckungsstocks bzw. der Deckungsrückstellung des externen Pensionsfonds mit klassischer Leistungszusage und des rechnungsmäßigen Deckungsstocks bzw. der Pensionsrückstellung des internen Pensionsfonds besteht demnach darin, dass sie auf der Verwendung unterschiedlicher Rechnungszinssätze basieren. Mathematisch ausgedrückt wird die Höhe des rechnungsmäßigen Deckungsstocks und der Rückstellung des internen Pensionsfonds aus der Höhe des rechnungsmäßigen Deckungsstocks und der Rückstellung des externen Pensionsfonds mit klassischer Leistungszusage durch den Austausch des Parameters v durch den Parameter r erzielt. Ausgehend vom rechnungsmäßigen Deckungsstock und der Deckungsrückstellung (vgl. Formel (30))

$$\begin{aligned} DST_t^{PF(kLZ)} &= DRS_t^{PF(kLZ)} \\ &= \begin{cases} JPF \times refn\,(v_B, t) & ;\ B \\ R \times rbfn\,(v_L, m+n-t) & ;\ L \end{cases} \\ &= R \begin{cases} \frac{rbfn(v,n)}{refn(v,m)} refn\,(v_B, t) & ;\ B \\ rbfn\,(v_L, m+n-t) & ;\ L \end{cases} \end{aligned}$$

des Pensionsfonds mit klassischer Leistungszusage beläuft sich der rechnungsmäßige Deckungsstock bzw. die Pensionsrückstellung des internen Pensionsfonds somit auf:

$$\begin{aligned} DST_t^{DZ} &= PRS_t \\ &= R \begin{cases} \frac{rbfn(r,n)}{refn(r,m)} refn\,(r, t) & ;\ B \\ rbfn\,(r, m+n-t) & ;\ L \end{cases} \\ &= \begin{cases} JDK \times refn\,(r, t) & ;\ B \\ R \times rbfn\,(r, m+n-t) & ;\ L \end{cases} . \end{aligned} \tag{54}$$

Die Höhe der Pensionsrückstellung wurde dabei bereits in den Gleichungen (48) und (51) abgeleitet. Da sich beim externen Pensionsfonds mit klassischer Leistungszusage die auf Basis des Zinssatzes v (bzw. v_B und v_L) jeweils abgeleiteten Zuführungen zum Deckungsstock $zdst_t^{PF(kLZ)}$ und die Zuführungen zur Deckungsrückstellung $zdrs_t^{PF(kLZ)}$ entsprechen, müssen auch im Rahmen der Direktzusage c. p. die jeweils auf Basis des Zinssatzes r ermittelten rechnungsmäßigen Zuführungen zum Deckungsstock $zdst_t^{DZ}$ und die Zuführungen zur Pensionsrückstellung nach § 6a EStG $zprs_t$ identisch sein. Der interne Pensionsfonds baut daher c. p. wie der externe Pensionsfonds den Deckungsstock durch die Bildung einer Rückstellung steuerfrei auf.

[134] Vgl. insbesondere für den Pensionsfonds mit klassischer Leistungszusage die Formeln (10) bis (12), (18), (19) und für den internen Pensionsfonds die Formeln (47) bis (53).

Da

1. der Rechnungszins des externen Pensionsfonds ($v_B = v_L = v = 2,75$ %) vom Rechnungszins der Direktzusage ($r = 6$ %) abweicht und sich daher für den internen Pensionsfonds eine unterschiedliche Dotierungshöhe ergibt und

2. die Besonderheiten des Teilwertverfahrens – die Erteilungsfiktion im Alter von 28 Jahren und der fiktiv gleichbleibende Jahresbetrag – im weiteren Verlauf der Analyse untersucht werden,

wird an dieser Stelle zusätzlich der formale Weg aufgezeigt, der den steuerfreien Aufbau des Deckungsstocks nachweist. Es erfolgt lediglich eine kurze Erläuterung der Rechenschritte, weil dieser ausführlich im Rahmen des externen Pensionsfonds mit klassischer Leistungszusage im Kapitel 5.2.3.1.2 beschrieben wurde.

Der Arbeitgeber legt zur Deckung der Pensionsverpflichtung einen internen Pensionsfonds an, welchen er vor Steuern mit dem Umwandlungsbeitrag JDK dotiert. Diesen muss der Arbeitgeber aus grundsätzlich steuerbelasteten Gewinnen finanzieren, weil er im Gegensatz zur Durchführung über einen externen Pensionsfonds nicht unmittelbar zu einem Betriebsausgabenabzug führt. Der Umwandlungsbeitrag nach Steuern $(1-s)\,JDK$ erwirtschaftet periodisch die vom Arbeitgeber bei der Umrechnung des Umwandlungsbeitrags JDK in die Rentenhöhe R unterstellte Vorsteuerverzinsung r, von der zudem angenommen wird, dass der Arbeitgeber die aus ihr resultierenden Zinsen vollständig als Ertrag versteuern muss.[135] Der Deckungsstock nach Steuern, der aus der Anlage des periodischen Umwandlungsbeitrags finanziert wird, beträgt demnach am Ende der Ansparphase im Zeitpunkt m:

$$
\begin{aligned}
DST_{m,s}^{JDK} &= \sum_{t=1}^{m} (1-s)\,JDK\,(1+r_s)^{m-t} \\
&= (1-s)\,JDK \times refn\,(r_s, m)\,. \qquad (55)
\end{aligned}
$$

Der Steuervorteil aus der Pensionsrückstellungsbildung beträgt bei rechnungsmäßiger Verzinsung am Ende der Ansparphase:[136]

$$
\begin{aligned}
TS_{B,m}^{DZ} &= s \sum_{t=1}^{m} zprs_t\,(1+r_s)^{m-t} \\
&= s \sum_{t=1}^{m} (JB + r \times PRS_{t-1})\,(1+r_s)^{m-t} \\
&= s \times JB \sum_{t=1}^{m} (1+r)^{t-1}\,(1+r_s)^{m-t}
\end{aligned}
$$

[135] Auf die Besonderheiten des Halbeinkünfteverfahrens und deren Wirkungen wird im Kapitel 5.3.6 eingegangen.

[136] Für die Vereinfachung von $\sum_{t=1}^{m} (1+r)^{t-1}\,(1+r_s)^{m-t}$ zu $refn\,(r_s, r, m)$ siehe Formel (14).

$$= s \times JB \times refn(r_s, r, m)$$

$$= s \times R\frac{rbfn(r,n)}{refn(r,m)} refn(r_s, r, m). \tag{56}$$

Der Deckungsstock nach Steuern am Ende der Ansparphase ergibt sich dann aus dem Deckungsstock nach Steuern, der auf dem Umwandlungsbeitrag basiert, und dem bis dahin aufgebauten Steuervorteil aus der Rückstellungsbildung zu:

$$\begin{aligned} DST_{m,s}^{DZ} &= DST_{m,s}^{JDK} + TS_{B,m}^{DZ} \\ &= (1-s)\, JDK \times refn(r_s, m) + s \times JB \times refn(r_s, r, m). \end{aligned} \tag{57}$$

Wie ein Vergleich der Formeln (45) und (47) zeigt, entsprechen sich unter den getroffenen Annahmen der periodische Dotierungsbetrag und der zur Ermittlung des Teilwerts der Pensionsrückstellung konstante Jahresbetrag:

$$JDK = JB = R\frac{rbfn(r,n)}{refn(r,m)}. \tag{58}$$

Formel (57) lässt sich somit in Analogie zur Umformung in der Formel (16) vereinfachen zu:

$$\begin{aligned} DST_{m,s}^{DZ} &= (1-s)\, JDK \times refn(r_s, m) + s \times JDK \times refn(r_s, r, m) \\ &= JDK \times refn(r, m) \\ &= DST_m^{DZ}. \end{aligned} \tag{59}$$

Der am Ende der Ansparphase zur Verfügung stehende Deckungsstock nach Steuern wird auf die Laufzeit der Rentenphase mit dem rechnungsmäßigen Zinssatz nach Steuern r_s verrentet.

$$R^{DST_{m,s}^{DZ};r_s} = DST_{m,s}^{DZ} \frac{1}{rbfn(r_s, n)} \tag{60}$$

Der aus der Zuführung zur Pensionsrückstellung abgeleitete Steuervorteil für die gesamte Rentenphase beträgt zum Zeitpunkt m zu Beginn der Rentenphase:[137]

$$\begin{aligned} TS_{L,m}^{DZ} &= s \sum_{t=m+1}^{m+n} zprs_t (1+r_s)^{m-t} \\ &= s \sum_{t=m+1}^{m+n} r \times PRS_{t-1} (1+r_s)^{m-t} \\ &= s \times R \sum_{t=m+1}^{m+n} \left[1-(1+r)^{t-1-m-n}\right] (1+r_s)^{m-t} \end{aligned}$$

[137]Für die Vereinfachung von $\sum_{t=m+1}^{m+n} (1+r)^{t-1-m-n} (1+r_s)^{m-t}$ zu $\frac{1}{(1+r)^n} rbfn(r_s, r, n)$ siehe Formel (21) bzw. Anhang A.1. Wie die Gleichungen (56) und (61) zeigen, ist der Steuervorteil der Pensionszusage linear von der Höhe der Versorgungsleistung abhängig.

$$= s \times R \sum_{t=m+1}^{m+n} (1+r_s)^{m-t} - s \times R \sum_{t=m+1}^{m+n} (1+r)^{t-1-m-n} (1+r_s)^{m-t}$$
$$= s \times R \times rbfn(r_s, n) - s \times R \frac{1}{(1+r)^n} rbfn(r_s, r, n). \tag{61}$$

Die Rente, die der interne Pensionsfonds finanzieren kann, besteht aus zwei Komponenten: Erstens aus dem Deckungsstock nach Steuern am Ende der Ansparphase und zweitens aus dem für diesen Zeitpunkt bewerteten Steuervorteil der Rentenphase. Verrentet man beide Komponenten auf Basis des rechnungsmäßigen Zinssatzes nach Steuern, so ergeben die Teilrenten dieser beiden Finanzierungsquellen die vom Arbeitgeber an den Arbeitnehmer versprochene Altersrente.

$$\begin{aligned}
R^{DST_{m,s}^{DZ}; v_{L,s}, TS_{L,m}^{DZ}} &= \frac{DST_{m,s}^{DZ}}{rbfn(r_s, n)} + \frac{TS_{L,m}^{DZ}}{rbfn(r_s, n)} \\
&= \frac{DST_{m,s}^{DZ}}{rbfn(r_s, n)} + \frac{s \sum_{t=m+1}^{m+n} zprs_t (1+r_s)^{m-t}}{rbfn(r_s, n)} \\
&= \frac{(1-s)\, JDK \times refn(r_s, m)}{rbfn(r_s, n)} + \frac{s \sum_{t=1}^{m} zprs_t (1+r_s)^{m-t}}{rbfn(r_s, n)} \\
&+ \frac{s \sum_{t=m+1}^{m+n} zprs_t (1+r_s)^{m-t}}{rbfn(r_s, n)} \\
&= R^{DST_{m,s}^{DZ}; r_s} + \frac{s \times R \times rbfn(r_s, n) - s \times R \frac{1}{(1+r)^n} rbfn(r_s, r, n)}{rbfn(r_s, n)} \\
&= JDK \frac{refn(r, m)}{rbfn(r_s, n)\, rbfn(r, n)} \\
&\left[rbfn(r, n) + s \times rbfn(r_s, n) - \frac{1}{(1+r)^n} rbfn(r_s, r, n) \right] \\
&= JDK \frac{refn(r, m)}{rbfn(r_s, n)} \frac{rbfn(r_s, n)}{rbfn(r, n)} \\
&= JDK \frac{refn(r, m)}{rbfn(r, n)} \\
&= R
\end{aligned} \tag{62}$$

Zur Finanzierung der Altersrente entstehen daher keine Kosten für den Arbeitgeber. Da somit die auf Basis der Vorsteuerverzinsung $r = 6\ \%$ kalkulierte Rentenzahlung durch den internen Pensionsfonds bei rechnungsmäßiger Verzinsung des Deckungsstocks gedeckt wird, ist daraus zu folgern, dass sich c. p. der Deckungsstock durch die Rückstellungsbildung steuerfrei aufbaut. Der Steuervorteil aus der Pensionsrückstellungsbildung hebt also die ursprünglich bestehende Steuerbelastung des Deckungsstockaufbaus auf.

$$\overbrace{s\sum_{t=1}^{m+n} zdst_t^{DZ}\,(1+r_s)^{m-t}}^{\substack{\text{Steuerbelastung des rechnungsmäßigen Deckungsstockaufbaus}\\ \text{(bewertet für t =m)}}} = \overbrace{s\sum_{t=1}^{m+n} zprs_t\,(1+r_s)^{m-t}}^{\substack{\text{Steuervorteil der Rückstellungsbildung}\\ \text{(bewertet für t = m)}}} \tag{63}$$

Wie schon im Rahmen des externen Pensionsfonds ausgeführt wurde, ist dies darauf zurückzuführen, dass sowohl der bei der Umwandlung der Beiträge JDK in die Rentenleistung R vom Arbeitgeber unterstellte Rechnungszins des Deckungsstocks als auch der Rechnungszins der Pensionsrückstellung r (= 6 %) beträgt.

$$r\,(DST) = r\,(PRS) \tag{64}$$

Die Zuführung zum rechnungsmäßigen Deckungsstock und die Zuführung zur Pensionsrückstellung sind daher identisch

$$zdst_t^{DZ} = zprs_t \tag{65}$$

mit

$$zdst_t^{DZ} = zprs_t = \begin{cases} JDK\,(1+r)^{t-1} & ;\ B \\ r \times R \times rbfn\,(r, m+n-t+1) & ;\ L \end{cases}, \tag{66}$$

weshalb auch ein identischer Verlauf des rechnungsmäßigen Deckungsstocks und der Pensionsrückstellung resultiert.

$$DST_t^{DZ} = PRS_t \tag{67}$$

Auf Basis dieses Ergebnisses lässt sich ebenfalls ableiten, dass sich die Altersrente R allgemein auf Basis der aus Formel (62) entnommenen Umformung

$$\frac{(1-s)\,JDK \times refn\,(r_s, m)}{rbfn\,(r_s, n)} + \frac{s\sum_{t=1}^{m} zprs_t\,(1+r_s)^{m-t}}{rbfn\,(r_s, n)} + \frac{s\sum_{t=m+1}^{m+n} zprs_t\,(1+r_s)^{m-t}}{rbfn\,(r_s, n)} = R$$

auch als

$$R = JDK \times refn\,(r, m)\,/rbfn\,(r, n) \Leftrightarrow \tag{68}$$

$$R = \frac{(1-s)\,JDK \times refn\,(r_s, m)}{rbfn\,(r_s, n)} + \frac{s\sum_{t=1}^{m+n} zdst_t^{DZ}\,(1+r_s)^{m-t}}{rbfn\,(r_s, n)} \tag{69}$$

schreiben lässt. Diese Umformung wird an späterer Stelle benötigt.

Der gesamte Verlauf des Deckungsstocks und der Pensionsrückstellung bei rechnungsmäßiger Verzinsung ist in den Tabellen 7 und 8 für eine Pensionszusage angeführt, die der Arbeitgeber einem $x = 28$-jährigen Arbeitnehmer erteilt, der im Alter von $x + m = 65$ Jahren in den

Tabelle 7: Deckungsstock und Pensionsrückstellung in der Ansparphase bei rechnungsmäßiger Verzinsung ($r = 6$ %)

t	1	2	5	10	15	20	25	30	35	37
Deckungsstock vor Steuern										
DST[t-1]	0,00	1,21	5,29	13,89	25,40	40,80	61,41	88,99	125,91	143,96
JDK	1,21	1,21	1,21	1,21	1,21	1,21	1,21	1,21	1,21	1,21
r*DST[t-1]	0,00	0,07	0,32	0,83	1,52	2,45	3,68	5,34	7,55	8,64
zdst[vS][t]	1,21	1,28	1,53	2,04	2,73	3,66	4,89	6,55	8,76	9,85
DST[vS][t]	1,21	2,49	6,81	15,93	28,13	44,46	66,30	95,54	134,67	153,80
Pensionsrückstellung										
PRS[t-1]	0,00	1,21	5,29	13,89	25,40	40,80	61,41	88,99	125,91	143,96
JB	1,21	1,21	1,21	1,21	1,21	1,21	1,21	1,21	1,21	1,21
r*PRS[t-1]	0,00	0,07	0,32	0,83	1,52	2,45	3,68	5,34	7,55	8,64
zprs[t]	1,21	1,28	1,53	2,04	2,73	3,66	4,89	6,55	8,76	9,85
PRS[t]	1,21	2,49	6,81	15,93	28,13	44,46	66,30	95,54	134,67	153,80
Deckungsstock nach Steuern										
(1-s)JDK	0,73	0,73	0,73	0,73	0,73	0,73	0,73	0,73	0,73	0,73
s*zdst[vS][t]	0,48	0,51	0,61	0,82	1,09	1,46	1,96	2,62	3,51	3,94
zdst[nS][t]	0,73	0,77	0,92	1,23	1,64	2,19	2,94	3,93	5,26	5,91
DST[nS,oTS][t]	0,73	1,98	6,20	15,11	27,04	42,99	64,35	92,92	131,16	149,87
s*zprs[t]	0,48	0,51	0,61	0,82	1,09	1,46	1,96	2,62	3,51	3,94
DST[nS][t] = DST[t]	1,21	2,49	6,81	15,93	28,13	44,46	66,30	95,54	134,67	153,80

Ruhestand geht und danach noch $n = 18$ Jahre lebt. Sie wurde bereits beispielhaft bei der Modellierung des Pensionsfonds mit klassischer Leistungszusage verwendet.

Zum Zeitpunkt 1 dotiert der Arbeitgeber erstmalig den internen Pensionsfonds mit dem Umwandlungsbeitrag $JDK = 1,21$. Der Deckungsstock vor Steuern (vgl. Zeile „DST[vS][t]“) beträgt daher $1,21$. Allerdings muss der Arbeitgeber den Umwandlungsbeitrag aus steuerpflichtigen Gewinnen finanzieren, weil die Einzahlung dieses Beitrags in den internen Pensionsfonds nicht mit einem Betriebsausgabenabzug verbunden ist. Nach Steuern verbleibt daher ein Dotierungsbetrag von $(1-s)JDK = 0,73$. Die Steuerbelastung aus der Zuführung zum Deckungsstock in diesem Zeitpunkt (vgl. Zeile „s*zdst[vS][t]“) beläuft sich damit auf $s \times JDK = 0,48$, sodass der Deckungsstock nach Steuern ohne die Einbeziehung des Steuervorteils aus der Pensionsrückstellungsbildung (vgl. Zeile „DST[nS,oTS][t]“) $0,73$ beträgt.

Durch die Erteilung der Direktzusage muss der Arbeitgeber eine Pensionsrückstellung in Höhe ihres Teilwerts bilden. Dieser muss zum Zeitpunkt 1 erstmals ausgewiesen werden und beträgt $JB = R \times rbfn\,(r,n)\,/refn\,(r,m) = JDK = 1,21$ (vgl. Formel (47)). Dadurch wird ein Steuervorteil in Höhe von $s \times zprs_t = s \times JB = s \times JDK = 0,48$ induziert. Der Deckungsstock nach Steuern (vgl. Zeile „DST[nS][t]“), in dem der Steuervorteil aus der Pensionsrückstellungsbildung einberechnet ist, beträgt daher $0,73 + 0,48 = 1,21$. Dieser Betrag entspricht dem rechnungsmäßigen Deckungsstock (vgl. Zeile „DST[t]“), weil die Steuerentlastung aus der Rückstellungsbildung von $0,48$ exakt die Steuerbelastung des Dotierungsbeitrags von $0,48$ aufhebt.

Tabelle 8: Deckungsstock und Pensionsrückstellung in der Rentenphase bei rechnungsmäßiger Verzinsung ($r = 6$ %)

t	38	39	40	45	50	55
Deckungsstock vor Steuern						
DST[t-1]	153,80	148,83	143,55	112,03	69,85	13,40
zdst[vS][t]= r*DST[t-1]	9,23	8,93	8,61	6,72	4,19	0,80
DST[vS,vR][t]	163,03	157,76	152,16	118,75	74,04	14,20
Pensionsrückstellung						
PRS[t-1]	153,80	148,83	143,55	112,03	69,85	13,40
zprs[t] = r*PRS[t-1]	3,69	3,57	3,45	2,69	1,68	0,32
PRS[vR][t]	163,03	157,76	152,16	118,75	74,04	14,20
Deckungsstock nach Steuern						
s*zdst[vS][t]	3,69	3,57	3,45	2,69	1,68	0,32
zdst[nS][t]	5,54	5,36	5,17	4,03	2,51	0,48
DST[nS,oTS,vR][t]	159,34	154,18	148,72	116,06	72,36	13,88
s*zprs[t]	3,69	3,57	3,45	2,69	1,68	0,32
DST[nS,vR][t]	163,03	157,76	152,16	118,75	74,04	14,20
R	14,20	14,20	14,20	14,20	14,20	14,20
DST[nS,nR][t] = DST[t]	148,83	143,55	137,96	104,55	59,84	0,00
PRS[t]	148,83	143,55	137,96	104,55	59,84	0,00

Zum Zeitpunkt 2 zahlt der Arbeitgeber wiederum den Beitrag $JDK = 1,21$ in den internen Deckungsstock ein. Der Deckungsstock des letzten Jahres hat inzwischen eine Rendite in Höhe von $r \times DST_{t-1}^{DZ} = 0,07$ erzielt, sodass sich der Deckungsstock vor Steuern um $JDK + r \times DST_{t-1}^{DZ} = 1,28$ (vgl. Zeile „zdst[vS][t]") auf $1,21 + 1,28 = 2,49$ erhöht. Allerdings sind sowohl der Dotierungsbetrag als auch die Erträge des Deckungsstocks mit Steuern in Höhe von $s \times JDK + s \times r \times DST_{t-1}^{DZ} = 0,51$ zu belasten; die Zuführung zum Deckungsstock nach Steuern beziffert sich daher auf $1,28 - 0,51 = 0,77$ (vgl. Zeile „zdst[nS][t]"). Der Deckungsstock nach Steuern ohne die Einbeziehung des Steuervorteils aus der Rückstellungsbildung beläuft sich damit zu diesem Zeitpunkt auf $1,21 + 0,77 = 1,98$. Die Rückstellungsbildung führt jedoch zu einer Zuführung zur letztjährigen Pensionsrückstellung in Höhe der Summe aus dem fiktiv gleichbleibenden Jahresbetrag von $JB = 1,21$ und der kalkulatorischen Verzinsung der letztjährigen Pensionsrückstellung in Höhe von $r \times PRS_{t-1} = 0,07$; sie beläuft sich somit auf $1,21 + 0,07 = 1,28$. Der Steuervorteil daraus beträgt $s \times zprs_t = 0,51$, weswegen sich der Deckungsstock nach Steuern durch die Einbeziehung dieses Steuervorteils auf $1,98 + 0,51 = 2,49$ beziffert. Die Höhe des Deckungsstocks nach Steuern ist dabei wiederum identisch mit der Höhe des rechnungsmäßigen Deckungsstocks, weil die Steuerentlastung aus der Rückstellungsbildung exakt mit der Steuerbelastung des Deckungsstockaufbaus übereinstimmt.[138]

[138] Da die Analyse der Tabelle darauf ausgerichtet ist, die Steuerbelastung des Deckungsstocks bei rechnungsmäßiger Verzinsung zu bemessen, ist nur am Rande anzumerken, dass der Deckungsstock vor Steuern durch die Erwirtschaftung der rechnungsmäßigen Rendite ebenfalls mit dem rechnungsmäßigen Deckungsstock identisch ist. Sollte der interne Pensionsfonds nicht die rechnungsmäßige Rendite erwirtschaften, unterscheiden sich dagegen beide voneinander.

Die anschließende Entwicklung des Deckungsstocks und der Pensionsrückstellung ist für ausgewählte Zeitpunkte in den Tabellen 7 und 8 zu entnehmen. Der Deckungsstock wird durch die Rückstellungsbildung auch im weiteren Verlauf der Versorgungszusage steuerfrei aufgebaut. Eine Erläuterung hierzu wird an dieser Stelle nicht vorgenommen. Vielmehr wird auf die Ausführungen des entsprechenden Beispiels verwiesen, das im Rahmen des externen Pensionsfonds mit klassischer Leistungszusage verwendet wurde.[139]
Reduziert man die Darstellung der Direktzusage auf ihre zahlungsrelevanten Größen, so verbleibt als Finanzierungsquelle der Rentenleistungen der in der Ansparphase vom Arbeitgeber geleistete Nettobeitrag und der Steuervorteil aus der Rückstellungsbildung. Der Deckungsstock aus der Anlage des Umwandlungsbeitrags nach Steuern ergibt sich dabei zu (vgl. Formel (55)) $DST_{m,s}^{JDK} = (1-s)\,JDK \times refn\,(r_s, m) = 54,40$. Bedenkt man, dass der Barwert der Rentenzahlung von $R = 14,20$ zu Beginn der Rentenphase $R \times rbfn\,(r_s, n) = 185,81$ beträgt und die Beitragszahlungen des Arbeitgebers und der Steuervorteil aus der Pensionsrückstellungsbildung exakt ausreichen, um die Pensionszusage zu finanzieren, addiert sich der Steuervorteil aus Anspar- und Rentenphase zu $185,81 - 54,40 = 131,41$. Davon entfallen auf die Ansparphase $99,41$ (vgl. Formel (56)) und auf die Rentenphase (vgl. Formel (61)) $32,00$.

5.3.5 Außerrechnungsmäßige (Vorsteuer-)Renditen

Der rechnungsmäßige Deckungsstock des internen Pensionsfonds finanziert exakt die Versorgungsleistungen des Arbeitnehmers. Er ergibt sich im Ablauf der Zusage c. p. genau dann, wenn der Deckungsstock die rechnungsmäßige Rendite von $r = 6\ \%$ erwirtschaftet, weil die Pensionsrückstellungsbildung den auf dieser Rendite basierenden Deckungsstockaufbau vor einer Besteuerung schützt.
Sollte der interne Pensionsfonds daher eine Vorsteuerverzinsung über der für die Berechnung der Leistung rechnungsmäßigen Verzinsung erwirtschaften, kommen die resultierenden Überschüsse unmittelbar dem Arbeitgeber zugute; dieser entnimmt die Überschüsse aus dem Deckungsstock des internen Pensionsfonds. Dagegen muss der Arbeitgeber periodisch Beiträge nachschießen, wenn der interne Pensionsfonds die rechnungsmäßige Verzinsung nicht erreicht. Aus der Erteilung der Direktzusage entstehen somit bei der Erwirtschaftung einer außerrechnungsmäßigen Rendite periodisch Zahlungen der Höhe

$$\begin{aligned} z_t^{DZ} &= (i-r)DST_{t-1}^{DZ} \\ &= \begin{cases} (i-r)JDK \times refn\,(r, t-1) & ; \ B \\ (i-r)R \times rbfn\,(r, m+n-t+1) & ; \ L \end{cases} \\ &= R \begin{cases} (i-r)\frac{rbfn(r,n)}{refn(r,m)} refn\,(r, t-1) & ; \ B \\ (i-r) rbfn\,(r, m+n-t+1) & ; \ L \end{cases}, \end{aligned} \tag{70}$$

[139] Vgl. Tabellen 2 und 3.

wobei – wie bei der im vorigen Kapitel vorgenommenen Modellierung unter der Annahme einer rechnungsmäßigen Verzinsung – von einer vollen Steuerpflichtigkeit der Erträge des Deckungsstocks ausgegangen wird. Zahlungen mit positivem Vorzeichen stellen Überschüss-, solche mit negativem Vorzeichen Nachschusszahlungen des Arbeitgebers dar. Nach Steuern entstehen daher bei der Erwirtschaftung einer außerrechnungsmäßigen Rendite Zahlungen der Höhe:

$$z_{t,s}^{DZ} = (1-s)\, z_t^{DZ} = (1-s)\,(i-r) DST_{t-1}^{DZ}. \tag{71}$$

Dass sowohl Überschusszahlungen des internen Pensionsfonds an das Unternehmen mit einer Steuerbelastung als auch Nachschusszahlungen des Unternehmens mit einer Steuerentlastung verbunden sind, wie dies aus Formel (71) hervorgeht, ist dabei nicht darauf zurückzuführen, dass diese Zahlungen zwischen den beiden steuerlich beachtlich sind. Der interne Pensionsfonds wird steuerlich dem Unternehmen zugerechnet,[140] sodass im Gegensatz zu entsprechenden Zahlungen an einen externen Pensionsfonds keine steuerlich beachtlichen Betriebseinnahmen oder -ausgaben aus diesen Zahlungen entstehen. Da allerdings c. p. die Höhe der Pensionsrückstellung und des rechnungsmäßigen Deckungsstocks zu jedem Zeitpunkt der Direktzusage identisch sind, bewirkt der aus der kalkulatorischen Verzinsung der Pensionsrückstellung resultierende Steuervorteil $s \times r \times PRS_{t-1} = s \times r \times DST_{t-1}^{DZ}$, dass Renditen in Höhe des rechnungsmäßigen Zinssatzes r steuerfrei gestellt werden. Durch diesen Steuervorteil führen einerseits darüber hinausgehende Vorsteuerrenditen, deren Erträge mit $s \times i \times DST_{t-1}^{DZ}$ steuerbelastet sind, effektiv zu einem Überschuss nach Steuern in der in Gleichung (71) angegebenen Höhe:

$$s \times i \times DST_{t-1}^{DZ} - s \times r \times DST_{t-1}^{DZ} = (1-s)\,(i-r)\, DST_{t-1}^{DZ}. \tag{72}$$

Falls der Deckungsstock andererseits eine Rendite i erwirtschaftet, die die rechnungsmäßige Rendite r nicht erreicht, muss der Arbeitgeber Nachschusszahlungen leisten, um die rechnungsmäßigen Erträge von $r \times DST_{t-1}^{DZ}$ zu erreichen. Dabei führt c. p. der Steuervorteil aus der kalkulatorischen Verzinsung der Pensionsrückstellung $s \times r \times PRS_{t-1} = s \times r \times DST_{t-1}^{DZ}$ dazu, dass der Arbeitgeber lediglich die Differenz aus den rechnungsmäßigen Erträgen $r \times DST_{t-1}^{DZ}$ und der Summe aus den Erträgen nach Steuern des Deckungsstocks $(1-s)\, i \times DST_{t-1}^{DZ}$ und dem Steuervorteil aus der Pensionsrückstellungsbildung $s \times r \times DST_{t-1}^{DZ}$ als Nachschusszahlung nach Steuern leisten muss. Sie beläuft sich somit auf

$$r \times DST_{t-1}^{DZ} - (1-s)\, i \times DST_{t-1}^{DZ} - s \times r \times DST_{t-1}^{DZ} = (1-s)\,(i-r)\, DST_{t-1}^{DZ} \tag{73}$$

und entspricht damit ebenfalls der in Gleichung (71) angegebenen Höhe.
Die Anwendung des Teilwertverfahrens auf die Rückstellungsbildung wirkt sich daher c. p. bei der Erwirtschaftung sowohl einer Über- als auch einer Unterrendite in steuerlicher Hinsicht so aus, als könnten die daraus resultierenden Zahlungen vom Arbeitgeber als Betriebseinnahmen

[140] Die steuerliche Zurechnung des internen Pensionsfonds erfolgt beim wirtschaftlichen Eigentümer (vgl. § 39 II Nr. 1 Satz 2 AO).

Tabelle 9: Deckungsstock und Pensionsrückstellung in der Ansparphase für $i = 10\,\%$

t	1	2	5	10	15	20	25	30	35	37
Deckungsstock vor Steuern										
DST[t-1]	0,00	1,21	5,29	13,89	25,40	40,80	61,41	88,99	125,91	143,96
JDK	1,21	1,21	1,21	1,21	1,21	1,21	1,21	1,21	1,21	1,21
*i*DST[t-1]*	*0,00*	*0,12*	*0,53*	*1,39*	*2,54*	*4,08*	*6,14*	*8,90*	*12,59*	*14,40*
zdst[vS][t]	*1,21*	*1,33*	*1,74*	*2,60*	*3,75*	*5,29*	*7,35*	*10,11*	*13,80*	*15,60*
DST[vS][t]	1,21	2,54	7,02	16,48	29,14	46,09	68,76	99,10	139,71	159,56
Pensionsrückstellung										
PRS[t-1]	0,00	1,21	5,29	13,89	25,40	40,80	61,41	88,99	125,91	143,96
JB	1,21	1,21	1,21	1,21	1,21	1,21	1,21	1,21	1,21	1,21
r*PRS[t-1]	0,00	0,07	0,32	0,83	1,52	2,45	3,68	5,34	7,55	8,64
zprs[t]	1,21	1,28	1,53	2,04	2,73	3,66	4,89	6,55	8,76	9,85
PRS[t]	1,21	2,49	6,81	15,93	28,13	44,46	66,30	95,54	134,67	153,80
Deckungsstock nach Steuern										
(1-s)JDK	0,73	0,73	0,73	0,73	0,73	0,73	0,73	0,73	0,73	0,73
*s*zdst[vS][t]*	*0,48*	*0,53*	*0,69*	*1,04*	*1,50*	*2,12*	*2,94*	*4,04*	*5,52*	*6,24*
zdst[nS][t]	*0,73*	*0,80*	*1,04*	*1,56*	*2,25*	*3,17*	*4,41*	*6,06*	*8,28*	*9,36*
DST[nS,oTS][t]	*0,73*	*2,01*	*6,33*	*15,45*	*27,65*	*43,97*	*65,82*	*95,06*	*134,19*	*153,32*
s*zprs[t]	0,48	0,51	0,61	0,82	1,09	1,46	1,96	2,62	3,51	3,94
DST[nS][t]	*1,21*	*2,52*	*6,94*	*16,26*	*28,74*	*45,43*	*67,78*	*97,68*	*137,69*	*157,26*
DST [t]	1,21	2,49	6,81	15,93	28,13	44,46	66,30	95,54	134,67	153,80
z [t] [nS]	*0,00*	*0,03*	*0,13*	*0,33*	*0,61*	*0,98*	*1,47*	*2,14*	*3,02*	*3,45*
z [t]	*0,00*	*0,05*	*0,21*	*0,56*	*1,02*	*1,63*	*2,46*	*3,56*	*5,04*	*5,76*

oder -ausgaben steuerlich geltend gemacht werden, wie dies bei Zahlungen zwischen ihm und einem externer Pensionsfonds der Fall ist.

Abschließend wird der Verlauf des Deckungsstocks und der Pensionsrückstellung beispielhaft für die Ansparphase und eine Rendite von 10 % in der Tabelle 9 unter den Modellannahmen dargestellt, die bereits bei der Erläuterung des rechnungsmäßigen Verlaufs der Direktzusage in den Tabellen 7 und 8 verwendet wurden. Zur Verdeutlichung werden die Zeilen der Tabelle 9, die sich von den Zeilen der entsprechenden Tabelle 7 unterscheiden, in Kursivschrift wiedergegeben. Was die Rückstellungsbildung anbelangt, so ist diese unabhängig von der vom Deckungsstock erwirtschafteten Rendite.[141] Die gegenüber der in den Tabellen 7 und 8 unterstellten rechnungsmäßigen Rendite von 6 % höhere Vorsteuerverzinsung von 10 % beeinflusst daher sie und die Höhe des Steuervorteils nicht.

Auf der Seite des Deckungsstocks wirkt sich die Überrendite dagegen erstmalig im Zeitpunkt 2 aus. Zu diesem Zeitpunkt erhöht sich der letztjährige Deckungsstock in Höhe von $JDK = 1,21$ vor Steuern um $i \times DST_{t-1}^{DZ} = 0,12$; die Zuführung vor Steuern beträgt somit $1,21 + 0,12 = 1,33$ und der Deckungsstock vor Steuern beläuft sich auf $1,21 + 1,33 = 2,54$. Die Steuerbelastung der erwirtschafteten Erträge sowie des Umwandlungsbeitrags $s \times JDK + s \times i \times DST_{t-1}^{DZ} = 0,53$

[141] Vgl. Formeln (50) und (53).

führen zu einer Zuführung nach Steuern von $1,33 - 0,53 = 0,80$. Der Deckungsstock nach Steuern ohne Einbeziehung des Steuervorteils aus der Rückstellungsbildung beläuft sich somit auf $1,21 + 0,80 = 2,01$. Zusammen mit dem Steuervorteil aus der Rückstellungsbildung von $0,51$ ergibt sich ein Deckungsstock nach Steuern von $2,52$. Da der Deckungsstock, der zur rechnungsmäßigen Finanzierung der Altersrente des Arbeitnehmers ausreicht, zu diesem Zeitpunkt $JDK \times refn\,(r,t) = 2,49$ beträgt, entsteht ein Überschuss nach Steuern in Höhe von $2,52 - 2,49 = 0,03$. Vor Steuern entspricht dies einem Überschuss von $0,03/\,(1-s) = 0,05$; dieser Wert ergibt sich ebenfalls, wenn man die Differenz aus dem Deckungsstock vor Steuern von $2,54$ und dem rechnungsmäßigen Deckungsstock von $2,49$ bildet. Er wird zur Deckung der Zusage nicht benötigt und wird folglich vom internen Pensionsfonds an den Arbeitgeber ausbezahlt. Dieser Überschuss vor Steuern von $0,05$ bzw. nach Steuern von $0,03$ entspricht exakt dem aus der Formel (70) bzw. aus Formel (71) für $i = 10$ % abgeleiteten Überschuss vor Steuern von $(i-r)DST_{t-1}^{DZ} = 0,04 \times 1,21 = 0,05$ bzw. nach Steuern von $(1-s)\,(i-r)DST_{t-1}^{DZ} = 0,6 \times 0,05 = 0,03$.
Überschüsse ergeben sich auch im weiteren Verlauf der Zusage, der für ausgewählte Zeitpunkte in der Ansparphase aus der Tabelle 9 zu entnehmen ist. Auf eine entsprechende tabellarische Darstellung in der Rentenphase wird verzichtet.

5.3.6 Halbeinkünfteverfahren

Im bisherigen Modell wurde angenommen, dass der Deckungsstock des internen Pensionsfonds aus voll steuerpflichtigen Anlagen besteht.[142] Durch die Einführung des Halbeinkünfteverfahrens trifft dies aber nur genau dann zu, wenn der Deckungsstock zu 100 % in festverzinslichen Wertpapieren investiert ist. Er wird aber nicht nur daraus, sondern ebenfalls aus Aktienanlagen bestehen.[143] Inwieweit deren Erträge im Rahmen von Einkommen-, Körperschaft- und Gewerbesteuer sachlich steuerbefreit sind, hängt von verschiedenen Faktoren ab. Die höchstmögliche, die 95 %-ige sachliche Steuerbefreiung wird dann erzielt, wenn die betriebliche Altersversorgung von einer Kapitalgesellschaft zugesagt wird und der Deckungsstock des internen Pensionsfonds zu 100 % in Aktien investiert ist, deren Rendite nur aus Kursgewinnen, nicht aus Dividendenzahlungen besteht.[144] Für Personengesellschaften dagegen beträgt durch die Besteuerung als Halbeinkünfte die höchste Steuerbefreiung 50 % der Erträge.[145] Dies impliziert einen Deckungsstock, der zu 100 % in Aktien investiert ist.[146]

[142]Unter dieser Prämisse bewerten *Kruschwitz / Lodowicks* (2004), S. 278 ff., Direktzusagen, die durch einen internen Pensionsfonds finanziert werden.

[143]Der „durchschnittliche" Deckungsstock von wertpapiergedeckten Direktzusagen wies im Jahr 2003 eine relativ konservative Anlagestrategie mit einen Aktienanteil von ca. 18 % auf (vgl. *Jasper / Delvai* (2004), S. 394). Bei den DAX 30-Unternehmen bestand im Jahr 2004 ein Aktienanteil in Höhe von 38,5 % (vgl. *Jasper / Delvai* (2005), S. 508).

[144]Es wird angenommen, dass jede Beteiligung an anderen Kapitalgesellschaften weniger als 10 % beträgt. Dividendenzahlungen unterliegen daher der Gewerbesteuerpflicht (vgl. § 8 Nr. 5 GewStG).

[145]Da im Rahmen der Untersuchung die vollständige Anrechnung der Gewerbe- auf die Einkommensteuer unterstellt wurde, ist für Personengesellschaften die Herkunft der Aktienerträge (Kursgewinne oder Dividenden) unerheblich.

[146]Siehe Kapitel 3.1.2.2.2.

Um die Steuerbefreiung bestimmter Anlageerträge des Deckungsstocks in das Modell miteinzubeziehen, wird daher der Faktor β_t eingeführt; dieser weist den periodischen steuerpflichtigen Anteil der Anlageerträge bzw. des Deckungsstocks aus. Bei vollständiger Steuerpflicht der Erträge ist daher $\beta_t = 100\ \%$, bei vollständiger Steuerfreiheit $\beta_t = 0\ \%$.
Bedenkt man, dass bei der bisherigen Modellierung von einer vollen Steuerpflichtigkeit der Erträge des Deckungsstocks während der gesamten Laufzeit der Pensionszusage ($\beta_t = \beta = 100\ \%$) ausgegangen wurde, stellt sich nun die Frage, welche Auswirkungen eine nur teilweise Steuerpflichtigkeit des Deckungsstocks auf die Vorteilhaftigkeit der Direktzusage für den Arbeitgeber hat.

Ausgangspunkt der Überlegung ist die rechnungsmäßige Verzinsung, die zu einem steuerfreien Aufbau des Deckungsstocks führt; der Arbeitgeber trägt damit keine Kosten aus der Altersversorgung seines Arbeitnehmers.
Um die Effekte des Halbeinkünfteverfahrens auf die Vorteilhaftigkeit der Direktzusage herauszuarbeiten, werden nachfolgend die Implikationen des steuerfreien Aufbaus des Deckungsstocks durch die Bildung einer entsprechenden Pensionsrückstellung zielbezogen analysiert. Hierfür ist zunächst zu berücksichtigen, dass die Zuführungen zur Rückstellungsbildung aus den Komponenten Jahresbetrag und kalkulatorische Verzinsung bestehen. Unter den bisherigen Modellannahmen stellt der Jahresbetrag zur Pensionsrückstellung den periodischen Umwandlungsbeitrag des Unternehmens steuerfrei, während die kalkulatorische Verzinsung der Pensionsrückstellung die Besteuerung der rechnungsmäßig durch den Deckungsstock erwirtschafteten Erträge verhindert. Da sich die Wirkung des Halbeinkünfteverfahrens auf die Höhe der steuerpflichtigen Erträge aus der Verzinsung des Deckungsstocks beschränkt, ist nur die Untersuchung des Zusammenspiels zwischen der Verzinsung des Deckungsstocks und der kalkulatorischen Verzinsung der Pensionsrückstellung für die Analyse notwendig. In dieser Hinsicht ist festzuhalten, dass die rechnungsmäßigen Erträge, die auf der (voll steuerpflichtigen)[147] Vorsteuerrendite r basieren, durch die periodische kalkulatorische Verzinsung der Rückstellung effektiv steuerfrei vereinnahmt werden. Führt man nun die Erzielung der steuerfreien Rendite auf ihre einzelnen Ursachen zurück, so erwirtschaften einerseits die Finanzanlagen im Deckungsstock eine Rendite vor Steuern von r, die in Höhe von rs steuerbelastet ist und daher nach Steuern zu einer Verzinsung des Deckungsstocks von $r\,(1-s)$ führt. Andererseits wird durch die kalkulatorische Verzinsung der Pensionsrückstellung ein Steuervorteil induziert, der periodisch, angegeben in Form einer Rendite, rs beträgt. Fasst man die Steuerbelastung der Zinserträge der Finanzanlagen des Deckungsstocks $s \times r \times DST_{t-1}^{DZ}$ und die Steuerentlastung aus der kalkulatorischen Verzinsung der Pensionsrückstellung $s \times r \times PRS_{t-1} = s \times r \times DST_{t-1}^{DZ}$ zusammen, so heben sich beide gegeneinander auf. Die voll steuerpflichtigen Zinserträge werden durch die kalkulatorische Verzinsung der Pensionsrückstellung steuerfrei vereinnahmt.

[147] Da bislang die Möglichkeit der sachlichen Steuerbefreiung der Anlageerträge nicht berücksichtigt wurde, bezeichnete und bezeichnet auch im Folgenden der Begriff „Vorsteuerrendite" („Zinssatz") implizit eine (einen) voll steuerpflichtige(n) Vorsteuerrendite (Zinssatz).

Wenn allerdings der Deckungsstock des internen Pensionsfonds zum Teil aus Aktienanlagen besteht, ergibt sich in Abhängigkeit vom als konstant angenommenen steuerpflichtigen Anteil β der Erträge eine Steuerbelastung der Rendite in Höhe von $r\beta s$, woraus eine Rendite nach Steuern in Höhe von $r(1-\beta s)$ resultiert. Unabhängig von der Bildung und insbesondere der Steuerpflichtigkeit der Anlageerträge des Deckungsstocks ist eine Pensionsrückstellung nach § 6a EStG gewinnmindernd zu bilden, weswegen ihre kalkulatorische Verzinsung weiterhin eine (volle) Betriebsausgabe ist.[148] Damit stehen sich steuerpflichtige Erträge durch die Bildung des Deckungsstocks in Höhe von $r \times \beta \times DST_{t-1}^{DZ}$ und steuermindernde Zuführungen aus der kalkulatorischen Verzinsung der Pensionsrückstellung in Höhe von $r \times PRS_{t-1} = r \times DST_{t-1}^{DZ}$ gegenüber. Da die steuermindernde Zuführung aus der kalkulatorischen Verzinsung der Pensionsrückstellung die Erträge des Deckungsstocks periodisch überragt, werden durch die Rückstellungsbildung die steuerpflichtigen Erträge des Deckungsstocks ausgeglichen und es verbleibt dem Arbeitgeber zusätzlich ein Verlustpotential. Somit schreiben interne Pensionsfonds für Leistungszusagen c. p. durch das Zusammenspiel zwischen der steuerlichen Behandlung einerseits der Anlagen des Deckungsstocks und andererseits der Pensionsrückstellungsbildung regelmäßig steuerliche Verluste, wenn sie bzw. obwohl sie die für die Deckung der Versorgungsverpflichtung erforderliche Vorsteuerrendite genau erzielen.

Der Arbeitgeber kann dieses Verlustpotential zur Steuerentlastung der Gewinne nutzen, die das Kerngeschäft des Unternehmens erwirtschaftet. Nimmt man an, dass solche Gewinne periodisch in ausreichendem Maße vorhanden sind, was im Rahmen der Modellannahmen (vgl. Kapitel 4) durch die Annahme der sofortigen Verlustverrechnung unterstellt wurde, wird durch dieses Verlustpotential ein periodischer Überschuss nach Steuern in Höhe der Differenz zwischen der Steuerbelastung der Anlageerträge und der Steuerentlastung ausgelöst, die aus der kalkulatorischen Verzinsung der Pensionsrückstellung resultiert.

$$z_{t,s}^{DZ} = s \times r \times PRS_{t-1} - s \times \beta \times r \times DST_{t-1}^{DZ} = s(1-\beta)\, r \times DST_{t-1}^{DZ} \qquad (74)$$

Um den Überschuss nach Steuern bestimmen zu können, der bei einer gewissen Rendite i und deren Steuerpflichtigkeit β erzeugt wird, wäre es aus analytischen Gründen vorteilhaft, wenn man den Überschuss nach Steuern aus der nicht vollständigen Steuerpflichtigkeit der Erträge aus Gleichung (74) mit dem Überschuss nach Steuern aus der Erwirtschaftung einer außerrechnungsmäßigen Rendite aus Gleichung (70) einheitlich darstellen könnte. Hierfür wird die Form der Gleichung (70) gewählt, bei der zunächst der voll steuerpflichtige Überschuss vor Steuern z_t^{DZ} ermittelt wird, der dann um die Steuerbelastung der voll steuerpflichtigen Erträge reduziert wird, um den Überschuss nach Steuern $(1-s)\, z_t^{DZ}$ zu ermitteln.

[148] Vgl. das BMF-Schreiben vom 17.12.2002, Nr. 2, BStBl. I 2002 S. 1397. Danach hat die Absicherung der Versorgungszusage durch den Erwerb von Wertpapieren auf die Passivierung der Versorgungsverpflichtung keinen Einfluss, weswegen weiterhin ausschließlich § 6a EStG für die Bewertung der Versorgungsverpflichtung maßgeblich ist. Eine Anwendung des § 3c I EStG kommt ebenfalls schon aus theoretischen Gründen nicht in Frage (vgl. *Wellisch / Bartlitz* (2003), S. 1646). Dies würde im Übrigen schon daran scheitern, dass der Fiskus – sofern der Arbeitgeber keinen internen, rechtlich selbständigen Pensionsfonds einrichtet – nicht kontrollieren kann, ob eine Finanzanlage im Unternehmen eine Pensionsverpflichtung finanziert oder nicht.

Vor diesem Hintergrund ist die durch die teilweise Steuerbefreiung der Anlageerträge induzierte Überrendite nach Steuern $s(1-\beta)r$ aus Gleichung (74) in eine entsprechende voll steuerpflichtige Überrendite vor Steuern umzuwandeln. Wenn also nach Steuern eine Überrendite in Höhe von $s(1-\beta)r$ resultieren soll, entspricht dies c. p. der Erwirtschaftung einer voll steuerpflichtigen Vorsteuerüberrendite in Höhe von:

$$\frac{s(1-\beta)r}{1-s} = r\frac{s}{1-s}(1-\beta)\,. \tag{75}$$

Um diesen Vorteil für den Arbeitgeber vor Steuern erzielen zu können, müsste der Deckungsstock eine Rendite von

$$r^{ft} = r + r\frac{s}{1-s}(1-\beta) = r\left[\frac{1-s+s(1-\beta)}{1-s}\right] = r\frac{1-\beta s}{1-s} \tag{76}$$

erwirtschaften, falls er vollständig in festverzinslichen Anlagen ($\beta = 100$ %) investiert wäre. Für den Arbeitgeber ergeben sich somit aus der teilweisen Steuerbefreiung der Anlageerträge des Deckungsstocks Vorteile, deren Höhe sich auch ergäben, wenn der Deckungsstock nicht die Rendite r mit einer Steuerpflichtigkeit von β, sondern eine voll steuerpflichtige Rendite in Höhe von r^{ft} erwirtschaftete. r^{ft} bezeichnet dabei im Folgenden die Rendite, die auf der Rendite r und deren Steuerpflichtigkeit β basiert und „fiktiv" (ft) in eine voll steuerpflichtige Vorsteuerrendite umgewandelt ist. Als „fiktiv" wird die Rendite deshalb bezeichnet, weil die tatsächliche Vorsteuerrendite r beträgt, diese allerdings durch ihre teilweise Steuerbefreiung auf den Zahlungsüberschuss nach Steuern des Arbeitgebers wirkt, als wäre eine voll steuerpflichtige Vorsteuerüberrendite der Höhe r^{ft} erwirtschaftet worden. Entsprechend bezeichnet i^{ft} im Folgenden die Rendite, die auf der Rendite i und deren Steuerpflichtigkeit β basiert und fiktiv in eine voll steuerpflichtige Vorsteuerrendite umgewandelt ist.

$$i^{ft} = i\frac{1-\beta s}{1-s} \tag{77}$$

Abschließend soll das Ergebnis der formalen Herleitung beispielhaft für die Direktzusage erläutert werden, die in den bisherigen Tabellen 7, 8 und 9 zur Verdeutlichung der jeweiligen Ausführungen verwendet wurde. Es wird zudem von einer Vorsteuerrendite von $i = 7{,}5$ % ausgegangen, die zu $\beta = 50$ % steuerpflichtig ist. Darauf basierend ergibt sich die in Tabelle 10 angeführte Entwicklung des Deckungsstocks und der Pensionsrückstellung. Die Höhe der Vorsteuerrendite von $i = 7{,}5$ % in Kombination mit ihrer Steuerpflichtigkeit von $\beta = 50$ % wurde dabei im Hinblick darauf gewählt, dass sich dadurch eine fiktive Vorsteuerrendite von $i^{ft} = i(1-\beta s)/(1-s) = 10$ % ergibt. Die Überschusszahlungen nach Steuern dieser Tabelle 10 müssten daher mit denjenigen der Tabelle 9, die auf der (voll steuerpflichtigen) Vorsteuerrendite von $i = 10$ % basieren, übereinstimmen, um die bisherigen Ausführungen zu bestätigen. Aufgrund dieses Vergleichs werden insgesamt in der Tabelle 10 die Zeilen in Kursivschrift wiedergegeben, die sich von den entsprechenden Zeilen der Tabelle 9 unterscheiden.

Tabelle 10: Deckungsstock und Pensionsrückstellung in der Ansparphase für $i = 7,5\,\%$ und $\beta = 50\,\%$

t	1	2	5	10	15	20	25	30	35	37
Deckungsstock vor Steuern										
DST[t-1]	0,00	1,21	5,29	13,89	25,40	40,80	61,41	88,99	125,91	143,96
JDK	1,21	1,21	1,21	1,21	1,21	1,21	1,21	1,21	1,21	1,21
i*DST[t-1]	0,00	0,09	0,40	1,04	1,90	3,06	4,61	6,67	9,44	10,80
zdst[vS][t]	1,21	1,30	1,61	2,25	3,11	4,27	5,81	7,88	10,65	12,01
DST[vS][t]	1,21	2,51	6,89	16,14	28,51	45,07	67,22	96,88	136,56	155,96
Pensionsrückstellung										
PRS[t-1]	0,00	1,21	5,29	13,89	25,40	40,80	61,41	88,99	125,91	143,96
JB	1,21	1,21	1,21	1,21	1,21	1,21	1,21	1,21	1,21	1,21
r*PRS[t-1]	0,00	0,07	0,32	0,83	1,52	2,45	3,68	5,34	7,55	8,64
zprs[t]	1,21	1,28	1,53	2,04	2,73	3,66	4,89	6,55	8,76	9,85
PRS[t]	1,21	2,49	6,81	15,93	28,13	44,46	66,30	95,54	134,67	153,80
Deckungsstock nach Steuern										
(1-s)JDK	0,73	0,73	0,73	0,73	0,73	0,73	0,73	0,73	0,73	0,73
s*JDK	0,48	0,48	0,48	0,48	0,48	0,48	0,48	0,48	0,48	0,48
β*s*i*DST[t-1]	0,00	0,02	0,08	0,21	0,38	0,61	0,92	1,33	1,89	2,16
zdst[nS][t]	0,73	0,80	1,04	1,56	2,25	3,17	4,41	6,06	8,28	9,36
DST[nS,oTS][t]	0,73	2,01	6,33	15,45	27,65	43,97	65,82	95,06	134,19	153,32
s*zprs[t]	0,48	0,51	0,61	0,82	1,09	1,46	1,96	2,62	3,51	3,94
DST[nS][t]	1,21	2,52	6,94	16,26	28,74	45,43	67,78	97,68	137,69	157,26
DST [t]	1,21	2,49	6,81	15,93	28,13	44,46	66,30	95,54	134,67	153,80
z [t] [nS]	0,00	0,03	0,13	0,33	0,61	0,98	1,47	2,14	3,02	3,45
z [t] [ft]	0,00	0,05	0,21	0,56	1,02	1,63	2,46	3,56	5,04	5,76
z [t]	0,00	0,02	0,08	0,21	0,38	0,61	0,92	1,33	1,89	2,16

Zum Zeitpunkt 2 wirkt sich erstmals die Vorsteuerrendite von $7,5\,\%$, die zu $50\,\%$ steuerpflichtig ist, auf die Höhe des Deckungsstocks aus. Zu diesem Zeitpunkt erwirtschaftet sie Erträge in Höhe von $i \times DST_{t-1}^{DZ} = 0,075 \times 1,21 = 0,09$, sodass die Zuführung vor Steuern $JDK + i \times DST_t^{DZ} = 1,30$ beträgt, und sich der Deckungsstock vor Steuern auf $1,21 + 1,30 = 2,51$ beläuft.

Durch $\beta = 50\,\%$ sind die Erträge des Deckungsstocks mit Steuern in Höhe von $\beta \times s \times i \times DST_{t-1}^{DZ} = 0,5 \times 0,4 \times 0,075 \times 1,21 = 0,02$ belastet; nach Steuern ergeben sich folglich Erträge in Höhe von $i \times DST_{t-1}^{DZ} - \beta \times s \times i \times DST_{t-1}^{DZ} = i\,(1-\beta s)\,DST_{t-1}^{DZ} = 0,07$. Die Steuerbelastung der Zuführung zum Deckungsstock beträgt somit $s \times JDK + \beta \times s \times i \times DST_{t-1}^{DZ} = 0,50$, weswegen sich die Zuführung zum Deckungsstock nach Steuern auf $(1-s)\,JDK + i\,(1-\beta s)\,DST_{t-1}^{DZ} = 0,80$ beziffert. Der Deckungsstock nach Steuern ohne die Einbeziehung des Steuervorteils aus der Rückstellungsbildung beläuft sich somit auf $DST_{t-1}^{DZ} + (1-s)\,JDK + i\,(1-\beta s)\,DST_{t-1}^{DZ} = 2,01$. Die Rückstellungsbildung wird durch die Rendite des Deckungsstocks nicht beeinflusst. Daher wird zum Zeitpunkt 2 unverändert dem letztjährigen Teilwert der Jahresbetrag $JB = JDK = 1,21$ und die kalkulatorische Verzinsung von $r \times PRS_{t-1} = r \times DST_{t-1}^{DZ} = 0,07$ zugeführt.

Der Steuervorteil daraus beträgt somit weiterhin $s \times JDK + s \times r \times DST_{t-1}^{DZ} = 0,51$. Der Deckungsstock nach Steuern beträgt demnach $2,01 + 0,51 = 2,52$. Da der rechnungsmäßige Deckungsstock sich auf $JDK \times refn(r,t) = 2,49$ beläuft, entsteht für den Arbeitgeber ein Überschuss nach Steuern von $2,52 - 2,49 = 0,03$, was einem fiktiven Überschuss vor Steuern von $0,03/(1-s) = 0,05$ entspricht (vgl. Zeile „*z [t] [ft]*").

Wenn man nun diesen Überschuss nach Steuern mit dem entsprechenden der Tabelle 9 vergleicht, bei der eine voll steuerpflichtige Vorsteuerverzinsung von $i = 10$ % unterstellt wird, so sind beide identisch. Die zu $\beta = 50$ % steuerpflichtige Vorsteuerrendite von $i = 7,5$ % wirkt sich daher auf die Zahlung nach Steuern, die aus der Erteilung der Direktzusage für den Arbeitgeber resultiert, genau so aus, als hätte sich der Deckungsstock mit einer voll steuerpflichtigen Vorsteuerverzinsung von $i = 10$ % verzinst.

Allerdings resultiert nun der Überschuss nach Steuern nicht aus voll steuerpflichtigen Überschüssen von $z_t^{DZ} = (i-r)\,DST_{t-1}^{DZ} = (0,1 - 0,06) \times 1,21 = 0,05$, wie das bei Erwirtschaftung einer außerrechnungsmäßigen Rendite in Höhe von $i = 10$ % der Fall ist (vgl. Zelle „z [t], t = 2" in Tabelle 9). Vielmehr besteht er aus Überschüssen vor Steuern von $z_t^{DZ} = (i-r)\,DST_{t-1}^{DZ} = (0,075 - 0,06) \times 1,21 = 0,02$ (vgl. Zeile „*z [t]*"),[149,150] die der interne Pensionsfonds dem Arbeitgeber überträgt, und dem Steuervorteil in Höhe von $0,05 - 0,02 = 0,03 = s/(1-s)(1-\beta)\,i \times DST_{t-1}^{DZ}$ (vgl. Gleichung (75)), der aus der sachlichen Steuerbefreiung der Rendite von $\beta = 50$ % resultiert.

Die Ursache dafür, dass eine zu $\beta = 50$ % steuerpflichtige Vorsteuerrendite von $i = 7,5$ % wirkt wie eine (voll steuerpflichtige) Vorsteuerverzinsung von $i = 10$ %, ist dabei auf die Unabhängigkeit zwischen der Verzinsung des Deckungsstocks einschließlich deren Steuerpflichtigkeit und der Rückstellungsbildung zurückzuführen. Die Rendite des Deckungsstocks nach Steuern, die den Steuervorteil aus der Rückstellungsbildung umfasst, ist demnach ausschließlich von der Rendite nach Steuern abhängig, die der Deckungsstock erzielt. Ob die Rendite nach Steuern, auf die unterstellten Annahmen bezogen, von 6 % dabei aus einer (voll steuerpflichtigen) Vorsteuerrendite von $i = 10$ %, die zu einer Nachsteuerrendite von $i_s = i(1-s) = 6$ % führt oder aus einer zu $\beta = 50$ % steuerpflichtigen Vorsteuerrendite von $i = 7,5$ %, die ebenfalls diese Nachsteuerrendite $i_{\beta,s} = i(1-\beta s) = 6$ % ergibt, resultiert, ist für den Überschuss nach Steuern c. p. unerheblich.[151]

---

[149] Alternativ könnte man den Überschuss vor Steuern aus dem Deckungsstock vor Steuern und dem rechnungsmäßigen Deckungsstock ermitteln, deren Werte in den Zeilen „*DST [vS] [t]*" und „DST [t]" in der Tabelle angegeben sind.

[150] Durch die Wahl von $i = 7,5$ % und $\beta = 50$ % ist der jährliche Überschuss vor Steuern $(i-r)\,DST_{t-1}^{DZ}$ mit der Steuerbelastung der Erträge des Deckungsstocks $\beta \times s \times i \times DST_{t-1}^{DZ}$ an dieser Stelle identisch.

[151] Daher lässt sich die fiktiv voll steuerpflichtige Rendite r^{ft} alternativ zu Formel (76) ermitteln, indem ihre Nachsteuerrendite $r^{ft}(1-s)$ mit der sich aus der Rendite von r und ihrer Steuerpflichtigkeit von β ergebenden Nachsteuerrendite $r(1-\beta s)$ gleichgesetzt wird.

$$r^{ft}(1-s) = r(1-\beta s) \Rightarrow r^{ft} = r\frac{1-\beta s}{1-s}$$

Diese Ausführung gilt auch für den weiteren Verlauf der Zusage, was durch einen Vergleich der für ausgewählte Zeitpunkte in den Tabellen 9 und 10 angeführten Überschüsse nach Steuern deutlich wird.

Insgesamt bleibt daher als Ergebnis festzuhalten, dass eine Rendite i, die zu β steuerpflichtig ist, c. p. Zahlungen nach Steuern für den Arbeitgeber implizieren, als erwirtschaftete der Deckungsstock des internen Pensionsfonds eine voll steuerpflichtige Rendite der Höhe i^{ft}.

5.4 Vorteilhaftigkeit Direktzusage und Pensionsfonds

5.4.1 Kostenbarwert der Pensionszusage

Als Kosten der Pensionszusage sind Auszahlungen des Arbeitgebers zu qualifizieren, die ohne die Erteilung einer solchen nicht entstünden. Dieses Unterlassen der Zusage führte, wie bereits mehrfach erläutert wurde, zu einer Auszahlung des Entgelts in Form eines Barlohns. Die Alternativen für den Arbeitgeber sind somit die Leistung eines Entgelts entweder in Form eines Barlohns mit sofortiger Auszahlungswirkung oder in Form einer Pensionszusage mit aufschiebender Auszahlungswirkung. Folglich ist in ein Kalkül für die Bemessung der Kosten einer Zusage die alternative Auszahlung des Entgelts als Barlohn einzubeziehen. Die Alternativanlage – sowohl auf Unternehmens- als auch auf privater Ebene der Mitunternehmer – ist die Investition der durch die Zusage entstehenden Mehr- oder Minderzahlungen in ein dem Anlageportefeuille des Deckungsstocks entsprechendes Portefeuille.[152] Da im Rahmen der Einkommensteuer

1. bei Personengesellschaften das Feststellungsprinzip gilt, wonach der Gewinn den Mitunternehmern persönlich zugerechnet wird und sich deshalb ihr Einkommen unabhängig von der Gewinnverwendung erhöht,

2. die Erträge des Portefeuilles sowohl auf betrieblicher Ebene der Personengesellschaft als auch auf privater Ebene der Mitunternehmer als Halbeinkünfte besteuert werden[153] und

3. angenommen wurde, dass die Steuerermäßigung gemäß § 35 EStG zu einer vollständigen Anrechnung der Gewerbe- auf die Einkommensteuer führt, woraus ein auf Unternehmensebene und privater Ebene identischer Steuersatz s resultiert,

beträgt die Alternativrendite nach Steuern allgemein $q_{\beta,s} = 1 + i_{\beta,s} = 1 + i\,(1 - \beta s)$.
Als Durchführungsweg steht dem Arbeitgeber eine Direktzusage, deren Verpflichtungen er über einen internen Pensionsfonds abdeckt, oder der externe Pensionsfonds offen, der wahlweise eine klassische oder eine beitragsdotierte Leistungszusage anbietet. Insgesamt bestehen daher für den Arbeitgeber drei verschiedene Alternativen (DZ, PF(kLZ), PF(bLZ)), um die betriebliche

---

[152] Siehe die entsprechenden Ausführungen im Kapitel 4.

[153] Vgl. die Übersicht von *Elser* (2001), S. 809. Von der Steuerfreiheit nicht unter § 17 EStG fallender Veräußerungsgewinne außerhalb der einjährigen Spekulationsfrist des § 23 EStG wird abgesehen.

Altersversorgung des Arbeitnehmers durchzuführen, die im Folgenden als „Durchführungsalternativen" bezeichnet werden.

Bei der Durchführung der Leistungszusage über einen Pensionsfonds mit beitragsdotierter Leistungszusage erhält der Pensionsfonds Beiträge in Höhe des kostenneutralen Umwandlungsbeitrags JDK. Diese Dotierungen erzeugen demnach Auszahlungen für den Arbeitgeber, die zum Zeitpunkt m bewertet zu einem Auszahlungsendwert nach Steuern von

$$-(1-s)\sum_{t=1}^{m} JDK \times q_{\beta,s}^{m-t} = -(1-s)\, JDK \times refn\,(i_{\beta,s}, m) \tag{78}$$

führen.

Erteilte der Arbeitgeber dem Arbeitnehmer keine Pensionszusage, fielen für ihn durch die Leistung des Barlohns Auszahlungen in Höhe von $(1+0,5b_B)\,l$ an. Der zum Zeitpunkt m bewertete Endwert dieser alternativen Auszahlung des Entgelts an den Arbeitnehmer beträgt:

$$(1-s)\sum_{t=1}^{m}(1+0,5b_B)\,l \times q_{\beta,s}^{m-t} = (1-s)\,(1+0,5b_B)\,l \times refn\,(i_{\beta,s}, m)\,. \tag{79}$$

Bei der Erwirtschaftung einer außerplanmäßigen Rendite $i \neq r$ resultieren Überschusszahlungen vom Pensionsfonds an den Arbeitgeber bzw. Nachschusszahlungen des Arbeitgebers an den Pensionsfonds in Höhe von $z_t^{PF(bLZ)}$, deren Höhe in den Gleichungen (41) und (43) angegeben ist.

Der Kostenbarwert, in dem grundsätzlich Steuern berücksichtigt sind, beträgt für den Pensionsfonds mit beitragsdotierter Leistungszusage daher zum Zeitpunkt m:

$$\begin{aligned} K_{m,s}^{PF(bLZ)} &= (1-s)\sum_{t=1}^{m} JDK \times q_{\beta,s}^{m-t} - (1-s)\sum_{t=1}^{m}(1+0,5b_B)\,l \times q_{\beta,s}^{m-t} \\ &- (1-s)\sum_{t=1}^{m+n} z_t^{PF(bLZ)} q_{\beta,s}^{m-t} \\ &= (1-s)\,JDK \times refn\,(i_{\beta,s}, m) - (1-s)\,(1+0,5b_B)\,l \times refn\,(i_{\beta,s}, m) \\ &- (1-s)\sum_{t=1}^{m+n} z_t^{PF(bLZ)} q_{\beta,s}^{m-t}. \end{aligned} \tag{80}$$

Da der Arbeitgeber den Umwandlungsbeitrag JDK auf die kostenneutrale Höhe von $(1+0,5b_B)\,l$ festgelegt hat, heben sich der Auszahlungsendwert der Dotierung JDK des Pensionsfonds und der Auszahlungsendwert aus der alternativen Barlohnzahlung gegenseitig auf. Der Kostenbarwert für die Durchführung einer beitragsdotierten Leistungszusage über den Pensionsfonds basiert deshalb ausschließlich auf den Überschuss- oder Nachschusszahlungen.

$$K_{m,s}^{PF(bLZ)} = -(1-s)\sum_{t=1}^{m+n} z_t^{PF(bLZ)} q_{\beta,s}^{m-t} \tag{81}$$

Diese entstehen, wenn der Pensionsfonds eine Rendite über oder unter der rechnungsmäßigen Rendite der Leistungszusage von $r = 6$ % erzielt.

In den Kostenbarwert des Pensionsfonds mit klassischer Leistungszusage gehen ebenfalls die Einsparungen ein, die für den Arbeitgeber aus dem Barlohnverzicht des Arbeitnehmers resultieren. Allerdings verlangt der Pensionsfonds mit klassischer Leistungszusage eine Dotierung, die er auf dem Rechnungzins $v = 2,75$ % kalkuliert und daher auf die Höhe von $JPF = R \times rbfn\,(v,n)\,/refn\,(v,m)$ festsetzt. Der Auszahlungsendwert nach Steuern zum Zeitpunkt m für den Arbeitgeber aus der vom Pensionsfonds geforderten Dotierung von JPF beträgt folglich:

$$-\,(1-s)\sum_{t=1}^{m} JPF \times q_{\beta,s}^{m-t} = -\,(1-s)\,JPF \times refn\,(i_{\beta,s}, m)\,. \tag{82}$$

Durch die Berechnung der Dotierung JPF auf dem im Vergleich zum Rechnungszins der Leistungszusage des Arbeitgebers von $r = 6$ % niedrigeren Zinssatz $v = 2,75$ % entstehen im Gegenzug bereits Überschüsse $z_t^{PF(kLZ)}$, wenn der Pensionsfonds eine Rendite über $v = 2,75$ % erreicht. Der Überschussbarwert nach Steuern zum Zeitpunkt m beträgt:

$$(1-s)\sum_{t=1}^{m+n} z_t^{PF(kLZ)} q_{\beta,s}^{m-t}. \tag{83}$$

Mit Formel (35) lässt sich Formel (83) umschreiben zu:

$$\begin{aligned}
(1-s)\sum_{t=1}^{m+n} z_t^{PF(kLZ)} q_{\beta,s}^{m-t} &= \sum_{t=1}^{m+n} (1-s)(i-v) DST_{t-1}^{PF(kLZ)} \times q_{\beta,s}^{m-t} \\
&= \sum_{t=1}^{m} (1-s)(i-v) JPF \times refn\,(v, t-1)\, q_{\beta,s}^{m-t} \\
&+ (1-s)\frac{i-v}{v} R \sum_{t=m+1}^{m+n} \left[1-(1+v)^{t-1-m-n}\right] q_{\beta,s}^{m-t} \\
&= (1-s)\,\frac{i-v}{v} JPF \sum_{t=1}^{m} (1+v)^{t-1}\, q_{\beta,s}^{m-t} \\
&- (1-s)\,\frac{i-v}{v} JPF \sum_{t=1}^{m} q_{\beta,s}^{m-t} + (1-s)\frac{i-v}{v} R \sum_{t=m+1}^{m+n} q_{\beta,s}^{m-t} \\
&- (1-s)\frac{i-v}{v} R \sum_{t=m+1}^{m+n} (1+v)^{t-1-m-n}\, q_{\beta,s}^{m-t} \\
&= (1-s)\,\frac{i-v}{v} JPF \\
&\left\{ \begin{array}{c} refn\,(i_{\beta,s}, v, m) - refn\,(i_{\beta,s}, m) + \\ \frac{refn(v,m)}{rbfn(v,n)} \left[rbfn\,(i_{\beta,s}, n) - \frac{1}{(1+v)^n} rbfn\,(i_{\beta,s}, v, n) \right] \end{array} \right\}.
\end{aligned} \tag{84}$$

Für den Pensionsfonds mit klassischer Leistungszusage ergibt sich somit folgender Kostenbarwert nach Steuern am Ende der Ansparphase zum Zeitpunkt m:

$$
\begin{aligned}
K_{m,s}^{PF(kLZ)} &= (1-s)\sum_{t=1}^{m} JPF \times q_{\beta,s}^{m-t} - (1-s)\sum_{t=1}^{m}(1+0,5b_B)\, l \times q_{\beta,s}^{m-t} \\
&- (1-s)\sum_{t=1}^{m+n} z_t^{PF(kLZ)} q_{\beta,s}^{m-t} \\
&= (1-s)\,(JPF - JDK) \times refn\,(i_{\beta,s}, m) \\
&- (1-s)\,\frac{i-v)}{v} JPF \left\{ \begin{array}{c} refn\,(i_{\beta,s}, v, m) - refn\,(i_{\beta,s}, m) + \\ \frac{refn(v,m)}{rbfn(v,n)} \left[rbfn\,(i_{\beta,s}, n) - \frac{1}{(1+v)^n} rbfn\,(i_{\beta,s}, v, n) \right] \end{array} \right\}. \qquad (85)
\end{aligned}
$$

Der Kostenbarwert der Direktzusage besteht zunächst aus anderen Komponenten. Bei diesem Durchführungsweg der betrieblichen Altersversorgung leistet der Arbeitgeber unmittelbar die Rentenzahlung. Diese erfolgt insgesamt erfolgsneutral, weil sich die Betriebsausgabe aus der Auszahlung der Rente und die Auflösung der Rückstellung um diesen Betrag gegenseitig ausgleichen. Der Auszahlungsbarwert der Rentenzahlungen nach Steuern beträgt daher zum Zeitpunkt m:

$$
-\sum_{t=m+1}^{m+n} R \times q_{\beta,s}^{m-t} = -R \times rbfn\,(i_{\beta,s}, n)\,. \qquad (86)
$$

Die Zuführungen zur Pensionsrückstellungsbildung sind erfolgsmindernd und führen daher zu einem Steuervorteil, der zum Zeitpunkt m bewertet

$$
s\sum_{t=1}^{m+n} zprs_t \times q_{\beta,s}^{m-t} \qquad (87)
$$

beträgt. Durch die Erteilung der Direktzusage verzichtet der Versorgungsberechtigte periodisch auf die Barlohnzahlung l, die beim Arbeitgeber Einsparungen in Höhe von

$$
(1-s)\sum_{t=1}^{m}(1+0,5b_B)\, l \times q_{\beta,s}^{m-t} = (1-s)\sum_{t=1}^{m} JDK \times q_{\beta,s}^{m-t} = (1-s)\, JDK \times refn\,(i_{\beta,s}, m) \qquad (88)
$$

implizieren.

Insgesamt ergibt sich deshalb für die Direktzusage zunächst folgender Kostenbarwert zum Zeitpunkt m:

$$
\begin{aligned}
K_{m,s}^{DZ} &= \sum_{t=m+1}^{m+n} R \times q_{\beta,s}^{m-t} - s\sum_{t=1}^{m+n} zprs_t \times q_{\beta,s}^{m-t} - (1-s)\sum_{t=1}^{m}(1+0,5b_B)\, l \times q_{\beta,s}^{m-t} \\
&= R \times rbfn\,(i_{\beta,s}, n) - s\sum_{t=1}^{m+n} zprs_t \times q_{\beta,s}^{m-t} - (1-s)\, JDK \times refn\,(i_{\beta,s}, m)\,. \qquad (89)
\end{aligned}
$$

Unter Berücksichtigung der Formel (69) lässt sich diese Gleichung auch schreiben als:

$$K_{m,s}^{DZ} = \left[(1-s)\sum_{t=1}^{m} JDK\,(1+r_s)^{m-t} + s\sum_{t=1}^{m+n} zdst_t^{DZ}\,(1+r_s)^{m-t}\right]\frac{rbfn\,(i_{\beta,s},n)}{rbfn\,(r_s,n)}$$
$$- s\sum_{t=1}^{m+n} zprs_t \times q_{\beta,s}^{m-t} - (1-s)\sum_{t=1}^{m} JDK \times q_{\beta,s}^{m-t}. \qquad (90)$$

Da der Rechnungszins des Deckungsstocks r dem Rechnungszins der Pensionsrückstellung r entspricht, weshalb die Zuführungen zum rechnungsmäßigen Deckungsstock und die Zuführung zur Pensionsrückstellung c. p. identisch sind ($zdst_t^{DZ} = zprs_t$),[154] lässt sich der Kostenbarwert aus Formel (90) umformen zu:

$$K_{m,s}^{DZ} = \left[(1-s)\sum_{t=1}^{m} JDK\,(1+r_s)^{m-t} + s\sum_{t=1}^{m+n} zdst_t^{DZ}\,(1+r_s)^{m-t}\right]\frac{rbfn\,(i_{\beta,s},n)}{rbfn\,(r_s,n)}$$
$$- s\sum_{t=1}^{m+n} zdst_t^{DZ} \times q_{\beta,s}^{m-t} - (1-s)\sum_{t=1}^{m} JDK \times q_{\beta,s}^{m-t}. \qquad (91)$$

Für den Fall, dass der Deckungsstock die rechnungsmäßige Rendite nach Steuern erwirtschaftet und damit die Pensionszusage rechnungsmäßig verläuft ($i_{\beta,s} = r_s$), ergibt sich – wie aus Gleichung (91) abzuleiten ist – ein Kostenbarwert von null, weil die Betriebseinnahmen des Deckungsstocks durch die Bildung der Pensionsrückstellung exakt steuerfrei vereinnahmt werden.[155]

Sollte der Deckungsstock dagegen eine voll steuerpflichtige außerplanmäßige Rendite i erwirtschaften, so lässt sich der allgemeine Kostenbarwert aus Formel (91) durch die bereits im Kapitel 5.3.5 ermittelten Zahlungen (vgl. Formel (71)) zu

$$\begin{aligned}
K_{m,s}^{DZ} &= -\sum_{t=1}^{m+n}(1-s)\,z_t^{DZ}q_s^{m-t} \\
&= -\sum_{t=1}^{m+n}(1-s)\,(i-r)DST_{t-1}^{DZ}q_s^{m-t} \\
&= -(1-s)\,\frac{i-r}{r}JDK \times refn\,(i_s,r,m) + (1-s)\,\frac{i-r}{r}JDK \times refn\,(i_s,m) \\
&\quad -(1-s)\,\frac{i-r}{r}JDK\frac{refn\,(r,m)}{rbfn\,(r,n)}rbfn\,(i_s,n) \\
&\quad +(1-s)\,\frac{i-r}{r}JDK\frac{refn\,(r,m)}{rbfn\,(r,n)}\frac{1}{(1+r)^n}rbfn\,(i_s,r,n) \\
&= -(1-s)\,\frac{i-r}{r}JDK\left\{\begin{array}{c} refn\,(i_s,r,m) - refn\,(i_s,m) + \\ \frac{refn(r,m)}{rbfn(r,n)}\left[rbfn\,(i_s,n) - \frac{1}{(1+r)^n}rbfn\,(i_s,r,n)\right]\end{array}\right\}
\end{aligned} \qquad (92)$$

[154] Vgl. Formeln (64) und (65) und die dazugehörigen Ausführungen.
[155] Vgl. Kapitel 5.3.4.

vereinfachen.[156] Die Alternativrendite nach Steuern beträgt dabei $q_s = 1+i_s = 1+i\,(1-s)$, weil sowohl auf Unternehmens- als auch auf privater Ebene von einem identischen Anlageportefeuille ausgegangen wird.[157]

Auf Basis des im Kapitel 5.3.6 abgeleiteten Ergebnisses, dass die Nachsteuerrendite von $i_{\beta,s}$ wie eine fiktive Vorsteuerrendite $i^{ft} = i\,(1-\beta s)\,/\,(1-s)$ wirkt, lässt sich in Analogie zu Formel (92) der Kostenbarwert aus Gleichung (91) allgemein bei Erzielung einer Nachsteuerrendite von $i_{\beta,s}$ schreiben als:

$$\begin{aligned} K_{m,s}^{DZ} &= -\sum_{t=1}^{m+n}(1-s)\,(i^{ft}-r)DST_{t-1}^{DZ}q_{\beta,s}^{m-t} \\ &= -\,(1-s)\,\frac{i^{ft}-r}{r}JDK\left\{\begin{array}{c} refn\,(i_{\beta,s},r,m)-refn\,(i_{\beta,s},m)+ \\ \frac{refn(r,m)}{rbfn(r,n)}\left[rbfn\,(i_{\beta,s},n)-\frac{1}{(1+r)^n}rbfn\,(i_{\beta,s},r,n)\right]\end{array}\right\}. \end{aligned} \quad (93)$$

Entscheidungszeitpunkt über die Durchführung einer betrieblichen Altersversorgung ist der Zeitpunkt 0. Die bisher ausgewiesenen Kostenbarwerte zum Ende der Ansparphase m des Pensionsfonds mit klassischer oder mit beitragsdotierter Leistungszusage und der Direktzusage sind daher allgemein mit der Alternativrendite nach Steuern $i_{\beta,s}$ auf diesen Zeitpunkt zu diskontieren.[158] Damit ist der Kostenbarwert der einzelnen Durchführungsalternative im Zeitpunkt 0:

$$K_{0,s} = \left\{\begin{array}{c} K_{0,s}^{PF(kLZ)} \\ K_{0,s}^{PF(bLZ)} \\ K_{0,s}^{DZ} \end{array}\right. = K_{m,s}\times q_{\beta,s}^{-m} = \left\{\begin{array}{ccc} K_{m,s}^{PF(kLZ)}\times q_{\beta,s}^{-m} & ; & PF\,(kLZ) \\ K_{m,s}^{PF(bLZ)}\times q_{\beta,s}^{-m} & ; & PF\,(bLZ) \\ K_{m,s}^{DZ}\times q_{\beta,s}^{-m} & ; & DZ \end{array}\right. . \quad (94)$$

5.4.2 Referenzfall und Daten zur Analyse des Modells

Im Folgenden soll die Vorteilhaftigkeit der drei Durchführungsalternativen analysiert werden. Dazu wird das theoretische Modell mit realitätsnahen, leicht nachvollziehbaren Daten unterlegt. Die hierbei getroffenen Annahmen werden anschließend kurz zusammengefasst und definieren den sogenannten „Referenzfall“ der Untersuchung:

1. Der Arbeitgeber erteilt einem $x = 28$-jährigen Arbeitnehmer bei Dienstantritt sofort eine Pensionszusage, der nach einer Dienstzeit von $m = 37$ Jahren im Alter von $m + n = 65$ Jahren in den Ruhestand geht. Nach $n = 18$ Jahren im Ruhestand verstirbt der Arbeitnehmer im Alter von $x + m + n = 83$ Jahren.

2. Der Arbeitgeber legt die Beitragshöhe, auf deren Basis er die Höhe der Altersrente kalkuliert, auf die Höhe des kostenneutralen Umwandlungsbeitrags JDK fest. Dieser beträgt

[156] Ein mathematischer Beweis dieser Aussage ist im Anhang A.3 angeführt. Zur mathematischen Umformung dieser Formel (92) vgl. Gleichung (84).

[157] Vgl. die entsprechenden Ausführungen zu dieser Modellannahme am Beginn dieses Kapitels.

[158] Da die vorgenommene Modellierung zugänglicher erscheint, wurde im Rahmen der Herleitung der Kosten auf die sofortige Diskontierung auf den Referenzzeitpunkt 0 verzichtet.

nach den derzeitigen (Bezugsjahr 2005) Beitragssätzen zu den Sozialversicherungen[159] und der derzeitigen steuer- sowie sozialversicherungsrechtlichen Rahmenbedingungen

$$JDK = (1 + 0,5b_B)\,l = 1,2085 \tag{95}$$

und wird vom Arbeitgeber periodisch nachschüssig geleistet.

3. Der Arbeitnehmer bezieht eine periodisch nachschüssige konstante Altersrente, deren Höhe er auf Basis der Vorsteuerverzinsung von $r = 6$ % kalkuliert und sich somit auf

$$R = JDK\frac{refn\,(r,m)}{rbfn\,(r,n)} = 1,2085\frac{refn\,(6\ \%,37)}{rbfn\,(6\ \%,18)} = 14,20 \tag{96}$$

beläuft.

Diese Annahmen wurden bereits im Rahmen der Tabellen 2, 3, 7, 8, 9 und 10 in den Kapiteln 5.2.3.1.2, 5.3.4, 5.3.5 und 5.3.6 getroffen, um die Entwicklung des Deckungsstocks und der Rückstellung für den internen und den externen Pensionsfonds bei ausgewählten Zinssätzen aufzuzeigen.[160]

5.4.3 Analyse

5.4.3.1 Variation der Vorsteuerrendite

Ausgangspunkt der Analyse ist ein Vorteilhaftigkeitsvergleich zwischen den einzelnen Durchführungsalternativen, wenn die Vorsteuerrendite variiert wird ($\beta = 100$ %). Untersucht wird eine Zinsspanne von 2,75 % bis 10 %. Sie wird im Hinblick einerseits auf die Rechnungsverzinsung des Pensionsfonds von 2,75 % und andererseits auf die empirische Relevanz einer Durchschnittsverzinsung bis zu einem Zinssatz von 10 % gewählt.

Abbildung 1 veranschaulicht den Kostenbarwert der Pensionszusage zum Zeitpunkt ihrer Erteilung in $t = 0$, der sich für den Referenzfall bei den verschiedenen Durchführungsalternativen in Abhängigkeit von der Vorsteuerrendite ergibt.
Der Kostenbarwert des Pensionsfonds mit beitragsdotierter Leistungszusage und der Direktzusage unterscheidet sich bis zu einem Zinssatz von 6 % nicht. Bei darüber hinausgehenden Renditen ist der Pensionsfonds mit beitragsdotierter Leistungszusage vorzuziehen.
Insgesamt dominiert c. p. der Pensionsfonds mit klassischer Leistungszusage die anderen Durchführungsalternativen für die gegebene Zinsspanne. Sein Vorteil gegenüber der Direktzusage ist

[159] Der Beitragssatz der Rentenversicherung beträgt derzeit 19,5 %, der Arbeitslosenversicherung 6,5 %, der Krankenversicherung 14,0 % und der Pflegeversicherung 1,7 %. Der Beitragssatz zur Sozialversicherung b_A ergibt sich derzeit damit zu 41,7 %.

[160] Der Referenzfall wurde bewusst an dieser Stelle und nicht bereits bei den Modellannahmen des Kapitels 5.1 angeführt, weil erst durch das Wissen darüber, dass der Deckungsstock der Direktzusage und des Pensionsfonds bei rechnungsmäßiger Verzinsung steuerfrei aufgebaut werden, die an dieser Stelle als Nr. 2 und Nr. 3 bezeichneten Annahmen gesetzt werden konnten.

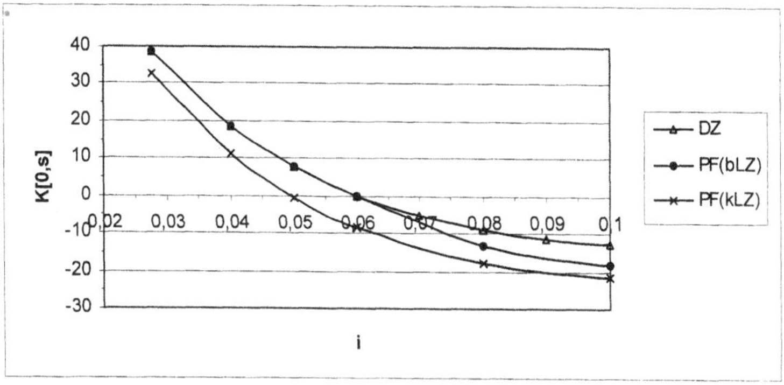

Abbildung 1: Kostenbarwert zum Zeitpunkt 0 für die Durchführungsalternativen in Abhängigkeit vom Zinssatz

zinssatzunabhängig. Sein Vorteil gegenüber dem Pensionsfonds mit beitragsdotierter Leistungszusage schmilzt dagegen mit wachsender Verzinsung, wobei ab einer theoretischen Verzinsung von ungefähr 18 % die beitragsdotierte Leistungszusage vorteilhaft ist (vgl. Abbildung 8 am Ende dieses Kapitels).

Den Wert null erreicht der Kostenbarwert der Zusage für die einzelnen Durchführungsalternativen bei unterschiedlichen Vorsteuerrenditen: Beim Pensionsfonds mit klassischer Leistungszusage tritt dieser Selbstfinanzierungseffekt im neuen Sinne[161] bei einem Zinssatz von ungefähr 5 % auf, bei den anderen Durchführungsalternativen bei exakt 6 %. Dieses Ergebnis ist für den Pensionsfonds mit beitragsdotierter Leistungszusage und für die Direktzusage durch die bisherige Modellierung[162] einsichtig, weil

1. der Arbeitgeber den Umwandlungsbeitrag auf die im Vergleich zur Barauszahlung des Entgelts kostenneutrale Höhe JDK festlegt und ihn auf der Basis eines Zinssatzes von $r = 6$ % in eine entsprechende Rentenzusage umwandelt und

2. der externe und interne Pensionsfonds mit diesem kostenneutralen Umwandlungsbeitrag JDK dotiert wird und

3. beide den Deckungsstock bei diesem Zinssatz $i = r = 6$ % durch die Bildung einer entsprechenden Rückstellung steuerfrei aufbauen.

Indessen ist der Verlauf der Kosten aus Abbildung 1 für die drei Durchführungsalternativen und die gesamte Zinsspanne von 2,75 % bis 10 % nicht ohne eine tiefer gehende Analyse zu erklären. Um die grundsätzlichen Ursachen hierfür herauszuarbeiten, wird in einem ersten

[161] Der Begriff des Selbstfinanzierungseffekts war bisher auf die Kostenanalyse von Pensionszusagen mit Geschenkcharakter beschränkt.

[162] Vgl. die entsprechenden Ausführungen in den Kapiteln 5.2.3.2.2, 5.3.4 und 5.4.1.

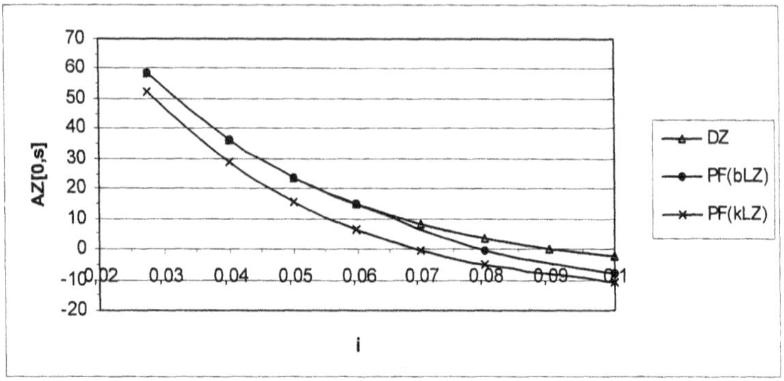

Abbildung 2: Auszahlungsbarwert nach Steuern zum Zeitpunkt 0 für die Durchführungsalternativen in Abhängigkeit vom Zinssatz

Schritt der Auszahlungsbarwert nach Steuern zum Zeitpunkt 0 ermittelt. Dieser unterscheidet sich vom Kostenbarwert dadurch, dass er nicht den Barwert nach Steuern der alternativen Lohnauszahlung berücksichtigt.[163]

$$
\begin{aligned}
AZ_{0,s} &= K_{0,s} + (1-s) \sum_{t=1}^{m} (1 + 0,5b_B)\, l \times q_s^{-t} \\
&= K_{0,s} + (1-s)\, JDK \times rbfn\,(i_s, m)
\end{aligned} \tag{97}
$$

In Abbildung 2 ist der Verlauf des Auszahlungsbarwerts nach Steuern für den Referenzfall veranschaulicht.

Die Kurven dieser Abbildung sind somit gegenüber denjenigen der vorigen Abbildung 1 um den Barwert nach Steuern der alternativen Lohnauszahlung nach oben verschoben. Wie aus dieser Abbildung hervorgeht, ist der Auszahlungsbarwert null, wenn

- der Pensionsfonds mit klassischer Leistungszusage einen Zinssatz von ungefähr 6, 9 %,
- der Pensionsfonds mit beitragsdotierter Leistungszusage einen Zinssatz von ungefähr 8, 0 % und
- die Direktzusage einen Zinssatz von ungefähr 9, 0 %

erzielt, wobei der Auszahlungsbarwert der Pensionszusage von null in der Literatur als Selbstfinanzierungseffekt der Pensionszusage im ursprünglichen Sinne, bei dem ein Geschenkcharakter der Pensionszusage unterstellt wird, bekannt ist.[164]

[163] Da in diesem Kapitel von einer vollen Steuerpflichtigkeit der Erträge ausgegangen wird, beträgt die Alternativrendite nach Steuern q_s.

[164] Vgl. dazu *Haegert* (1987), S. 164 f., *Drukarczyk* (1990), S. 345 f., und *Brassat / Kiesewetter* (2003), S. 1068.

Um auf der Grundlage des Auszahlungsbarwerts nach Steuern schließlich den Kostenverlauf aus Abbildung 1 erläutern zu können, muss in einem letzten Schritt erkannt werden, dass der Auszahlungsbarwert auf den periodischen Zahlungen zwischen internem oder externem Pensionsfonds und dem Arbeitgeber, die im Folgenden als „Transferzahlungen" (tfz_t) bezeichnet werden, basiert.

$$tfz_t = \begin{cases} JPF - z_t^{PF(kLZ)} & ; \quad PF(kLZ) \\ JDK - z_t^{PF(bLZ)} & ; \quad PF(bLZ) \\ JDK - z_t^{DZ} & ; \quad DZ \end{cases} \tag{98}$$

Gleichung (97) lässt sich c. p.[165] damit auch schreiben als:

$$AZ_{0,s} = K_{0,s} + (1-s)\, JDK \times rbfn\,(i_s, m) = \sum_{t=1}^{m+n} (1-s)\, tfz_t \times q_s^{-t}. \tag{99}$$

Im Rahmen des internen Pensionsfonds und des externen Pensionsfonds mit beitragsdotierter Leistungszusage besteht die Transferzahlung aus dem Umwandlungsbeitrag JDK, mit dem beide Durchführungsalternativen dotiert werden, und den vom Durchführungsweg abhängigen Überschuss- oder Nachschusszahlungen. Die Transferzahlungen zwischen Arbeitgeber und Pensionsfonds mit klassischer Leistungszusage bestehen ebenfalls aus den Überschuss- oder Nachschusszahlungen, jedoch wird der Pensionsfonds bei dieser Gestaltungsalternative periodisch in Höhe von JPF dotiert.

Positive Transferleistungen stellen periodische Zahlungen vom Arbeitgeber an den internen oder externem Pensionsfonds dar, während negative Transferleistungen periodische Zahlungen des externen oder internen Pensionsfonds an den Arbeitgeber bedeuten.

Die Höhe der Transferzahlung steht grundsätzlich im Zusammenhang mit der Deckungsstock- und Rückstellungsentwicklung, weil sie sich – wie beschrieben – aus den Dotierungen und den Überschuss- bzw. den Nachschusszahlungen ergibt. Zur Erläuterung des Kostenbarwerts aus Abbildung 1 werden daher nachfolgend neben den Transferzahlungen auch die entsprechenden Deckungsstöcke und Rückstellungen entwickelt.

Abbildung 3 zeigt die Deckungsstock- und den Rückstellungsverläufe für einen Zinssatz von 6 % in Abhängigkeit von der Durchführungsalternative auf. Sie wurden bereits in den Tabellen 2, 3, 6, 7 und 8 angegeben. Die Rückstellung und der Deckungsstock sind dabei jeweils für jede einzelne Durchführungsalternative identisch. Die darauf basierenden Transferzahlungen zwischen Arbeitgeber und internem oder externem Pensionsfonds sind in Abbildung 4 dargestellt.

Wie aus Abbildung 3 zu entnehmen ist, entsprechen sich die jeweiligen Rückstellungen und damit auch die resultierenden Deckungsstöcke des internen Pensionsfonds und des externen Pensionsfonds mit beitragsdotierter Leistungszusage zu jedem Zeitpunkt. Dies ist darauf zurückzuführen, dass im Rahmen des internen Pensionsfonds aufgrund der Rechnungsgrundla-

[165] Wohlgemerkt lässt sich der Kostenbarwert auf diesem Weg nur deshalb ableiten, weil ausschließlich die (voll steuerpflichtige) Vorsteuerrendite variiert wird.

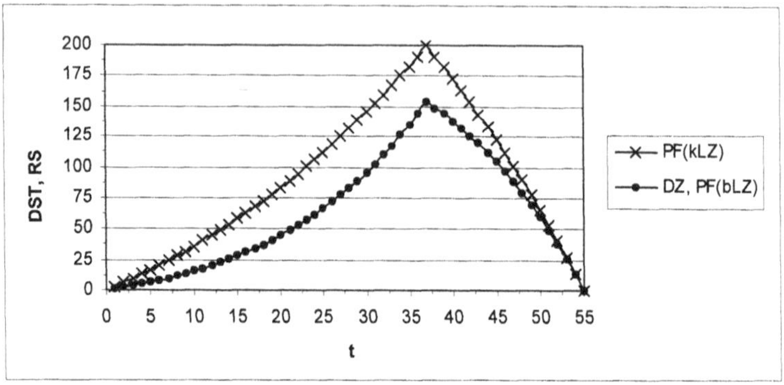

Abbildung 3: Deckungsstock und Rückstellung für einen Zinssatz 6 % in Abhängigkeit von der Durchführungsalternative

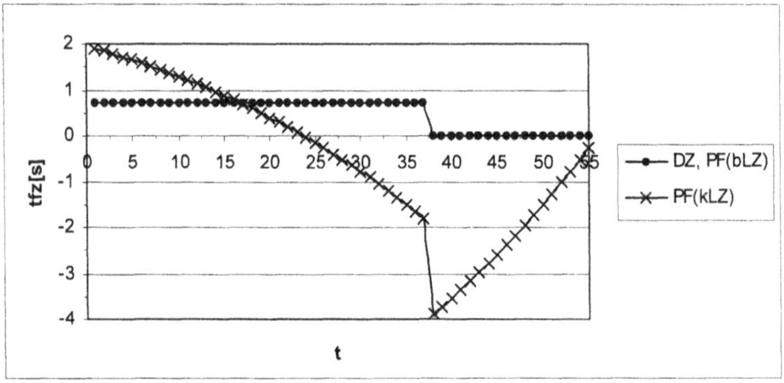

Abbildung 4: Transferzahlungen nach Steuern für einen Zinssatz von 6 % in Abhängigkeit von der Durchführungsalternative

gen c. p. der fiktive Jahresbetrag JB der Pensionsrückstellung dem Dotierungsbeitrag JDK des Arbeitgebers entspricht.[166] Deckungsstock und Rückstellung sowohl des internen als auch des externen Pensionsfonds entwickeln sich daher identisch auf Basis des Dotierungsbeitrags $JDK = 1,21$ und der Verzinsung $i = r = 6$ %. Beide bauen somit den Deckungsstock exakt steuerfrei auf, weshalb die Beiträge genau ausreichen, um die Pensionsverpflichtung zu finanzieren.[167] Da Überschuss- oder Nachschusszahlungen damit ausbleiben, ist die Transferzahlung nach Steuern in der Ansparphase die Nettoprämie $(1-s)JDK = 0,73$ und in der Rentenphase finden keine Transferleistungen statt.

Dagegen muss der Pensionsfonds mit klassischer Leistungszusage eine über den kostenneutralen Umwandlungsbeitrag hinausgehende Dotierung $JPF = 3,17$ verlangen, um eine versicherungsförmige Garantie für sämtliche Leistungsbestandteile übernehmen zu können. Für diese Dotierung muss der Arbeitgeber rechnungsmäßig zu jedem Zeitpunkt der Ansparphase auf entsprechende betriebseigene Mittel der Höhe $JPF - JDK = 1,96$ zurückgreifen, die ihn nach Steuern unter Berücksichtigung des mit der Dotierung des Pensionsfonds verbundenen Betriebsausgabenabzugs mit $(1-s)(JPF - JDK) = 1,18$ belasten. Die gegenüber den anderen Durchführungsalternativen höhere Dotierung des Pensionsfonds mit klassischer Leistungszusage wird durch den vergleichsweise höheren Verlauf der Transferzahlungen zu Beginn der Ansparphase in Abbildung 4 aufgezeigt. Durch die höhere Dotierung reicht dann eine Verzinsung des Deckungsstocks von 2,75 % aus, um die Verpflichtungen gegenüber dem Arbeitnehmer abzudecken. Bei einem unterstellten Zinssatz von 6 % entstehen daher periodisch Überschüsse, die nicht für die Deckung des Versorgungsanspruchs des Arbeitnehmers benötigt werden. Diese werden sofort dem Arbeitgeber erstattet, weil der Pensionsfonds mit klassischer Leistungszusage zu jedem Zeitpunkt der Pensionszusage infolge der entsprechend hoch vorgenommenen Dotierung die gesamte Leistung versicherungsförmig garantiert und Überschüsse daher steuerpflichtig sind. Der weitere Verlauf der Transferleistungen nach Steuern ist damit durch die rechnungsmäßigen Dotierungen des Arbeitgebers in der Ansparphase und durch die Überschusszahlungen des Pensionsfonds an den Arbeitgeber zu erklären; da deren Höhe unmittelbar von der Höhe des Deckungsstocks abhängig ist und die Dotierung des Arbeitgebers nach Steuern konstant $(1-s)\,JPF = 1,90$ beträgt, ergibt sich ein ausgehend von diesem Dotierungsbetrag nach Steuern spiegelverkehrter Verlauf zur Deckungsstockentwicklung. Insgesamt muss der Arbeitgeber bei dem angenommenen Zinssatz von 6 % in den ersten 16 Perioden der Pensionszusage Mittel aus dem Betriebsvermögen bereitstellen, um der geforderten Dotierung des Pensionsfonds nachkommen zu können. Danach liegen seine Transferzahlungen bis zum Zeitpunkt 23 unter dem Umwandlungsbeitrag, weil die Überschüsse, die dieser Pensionsfonds realisiert und an den Arbeitgeber auszahlt, die Höherdotierung gegenüber dem Pensionsfonds mit beitragsdotierter Leistungszusage und der Direktzusage mehr als ausgleichen. Ab diesem Zeitpunkt muss der Arbeitgeber keine weiteren Zahlungen an den Pensionsfonds leisten; zwar hätte er noch bis zum Ende der Ansparphase die rechnungsmäßigen Dotierungen $JPF = 3,17$ aufbringen müs-

[166] Vgl. Kapitel 5.3.4.

[167] Man vergleiche die entsprechenden Ausführungen in den Kapiteln 5.3.4 und 5.2.3.2.2.

sen, jedoch sind die Überschüsse so hoch, dass sie jene ab diesem Zeitpunkt überragen. Dieser Teil der Überschüsse verbleibt daher als Transferzahlung des Pensionsfonds an den Arbeitgeber. Die höchste Transferzahlung findet dann zum Zeitpunkt 38 statt. Zu diesem Zeitpunkt hat der Pensionsfonds den maximalen Überschuss erwirtschaftet, weil der Deckungsstock einen Zeitpunkt zuvor den betragsmäßigen Höchstwert während der Pensionszusage erreicht hat. Der Sprung gegenüber der letzten Transferleistung, die Sprungstelle von $t = 37$ auf $t = 38$ in der Abbildung 4, ist dabei dadurch zu erklären, dass der Arbeitgeber erstmals eine Periode nach Beginn der Rentenphase zum Zeitpunkt 38 keine rechnungsmäßigen Prämien zur Dotierung des Pensionsfonds leisten muss.

Wenn man nun den in Abbildung 4 dargestellten Verlauf der Transferzahlungen der drei Durchführungsalternativen miteinander vergleicht, so wird das aus der Analyse der Abbildung 1 gewonnene Ergebnis bestätigt, dass der Kostenbarwert des Pensionsfonds mit klassischer Leistungszusage die anderen Durchführungsalternativen dominiert.
Die Ursache hierfür ist in der höheren Dotierung des Pensionsfonds bei der Durchführung einer klassischen Leistungszusage zu finden und am einfachsten mit folgender Überlegung zu erläutern: Wählt der Arbeitgeber eine Direktzusage oder einen Pensionsfonds mit beitragsdotierter Leistungszusage für die Abwicklung der Zusage, so leistet er Bruttobeiträge der Höhe $JDK = 1,21$, die sowohl bei der Direktzusage durch die Bildung der Pensionsrückstellung als auch beim Pensionsfonds mit beitragsdotierter Leistungszusage durch die Bildung einer Deckungsrückstellung steuerunbelastet bleiben und für die angenommene Rendite von 6 % steuerfrei verzinst werden.
Anders verhält sich dies im Fall des Pensionsfonds mit klassischer Leistungszusage. Seine Durchführung erfordert eine Dotierung $JPF = 3,17$, die über den kostenneutralen Umwandlungsbeitrag $JDK = 1,21$ hinausgeht. Diese höheren Beiträge werden dann durch eine entsprechende Deckungsrückstellungsbildung komplett steuerfrei gestellt und mit einem Zinssatz von 2,75 % steuerfrei akkumuliert. Der Pensionsfonds mit klassischer Leistungszusage baut damit wegen seiner Höherdotierung ein höheres Deckungsstock- und Rückstellungsvolumen gegenüber den anderen Durchführungsalternativen auf (vgl. Abbildung 3). Der Arbeitgeber kann somit die Differenz zwischen dem Deckungsstock des Pensionsfonds mit klassischer Leistungszusage und dem des Pensionsfonds mit beitragsdotierter Leistungszusage bzw. dem der Direktzusage zusätzlich steuerfrei ansparen. Der Pensionsfonds erzeugt damit für den Arbeitgeber einen Steuervorteil, weil er ihm die Möglichkeit bietet, ansonsten steuerpflichtige Erträge im Deckungsstock des Pensionsfonds vorübergehend steuerfrei anzusparen. Im Wege der Überschusszahlungen profitiert der Arbeitgeber davon. Der Steuervorteil des Pensionsfonds mit klassischer Leistungszusage wird also auf den Arbeitgeber durch die Überschusszahlungen überwälzt. Somit fungiert der so gestaltete Pensionsfonds für die angenommene Kapitalmarktrendite von 6 % als eine Art Finanzintermediär des Arbeitgebers, der es diesem ermöglicht, den Teil der Dotierung vorübergehend steuerfrei zu sparen, der letztendlich nicht für die Finanzierung der Versorgungsleistung benötigt wird. Dieser Überdotierungseffekt – aus Sicht des Arbeitgebers reicht eine Dotierung in

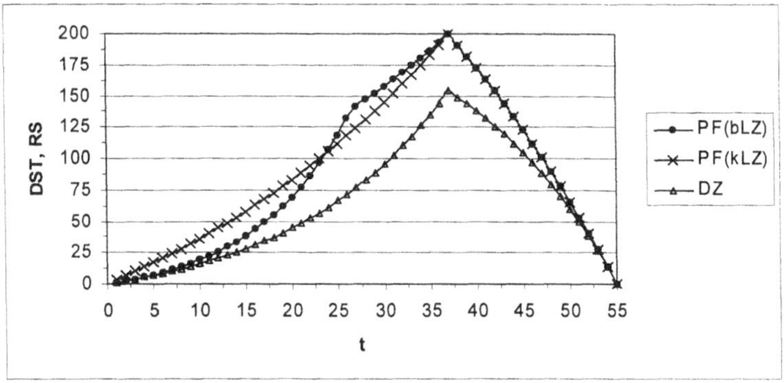

Abbildung 5: Deckungsstock und Rückstellung für einen Zinssatz von 10 % in Abhängigkeit von der Durchführungsalternative

Höhe von JDK rechnungsmäßig zur Finanzierung der Zusage aus – ist folglich für die Dominanz des Pensionsfonds mit klassischer Leistungszusage verantwortlich.[168]

Für einen Zinssatz von 10 % ist der Verlauf der Deckungsstöcke und der Rückstellungen in Abhängigkeit von der Durchführungsalternative in der Abbildung 5 ersichtlich.[169]
Während der Deckungsstock und die Rückstellung für die Alternativen Direktzusage und Pensionsfonds mit klassischer Leistungszusage gegenüber der bisher für $i = 6$ % vorgenommenen Analyse unverändert sind, weicht der Verlauf der Rückstellung und des Deckungsstocks des Pensionsfonds mit beitragsdotierter Leistungszusage davon ab. Der Grund hierfür ist in der alleinigen Flexibilität des so gestalteten Pensionsfonds zu finden, Überschüsse steuerfrei zu akkumulieren. Die Direktzusage ist dazu nicht in der Lage, weil das Teilwertverfahren prospektiv ausgerichtet und daher unabhängig von der bereits erwirtschafteten Verzinsung ist. Auch der Pensionsfonds mit klassischer Leistungszusage hat keine Möglichkeit, Überschüsse steuerfrei anzusparen, weil er die gesamte Rentenleistung versicherungsförmig garantiert und somit die maximale Deckungsrückstellung und damit auch den maximal steuerfrei aufbaubaren Deckungsstock bei einem Zinssatz von $i = 2,75\ \% = v$ erreicht hat. Dagegen garantiert der Pensionsfonds mit beitragsdotierter Leistungszusage nur einen Teil der Rentenleistung versicherungsförmig. Für den verbleibenden Teil kann er eine retrospektive Deckungsrückstellung bilden.[170] Damit kann er Überschüsse solange im Deckungsstock steuerfrei akkumulieren, wie eine Erhöhung der retrospektiven Deckungsrückstellung möglich ist. Die maximale retrospektive

[168] Vgl. auch *Brassat / Kiesewetter* (2003), S. 1068.

[169] Für die Direktzusage vgl. Tabelle 9.

[170] Für den Referenzfall verlangt der Pensionsfonds für die Übernahme einer versicherungsförmigen Garantie der gesamten Pensionszusage Prämien der Höhe $JPF = 3,17$. Die beitragsdotierte Leistungszusage erfordert eine Dotierung in Höhe von $JDK = 1,21$. Damit beträgt die versicherungsförmig garantierte Rentenhöhe $1,21/3,17 = 38,06$ % der vom Arbeitgeber versprochenen Altersrente.

Deckungsrückstellung ist dann erreicht, wenn der Pensionsfonds die gesamte Versorgungszusage versicherungsförmig garantieren kann. Bis zu diesem Zeitpunkt verbleiben die Überschüsse im Pensionsfonds.
Für den Zinssatz von 10 % überragt daher der Deckungsstock des Pensionsfonds mit beitragsdotierter Leistungszusage den der Direktzusage ab dem Zeitpunkt 2 bis zum Ende der Zusage. Zu diesem Zeitpunkt haben der interne und externe Pensionsfonds erstmals aus der vergangenen Periode Überschüsse erwirtschaftet. Während der interne lediglich durch die Pensionsrückstellungsbildung die Rendite von $i = r = 6\ \%$ steuerfrei stellen kann und die darüber hinausgehende Rendite steuerbelastet ist, kann der externe Pensionsfonds die gesamte Rendite von 10 % durch den Aufbau einer retrospektiven Deckungsrückstellung vor einer Besteuerung schützen. Bis zum Zeitpunkt 23 liegt der Deckungsstock des Pensionsfonds mit beitragsdotierter Leistungszusage unter dem des Pensionsfonds mit klassischer Leistungszusage, was auf die niedrigeren Dotierungen des Arbeitgebers zurückzuführen ist. Da allerdings die beitragsdotierte Leistungszusage die komplette Rendite von 10 % steuerfrei stellen kann, während die klassische Leistungszusage zwar höher dotiert wird, dafür aber nur eine Rendite von 2,75 % steuerfrei vereinnahmen kann, weisen sie für den unterstellten Zinssatz von 10 % zum Zeitpunkt 23 identische Deckungsrückstellungen bzw. Deckungsstöcke auf.

$$DST_{23}^{PF(bLZ)} \approx DST_{23}^{PF(kLZ)}$$

$$JDK \times refn\,(i,t) = 1,21 \times refn\,(10\ \%, 23) \approx 3,17 \times refn\,(2,75\ \%, 23) = JPF \times refn\,(v,t)$$

Ab diesem Zeitpunkt überragt die Gesamtrückstellung aus prospektiver und retrospektiver Deckungsrückstellung des Pensionsfonds mit beitragsdotierter Leistungszusage die auf Basis einer höheren Garantierente gebildete prospektive Deckungsrückstellung des Pensionsfonds mit klassischer Leistungszusage. Dadurch schießt der Deckungsstock der beitragsdotierten über den der klassischen Leistungszusage hinaus. Dieses Überschießen erscheint ungewöhnlich, wenn man bedenkt, dass zum einen der Pensionsfonds, sowohl bei der Durchführung einer klassischen als auch bei einer beitragsdotierten Leistungszusage, an denselben Garantiezins in Höhe von $v = 2,75\ \%$ gebunden ist und zum anderen der Deckungsstock bzw. die Deckungsrückstellung des Pensionsfonds mit klassischer Leistungszusage zu jedem Zeitpunkt der Pensionszusage (und somit auch zum Zeitpunkt 23) in maximaler Höhe aufgebaut ist, weil er die gesamten Leistungen aus der Pensionszusage versicherungsförmig garantiert. Einsichtig wird aber dieses Überschießen, wenn man die künftigen rechnungsmäßigen Dotierungen in die Überlegung miteinbezieht. So leistet der Arbeitgeber im Fall der klassischen Leistungszusage höhere Beiträge ($JPF = 3,17$) als im Fall der beitragsdotierten ($JDK = 1,21$). Im Gegensatz zur klassischen kann der Pensionsfonds mit beitragsdotierter Leistungszusage zum Zeitpunkt 23 somit noch keine versicherungsförmige Garantie für die gesamte Versorgungsleistung übernehmen. Für den Pensionsfonds ergibt sich deshalb für die Erhöhung der retrospektiven Deckungsrückstellung bzw. des Deckungsstocks noch Spielraum (vgl. auch Formel (38)). Dieser ist zum Zeitpunkt 26 erschöpft, da der Pensionsfonds zu diesem Zeitpunkt die gesamte Rentenleistung mit den noch ausstehenden rechnungsmäßigen Prämien versicherungsförmig garantieren kann. Die maximale Differenz ist damit zwischen der Rückstellung bzw. dem Deckungsstock des Pensionsfonds mit beitragsdotierter Leistungszusage und der- bzw. demselben mit klassischer Leistungszusage erreicht und wird mit fortlaufender Dauer kleiner. Am Ende der Ansparphase weisen beide wieder eine identische Rückstellung bzw. einen identischen Deckungsstock auf, weil keine Dotierungen mehr ausstehen und identische Rentenleistungen garantiert werden.

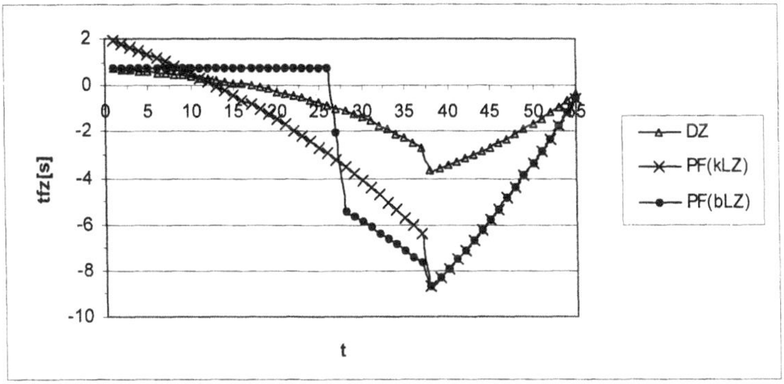

Abbildung 6: Transferzahlungen nach Steuern für einen Zinssatz von 10 % in Abhängigkeit von der Durchführungsalternative

Abbildung 6 beschreibt die Transferzahlungen nach Steuern für einen Zinssatz von 10 % in Abhängigkeit von der Durchführungsalternative.[171]

Die Transferleistungen des Pensionsfonds mit klassischer Leistungszusage bei Erwirtschaftung einer Überrendite wurden bereits für den Zinssatz von 6 % (Abbildung 4) erläutert. Durch die im Vergleich dazu höhere Überrendite ändert sich lediglich das Niveau, nicht aber der Verlauf der Transferleistungen.

Denselben Verlauf wie die Transferzahlungen des Pensionsfonds mit klassischer Leistungszusage weisen die des internen Pensionsfonds auf. Im Vergleich ist ihre Höhe insgesamt lediglich zusammengestaucht. Dies ist auf die niedrigere Dotierung zurückzuführen, die impliziert, dass der interne Pensionsfonds Überschüsse erst ab einem Zinssatz von 6 % und nicht schon ab einem Zinssatz von 2,75 % erzielt.

Im Fall des Pensionsfonds mit beitragsdotierter Leistungszusage werden bis zum Zeitpunkt 26 vom Arbeitgeber die rechnungsmäßigen Prämien geleistet. Bis zu diesem Zeitpunkt behält der Pensionsfonds die Überschüsse komplett ein. Die Rendite von 10 % wird somit in voller Höhe steuerfrei vereinnahmt. Zum Zeitpunkt 27 erreicht der Pensionsfonds den maximalen Deckungsstock. Hierfür reicht ein Teil der Überschüsse der 27. Periode aus, sodass der übrige

[171] Vgl. für die Direktzusage die Tabelle 9.

Teil dem Arbeitgeber erstattet wird. Wie aus der Abbildung 6 ersichtlich, überragt dieser Teil der Überschüsse die rechnungsmäßig vom Arbeitgeber zu entrichtende Prämie; insgesamt wird daher die erste Zahlung vom Pensionsfonds an den Arbeitgeber transferiert. Nach diesem Zeitpunkt sind sämtliche Überschüsse steuerpflichtig, weshalb diese vom Pensionsfonds an den Arbeitgeber ausbezahlt werden.
Wenn man den Verlauf der Transferzahlungen miteinander vergleicht, so ist unmittelbar verständlich, dass dem Pensionsfonds mit klassischer Leistungszusage der Vorzug vor den anderen zu geben ist. Dies kam bereits bei der Ermittlung des Kostenbarwerts und des Auszahlungsbarwerts zum Vorschein.[172] Insbesondere fällt dabei die höhere Transferleistung bei der beitragsdotierten gegenüber der klassischen Leistungszusage zwischen den Zeitpunkten 28 und 37 ins Auge. Dafür ist zum einen die Dotierung verantwortlich, die bei der beitragsdotierten gegenüber der klassischen Leistungszusage niedriger ist. Zum anderen erzielt der Pensionsfonds mit beitragsdotierter im Vergleich zu dem mit klassischer Leistungszusage in diesem Zeitraum höhere Überschüsse, weil in dieser Zeitspanne

1. der Deckungsstock des Pensionsfonds mit beitragsdotierter Leistungszusage aus den zuvor beschriebenen Gründen gleich oder höher ist als der Deckungsstock des Pensionsfonds mit klassischer Leistungszusage und

2. der Pensionsfonds mit beitragsdotierter Leistungszusage die Überschüsse aus der Verzinsung i an den Arbeitgeber komplett auszahlt, weil er bereits die gesamte Rentenleistung versicherungsförmig auf Basis des Rechnungszinses v garantiert.

Ab dem Zeitpunkt 38 ist die Transferzahlung zwischen beiden gleich, weil die Deckungsstöcke der beiden ab $t = 37$ identisch sind. Insgesamt reichen allerdings die im Zeitraum von $t = 26$ bis $t = 37$ gegenüber dem Pensionsfonds mit klassischer Leistungszusage höheren Transferzahlungen nicht aus, um dessen höhere Transferzahlungen zuvor auszugleichen.Auf Basis dieser Analyse kann das Zusammenschmelzen des Vorteils des Pensionsfonds mit klassischer Leistungszusage gegenüber dem mit beitragsdotierter Leistungszusage ab einem Zinssatz von 6 % erklärt werden. Überrenditen werden bei der beitragsdotierten Gestaltungsalternative des Pensionsfonds auf Basis seiner Dotierung JDK bis zum Erreichen der maximalen Deckungsrückstellung steuerfrei gestellt, während der Pensionsfonds mit klassischer Leistungszusage zwar die höhere Dotierung JPF steuerfrei stellt, dafür aber nur eine Rendite von $v = 2,75$ % steuerfrei vereinnahmen kann. Durch die niedrigere Dotierung hat der Pensionsfonds mit beitragsdotierter Leistungszusage gegenüber dem mit klassischer Leistungszusage das Potential, eine höhere Deckungsrückstellung im Gesamtverlauf der Zusage zu bilden. Bei einer entsprechend hohen Verzinsung führt dies zu einem Überschießen des Deckungsstocks bzw. der Deckungsrückstellung des Pensionsfonds mit beitragsdotierter Leistungszusage gegenüber demselben bzw. derselben des Pensionsfonds mit klassischer Leistungszusage. Dieser Effekt nimmt mit steigender Überrendite zu. Bei einer theoretischen Verzinsung von 18 % übertreffen Deckungsrückstellung und

[172] Vgl. Abbildungen 1 und 2.

Deckungsstock der beitragsdotierten die der klassischen Leistungszusage so früh, dass die darauf basierenden Transferzahlungen zu einem identischen Kostenbarwert führen (vgl. die Abbildung 7 und 8).

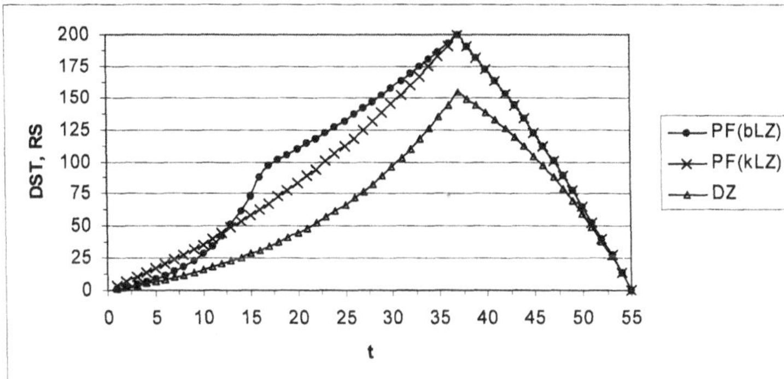

Abbildung 7: Deckungsstock und Rückstellung für einen Zinssatz von 18 % in Abhängigkeit von der Durchführungsalternative

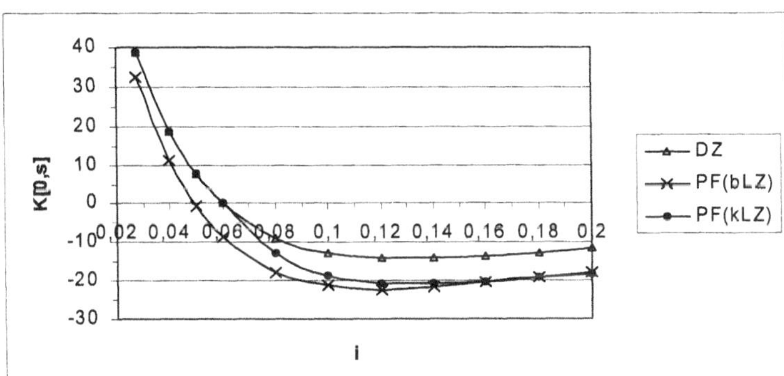

Abbildung 8: Kostenbarwert der Durchführungsalternativen zum Zeitpunkt 0 in Abhängigkeit vom Zinssatz

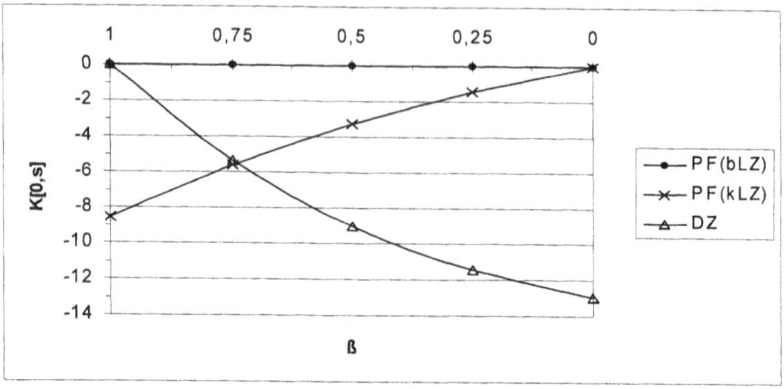

Abbildung 9: Kostenbarwert der Durchführungsalternativen zum Zeitpunkt 0 für einen Zinssatz von 6 % in Abhängigkeit von der Steuerpflichtigkeit der Erträge

5.4.3.2 Variation der Nachsteuerrendite

5.4.3.2.1 Variation der Nachsteuerrendite durch die Variation der Steuerpflichtigkeit der Erträge

Abbildung 9 veranschaulicht den Kostenbarwert der Durchführungsalternativen für einen unterstellten Zinssatz von 6 % in Abhängigkeit von der Steuerpflichtigkeit der Erträge. Auf der Ordinate ist der Kostenbarwert und auf der Abszisse ist die für Anspar- und Rentenphase konstante Höhe der Steuerpflichtigkeit der Anlageerträge β zu entnehmen. Die Höhe der Vorsteuerverzinsung wurde im Hinblick auf die Höhe der rechnungsmäßigen Verzinsung von 6 % gewählt.

Wie aus der Abbildung hervorgeht, ist der Kostenbarwert für den Pensionsfonds mit beitragsdotierter Leistungszusage unabhängig von der Wertpapiermischung des Deckungsstocks. Diese Unabhängigkeit ist darin begründet, dass die periodische Dotierung des externen Pensionsfonds in Höhe des kostenneutralen Umwandlungsbeitrags und die für ihn unabhängig von der Wertpapiermischung voll steuerpflichtige Rendite von 6 % für die Finanzierung der Rentenzahlungen genau ausreichen.

Der Kostenbarwert des Pensionsfonds mit klassischer Leistungszusage ist dagegen abhängig von der zugrunde gelegten Wertpapiermischung. Den niedrigsten Kostenbarwert weist dieser aus, wenn ausschließlich festverzinsliche Titel (β = 100 %) im Anlagestock gehalten werden. Hier baut er den größten Steuervorteil aus seiner Überdotierung gegenüber den anderen Durchführungsalternativen auf. Mit sinkender Steuerpflichtigkeit der Erträge des Deckungsstocks steigt der Kostenbarwert an, wobei er für β = 0 % einen Kostenbarwert von null ausweist. Zunächst ist diese negative Korrelation zwischen dem Kostenbarwert und der Steuerpflichtigkeit der Erträge nicht unmittelbar einsichtig, denn die Mischung der Anlagen ist für die Nachsteuerverzinsung des externen Pensionsfonds unerheblich, weil für ihn alle Erträge unabhängig von ihrer Anlage voll steuerpflichtig sind. Dass dennoch eine niedrigere Steuerpflichtigkeit den Kostenbarwert der Pensionszusage erhöht, ist darauf zurückzuführen, dass die Opportunitätskosten $q_{\beta,s}$ steigen. Die Überschüsse, die der Pensionsfonds wegen seiner Überdotierung bei der unterstellten Verzinsung von 6 % erzielt, werden somit stärker diskontiert, je niedriger die Steuerpflichtigkeit der Erträge ist. Für einen Wert von $\beta = 0$ % betragen dann der Kostenbarwert dieser Gestaltungalternative des Pensionsfonds und der des beitragsdotierten Pensionsfonds gleichsam null. Der Vorteil des Pensionsfonds mit klassischer Leistungszusage aus seiner Überdotierung verschwindet also für $\beta = 0$ %. Zwar induziert der Pensionsfonds mit klassischer Leistungszusage durch seine Höherdotierung von $JPF - JDK$ zu Beginn der Zusage gegenüber dem Pensionsfonds mit beitragsdotierter Leistungszusage einen höheren Steuervorteil in Höhe von $s(JPF - JDK)$, allerdings wird dieser Vorteil im Verlauf der Zusage wieder aufgebraucht. Dies ist darauf zurückzuführen, dass der Pensionsfonds mit klassischer Leistungszusage durch seine im Vergleich zum Pensionsfonds mit beitragsdotierter Leistungszusage höhere Dotierung Überschüsse erwirtschaftet, die bei der Auszahlung an den Arbeitgeber voll steuerpflichtig sind.

Der Kostenbarwert der Direktzusage sinkt dagegen mit abnehmender Steuerpflichtigkeit der Erträge, bis er für $\beta = 0$ % sein Minimum erreicht. Diese positive Korrelation zwischen $K_{0,s}$ und β basiert auf der steuerlichen Trennung zwischen der Bildung des Deckungsstocks und der Pensionsrückstellung: Dadurch fällt der Steuervorteil aus der kalkulatorischen Verzinsung der letztjährigen Pensionsrückstellung in unveränderter Höhe an, obwohl die Verzinsung des Deckungsstocks je nach Wertpapiermischung steuerfrei ist. Für den Arbeitgeber besteht somit weiterhin ein Aufwandspotential in der Höhe, die für die Steuerfreistellung komplett steuerpflichtiger Anlageerträge notwendig wäre. Dem Arbeitgeber verbleiben daher nach Ausgleich der mit β steuerpflichtigen Erträge des Deckungsstocks Aufwendungen, die entsprechende Erträge aus dem Kerngeschäft des Arbeitgebers steuerfrei stellen. Mit sinkender Steuerpflichtigkeit der Erträge nimmt daher der Vorteil daraus zu. Für $\beta = 0$ % verzinst sich der Deckungsstock steuerfrei und zusätzlich werden steuerpflichtige Erträge aus dem Kerngeschäft des Unternehmens durch den Steuervorteil aus der kalkulatorischen Verzinsung der Pensionsrückstellung steuerfrei vereinnahmt.

Wenn man die Kostenbarwerte der verschiedenen Durchführungsalternativen vergleicht, so sind die Direktzusage und der Pensionsfonds mit klassischer Leistungszusage dem Pensionsfonds mit beitragsdotierter Leistungszusage überlegen. Des Weiteren ist dem Pensionsfonds mit klassischer Leitungszusage bis zu einem Niveau der Steuerpflichtigkeit der Erträge von ungefähr $\beta = 75$ % der Vorzug gegenüber der Direktzusage zu geben. Dies entspricht einem Aktienanteil des Deckungsstocks für die unterstellte Personengesellschaft von 50 %. Für niedrigere Werte von β dreht sich die Rangfolge zwischen beiden um und ändert sich mit zunehmender Steuerfreiheit der Erträge nicht mehr, weil ausschließlich die Direktzusage von der sinkenden Steuerpflichtigkeit der Erträge profitiert.

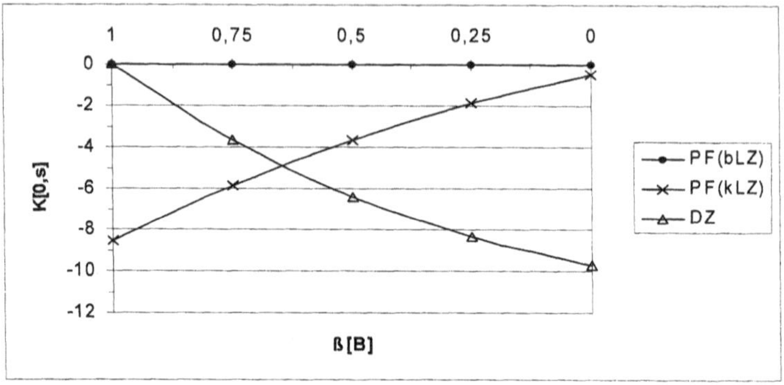

Abbildung 10: Kostenbarwert der Durchführungsalternativen zum Zeitpunkt 0 für einen Zinssatz von 6 % in Abhängigkeit von der Steuerpflichtigkeit der Erträge in der Ansparphase

Für die Wahl zwischen den verschiedenen Durchführungsalternativen ist somit die Steuerpflichtigkeit der Erträge entscheidend, die sich aus dem Mischungsverhältnis der Wertpapieranlagen im Deckungsstock ergibt. Daher wird im Folgenden die Höhe von β^{kt} als „kritische" (kt) Steuerpflichtigkeit der Erträge bezeichnet, für die der Kostenbarwert nach Steuern der Direktzusage mit demjenigen der betrachteten Gestaltungsmöglichkeit des Pensionsfonds übereinstimmt.

$$K_{0,s}^{DZ} = K_{0,s}^{PF} = \begin{cases} K_{0,s}^{PF(bLZ)} \\ K_{0,s}^{PF(kLZ)} \end{cases} \Rightarrow \beta^{kt} \tag{100}$$

Sollte $\beta < \beta^{kt}$ ($\beta > \beta^{kt}$) gelten, so ist die Direktzusage (die betrachtete Gestaltungsalternative des Pensionsfonds) vorteilhaft.
Für obiges Beispiel ist der Kostenbarwert zwischen Direktzusage und dem Pensionsfonds mit klassischer Leistungszusage für $\beta = 75$ % identisch. Die kritische Steuerpflichtigkeit der Erträge zwischen Direktzusage und dem Pensionsfonds mit klassischer Leistungszusage beträgt demnach $\beta^{kt} = 75$ %.

In Abbildung 10 ist der Kostenverlauf der verschiedenen Durchführungsalternativen veranschaulicht, wenn ausschließlich die Steuerpflichtigkeit der Erträge in der Ansparphase variiert und daher für die Erträge der Rentenphase eine volle Steuerpflichtigkeit unterstellt wird ($\beta_L = 100$ %). Daraus geht hervor, dass bis zu einer Steuerpflichtigkeit der Erträge in der Ansparphase in Höhe von ungefähr 65 % – das entspricht bei der unterstellten Rechtsform einer Personengesellschaft einem Aktienanteil des Deckungsstocks von 70 % – der Pensionsfonds mit klassischer Leistungszusage der Direktzusage vorzuziehen ist. Für niedrigere Werte von β_B ist die Direktzusage vorteilhaft.

Hintergrund des Gedankens, diese Variation einzubinden, ist es eine zusätzliche Analysemöglichkeit zu schaffen. Mit dieser kann die Wirkung auf die Vorteilhaftigkeit der Durchführungsalternativen bemessen werden, die Veränderungen im Anlageportefeuille des Deckungsstocks zwischen Anspar- und Rentenphase implizieren. Solche Veränderungen treten beispielsweise auf, wenn der Arbeitgeber am Ende der Ansparphase mit den vorhandenen Deckungsmitteln Rückdeckungsversicherungen kauft.[173] Die Erträge des Deckungsstocks in der Rentenphase sind bei einer solchen vollständigen Umschichtung damit komplett steuerpflichtig ($\beta_L = 100$ %).[174]

Wenn man nun dieses mit dem vorigen Ergebnis vergleicht, bei dem von einer konstanten Steuerpflichtigkeit der Anlageerträge während Ansparphase und Rentenphase ausgegangen wurde, so sind die folgenden Kombinationen aus der Steuerpflichtigkeit der Erträge in der Anspar- und Rentenphase für die Entscheidung zwischen der Durchführungsalternative Pensionsfonds mit klassischer Leistungszusage und Direktzusage äquivalent: $\beta_B^{kt} = 65$ % bei $\beta_L = 100$ % und $\beta_B^{kt} = \beta_L^{kt} = \beta^{kt} = 75$ %. Sollte also der Deckungsstock in der Rentenphase aus Rückdeckungsversicherungen (und festverzinslichen Wertpapieren) bestehen, so muss in der Ansparphase der Deckungsstock steuerfreie Erträge von mindestens 35 % erwirtschaften, damit c. p. die Direktzusage den Pensionsfonds dominiert. Verändert er dagegen das Anlageportefeuille zwischen Anspar- und Rentenphase nicht, reichen hierfür 25 % steuerfreie Erträge aus.
Für jede weitere beliebige Kombination von β_B und β_L lässt sich aus den angeführten kritischen Kombinationen näherungsweise ermitteln, welche Durchführungsalternative für den Arbeitgeber vorteilhaft ist.

5.4.3.2.2 Variation der Nachsteuerrendite durch die Variation der Steuerpflichtigkeit der Erträge und der Vorsteuerrendite

Die Abbildung 11 zeigt die kritische Steuerpflichtigkeit der Erträge β^{kt} in Abhängigkeit von der Vorsteuerverzinsung auf, bei der der Kostenbarwert der Direktzusage mit dem einer der beiden alternativen Gestaltungsmöglichkeiten des Pensionsfonds übereinstimmt.
Demnach ist der Direktzusage gegenüber dem Pensionsfonds mit beitragsdotierter Leistungszusage für einen Zinssatz unter dem Rechnungszins der Pensionszusage von 6 % der Vorzug zu geben. Dies ist die Folge daraus, dass zum einen beide Durchführungsalternativen in dieser Zinsspanne bei der ausschließlichen Variation der Vorsteuerrendite gleich kostenintensiv sind und zum anderen lediglich der Deckungsstock des internen Pensionsfonds je nach dessen Anlagemischung steuerfreie Erträge abwirft. Eine Steuerpflichtigkeit der Erträge unter dem kritischen Satz impliziert daher stets, dass die Direktzusage gegenüber dem externen Pensionsfonds unabhängig von dessen Gestaltung vorteilhaft ist. Ab einem Zinssatz von 6 % sinkt die kritische Steuerpflichtigkeit der Erträge ab, bis sie einen Wert von ungefähr 78 % für den betrachteten

[173] Gründe hierfür sind z. B. die Übertragung des Langlebigkeitsrisikos der Arbeitnehmer auf die Versicherungsgesellschaft.

[174] Da sich folglich der Kostenbarwert der Direktzusage mit zunehmender Steuerpflichtigkeit der Erträge erhöht, hat der Arbeitgeber bei diesem Durchführungsweg einen steuerlichen Anreiz, die am Ende der Ansparphase vorhandenen Deckungsmittel nicht in Rückdeckungsversicherungen umzuschichten.

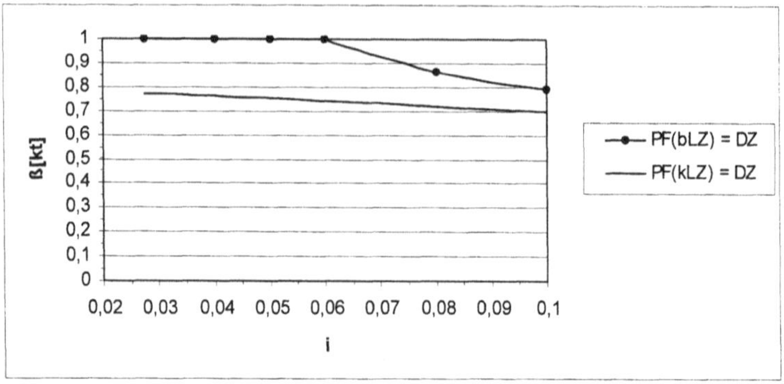

Abbildung 11: Kritische Steuerpflichtigkeit der Erträge zwischen der Direktzusage und den Gestaltungsmöglichkeiten des Pensionsfonds in Abhängigkeit vom Zinssatz

Höchstzinssatz von 10 % erreicht. Dieses Absinken ist auf die Möglichkeit des Pensionsfonds mit beitragsdotierter Leistungszusage zurückzuführen, eine retrospektive Deckungsrückstellung für die über die Verzinsung von $r = 6$ % hinausgehende Überrendite zu bilden, soweit der Pensionsfonds die gesamte Versorgungsverpflichtung noch nicht versicherungsförmig garantieren kann. Dadurch werden Erträge, die ansonsten – also sowohl auf betrieblicher als auch auf privater Ebene des Arbeitgebers – steuerpflichtig wären, vorübergehend steuerfrei angespart. Dieser Steuervorteil, der auf dieser Rückstellungsbildung basiert, wird im Verlauf der Zusage durch Überschusszahlungen auf den Arbeitgeber übertragen. Damit die Direktzusage diesen mit der Verzinsung wachsenden Vorteil des Pensionsfonds mit beitragsdotierter Leistungszusage ausgleicht, muss der Anteil an steuerfreien Erträgen mit steigender Verzinsung des Deckungsstocks entsprechend zunehmen. Für den Höchstzinssatz von 10 % muss er dann aus einer Anlagemischung bestehen, die zu einer Steuerbefreiung der Erträge von $1 - \beta^{kt} = 22$ % führt.[175] Für höhere Werte von β ist der Pensionsfonds mit beitragsdotierter Leistungszusage c. p. vorteilhaft.

Der Durchführungsalternative des Pensionsfonds mit klassischer Leistungszusage ist die Direktzusage überlegen, falls die Steuerpflichtigkeit der Erträge ein Niveau von 70 % nicht übersteigt. Sollte sie dagegen steuerpflichtige Erträge über 78 % erwirtschaften, so ist der Pensionsfonds vorteilhaft. Für Werte von β zwischen 78 % und 70 % ist eine zinssatzabhängige Entscheidung notwendig.

Als Abrundung der Analyse wird in Abbildung 12 noch die kritische Steuerpflichtigkeit der Erträge ausgewiesen, die sich ergibt, wenn voll steuerpflichtige Erträge in der Rentenphase unterstellt werden. Da diese Annahme ausschließlich zu einem Nachteil für die Direktzusage führt, ist die kritische Steuerpflichtigkeit der Erträge der Ansparphase zwischen Direktzusage

[175] 44 % des Deckungsstocks muss demnach für die unterstellte Personengesellschaft in Aktien investiert sein.

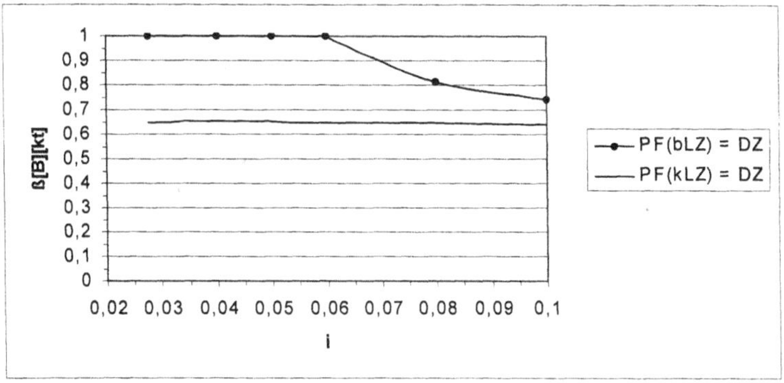

Abbildung 12: Kritische Steuerpflichtigkeit der Erträge in der Ansparphase zwischen der Direktzusage und den Gestaltungsmöglichkeiten des Pensionsfonds in Abhängigkeit vom Zinssatz

und Pensionsfonds mit klassischer Leistungszusage niedriger als bei der vorigen Abbildung 11, bei der eine konstante Steuerpflichtigkeit während der gesamten Zusage unterstellt wurde. Insgesamt ist die kritische Steuerpflichtigkeit nahezu unabhängig von der unterstellten Verzinsung und liegt bei ungefähr $\beta_B^{kt} = 64$ %. Der Steuervorteil aus der Überdotierung des Pensionsfonds wird daher von einer auf die Ansparphase begrenzten Steuerfreiheit der Anlagerträge der Direktzusage von 36 % ausgeglichen.[176]

Gegenüber dem Pensionsfonds mit beitragsdotierter Leistungszusage ist der Direktzusage weiterhin bis zu einem Zinssatz von 6 % der Vorzug zu geben. Für höhere Zinssätze sinkt die kritische Steuerpflichtigkeit ab. Die Werte von β_B^{kt} sind dabei grundsätzlich niedriger als die in der Abbildung 11 ausgewiesenen Werte. Insgesamt ist für die betrachtete Zinsspanne die Direktzusage vorteilhaft, sofern die Steuerpflichtigkeit der Erträge in der Ansparphase 74 % nicht überschreitet.

5.4.3.3 Variation des Alters bei Dienstantritt

Bislang wurde im Rahmen der Analyse der Referenzfall unterstellt. In ihm wurde ein Bündel an Annahmen zusammengefasst, deren Einfluss auf die Vorteilhaftigkeit der Durchführungswege zu untersuchen ist. Als erste Abänderung des Referenzfalls wird das Alter des Arbeitnehmers bei Dienstantritt variiert. Diese wird an erster Stelle vorgenommen, weil das bisherige Modell eine solche Analyse erlaubt. Weitere Abänderungen des Referenzfalls erfolgen erst im nachfolgenden Kapitel 5.5, weil sie einer eigenständigen Modellierung bedürfen.

Ob die Vorteilhaftigkeit der Durchführungswege an das Dienstantrittsalter, gleichzeitig der Erteilungszeitpunkt der Zusage, von $x = 28$ Jahren gebunden ist oder ob sich für höhere Dienstantrittsalter die Vorteilhaftigkeit zugunsten oder zuungunsten bestimmter Durchführungsalterna-

[176] Bei der unterstellten Personengesellschaft entspricht dies einer Aktienquote von 72 %.

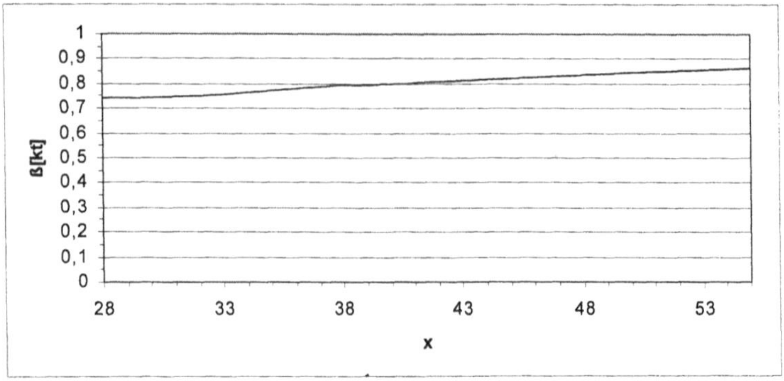

Abbildung 13: Kritische Steuerpflichtigkeit der Erträge zwischen der Direktzusage und dem Pensionsfonds mit klassischer Leistungszusage für $i = 6$ % in Abhängigkeit vom Alter des Arbeitnehmers bei Erteilung der Zusage auf Basis des Referenzfalls

tiven verschiebt, ist von vornherein nicht zu beantworten. Dies liegt darin begründet, dass durch die Verkürzung der Ansparphase zwei Effekte entstehen, die einen gleichartigen Charakter aufweisen: Auf Seiten des Pensionsfonds mit klassischer Leistungszusage bewirkt die Verkürzung der Ansparphase, dass der Überdotierungseffekt abnimmt, denn die Differenz zwischen der Dotierung des Pensionsfonds JPF und dem kostenneutralen Umwandlungsbeitrags $JDK = 1,21$ nimmt mit sinkender Ansparphase ab. Beispielsweise ergibt sich bei einem Antrittsalter $x = 40$ Jahren ein Dotierungsbetrag von

$$\begin{aligned} JPF &= R\frac{rbfn\,(v,n)}{refn\,(v,m)} = JDK\frac{refn\,(r,m)}{rbfn\,(r,n)}\frac{rbfn\,(v,n)}{refn\,(v,m)} \\ &= 1,21\frac{refn\,(6\ \%,25)}{rbfn\,(6\ \%,18)}\frac{rbfn\,(2,75\ \%,18)}{refn\,(2,75\ \%,25)} = 2,44, \end{aligned}$$

während für das Antrittsalter von 28 Jahren der Dotierungsbetrag höher ist und wie erwähnt $3,17$ beträgt. Auf Seiten der Direktzusage verringert sich der Steuervorteil aus der nur teilweisen Steuerpflichtigkeit der Anlageerträge, der sich für den Referenzfall auf 28 Jahre in der Ansparphase erstreckte, ebenfalls mit der Verkürzung der Ansparphase.

Abbildung 13 zeigt die kritische Steuerpflichtigkeit der Erträge zwischen der Direktzusage und dem Pensionsfonds mit klassischer Leistungszusage für $i = 6$ % in Abhängigkeit vom Alter des Arbeitnehmers bei Erteilung der Zusage. Als Basis dient der Referenzfall aus Kapitel 5.4.2, wobei an dieser Stelle Variationen des Dienstantrittsalters untersucht werden. Auf einen Vergleich zwischen Direktzusage und Pensionsfonds mit beitragsdotierter Leistungszusage wird hier verzichtet, weil die Direktzusage beim Zinssatz von 6 % durch die Möglichkeit, Anlageerträge zumindest teilweise steuerfrei zu vereinnahmen, unabhängig vom Dienstantrittsalter vorteil-

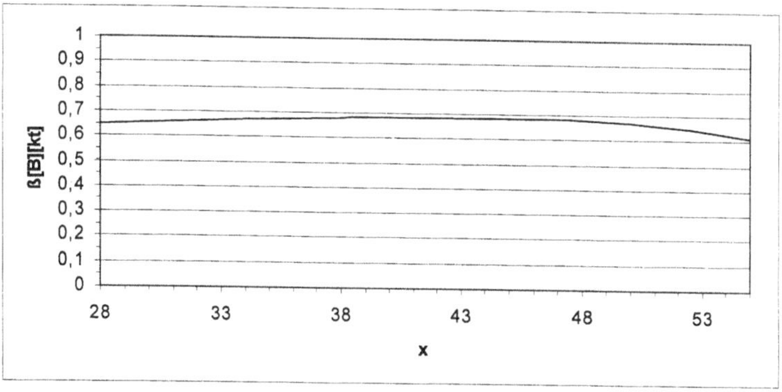

Abbildung 14: Kritische Steuerpflichtigkeit der Erträge in der Ansparphase zwischen der Direktzusage und dem Pensionsfonds mit klassischer Leistungszusage für $i = 6\ \%$ in Abhängigkeit vom Alter des Arbeitnehmers bei Erteilung der Zusage auf Basis des Referenzfalls

haft ist. Aus der Abbildung ist zu entnehmen, dass die kritische Steuerpflichtigkeit der Erträge zunächst bis zum Alter von knapp 33 Jahren stabil ist und anschließend mit zunehmendem Alter ansteigt. Der Vorteil des Pensionsfonds mit klassischer Leistungszusage wird demnach durch die im Zuge des höheren Dienstantrittsalters kürzer werdende Dauer der Pensionszusage stärker beschnitten, als dies für den Vorteil des internen Pensionsfonds aus seiner zumindest teilweisen steuerfreien Vereinnahmungsmöglichkeit bestimmter Anlageerträge der Fall ist. So beträgt die kritische Steuerpflichtigkeit der Erträge für einen im Zeitpunkt der Erteilung 40-jährigen Versorgungsberechtigten 80 %, während sie sich für einen bei Erteilung 28-jährigen Versorgungsberechtigten auf 74 % beläuft.

Sollte dagegen der Deckungsstock am Ende der Ansparphase in voll steuerpflichtige Wertpapiere umgeschichtet werden, sodass $\beta_L = 100\ \%$ gilt, reagiert die für den Dienstantritt im Alter von $x = 28$ Jahren ermittelte kritische Steuerpflichtigkeit sehr robust auf eine Verkürzung der Ansparphase (vgl. Abbildung 14). Die kritischen β_B-Werte liegen in einem Bereich von etwa $61\ \% \leq \beta_B^{kt} \leq 69\ \%$. β_B^{kt} steigt dabei ab dem 28. Lebensjahr mit $\beta_B^{kt} = 65\ \%$ bis zum Alter von $x = 40$ Jahren auf 69 % an, sie bleibt auf diesem Niveau bis zum Alter von $x = 48$ und sinkt dann bis zum Alter von 55 Jahren auf 61 % ab. Dieses Ergebnis lässt den Schluss zu, dass sich der Überdotierungseffekt des externen Pensionsfonds und der Steuervorteil der Direktzusage c. p. gegenseitig für ein beliebiges Alter des Arbeitnehmers weitgehend ausgleichen. Für die Entscheidung der Durchführung einer betrieblichen Altersversorgung ist die Dauer der Ansparphase unter diesen Modellannahmen nahezu irrelevant.

5.5 Modellerweiterungen

Im Folgenden werden Modifikationen des Referenzfalls analysiert, die eine zusätzliche Modellierung erfordern. Diese sind die Dynamisierung der Leistungen und Beiträge, die Versorgungszusage nach Dienstantritt und die Einräumung eines Kapitalwahlrechts am Ende der Ansparphase.

5.5.1 Dynamisierung der Leistungen – Direktzusage und Pensionsfonds

Die Frage nach der Dynamisierung der Leistungen stellt sich insbesondere durch die gesetzliche Regelung des § 16 BetrAVG. Gemäß § 16 I BetrAVG ist der Arbeitgeber verpflichtet, alle drei Jahre die Möglichkeit einer Anpassung der laufenden Leistungen zu überprüfen und seine Anpassungsentscheidung unter Beachtung seiner wirtschaftlichen Lage und der Belange des Versorgungsempfängers zu fällen. Diese Anpassungsüberprüfungspflicht entfällt grundsätzlich, wenn sich der Arbeitgeber vertraglich verpflichtet, eine jährliche Anhebung der laufenden Leistung um mindestens 1 % vorzunehmen (vgl. § 16 III Nr. 1 BetrAVG). Dabei besteht diese Möglichkeit seit dem 1.1.1999 und gilt für Zusagen, die ab diesem Zeitpunkt erteilt worden sind (vgl. § 30 c I BetrAVG). Vor diesem Zeitpunkt bestand keine entsprechende Möglichkeit, allerdings konnte der Arbeitgeber eine Mindestanpassung der laufenden Leistungen vertraglich festlegen, die dann mit den nach § 16 I, II BetrAVG gebotenen Anpassungen verrechnet werden.[177] Sollte folglich die vertraglich zugesicherte Dynamisierung der Renten ausreichen, um der Anpassung nach § 16 I, II BetrAVG zu genügen, so entfällt in der Rentenphase eine zusätzliche Erhöhung der Rentenleistungen. Der Arbeitgeber wird folglich die Dynamisierung der Rentenleistungen im Zeitpunkt der Zusageerteilung antizipieren; der Pensionsplan wird daher Rentenzahlungen vorsehen, die allgemein mit der Rate w geometrisch wachsen bzw. mit einem Wachstumsfaktor $1 + w$ dynamisiert sind.

$$R_t = R_{t-1}(1+w) = R_{m+1}(1+w)^{t-1-m} \tag{101}$$

Im Gegensatz zum Barwert der Rentenzahlungen $R \times rbfn(r, n)$ bei einer konstanten Rentenhöhe R beträgt der Barwert der um den Faktor $1 + w$ dynamisierten Rentenzahlungen zu Beginn der Rentenphase:[178]

$$\begin{aligned} BR_m &= \sum_{t=m+1}^{m+n} R_{m+1}(1+w)^{t-1-m}(1+r)^{m-t} \\ &= R_{m+1}\frac{(1+r)^n - (1+w)^n}{(r-w)(1+r)^n} \\ &= R_{m+1} \times rbfn(r, w, n). \end{aligned} \tag{102}$$

[177] Vgl. z. B. *Langohr-Plato* (2002), Rn. 597, und *Ahrend / Förster /Rühmann* (2002), § 16, Rn. 11, i. V. m. BAG vom 1.7.1976 – 3 AZR 791/75.

[178] Für die Umformung von $\sum_{t=m+1}^{m+n}(1+w)^{t-1-m}(1+r)^{m-t}$ zu $\frac{(1+r)^n-(1+w)^n}{(r-w)(1+r)^n}$ vgl. Anhang A.1.

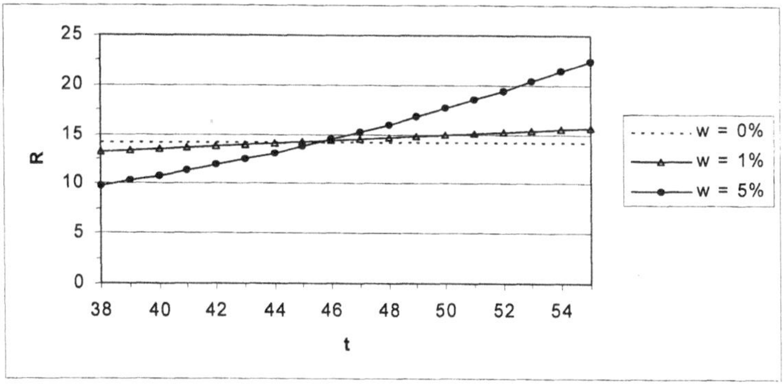

Abbildung 15: Periodische Höhe der Rentenzahlung während der Rentenphase in Abhängigkeit von ausgewählten Dynamisierungsraten auf Basis des Referenzfalls

Ausgehend vom Umwandlungsbeitrag JDK und dem Rechnungszins r wird der Arbeitgeber die erste Rentenzahlung auf die Höhe

$$JDK \times refn\,(r, m) = R_{m+1} \times rbfn\,(r, w, n) \Rightarrow \tag{103}$$

$$R_{m+1} = JDK \frac{refn\,(r, n)}{rbfn\,(r, w, n)} \tag{104}$$

festlegen, woraus sich dann die nach dem Zeitpunkt $m + 1$ folgenden Rentenhöhen aus Formel (101) ergeben.

Abbildung 15 zeigt auf Basis des Referenzfalls die periodische Höhe der Rentenzahlung während der Rentenphase für ausgewählte Dynamisierungsraten im Vergleich zu einer Nichtdynamisierung.

Nun stellt sich die Frage, wie die Dynamisierung der Rente auf die Kosten des Arbeitgebers im Vergleich zu einer konstanten Rentenzahlung wirken. Da die Rentenzahlungen der Leistungsphase so festgelegt werden, dass die Beiträge aus der Ansparphase diese rechnungsmäßig finanzieren, entspricht der Barwert einer dynamisierten Rente für alle Dynamisierungsraten ($w > 0$) dem Barwert der konstanten Rente. Gegenüber der Auszahlung einer konstanten Rente ändert sich durch die Dynamisierung daher nicht das Gesamtniveau der Versorgungsleistung. Vielmehr wird der Zahlungsstrom aus den Renten lediglich in seiner periodischen Höhe abgeändert, sodass die Rentenzahlung einer dynamisierten Zahlungsform zu Beginn der Rentenphase niedriger und am Schluss der Rentenphase höher ist als bei der Leistung einer über die Leistungsphase konstanten Rente (vgl. Abbildung 15). Eine periodische Anpassung der Rentenleistung ist folglich nicht mit höheren Kosten für den Arbeitgeber verbunden; sie impliziert für ihn ausschließlich eine finanz- oder versicherungsmathematische Umrechnung einer konstanten in eine dynamisierte Rentenzahlung. Der Vorteil für den Arbeitgeber aus der Einführung des § 16 III

Nr. 1 BetrAVG (Entfall der Anpassungsprüfung durch die vertragliche Erhöhung der Rente um 1 %) im Jahr 1999 ist damit auf die Rechtssicherheit bezüglich der Anpassungshöhe der Rentenzahlungen beschränkt. Aufgrund dieser Überlegungen wird auch der in der Literatur und in der betrieblichen Praxis vertretenen Auffassung widersprochen, dass die Anpassungsüberprüfung des § 16 BetrAVG ein Finanzierungsrisiko beinhaltet[179] und dass die einprozentige Anpassung der Rentenleistung nach § 16 III Nr. 1 BetrAVG für den Arbeitgeber von Nachteil ist, sofern sie die in der Rentenphase ansonsten nach § 16 BetrAVG zu gewährenden Anpassungsraten überschreitet;[180] Kosten entstehen nur dann, wenn der Arbeitgeber die Rentenanpassung nicht bei der Erteilung der Pensionszusage antizipiert, sie daher nicht in der Berechnung der Rentenhöhe berücksichtigt und sie folglich erst im Verlauf der Pensionszusage vollzieht.[181]

5.5.2 Dynamisierung der Beiträge

Inflation und die Karriere eines Mitarbeiters im Unternehmen führen i. d. R. zu einem Ansteigen seines Arbeitsentgelts während seiner Dienstzeit. Bei einer durchschnittlichen Steigerung des Arbeitentgelts um periodisch $d \times 100$ % kann der Arbeitgeber eine entsprechende planmäßige Erhöhung des Pensionsanspruchs in den Leistungsplan der Zusage einbeziehen.[182] Er legt deshalb die Altersrente auf

$$\sum_{t=m+1}^{m+n} R^d (1+r)^{m-t} = \sum_{t=1}^{m} JDK\, (1+d)^{t-1} (1+r)^{m-t} \Rightarrow \tag{105}$$

$$R^d = JDK \frac{refn\,(r,d,m)}{rbfn\,(r,n)} \tag{106}$$

mit

$$refn\,(r,d,m) = \frac{(1+r)^m - (1+d)^m}{r-d} \tag{107}$$

fest.[183]

5.5.2.1 Direktzusage

Zur Finanzierung dieser Leistung stellt der Arbeitgeber in den internen Pensionsfonds periodisch einen Betrag ein, der sich im Zeitpunkt t entsprechend dem mit dem Faktor d ansteigenden Arbeitsentgelt auf

$$JDK\, (1+d)^{t-1} \tag{108}$$

[179] Vgl. z. B. *Küpper* (1998), S. 79, *Berner-Lüll / Drochner* (1998), S. 200 f., und *Blumenstein / Krekeler* (1999), S. 57.

[180] Vgl. *Höfer* (1998), S. 207, und *Höfer* (2005), Rn. 5389.

[181] So gehen *Bogner / Swoboda* (1994) und *Bogner* (1996) vor, um den Beitrag des Fiskus zur Pensionsfinanzierung zu bemessen.

[182] Dies kann der Arbeitgeber bspw. umsetzen, indem er die Arbeitnehmer anhand der Durchschnittswerte von Dienstzeit, Karriere, etc. in Versorgungsgruppen einteilt und für diese einen Festbetrag der Rente bestimmt, bei dem eine versorgungsgruppenabhängige Erhöhung pro Dienstjahr berücksichtigt ist.

[183] Zur Umformung vgl. Formel (14).

beläuft.[184] Die periodische Zuführung zum rechnungsmäßigen Deckungsstock aus der Beitragszahlung und der Verzinsung des Deckungsstocks in Höhe des Rechnungszinses beträgt somit:[185]

$$\begin{aligned} zdst_t^{DZ} &= JDK\,(1+d)^{t-1} + r \times DST_{t-1}^{DZ} \\ &= JDK\,(1+d)^{t-1} + r \times JDK \sum_{\tau=1}^{t-1} (1+d)^{\tau-1}\,(1+r)^{t-1-\tau} \\ &= JDK\,(1+d)^{t-1} + r \times JDK \frac{(1+r)^{t-1} - (1+d)^{t-1}}{r-d} \\ &= JDK\,(1+d)^{t-1} + r \times JDK \times refn\,(r,d,t-1)\,. \end{aligned} \tag{109}$$

Die Pensionsrückstellung stellt den Deckungsstockaufbau steuerfrei (sf), sofern sich ihre Zuführungen und die Zuführungen zum rechnungsmäßigen Deckungsstock entsprechen. Periodisch müsste demnach der Pensionsrückstellung die Beitragszahlung des Arbeitgebers und die sich aus diesem Aufbau der Pensionsrückstellung ergebende rechnungsmäßige Verzinsung zugeführt werden.

$$\begin{aligned} zprs_t^{sf} &= zdst_t^{DZ} \\ &= JDK\,(1+d)^{t-1} + r \times DST_{t-1}^{DZ} \\ &= JDK\,(1+d)^{t-1} + r \times JDK \times refn\,(r,d,t-1) \end{aligned} \tag{110}$$

Dafür wäre, wie man anhand der Formel (110) erkennt, eine Berechnung des Teilwerts der Pensionsrückstellung notwendig, die auf die künftigen Beiträge des Arbeitgebers abstellt.

$$JB_t^{sf} = JDK\,(1+d)^{t-1} \tag{111}$$

Das steuerliche Teilwertverfahren schreibt allerdings fiktive Jahresbeträge vor, die betragsmäßig gleichbleibend auf die Perioden der Ansparphase zu verteilen sind.[186]

$$JB \times rbfn\,(r,m) = R^d \times rbfn\,(r,n)\,(1+r)^{-m} \Rightarrow \tag{112}$$

$$\begin{aligned} JB &= R^d \frac{rbfn\,(r,n)}{refn\,(r,m)} \\ &= JDK \frac{refn\,(r,d,m)}{refn\,(r,m)} \end{aligned} \tag{113}$$

[184] Der Lohnverzicht des Arbeitnehmers ist im Verhältnis zum Entgelt konstant und beträgt entsprechend $l\,(1+d)^{t-1}$.

[185] Zur Umformung von $\sum_{\tau=1}^{t-1} (1+d)^{\tau-1} (1+r)^{t-1-\tau}$ s. Anhang A.4.

[186] Da sowohl die Höhe als auch der Zeitpunkt des Eintritts der Erhöhungen des Pensionsanspruchs durch den Leistungsplan vorliegen, sind diese künftigen Pensionsleistungen im Rahmen der Berechnung der Teilwerte einzubeziehen (vgl. *Ahrend / Förster / Rößler* (2005), Teil 2, Rz. 795). Wären dagegen die Erhöhungen des Pensionsanspruchs ungewiss, dürften sie bei der Berechnung des Teilwerts erst berücksichtigt werden, wenn sie eingetreten sind (§ 6a III Nr. 1 Satz 4 EStG). In diesem Fall müsste man zu jedem Zeitpunkt der Ansparphase auf Basis der vergangenen Umwandlungsbeiträge und des zu diesem Zeitpunkt aktuellen Umwandlungsbeitrags die Höhe der Pensionszusage berechnen, um anschließend den Teilwert zu diesem Zeitpunkt abzuleiten (vgl. Fn. 187).

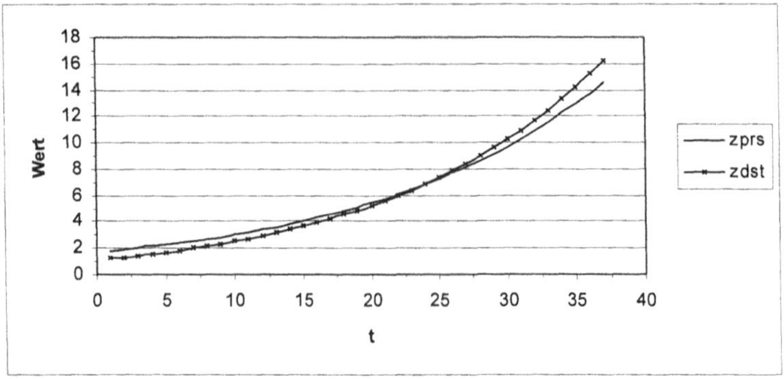

Abbildung 16: Zuführungen zum rechnungsmäßigen Deckungsstock und zur Pensionsrückstellung nach dem Teilwertverfahren für $d = 3$ %

Damit ergeben sich periodisch Zuführungen zur Pensionsrückstellung von

$$\begin{aligned} zprs_t &= JB + r \times PRS_{t-1} \\ &= JB\,(1+r)^{t-1} \\ &= JDK \frac{refn\,(r,d,m)}{refn\,(r,m)}\,(1+r)^{t-1}\,, \end{aligned} \tag{114}$$

die sich von den Zuführungen zum rechnungsmäßigen Deckungsstock grundsätzlich unterscheiden. Der Steuervorteil aus der Pensionsrückstellungsbildung und die Steuerbelastung aus dem Deckungsstockaufbau sind daher bei rechnungsmäßiger Verzinsung nicht identisch.
Abbildung 16 veranschaulicht die Zuführungen zur Pensionsrückstellung gegenüber denjenigen zum rechnungsmäßigen Deckungsstock. Letztere geben dabei die Zuführungshöhe an, die einen steuerfreien Aufbau des Deckungsstocks bei rechnungsmäßiger Verzinsung implizieren. Damit am Ende der Ansparphase der Endwert aus den betragsmäßig gleichbleibenden Jahresbeträgen dem Barwert der Versorgungsleistung entspricht, muss der konstante Jahresbetrag zu Beginn der Ansparphase höher und am Ende der Ansparphase niedriger sein als die mit der Rate d geometrisch ansteigenden Beitragszahlungen des Arbeitgebers. Bis zum Zeitpunkt 23 überragen deshalb die Zuführungen zur Pensionsrückstellung diejenigen zum rechnungsmäßigen Deckungsstock. Danach unterschreiten sie diese. Zu Beginn der Ansparphase werden daher Aufwendungen erzeugt, die über die Steuerfreistellung des Deckungsstockaufbaus hinausgehen, während zum Schluss der Ansparphase die Zuführungen zur Pensionsrückstellung dafür nicht ausreichen. Gegenüber einer fiktiven Pensionsrückstellungsbildung, die den Wachstumsfaktor der Beiträge berücksichtigt und damit zu einem steuerfreien Aufbau des Deckungsstocks bei rechnungsmäßiger Verzinsung führt, nimmt das Teilwertverfahren den Aufbau der Pensionsrückstellung also beschleunigt vor. Zwar gleicht sich der periodische Steuervorteil aus der Pensionsrückstellung

nach § 6a III EStG mit dem periodischen Steuervorteil aus der für den steuerfreien Aufbau des Deckungsstocks notwendigen Rückstellungsbildung in Summe aus, die Verzinsung am Kapitalmarkt führt allerdings zu einem höheren (Gesamt-)Steuervorteil bei der Pensionsrückstellung nach § 6a III EStG. Dieser beträgt am Ende der Ansparphase unter Verwendung des rechnungsmäßigen Zinssatzes:

$$
\begin{aligned}
TS_{B,m}^{sf} - TS_{B,m} &= s \sum_{t=1}^{m} \left(zprs_t^{sf} - zprs_t \right) (1+r_s)^{m-t} \\
&= s \sum_{t=1}^{m} \left(zdst_t^{DZ} - zprs_t \right) (1+r_s)^{m-t} \\
&= s \sum_{t=1}^{m} \left[\begin{array}{c} JDK\,(1+d)^{t-1} + r \times JDK \times refn\,(r,d,t-1) \\ -JDK \frac{refn(r,d,m)}{refn(r,m)} (1+r)^{t-1} \end{array} \right] (1+r_s)^{m-t} \\
&= s \times JDK \times refn\,(r_s,d,m) \\
&+ s \times JDK \frac{r}{r-d} \sum_{t=1}^{m} \left[(1+r)^{t-1} - (1+d)^{t-1} \right] (1+r_s)^{m-t} \\
&- s \times JDK \frac{refn\,(r,d,m)}{refn\,(r,m)} refn\,(r_s,r,m) \\
&= s \times JDK \times refn\,(r_s,d,m) + s \times JDK \frac{r}{r-d} \left[refn\,(r_s,r,m) - refn\,(r_s,d,m) \right] \\
&- s \times JDK \frac{refn\,(r,d,m)}{refn\,(r,m)} refn\,(r_s,r,m)\,. \qquad (115)
\end{aligned}
$$

Der Deckungsstock wird dadurch steuerfrei aufgebaut und dem Arbeitgeber verbleibt zusätzlich ein Steuervorteil, der sich in der Steuerfreistellung ansonsten steuerpflichtiger Erträge des Kerngeschäfts niederschlägt.[187] Der Kostenbarwert am Ende der Ansparphase der Direktzusage[188]

$$
\begin{aligned}
K_{m,s}^{DZ,d} &= \sum_{t=m+1}^{m+n} R^d \times q_{\beta,s}^{m-t} - s \sum_{t=1}^{m+n} zprs_t \times q_{\beta,s}^{m-t} - (1-s) \sum_{t=1}^{m} JDK \times q_{\beta,s}^{m-t} \\
&= JDK \frac{refn\,(r,d,m)}{rbfn\,(r,n)} rbfn\,(i_{\beta,s},n) - s \sum_{t=1}^{m+n} zprs_t \times q_{\beta,s}^{m-t} - (1-s) \sum_{t=1}^{m} JDK \times q_{\beta,s}^{m-t}
\end{aligned}
$$

[187] Dieses Ergebnis gilt ebenfalls für den Fall, dass der Arbeitgeber die Erhöhung der Zusage nicht im Leistungsplan festlegt, sondern ihre Anpassung an die Erhöhung des Entgelts des Arbeitnehmers erst im Verlauf der Ansparphase vornimmt. In diesem Fall legt er zum Zeitpunkt 1 die Zusage auf Grundlage des Umwandlungsbeitrags auf $JDK \times refn\,(r,m)\,/rbfn\,(r,n)$ fest. Da sich zum Zeitpunkt 2 das Entgelt des Arbeitnehmers um $d \times 100$ % erhöht hat, beträgt der Umwandlungbeitrag nunmehr $JDK\,(1+d)$. Folglich wird der Arbeitgeber die Rente auf $\left[JDK\,(1+r)^m + \sum_{t=2}^{m} JDK\,(1+d)\,(1+r)^{m-t}\right]/rbfn\,(r,n) = \left[JDK\,(1+r)^m + JDK\,(1+d)\,refn\,(r,m-1)\right]/rbfn\,(r,n)$ erhöhen. Die Zusage steigt dann bis zum Ende der Ansparphase kaskadenartig an, bis sie zu diesem Zeitpunkt die in Formel (106) beschriebene Höhe aufweist. Insgesamt wird auch in diesem Fall die Pensionsrückstellung durch die Erhöhung des Versorgungsanspruchs im Ablauf der Zusage beschleunigt aufgebaut, weil das Teilwertverfahren auf fiktiv gleichbleibende Jahresbeträge abstellt. Für weitere Ausführungen siehe z. B. *Hör* (2000), S. 27 f. und S. 32 ff.

[188] Zur Herleitung, vgl. die Ausführungen zur Direktzusage im Kapitel 5.4.1.

$$= \left[(1-s) \sum_{t=1}^{m} JDK\,(1+d)^{t-1}\,(1+r_s)^{m-t} + s \sum_{t=1}^{m+n} zdst_t^{DZ}\,(1+r_s)^{m-t} \right] \frac{rbfn\,(i_{\beta,s}, n)}{rbfn\,(r_s, n)}$$

$$- s \sum_{t=1}^{m+n} zprs_t \times q_{\beta,s}^{m-t} - (1-s) \sum_{t=1}^{m} JDK\,(1+d)^{t-1} \times q_{\beta,s}^{m-t} \tag{116}$$

lässt sich damit bei rechnungsmäßiger Verzinsung zu

$$\begin{aligned} K_{m,s}^{DZ,d} &= s \sum_{t=1}^{m} \left(zprs_t^{sf} - zprs_t \right) (1+r_s)^{m-t} \\ &= s \sum_{t=1}^{m} \left(zdst_t^{DZ} - zprs_t \right) (1+r_s)^{m-t} \\ &= s \times JDK \times refn\,(r_s, d, m) + s \times JDK \frac{r}{r-d} \left[refn\,(r_s, r, m) - refn\,(r_s, d, m) \right] \\ &- s \times JDK \frac{refn\,(r, d, m)}{refn\,(r, m)} refn\,(r_s, r, m) \end{aligned} \tag{117}$$

vereinfachen.

5.5.2.2 Pensionsfonds

Im Rahmen des Pensionsfonds mit klassischer Leistungszusage wird der Deckungsstock bei rechnungsmäßiger Verzinsung unabhängig von der Dynamisierung der Leistungen exakt steuerfrei aufgebaut. Dies ist darauf zurückzuführen, dass das prospektive Verfahren der Deckungsrückstellungsbildung grundsätzlich auf den künftig rechnungsmäßig vom Arbeitgeber zu leistenden Beitragszahlungen basiert.

Dasselbe gilt auch für den Pensionsfonds mit beitragsdotierter Leistungszusage, weil der Deckungsstock, der den versicherungsförmig garantierten bzw. den nicht versicherungsförmig garantierte Teil der Rente finanziert, durch die prospektive bzw. die retrospektive Deckungsrückstellungsbildung steuerfrei aufgebaut wird.

Bei rechnungsmäßiger Verzinsung ergeben sich daher weder Mehr- noch Minderkosten.

5.5.3 Versorgungszusage nach Dienstantritt (Zwischenzeit)

Die bisherigen Überlegungen gründen auf der Annahme, dass der Arbeitnehmer im Alter von $x \geq 28$ Jahren in die Unternehmung eintritt und sofort eine Versorgungszusage erhält. Erteilt der Arbeitgeber dem Arbeitnehmer nach dem Dienstantritt zu einem späteren Zeitpunkt h – im Folgenden als „Zwischenzeit" bezeichnet – im Alter $x + h$ eine Zusage, so wird er jenem eine Versorgungsleistung versprechen, die er aufgrund des Entgeltcharakters der Pensionszusage entsprechend dessen künftigen Dienstzeit von $m - h$ Jahren im Unternehmen auf

$$R^h = JDK \frac{refn\,(r, m-h)}{rbfn\,(r, n)} \tag{118}$$

festlegt.

5.5.3.1 Direktzusage

Eine Besonderheit des Teilwertverfahrens besteht nun darin, dass die Rückstellung stets so zu errechnen ist, als wäre die Versorgungszusage mit dem Beginn des Dienstverhältnisses des Arbeitnehmers – frühestens mit seinem Alter 28 – erteilt worden.[189] Die Rückbeziehung darauf geschieht bei der Bildung der Pensionsrückstellungen nach dem Teilwertverfahren nur rechnerisch, während die Rückstellungsbildung selbst stets ab der Erteilung der Zusage beginnt.[190] Die Höhe der Pensionsrückstellung wird daher nicht auf Basis des Beginns des Versorgungsanspruchs im Alter $x + h$ kalkuliert, sondern ihre Berechnung wird auf den Beginn des Dienstverhältnisses im Alter x, frühestens jedoch auf das Alter 28 des Arbeitnehmers abgestellt. Unter der getroffenen Annahme, dass der Arbeitnehmer älter als 28 Jahre bei seinem Dienstantritt ist ($x \geq 28$), ist folglich auch die Zeit vom Beginn des Dienstverhältnisses bis zur Erteilung der Pensionszusage – die Zwischenzeit h – einzubeziehen.[191]

Damit das Teilwertverfahren zu einem steuerfreien Aufbau des Deckungsstocks bei rechnungsmäßiger Verzinsung führt, muss die Zuführung zur Pensionsrückstellung der Zuführung zum rechnungsmäßigen Deckungsstock

$$zprs_t^{sf} = zdst_t^{DZ} \tag{119}$$

mit

$$\begin{aligned} zdst_t^{DZ} &= JDK + r \times DST_{t-1}^{DZ} \\ &= JDK + r \times JDK \times refn\,(r, t-1) \\ &= JDK\,(1+r)^{t-1} \end{aligned} \tag{120}$$

entsprechen. Dafür müsste das Teilwertverfahren nicht auf den Beginn des Dienstverhältnisses, sondern auf den Zeitpunkt der Erteilung der Zusage abstellen,[192] denn dann wäre für die Berechnung des konstanten Jahresbetrags das Alter des Arbeitnehmers bei Erteilung der Zusage entscheidend.

$$JB^{sf} = R^h \frac{rbfn\,(r,n)}{refn\,(r, m-h)} = JDK \Rightarrow \tag{121}$$

$$zprs_t^{sf} = JB^{sf}\,(1+r)^{t-1} = JDK\,(1+r)^{t-1} = zdst_t^{DZ} \tag{122}$$

Der Steuervorteil der Ansparphase, der zu einem steuerfreien Aufbau des Deckungsstocks bei rechnungsmäßiger Verzinsung führt, beträgt demnach am Ende der Ansparphase:

$$TS_{B,m}^{sf} = s \sum_{t=h+1}^{m} zprs_t^{sf}\,(1+r_s)^{m-t}$$

[189] Vgl. § 6a III Satz 1 Nr. 1 Satz 2 i. V. m. § 6a II Nr. 1 EStG.

[190] Vgl. *Ahrend / Förster / Rößler* (2005), Teil 2, Rz. 711 und Rz. 715.

[191] Vgl. *Ahrend / Förster / Rößler* (2005), Teil 2, Rz. 841.

[192] Die Pensionsrückstellung würde dann nach dem sogenannten Gegenwartswertverfahren gebildet (vgl. *Ahrend / Förster / Rößler* (2005), Teil 2, Rz. 711).

$$= s \sum_{t=h+1}^{m} zdst_t^{DZ} (1 + r_s)^{m-t}$$
$$= s \sum_{t=h+1}^{m} JB^{sf} (1 + r)^{t-1} (1 + r_s)^{m-t}$$
$$= s \times JB^{sf} \times refn (r_s, r, m - h)$$
$$= s \times JDK \times refn (r_s, r, m - h) . \qquad (123)$$

Nach dem Teilwertverfahren wird allerdings der Jahresbetrag so kalkuliert, als wäre die Versorgungszusage in derselben Höhe bereits bei Dienstantritt im Alter von x Jahren erteilt worden. Der Jahresbetrag zur Pensionsrückstellung ergibt sich daher zu:

$$JB = R^h \frac{rbfn (r, n)}{refn (r, m)}$$
$$= JDK \frac{refn (r, m - h)}{refn (r, m)}. \qquad (124)$$

Pensionsrückstellung und rechnungsmäßiger Deckungsstock unterscheiden sich damit über die gesamte Ansparphase der Zusage. Da somit der Deckungsstock bei rechnungsmäßiger Verzinsung nicht steuerfrei aufgebaut wird, stellt sich die Frage, welche Verzerrungen durch diese Besonderheit des Teilwertverfahrens entstehen. Um diese bemessen zu können, muss zunächst für das Teilwertverfahren allgemein der periodische Steuervorteil ermittelt werden.
Wenn im Zeitpunkt h – also h Perioden nach dem Zeitpunkt des Dienstantritts – die Zusage erfolgt, so wird zum Zeitpunkt $h + 1$ erstmalig eine Pensionsrückstellung gebildet. Sie wird so hoch wie bei einer Zusage über die Rentenhöhe R^h angesetzt, die bereits im Zeitpunkt des Beginns des Dienstverhältnisses in $t = 0$ im Alter x des Arbeitnehmers erteilt wird.

$$PRS_{h+1} = JB \times refn (r, h + 1)$$
$$= JB + (1 + r) PRS_h$$
$$= zprs_{h+1} \qquad (125)$$

Die Zuführung zu diesem Zeitpunkt in Höhe dieser Rückstellung umfasst folglich nicht nur den Jahresbetrag zur Pensionsrückstellung JB, sondern auch die einmalige Zuführung der gesamten Pensionsrückstellung PRS_h, die bis zum Erteilungszeitpunkt der Zusage zum Zeitpunkt h gebildet worden wäre, wenn der Arbeitgeber bereits die Zusage im Zeitpunkt des Beginns des Dienstverhältnis erteilt hätte, einschließlich deren kalkulatorischer Verzinsung $r \times PRS_h$ auf den Zeitpunkt $h + 1$. Die Zuführungen, die bei Erteilung zum Zeitpunkt des Dienstantritts über die Perioden bis zum Zeitpunkt $h + 1$ angesammelt worden wären, werden also zu diesem Zeitpunkt der Pensionsrückstellung auf einen Schlag zugeführt. Aufgrund dieser Eigenheit wird sie im Folgenden als „Sonderrückstellung“[193] bezeichnet.

[193] *Ahrend / Förster / Rößler* (2005) bezeichnen dagegen diese Rückstellung als Einmalrückstellung (vgl. z. B.

Nach diesem Zeitpunkt entwickelt sich die Pensionsrückstellung genau so, als wäre die Zusage in Höhe von R^h sofort bei Beginn des Dienstverhältnisses erteilt worden. In Analogie zu Formel (50) erhöht sich folglich die Pensionsrückstellung in der Ansparphase periodisch um:

$$\begin{aligned} zprs_t &= JB + r \times PRS_{t-1} \\ &= JB\,(1+r)^{t-1} \\ &= JDK \frac{refn\,(r, m-h)}{refn\,(r, m)}\,(1+r)^{t-1}. \end{aligned} \tag{126}$$

Damit ergeben sich folgende Zuführungen ab dem Zeitpunkt $h+1$:

$$\begin{aligned} zprs_t &= \begin{cases} JB\,(1+r)^{h+1} & ; \; t = h+2 \\ JB\,(1+r)^{h+2} & ; \; t = h+3 \\ JB\,(1+r)^{h+3} & ; \; t = h+4 \\ \vdots & \vdots \quad \vdots \\ JB\,(1+r)^{m-1} & ; \; t = m \end{cases} \\ &= JB\,(1+r)^{h+1} \begin{cases} 1 & ; \; t = h+2 \\ (1+r) & ; \; t = h+3 \\ (1+r)^2 & ; \; t = h+4 \\ \vdots & \vdots \quad \vdots \\ JB\,(1+r)^{m-h-2} & ; \; t = m \end{cases}. \end{aligned} \tag{127}$$

Die Zuführung lässt sich daher für den Zeitraum von $t = h+2$ bis $t = m$ allgemein schreiben als:

$$zprs_t = JB\,(1+r)^{h+1}\,(1+r)^{t-h-2}. \tag{128}$$

Der aus den Zuführungen zur Pensionsrückstellung ab dem Zeitpunkt $h+2$ resultierende Steuervorteil am Ende der Ansparphase beträgt unter Verwendung der rechnungsmäßigen Verzinsung:

$$\begin{aligned} s \sum_{t=h+2}^{m} zprs_t\,(1+r_s)^{m-t} &= s \times JB\,(1+r)^{h+1} \sum_{t=h+2}^{m} (1+r)^{t-h-2}\,(1+r_s)^{m-t} \\ &= s \times JB\,(1+r)^{h+1}\, refn\,(r_s, r, m-h-1). \end{aligned} \tag{129}$$

Zusammen mit dem Steuervorteil aus der Zuführung im Zeitpunkt $h+1$ beträgt dann der Steuervorteil der Ansparphase im Zeitpunkt m:

$$\begin{aligned} TS_{B,m} &= s \times zprs_{h+1}\,(1+r_s)^{m-h-1} + s \sum_{t=h+2}^{m} zprs_t\,(1+r_s)^{m-t} \\ &= s \times JB \times refn\,(r, h+1)\,(1+r_s)^{m-h-1} + s \times JB\,(1+r)^{h+1}\, refn\,(r_s, r, m-h-1) \end{aligned}$$

Teil 2, Rz. 123).

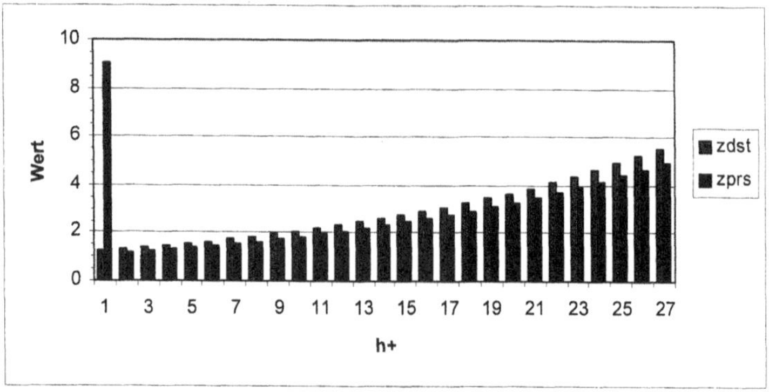

Abbildung 17: Zuführungen zum rechnungsmäßigen Deckungsstock und Zuführungen zur Pensionsrückstellung nach dem Teilwertverfahren für eine Zwischenzeit von $h = 10$ Jahren auf Basis des Referenzfalls

$$= s \times JDK \frac{refn\,(r, m-h)}{refn\,(r, m)}$$

$$\left[refn\,(r, h+1)\,(1+r_s)^{m-h-1} + (1+r)^{h+1}\, refn\,(r_s, r, m-h-1)\right]. \quad (130)$$

Abbildung 17 veranschaulicht für eine Zwischenzeit von $h = 10$ Jahren auf Basis des Referenzfalls die Zuführungen zur Pensionsrückstellung nach dem Teilwertverfahren und diejenigen zum rechnungsmäßigen Deckungsstock,[194] wobei letztere die Zuführungshöhe angeben, die zu einem steuerfreien Aufbau des Deckungsstocks bei rechnungsmäßiger Verzinsung führen.

Durch die Abstellung des Teilwertverfahrens auf das Jahr des Dienstantritts erfolgt ein Jahr nach der Erteilung der Zusage im Zeitpunkt $h + 1$ gegenüber der Zuführung zum rechnungsmäßigen Deckungsstock eine extrem hohe Zuführung. Nach diesem Zeitpunkt erreichen die Zuführungen zur Pensionsrückstellung diejenigen zum rechnungsmäßigen Deckungsstock nicht mehr. Dies beruht darauf, dass einerseits der Jahresbetrag der Pensionsrückstellung wegen seiner Ermittlung, die auf der längeren Zeitspanne zwischen dem Zeitpunkt des Dienstantritts und dem Ende der Ansparphase basiert, niedriger ist als der Beitrag zum Deckungsstock. Andererseits reicht die im Vergleich zur rechnungsmäßigen Verzinsung des Deckungsstocks höhere kalkulatorische Verzinsung der Pensionsrückstellung ($r \times DST_{t-1}^{DZ} < r \times PRS_{t-1}$), die auf der einmaligen hohen Zuführung zum Zeitpunkt $h + 1$ basiert, nicht aus, um diese Differenz zu schließen.

Da sowohl der rechnungsmäßige Deckungsstock als auch die Pensionsrückstellung am Ende der Ansparphase eine identische Höhe aufweisen,[195] entsprechen sich in Summe die Zuführungen zur

[194] Vgl. auch *Hör* (2000), S. 32 f.

[195] Die Erteilungsfiktion der Zusage im Zeitpunkt des Dienstantritts führt natürlich ausschließlich zu einer

Pensionsrückstellung nach dem Teilwertverfahren und diejenigen zum rechnungsmäßigen Deckungsstock. Durch die Abstellung des Teilwertverfahrens auf das Alter des Arbeitnehmers bei Dienstantritt erfolgt allerdings eine beschleunigte Zuführung. Das Teilwertverfahren entwickelt daher einen Steuervorteil, der über den für den steuerfreien Aufbau notwendigen hinausgeht, womit der Arbeitgeber steuerpflichtige Gewinne des Kerngeschäfts des Unternehmens steuerfrei vereinnahmen kann.[196] Er ergibt sich bei Zugrundelegung der rechnungsmäßigen Verzinsung am Ende der Ansparphase zu:

$$\begin{aligned} TS_{B,m}^{sf} - TS_{B,m} &= s \times JDK \times refn\left(r_s, r, m-h\right) \\ &- s \times JDK \frac{refn\left(r, m-h\right)}{refn\left(r, m\right)} \\ &\left[refn\left(r, h+1\right)\left(1+r_s\right)^{m-h-1} + \left(1+r\right)^{h+1} refn\left(r_s, r, m-h-1\right)\right]. \end{aligned} \quad (131)$$

Der allgemeine Kostenbarwert am Ende der Ansparphase der Direktzusage aus Gleichung (90)

$$\begin{aligned} K_{m,s}^{DZ} = &\left[(1-s)\sum_{t=1}^{m} JDK\left(1+r_s\right)^{m-t} + s\sum_{t=1}^{m+n} zdst_t^{DZ}\left(1+r_s\right)^{m-t}\right]\frac{rbfn\left(i_{\beta,s}, n\right)}{rbfn\left(r_s, n\right)} \\ &- s\sum_{t=1}^{m+n} zprs_t \times q_{\beta,s}^{m-t} - (1-s)\sum_{t=1}^{m} JDK \times q_{\beta,s}^{m-t} \end{aligned}$$

lässt sich damit bei rechnungsmäßiger Verzinsung umformen zu:

$$\begin{aligned} K_{m,s}^{DZ} &= s \times JDK \times refn\left(r_s, r, m-h\right) \\ &- s \times JDK \frac{refn\left(r, m-h\right)}{refn\left(r, m\right)} \\ &\left[refn\left(r, h+1\right)\left(1+r_s\right)^{m-h-1} + \left(1+r\right)^{h+1} refn\left(r_s, r, m-h-1\right)\right]. \end{aligned} \quad (132)$$

5.5.3.2 Pensionsfonds

Die Rückstellungsbildung des Pensionsfonds basiert auf dem Zeitpunkt der Erteilung der Pensionszusage. Der Zeitpunkt des Dienstantritts des Arbeitnehmers ist somit unerheblich, weshalb die bisherigen Ausführungen zum Pensionsfonds des Kapitels 5.2 weiterhin gelten.

5.5.4 Kapitalwahlrecht am Ende der Ansparphase

5.5.4.1 Direktzusage

Der Leistungsplan der Direktzusage kann ein Kapitalwahlrecht vorsehen. Der Arbeitgeber bietet dem Arbeitnehmer alternativ zu der Rentenleistung die Möglichkeit an, sich für eine Kapital-

---

unterschiedlichen Entwicklung des rechnungsmäßigen Deckungsstocks und der Pensionsrückstellung während der Ansparphase.

[196] *Ahrend / Förster / Rößler* (2005) führen in diesem Zusammenhang aus, dass das Teilwertverfahren zu einer Verstärkung des Finanzierungseffekts führt (vgl. Teil 2, Rz. 123).

auszahlung am Ende der Ansparphase zu entscheiden. Ihre Höhe basiert wie die Rentenleistung auf dem Umwandlungsbeitrag und dem Rechnungszins der Leistungszusage und beträgt $JDK \times refn\,(r,m)$. Diese Höhe weisen auch der rechnungsmäßige Deckungsstock und die Pensionsrückstellung am Ende der Ansparphase aus, weil die Kapitalleistung auf derselben Basis (JDK, r) wie die Rentenzusage kalkuliert ist. In dieser Höhe wird dann im Zeitpunkt m die Pensionsrückstellung und der Deckungsstock aufgelöst, falls der Arbeitnehmer die Kapitalauszahlung wählt. Die Auflösung der Pensionsrückstellung führt zu einer Betriebseinnahme, deren Ertragshöhe sich mit der Aufwandshöhe ausgleicht, die durch die Auszahlung an den Arbeitnehmer entsteht. Gegenüber der Rentenzusage ändert sich somit der Kostenbarwert der Zusage mit Kapitalwahlrecht bei Ausübung desselben insoweit, als die Vorteile oder Nachteile aus einer Über- oder Unterverzinsung der Rentenphase wegfallen. Damit ergibt sich folgender Kostenbarwert nach Steuern am Ende der Ansparphase:[197]

$$\begin{aligned} K_{m,s}^{DZ} &= -\sum_{t=1}^{m}(1-s)\,(i^{ft}-r)DST_{t-1}^{DZ}\times q_{\beta,s}^{m-t} \\ &= (1-s)\,\frac{i^{ft}-r}{r}JDK\left[refn\,(i_{\beta,s},r,m)-refn\,(i_{\beta,s},m)\right]. \end{aligned} \tag{133}$$

5.5.4.2 Pensionsfonds

Pensionsfonds sind nach § 112 I Satz 1 Nr. 4 VAG verpflichtet, zugunsten des Arbeitnehmers die Altersversorgungsleistung in jedem Fall als lebenslange Altersrente zu erbringen. Durch das BMF-Schreiben vom 17.11.2004 wird allerdings deutlich, dass trotz dieser Regelung die Einräumung eines Kapitalwahlrechts möglich ist.[198] Aus diesem Schreiben ist u. a. zu entnehmen, dass die Steuerfreiheit nach § 3 Nr. 63 EStG für Beiträge an Pensionsfonds, Pensionskassen und Direktversicherungen an die Auszahlung der zugesagten Alters-, Invaliditäts-, Hinterbliebenenversorgungsleistungen in Form einer lebenslangen Rente oder eines Auszahlungsplanes mit anschließender lebenslanger Teilkapitalverrentung (§ 1 I Satz 1 Nr. 4 AltZertG) gebunden ist. Allerdings steht allein die Möglichkeit, anstelle dieser Auszahlungsformen eine Einmalkapitalauszahlung zu wählen, der Steuerfreiheit noch nicht entgegen. Sollte sich der Arbeitnehmer für eine Einmalkapitalauszahlung entscheiden, so sind von diesem Zeitpunkt an die Voraussetzungen des § 3 Nr. 63 EStG nicht mehr erfüllt und die Beitragsleistungen sind zu besteuern.[199] Das BMF-Schreiben bindet also ausdrücklich den Pensionsfonds in die Regelung der steuerlichen Konsequenzen einer Kapitalauszahlung mit ein. Somit hält das Bundesfinanzministerium die Kapitalauszahlung durch die Einräumung eines Kapitalwahlrechts für möglich. Alternativ dazu könnte der Pensionsfonds dem Arbeitnehmer die Option eines Rückkaufes gewähren,

[197] Vgl. den Teil der Formel (93), der auf der Ansparphase der dort modellierten Rentenzusage basiert.

[198] Vgl. Rz. 177, BStBl. I 2004 S. 1085.

[199] Auf Arbeitnehmerseite ist der Einmalkapitalbetrag bei Auszahlung, soweit er auf steuerfrei geleisteten Beiträgen beruht, gemäß § 22 Nr. 5 Satz 1 EStG vollständig zu besteuern. Eine Anwendung der Fünftelregelung des § 34 EStG kommt nicht in Betracht, weil es sich bei der Kapitalauszahlung des Pensionsfonds an den Pensionsberechtigten im Gegensatz zur Kapitalauszahlung bei einer Direktzusage nicht um eine Vergütung für mehrjährige Tätigkeiten handelt (vgl. BMF-Schreiben, 17.11.2004, Rz. 177, S. 1085).

weil dahingehend kein aufsichtsrechtliches Verbot besteht.[200] Von dieser Rückkaufsmöglichkeit kann der Pensionsberechtigte zu jeder Zeit und somit auch im letzten Jahr der Ansparphase Gebrauch machen. Der Pensionsfonds kann somit auf diesem Wege dem Pensionsberechtigten effektiv ein Kapitalwahlrecht anbieten.[201] Dem Pensionsfonds bleibt daher die Möglichkeit zur Kapitalauszahlung am Ende der Ansparphase keinesfalls verwehrt. Da die förmliche Entscheidung des Arbeitnehmers für die Auszahlung des Kapitals zu einer Nicht-Förderung der künftigen Beiträge führt, wird er einen entsprechenden Wunsch nach dieser, sofern er diese steuerlichen Konsequenzen kennt, erst im letzten Jahr des Dienstverhältnisses im Zeitpunkt m äußern.[202] Sollte daher dem Arbeitnehmer die Möglichkeit einer Kapitalauszahlung offenstehen, und er entscheidet sich für sie im letzten Jahr der Ansparphase, so werden die Beiträge des Arbeitgebers steuerlich gefördert und der Pensionsfonds baut den Deckungsstock für die gesamte Ansparphase steuerfrei auf. Die Kapitalauszahlung beträgt dann $JDK \times refn(r, m)$, wie bereits im Rahmen der Direktzusage erläutert wurde.[203]

Um die Kosten des Pensionsfonds bei der Kapitalauszahlung zu bemessen, ist auf die beiden Gestaltungsalternativen – die beitragsdotierte und die klassische Leistungszusage – einzugehen.

Der Pensionsfonds mit beitragsdotierter Leistungszusage weist genau die Höhe der Kapitalauszahlung als Deckungsrückstellung und als Deckungsstock aus, wenn er höchstens die Garantieverzinsung von 6 % erwirtschaftet.[204] Die Kapitalauszahlung an den Arbeitnehmer erfolgt somit insgesamt erfolgsneutral, weil ihre Höhe der Rückstellungsauflösung entspricht. Der Kostenbarwert ergibt sich damit für den Fall $i < 6$ % zum Zeitpunkt m auf Basis der Nachschusszahlungen[205] während der Ansparphase zu:

$$K_{m,s}^{PF(bLZ)} = (1 - s) \sum_{t=1}^{m} z_t^{PF(bLZ)} q_{\beta,s}^{m-t}. \tag{134}$$

Erwirtschaftet der Pensionsfonds allerdings eine Rendite über 6 %, so baut er eine retrospektive Deckungsrückstellung auf, bis er die gesamte Rentenleistung versicherungsförmig garantieren kann. Der Deckungsstock und die Deckungsrückstellung, die im Zeitpunkt der Auszahlung in $t = m$ zinssatzabhängig die Werte $DST_t^{PF(bLZ),i}$ (vgl. Formel (37)) oder $DST_t^{PF(bLZ),\max}$ (vgl.

[200] Vgl. *BaFin* (2005), S. 7.
[201] Vgl. auch *Thaut* (2003), S. 19.
[202] Ggf. könnte der Arbeitnehmer darauf hingewiesen werden.
[203] Der Arbeitnehmer muss zu diesem Zeitpunkt die Kapitalauszahlung versteuern. Da die Beiträge des Arbeitgebers während der Ansparphase steuerlich gefördert wurden, unterliegt somit der Pensionsfonds am Ende der Ansparphase aus Arbeitnehmersicht trotz der Ausübung des Kapitalwahlrechts der nachgelagerten Besteuerung (vgl. auch in diesem Zusammenhang *Kiesewetter / Thaut* (2004), S. 245 f.).
[204] S. die Ausführungen im Kapitel 5.2.3.2.
[205] Vgl. Formel (41).

Formel (38)) aufweisen, überragen in diesem Fall die Höhe der Kapitalauszahlung.

$$\begin{array}{ll} DST_m^{PF(bLZ),i} > DST_m^{PF(bLZ)} = JDK \times refn\,(r,m) & ; \; DST_m^{PF(bLZ),\max} > DST_m^{PF(bLZ),i} \\ DST_m^{PF(bLZ),\max} > DST_m^{PF(bLZ)} = JDK \times refn\,(r,m) & ; \; DST_m^{PF(bLZ),\max} \leq DST_m^{PF(bLZ),i} \end{array} \tag{135}$$

Der Differenzbetrag zwischen Deckungsrückstellung und Kapitalauszahlung bleibt damit zunächst erfolgswirksam. Da jedoch der Pensionsfonds diesen an den Arbeitgeber auszahlt, gleicht sich die daraus resultierende Betriebsausgabe mit der erfolgswirksamen Auflösung der Rückstellung aus. Auf der Seite des Arbeitgebers ist die Zahlung des Pensionsfonds eine Betriebseinnahme, die den Gewinn erhöht und damit mit Steuern belastet wird.

$$\begin{array}{ll} (1-s)\left[DST_m^{PF(bLZ),i} - JDK \times refn\,(r,m)\right] & ; \; DST_m^{PF(bLZ),\max} > DST_m^{PF(bLZ),i} \\ (1-s)\left[DST_t^{PF(bLZ),\max} - JDK \times refn\,(r,m)\right] & ; \; DST_m^{PF(bLZ),\max} \leq DST_m^{PF(bLZ),i} \end{array} \tag{136}$$

Der Kostenbarwert beläuft sich daher für die beitragsdotierte Leistungszusage zum Zeitpunkt m bei $i > 6$ % für den Fall $DST_m^{PF(bLZ),\max} > DST_m^{PF(bLZ),i}$ auf

$$K_{m,s}^{PF(bLZ)} = (1-s)\left[DST_m^{PF(bLZ),i} - JDK \times refn\,(r,m)\right] \tag{137}$$

und für den Fall $DST_m^{PF(bLZ),\max} \leq DST_m^{PF(bLZ),i}$ auf

$$K_{m,s}^{PF(bLZ)} = (1-s)\sum_{t=1}^{m} z_t^{PF(bLZ)} q_{\beta,s}^{m-t} + (1-s)\left[DST_t^{PF(bLZ),\max} - JDK \times refn\,(r,m)\right]. \tag{138}$$

Anders verhält sich dies für den Pensionsfonds mit klassischer Leistungszusage. Durch seine Überdotierung besteht am Ende der Ansparphase, unabhängig von der im Rahmen der Zinsspanne $2,75\ \% \leq i \leq 10\ \%$ tatsächlich erwirtschafteten Rendite, ein Deckungsstock bzw. eine Deckungsrückstellung in Höhe von $JPF \times refn\,(v,m)$, der bzw. die den Auszahlungsbetrag $JDK \times refn\,(r,m)$ übersteigt. Da mit der Auszahlung die Pensionsverpflichtung erfüllt ist, bleibt der Differenzbetrag zur Rückstellung

$$JPF \times refn\,(v,m) - JDK \times refn\,(r,m) \tag{139}$$

zunächst erfolgswirksam. Allerdings führt seine Auszahlung an den Arbeitgeber zu einer Betriebsausgabe in entsprechender Höhe, sodass sie auf Pensionsfondsebene insgesamt erfolgsneutral ist. Beim Arbeitgeber stellt sie dann eine Betriebseinnahme dar, die nachfolgenden Überschuss nach Steuern impliziert:

$$(1-s)\left[JPF \times refn\,(v,m) - JDK \times refn\,(r,m)\right]. \tag{140}$$

Der Kostenbarwert des Pensionsfonds mit klassischer Leistungszusage zum Zeitpunkt m beträgt daher:[206]

$$
\begin{aligned}
K_{m,s}^{PF(kLZ)} &= (1-s)\sum_{t=1}^{m} JPF \times q_{\beta,s}^{m-t} - (1-s)\sum_{t=1}^{m}(1+0,5b_B)\,l \times q_{\beta,s}^{m-t} \\
&- (1-s)\sum_{t=1}^{m} z_t^{PF(kLZ)} q_{\beta,s}^{m-t} \\
&- (1-s)\left[JPF \times refn\,(v,m) - JDK \times refn\,(r,m)\right] \\
&= (1-s)\,(JPF - JDK)\,refn\,(i_{\beta,s},m) \\
&- (1-s)\,\frac{i-v}{v} JPF\left[refn\,(i_{\beta,s},v,m) - refn\,(i_{\beta,s},m)\right] \\
&- (1-s)\left[JPF \times refn\,(v,m) - JDK \times refn\,(r,m)\right]. \qquad (141)
\end{aligned}
$$

5.5.5 Vorteilhaftigkeit für Modellerweiterungen

5.5.5.1 Dynamisierung der Leistungen

Aus der Dynamisierung der Rentenleistungen entstehen für den Arbeitgeber c. p. keine Kosten, weil er sie bereits bei Erteilung der Pensionszusage antizipieren kann. Was den Vorteilhaftigkeitsvergleich zwischen den Durchführungsalternativen anbelangt, so können sich gegenüber der bisherigen Analyse Unterschiede ergeben, weil sich der Deckungsstock sowohl bei der Direktzusage als auch beim Pensionsfonds in der Rentenphase durch die nunmehr dynamisierten Rentenzahlungen anders als bei der Unterstellung einer konstanten Rente entwickelt. Allerdings wird dieser Effekt marginal sein, zumal für Neuzusagen eine Dynamisierung der Rentenzahlungen von $w = 1\ \%$ ausreicht, um der Anpassungsüberprüfungspflicht des § 16 BetrAVG zu genügen. Die Ergebnisse der Kapitel 5.4.3.1 und 5.4.3.2 sind daher auch für dynamisierte Rentenleistungen verwendbar.

5.5.5.2 Dynamisierung der Beiträge

Tabelle 11 weist den Kostenbarwert nach Steuern zum Zeitpunkt 0 der Direktzusage bei rechnungsmäßiger Verzinsung in Abhängigkeit von der Dynamisierung der Beiträge aus.

Tabelle 11: Kostenbarwert in $t = 0$ der Direktzusage für einen Zinssatz von 6 % in Abhängigkeit von ausgewählten Wachstumsraten

d	1 %	2 %	3 %	4 %	5 %
$K[0,s]$	−0,39	−0,91	−1,61	−2,56	−3,81

Durch die Abstellung des Teilwertverfahrens auf einen fiktiv gleichbleibenden Jahresbetrag wird durch die Dynamisierung der Beiträge ein Steuervorteil induziert, der c. p. über die Steuerfreistellung des Deckungsstockaufbaus hinausgeht und deshalb zu einem Kostenbarwert kleiner als

[206] Vgl. den Teil der Formel (85), der auf der Ansparphase der dort modellierten Rentenzusage basiert.

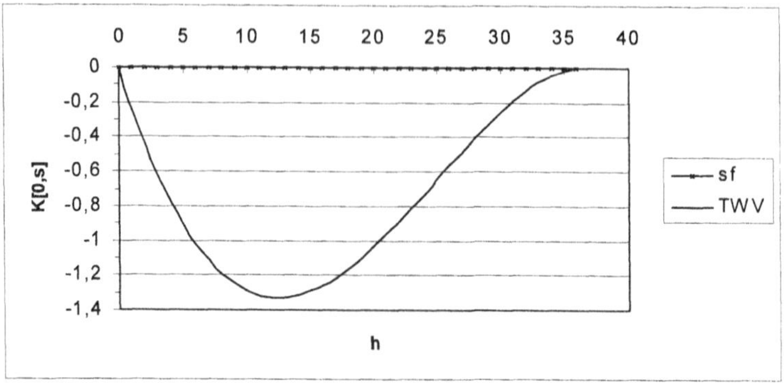

Abbildung 18: Kostenbarwert zum Zeitpunkt 0 für $i = 6$ % auf Basis des Referenzfalls bei steuerfreiem Aufbau des Deckungsstocks und bei Anwendung des Teilwertverfahrens in Abhängigkeit von der Zwischenzeit

null führt. Je höher die Dynamisierung der Beiträge ist, desto stärker ist der beschleunigte Aufbau der Pensionsrückstellung im Vergleich zum Aufbau des rechnungsmäßigen Deckungsstock, woraus sinkende Kostenbarwerte für ansteigende Raten resultieren. Für einen Steigerungssatz beispielsweise von $d = 5$ % weist die Direktzusage einen Kostenbarwert von $K(s) = -3,81$ aus, während er für $d = 1$ % lediglich $-0,39$ beträgt.[207]
Da in der Praxis eine Steigerungsrate von bis zu $d = 2$ % hauptsächlich relevant sein dürfte – das entspricht für den im Referenzfall unterstellten Arbeitnehmer einer Verdopplung seines Entgelts bis zum Zeitpunkt seines Eintritts in die Rentenphase[208] –, ist der daraus resultierende Vorteil der Direktzusage gering. Zwar ändert sich wie bei der Dynamisierung der Rentenleistungen der Deckungsstockverlauf der Durchführungsalternativen, jedoch wird sich im Hinblick auf die Steigerungsrate von bis zu $d = 2$ % die Vorteilhaftigkeit zwischen Direktzusage und Pensionsfonds nur marginal ändern. An dieser Stelle wird deswegen auf die Ergebnisse in den Kapiteln 5.4.3.1 und 5.4.3.2 verwiesen.

5.5.5.3 Zwischenzeit

Durch die Abstellung des Teilwertverfahrens auf den Zeitpunkt des Dienstantritts besteht für die Direktzusage ein Vorteil, wenn zwischen Dienstantritt und Pensionszusage eine Zwischenzeit liegt. Der Pensionsfonds baut dagegen den Deckungsstock exakt steuerfrei auf.
In Abhängigkeit von der Zwischenzeit veranschaulicht Abbildung 18 den Kostenbarwert der Direktzusage zum Zeitpunkt 0 bei rechnungsmäßiger Verzinsung, der sich aus der Abstellung

[207] Sollte die Erhöhung der Pensionszusage ungewiss sein (vgl. die Ausführungen in Fn. 186 und 187), ist der Kostenvorteil der Direktzusage im Vergleich zu den in der Tabelle 11 ausgewiesenen Werte niedriger. Für bspw. $d = 2$ % bzw. $d = 5$ % ergibt sich der Kostenbarwert zu $0,44$ bzw. $1,62$.
[208] $(1 + d)^{36} = 1,02^{36} = 2,04$.

des Teilwertverfahrens (TWV) auf den Beginn des Dienstverhältnisses auf Basis des Referenzfalls ergibt. Zusätzlich ist in dieser Abbildung noch der Kostenbarwert der Direktzusage bei steuerfreiem (sf) Aufbau des Deckungsstocks abgetragen, der sich ergäbe, falls sich die Rückstellungsbildung auf dem Erteilungszeitpunkt der Zusage stützte. In diesem Fall basierte der Steuervorteil der Zusage auf den Zuführungen zum rechnungsmäßigen Deckungsstock.
Wie daraus zu entnehmen ist, steigt der Kostenvorteil bis zu einer Zwischenzeit h in Höhe von 12 Jahren schnell an. Zu diesem Zeitpunkt beträgt er ungefähr 1,34, was etwa der Nettobelastung des Arbeitgebers aus der Dotierung des internen Pensionsfonds mit zwei Jahresprämien JDK entspricht. Danach sinkt er periodisch langsam ab, bis er für die Zwischenzeit $h = 36$, in dem der Arbeitgeber $x + h = 64$ Jahre alt ist, null beträgt.
Dieser Verlauf des Kostenbarwerts basiert auf verschiedenen Ursachen: Unterstellte man eine dienstzeitabhängige Altersrente, deren Höhe somit entgegen der Modellannahmen unabhängig vom Zeitpunkt ihrer Erteilung ist, resultierten aus der Abstellung des Teilwertverfahrens auf den Zeitpunkt des Dienstantritts lediglich zwei Effekte, die gegenläufigen Charakter aufweisen. Zum einen steigt c. p. die Höhe der Sonderrückstellung gegenüber dem rechnungsmäßigen Deckungsstock mit steigender Zwischenzeit an.[209] Der Steuervorteil im Zeitpunkt $h + 1$ aus der Sonderrückstellung gegenüber der Rückstellung, die zu einem steuerfreien Aufbau des Deckungsstocks führte, nimmt also zu. Zum anderen nimmt die Zeit bis zum Ende der Ansparphase mit steigender Zwischenzeit ab, sodass die zeitliche Verzerrung zwischen den Zuführungen zur Pensionsrückstellung und denjenigen zum rechnungsmäßigen Deckungsstock abnimmt. Der Steuervorteil aus der Rückstellungsbildung verringert sich daher wegen des mit der Erhöhung der Zwischenzeit sinkenden Zinseffekts. Fasst man beide Effekte zusammen, so bestünde der größte Kostenvorteil ungefähr kurz nach der Mitte der Ansparphase.[210] Da allerdings die Zusage Entgeltcharakter aufweist, richtet sich ihre Höhe nach dem künftigen Zeitraum, in dem der Arbeitnehmer implizit auf Barlohn verzichtet. Die Höhe der Rente hängt deshalb nicht vom Zeitpunkt des Dienstantritts, sondern der Erteilung der Zusage ab (vgl. Formel (118)); je kürzer daher die Zwischenzeit ist, desto mehr Beiträge werden vom Arbeitgeber umgewandelt, desto höher ist die Rente. Eine höhere Rente impliziert ein höheres Niveau der Pensionsrückstellung. Mit zunehmender Zwischenzeit nimmt dieses folglich ab. Der Kostenvorteil aus der Abstellung der Pensionsrückstellung auf den Zeitpunkt des Dienstantritts erreicht daher bereits nach einer Zwischenzeit von 12 Jahren sein Maximum.

Die Kostenbarwerte von Direktzusage und Pensionsfonds mit klassischer Leistungszusage zum Zeitpunkt 0 sind in Abbildung 19 in Abhängigkeit von der Höhe der Zwischenzeit bei rechnungsmäßiger Verzinsung auf Basis des Referenzfalls visualisiert.[211] Danach sinkt mit zunehmender Zwischenzeit der Vorteil aus der Überdotierung des Pensionsfonds gegenüber der Direktzusage.

[209] Eine Ausnahme hiervon stellen Zusagezeitpunkte nach $t = 34$ dar, zu denen der Vorteil absinkt.

[210] Exakt zum Zeitpunkt 25 bestünde der größte Vorteil.

[211] Der Pensionsfonds mit beitragsdotierter Leistungszusage wird nicht in die Analyse einbezogen, weil die Direktzusage gegenüber dieser Durchführungsalternative schon ohne den Vorteil aus der Abstellung des Teilwertverfahrens auf den Zeitpunkt des Dienstantritts für den unterstellten Zinssatz von $i = r = 6$ % vorteilhaft ist.

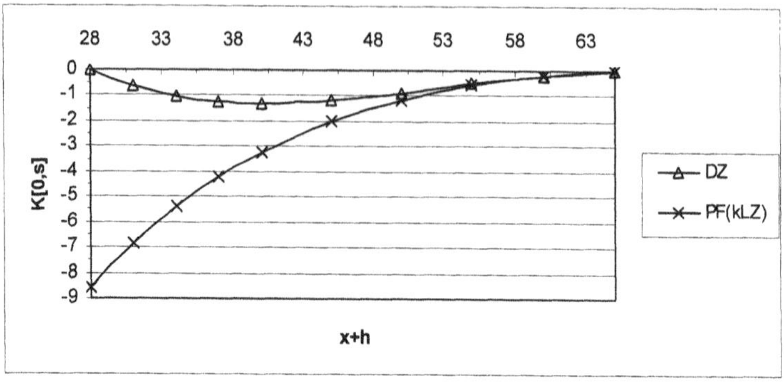

Abbildung 19: Kostenbarwert zum Zeitpunkt 0 für $i = 6$ % auf Basis des Referenzfalls in Abhängigkeit von der Zwischenzeit

Ab einem theoretischen Erteilungszeitpunkt im Alter von $x + h = 58$ Jahren des bei Dienstantritt $x = 28$-jährigen Arbeitnehmers ist der Arbeitgeber zwischen beiden Durchführungswegen (nahezu) indifferent.

Abbildung 20 zeigt entsprechend die kritische Steuerpflichtigkeit der Erträge zwischen der Direktzusage und dem Pensionsfonds mit klassischer Leistungszusage, wobei darin im Hinblick auf die Praxisrelevanz die Darstellung auf Zwischenzeiten bis zu $h = 10$ Jahren beschränkt wurde. Um den Vorteil aus der Anwendung des Teilwertverfahrens zu erkennen, wird darin zusätzlich die kritische Steuerpflichtigkeit der Erträge abgebildet, die bereits im Kapitel „Variation des Alters bei Dienstantritt" (Kapitel 5.4.3.3) ermittelt wurde. Sie ergäbe sich, wenn die Rückstellungsbildung auf dem Zeitpunkt der Erteilung der Zusage basierte und daher bei rechnungsmäßiger Verzinsung zu einem steuerfreien Aufbau des Deckungsstocks führte.

Wie ein Vergleich der beiden Kurven aus der Abbildung 20 ergibt, führt der Steuervorteil aus der Abstellung des Teilwertverfahrens auf den Zeitpunkt des Dienstantritts dazu, dass die kritische Steuerpflichtigkeit der Erträge zwischen der Direktzusage und dem Pensionsfonds mit klassischer Leistungszusage höher ist, als dies bei der Abstellung des Teilwertverfahrens auf den Erteilungszeitpunkt der Fall wäre. Der Vorteil daraus steigt dabei mit zunehmender Zwischenzeit an und führt beispielsweise für eine Zwischenzeit von 10 Jahren zu einer Differenz in Höhe von ungefähr 6 %.

Als Ergebnis ist daher festzuhalten, dass der Vorteil aus der Anwendung des Teilwertverfahrens von der Höhe der Zwischenzeit abhängig ist und für die Entscheidung zwischen den Durchführungsalternativen beachtlich sein kann.

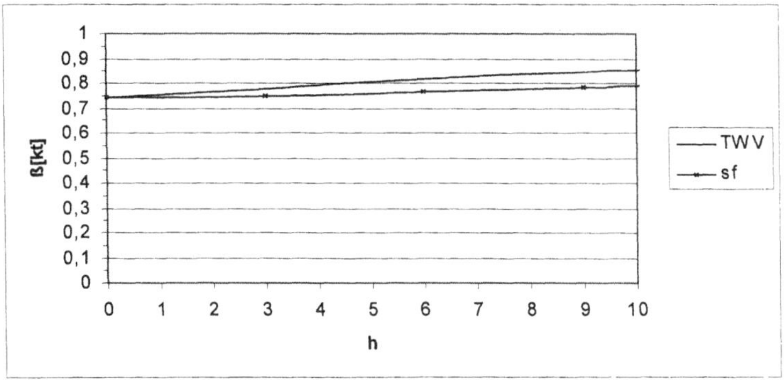

Abbildung 20: Kritische Steuerpflichtigkeit der Erträge zwischen der Direktzusage und dem Pensionsfonds mit klassischer Leistungszusage für $i = 6$ % bei Anwendung des Teilwertverfahrens auf Basis des Referenzfalls

5.5.5.4 Ausübung des Kapitalwahlrechts

Sollten die Direktzusage und der Pensionsfonds ein Kapitalwahlrecht anbieten, so kann sich der Arbeitnehmer für eine Kapitalauszahlung am Ende der Ansparphase entscheiden. Für diesen Fall entfällt die Rentenphase.
Wenn lediglich die Vorsteuerrendite variiert wird, ändert sich die Rangfolge der verschiedenen Durchführungsalternativen nicht: Der Pensionsfonds mit klassischer Leistungszusage ist dem mit beitragsdotierter vorzuziehen und insgesamt dominiert die Pensionsfondslösung die Direktzusage. Bei der Kapitalauszahlung ändert sich allerdings der Vorteil des Pensionsfonds mit klassischer Leistungszusage gegenüber den anderen Durchführungsalternativen, weil der Überdotierungseffekt der Rentenphase entfällt. Des Weiteren nimmt auch der Vorteil des Pensionsfonds mit beitragsdotierter Leistungszusage gegenüber der Direktzusage ab, der sich für Zinssätze über 6 % ergibt. Dies ist darauf zurückzuführen, dass seine Möglichkeit, Überschüsse durch die Bildung einer retrospektiven Deckungsrückstellung vorübergehend steuerfrei zu akkumulieren, auf die Ansparphase begrenzt ist. Aus diesen Gründen ist daher zu erwarten, dass die zinssatzabhängige kritische Steuerpflichtigkeit der Erträge β_B^{kt}, die ausschließlich der Direktzusage zugute kommt, nicht die in Abbildung 12 – bei der zwar ausschließlich in der Ansparphase eine Variation von β vorgenommen, aber weiterhin eine Altersrente geleistet wurde – dargestellten Werte annimmt, sondern darüber liegt.

In Abbildung 21 ist die Steuerpflichtigkeit der Erträge für die Ansparphase dargestellt, bei denen der Arbeitgeber zwischen der Direktzusage und den Gestaltungsmöglichkeiten des Pensionsfonds in Abhängigkeit von der Vorsteuerverzinsung bei Ausübung des Kapitalwahlrechts indifferent ist. Danach dominiert der Pensionsfonds mit klassischer Leistungszusage die Direktzusage bis zu einem Wert von $\beta_B^{kt} = 71$ %. Zwischen $\beta_B^{kt} = 71$ % und $\beta_B^{kt} = 67$ % ist

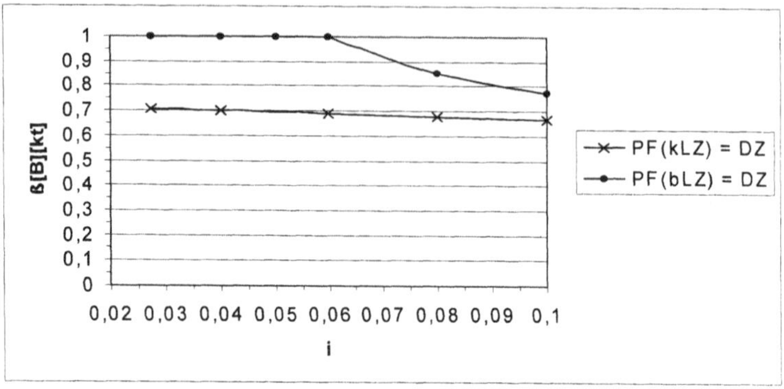

Abbildung 21: Kritische Steuerpflichtigkeit der Erträge für die Ansparphase zwischen der Direktzusage und den Gestaltungsmöglichkeiten des Pensionsfonds in Abhängigkeit vom Zinssatz bei Ausübung des Kapitalwahlrechts

eine zinssatzabhängige Entscheidung zu treffen, wobei β_B^{kt} mit steigender Vorsteuerverzinsung absinkt. Unter $\beta_B^{kt} = 67$ % ist die Direktzusage vorteilhaft.

Der Direktzusage ist gegenüber dem Pensionsfonds mit beitragsdotierter Leistungszusage für jede Vorsteuerverzinsung $i \leq 6$ % der Vorzug zu geben. Für höhere Zinssätze muss eine von der Steuerpflichtigkeit der Erträge abhängige Entscheidung getroffen werden, sofern für die betrachtete Zinsspanne $\beta_B^{kt} = 78$ % nicht unterschritten wird.

Gegenüber der für die Rentenzusage ermittelten kritischen Steuerpflichtigkeit, bei der ausschließlich die Steuerpflichtigkeit in der Ansparphase variiert wird (Abbildung 12), hat sich der Wert von β_B^{kt} erwartungsgemäß erhöht. Die Differenz sinkt mit steigender Vorsteuerverzinsung und macht zwischen Direktzusage und Pensionsfonds mit klassischer Leistungszusage bei $i = 2,75$ % ungefähr 6 % und bei $i = 10$ % ungefähr 3 % aus, während sie zwischen Direktzusage und Pensionsfonds mit beitragsdotierter Leistungszusage bei $i = 8$ % ungefähr 4 % und bei 10 % ungefähr 3 % beträgt.

5.6 Modellübertragung auf Kapitalgesellschaften

Steuerpflichtiges Einkommen wird im Rahmen des Modells bei Personengesellschaften sowohl auf betrieblicher als auch auf privater Ebene mit dem gleichen Steuersatz s besteuert. Die Grundlage bildet zum einen das Feststellungsprinzip, nach dem die Besteuerung unabhängig von der Gewinnverwendung erfolgt, und zum anderen die Annahme, dass die Steuerermäßigung gemäß § 35 EStG zu einer vollständigen Anrechnung der Gewerbesteuer auf die Einkommensteuer führt.[212]

[212] Vgl. die entsprechenden Ausführungen zu Beginn des Kapitels 5.4.1.

Bei Kapitalgesellschaften ergibt sich dagegen wegen des Trennungsprinzips nach der Ausschüttungspolitik ein zu differenzierender kombinierter Ertragsteuersatz. Im Fall der Thesaurierung der Gewinne besteht dieser aus Körperschaftsteuer, Gewerbesteuer und der Abzugsfähigkeit der Gewerbesteuer von der Körperschaftsteuer.

$$s^{er}_{Th} = s^{kst} + s^{gst}\left(1 - s^{kst}\right) \tag{142}$$

mit
- s^{kst} Körperschaftsteuersatz für thesaurierte Gewinne[213]
- $s^{gst} = \frac{m \times H}{1 + m \times H}$ effektiver Gewerbeertragsteuersatz[214]
- m Steuermesszahl[215]
- H Hebesatz der Gemeinde[216]

Bei Ausschüttung an eine natürliche Person werden im Rahmen der Einkommensteuer die Gewinne zusätzlich als Halbeinkünfte (§ 3 Nr. 40 Buchstabe d EStG) versteuert.

$$s^{er}_{As} = s^{er}_{Th} + 0,5 \times s^{est}\left(1 - s^{er}_{Th}\right) \tag{143}$$

Die periodische Gesamtsteuerbelastung der Gewinne ist damit von der Ausschüttungspolitik der Kapitalgesellschaft abhängig.
Daher ist zu prüfen, ob die Thesaurierung der Gewinne, ihre zeitlich begrenzte Anlage im Betriebsvermögen und ihre anschließende Ausschüttung (Strategie 1) gegenüber der sofortigen Ausschüttung der Gewinne und deren Anlage im Privatvermögen (Strategie 2) für den Anteilseigner vorteilhaft ist, d. h. insgesamt sein konsumfähiges Einkommen bzw. sein Vermögen nach Steuern erhöht.[217] Wie *Elser* (2001), S. 807 f., und *Hundsdoerfer* (2001), S. 116 f., zutreffend herleiten, führen beide Strategien bei einer angenommenen identischen Rendite für einen beliebigen Zeitpunkt T zu einem identischen Vermögen nach Steuern beim Anteilseigner, wenn dessen persönlicher Einkommensteuersatz dem kombinierten Ertragsteuersatz der Kapitalgesellschaft bei Thesaurierung der Gewinne entspricht.[218]

$$s^{est} = s^{er}_{Th} = s \tag{144}$$

Vorteilhaft ist die Thesaurierung in der Kapitalgesellschaft dann, wenn der kombinierte Ertragsteuersatz der Kapitalgesellschaft den Einkommensteuersatz des Eigners nicht erreicht ($s^{er}_{Th} < s^{est}$).[219] Letzterer wurde bereits im Rahmen der Modellannahmen auf $s^{est} = s = 40$ % festgelegt. Da nachfolgend für die Kapitalgesellschaft von einem Hebesatz von $H = 500$ %

[213] Vgl. § 23 I KStG.
[214] Vgl. *Wagner / Dirrigl* (1980), S. 85.
[215] Vgl. § 11 I Satz 2 GewStG.
[216] Vgl. § 16 I GewStG.
[217] Vgl. *Wagner* (2005), S. 415.
[218] Voraussetzung hierfür ist, dass die Erträge der Vermögensanlagen sowohl auf betrieblicher als auch auf privater Ebene die Steuerbemessungsgrundlage in gleichem Maße erhöhen.
[219] Für diesen Fall liegt ein steuersatzbedingter Lock-in-Effekt vor. Ein systembedingter Lock-in-Effekt besteht dagegen nicht (vgl. *Elser* (2001), S. 808).

ausgegangen wird, beträgt der kombinierte Ertragsteuersatz s^{er}_{Th} bei Thesaurierung ebenfalls 40 %. Da folglich $s^{est} = s^{er}_{Th} = s = 40$ % gilt, führen beide Strategien zu demselben Vermögen nach Steuern auf Ebene des Anteilseigners. Ob die Mittel im Rahmen der Kapitalgesellschaft zunächst thesauriert und dann ausgeschüttet werden oder ob die Mittel sofort ausgeschüttet werden, ist somit gleich vorteilhaft.[220] Insgesamt besteht also auch für die Kapitalgesellschaft c. p. Indifferenz zwischen der Ausschüttung und der Thesaurierung der Gewinne. Die Entnahme- bzw. Ausschüttungsstruktur der Gewinne ist bei diesem Steuersatz irrelevant.

Wenn man dagegen entweder von einem persönlichen Steuersatz von 42 % oder von einem Hebesatz der Gewerbesteuer unter 500 % ausgeht, ist der kombinierte Ertragsteuersatz der Kapitalgesellschaft niedriger als der Einkommensteuersatz des Eigners; die Strategie 1 ist der Strategie 2 überlegen. Der Kostenbarwert der verschiedenen Durchführungsalternativen ist damit vom Ausschüttungsverhalten der Kapitalgesellschaft abhängig.[221] Entsprechend dem Ausschüttungsverhalten und dem Hebesatz bzw. kombinierten Ertragsteuersatz weichen die auf dieser Basis berechneten Kostenbarwerte von den ermittelten ab.[222]

Da – wie bereits erläutert – der Steuersatz der Mitunternehmer der Personengesellschaft von $s^{est} = s = 40$ % und die Ertragsteuerbelastung der Kapitalgesellschaft für den Fall der Thesaurierung $s^{er}_{Th} = s^{kst} + s^{gst}\left(1 - s^{kst}\right) = 40$ % c. p. identisch sind, kann der Kostenbarwert der (Anteilseigner der) Kapitalgesellschaft (KP) ermittelt werden, indem man gegenüber dem Kostenbarwert der Personengesellschaft zusätzlich noch die Ausschüttungsbelastung von $0,5s^{est}\left(1 - s^{er}_{Th}\right) = 0,12$ berücksichtigt.

$$K^{KP}_{0,s} = \frac{1 - s^{er}_{As}}{1 - s^{er}_{Th}} K_{0,s} = \frac{1 - s^{er}_{Th} - 0,5s^{est}\left(1 - s^{er}_{Th}\right)}{1 - s^{er}_{Th}} K_{0,s}$$
$$= \frac{1 - s - 0,5s\left(1 - s\right)}{1 - s} = \frac{0,5s^2 - 1,5s + 1}{1 - s} = 0,8K_{0,s} \tag{145}$$

Für die Kapitalgesellschaft ergeben sich daher dieselben Werte der kritischen Steuerpflichtigkeit der Erträge β^{kt} wie bei der Personengesellschaft, da die Ausschüttungsbelastung einerseits den Kostenbarwert der Direktzusage und andererseits den Kostenbarwert der Pensionsfondslösung gleichermaßen reduziert; gilt wegen β^{kt} für die Personengesellschaft $K^{DZ}_{0,s} = K^{PF}_{0,s}$, dann

[220] Wie schon bei der Modellierung des Kostenbarwerts einer Personengesellschaft wird von der Steuerfreiheit nicht unter § 17 EStG fallender Veräußerungsgewinne außerhalb der einjährigen Spekulationsfrist des § 23 EStG abgesehen.

[221] Für die Ermittlung des jeweiligen Kostenbarwerts ist die Frage zu beantworten, wie lange Gewinne aus der Pensionszusage bis zur Ausschüttung im Unternehmen verbleiben. Aus steuerlichen Gründen ist die permanente Thesaurierung der Gewinne in der Kapitalgesellschaft gegenüber der sofortigen Ausschüttung vorteilhaft. In der Praxis werden für die (Gesamt-)Gewinne auf Unternehmensebene durchschnittliche Ausschüttungsquoten von 40-70 % beobachtet (vgl. *Wagner et al.* (2004), S. 894).

[222] Belässt man z. B. den Hebesatz bei 500 % und unterstellt einen Einkommensteuersatz von 42 %, so ergibt sich ein Kostenbarwert für die Kapitalgesellschaft im Todeszeitpunkt des Arbeitnehmers in Höhe von 79 % des entsprechenden Werts für Personengesellschaften (vgl. Formel (145)); hierbei wird angenommen, dass Gewinne im Betriebsvermögen angelegt werden und vollständig zum Todeszeitpunkt des Arbeitnehmers ausgeschüttet werden. Durch die Erhöhung des Einkommensteuersatz von 40 auf 42% hat sich der Kostenbarwert der Kapitalgesellschaft um 1 %-Punkt gemindert.

gilt auch für die Kapitalgesellschaft $K_{0,s}^{KP,DZ} = K_{0,s}^{KP,PF}$, wie man aus den Umformungen der nachfolgenden Gleichung erkennt.

$$\begin{aligned} K_{0,s}^{DZ} &= K_{0,s}^{PF} \Leftrightarrow \\ 0,8K_{0,s}^{DZ} &= 0,8K_{0,s}^{PF} \Leftrightarrow \\ K_{0,s}^{KP,DZ} &= K_{0,s}^{KP,PF} \end{aligned} \tag{146}$$

5.7 Prämissenkritik

Jedes Modell, das für eine Untersuchung herangezogen wird, erfordert eine realistische Annahmensetzung, die zugleich die Probleme in der Entscheidungsfindung auf das Wesentliche reduziert und dabei das Ergebnis nicht verzerrt. Unter diesem Gesichtspunkt werden ausgewählte Annahmen des Modells nachfolgend angeführt und diskutiert.

- Abstrahierung von Insolvenzsicherungskosten und Verwaltungskosten

Für den Vergleich zwischen Direktzusage und Pensionsfonds ist zu konstatieren, dass einerseits die Insolvenzsicherungskosten des Pensionsfonds niedriger sind als die der Direktzusage; Bemessungsgrundlage der Beiträge zum PSV sind beim Pensionsfonds 20 % des Teilwerts, während die Bemessungsgrundlage der Direktzusage den gesamten Teilwert umfasst.[223] Da der Beitragssatz zum PSV in den letzen Jahren in einem Bereich von 2 Promille lag und von dieser Größenordung auch in Zukunft auszugehen ist, ergibt sich periodisch ein Kostenvorteil des Pensionsfonds in Höhe von 1,6 Promille des Teilwerts.
Andererseits sind die Verwaltungskosten auf Seiten des externen Pensionsfonds höher als auf Seiten der Direktzusage, denn dem betriebsintern angelegten Pensionsfonds fehlt die Gewinnerzielungsabsicht.[224] Dieser Kostenvorteil der Direktzusage sollte sich mit dem Kostenvorteil des Pensionsfonds weitgehend nivellieren, sodass die Abstrahierung von diesen Kosten den Vorteilhaftigkeitsvergleich zwischen Pensionsfonds und Direktzusage nicht verzerrt.[225]

- Nachgelagerte Besteuerung und Beitragsfreiheit zur Sozialversicherung in der Ansparphase beim Pensionsfonds

Während die Direktzusage unabhängig von der Höhe der Beitragszahlung der nachgelagerten Besteuerung unterliegt und die Beiträge der Ansparphase sozialabgabenfrei sind, basiert die im Modell unterstellte steuer- und sozialabgabenrechtliche Behandlung des Pensionsfonds auf der Annahme, dass die Beiträge an den Pensionsfonds 4 % der Beitragsbemessungsgrenze der gesetzlichen Rentenversicherung – das entspricht derzeit einem Betrag von 2.496 € –

[223] Vgl. die Kapitel 3.1.4 und 3.2.4.

[224] Vgl. z. B. *Gohdes / Haferstock / Schmidt* (2001), S. 1562, *Grabner / Bode / Stein* (2001), S. 1897, und *Meier / Bätzel* (2004), S. 1440. Für eine detaillierte Beschreibung der Verwaltungskosten siehe *Schwab* (1988), S. 149 ff.

[225] Vgl. auch *Ahrend / Förster / Rößler* (2005), Teil 8, Rz. 213.

nicht erreichen. Für einen Arbeitnehmer, der diesen Förderungsbetrag voll ausschöpft und ab einem Alter von 28 Jahren zugunsten seiner Altersversorgung auf eine wertäquivalente Lohnauszahlung verzichtet, lässt sich damit eine betriebliche Altersversorgung aufbauen, bei der die Bruttorentenzahlung bei Unterstellung des Referenzfalls auf eine jährliche bzw. monatliche Höhe von 29.338 €[226] bzw. 2.445 €[227] beschränkt ist. Sollte der Versorgungsberechtigte dagegen erst im Alter von 40 Jahren eine Pensionszusage erhalten, beziffert sich die jährliche bzw. monatliche Bruttorente auf 12.627 € bzw. 1.052 €. Bei einem geschätzten Nettorentenniveau im Jahr 2050 von ungefähr 50 %[228] kann also ein bei Erteilung der Zusage 28-jähriger Arbeitnehmer seine Versorgungslücke im Rentenalter durch die Versorgungsleistung des Pensionsfonds c. p. vollständig schließen, sofern sein Bruttoeinkommen am Ende seines Arbeitslebens ungefähr 2.445 €/50 % ≈ 4.900 € im Monat beträgt und man von sonstigen Einkunftsquellen des Versorgungsberechtigten in seinem Ruhestand absieht. Für den bei Erteilung 40-jährigen ergibt sich entsprechend ein Wert von etwa 2.100 €. Aus diesen Überlegungen ist zu schließen, dass der Ansatz der steuer- und sozialabgabenrechtlichen Fördergrenze auf 4 % der Beitragsbemessungsgrenze der gesetzlichen Rentenversicherung insbesondere für Arbeitnehmer mit hohem Einkommen oder für Arbeitnehmer mit durchschnittlichem bis überdurchschnittlichem Einkommen, die nicht im Rahmen ihres zumindest fast ganzen Berufslebens für ihre Altersversorgung ansparen, durchaus nicht zur Schließung der Versorgungslücke im Alter ausreicht. Sollte der Arbeitgeber daher die gesamte Versorgungszusage entweder über den Pensionsfonds oder die Direktzusage abwickeln wollen und berücksichtigt er die Problematik zwischen der Beitragsbeschränkung und dem Ausmaß der Versorgungslücke, so verfügt die Direktzusage über einen erheblichen Vorteil: Sie lässt flexible Beitragszahlungen zu, die unabhängig von ihrer Höhe zu einer nachgelagerten Besteuerung und zu einer Beitragsfreiheit zur Sozialversicherung in der Ansparphase führen.

Diese Überlegungen sind ebenfalls bei der Entscheidung zwischen den Gestaltungsmöglichkeiten des Pensionsfonds zu berücksichtigen. So ist bei gleicher Rentenleistung für die klassische gegenüber der beitragsdotierten Leistungszusage eine Beitragszahlung in ungefähr $JPF/JDK = 3,17/1,21 = 2,6$facher Höhe notwendig, wenn man den Referenzfall unterstellt. Während bei der klassischen Leistungszusage damit eine Altersrente von jährlich 11.167 €[229] vom Arbeitgeber auf Basis der Fördergrenze von 2.496 € geleistet werden kann, beträgt sie bei der beitragsdotierten Leistungszusage ungefähr das 2,6fache, nämlich die bereits für die Direktzusage ermittelte Altersrente von 29.338 €.

Um diese Problematik von Beitragsbeschränkung und Versorgungslücke zu vermeiden, kann der Arbeitgeber im Rahmen seiner betrieblichen Altersversorgung dem Arbeitnehmer sowohl den Durchführungsweg der Direktzusage als auch den des Pensionsfonds anbieten. Dadurch können die Durchführungswege und deren spezifische Vorteile beliebig kombiniert werden.[230]

[226] 2.496 € $\times refn\,(6\,\%, 37)\,/rbfn\,(6\,\%, 18)$ = 29.338 €.

[227] Der Wert wurde ohne die Einbeziehung einer unterjährlichen Verzinsung ermittelt.

[228] Vgl. *Schnabel* (2003), S. 9.

[229] 2.496 € $\times refn\,(2,75\,\%, 37)\,/rbfn\,(2,75\,\%, 18)$ = 11.167 €.

[230] In diesem Sinne auch *Höfer* (2005), Rn. 205.

- Leistung der Überdotierung des Pensionsfonds mit klassischer Leistungszusage aus laufenden Zahlungsüberschüssen oder bestehenden Finanzanlagen

Bei der klassischen Leistungszusage über den Pensionsfonds muss der Arbeitgeber zur Finanzierung den Differenzbetrag $JPF - JDK$ zusätzlich zum kostenneutralen Umwandlungsbeitrag JDK erbringen. Bei der Modellierung wurde dabei nicht zwischen den Opportunitätskosten des Differenzbetrags und denjenigen des Umwandlungsbeitrags unterschieden. Implizit wurde demnach unterstellt, dass der Arbeitgeber zur Finanzierung der Überdotierung des Pensionsfonds – soweit notwendig – laufende Zahlungsüberschüsse verwendet oder bestehende Finanzanlagen im Unternehmen entsprechend auflöst. Bezogen auf den Referenzfall, dessen Verlauf in der Abbildung 4 dargestellt ist, wird also angenommen, dass der Zahlungsüberschuss des Unternehmens und die Finanzanlagen in den ersten 16 Jahren der Versorgungszusage ausreichen, um damit die Überdotierung des Pensionsfonds vorzunehmen.
Denkbar wäre allerdings auch, dass der Arbeitgeber für diese Zeitspanne keinen ausreichenden Zahlungsüberschuss erzielt und keine sonstigen liquiden Mittel zur Verfügung hat, um der Überdotierung des Pensionsfonds nachkommen zu können. Die Aufnahme von zusätzlichem Fremdkapital wäre damit notwendig.[231] Dies implizierte, dass sich die Vorteilhaftigkeit des Pensionsfonds mit klassischer Leistungszusage je nach Höhe der Finanzierungslücke um die Finanzierungskosten verschlechterte. Bedenkt man allerdings, dass der Arbeitgeber nach der Einführung einer betrieblichen Altersversorgung über den Pensionsfonds Zusagen laufend an neu eingestellte Arbeitnehmer erteilt, so überlagern sich die in Abbildung 4 dargestellten Transferzahlungen über die einzelnen Versorgungszusagen; die Finanzierungslücken für Zusagen, die sich in den ersten 16 Jahren der Ansparphase befinden, werden durch die Überschusszahlungen von Zusagen, deren Erteilung über diesen Zeitraum von 16 Jahren zurückliegt, mehr als geschlossen. Das mögliche Problem bei der Finanzierung der Zusagen reduziert sich damit auf den Zeitraum, zu dem der Arbeitgeber erstmalig solche einführt. Danach löst es sich auf.

- Sofortige Verlustverrechnung

Die Leistung des Umwandlungsbeitrags JDK ist durch diese Annahme bei beiden Gestaltungsmöglichkeiten des externen Pensionsfonds mit einem sofortigen Betriebsausgabenabzug verbunden. Gleiches gilt auch für den internen Pensionsfonds, da der Jahresbetrag JB zur Pensionsrückstellung, wenn man von den Besonderheiten des Teilwertverfahrens absieht, dem Umwandlungsbeitrag JDK entspricht. In dieser Hinsicht bevorteilt diese Annahme keinen der beiden Durchführungswege.
Der Pensionsfonds mit klassischer Leistungszusage profitiert von dieser Annahme zumindest in dem Zeitraum, in dem die Durchführung der Zusage über den Pensionsfonds vom Arbeitgeber eingeführt wird. Die Überdotierung, die zu einer über dem Umwandlungsbeitrag liegenden finanziellen Belastung in den ersten 16 Jahren der Zusage führt, stellt durch diese Annahme eine

[231] Theoretisch denkbar wäre auch, das Eigenkapital aufzustocken oder geplante Realinvestitionen nicht durchzuführen.

Betriebsausgabe dar. Dies setzt einen entsprechenden Gewinn im Kerngeschäft des Unternehmens voraus.
Die Direktzusage wird von der Annahme der sofortigen Verlustverrechnung durch die im Kapitel 5.3.6 erfolgte Modellierung des Halbeinkünfteverfahrens begünstigt. Darin wurden Gewinne aus dem Geschäftsbetrieb des Arbeitgebers sofort mit dem Verlustpotential verrechnet, das dadurch entsteht, dass die aufwandswirksame, kalkulatorische Verzinsung der Pensionsrückstellung soweit nicht für den steuerfreien Aufbau des Deckungsstocks benötigt wird, als dieser steuerfreie Erträge aus Aktienanlagen erwirtschaftet.
Insgesamt ist der Effekt aus einer verzögerten Verlustverrechnung bei beiden Durchführungswegen gering. Dies erkennt man am Beispiel der Direktzusage. Der Steuervorteil am Ende der Ansparphase beträgt bei sofortiger Verlustverrechnung und rechnungsmäßiger Verzinsung für den Referenzfall $131,41$ (vgl. Kapitel 5.3.4). Geht man nun von der Annahme aus, dass das Unternehmen alle 2 Jahre einen Gewinn erwirtschaftet, der einen vollständigen Verlustausgleich impliziert, so beziffert sich der Steuervorteil auf $129,25$. Die Kosten daraus im Zeitpunkt 0 betragen somit $2,16/1,036^{37} = 0,58$. Diese sind zu vernachlässigen.

Fasst man die Kritik der einzelnen Prämissen zusammen, so werden sowohl die Direktzusage als auch der Pensionsfonds mit klassischer Leistungszusage begünstigt: Die Direktzusage durch die Annahme einer sofortigen Verlustverrechnung und der Pensionsfonds ebenfalls durch die Verlustverrechnung und zusätzlich durch die Annahme, dass die Überdotierung aus Zahlungsüberschüssen oder bestehenden Finanzanlagen finanziert wird. Ihr Einfluss ist allerdings marginal und für die Ergebnisse nicht ausschlaggebend. Die Prämissen des Vorteilhaftigkeitsvergleichs von Pensionsfonds und Direktzusage sind daher auf die wesentlichen Elemente reduziert.

5.8 Zusammenfassung

In der bisherigen Untersuchung wurde ein Modell entwickelt, mit dem die Vorteilhaftigkeit von Direktzusagen und Pensionsfonds bestimmt wurde, eine Leistungszusage abzuwickeln. Wie sich herausstellte, ist das Modell unabhängig davon anwendbar, ob der Arbeitgeber rechtlich als Personen- oder als Kapitalgesellschaft organisiert ist.
Die Höhe der versprochenen Altersrente R wurde auf Basis des Rechnungszinses r und des Beitrags JDK festgelegt, der für den Arbeitgeber dieselben Kosten impliziert wie die alternative Auszahlung des Arbeitnehmerlohnverzichts.
Da der Pensionsfonds den Umfang an Leistungsbestandteilen selbst festlegen kann, für die er eine versicherungsförmige Garantie übernimmt, wurden zur Analyse seiner Vorteilhaftigkeit zwei alternative Gestaltungsmöglichkeiten eingeführt und untersucht. Die erste besteht in der versicherungsförmigen Garantie aller Leistungsbestandteile. Sie wurde als klassische Leistungszusage bezeichnet. Bei der zweiten Gestaltungsmöglichkeit dotiert der Arbeitgeber den Pensionsfonds mit dem kostenneutralen Umwandlungsbeitrag. Der Pensionsfonds rechnet diesen in einen entsprechenden garantierten Leistungsbestandteil der Gesamtleistung um. Dieser Weg wurde als beitragsdotierte Leistungszusage tituliert.

Die Integration der beiden ausgewählten Gestaltungsalternativen in das Modell ermöglicht es somit, auch das gesamte übrige Spektrum von Möglichkeiten durch einen Vergleich mit der klassischen und der beitragsdotierten Leistungszusage zu bewerten.
Anschließend wurde zunächst für den Pensionsfonds und daran anknüpfend für die Direktzusage überprüft, ob der Deckungsstock zur Finanzierung der Rentenleistung bei rechnungsmäßiger Verzinsung steuerfrei aufgebaut wird. Für den Pensionsfonds kristallisierte sich heraus, dass dies durch die Bildung von Deckungsrückstellungen gewährleistet ist. Bei der Direktzusage gilt dies für den Referenzfall analog.

Um die Vorteilhaftigkeit der verschiedenen Durchführungsalternativen quantifizieren zu können, wurde ein Kostenkalkül aufgestellt. Bei diesem wurden die Dotierungen des jeweiligen Pensionsfonds, die alternativ zur Versorgungszusage fälligen Zahlungen, Steuern und ggf. Über- oder Nachschusszahlungen berücksichtigt. Die Kosten der Zusage wurden auf Basis des Referenzfalls für die verschiedenen Durchführungsalternativen bei alternativen Vorsteuerverzinsungen ermittelt. Hierbei stellte sich heraus, dass der Arbeitgeber genau dann keine Kosten bei einer Direktzusage oder einem Pensionsfonds mit beitragsdotierter Leistungszusage trägt, wenn der jeweilige Deckungsstock den in der Zusage immanenten Rechnungszins von $r = 6$ % erwirtschaftet.
Für die Durchführungsalternative des Pensionsfonds mit klassischer Leistungszusage sieht dies anders aus: Hier entstehen dem Arbeitgeber bereits bei einer Verzinsung in Höhe von 5 % keine Kosten aus der Zusage. Ursache hierfür ist die aus Sicht des Arbeitgebers vom Pensionfonds geforderte Überdotierung, die es ihm erlaubt, ein höheres Volumen des Deckungsstocks steuerfrei aufzubauen. Davon profitiert der Arbeitgeber, weil der Pensionsfonds diesen Steuervorteil durch die entsprechenden Überschusszahlungen auf ihn überwälzt.
Durch den Überdotierungseffekt ist dem Pensionsfonds mit klassischer Leistungszusage gegenüber den anderen Durchführungsalternativen der Vorzug zu geben, sofern ausschließlich die Vorsteuerrendite variiert wird. Für diesen Fall dominiert auch der Pensionsfonds, der eine beitragsdotierte Leistungszusage anbietet, die Direktzusage, da er ab einer Durchschnittsverzinsung von 6 % durch die Bildung einer retrospektiven Deckungsrückstellung zumindest vorübergehend die Überrendite steuerfrei im Deckungsstock akkumuliert.

Da der Deckungsstock eines Pensionsfonds üblicherweise aus einer Mischung von Wertpapieranlagen besteht, profitiert die Direktzusage von der zumindest teilweisen sachlichen Steuerbefreiung von Aktienerträgen. Dies ist darauf zurückzuführen, dass der Arbeitgeber trotz der Steuerbefreiung der Anlageerträge in Höhe von $1 - \beta$ die Zuführungen zur Pensionsrückstellung voll aufwandswirksam steuerlich geltend machen kann. Die Direktzusage dominiert daher für Werte von β unter 70 % die Gestaltungsmöglichkeiten des Pensionsfonds. Dies entspricht einem Aktienanteil des Deckungsstocks für die Kapitalgesellschaft bzw. Personengesellschaft von ca. 30 % bzw. 60 %. Dem Pensionsfonds mit klassischer Leistungszusage ist dagegen weiterhin der Vorzug zu geben, falls das Niveau der Steuerpflichtigkeit der Erträge einen Wert von 78 % nicht unterschreitet. Falls der Arbeitgeber am Ende der Ansparphase die gesamten Deckungsmittel in

Rückdeckungsversicherungen und/oder Zinstitel umschichtet, reicht bereits ein Wert von 66 % aus. Zwischen $\beta = 78\ \%\ (\beta_B = 66\ \%, \beta_L = 100\ \%)$ und $\beta = 70\ \%\ (\beta_B = 64\ \%, \beta_L = 100\ \%)$ ist eine zinssatzabhängige Vorteilhaftigkeit der beiden Durchführungsalternativen festzustellen. Sollte der Pensionsfonds eine beitragsdotierte Gestaltung anbieten, so ist die Direktzusage bis zu einer Verzinsung von 6 % vorteilhaft. Bei darüber hinausgehenden Renditen in der betrachteten Zinsspanne ist die Direktzusage weiterhin vorteilhaft, sofern höchstens eine Steuerpflichtigkeit der Erträge von $\beta = 78\ \%\ (\beta_B = 74\ \%, \beta_L = 100\ \%)$ erreicht wird. Für höhere Werte von β liegt eine zinssatzabhängige Vorteilhaftigkeit vor, wobei auch hier die kritische Steuerpflichtigkeit der Erträge mit steigender Vorsteuerverzinsung abnimmt.

Inwiefern dieses Ergebnis zwischen Direktzusage und Pensionsfonds mit klassischer Leistungszusage auch für kürzere Dienstzeiten des Arbeitnehmers zutrifft, wurde durch die Variation des Alters bei Dienstantritt getestet. Es stellt sich heraus, dass das Ergebnis des Referenzfalls darauf weitgehend robust reagiert, sofern lediglich die Steuerpflichtigkeit der Erträge in der Ansparphase variiert wird. Der Nachteil auf Seiten des Pensionsfonds durch die Verkürzung – sie verringert den Überdotierungseffekt – gleicht sich mit dem Nachteil auf Seiten der Direktzusage aus, bei der durch die Verkürzung der Ansparphase der Vorteil aus der sachlichen Steuerbefreiung der Anlageerträge abnimmt. Sollte dagegen die Anlagemischung über die Laufzeit der Zusage konstant sein, so steigt bei kürzeren Dienstzeiten die kritische Steuerpflichtigkeit an.

Darüber hinaus wurde die gesetzlich vorgeschriebene Anpassung der Rentenleistungen an die Inflation untersucht. Als Ergebnis wurde festgestellt, dass sie – im Gegensatz zu den Auffassungen in der Literatur – nicht mit Kosten für den Arbeitgeber verbunden ist, egal welche Durchführungsalternative von ihm gewählt wird.
Allerdings ist die Kostenfreiheit an zwei Voraussetzungen gebunden: Erstens muss der Arbeitgeber entweder der Anpassungsüberprüfungspflicht genügen, indem er sich nach § 16 III Nr. 1 BetrAVG verpflichtet, laufende Rentenleistungen um mindestens 1 % p. a. anzuheben, oder er sieht im Leistungsplan vertragliche Erhöhungen der Rentenleistungen vor, die die Kaufkraftminderung der Rente mehr als ausgleichen. Zweitens muss der Arbeitgeber diese Dynamisierung der Rentenleistungen vollständig zum Zeitpunkt der Pensionszusage antizipieren.

In einem weiteren Schritt wurde untersucht, inwieweit sich die Besonderheiten des Teilwertverfahrens auf die Vorteilhaftigkeit der Direktzusage auswirken. Diese sind zum einen die Abstellung auf den Zeitpunkt des Dienstantritts, wenn die Pensionszusage erst danach erteilt wird (Zwischenzeit) und zum anderen die periodische Zuführung zur Pensionsrückstellung von fiktiv gleichbleibenden Jahresbeträgen, unabhängig davon, ob die Beitragszahlungen an den internen Pensionsfonds in der Ansparphase ansteigen oder nicht.
Beide Besonderheiten führen zu einem geringeren Kostenbarwert der Direktzusage.
Der Vorteil aus der Abstellung des Teilwertverfahrens trotz dynamisierter Beiträge auf fiktiv gleichbleibende Jahresbeträge ist gering. Die Höhe der Zwischenzeit kann dagegen für die Entscheidung zwischen Direktzusage und Pensionsfonds eine gewisse Rolle spielen.

Da eine Pensionszusage nicht nur eine Altersrente, sondern auch ein Kapitalwahlrecht beinhalten kann, wurde auch dieser Fall analysiert. Sollte der Arbeitnehmer sich das Kapital am Ende der Ansparphase auszahlen lassen, so ist die Direktzusage bei einem Unterschreiten des Werts von $\beta_B = 68\ \%$ vorteilhaft. Für Werte von β_B, die über 71 % liegen, ist dagegen der Pensionsfonds mit klassischer Leistungszusage günstiger.

In der anschließenden Prämissenkritik wurde nachgewiesen, dass die Annahmen des Modells die Vorteilhaftigkeit von Direktzusage und Pensionsfonds korrekt ermitteln lassen.

6 Beitragszusage bzw. beitragsorientierte Leistungszusage mit Mindestleistung

6.1 Vorüberlegungen und Modellannahmen

Pensionsfonds sind berechtigt, eine Beitragszusage mit Mindestleistung i. S. d. § 1 II Nr. 2 BetrAVG durchzuführen. Die Höhe der Versorgungsleistung ergibt sich aus den Beiträgen des Arbeitgebers zuzüglich der darauf erzielten Erträge, entspricht jedoch mindestens dem Sparanteil der eingezahlten Beiträge.[232] Eine Beitragszusage mit Mindestleistung besteht somit aus zwei Komponenten: Erstens aus einer reinen Beitragszusage und zweitens aus einer Leistungszusage, deren Höhe vom Arbeitgeber beliebig angesetzt werden kann, sofern sie über dem gesetzlichen Minimum – dem Sparanteil der eingezahlten Beiträge – liegt.[233]
Die Beitragszusage mit Mindestleistung i. S. d. § 1 II Nr. 2 BetrAVG bleibt dem Arbeitgeber für die Direktzusage nach der derzeit gültigen Rechtslage grundsätzlich verwehrt.[234] Allerdings kann er eine beitragsorientierte Leistungszusage mit Mindestleistung so anpassen, dass ihre Durchführung aus seiner Sicht mit denselben Risiken wie eine Beitragszusage mit Mindestleistung verbunden ist. Aus finanzwirtschaftlicher Sicht betrachtet, ist sie somit bei der Direktzusage das Pendant einer Beitragszusage mit Mindestleistung.[235]

Ausgangspunkt der Modellierung ist der bereits bei der Leistungszusage ermittelte kostenneutrale Umwandlungsbeitrag JDK. Dieser wird unter Verwendung sehr vorsichtig gewählter Rechnungsgrundlagen, die mit an Sicherheit grenzender Wahrscheinlichkeit erwirtschaftet werden, in eine Rentenleistung umgerechnet, die der Arbeitgeber als Mindestleistung garantiert. Unterstellt wird ein bei Dienstantritt $x = 28$-jähriger Arbeitnehmer, der im Alter von $x+m = 65$ Jahren in den Ruhestand geht und im Alter von $x + m + n = 83$ Jahren verstirbt. Eine nachschüssige Zahlungsweise wird angenommen. Der Arbeitgeber dotiert sowohl den externen als auch den internen Pensionsfonds periodisch mit dem Umwandlungsbeitrag. Er verspricht darüber hinaus, dass ein überrechnungsmäßiger Wertzuwachs des Deckungsstocks des internen oder externen Pensionsfonds zur Erhöhung der Versorgungsleistungen genutzt wird. Dadurch entstehen ihm keine Mehr-, aber auch keine Minderkosten aus diesem Leistungssystem. Der Kostenbarwert ist damit für jede Kapitalmarktverzinsung null, die annahmegemäß höher ist als die sich in der Mindestleistung widerspiegelnde Garantieverzinsung. Das Modell ist daher unmittelbar sowohl für Personen- als auch für Kapitalgesellschaften anwendbar. Aufgrund der Kostenindifferenz des Arbeitgebers zwischen internem und externem Pensionsfonds ist derje-

[232] Vgl. *Grabner / Bode / Stein* (2001), S. 1893.
[233] Vgl. auch *Höfer* (2005), Rn. 2529.
[234] Vgl. z. B. *Ahrend / Förster /Rühmann* (2002), § 1, Rn. 22, *Kemper / Kisters-Kölkes* (2004), Rn. 123, *Clemens* (2005), S. 56 f., und *Harder-Buschner* (2005a), S. 13220. A. A. *Höfer* (2003), Rn. 179, bzw. *Höfer* (2005), Rn. 2538).
[235] Rechtliche Unterschiede bestehen insofern, als für die Beitragszusage mit Mindestleistung spezielle Regelungen im Betriebsrentengesetz gelten. So entfällt bspw. gemäß § 16 III Nr. 3 BetrAVG die Rentenanpassungsüberprüfungspflicht.

nige Durchführungsweg vorteilhaft, der durch seine steuerliche Behandlung zu einer höheren Bruttorente auf Seiten des Arbeitnehmers führt.[236]

6.2 Pensionsfonds

Im Rahmen der Beitragszusage mit Mindestleistung wird der Pensionsfonds regelmäßig eine versicherungsförmige Garantie für die Mindestleistung in Höhe von

$$gR^{PF} = JDK \frac{refn\,(v_B, m)}{rbfn\,(v_L, n)} \tag{147}$$

aussprechen. Dabei gilt $v_B \geq 0$ %, weil der Deckungsstock am Ende der Ansparphase gemäß § 1 II Nr. 2 BetrAVG mindestens die Summe der Umwandlungsbeiträge umfassen muss.[237] Die garantierte Rentenleistung wird i. d. R. auf Basis des maximal zulässigen Zinssatzes $v_L = 2,75$ % ermittelt.

Wegen der Übernahme dieser versicherungsförmigen Garantie muss der Pensionsfonds die entsprechende Deckungsrückstellung nach dem prospektiven Verfahren bilden.[238] Sie müsste den Aufbau des Deckungsstocks vor einer Besteuerung schützen, damit der Pensionsfonds die steuerfrei kalkulierte Rente bei rechnungsmäßigem Verlauf leisten kann. Wie in Kapitel 5.2.3.1.2 ermittelt, ist die notwendige Bedingung hierfür, dass der phasenspezifische Rechnungszins der Deckungsrückstellung dem phasenspezifischen Rechnungs- bzw. Garantiezins des Deckungsstocks entspricht. Sollte der Pensionsfonds den Mindestdeckungsstock am Ende der Ansparphase auf die Summe der Umwandlungsbeiträge festlegen, so müsste der Rechnungszins der Deckungsrückstellung ebenso 0 % betragen. In der Rentenphase wäre dagegen ein Rechnungszins von 2,75 % notwendig. Die Wahl eines aufgrund seiner einfacheren Handhabbarkeit einheitlichen Rechnungszinses in Höhe von 2,75 % führte folglich zu keinem steuerfreien Aufbau des Deckungsstocks für die Mindestleistung, weil die prospektive Deckungsrückstellung gegenüber dem rechnungsmäßigen Deckungsstock verlangsamt aufgebaut würde.[239] Diese Problematik hat der Gesetzgeber offensichtlich erkannt und in § 13 II der Pensionsfonds-Rechnungslegungsverordnung (RechPensV) berücksichtigt. Sollte danach die gemäß § 341f HGB gebildete Deckungsrückstellung unter dem jeweils vertraglich oder gesetzlich garantierten, im Fall der Beendigung des Pensionsfondsvertrags oder des Versorgungsverhältnisses zu leistenden Werts liegen, so ist sie in dessen Höhe anzusetzen. Der Deckungsstock zur Finanzierung der Garantierente wird somit steuerfrei aufgebaut.

Die Deckungsrückstellung für nicht garantierte Leistungen ist retrospektiv zu bilden und damit in Höhe der angesammelten Überschüsse anzusetzen.[240]

---

[236] Die Begründung dafür, dass das Vorteilhaftigkeitskalkül auf der Brutto- und nicht der Nettorente des Arbeitgebers basiert, ist in Kapitel 4 angeführt.

[237] Vgl. auch *Höfer* (2005), Rn. 2529.

[238] Vgl. die entsprechenden Ausführungen im Kapitel 3.2.2.2.1.

[239] Vgl. die entsprechenden Ausführungen für den Pensionsfonds mit klassischer Leistungszusage im Kapitel 5.2.3.1.2.

[240] Vgl. die entsprechenden Ausführungen im Kapitel 3.2.2.2.1.

Die Summe aus der erstens für die Garantieleistung und zweitens für die Überschüsse gebildete Deckungsrückstellung entspricht somit dem Zeitwert des Vermögens, also der Höhe des Deckungsstocks.[241] Der Pensionsfonds bei diesem Leistungssystem ist somit effektiv steuerbefreit. Bei einer konstanten Vorsteuerverzinsung i ergibt sich damit der Deckungsstock nach Steuern am Ende der Ansparphase zu

$$DST_{m,s}^{PF} = JDK \times refn\,(i, m) \tag{148}$$

und die Rente des Pensionsfonds, die er dem Arbeitnehmer leisten kann, beträgt:

$$R^{PF} = \frac{DST_{m,s}^{PF}}{rbfn\,(i,n)} = \frac{JDK \times refn\,(i,m)}{rbfn\,(i,n)}. \tag{149}$$

Die bisherigen Ausführungen werden nun für ausgewählte Modellannahmen beispielhaft verdeutlicht, die zusammen den sogenannten „Standardfall" definieren. Ausgehend von einem Lohnverzicht $l = 1$ ergibt sich der Umwandlungsbeitrag zu:[242]

$$JDK = (1 + 0,5b_B)\,l = 1,21 \;\; (1,2085)$$

Der Pensionsfonds setzt den Garantiezins des Deckungsstocks auf $v = 2,75$ % sowohl für die Anspar- als auch für die Rentenphase fest. Da diese Rendite durch die Rückstellungsbildung steuerfrei vereinnahmt wird, ergibt sich für den Standardfall ($JDK = 1,21$ und $v = 2,75$ %) damit die Garantierente des Pensionsfonds zu:

$$gR^{PF} = JDK\frac{refn\,(v_B, m)}{rbfn\,(v_L, n)} = 1,21\frac{refn\,(2,75\;\%, 37)}{rbfn\,(2,75\;\%; 18)} = 5,41.$$

Zu ihrer Deckung muss der Pensionsfonds lediglich den Garantiezins erwirtschaften. Bei einer Verzinsung des Deckungsstocks von beispielsweise $i = 6$ % zahlt er dem Versorgungsberechtigten eine Rente in Höhe von

$$R^{PF} = \frac{JDK \times refn\,(i,m)}{rbfn\,(i,n)} = 14,20$$

aus.[243]

6.3 Direktzusage

6.3.1 Pensionsrückstellungsbildung und Deckungsstockaufbau

Für die beitragsorientierte Leistungszusage mit Mindestleistung fehlt eine eigenständige Regelung im Steuerrecht, obwohl sie im Betriebsrentengesetz seit dem Jahr 2001 verankert ist. Das

[241] Vgl. auch *Ahrend / Förster / Rößler* (2005), Teil 5a, Rz. 170.

[242] Vgl. Gleichung (95).

[243] Dieser Wert ergibt sich auch im Rahmen der zuvor modellierten Leistungszusage.

Bundesfinanzministerium hat mit Schreiben vom 17.12.2002 Stellung zur ihrer Behandlung genommen.[244] Der Inhalt dieses Schreibens, der in Kapitel 3.1.2.2.1 wiedergegeben wurde, wirkt sich auf die Pensionsrückstellungsbildung wie folgt aus:

1. Für die Garantieleistung ist eine Pensionsrückstellung nach dem Teilwertverfahren (§ 6a EStG) zu bilden.

2. Erwirtschaftete Überschüsse führen nur dann zu einer Erhöhung der entsprechenden Pensionsrückstellung, sofern der Arbeitgeber die Garantieleistung, die sich auf einen festen €-Betrag bezieht, anhebt.

Der Rechnungszins des Teilwertverfahrens ist in seiner Höhe auf die (klassische) Leistungszusage ausgerichtet und beträgt $r = 6$ %. Er liegt daher signifikant über dem Garantiezins der Mindestleistung. Hinsichtlich der daraus resultierenden Wirkung bestehen zwei Möglichkeiten: Entweder der für den steuerfreien Aufbau des Deckungsstocks notwendige Steuervorteil wird nicht induziert oder es resultiert ein übervoller Steuervorteil, der nicht nur einen steuerfreien Aufbau des Deckungsstocks, sondern darüber hinaus eine steuerfreie Vereinnahmung steuerpflichtiger Erträge aus dem Kerngeschäft des Unternehmens zulässt.
Sollte sich der Deckungsstock besser rentieren als dies in der vorsichtigen Kalkulation der garantierten Rentenleistung vorgesehen ist, so werden die erwirtschafteten Überschüsse grundsätzlich wie Erträge aus Finanzanlagen des Betriebsvermögens mit Steuern belastet. Eine höhere Pensionsrückstellungsbildung ist damit erst verbunden, wenn der Arbeitgeber die Garantieleistung wie beschrieben erhöht.
Durch diese Regelungen unterscheidet sich offensichtlich der Deckungsstockaufbau von der Rückstellungsbildung. Folglich kann der Arbeitgeber die beitragsorientierte Leistungszusage mit Mindestleistung nicht so gestalten, dass er dem Arbeitnehmer als Versorgungsleistung die umgewandelten Beiträge samt deren Vorsteuerverzinsung anbietet. Vor dem Hintergrund, dass zum einen der Kostenbarwert des Arbeitgebers null betragen sollte und zum anderen der Fiskus die Versorgungszusage durch die aufwands- und damit steuerwirksame Pensionsrückstellungsbildung maßgeblich mitfinanziert, stellen sich zwei Fragen:

1. Wie können die Mehr- oder Minderkosten, die aus der Anwendung des Teilwertverfahrens auf die Pensionsrückstellungsbildung für die Mindestleistung resultieren, auf den Arbeitnehmer übertragen werden?

2. Inwieweit wirkt sich im Fall der Erwirtschaftung von Überschüssen eine frühere oder spätere Anpassung der Garantieleistung auf die vom Arbeitgeber kostenfrei finanzierbare Versorgungsleistung aus?

[244] Der Gesetzgeber subsumiert dieses Leistungssystem unter dem Begriff der wertpapiergebundenen Pensionszusage.

6.3.2 Steuerfreier Aufbau des Deckungsstocks für die Mindestleistung durch das Teilwertverfahren bei Garantieverzinsung?

Um die Mehr- oder Minderkosten zu bemessen, die durch die Anwendung des Teilwertverfahrens auf die Pensionsrückstellungsbildung für die Mindestleistung induziert werden, wird zunächst eine steuerfrei kalkulierte Garantierente unterstellt. Der ihr zugrunde liegende Garantiezins ist dabei niedriger als der steuerliche Rechnungszins.

Ausgehend vom konstanten Umwandlungsbeitrag JDK, der periodisch dem Deckungsstock zugeführt wird, ergibt sich die Garantierente bei steuerfreier (sf) Kalkulation allgemein zu:[245]

$$gR^{DZ,sf} = JDK\frac{refn\,(v_B, m)}{rbfn\,(v_L, n)}. \tag{150}$$

Der Arbeitgeber muss auf deren Basis eine Pensionsrückstellung ausweisen, die nach dem Teilwertverfahren zu berechnen ist. Dieses stützt sich auf einen Rechnungszins in Höhe von $r = 6\ \%$. Demnach berechnet sich der konstante Jahresbetrag als

$$JB^{gR^{DZ,sf}} = PRS_m\frac{1}{refn\,(r, m)} = gR^{DZ,sf}\frac{rbfn\,(r, n)}{refn\,(r, m)}, \tag{151}$$

woraus sich das Verhältnis zwischen ihm und dem periodischen Umwandlungsbeitrag zu

$$JB^{gR^{DZ,sf}} = JDK\frac{refn\,(v_B, m)\,rbfn\,(r, n)}{refn\,(r, m)\,rbfn\,(v_L, n)} \tag{152}$$

ableiten lässt. Da der Garantiezins der Anspar- und Rentenphase unter dem steuerlichen Rechnungszins liegt, ist der Jahresbetrag der Pensionsrückstellung geringer als der Umwandlungsbeitrag.[246]

$$JB^{gR^{DZ,sf}} < JDK \tag{153}$$

Der rechnungsmäßige Deckungsstock – der steuerfrei auf Basis des Umwandlungsbeitrags JDK und der Garantieverzinsung aufgebaute Deckungsstock – überragt folglich zu jedem Zeitpunkt der Versorgungszusage die Pensionsrückstellung. Dies wird auch aus Abbildung 22 deutlich, bei der zum einen der rechnungsmäßige Deckungsstock und zum anderen die Pensionsrückstellung abgetragen sind, die sich für eine Garantieverzinsung in Höhe von $v_B = v_L = 2,75\ \%$ ergeben. Durch die gegenüber dem steuerlichen Rechnungszins niedrigere Garantieverzinsung der Mindestleistung erfolgt die Zuführung zur Pensionsrückstellung gegenüber der zum rechnungsmäßigen Deckungsstock zeitlich verzögert (vgl. Abbildung 23).[247]

---

[245] Sie entspricht damit der Garantierente des Pensionsfonds.

[246] Man sieht, dass für den 2. Faktor der Gleichung (152) folgendes gilt:

$$\frac{refn\,(v_B, m)\,rbfn\,(r, n)}{refn\,(r, m)\,rbfn\,(v_L, n)} < 1.$$

[247] Vgl. *Kiesewetter* (2004), S. 15.

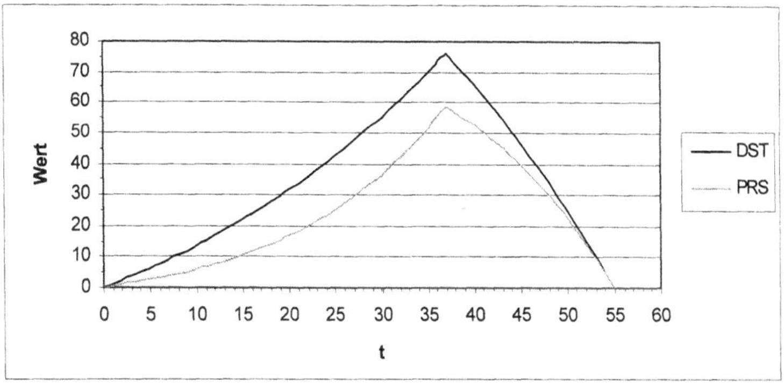

Abbildung 22: Rechnungsmäßiger Deckungsstock und Pensionsrückstellung im Vergleich bei einem Garantiezins von 2, 75 %

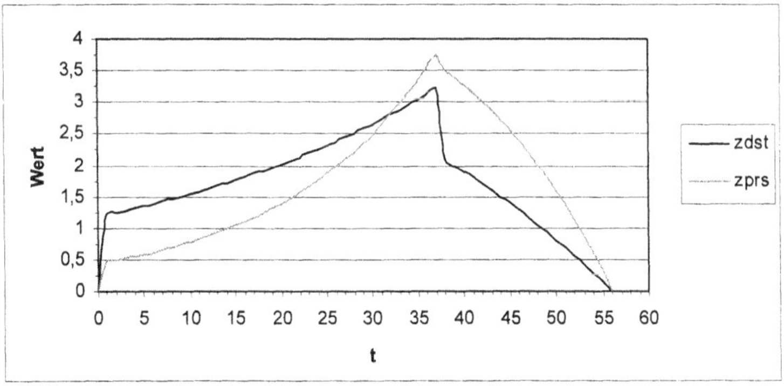

Abbildung 23: Zuführung zum rechnungsmäßigen Deckungsstock und zur Pensionsrückstellung im Vergleich bei einem Garantiezins von 2, 75 %

Die Zuführungen zur Pensionsrückstellung und die zum Deckungsstock sind zwar in Summe gleich

$$\sum_{t=1}^{m+n} zprs_t = \sum_{t=1}^{m+n} zdst_t^{DZ}, \tag{154}$$

jedoch ist der Barwert der Zuführungen zur Pensionsrückstellung im Vergleich für jede positive Kapitalmarktverzinsung niedriger. Betrachtet man Anspar- und Rentenphase getrennt, liegen die Zuführungen zur Pensionsrückstellung in der Ansparphase, ausgenommen wenige Perioden vor ihrem Ende, unter denselben zum rechnungsmäßigen Deckungsstock. Das Teilwertverfahren induziert somit in dieser Phase einen unter dem für den steuerfreien Aufbau des Deckungsstocks notwendigen Steuervorteil.

$$s\sum_{t=1}^{m} zprs_t \left(1+v_{B,s}\right)^{m-t} < s\sum_{t=1}^{m} zdst_t^{DZ} \left(1+v_{B,s}\right)^{m-t} \tag{155}$$

Der Deckungsstock nach Steuern, der aus der Finanzanlage des periodischen Umwandlungsbeitrags und aus dem Steuervorteil der Pensionsrückstellungsbildung finanziert wird, erreicht folglich den rechnungsmäßigen Deckungsstock nicht.

$$\begin{array}{c}(1-s)\,JDK \times refn\left(v_{B,s},m\right) \\ +s\sum_{t=1}^{m} zprs_t \left(1+v_{B,s}\right)^{m-t}\end{array} < \begin{array}{c}(1-s)\,JDK \times refn\left(v_{B,s},m\right) \\ +s\sum_{t=1}^{m} zdst_t^{DZ} \left(1+v_{B,s}\right)^{m-t}\end{array} \Rightarrow \tag{156}$$

$$DST_{m,s}^{DZ} < DST_{m}^{DZ} = JDK \times refn\left(v_B,m\right) \tag{157}$$

Die Effektivrendite $v_{B,eff}$ des Bruttobeitrags JDK, die sich unter Berücksichtigung der Steuerbelastung des Deckungsstockaufbaus und der Steuerentlastung aus der Pensionsrückstellungsbildung ergibt, liegt demnach unter dem entsprechenden Garantiezins v_B des Deckungsstockaufbaus, der sich in der Höhe der Mindestleistung widerspiegelt.

$$JDK \times refn\left(v_{B,eff},n\right) < JDK \times refn\left(v_B,m\right) \tag{158}$$

Die Effektivrendite $v_{B,eff}$ ergibt sich dabei aus der Beziehung:

$$JDK \times refn\left(v_{B,eff},m\right) = DST_{m,s}^{DZ} = (1-s)\,JDK \times refn\left(v_{B,s},m\right) + s\sum_{t=1}^{m} zprs_t \left(1+v_{B,s}\right)^{m-t}. \tag{159}$$

Dagegen liegen die Zuführungen zur Pensionsrückstellung in der Rentenphase, wie auch aus der Abbildung 23 zu entnehmen ist, allesamt über denen zum rechnungsmäßigen Deckungsstock. Es besteht damit in dieser Phase der entgegengesetze Effekt, dass der Steuervorteil höher ist als er für eine steuerfreie Auszahlung der Rente notwendig wäre.

$$s\sum_{t=m+1}^{m+n} zprs_t \left(1+v_{L,s}\right)^{m-t} > s\sum_{t=m+1}^{m+n} zdst_t^{DZ} \left(1+v_{L,s}\right)^{m-t} \tag{160}$$

Die Effektivrendite $v_{L,eff}$ des Deckungsstocks liegt folglich über dem Garantiezins v_L. Dem Arbeitnehmer kann daher eine Rente geleistet werden, die über dem Wert liegt, der sich aus Verrentung des am Ende der Ansparphase vorhandenen Deckungsstocks auf Basis des Garantiezinses der Rentenphase ergibt.

$$\begin{array}{ccc} \frac{DST_{m,s}^{DZ}}{rbfn\left(v_{L,s},n\right)} & & \frac{DST_{m,s}^{DZ}}{rbfn\left(v_{L,s}\right)} \\ +s\sum_{t=m+1}^{m+n} zprs_t\left(1+v_{L,s}\right)^{m-t} & > & +s\sum_{t=m+1}^{m+n} zdst_t^{DZ}\left(1+v_{L,s}\right)^{m-t} \end{array} \Rightarrow \tag{161}$$

$$\frac{DST_{m,s}^{DZ}}{rbfn\left(v_{L,eff},n\right)} > \frac{DST_{m,s}^{DZ}}{rbfn\left(v_L,n\right)} \tag{162}$$

Über die gesamte Pensionszusage betrachtet, verbleibt allerdings durch die zeitlich verzögerte Rückstellungsbildung eine Steuerbelastung. Um diese bemessen zu können, wird sie zunächst für die Anspar- und die Rentenphase getrennt ermittelt. Sie basiert auf der Differenz zwischen den Zuführungen einerseits zum rechnungsmäßigen Deckungsstock und andererseits zur Pensionsrückstellung und beträgt zum Zeitpunkt m bewertet für die Ansparphase:

$$\begin{aligned} \Delta TS_{B,m} &= s\sum_{t=1}^{m}\left(zdst_t^{DZ}-zprs_t\right)\left(1+v_{B,s}\right)^{m-t} \\ &= s\sum_{t=1}^{m}\left[JDK\left(1+v_B\right)^{t-1}-JB^{gR^{DZ,sf}}\left(1+r\right)^{t-1}\right]\left(1+v_{B,s}\right)^{m-t} \\ &= s\times JDK\left[refn\left(v_{B,s},v_B,m\right)-\frac{refn\left(v_B,m\right)rbfn\left(r,n\right)}{refn\left(r,m\right)rbfn\left(v_L,n\right)}refn\left(v_{B,s},r,m\right)\right] \\ &= s\times gR^{DZ,sf}\left[\tfrac{rbfn\left(v_L,n\right)}{refn\left(v_B,m\right)}refn\left(v_{B,s},v_B,m\right)-\tfrac{rbfn\left(r,n\right)}{refn\left(r,m\right)}refn\left(v_{B,s},r,m\right)\right] > 0. \end{aligned} \tag{163}$$

Für die Rentenphase ergibt sich entsprechend:

$$\begin{aligned} \Delta TS_{L,m} &= s\sum_{t=m+1}^{m+n}\left(zdst_t^{DZ}-zprs_t\right)\left(1+v_{L,s}\right)^{m-t} \\ &= s\sum_{t=m+1}^{m+n}\left(v_L\times DST_{t-1}^{DZ}-r\times PRS_{t-1}\right)\left(1+v_{L,s}\right)^{m-t} \\ &= s\sum_{t=m+1}^{m+n}\left\{\begin{array}{l} gR^{DZ,sf}\left[1-\left(1+v_L\right)^{t-1-m-n}\right] \\ -gR^{DZ,sf}\left[1-\left(1+r\right)^{t-1-m-n}\right] \end{array}\right\}\left(1+v_{L,s}\right)^{m-t} \\ &= s\times gR^{DZ,sf}\sum_{t=m+1}^{m+n}\left[\left(1+r\right)^{t-1-m-n}-\left(1+v_L\right)^{t-1-m-n}\right]\left(1+v_{L,s}\right)^{m-t} \\ &= s\times gR^{DZ,sf}\left[\frac{1}{\left(1+r\right)^n}rbfn\left(v_{L,s},r,n\right)-\frac{1}{\left(1+v_L\right)^n}rbfn\left(v_{L,s},v_L,n\right)\right] < 0. \end{aligned} \tag{164}$$

Die zum Zeitpunkt m bewertete Steuerbelastung beziffert sich damit insgesamt auf:

$$\begin{aligned}\Delta TS_m &= \Delta TS_{B,m} + \Delta TS_{L,m} \\ &= s \times gR^{DZ,sf}\left[\frac{rbfn(v_L,n)}{refn(v_B,m)}refn(v_{B,s},v_B,m) - \frac{rbfn(r,n)}{refn(r,m)}refn(v_{B,s},r,m)\right] \\ &+ s \times gR^{DZ,sf}\left[\frac{1}{(1+r)^m}rbfn(v_{L,s},r,n) - \frac{1}{(1+v_L)^n}rbfn(v_{L,s},v_L,n)\right] > 0. \qquad (165)\end{aligned}$$

Für den Arbeitgeber entstehen also Mehrkosten in Höhe dieser Steuerbelastung, wenn er die Garantierente steuerfrei kalkulieren sollte und der Deckungsstock den Garantiezins erwirtschaftet.

6.3.3 Kalkulation der Garantierente unter Einbeziehung der Wirkung des Teilwertverfahrens

6.3.3.1 Überwälzung der Kosten

Da für den Arbeitgeber keine Mehrkosten entstehen sollen, falls der Deckungsstock zumindest den Garantiezins erwirtschaftet, muss er die aus der Anwendung des Teilwertverfahrens verbleibende Steuerbelastung des Deckungsstockaufbaus auf den Arbeitnehmer überwälzen, indem er sie bei der Kalkulation der garantierten Rentenleistung miteinrechnet. Dafür sind zwei verschiedene Möglichkeiten denkbar.

Grundsätzlich könnte der Arbeitgeber die Kosten aus dem Teilwertverfahren vom Umwandlungsbeitrag abziehen. Der daraus resultierende Sparanteil $SJDK$ wäre dann die Grundlage zur Bemessung des Rentenanspruchs des Arbeitnehmers. Da allerdings die Steuerbelastung des Deckungsstockaufbaus zinssatzabhängig ist,[248] ist dieser Sparanteil folglich ausschließlich bei der Erwirtschaftung der Garantierendite angemessen. Er müsste dagegen niedriger angesetzt werden, wenn der Deckungsstock eine höhere Rendite erzielt. Da sich diese erst im Laufe der Anspar- und Rentenphase ergibt, der Arbeitgeber aber den Sparanteil des Umwandlungsbeitrags spätestens zu jedem Zeitpunkt der Ansparphase dem Arbeitnehmer mitteilen muss, kann diese Überwälzungsmöglichkeit aus praktischen Gründen nicht umgesetzt werden.

Die andere Überwälzungsmöglichkeit besteht darin, den garantierten Rentenanspruch weiterhin auf dem Umwandlungsbeitrag aufzubauen. Im Gegenzug werden die Kosten aus der Anwendung des Teilwertverfahrens berücksichtigt, indem der Arbeitgeber dem Arbeitnehmer eine Rentenleistung garantiert, die eine Effektivverzinsung v_{eff} des periodischen Umwandlungsbeitrags unterhalb der sich aus der Anspar- und Rentenphase ergebenden durchschnittlichen Garantieverzinsung v des Deckungsstocks impliziert.[249]

$$\begin{aligned} gR^{DZ} &= JDK\frac{refn(v_{B,eff},m)}{rbfn(v_{L,eff},n)} = JDK\frac{refn(v_{eff},m)}{rbfn(v_{eff},n)} \\ &< gR^{DZ,sf} = JDK\frac{refn(v_B,m)}{rbfn(v_L,n)} = JDK\frac{refn(v,m)}{rbfn(v,n)} \qquad (166)\end{aligned}$$

[248] Vgl. Formel (165), bei deren Ermittlung unterstellt wurde, dass $i_{\beta,s} = v_{B,s}$ bzw. $i_{\beta,s} = v_{L,s}$ gilt.
[249] Diese Idee erwähnt auch *Kiesewetter* (2003), S. 1222, Fn. 18, zur Lösung dieses Problems.

Diese Möglichkeit wird im Folgenden verwendet, um die Kosten aus der Anwendung des Teilwertverfahrens auf den Arbeitnehmer zu überwälzen.

6.3.3.2 Ermittlung der Garantierente

Vor der Ermittlung der Garantierente muss man sich zunächst die Grundprobleme ihrer Herleitung vor Augen führen.

Auf den ersten Blick liegt der Gedanke nahe, die Kosten aus dem Teilwertverfahren auf den Arbeitnehmer zu überwälzen, indem die steuerfrei kalkulierte Garantierente um die Kosten des Teilwertverfahrens gekürzt wird. Dadurch wird allerdings ebenfalls der Steuervorteil aus der Pensionsrückstellungsbildung geschmälert, weil er aufgrund der prospektiven Ausrichtung des Teilwertverfahrens linear von der Höhe der zugrunde liegenden Versorgungsleistung abhängig ist.[250] Der Arbeitgeber kann somit die gekürzte Rentenleistung bei planmäßiger Verzinsung[251] trotzdem nicht kostenfrei auszahlen; hierzu wäre eine Rückstellungsbildung auf Basis der ungekürzten Rentenleistung notwendig. Da also die Garantierente durch den Steuervorteil, der wiederum von ihr abhängig ist, mitfinanziert wird, muss bei ihrer Ermittlung die Lösung eines interdependenten Problems gefunden werden. Hierfür wird zunächst die Garantierente in ihrer allgemeinen Höhe gR^{DZ} vorgegeben. Der Jahresbetrag, der neben der kalkulatorischen Verzinsung der Pensionsrückstellung periodisch zugeführt wird, ergibt sich als Barwert der Garantieleistung zu

$$JB = PRS_m \frac{1}{refn\,(r,m)} = gR^{DZ} \frac{rbfn\,(r,n)}{refn\,(r,m)}, \tag{167}$$

woraus sich die entsprechende Zuführung

$$\begin{aligned} zprs_t &= JB + r \times PRS_{t-1} \\ &= (1+r)^{t-1}\, JB \\ &= (1+r)^{t-1}\, gR^{DZ} \frac{rbfn\,(r,n)}{refn\,(r,m)} \end{aligned} \tag{168}$$

und der dadurch aufgebaute Steuervorteil der Ansparphase

$$\begin{aligned} TS_{B,m} &= s \sum_{t=1}^{m} zprs_t\,(1+v_{B,s})^{m-t} \\ &= s \times JB \times refn\,(v_{B,s}, r, m) \\ &= s \times gR^{DZ} \frac{rbfn\,(r,n)}{refn\,(r,m)} refn\,(v_{B,s}, r, m) \end{aligned} \tag{169}$$

ermitteln lassen. Der am Ende der Ansparphase planmäßige Deckungsstock[252] beträgt damit:

[250] Man vergleiche hierfür die Formeln (56) und (61), die für die Direktzusage den Steuervorteil einer Leistungszusage bestimmen.

[251] Die Verzinsung des Deckungsstocks in Höhe des Garantiezinses wird kurz als planmäßige Verzinsung (des Deckungsstocks) bezeichnet.

[252] Dieser Begriff wurde bewusst gewählt, um den planmäßigen vom rechnungsmäßigen Deckungsstock zu unterscheiden. Während der planmäßige auf den beiden Finanzierungsquellen Beitrag und Steuervorteil (s. For-

$$gDST_{m,s}^{DZ} = \sum_{t=1}^{m} (1-s)\, JDK\, (1+v_{B,s})^{m-t} + s \sum_{t=1}^{m} zprs_t\, (1+v_{B,s})^{m-t}$$
$$= (1-s)\, JDK \times refn\,(v_{B,s}, m) + s \times JB \times refn\,(v_{B,s}, r, m)$$
$$= (1-s)\, JDK \times refn\,(v_{B,s}, m) + s \times gR^{DZ} \frac{rbfn\,(r,n)}{refn\,(r,m)} refn\,(v_{B,s}, r, m)\,. \quad (170)$$

Die Garantierente wird dann in der Rentenphase aus diesem Deckungsstock, der Verzinsung nach Steuern und durch den Steuervorteil aus der Pensionsrückstellungsbildung der Rentenphase finanziert.

$$gR^{DZ} = \frac{gDST_{m,s}^{DZ}}{rbfn\,(v_{L,s}, n)} + s \sum_{t=m+1}^{m+n} zprs_t\, (1+v_{L,s})^{m-t} \frac{1}{rbfn\,(v_{L,s}, n)}$$
$$= (1-s)\, JDK \times refn\,(v_{B,s}, m) \frac{1}{rbfn\,(v_{L,s}, n)}$$
$$+ s \times gR^{DZ} \frac{rbfn\,(r,n)}{refn\,(r,m)} refn\,(v_{B,s}, r, m) \frac{1}{rbfn\,(v_{L,s}, n)}$$
$$+ s \times gR^{DZ} \left[rbfn\,(v_{L,s}, n) - \frac{1}{(1+r)^n} rbfn\,(v_{L,s}, r, n) \right] \frac{1}{rbfn\,(v_{L,s}, n)} \quad (171)$$

Da – mathematisch gesprochen – die Garantierente sowohl auf der linken als auch auf der rechten Seite der Gleichung (171) steht, wird durch diese Formel die angesprochene Interdependenz aufgezeigt. Durch weitere Umformungen ergibt sich die kostenfrei leistbare Garantierente als

$$gR^{DZ} = \frac{Z}{N} \quad (172)$$

mit dem Zähler Z des Quotients von

$$Z = (1-s)\, JDK \times refn\,(v_{B,s}, m) \quad (173)$$

und dem Nenner N von

$$N = rbfn\,(v_{L,s}, n) - s \left[rbfn\,(v_{L,s}, n) - \frac{1}{(1+r)^n} rbfn\,(v_{L,s}, r, n) \right] \quad (174)$$
$$- s \frac{rbfn\,(r,n)}{refn\,(r,m)} refn\,(v_{B,s}, r, m)\,.$$

Mit der Beziehung

$$rbfn\,(v_{L,s}, n) - s \left[rbfn\,(v_{L,s}, n) - \frac{1}{(1+r)^n} rbfn\,(v_{L,s}, r, n) \right]$$

mel (170)) basiert, bezeichnet der rechnungsmäßige Deckungsstock den steuerfrei aufgebauten Deckungsstock. Beide Deckungsstöcke verzinsen sich dabei auf Basis des Garantiezinses.

$$= rbfn\left(v_{L,s},n\right)\left[1-s+s\frac{1}{(1+r)^n\, rbfn\left(v_{L,s},n\right)} rbfn\left(v_{L,s},r,n\right)\right]$$

$$= rbfn\left(v_{L,s},n\right)\left[\begin{array}{c} 1-s+s\frac{1}{(1+r)^n rbfn\left(v_{L,s},n\right)} rbfn\left(v_{L,s},v_L,n\right) \\ +s\frac{1}{(1+v_L)^n rbfn\left(v_{L,s},n\right)} rbfn\left(v_{L,s},r,n\right) - s\frac{1}{(1+v_L)^n rbfn\left(v_{L,s},n\right)} rbfn\left(v_{L,s},v_L,n\right) \end{array}\right]$$

$$= rbfn\left(v_L,n\right) + s\frac{1}{(1+r)^n} rbfn\left(v_{L,s},r,n\right) - s\frac{1}{(1+v_L)^n} rbfn\left(v_{L,s},v_L,n\right) \tag{175}$$

lässt sich der Nenner der Gleichung (172) auch schreiben als

$$\begin{aligned} N = {} & rbfn\left(v_L,n\right) - s\frac{rbfn\left(r,n\right)}{refn\left(r,m\right)} refn\left(v_{B,s},r,m\right) \\ & + s\frac{1}{(1+r)^n} rbfn\left(v_{L,s},r,n\right) - s\frac{1}{(1+v_L)^n} rbfn\left(v_{L,s},v_L,n\right), \end{aligned} \tag{176}$$

womit zwei alternative Formeln für die Herleitung der Garantierente bestehen.[253] Das Interdependenzproblem ist damit gelöst.[254]
Der Arbeitgeber kann damit den Deckungsstock (vgl. Formel (170)) berechnen, der planmäßig am Ende der Ansparphase zur Finanzierung der Garantieleistung zur Verfügung stehen muss.

$$\begin{aligned} gDST_{m,s}^{DZ} & = (1-s)\, JDK \times refn\left(v_{B,s},m\right) + s \times gR^{DZ} \frac{rbfn\left(r,n\right)}{refn\left(r,m\right)} refn\left(v_{B,s},r,m\right) \\ & = (1-s)\, JDK \times refn\left(v_{B,s},m\right) \frac{Z}{N} \end{aligned} \tag{177}$$

$$Z = rbfn\left(v_L,n\right) + s\frac{1}{(1+r)^n} rbfn\left(v_{L,s},r,n\right) - s\frac{1}{(1+v_L)^n} rbfn\left(v_{L,s},v_L,n\right) \tag{178}$$

$$\begin{aligned} N = {} & rbfn\left(v_L,n\right) - s\frac{rbfn\left(r,n\right)}{refn\left(r,m\right)} refn\left(v_{B,s},r,m\right) \\ & + s\frac{1}{(1+r)^n} rbfn\left(v_{L,s},r,n\right) - s\frac{1}{(1+v_L)^n} rbfn\left(v_{L,s},v_L,n\right) \end{aligned} \tag{179}$$

Durch die Anwendung des Teilwertverfahrens ergibt sich folglich der effektive Garantiezins der Ansparphase, mit dem sich der Umwandlungsbeitrag rentiert, aus der Beziehung:

$$gDST_{m,s}^{DZ} = JDK \times refn\left(v_{B,eff},m\right) \Rightarrow \tag{180}$$

$$refn\left(v_{B,eff},m\right) = (1-s)\, refn\left(v_{B,s},m\right) \frac{Z}{N}, \tag{181}$$

[253] Die abgeleitete, zweite Formel wird im Folgenden für Vereinfachungen von Gleichungen benötigt.

[254] Die Garantierente hätte man auch auf einem anderen Rechenweg ermitteln können. Bei diesem werden zunächst die Kosten aus dem Teilwertverfahren – wie bereits angerissen wurde – auf den Arbeitnehmer überwälzt, indem die steuerfrei kalkulierte Garantierente um diese gekürzt wird. Da der Steuervorteil aus der Rückstellungsbildung damit ebenfalls geschmälert wird, muss der Arbeitgeber in einem weiteren Schritt die Rentenleistung um die mit der Kürzung der Rente einhergehende Verringerung des Steuervorteils senken. Sie impliziert wiederum einen verringerten Steuervorteil, so dass sie weiter gekürzt werden muss usw. Ad infintum erhält man dann die in Formel (172) ermittelte Rente (zum Prinzip vgl. auch die nachfolgenden Ausführungen im Kapitel 6.3.4.1).

wobei Z und N in den Gleichungen (178) und (179) angegeben sind. Er leitet sich insbesondere von der Garantieverzinsung des Deckungsstocks in der Ansparphase und der Rentenphase ab. Der effektive Garantiezins $v_{L,eff}$ der Rentenphase lässt sich aus

$$gR^{DZ} = \frac{gDST_{m,s}^{DZ}}{rbfn\left(v_{L,eff}, n\right)} \tag{182}$$

zu

$$\begin{aligned} rbfn\left(v_{L,eff}, n\right) &= \frac{gDST_{m,s}^{DZ}}{gR^{DZ}} \\ &= rbfn\left(v_L, n\right) + s\frac{1}{(1+r)^n} rbfn\left(v_{L,s}, r, n\right) \\ &- s\frac{1}{(1+v_L)^n} rbfn\left(v_{L,s}, v_L, n\right) \end{aligned} \tag{183}$$

(vgl. Z aus Gleichung (178)) bestimmen. Wie daraus ersichtlich, ist er ausschließlich vom Garantiezins der Rentenphase abhängig. Diese lässt sich somit unabhängig von der Ansparphase modellieren. Da wegen $r > v_L$

$$\frac{1}{(1+r)^n} rbfn\left(v_{L,s}, r, n\right) > \frac{1}{(1+v_L)^n} rbfn\left(v_{L,s}, v_L, n\right) \tag{184}$$

gilt, ist die Effektivrendite in dieser Phase größer als die Garantierendite des Deckungsstocks.

$$rbfn\left(v_{L,eff}, n\right) > rbfn\left(v_L, n\right) \Leftrightarrow \tag{185}$$

$$v_{L,eff} > v_L \tag{186}$$

Welche effektive Gesamtrendite v_{eff} des Umwandlungsbeitrags durch die Festsetzung der Garantieverzinsung auf v_B bzw. v_L erzielt wird, lässt sich aus der Beziehung

$$gR^{DZ} \times rbfn\left(v_{eff}, n\right) = JDK \times refn\left(v_{eff}, m\right) \Rightarrow \tag{187}$$

$$\frac{refn\left(v_{eff}, m\right)}{rbfn\left(v_{eff}, n\right)} = \frac{gR^{DZ}}{JDK} = \frac{refn\left(v_{B,eff}, m\right)}{rbfn\left(v_{L,eff}, n\right)} \tag{188}$$

mit den Gleichungen (181) und (183) ermitteln. Sie liegt – wie erläutert – durch die Verzerrungen, die die Anwendung des Teilwertverfahrens verursacht, unter der sich aus der Anspar- und Rentenphase ergebenden, durchschnittlichen Garantieverzinsung des Deckungsstocks.

Die bisherigen Ausführungen werden nun für den Standardfall ($JDK = 1,21$ und $v = 2,75$ % ($\beta = 100$ %)) verdeutlicht. Die garantierte Rentenhöhe, die der Arbeitgeber dem Arbeitnehmer kostenfrei leisten kann, beläuft sich somit auf (vgl. Gleichung (172))

$$gR^{DZ} = \frac{Z}{N} = 4,82$$

mit Formel (173)

$$Z = (1-s)\,JDK \times refn\,(v_{B,s}, m) = 0,6 \times 1,21 \times refn\,(0,0165;37) = 36,57$$

und Formel (176)

$$\begin{aligned}
N &= rbfn\,(v_L, n) - s\frac{rbfn\,(r,n)}{refn\,(r,m)} refn\,(v_{B,s}, r, m) \\
&+ s\left[\frac{1}{(1+r)^n} rbfn\,(v_{L,s}, r, n) - \frac{1}{(1+v_L)^n} rbfn\,(v_{L,s}, v_L, n)\right] \\
&= rbfn\,(0,0275; 18) - 0,4\frac{rbfn\,(0,06;18)}{refn\,(0,06;37)} refn\,(0,0165; 0,06; 37) \\
&+ 0,4\left[\frac{1}{1,06^{18}} rbfn\,(0,0165; 0,06; 18) - \frac{1}{1,0275^{18}} rbfn\,(0,0165; 0,0275; 18)\right] \\
&= 7,58.
\end{aligned}$$

Der am Ende der Ansparphase für die Leistung dieser Rente planmäßig zur Verfügung stehende Deckungsstock beziffert sich dabei auf:

$$\begin{aligned}
gDST^{DZ}_{m,s} &= (1-s)\,JDK \times refn\,(v_{B,s}, m) + s \times gR^{DZ} \frac{rbfn\,(r,n)}{refn\,(r,m)} refn\,(v_{B,s}, r, m) \\
&= 0,6 \times 1,21 \times refn\,(0,0165; 37) + 0,4 \times 4,82 \frac{rbfn\,(0,06;18)}{refn\,(0,06;37)} refn\,(0,0165; 0,06; 37) \\
&= 62,24.
\end{aligned}$$

Die Effektivrendite des Umwandlungsbeitrags in der Ansparphase beträgt damit:[255]

$$refn\,(v_{B,eff}, m) = \frac{gDST^{DZ}_{m,s}}{JDK} \Rightarrow v_{B,eff} = 1,757\ \%.$$

In der Rentenphase verzinst sich der Deckungsstock effektiv mit einer Rendite in Höhe von:

$$rbfn\,(v_{L,eff}, n) = \frac{gR^{DZ}}{gDST^{DZ}_{m,s}} \Rightarrow v_{L,eff} = 3,764\ \%.$$

Der phasengleiche effektive Garantiezins leitet sich somit zu

$$\begin{gathered}
\frac{refn\,(v_{eff}, m)}{rbfn\,(v_{eff}, n)} = \frac{gR^{DZ}}{JDK} = \frac{4,823}{1,2085} \Rightarrow \\
v_{eff} = 2,355\ \%
\end{gathered}$$

ab.

[255] Die Effektivverzinsung kann u. a. mit Hilfe des Newtonverfahrens ermittelt werden. Dieses Verfahren beschreibt z. B. *Kruschwitz* (1995), S. 239 ff.

Tabelle 12: Deckungsstock und Pensionsrückstellung in der Ansparphase für den Standardfall bei Garantieverzinsung

t	1	2	5	10	15	20	25	30	35	37
Deckungsstock vor Steuern										
DST[nS][t-1]	0,00	0,89	3,71	8,98	15,10	22,29	30,83	41,07	53,49	59,20
JDK	1,21	1,21	1,21	1,21	1,21	1,21	1,21	1,21	1,21	1,21
v*DST[nS][t-1]	0,00	0,02	0,10	0,25	0,42	0,61	0,85	1,13	1,47	1,63
zdst[vS][t]	1,21	1,23	1,31	1,46	1,62	1,82	2,06	2,34	2,68	2,84
Pensionsrückstellung										
PRS[t-1]	0,00	0,41	1,79	4,71	8,62	13,85	20,85	30,21	42,75	48,88
JB	0,4103	0,41	0,41	0,41	0,41	0,41	0,41	0,41	0,41	0,41
r*PRS[t-1]	0,00	0,02	0,11	0,28	0,52	0,83	1,25	1,81	2,56	2,93
zprs[t]	0,41	0,43	0,52	0,69	0,93	1,24	1,66	2,22	2,98	3,34
PRS[t]	0,41	0,8452	2,31	5,41	9,55	15,09	22,51	32,44	45,72	52,22
Deckungsstock nach Steuern										
zdst[nS][t]	0,73	0,74	0,79	0,87	0,97	1,09	1,23	1,40	1,61	1,70
s*zprs[t]	0,16	0,17	0,21	0,28	0,37	0,50	0,66	0,89	1,19	1,34
DST[nS][t]	0,89	1,80	4,70	10,13	16,45	23,88	32,73	43,36	56,29	62,24

Die Steuerbelastung des Deckungsstockaufbaus, die dadurch verbleibt, dass der Rechnungszins des Teilwertverfahrens auf $r = 6\ \%$ festgeschrieben ist, schmälert somit für den Standardfall die Garantierendite des Deckungsstocks von $2,75\ \%$ um $0,395\ \%$ auf $2,355\ \%$.

Prozentual gemessen an einer steuerfreien Rente – diese könnte der Arbeitgeber kostenfrei leisten, falls der Rechnungszins des Teilwertverfahrens dem Garantiezins der Mindestleistung entspräche –, muss der Arbeitgeber die Garantieleistung um

$$\frac{JDK\frac{refn(v,m)}{rbfn(v,n)} - JDK\frac{refn\left(v_{eff},m\right)}{rbfn\left(v_{eff},n\right)}}{JDK\frac{refn(v,m)}{rbfn(v,n)}} = \frac{0,584}{5,407} = 10,80\ \% \tag{189}$$

senken, um die Kosten des Teilwertverfahrens auf den Arbeitnehmer vollständig zu überwälzen. Die durch die verzögerte Rückstellungsbildung geringere Beteiligung des Fiskus an den Kosten der Pensionszusage hat somit einen signifikanten Einfluss auf die Höhe der Zusage.[256]

Die Tabelle 12 zeigt die Entwicklung der Pensionsrückstellung und die des Deckungsstocks während der Ansparphase auf, falls er die Garantierendite erwirtschaftet.[257]

Zum Zeitpunkt 1 wird der Deckungsstock erstmalig mit dem Umwandlungsbeitrag $JDK = 1,21$ dotiert. Da seine Leistung an den internen Pensionsfonds keine Betriebsausgabe darstellt, ist er mit Steuern zu belasten, weshalb als Nettobeitrag $(1-s)\,JDK = 0,73$ verbleibt. Der Jahresbetrag zur Pensionsrückstellung in Höhe von $JB = gR^{DZ} \times rbfn\,(r,n)\,/refn\,(r,m) = 0,41$

[256] Damit wird *Bogner / Swoboda* (1994), S. 579 f., und *Bogner* (1997), S. 160 f., widersprochen, die den Effekt des steuerlichen Rechnungszinses auf den Beitrag des Fiskus als gering einstufen.

[257] Die Rundung der Zahlen erfolgte i. d. R. auf zwei Nachkommastellen. Sollte eine höhere Anzahl ausgewiesen sein, so wird sie für Untersuchungszwecke benötigt.

Tabelle 13: Deckungsstock und Pensionsrückstellung in der Rentenphase für den Standardfall bei Garantieverzinsung

t	38	40	45	50	55
Deckungsstock vor Steuern					
DST[nS][t-1]	62,24	57,07	42,57	25,34	4,64
zdst[vS][t] = i*DST[nS][t-1]	1,71	1,57	1,17	0,70	0,13
Pensionsrückstellung					
PRS[t-1]	52,22	48,74	38,04	23,72	4,55
zprs[t] = r* PRS[t-1]	3,13	2,92	2,28	1,42	0,27
PRS[vR][t]	55,35	51,66	40,32	25,14	4,82
Deckungsstock nach Steuern					
s*zdst[vS][t]	0,68	0,63	0,47	0,28	0,05
zdst[nS][t]	1,03	0,94	0,70	0,42	0,08
s*zprs[t]	1,25	1,17	0,91	0,57	0,11
DST[nS,vR][t]	64,52	59,19	44,19	26,33	4,82
R	4,82	4,82	4,82	4,82	4,82
DST[nS,nR][t] = DST[nS][t]	59,70	54,36	39,36	21,50	0,00
PRS[nR][t] = PRS[t]	48,74	38,04	23,72	4,55	0,00

führt zu einem Steuervorteil von $s \times JB = 0,16$. Dieser entlastet den Umwandlungsbeitrag nur partiell von seiner Steuerbelastung. Der Deckungsstock nach Steuern beläuft sich somit auf $0,73 + 0,16 = 0,89$. Er erwirtschaftet dann die Garantierendite von $2,75$ %, sodass die Zuführung zum Deckungsstock vor Steuern zum Zeitpunkt 2 $1,21 + 0,0275 \times 0,89 = 1,23$ beträgt. Die Zuführung nach Steuern von $0,6 \times 1,23 = 0,74$ erhöht den Deckungsstock des vorausgegangenen Zeitpunkts. Der Jahresbetrag $0,41$ und die kalkulatorische Verzinsung der letztjährigen Pensionsrückstellung $0,06 \times 0,41 = 0,02$ ergeben einen Steuervorteil in Höhe von $0,4\,(0,41 + 0,02) = 0,17$, womit zum Zeitpunkt 2 nach Steuern ein Deckungsstock in Höhe von $1,80$ besteht. Bis zum Ende der Ansparphase wird der Deckungsstock periodisch mit dem Umwandlungsbeitrag dotiert, er erzielt eine Rendite in Höhe des Garantiezinses und der Steuervorteil aus der Pensionsrückstellungsbildung wird vereinnahmt. Dem Arbeitgeber steht damit zur Finanzierung der Garantierente in $t = m$ ein Deckungsstock in Höhe von $62,24$ zur Verfügung. Man sieht, dass dieser nicht steuerfrei aufgebaut ist, weil ansonsten Vermögensmittel in Höhe der steuerfrei verzinsten Umwandlungsbeiträge $JDK \times refn\,(v,m) = 1,21 \times refn\,(0,0275;37) = 75,96$ bestünden.

In der Tabelle 13 ist der weitere Verlauf des Deckungsstocks und der Pensionsrückstellung für die Rentenphase aufgeführt. Die Auszahlung der Rente erfolgt insgesamt erfolgsneutral, weil damit einerseits eine Betriebsausgabe und andererseits eine entsprechende erfolgserhöhende Auflösung der Pensionsrückstellung verbunden ist. Die Werte der einzelnen Zeilen lassen sich in Analogie zur Ansparphase erklären. Zusammen mit dem übervollen Steuervorteil aus der Rückstellungsbildung finanziert der Deckungsstock exakt die periodische Rentenzahlung an den Arbeitnehmer in Höhe von $4,82$, was – wie berechnet – eine Effektivrendite des Deckungsstocks in der Rentenphase von 3,764 % impliziert. Wäre er dagegen steuerfrei verzinst worden, so hätte der Arbeitgeber lediglich eine Rente in Höhe von $gDST^{DZ}_{m,s}/rbfn\,(v_L, n) = 4,43$ leisten können.

6.3.4 Erzielung einer Überrendite in der Ansparphase

Der Deckungsstock wird i. d. R. eine höhere Nachsteuerverzinsung erwirtschaften, als dies für die Finanzierung der Garantieleistung notwendig ist.

$$i_{\beta,s} = i\,(1 - \beta s) \geq \begin{cases} v_{B,s} = v_B\,(1 - s) \\ v_{L,s} = v_L\,(1 - s) \end{cases} \tag{190}$$

Dies ist auf zwei Ursachen zurückzuführen: Zum einen setzt der Arbeitgeber den Garantiezins so konservativ an, dass schon die Vorsteuerrendite der Deckungsmittel mit an Sicherheit grenzender Wahrscheinlichkeit höher ist. Zum anderen führt die sachliche Steuerbefreiung bestimmter Anlageerträge des Deckungsstocks dazu, dass selbst dann Überschüsse nach Steuern anfallen, wenn er nur die garantierte Vorsteuerverzinsung erwirtschaftet. Diese führen allerdings nicht zu einer höheren Pensionsrückstellungsbildung, solange der Arbeitgeber die Garantieleistung nicht anhebt. Da damit ein höherer Steuervorteil verbunden wäre, stellt sich für den Arbeitgeber die Frage, zu welchem Zeitpunkt er eine solche Anhebung vornehmen sollte. Wüsste er ex-ante, dass er die für die gesamte Dauer der Pensionszusage erforderliche Garantierendite auch in jeder einzelnen Periode mit Sicherheit erwirtschaftet, passte er sofort die Garantieleistung an die erzielten Überschüsse an, um den Steuervorteil aus der Rückstellungsbildung zu maximieren.[258] Eine solche Erhöhung beinhaltet jedoch auch, dass die darin einkalkulierten erwirtschafteten Überschüsse somit nicht mehr als Reserve zur Verfügung stehen, um künftige Unterrenditen auszugleichen. Das Nachschussrisiko des Arbeitgebers steigt damit gegenüber der Unterlassung der Anpassung an. Insgesamt gilt daher plakativ folgender Zusammenhang: Überschüsse nach Steuern => frühere Erhöhung der Garantieleistung => höherer Steuervorteil der Pensionszusage + höheres Risiko für den Arbeitgeber. Da der Arbeitgeber sämtliche Vorteile und Nachteile aus der Pensionszusage an den Arbeitnehmer weiterleitet, profitiert er nicht von einem höheren Steuervorteil der Pensionszusage. Er wird daher die Garantieleistung genau dann anpassen, wenn er davon überzeugt ist, dass er Nachschussverpflichtungen trotzdem ausschließen kann.
Als Anpassungsstrategien der Garantieleistung auf erwirtschaftete Überschüsse werden zunächst folgende beleuchtet: Erstens die Leistungserhöhung am Ende der Ansparphase, die mit dem geringsten Risiko aber auch mit dem niedrigsten Steuervorteil verbunden ist. Zweitens die laufende Anpassung auf die erzielten Überschüsse, die einerseits den höchsten Steuervorteil induziert, andererseits aber das höchste Risiko impliziert.[259] Durch das Ergebnis dieser beiden

[258] Der Anreiz für den Arbeitgeber besteht hierbei entweder darin, seinen Arbeitnehmern die höchstmögliche Rente zukommen zu lassen oder alternativ selbst an der Steuerentlastung zu partizipieren. Im ersten Fall überwälzt er den Steuervorteil dieser Strategie vollständig, im zweiten Fall verwendet er – nach einer gewissen Zeit der vollständigen Überwälzung – einen entsprechenden Teil der Überschüsse nicht zur Erhöhung der Leistung, sondern vereinnahmt ihn selbst. Letzterer wird im Modell nicht abgebildet.

[259] Diese Zeitpunkte werden in der betrieblichen Praxis zur Anpassung der Garantieleistung verwendet (vgl. *Bode / Obenberger* (2005), S. 262 f.).

Strategien können alle Zwischenlösungen abgeschätzt werden. Im Hinblick auf den Vergleich zwischen der Direktzusage und dem Pensionsfonds wird daran anschließend speziell eine weitere Anpassungsstrategie modelliert.

6.3.4.1 Leistungserhöhung am Ende der Ansparphase

Bei der ersten Strategie passt der Arbeitgeber die garantierte Leistung gR[260] am Ende der Ansparphase an. Durch die bis dahin erwirtschaftete Verzinsung von $i_{\beta,s}$ besteht zu diesem Zeitpunkt vor der Erhöhung (vE) der Garantieleistung ein Deckungsstock nach Steuern, der

$$\begin{aligned} DST_{m,s}^{vE} &= \sum_{t=1}^{m} (1-s)\, JDK \times q_{\beta,s}^{m-t} + s \sum_{t=1}^{m} zprs_t \times q_{\beta,s}^{m-t} \\ &= (1-s)\, JDK \times refn\,(i_{\beta,s}, m) + s \times JB \times refn\,(i_{\beta,s}, r, m) \\ &= (1-s)\, JDK \times refn\,(i_{\beta,s}, m) + s \times gR \frac{rbfn\,(r,n)}{refn\,(r,m)} refn\,(i_{\beta,s}, r, m) \\ &= JDK \\ & \left[(1-s)\, refn\,(i_{\beta,s}, m) + s \frac{refn\,(v_{B,eff}, m)}{rbfn\,(v_{L,eff}, n)} \frac{rbfn\,(r,n)}{refn\,(r,m)} refn\,(i_{\beta,s}, r, m)\right] \end{aligned} \quad (191)$$

beträgt. Dieser Deckungsstock ist somit höher als der planmäßige Deckungsstock $gDST_{m,s}$ (vgl. Formel (170)), weshalb der Arbeitgeber eine Erhöhung der garantierten Leistung vornimmt. Für ihre Ermittlung stehen zwei alternative Rechenwege zur Verfügung, die jeweils spezifische Vorteile aufweisen.

Rechenweg 1:[261]
Da die effektive Garantieverzinsung der Rentenphase unabhängig von der Höhe des Deckungsstocks am Ende der Ansparphase ist,[262] kann der Arbeitgeber die Garantieleistung im ersten Schritt $[\theta = 1]$ auf

$$\begin{aligned} gR^{nE}\,[\theta = 1] &= \frac{DST_{m,s}^{vE}}{rbfn\,(v_{L,eff}, n)} \\ &= JDK \frac{(1-s)\, refn\,(i_{\beta,s}, m) + s \frac{refn\left(v_{B,eff}, m\right)}{rbfn\left(v_{L,eff}, n\right)} \frac{rbfn(r,n)}{refn(r,m)} refn\,(i_{\beta,s}, r, m)}{rbfn\,(v_{L,eff}, n)} \end{aligned} \quad (192)$$

erhöhen („nE“: nach Erhöhung). Dadurch wird die Pensionsrückstellung auf

$$PRS_m^{nE}\,[\theta = 1] = gR^{nE}\,[\theta = 1]\, rbfn\,(r, n) \quad (193)$$

[260] Im Folgenden wird auf die Indexierung „DZ“ aufgrund der ohnehin komplexen Darstellung verzichtet.
[261] Vgl. auch *Knoll* (2004), S. 107 f.
[262] Vgl. Formel (183).

angehoben, was einer Zuführung von

$$\Delta zprs_m^{nE}[\theta=1] = PRS_m^{nE}[\theta=1] - PRS_m$$
$$= \left(gR^{nE}[\theta=1] - gR\right) rbfn(r,n)$$
$$= \left[\frac{DST_{m,s}^{vE}}{rbfn(v_{L,eff},n)} - \frac{gDST_{m,s}}{rbfn(v_{L,eff},n)}\right] rbfn(r,n)$$
$$= JDK\frac{rbfn(r,n)}{rbfn(v_{L,eff},n)}$$
$$\left[\begin{array}{c} (1-s)\,refn(i_{\beta,s},m) + \\ s\frac{refn(v_{B,eff},m)}{rbfn(v_{L,eff},n)}\frac{rbfn(r,n)}{refn(r,m)}refn(i_{\beta,s},r,m) - refn(v_{B,eff},m)\end{array}\right] \quad (194)$$

entspricht. Sie impliziert einen Steuervorteil, der dem Deckungsstock zugerechnet wird.

$$DST_{m,s}^{nE}[\theta=1] = DST_{m,s}^{vE} + s\times\Delta zprs_m^{nE}[\theta=1]$$
$$= DST_{m,s}^{vE} + s\times rbfn(r,n)\left(gR^{nE}[\theta=1]-gR\right)$$
$$= DST_{m,s}^{vE} + s\frac{rbfn(r,n)}{rbfn(v_{L,eff},n)}\left(DST_{m,s}^{vE} - gDST_{m,s}\right) \quad (195)$$

Da dieser in der Finanzierung der Rentenhöhe $gR^{nE}[\theta=1]$ nicht berücksichtigt ist, hebt der Arbeitgeber den Rentenanspruch des Arbeitnehmers erneut an. Die daraus resultierende Erhöhung der Pensionsrückstellung induziert wiederum einen Steuervorteil, der sich in einem erhöhten Deckungsstock niederschlägt. Dies führt dann zu einer weiteren Anpassung der Garantieleistung, was abermals eine Rückstellungserhöhung impliziert usw. Ad infintum ergibt sich ein Deckungsstock in Höhe von[263]

$$DST_{m,s}^{nE} = DST_{m,s}^{nE}[\theta=\infty]$$
$$= DST_{m,s}^{vE} + s\frac{rbfn(r,n)}{rbfn(v_{L,eff},n)}\left(DST_{m,s}^{vE} - gDST_{m,s}\right)$$
$$+\left[s\frac{rbfn(r,n)}{rbfn(v_{L,eff},n)}\right]^2\left(DST_{m,s}^{vE} - gDST_{m,s}\right)$$
$$+\ldots+\left[s\frac{rbfn(r,n)}{rbfn(v_{L,eff},n)}\right]^\infty\left(DST_{m,s}^{vE} - gDST_{m,s}\right)$$
$$= \frac{1}{1-s\frac{rbfn(r,n)}{rbfn(v_{L,eff},n)}}\left[DST_{m,s}^{vE} - s\frac{rbfn(r,n)}{rbfn(v_{L,eff},n)}gDST_{m,s}\right]$$
$$= \frac{1}{1-s\frac{rbfn(r,n)}{rbfn(v_{L,eff},n)}}JDK$$
$$\left[\begin{array}{c}(1-s)\,refn(i_{\beta,s},m) + s\frac{refn(v_{B,eff},m)}{rbfn(v_{L,eff},n)}\frac{rbfn(r,n)}{refn(r,m)}refn(i_{\beta,s},r,m) \\ -s\frac{rbfn(r,n)}{rbfn(v_{L,eff},n)}refn(v_{B,eff},m)\end{array}\right], \quad (196)$$

[263]Zur Umformung s. Anhang A.5.

der die nach ihrer Anhebung nunmehr garantierte Rentenleistung

$$gR^{nE} = \frac{DST^{nE}_{m,s}}{rbfn\left(v_{L,eff}, n\right)} \tag{197}$$

planmäßig finanziert. Danach entspricht der planmäßige dem tatsächlichen Deckungsstock

$$DST^{nE}_{m,s} = gDST^{nE}_{m,s}, \tag{198}$$

sonst hätte der Arbeitgeber die Garantieleistung höher oder niedriger ansetzen müssen. Die Pensionsrückstellung beträgt nun:

$$PRS^{nE}_{m} = PRS^{nE}_{m}\left[\theta = \infty\right] = gR^{nE} rbfn\left(r, n\right). \tag{199}$$

Die entsprechende Gesamtzuführung von

$$\begin{aligned}
\Delta zprs^{nE}_{m} &= PRS^{nE}_{m} - PRS_{m} \\
&= \left(DST^{nE}_{m,s} - gDST_{m,s}\right)\frac{rbfn\left(r, n\right)}{rbfn\left(v_{L,eff}, n\right)} \\
&= \frac{1}{1 - s\frac{rbfn(r,n)}{rbfn\left(v_{L,eff},n\right)}}\left[DST^{vE}_{m,s} - s\frac{rbfn\left(r, n\right)}{rbfn\left(v_{L,eff}, n\right)} gDST_{m,s}\right]\frac{rbfn\left(v_{L,eff}, n\right)}{rbfn\left(r, n\right)} \\
&- gDST_{m,s}\frac{rbfn\left(v_{L,eff}, n\right)}{rbfn\left(r, n\right)} \\
&= \frac{\frac{rbfn\left(v_{L,eff},n\right)}{rbfn(r,n)}}{1 - s\frac{rbfn(r,n)}{rbfn\left(v_{L,eff},n\right)}} DST^{vE}_{m,s} \\
&- \left[\frac{s}{1 - s\frac{rbfn(r,n)}{rbfn\left(v_{L,eff},n\right)}} gDST_{m,s} + gDST_{m,s}\frac{rbfn\left(v_{L,eff}, n\right)}{rbfn\left(r, n\right)}\right] \\
&= \frac{\frac{rbfn(r,n)}{rbfn\left(v_{L,eff},n\right)}}{1 - s\frac{rbfn(r,n)}{rbfn\left(v_{L,eff},n\right)}}\left(DST^{vE}_{m,s} - gDST_{m,s}\right)
\end{aligned} \tag{200}$$

impliziert einen Steuervorteil, der sich auf

$$\begin{aligned}
\Delta TS^{nE}_{m} &= s \times \Delta zprs^{nE}_{m} \\
&= s\frac{rbfn\left(r, n\right)}{rbfn\left(v_{L,eff}, n\right)}\left(DST^{nE}_{m,s} - gDST_{m,s}\right) \\
&= \frac{s\frac{rbfn(r,n)}{rbfn\left(v_{L,eff},n\right)}}{1 - s\frac{rbfn(r,n)}{rbfn\left(v_{L,eff},n\right)}}\left(DST^{vE}_{m,s} - gDST_{m,s}\right)
\end{aligned} \tag{201}$$

beläuft.

Rechenweg 2:[264]

Alternativ kann man die auf die erzielten Überschüsse angepasste Garantierente auf Basis der Formel (197)

$$gR^{nE} = \frac{DST^{nE}_{m,s}}{rbfn\left(v_{L,eff}, n\right)}$$

ermitteln. Dieses Gleichgewicht muss sich nach ihrer Erhöhung einstellen, damit der Arbeitgeber sie durch den dann vorhandenen Deckungsstock bei planungsmäßigem Verlauf finanzieren kann. Der vorhandene Deckungsstock setzt sich aus der Verzinsung der Nettobeiträge (1), dem vereinnahmten Steuervorteil (2) und dem Steuervorteil (3) zusammen, der auf der Anhebung der Garantieleistung im Zeitpunkt m beruht.[265]

$$\begin{aligned}
gR^{nE} &= \frac{DST^{nE}_{m,s}}{rbfn\left(v_{L,eff}, n\right)} \\
&= \frac{DST^{vE}_{m,s} + s \times \Delta zprs^{nE}_{m}}{rbfn\left(v_{L,eff}, n\right)} \\
&= \frac{\overbrace{(1-s)\, JDK \times refn\left(i_{\beta,s}, m\right)}^{(1)} + \overbrace{s \sum_{t=1}^{m} zprs_t \times q^{m-t}_{\beta,s}}^{(2)} + \overbrace{s \times \Delta zprs^{nE}_{m}}^{(3)}}{rbfn\left(v_{L,eff}, n\right)} \\
&= \frac{(1-s)\, JDK \times refn\left(i_{\beta,s}, m\right)}{rbfn\left(v_{L,eff}, n\right)} + \frac{s \times JDK \frac{refn\left(v_{B,eff}, m\right)}{rbfn\left(v_{L,eff}, n\right)} \frac{rbfn(r,n)}{refn(r,m)} refn\left(i_{\beta,s}, r, m\right)}{rbfn\left(v_{L,eff}, n\right)} \\
&+ \frac{s\left(gR^{nE} - gR\right) rbfn\left(r, n\right)}{rbfn\left(v_{L,eff}, n\right)}
\end{aligned} \tag{202}$$

In dieser Gleichung zeigt sich die Interdependenz zwischen der erhöhten Garantieleistung und dem Steuervorteil, der aus der Anhebung resultiert. Daraus lässt sich die an die Überrendite der Ansparphase angepasste Garantieleistung zu

$$gR^{nE} = JDK \frac{Z}{N} \tag{203}$$

mit

$$\begin{aligned}
Z &= (1-s)\, refn\left(i_{\beta,s}, m\right) + s \frac{refn\left(v_{B,eff}, m\right)}{rbfn\left(v_{L,eff}, n\right)} \frac{rbfn\left(r, n\right)}{refn\left(r, m\right)} refn\left(i_{\beta,s}, r, m\right) \\
&- s \frac{refn\left(v_{B,eff}, m\right)}{rbfn\left(v_{L,eff}, n\right)} rbfn\left(r, n\right)
\end{aligned} \tag{204}$$

und

$$N = rbfn\left(v_{L,eff}, n\right) \left[1 - s \frac{rbfn\left(r, n\right)}{rbfn\left(v_{L,eff}, n\right)}\right] \tag{205}$$

[264] Vgl. auch *Kiesewetter* (2003), S. 1221 f.

[265] Die Summanden (1) und (2) wurden in Formel (191) angegeben.

ableiten. Dieses Ergebnis stimmt damit mit dem des vorigen Rechenwegs überein.
Sicherlich ist der zweite Rechenweg der elegantere der beiden. Allerdings besticht der erste dadurch, dass der Deckungsstock nach der Anpassung $DST_{m,s}^{nE}$ in logischen Schritten aus dem Deckungsstock vor der Anpassung der Garantieleistung $DST_{m,s}^{vE}$ entwickelt wird.

Zur Verdeutlichung der bisherigen Überlegungen wird der im vorigen Kapitel eingeführte Standardfall herangezogen. Im Verlauf der Pensionszusage erzielt der Deckungsstock eine Rendite in Höhe von 6 %, wobei der steuerpflichtige Anteil β der Rendite 50 % beträgt. Die Nachsteuerrendite $i_{\beta,s}$ beläuft sich damit auf 4,80 % und ist damit höher als die garantierte von $v_s = 1,65$ %.
Die entsprechende Entwicklung des Deckungsstocks und der Pensionsrückstellung ist aus der Tabelle 14 zu entnehmen. Im Hinblick auf den Vergleich dieser mit den anderen beiden Anpassungsstrategien, die an späterer Stelle modelliert werden, ist in der Tabelle zum einen der planmäßige Deckungsstock angeführt, der die garantierte Rentenleistung für einen gewissen Zeitpunkt der Ansparphase (vgl. Zeile „DST[nS][t],DST[nS,vE][m]") deckt. Zum anderen ist für alle Beobachtungszeitpunkte der Deckungsstock angeführt, der am Ende der Ansparphase (vgl. Zeile „gDST[m,nS][t]") zur Finanzierung der Garantierente aufgebaut sein muss. Seine Höhe wurde bereits im vorigen Kapitel hergeleitet.
Wie aus der entsprechenden Abbildung 24 ersichtlich, überragt der Deckungsstock durch die Erwirtschaftung einer permanenten Nachsteuerüberrendite zu jedem Zeitpunkt der Ansparphase den planmäßigen Deckungsstock. Dem Arbeitgeber steht in Höhe dieser Differenz ein Reservepolster zur Verfügung, mit dem er ggf. eine künftige Verzinsung unter der garantierten Nachsteuerrendite auffangen kann. Im Zeitpunkt 29 ist der für das Ende der Ansparphase planmäßige Deckungsstock bereits akkumuliert. Am Ende der Ansparphase beträgt der Deckungsstock vor der Erhöhung der Garantierente 111, 11. Weil schon ein solcher in Höhe von 62, 24 die Garantierente deckt, kann der Arbeitgeber diese auf

$$gR^{nE} = \frac{DST_{37,s}^{nE}}{rbfn\left(v_{B,eff}, m\right)} = \frac{135,79}{rbfn\left(0,0376; 37\right)} = 10,52$$

mit

$$\begin{aligned} DST_{37,s}^{nE} &= \frac{1}{1 - s\frac{rbfn(r,n)}{rbfn\left(v_{L,eff},n\right)}} \left[DST_{37,s}^{vE} - s\frac{rbfn\left(r,n\right)}{rbfn\left(v_{L,eff},n\right)} gDST_{37,s}\right] \\ &= \frac{1}{1 - 0,4\frac{10,83}{12,91}} \left(111,11 - 0,4\frac{10,83}{12,91}62,24\right) \\ &= 135,79 \end{aligned}$$

erhöhen.

Man sieht, dass dieser formal auf Basis der Gleichung (196) abgeleitete Deckungsstock $DST_{37,s}^{nE}$

Tabelle 14: Deckungsstock und Pensionsrückstellung in der Ansparphase für den Standardfall mit $i = 6\,\%$ und $\beta = 50\,\%$ bei der Strategie 1

t	1	2	5	10	15	20	25	30	35	37
Deckungsstock vor Steuern										
DST[nS][t-1]	0,00	0,89	3,88	10,18	18,57	29,76	44,67	64,57	91,10	104,05
JDK	1,21	1,21	1,21	1,21	1,21	1,21	1,21	1,21	1,21	1,21
i*DST[nS][t-1]	0,00	0,05	0,23	0,61	1,11	1,79	2,68	3,87	5,47	6,24
zdst[vS][t]	1,21	1,26	1,44	1,82	2,32	2,99	3,89	5,08	6,67	7,45
Pensionsrückstellung										
PRS[t-1]	0,00	0,41	1,79	4,71	8,62	13,85	20,85	30,21	42,75	48,88
JB	0,41	0,41	0,41	0,41	0,41	0,41	0,41	0,41	0,41	0,41
r*PRS[t-1]	0,00	0,02	0,11	0,28	0,52	0,83	1,25	1,81	2,56	2,93
zprs[t]	0,41	0,43	0,52	0,69	0,93	1,24	1,66	2,22	2,98	3,34
PRS[t]	0,41	0,85	2,31	5,41	9,55	15,09	22,51	32,44	45,72	52,22
Deckungsstock nach Steuern										
β*s*i*DST[nS][t-1]	0,00	0,01	0,05	0,12	0,22	0,36	0,54	0,77	1,09	1,25
(1-s*β)*i*DST[nS][t-1]	0,00	0,04	0,19	0,49	0,89	1,43	2,14	3,10	4,37	4,99
zdst[nS][t]	0,73	0,77	0,91	1,21	1,62	2,15	2,87	3,82	5,10	5,72
s*zprs[t]	0,16	0,17	0,21	0,28	0,37	0,50	0,66	0,89	1,19	1,34
DST[nS][t],[nS,vE][m]	0,89	1,83	5,00	11,67	20,56	32,41	48,21	69,28	97,39	111,11
gDST[m,nS][t]	62,24	62,24	62,24	62,24	62,24	62,24	62,24	62,24	62,24	62,24
gDST[nS][t]	0,89	1,80	4,70	10,13	16,45	23,88	32,73	43,36	56,29	62,24

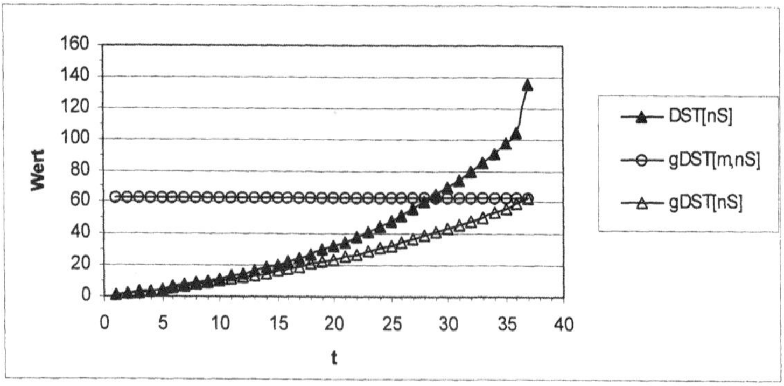

Abbildung 24: Verlauf der Ansparphase für den Standardfall mit $i = 6\ \%$ und $\beta = 50\ \%$ bei der Strategie 1

tatsächlich durch den Steuervorteil aus der Pensionsrückstellungserhöhung

$$\begin{aligned} s \times \Delta zprs_{37}^{nE} &= 0,4\left[gR^{nE} \times rbfn\left(r,n\right) - gR \times rbfn\left(r,n\right)\right] \\ &= 0,4\left(113,92 - 52,21\right) = 24,68 \end{aligned}$$

und den Deckungsstock vor Anhebung der Garantierente finanziert wird.

$$\begin{aligned} DST_{37,s}^{vE} + s \times \Delta zprs_{37}^{nE} &= 111,11 + 24,68 \\ &= 135,79 \\ &= DST_{37,s}^{nE} \end{aligned}$$

6.3.4.2 Periodische Anpassung der Garantieleistung an die erwirtschaftete Überrendite nach Steuern

Im Rahmen der zweiten Strategie passt der Arbeitgeber die Garantieleistung periodisch an die erwirtschaftete Nachsteuerüberrendite an. Für die danach verbleibende Dauer der Ansparphase garantiert er somit eine voll steuerpflichtige Durchschnittsrendite in Höhe des ursprünglich für die gesamte Ansparphase festgelegten Garantiezinses; die erzielten Überschüsse stehen nicht als Reserve zum Ausgleich eventuell im Zeitablauf anfallender Unterrenditen zur Verfügung.
Zum Zeitpunkt 1 beträgt der Deckungsstock nach Steuern:

$$DST_{1,s} = (1-s)\,JDK + s \times JB. \tag{206}$$

Dieser erwirtschaftet in der Periode 2 eine Nachsteuerrendite, die höher ist als die, auf der die Garantieleistung basiert. Der Deckungsstock nach Steuern und vor Erhöhung der Garantieleistung beläuft sich somit im Zeitpunkt 2 auf:

$$DST_{2,s}^{vE} = \left[(1-s)\,JDK + s \times JB\right] q_{\beta,s} + (1-s)\,JDK + (1+r)\,JB. \tag{207}$$

Er überragt den Deckungsstock

$$gDST_{2,s}^{vE} = \left[(1-s)\,JDK + s \times JB\right](1+v_{B,s}) + (1-s)\,JDK + (1+r)\,JB, \tag{208}$$

der planmäßig zur Deckung der bislang garantierten Versorgungsleistung notwendig ist. Der Arbeitgeber passt daher die Garantieleistung auf die erwirtschafteten Überschüsse an. Da sie durch den mit ihrer Erhöhung einhergehenden Steuervorteil mitfinanziert wird, ist sie auch bei dieser Anpassungsstrategie von sich selbst abhängig. Für ihre Ermittlung können daher die im vorigen Kapitel dargestellten Rechenwege beschritten werden. An dieser Stelle wird davon der zweite gewählt, bei dem die Höhe der Garantieleistung allgemein vorgegeben ist und sich ihre konkrete Ableitung durch die Lösung des angesprochenen Interdependenzproblems erschließt.
Die Rentenleistung $gR_{(t)}^{nE}$, die vom Arbeitgeber nach ihrer Erhöhung zum Beobachtungszeitpunkt t

garantiert wird, muss durch den dafür am Ende der Ansparphase planmäßigen Deckungsstock finanziert werden.

$$gR_{(t)}^{nE} = \frac{gDST_{m,s,(t)}^{nE}}{rbfn\left(v_{L,eff}, n\right)} \tag{209}$$

Zur Lösung dieser Gleichung ist demnach der planmäßige Deckungsstock $gDST_{m,s,(t)}^{nE}$ zu ermitteln, der sich nach der Erhöhung der Garantieleistung im Beobachtungszeitpunkt t für das Ende der Ansparphase ergibt. Er besteht aus vier Komponenten,

1. dem bisherigen Deckungsstock, der die Anpassung der Garantieleistung noch nicht berücksichtigt,
2. dem Steuervorteil aus der Erhöhung der Garantieleistung im Beobachtungszeitpunkt t,
3. den künftigen steuerbelasteten Umwandlungsbeiträgen
4. und dem periodischen Steuervorteil aus den künftigen planmäßigen Zuführungen zur Pensionsrückstellung.

Sie sind allesamt mit der für die restliche Ansparphase garantierten Nachsteuerverzinsung des Deckungsstocks $v_{B,s}$ auf den Zeitpunkt m aufzuzinsen.

$$\begin{aligned} gDST_{m,s,(2)}^{nE} &= \overbrace{DST_{2,s}^{vE}}^{1.} \left(1 + v_{B,s}\right)^{m-2} + \overbrace{s \times \Delta zprs_2^{nE}}^{2.} \left(1 + v_{B,s}\right)^{m-2} \\ &+ \overbrace{(1-s)\, JDK}^{3.} \times refn\left(v_{B,s}, m-2\right) + \overbrace{s \sum_{\tau=t+1=3}^{m} zprs_{\tau,(t)}^{nE} \left(1 + v_{B,s}\right)^{m-\tau}}^{4.} \\ &= \left[(1-s)\, JDK + s \times JB\right] q_{\beta,s}^{1} \left(1 + v_{B,s}\right)^{m-2} + (1-s)\, JDK \times refn\left(v_{B,s}, m-1\right) \\ &+ s \times zprs_2 \left(1 + v_{B,s}\right)^{m-2} + s \sum_{\tau=t+1=3}^{m} zprs_{\tau,(t)}^{nE} \left(1 + v_{B,s}\right)^{m-\tau} \end{aligned} \tag{210}$$

τ bezeichnet dabei einen beliebigen Zeitpunkt, der vor oder nach dem Beobachtungszeitpunkt t liegt. $zprs_{\tau,(t)}^{nE}$ ist die planmäßige Zuführung im Zeitpunkt τ, die sich nach der Erhöhung der Rente im Beobachtungszeitpunkt t zukünftig ergibt.

Für die Lösung dieser Gleichung sind die Komponenten 2 und 4 – die aus der Erhöhung der Garantieleistung resultierende Zuführung und die künftigen planmäßigen Zuführungen zur Pensionsrückstellung – noch zu ermitteln.

Hierfür ist zunächst der Teilwert der Pensionsrückstellung nach Anpassung der Garantieleistung abzuleiten (vgl. § 6a III EStG). Er ergibt sich als Barwert der künftigen Pensionsleistungen abzüglich des Barwertes gleichbleibender Jahresbeträge. Der Jahresbetrag ist dabei so zu bemessen, dass sein Barwert zu Beginn des Dienstverhältnisses gleich dem Barwert der künftigen Pensionsleistungen ist.

$$\frac{gR_{(t)}^{nE} \times rbfn\left(r, n\right)}{\left(1+r\right)^{m}} = JB_{(t)}^{nE} \times rbfn\left(r, m\right) \Rightarrow \tag{211}$$

$$JB_{(t)}^{nE} = gR_{(t)}^{nE} \frac{rbfn\,(r,n)}{refn\,(r,m)}$$
$$= \frac{gDST_{m,s,(t)}}{rbfn\,(v_{L,eff},n)} \frac{rbfn\,(r,n)}{refn\,(r,m)}. \qquad (212)$$

Daraus lässt sich der Teilwert nach Erhöhung der Rente zum Zeitpunkt t zu

$$PRS_{(t)}^{nE} = JB_{(t)}^{nE} refn\,(r,t) \qquad (213)$$

ableiten (vgl. Formel (48)). Er ergibt sich also durch die Aufzinsung des konstanten Jahresbetrags, der auf der angehobenen Garantieleistung basiert; die Höhe der Pensionsrückstellung wird folglich so berechnet, als ob die erhöhte Garantieleistung $gR_{(t)}^{nE}$ nicht erst im Beobachtungszeitpunkt,[266] sondern bereits zu Beginn des Dienstverhältnisses erteilt worden wäre.[267] Die Gesamtzuführung zum Zeitpunkt t beträgt demnach:

$$zprs_t^{nE} = PRS_{(t)}^{nE} - PRS_{(t-1)}^{nE}$$
$$= JB_{(t)}^{nE} refn\,(r,t) - JB_{(t-1)}^{nE} refn\,(r,t-1)\,. \qquad (214)$$

Damit wird sofort die Lücke zur bisherigen Pensionsrückstellung geschlossen, die auf der ursprunglichen Versorgungsleistung basiert.

$$PRS_t^{vE} = JB_{(t)}^{vE} refn\,(r,t)$$
$$= JB_{(t-1)}^{nE} refn\,(r,t) \qquad (215)$$

Entsprechend ergibt sich die außerplanmäßige Zuführung zu:

$$\Delta zprs_t^{nE} = PRS_t^{nE} - PRS_t^{vE}$$
$$= JB_{(t)}^{nE} refn\,(r,t) - JB_{(t)}^{vE} refn\,(r,t)$$
$$= JB_{(t)}^{nE} refn\,(r,t) - JB_{(t-1)}^{nE} refn\,(r,t)\,. \qquad (216)$$

Zur Bestimmung der Komponente 4 sind darüber hinaus die Zuführungen zur Pensionsrückstellung herzuleiten, die sich ausgehend vom Zeitpunkt t planmäßig für die künftigen Zeitpunkte ergeben. Da der Jahresbetrag nach der Erhöhung der Rente $JB_{(t)}^{nE}$ ist, beläuft sich die planmäßige Pensionsrückstellung zu einem beliebigen künftigen Zeitpunkt τ auf:

$$PRS_{\tau,(t)}^{nE} = JB_{(t)}^{nE} refn\,(r,\tau)\,. \qquad (217)$$

[266] In diesem Fall wird die gebildete Rückstellung nicht erhöht. Vielmehr wird der künftige Jahresbetrag auf Basis der verbleibenden Dauer der Ansparphase neu berechnet.

[267] Man vergleiche *Hör* (2000), S. 30 f., und die entsprechenden Ausführungen bei der Modellierung der Leistungszusage, die nach dem Dienstantritt des Arbeitnehmers erteilt wird (Kapitel 5.5.3.1).

Die planmäßige Zuführung zu diesem Zeitpunkt lässt sich damit zu

$$\begin{aligned} zprs^{nE}_{\tau,(t)} &= PRS^{nE}_{\tau,(t)} - PRS^{nE}_{\tau-1,(t)} \\ &= JB^{nE}_{(t)} refn\,(r,\tau) - JB^{nE}_{(t)} refn\,(r,\tau-1) \\ &= JB^{nE}_{(t)} \,(1+r)^{\tau-1} \end{aligned} \tag{218}$$

berechnen. Der aus diesen künftigen planmäßigen Zuführungen abgeleitete und für das Ende der Ansparphase bewertete Steuervorteil ergibt sich zum Zeitpunkt 2 zu:

$$\begin{aligned} s \sum_{\tau=t+1=3}^{m} zprs^{nE}_{\tau,(t)} \,(1+v_{B,s})^{m-\tau} &= s \sum_{\tau=3}^{m} JB^{nE}_{(t)} \,(1+r)^{\tau-1} \,(1+v_{B,s})^{m-\tau} \\ &= s\,(1+r)^2 \, JB^{nE}_{(2)} \times refn\,(v_{B,s}, r, m-2)\,. \end{aligned} \tag{219}$$

Die Gleichung (210) lässt sich folglich auch schreiben als:

$$\begin{aligned} gDST^{nE}_{m,s,(2)} &= \left[(1-s)\,JDK + s \times JB\right] q^{1}_{\beta,s} \,(1+v_{B,s})^{m-2} + (1-s)\,JDK \times refn\,(v_{B,s}, m-1) \\ &\quad + s\left[JB^{nE}_{(2)} \times refn\,(r,2) - JB^{nE}_{(1)} \times refn\,(r,1)\right](1+v_{B,s})^{m-2} \\ &\quad + s\,(1+r)^2 \, JB^{nE}_{(2)} \times refn\,(v_{B,s}, r, m-2) \\ &= (1-s)\,JDK \times q^{1}_{\beta,s} \,(1+v_{B,s})^{m-2} + (1-s)\,JDK \times refn\,(v_{B,s}, m-1) \\ &\quad + s \times JB \times q_{\beta,s} \,(1+v_{B,s})^{m-2} \\ &\quad + s\left[\frac{gDST_{m,s,(2)}}{rbfn\,(v_{L,eff}, n)} \frac{rbfn\,(r,n)}{refn\,(r,m)} refn\,(r,2) - JB\right](1+v_{B,s})^{m-2} \\ &\quad + s\,(1+r)^2 \frac{gDST_{m,s,(2)}}{rbfn\,(v_{L,eff}, n)} \frac{rbfn\,(r,n)}{refn\,(r,m)} refn\,(v_{B,s}, r, m-2)\,. \end{aligned} \tag{220}$$

$gDST^{nE}_{m,s,(2)}$ steht auf der linken und der rechten Seite dieser Gleichung, sodass darin sehr schön das beschriebene Interdependenzproblem gezeigt wird. Im letzten Rechenschritt kann nun der planmäßige Deckungsstock im Zeitpunkt m, der zur Finanzierung der angepassten Rente notwendig ist, zu

$$gDST^{nE}_{m,s,(2)} = \frac{Z}{N} \tag{221}$$

mit

$$\begin{aligned} Z &= (1-s)\,JDK \times q^{1}_{\beta,s} \,(1+v_{B,s})^{m-2} + (1-s)\,JDK \times refn\,(v_{B,s}, m-1) \\ &\quad + s \times JB \times q_{\beta,s} \,(1+v_{B,s})^{m-2} - s \times JB\,(1+v_{B,s})^{m-2} \end{aligned} \tag{222}$$

und

$$\begin{aligned} N &= 1 - s\frac{rbfn\,(r,n)}{rbfn\,(v_{L,eff}, n)\, refn\,(r,m)} refn\,(r,2)\,(1+v_{B,s})^{m-2} \\ &\quad - (1+r)^2 \frac{rbfn\,(r,n)}{rbfn\,(v_{L,eff}, n)\, refn\,(r,m)} refn\,(v_{B,s}, r, m-2) \end{aligned} \tag{223}$$

berechnet werden. Der Arbeitgeber kann also zum Zeitpunkt 2 die Garantieleistung auf

$$gR_{(2)}^{nE} = \frac{gDST_{m,s,(2)}^{nE}}{rbfn\,(v_{L,eff}, n)} = \frac{Z}{N \times rbfn\,(v_{L,eff}, n)} \tag{224}$$

anheben. Daraus resultiert ein Steuervorteil, der zu einem Deckungsstock nach Anpassung der Garantieleistung in Höhe von

$$\begin{aligned} DST_{2,s}^{nE} &= DST_{2,s}^{vE} + s\left[JB_{(2)}^{nE} refn\,(r,2) - JB \times refn\,(r,2)\right] \\ &= \left[(1-s)\,JDK + s \times JB\right] q_{\beta,s} + (1-s)\,JDK + (1+r)\,JB \\ &\quad + s\left[JB_{(2)}^{nE} refn\,(r,2) - JB \times refn\,(r,2)\right] \end{aligned} \tag{225}$$

führt. Er finanziert bei planmäßigem Verlauf die auf die erzielte Überrendite angepasste Garantieleistung (vgl. Formel (210)[268]). Es gilt daher:

$$DST_{2,s}^{nE} = gDST_{2,s}^{nE}. \tag{226}$$

Die bisherige formale Herleitung wird in der Tabelle 15 für das eingeführte Beispiel erläutert (vgl. auch Tabelle 14).

Der Deckungsstock verzinst sich in der Periode 2 mit einer Rendite in Höhe von 6 %, deren steuerpflichtiger Anteil 50 % beträgt. Dem Arbeitgeber steht somit ein Deckungsstock in Höhe von $1,8310$ zur Verfügung. Zur Finanzierung der Garantierente reicht allerdings ein solcher von $1,80$ aus. Falls der Arbeitgeber den bisherigen Garantiezins in Höhe von $v_{B,s} = v_{L,s} = 1,65$ % für die restliche Laufzeit beibehalten möchte, passt er die Garantierente auf die erzielte Nachsteuerüberrendite an. Durch die Herleitung des Deckungsstocks am Ende der Ansparphase, der sich nach der Erhöhung der Garantieleistung zu

$$gDST_{37,s,(2)}^{nE} = \frac{Z}{N} = 62,33$$

mit

$$\begin{aligned} Z &= 0,725 \times 1,048 \times 1,0165^{35} + 0,725 \times refn\,(0,0165;36) \\ &\quad + 0,4 \times 0,41 \times 1,048 \times 1,0165^{35} - 0,4 \times 0,41 \times 1,0165^{35} \\ &= 36,63 \end{aligned}$$

und

$$N = 1 - 0,4 \frac{rbfn\,(0,06;18)}{rbfn\,(0,0376;18)\,refn\,(0,06;37)} refn\,(0,06;2)\,1,0165^{35}$$

[268] Darin ist die Summe aus den Komponenten 1 und 2 nichts anderes als der Deckungsstock bzw. der planmäßige Deckungsstock nach Erhöhung der Garantieleistung.

Tabelle 15: Erhöhung der Garantieleistung zum Zeitpunkt 2 für den Standardfall mit $i = 6\,\%$ und $\beta = 50\,\%$ bei der Strategie 2

t	1	2
Deckungsstock vor Steuern und Erhöhung		
DST[nS][t-1]	0,00	0,89
JDK	1,21	1,21
i*DST[nS][t-1]	0,00	0,053
zdst[vS][t]	1,21	1,26
Pensionsrückstellung vor Erhöhung		
PRS[t-1]	0,00	0,41
JB	0,410	0,410
r*PRS[t-1]	0,00	0,02
zprs[t]	0,41	0,435
PRS[t]	0,41	0,85
Deckungsstock nach Steuern und vor Erhöhung		
(1-s)JDK	0,73	0,73
s*β*i*DST[nS][t-1]	0,00	0,01
(1-s*β)i*DST[nS][t-1]	0,00	0,04
zdst[nS][t]	0,73	0,77
s*zprs[t]	0,16	0,1740
DST[nS,vE][t]	0,89	1,8310
gDST[nS,vE][t]	0,89	1,80
Pensionsrückstellung nach Erhöhung		
gR[nE][t]	4,823	4,829
JB[nE]	0,410	0,411
PRS[nE][t] = PRS[t]	0,410	0,846
zprs[nE[t]	0,410	0,436
Deckungsstock nach Steuern und Erhöhung		
s*zprs[nE][t]	0,16	0,1744
DST[nS,nE][t] = DST[nS][t]	0,89	1,8314

t	3	20	30	37
Deckungsstock vor Steuern				
DST[nS][t-1]	1,831	22,34	41,13	59,28
JDK	1,21	1,21	1,21	1,21
v*DST[nS][t-1]	0,050	0,61	1,13	1,63
zdst[vS][t]	1,26	1,82	2,34	2,84
Pensionsrückstellung				
PRS[t-1]	0,85	13,87	30,26	48,94
JB	0,411	0,411	0,411	0,411
r*PRS[t-1]	0,05	0,83	1,82	2,94
zprs[t]	0,46	1,24	2,23	3,35
PRS[t]	1,31	15,11	32,48	52,29
Deckungsstock nach Steuern				
(1-s)JDK	0,73	0,73	0,73	0,73
s*v*DST[nS][t-1]	0,02	0,25	0,45	0,65
v(1-s)DST[nS][t-1]	0,03	0,37	0,68	0,98
zdst[nS][t]	0,76	1,09	1,40	1,70
s*zprs[t]	0,18	0,50	0,89	1,34
DST[nS][t]	2,77	23,93	43,43	62,33
gDST[nS][t]	2,77	23,93	43,43	62,33

$$- (1+r)^2 \frac{rbfn\,(0,06;18)}{rbfn\,(0,0376;18)\,refn\,(0,06;37)} refn\,(0,0165;0,06;35)$$

$$= 0,588$$

ergibt, kann die angepasste Garantierente zu

$$gR^{nE}_{(2)} = \frac{gDST^{nE}_{37,s,(2)}}{rbfn\,(v_{L,eff}, n)} = \frac{62,33}{rbfn\,(0,0376;18)} = 4,829$$

bestimmt werden. Der konstante Jahresbetrag zur Pensionsrückstellung, der für die gesamte Ansparphase bei planmäßigem Verlauf nunmehr gültig ist, beträgt $0,411$. Die Pensionsrückstellung beläuft sich somit auf $0,411 \times refn\,(0,06;2) = 0,846$ und der Deckungsstock ergibt sich zu 1,8314. Wie die Tabelle aufzeigt, reicht dieser bei planmäßigem Verlauf aus, um den garantierten Deckungsstock am Ende der Ansparphase in der berechneten Höhe von 62,33 zu erreichen. Der aufgebaute Deckungsstock entspricht damit – wie notwendig – dem nunmehr planmäßigen Deckungsstock.

In jeder weiteren Periode der Ansparphase stellt sich allerdings nicht die Garantierendite, sondern eine Verzinsung in der angeführten Höhe ($i = 6$ %, $\beta = 50$ %) ein. Die Garantieleistung wird somit vom Arbeitgeber permanent auf die in der jeweiligen Vorperiode erwirtschaftete Nachsteuerüberrendite angehoben. Der zu einem bestimmten Zeitpunkt t nach der Erhöhung der Garantieleistung planmäßige Deckungsstock am Ende der Ansparphase $gDST^{nE}_{m,s,(t)}$ lässt sich in Analogie zur Anpassung im Zeitpunkt 2 herleiten. Bis t haben sich die Nettobeiträge (1) und die Zuführungen zur Pensionsrückstellung[269] (2) mit $i_{\beta,s}$ verzinst; beide werden zusammen mit den zu diesem Zeitpunkt künftigen Nettobeiträgen (3) und planungsmäßigen Zuführungen (4) auf das Ende der Ansparphase mit der garantierten Nachsteuerrendite $v_{B,s}$ aufgezinst.

$$
\begin{aligned}
gDST^{nE}_{m,s,(t)} = {} & \overbrace{\sum_{\tau=1}^{t} (1-s)\, JDK \times q_{\beta,s}^{t-\tau} \left(1+v_{B,s}\right)^{m-t}}^{(1)} \\
& + \overbrace{s \sum_{\tau=1}^{t-1} zprs^{nE}_{\tau,(\tau)} \times q_{\beta,s}^{t-\tau} \left(1+v_{B,s}\right)^{m-t} + s \times zprs^{nE}_{t} \left(1+v_{B,s}\right)^{m-t}}^{(2)} \\
& + \overbrace{\sum_{\tau=t+1}^{m} (1-s)\, JDK \left(1+v_{B,s}\right)^{m-\tau}}^{(3)} + \overbrace{s \sum_{\tau=t+1}^{m} zprs^{nE}_{\tau,(t)} \left(1+v_{B,s}\right)^{m-\tau}}^{(4)} \\
= {} & (1-s)\, JDK \times refn\left(i_{\beta,s}, t\right) \left(1+v_{B,s}\right)^{m-t} + (1-s)\, JDK \times refn\left(v_{B,s}, m-t\right) \\
& + s \sum_{\tau=1}^{t-1} zprs^{nE}_{\tau,(\tau)} \times q_{\beta,s}^{t-\tau} \left(1+v_{B,s}\right)^{m-t} \\
& + s \left[\frac{gDST^{nE}_{m,s,(t)}}{rbfn\left(v_{L,eff}, n\right)} \frac{rbfn\,(r,n)}{refn\,(r,m)} refn\,(r,t) - JB^{nE}_{(t-1)} refn\,(r,t-1) \right] \left(1+v_{B,s}\right)^{m-t} \\
& + s\,(1+r)^{t} \frac{gDST^{nE}_{m,s,(t)}}{rbfn\left(v_{L,eff}, n\right)} \frac{rbfn\,(r,n)}{refn\,(r,m)} refn\left(v_{B,s}, r, m-t\right) \qquad (227)
\end{aligned}
$$

Damit kann der Deckungsstock, der nach der Erhöhung der Garantieleistung im Zeitpunkt t zu ihrer Finanzierung am Ende der Ansparphase notwendig ist, zu

$$
gDST^{nE}_{m,s,(t)} = \frac{Z}{N} \qquad (228)
$$

[269] Da hier der Zeitpunkt τ vor dem Beobachtungszeitpunkt t liegt, leitet sich die Zuführung nicht von der Garantieleistung des Beobachtungszeitpunkts t, sondern von der Garantieleistung $R^{nE}_{(\tau)}$ ab, die zu diesem Zeitpunkt gültig war. In Analogie zur eingeführten Schreibweise wird die Zuführung daher mit $zprs^{nE}_{\tau,(\tau)}$ bezeichnet.

mit

$$Z = (1-s)\,JDK \times refn\,(i_{\beta,s}, t)\,(1+v_{B,s})^{m-t} + (1-s)\,JDK \times refn\,(v_{B,s}, m-t)$$
$$+ s \sum_{\tau=1}^{t-1} zprs_t \times q_{\beta,s}^{t-\tau}\,(1+v_{B,s})^{m-t} - s \times JB_{(t-1)}^{nE} refn\,(r, t-1)\,(1+v_{B,s})^{m-t} \tag{229}$$

und

$$N = 1 - s\frac{rbfn\,(r,n)}{rbfn\,(v_{L,eff}, n)\, refn\,(r,m)} refn\,(r,t)\,(1+v_{B,s})^{m-t}$$
$$- s\,(1+r)^t \frac{rbfn\,(r,n)}{rbfn\,(v_{L,eff}, n)\, refn\,(r,m)} refn\,(v_{B,s}, r, m-t) \tag{230}$$

berechnet werden. Die folglich gültige Garantieleistung lässt sich auf Basis dieses Deckungsstocks aus Formel (209) ableiten.

Aus der Tabelle 16 ist die Entwicklung des Deckungsstocks und der Pensionsrückstellung der Ansparphase für das eingeführte Beispiel (Standardfall, $i = 6$ %, $\beta = 50$ %) zu entnehmen. Die Erläuterung bis zum Zeitpunkt 2 wurde bereits vorgenommen (vgl. Tabelle 15). Die ab diesem Zeitpunkt gültige Garantierente beträgt $4,829$ und der entsprechende Jahresbetrag $0,411$. Da die erwirtschaftete höher als die planmäßige Nachsteuerverzinsung ist, wird zu jedem Zeitpunkt die Garantierente erhöht. Damit geht ein außerplanmäßiger Steuervorteil einher, der den Deckungsstock zusätzlich anwachsen lässt.

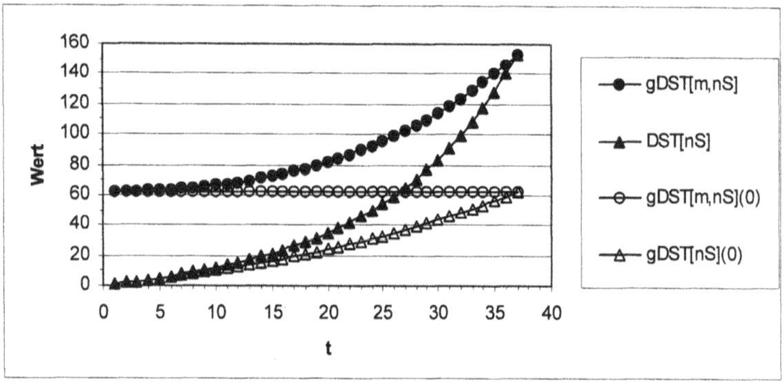

Abbildung 25: Verlauf der Ansparphase für den Standardfall mit $i = 6$ % und $\beta = 50$ % bei der Strategie 2

Abbildung 25 veranschaulicht die Entwicklung des Deckungsstocks (DST[nS]) und den Verlauf des zum Zeitpunkt t planmäßigen Deckungsstocks am Ende der Ansparphase (gDST[m,nS]), der sich in einer entsprechenden Garantierente widerspiegelt (vgl. Formel (209)). Eingefügt in

Tabelle 16: Entwicklung des Deckungsstocks und der Pensionsrückstellung für den Standardfall mit $i = 6\,\%$ und $\beta = 50\,\%$ bei der Strategie 2

t	1	2	10	15	20	25	30	35	37
Deckungsstock vor Steuern und Erhöhung									
DST[nS][t-1]	0,00	0,89	10,29	19,12	31,59	49,66	76,55	117,68	140,02
JDK	1,21	1,21	1,21	1,21	1,21	1,21	1,21	1,21	1,21
i*DST[nS][t-1]	0,00	0,05	0,62	1,15	1,90	2,98	4,59	7,06	8,40
zdst[vS][t]	1,21	1,26	1,83	2,36	3,10	4,19	5,80	8,27	9,61
Pensionsrückstellung vor Erhöhung									
PRS[t-1]	0,00	0,41	4,96	9,82	17,70	30,86	53,29	92,10	114,80
R[vE][t]	4,823	4,823	5,07	5,49	6,16	7,14	8,51	10,39	11,33
JB[vE]	0,410	0,410	0,43	0,47	0,52	0,61	0,72	0,88	0,96
r*PRS[t-1]	0,00	0,02	0,30	0,59	1,06	1,85	3,20	5,53	6,89
zprs[vE][t]	0,41	0,43	0,73	1,06	1,59	2,46	3,92	6,41	7,85
PRS[vE][t]	0,410	0,845	5,69	10,88	19,28	33,31	57,21	98,51	122,65
Deckungsstock nach Steuern und vor Erhöhung									
s*β*i*DST[nS][t-1]	0,00	0,01	0,12	0,23	0,38	0,60	0,92	1,41	1,68
(1-s*β)*i*DST[nS][t-1]	0,00	0,04	0,49	0,92	1,52	2,38	3,67	5,65	6,72
zdst[nS][t]	0,73	0,77	1,22	1,64	2,24	3,11	4,40	6,37	7,45
s*zprs[vE][t]	0,16	0,17	0,29	0,42	0,63	0,98	1,57	2,56	3,14
DST[nS,vE][t]	0,889	1,831	11,80	21,18	34,47	53,76	82,52	126,62	150,61
gDST[nS][t]	0,89	1,80	11,47	20,58	33,47	52,19	80,11	122,91	146,20
Pensionsrückstellung nach Erhöhung									
gR[nE][t]	4,823	4,829	5,14	5,61	6,33	7,38	8,84	10,84	11,84
JB[nE][t]	0,410	0,410	0,44	0,48	0,54	0,63	0,75	0,92	1,01
PRS[nE][t] = PRS[t]	0,410	0,846	5,76	11,10	19,81	34,43	59,44	102,81	128,22
zprs[nE][t]	0,410	0,436	0,80	1,28	2,11	3,57	6,15	10,71	13,42
Deckungsstock nach Steuern und Erhöhung									
s*zprs[nE][t]	0,16	0,17	0,32	0,51	0,85	1,43	2,46	4,28	5,37
DST[nS,nE][t] = DST[nS][t]	0,889	1,831	11,83	21,27	34,68	54,20	83,41	128,34	152,83

die Abbildung ist zum einen der Deckungsstock, der die ursprünglich im Zeitpunkt 0 garantierte Leistung zu einem beliebigen Zeitpunkt planmäßig finanziert (gDST[nS](0)). Zum anderen ist für alle Beobachtungszeitpunkte t der für das Ende der Ansparphase ursprünglich in $t = 0$ garantierte Deckungsstock abgetragen (gDST[m,nS](0)). Da die Garantierente permanent an die erwirtschafteten Überschüsse angepasst wird, ergibt sich schließlich am Ende der Ansparphase ein Deckungsstock in Höhe von $152,83$, der zur Finanzierung der nunmehr garantierten Rente in Höhe von $11,84$ zur Verfügung steht. Gegenüber der Strategie 1, bei der die Anhebung der Garantierente erst am Ende der Ansparphase vorgenommen wird, führt ihre permanente Anpassung zu einem um $152,83/135,79 - 1 = 12,55$ % höheren Deckungsstock. Dies beruht ausschließlich darauf, dass durch ihre im Zeitablauf frühere Anpassung ein höherer Steuervorteil induziert wird. Allerdings steht dem Arbeitgeber kein Reservepolster während der Ansparphase zur Verfügung. Vielmehr muss er bis zu ihrem Ende den Nachsteuergarantiezins von $v_s =$

1,65 % erwirtschaften, während bei der Strategie 1 der für den Zeitpunkt $m = 37$ garantierte Deckungsstock bereits im Zeitpunkt 29 aufgebaut ist.

6.3.4.3 Periodische Anpassung der Garantieleistung an die steuerlich induzierte Überrendite nach Steuern

Ein korrekter Vergleich der Vorteilhaftigkeit von internem und externem Pensionsfonds setzt voraus, dass der Arbeitgeber bei beiden Durchführungswegen dasselbe Nachschussrisiko trägt. Da der externe Pensionsfonds vom Arbeitgeber Nachschusszahlungen verlangt, soweit eine Deckungslücke besteht, liegt diese Gleichheit genau dann vor, wenn die zur Finanzierung der Garantieleistung notwendige Nachsteuerverzinsung zu jedem Zeitpunkt der Zusage bei beiden Pensionsfonds identisch ist.

Da der externe Pensionsfonds Überschüsse ohnehin durch die Bildung einer retrospektiven Deckungsrückstellung steuerfrei vereinnahmt, ist eine Erhöhung der Garantieleistung aus steuerlichen Gründen nicht zu erwägen. Er passt daher die Garantieleistung nicht auf bereits erzielte Überschüsse an, sodass diese als Reserve dienen können. Sie senken entsprechend die für die restliche Ansparphase zur Finanzierung der Garantierente notwendige Nachsteuerverzinsung, die somit unter der Rendite $v_{B,s}$ liegen kann. Anders verhält sich dies beim internen Pensionsfonds. Dem Arbeitgeber steht hierbei nur die Möglichkeit einer prospektiven Rückstellungsbildung nach § 6a EStG offen, die von der Höhe der Garantieleistung abhängt. Je früher er daher diese erhöht, desto höher fällt der Steuervorteil aus. Für ihn besteht somit der Anreiz, die Garantieleistung laufend auf die erzielten Überschüsse nach Steuern anzupassen, um die maximale Steuerentlastung vom Fiskus zu erhalten.[270] Für deren kostenfreie Finanzierung muss der Deckungsstock dann eine Durchschnittsrendite nach Steuern in Höhe von $v_{B,s}$ im weiteren Verlauf der Ansparphase erwirtschaften. Ein auf dieser Anpassungsstrategie basierender Vergleich mit dem externen Pensionsfonds verbietet sich folglich, weil der Arbeitgeber bei der internen Lösung ein höheres Nachschussrisiko trägt.

Die andere Strategie, eine Erhöhung der Garantieleistung am Ende der Ansparphase um die erzielte Nachsteuerrendite vorzunehmen, lässt allerdings auch keinen korrekten Vergleich zu. Dies ist darauf zurückzuführen, dass Erträge des internen Pensionsfonds zumindest teilweise steuerbefreit sind, während sie beim externen Pensionsfonds voll steuerpflichtig sind. Die Nachsteuerrendite des internen ist somit höher als die des externen Pensionsfonds, wenn beide dieselbe Vorsteuerrendite erzielen.

$$\Delta i_s = i_{\beta,s} - i_s = i\,(1 - \beta s) - i\,(1 - s) = is\,(1 - \beta) \qquad (231)$$

Als dritte Strategie wird daher eine periodische Erhöhung der Garantierente auf die durch die sachliche Steuerbefreiung der Anlageerträge in Höhe von $1 - \beta$ induzierte Überrendite nach Steuern modelliert, die kurz als steuerlich induzierte Überrendite bezeichnet wird. Da somit die zur Finanzierung dieser Leistungen zukünftig zu erwirtschaftende Verzinsung bei beiden (na-

[270] Vgl. Fn. 258.

hezu) identisch ist, wird ihr Vergleich auf Basis dieser Anpassungsstrategie vorgenommen.[271] Wenn man sie mit den Strategien 1 und 2 vergleicht, so stellt sie eine Mischung aus ihnen dar: Während bei der zweiten Strategie die Garantieleistung permanent auf die gesamten Überschüsse nach Steuern erhöht wird, wird sie bei dieser zunächst ausschließlich auf die durch die sachliche Steuerbefreiung induzierten Überschüsse nach Steuern angepasst. Am Ende der Ansparphase verbleiben dann die Überschüsse nach Steuern, die auf der höheren Vorsteuerrendite beruhen. Die anschließende Anhebung der Garantieleistung umfasst daher im Gegensatz zur ersten Strategie die bereits zuvor dafür genutzten steuerlich induzierten Überschüsse nicht.

Der Arbeitgeber erhöht die Garantieleistung periodisch auf die steuerlich induzierte Nachsteuerüberverzinsung in Höhe von:

$$z_{B,s} = v_{B,s} + \Delta i_s = v_{B,s} + is\,(1-\beta)\,. \tag{232}$$

Analog zur Strategie 2 beträgt der planmäßige Deckungsstock am Ende der Ansparphase nach der Erhöhung der Garantieleistung zum Zeitpunkt 2

$$gDST^{nE}_{m,s,(2)} = \frac{Z}{N} \tag{233}$$

mit

$$\begin{aligned} Z &= (1-s)\,JDK\,(1+z_{B,s})\,(1+v_{B,s})^{m-2} + (1-s)\,JDK \times refn\,(v_{B,s}, m-1) \\ &\quad + s \times JB\,(1+z_{B,s})\,(1+v_{B,s})^{m-2} - s \times JB\,(1+v_{B,s})^{m-2} \end{aligned} \tag{234}$$

und

$$\begin{aligned} N &= 1 - s\frac{rbfn\,(r,n)}{rbfn\,(v_{L,eff},n)\,refn\,(r,m)} refn\,(r,2)\,(1+v_{B,s})^{m-2} \\ &\quad - (1+r)^2\,\frac{rbfn\,(r,n)}{rbfn\,(v_{L,eff},n)\,refn\,(r,m)} refn\,(v_{B,s},r,m-2)\,. \end{aligned} \tag{235}$$

Gegenüber der für die Strategie 2 abgeleiteten Formel (221) ist die Anpassung der Garantieleistung auf $i_{\beta,s}$ durch $z_{B,s}$ zu ersetzen, womit sich im Vergleich dazu lediglich der Zähler des Quotients unterscheidet.

Bis zum Ende der Ansparphase wird die Garantieleistung periodisch an die durch die sachliche Steuerbefreiung der Anlageerträge erzielte Nachsteuerüberrendite angepasst. Der zum Zeitpunkt t nach Erhöhung der Garantieleistung planmäßige Deckungsstock am Ende der Ansparphase beträgt demnach (vgl. Gleichung 228)

$$gDST^{nE}_{m,s,(t)} = \frac{Z}{N} \tag{236}$$

[271] Deckungsgleich wäre die zu erwirtschaftende Verzinsung genau für den Fall, dass der Rechnungszins der Pensionsrückstellung dem Garantiezins der Mindestleistung entspricht. So ergibt sich eine marginale Begünstigung des internen Pensionsfonds.

mit

$$Z = (1-s)\, JDK \times refn\,(z_{B,s}, t)\,(1+v_{B,s})^{m-t} + (1-s)\, JDK \times refn\,(v_{B,s}, m-t)$$
$$+ s \sum_{\tau=1}^{t-1} zprs_t\,(1+z_{B,s})^{t-\tau}\,(1+v_{B,s})^{m-t} - s \times JB_{(t-1)}^{nE} refn\,(r, t-1)\,(1+v_{B,s})^{m-t} \qquad (237)$$

und

$$N = 1 - s\frac{rbfn\,(r,n)}{rbfn\,(v_{L,eff}, n)\, refn\,(r,m)} refn\,(r,t)\,(1+v_{B,s})^{m-t}$$
$$- s\,(1+r)^t \frac{rbfn\,(r,n)}{rbfn\,(v_{L,eff}, n)\, refn\,(r,m)} refn\,(v_{B,s}, r, m-t)\,. \qquad (238)$$

Am Ende der Ansparphase wird dann noch zusätzlich die Garantieleistung auf die erzielten Überschüsse angepasst, die auf der Überverzinsung vor Steuern beruhen. In Analogie zu Formel (196) ergibt sich dann der Deckungsstock zu

$$DST_{m,s}^{nE} = \frac{1}{1 - s\frac{rbfn(r,n)}{rbfn\left(v_{L,eff}, n\right)}} \left[DST_{m,s}^{vE} - s\frac{rbfn\,(r,n)}{rbfn\,(v_{L,eff}, n)} gDST_{m,s,(m-1)}^{nE} \right], \qquad (239)$$

wobei $gDST_{m,s,(m-1)}^{nE}$ den planmäßigen Deckungsstock bezeichnet, der die zum Zeitpunkt $m-1$ angehobene Garantieleistung finanziert.

Um diese formale Ableitung zu verdeutlichen, wird sie anhand des eingeführten Beispiels erklärt (vgl. Tabelle 17). Da der Deckungsstock des internen Pensionsfonds eine Nachsteuerrendite in Höhe von $i\,(1-\beta s) = 4{,}80$ % erzielt, beträgt er im Zeitpunkt 2 nicht wie planmäßig 1, 80, sondern 1, 8310. Der externe Pensionsfonds erzielt dagegen eine voll steuerpflichtige Rendite von 6 %, die sich nach Steuern auf $i\,(1-s) = 3{,}60$ % beläuft. Die garantierte Leistung wird daher auf die in der letzten Periode steuerlich induzierte Überrendite von $i\,(1-\beta s) - i\,(1-s) = is\,(1-\beta) = 1{,}20$ % angepasst. Danach beträgt der planmäßige Deckungsstock am Ende der Ansparphase (vgl. Formel (233)):

$$gDST_{37,s,(2)}^{nE} = \frac{36{,}595}{0{,}5876} = 62{,}27.$$

Im Verlauf der Ansparphase erwirtschaftet der Deckungsstock weiterhin die Rendite in Höhe von $i_{\beta,s} = 4{,}80$ %. Durch die periodische Erhöhung der Garantieleistung auf die steuerlich induzierten Überschüsse beziffert er sich am Ende der Ansparphase auf 122, 23.
Da für die Finanzierung der zu diesem Zeitpunkt garantierten Rentenleistung von $gR_{(37)}^{vE} = gR_{(36)}^{nE} = 6{,}61$ lediglich ein solcher von $gR_{(36)}^{nE} \times rbfn\,(v_{L,eff}, n) = 6{,}61 \times rbfn\,(0{,}0376; 18) = 85{,}32$ notwendig ist, kann der Arbeitgeber sie auf

$$gR_{(37)}^{nE} = \frac{DST_{m,s,(m)}^{nE}}{rbfn\,(v_{L,eff}, n)} = \frac{DST_{37,s,(37)}^{nE}}{rbfn\,(0{,}0376; 18)} = 10{,}92$$

Tabelle 17: Entwicklung des Deckungsstocks und der Pensionsrückstellung für den Standardfall mit $i = 6\,\%$ und $\beta = 50\,\%$ bei der Strategie 3

t	1	2	10	15	20	25	30	35	37
Deckungsstock vor Steuern und Erhöhung									
DST[nS][t-1]	0,00	0,89	10,22	18,76	30,37	46,28	68,23	98,78	114,20
JDK	1,21	1,21	1,21	1,21	1,21	1,21	1,21	1,21	1,21
i*DST[nS][t-1]	0,00	0,05	0,61	1,13	1,82	2,78	4,09	5,93	6,85
zdst[vS][t]	1,21	1,26	1,82	2,33	3,03	3,99	5,30	7,14	8,06
Pensionsrückstellung vor Erhöhung									
PRS[t-1]	0,00	0,41	4,80	9,04	15,14	24,03	37,16	56,69	67,00
R[vE][t]	4,8228	4,8228	4,91	5,06	5,27	5,56	5,93	6,40	6,61
JB[vE]	0,410	0,410	0,42	0,43	0,45	0,47	0,50	0,54	0,56
r*PRS[t-1]	0,00	0,02	0,29	0,54	0,91	1,44	2,23	3,40	4,02
zprs[vE][t]	0,41	0,4349	0,71	0,97	1,36	1,91	2,73	3,95	4,58
PRS[vE][t]	0,410	0,845	5,51	10,01	16,49	25,95	39,89	60,64	71,58
Deckungsstock nach Steuern und vor Erhöhung									
s*β*i*DST[nS][t-1]	0,00	0,01	0,12	0,23	0,36	0,56	0,82	1,19	1,37
(1-s*β)*i*DST[nS][t-1]	0,00	0,04	0,49	0,90	1,46	2,22	3,28	4,74	5,48
zdst[nS][t]	0,73	0,74	0,85	0,95	1,09	1,28	1,54	1,91	2,10
s*zprs[vE][t]	0,16	0,17	0,28	0,39	0,54	0,77	1,09	1,58	1,83
DST[nS,vE][t]	0,89	1,8310	11,72	20,78	33,10	49,99	73,33	105,83	122,23
Pensionsrückstellung nach Erhöhung									
R[nE][t]	4,823	4,825	4,94	5,09	5,32	5,63	6,02	6,50	10,92
JB[nE]	0,410	0,4105	0,42	0,43	0,45	0,48	0,51	0,55	0,93
PRS[nE][t] = PRS[t]	0,410	0,846	5,54	10,09	16,65	26,26	40,47	61,64	118,19
zprs[nE][t]	0,410	0,4354	0,73	1,05	1,52	2,23	3,31	4,94	51,19
Deckungsstock nach Steuern und Erhöhung									
s*zprs[nE][t]	0,16	0,17	0,29	0,42	0,61	0,89	1,32	1,98	20,48
DST[nS,nE][t] = DST[nS][t]	0,8892	1,8311	11,73	20,81	33,16	50,12	73,55	106,23	140,88

anheben. Sie wird planmäßig gedeckt durch den Deckungsstock in Höhe von:

$$\begin{aligned} DST^{nE}_{37,s} &= \frac{1}{1 - s\frac{rbfn(0{,}06;18)}{rbfn(0{,}0376;18)}} \left[DST^{vE}_{37,s} - s\frac{rbfn\,(0,06;18)}{rbfn\,(v_{L,eff},n)} gDST^{nE}_{37,s,(36)} \right] \\ &= \frac{1}{1 - 0,4\frac{10,83}{12,91}} \left(122,23 - 0,4\frac{10,83}{12,91} 85,32 \right) \\ &= 140,88. \end{aligned}$$

Abbildung 26 veranschaulicht den Verlauf der Ansparphase. Vergleicht man sie mit den entsprechenden Abbildungen der anderen beiden Anpassungsstrategien, so wird dadurch die angesprochene Grundproblematik zwischen dem Steuervorteil der Pensionszusage und dem Nachschussrisiko des Arbeitgebers visualisiert. Da die Strategie 3 ein gegenüber der Strategie 1 höheres bzw. gegenüber der Strategie 2 niedrigeres Risiko impliziert – dies erkennt man aus

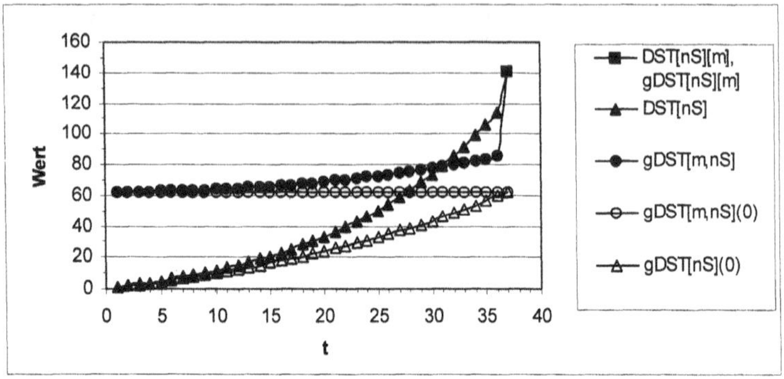

Abbildung 26: Verlauf der Ansparphase für den Standardfall mit $i = 6$ % und $\beta = 50$ % bei der Strategie 3

dem Vergleich der darin dargestellten strategienabhängigen Verläufe des am Ende der Ansparphase planmäßigen Deckungsstocks (gDST[m,nS]) –, führt sie gegenüber der Strategie 1 bzw. Strategie 2 zu einem niedrigeren bzw. höheren Steuervorteil. Daher ist der Deckungsstock der Strategie 3 um $140,88/135,79 - 1 = 3,75$ % höher bzw. um $1 - 152,83/140,88 = 8,48$ % niedriger als der Deckungsstock der Strategie 1 bzw. 2.

6.3.5 Erzielung einer Überrendite in der Rentenphase

6.3.5.1 Vorüberlegungen

In der Rentenphase werden die Überschüsse des Deckungsstocks – wie schon in der Ansparphase – auf den Arbeitnehmer übertragen, weil der Arbeitgeber bei diesem Leistungssystem keine Mehr- oder Minderkosten tragen soll. Da die Berechnung der überschussbeteiligten Rente durchaus mit Schwierigkeiten verbunden ist, wird anhand eines Einführungsbeispiels ein Grundverständnis für ihre Berechnung entwickelt. In diesem werden zunächst Steuern nicht berücksichtigt.

Nach Ablauf der Ansparphase besteht ein (fiktiver) Deckungsstock in Höhe von $DST_m = 100$. Der Arbeitgeber garantiert eine Durchschnittsverzinsung der Rentenphase in Höhe von $r = 6$ %. Die Garantierente beträgt damit:

$$gR = DST_m \frac{1}{rbfn\,(r,n)} = \frac{100}{rbfn\,(0,06;18)} = 9,24. \tag{240}$$

Rechnungsmäßig ergibt sich daher nach der ersten Rentenzahlung zum Zeitpunkt $m+1$ ein Deckungsstock in Höhe von:

$$DST_m\,(1+r) - gR = 106 - 9,24 = 96,76. \tag{241}$$

Nun stellt sich allerdings in der ersten Periode der Rentenphase eine Verzinsung in Höhe von $i = 10$ % ein. Damit fallen Überschüsse in Höhe von

$$DST_m (1 + i) - DST_m (1 + r) = 10 - 6 = 4 \tag{242}$$

an, die dem Pensionsberechtigten zustehen. Der Arbeitgeber leistet daher eine überschussbeteiligte Rente in Höhe von

$$R_{m+1}^{nE} = DST_m \frac{1}{rbfn\,(i, n)} = 12,19, \tag{243}$$

die so berechnet wird, als gelte der in der vergangenen Periode erwirtschaftete Zinssatz von 10 % für die gesamte Restdauer der Rentenphase. Der Deckungsstock zum Zeitpunkt $m + 1$ beträgt nach Auszahlung der überschussbeteiligten Rente:

$$\begin{aligned} DST_{m+1}^{nE} &= (1 + i)\, DST_m - R_{m+1}^{nE} \\ &= 110 - 12,19 = 97,81. \end{aligned} \tag{244}$$

Er ist damit zum Zeitpunkt $m + 1$ um $97,81 - 96,76 = 1,04$ höher als der für die Finanzierung der Garantierente rechnungsmäßige Deckungsstock. Die Ursache hierfür ist in der Zahlung einer konstanten Rente für eine konstante Verzinsung zu finden. Sie setzt eine Glättung der erwirtschafteten Überschüsse über die Laufzeit voraus, weil mit fortschreitender Dauer der Rentenphase durch die Abnahme des Deckungsstockvolumens bei einer konstanten Verzinsung weniger Überschüsse erzielt werden. Folglich wird nicht die Grundrente in Höhe von 9,24 plus der angefallene Überschuss in Höhe von 4 als Gesamtrente ausbezahlt, sondern ein Teil davon, der – wie bereits zuvor abgeleitet wurde –

$$(i - r)\, DST_m - \left(R_{m+1}^{nE} - gR\right) = (10 - 6) - (12,19 - 9,24) = 1,04 \tag{245}$$

beträgt, verbleibt zunächst im Deckungsstock. Sollte der Arbeitgeber die Garantierendite v_L auch für die verbleibende Dauer der Rentenphase garantieren, so kann er die Garantierente der Folgeperioden $\tau > m + 1$ wegen des einbehaltenen Überschussanteils auf

$$R_\tau = DST_{m+1}^{nE} \frac{1}{rbfn\,(r, n - 1)} = 9,34 \tag{246}$$

erhöhen. Für ihre Leistung muss der Deckungsstock danach allerdings die ursprünglich auf die gesamte Rentenphase ausgelegte Garantieverzinsung von $r = 6$ % erreichen.
Bezieht man nun Steuern in die Modellierung mit ein, so besteht in der Rentenphase dieselbe Problematik wie in der Ansparphase: Die frühzeitige Erhöhung künftiger, garantierter Rentenzahlungen führt auf der einen Seite zu einem höheren Steuervorteil, auf der anderen Seite steigt dadurch das Risiko des Arbeitgebers, Nachschussverpflichtungen nachkommen zu müssen. Grundsätzlich müsste man daher auch die Rentenphase nach der Anpassungsstrategie der

Garantierente an die erzielten Überschüsse modellieren. Da allerdings im Gegensatz zur Ansparphase durch die Auszahlung einer überschussbeteiligten Rente nicht der gesamte Überschuss, sondern nur der zur Glättung der Rente notwendige Anteil im Deckungsstock verbleibt, führt die Erhöhung der Garantierente darauf zu einem geringfügig höheren Steuervorteil.[272] Eine Differenzierung nach der Anpassungsstrategie unterbleibt daher. Vielmehr wird aufgrund der einfacheren Implementierung in das Kalkül die ursprüngliche auch als künftige Garantieleistung beibehalten.

6.3.5.2 Modellierung

Mit diesen Vorüberlegungen kann nun die Rentenphase modelliert werden.
Die Garantierente beträgt während der gesamten Rentenphase

$$gR_m = \frac{DST_m}{rbfn(v_{L,eff}, n)}, \tag{247}$$

wobei die konkrete Höhe des Deckungsstocks DST_m von der Verzinsung in der Ansparphase und der darin vom Arbeitgeber gewählten Anpassungsstrategie abhängig ist. Die Pensionsrückstellung beläuft sich entsprechend zu Beginn der Rentenphase im Zeitpunkt m auf:

$$\begin{aligned} PRS_m &= gR_m \times rbfn(r, n) \\ &= DST_m \frac{rbfn(r, n)}{rbfn(v_{L,eff}, n)}. \end{aligned} \tag{248}$$

Zwischen den Zeitpunkten m und $m + 1$ verzinst sich der Deckungsstock mit einer Rendite nach Steuern von $i_{\beta,s}$. Da sich somit eine höhere als die kalkulierte Verzinsung eingestellt hat, ist die überschussbeteiligte Rentenhöhe herzuleiten, aus deren Leistung der Arbeitgeber selbst keine Mehr- oder Minderkosten trägt. Da ihre außerplanmäßige Auszahlung durch den damit verbundenen höheren Steuervorteil mitfinanziert wird, besteht auch in der Rentenphase das schon aus der Modellierung der Ansparphase bekannte Interdependenzproblem. Es wird nach dem dort angeführten 2. Rechenweg gelöst, weswegen zunächst allgemein die auf die Nachsteuerüberrendite in Höhe von $i_{\beta,s}$ angepasste Rentenhöhe

$$R^{nE}_{m+1} = DST_m \frac{1}{rbfn(i_{eff}, n)} \tag{249}$$

vorgegeben wird. Die Pensionsrückstellung vor Auszahlung der Rente ist die Summe aus dieser Rente zuzüglich des Barwerts der Rentenleistungen, die der Arbeitgeber für die verbleibende Dauer der Rentenphase garantiert.

$$\begin{aligned} PRS_{m+1} &= R^{nE}_{m+1} + gR_m \times rbfn\,(r, m + n - t) \\ &= R^{nE}_{m+1} + gR_m \times rbfn\,(r, n - 1) \end{aligned} \tag{250}$$

[272] Für das angenommene Beispiel führt die Anpassung zu einem höheren Steuervorteil von 3,86 %.

Die Zuführung im Zeitpunkt $m+1$ beträgt damit:

$$\begin{aligned} zprs_{m+1} &= PRS_{m+1} - PRS_m \\ &= R_{m+1}^{nE} + gR_m \times rbfn\,(r, n-1) - gR_m \times rbfn\,(r,n) \\ &= R_{m+1}^{nE} + gR_m\,(1+r)^{-n}. \end{aligned} \tag{251}$$

Da die Höhe der Pensionsrückstellung ebenfalls wie der Deckungsstock im Verlauf der Rentenphase abnimmt und auf der Seite des Deckungsstocks die periodischen Überschusse über die Rentenphase hinweg geglättet werden, muss mit den periodischen Steuervorteilen ebenfalls so verfahren werden. Die in der vergangenen Periode erwirtschaftete Rendite muss folglich auf die verbleibende Rentenphase projiziert werden. Die künftige Bildung der Pensionsrückstellung wird folglich so berechnet, als ob der Deckungsstock diese Rendite auch im weiteren Verlauf der Rentenphase sukzessive erwirtschaftete.

$$PRS_\tau = R_{m+1}^{nE} + gR_m \times rbfn\,(r, m+n-\tau) \tag{252}$$

Die darauf basierende Zuführung zur Pensionsrückstellung ergibt sich somit für einen beliebigen künftigen Zeitpunkt τ der Rentenphase zu:

$$\begin{aligned} zprs_\tau &= PRS_\tau - PRS_{\tau-1} \\ &= R_{m+1}^{nE} + gR_m \times rbfn\,(r, m+n-\tau) - gR_m \times rbfn\,(r, m+n-\tau+1) \\ &= R_{m+1}^{nE} + gR_m\,(1+r)^{\tau-1-m-n}. \end{aligned} \tag{253}$$

Im Gleichgewicht muss sich dann die überschussbeteiligte Rente aus der Verrentung des Deckungsstocks am Ende der Ansparphase (1) und des zu diesem Zeitpunkt bewerteten Steuervorteils aus der Pensionsrückstellungsbildung (2) ergeben.

$$\begin{aligned} R_{m+1}^{nE} &= DST_m \frac{1}{rbfn(i_{eff}, n)} \\ &= \overbrace{DST_m \frac{1}{rbfn(i_{\beta,s}, n)}}^{(1)} \\ &\quad + \overbrace{s \sum_{\tau=m+1}^{m+n} zprs_\tau \times q_{\beta,s}^{m-\tau} \frac{1}{rbfn(i_{\beta,s}, n)}}^{(2)} \\ &= DST_m \frac{1}{rbfn(i_{\beta,s}, n)} + s \times R_{m+1}^{nE} \sum_{\tau=m+1}^{m+n} q_{\beta,s}^{m-\tau} \frac{1}{rbfn(i_{\beta,s}, n)} \\ &\quad + s \times gR_m \sum_{\tau=m+1}^{m+n} (1+r)^{\tau-1-m-n}\, q_{\beta,s}^{m-\tau} \frac{1}{rbfn(i_{\beta,s}, n)} \end{aligned} \tag{254}$$

Mit[273]

$$\sum_{\tau=m+1}^{m+n} (1+r)^{\tau-1-m-n} q_{\beta,s}^{m-\tau} = \frac{1}{(1+r)^n} rbfn\left(i_{\beta,s}, r, n\right) \tag{255}$$

erhält man dann die überschussbeteiligte Rente

$$R_{m+1}^{nE} = \frac{DST_m \frac{1}{rbfn(i_{\beta,s},n)} - s \times gR_m \frac{1}{rbfn(i_{\beta,s},n)} \frac{1}{(1+r)^n} rbfn\left(i_{\beta,s}, r, n\right)}{1-s}, \tag{256}$$

die der Arbeitgeber zum Zeitpunkt $m+1$ an den Arbeitnehmer auszahlt. Sollte die auf die Restdauer der Rentenphase projizierte Nachsteuerrendite tatsächlich vereinnahmt werden, so kann diese überschussbeteiligte Rente tatsächlich zu jedem Zeitpunkt der Rentenphase geleistet werden.

$$R_t^{nE} = R = R_{m+1}^{nE} \tag{257}$$

Sollte sich dagegen eine andere Rendite einstellen, so müsste der Arbeitgeber die überschussbeteiligte Rente auf diese anpassen. In jedem Fall kann er die Garantierente gR_m weiterhin leisten, wenn sich in der verbleibenden Rentenphase die garantierte Nachsteuerverzinsung $v_{L,s}$ einstellt. Durch den einbehaltenen Überschussanteil bleibt sogar noch eine geringe Reserve übrig.

Die bisherigen Ausführungen werden nun anhand des eingeführten Beispiels beleuchtet, wobei der Arbeitgeber in der Ansparphase die Anpassungstrategie 1 durchgeführt hat.
Zu Beginn der Rentenphase steht ihm damit ein Deckungsstock in Höhe von $DST_{37,s}^{nE} = 135,79$ zur Verfügung. Er garantiert dem Arbeitnehmer damit eine Rentenzahlung in Höhe von $R_{37}^{nE} = DST_{37,s}^{nE}/rbfn\left(v_{L,eff}, n\right) = 10,52$, weshalb die entsprechende Pensionsrückstellung $PRS_{37}^{nE} = R_{37,s}^{nE} \times rbfn\left(r, n\right) = 113,25$ beträgt. Der Deckungsstock verzinst sich nun in der ersten Periode der Rentenphase mit $i_{\beta,s} = 4,80$ %. Da der Arbeitgeber die erzielten Überschüsse über die Rentenphase glättet, leistet er dem Arbeitnehmer eine Rente in Höhe von:

$$\begin{aligned} R_{m+1}^{nE} &= \frac{DST_m \frac{1}{rbfn(i_{\beta,s},n)} - s \times gR_m \frac{1}{rbfn(i_{\beta,s},n)} \frac{1}{(1+r)^n} rbfn\left(i_{\beta,s}, r, n\right)}{1-s} \\ &= \frac{135,79 \frac{1}{rbfn(0,048;18)} - 0,4 \times 10,52 \frac{1}{rbfn(0,048;18)} \frac{1}{1,06^{18}} rbfn\left(0,048; 0,06; 18\right)}{1-0,4} \\ &= 15,14. \end{aligned}$$

Dies impliziert, dass er einen Teil der zu diesem Zeitpunkt bestehenden Überschüsse nach Steuern und des entsprechenden Steuervorteils im Deckungsstock belässt. Erwirtschaftete der Deckungsstock ab diesem Zeitpunkt lediglich die Garantieverzinsung nach Steuern, könnte die Garantierente dem Arbeitnehmer bezahlt werden und es verbliebe zudem am Ende der Rentenphase ein Betrag von 1,99, der aus dem im Zeitpunkt 38 nicht ausbezahlten Überschussanteil herrührt. Dies wird durch die Tabelle 18 bestätigt, bei der eine Verzinsung in Höhe von $i_{\beta,s} = 4,80$ % zwischen den Zeitpunkten 37 und 38 und danach in Höhe der Garantieverzinsung

[273] Zur Umformung vgl. Anhang A.1.

Tabelle 18: Entwicklung des Deckungsstocks und der Pensionsrückstellung für den Standardfall mit $i = 6$ %, $\beta = 50$ % zwischen $t = 37$ und $t = 38$ und anschließender Garantieverzinsung

t	38	39	40	45	50	55
Deckungsstock vor Steuern						
DST[nS][t-1]	135,79	131,75	126,05	94,54	57,09	12,08
zdst[vS][t]	8,15	3,62	3,47	2,60	1,57	0,33
Pensionsrückstellung						
PRS[t-1]	113,92	110,24	106,33	82,98	51,74	9,93
zprs[t]	11,45	6,61	6,38	4,98	3,10	0,60
PRS[vR][t]	125,37	116,85	112,71	87,96	54,84	10,52
Deckungsstock nach Steuern						
zdst[nS][t] = β*s*(i,v)*DST[nS][t-1]	6,52	2,17	2,08	1,56	0,94	0,20
DST[nS,oTS,vR][t]	142,31	133,93	128,13	96,10	58,03	12,28
s*zprs[t]	4,58	2,65	2,55	1,99	1,24	0,24
DST[nS,vR][t]	142,31	133,93	128,13	96,10	58,03	12,28
R	15,14	10,52	10,52	10,52	10,52	10,52
DST[nS,nR][t] = DST[nS][t]	131,75	126,05	120,16	87,57	48,75	1,99
PRS[nR][t]=PRS[t]	110,24	106,33	102,19	77,44	44,32	0,00

Tabelle 19: Deckungsstock und Pensionsrückstellung in der Rentenphase für den Standardfall mit $i = 6$ % und $\beta = 50$ %

t	38	39	40	45	50	55
Deckungsstock vor Steuern						
DST[nS][t-1]	135,79	131,75	127,43	100,89	63,87	12,45
zdst[vS][t]	8,15	7,91	7,65	6,05	3,83	0,75
Pensionsrückstellung						
PRS[t-1]	113,92	110,24	106,33	82,98	51,74	9,93
zprs[t]	11,45	11,23	10,99	9,59	7,72	5,21
PRS[vR][t]	1 125,37	121,47	117,33	92,58	59,46	15,14
Deckungsstock nach Steuern						
zdst[nS][t] = s*β*i*DST[nS][t-1]	6,52	6,32	6,12	4,84	3,07	0,60
DST[nS,oTS,vR][t]	142,31	138,08	133,55	105,73	66,94	13,05
s*zprs[t]	4,58	4,49	4,40	3,84	3,09	2,08
DST[nS,vR][t]	146,89	142,57	137,95	109,57	70,03	15,14
R	15,14	15,14	15,14	15,14	15,14	15,14
DST[nS,nR][t] = DST[nS]	131,75	127,43	122,81	94,43	54,89	0,00
PRS[nR][t] = PRS[t]	110,24	106,33	102,19	77,44	44,32	0,00

nach Steuern unterstellt wurde. Da sich aber tatsächlich eine Rendite von $i_{\beta,s} = 4,80$ % während der Rentenphase einstellt, kann der Arbeitgeber weiterhin die überschussbeteiligte Rente von $R_t^{nE} = R_{m+1}^{nE} = 15,14$ auszahlen (vgl. Tabelle 19). An ihrem Ende ist der Deckungsstock vollständig durch die Rentenzahlungen aufgebraucht.

6.3.6 Ergebnis

Für den Standardfall ergeben sich in Abhängigkeit von der in der Ansparphase gewählten Anpassungsstrategie die in den Tabellen 20, 21 und 22 angegebenen Renten. Darin sind auch die entsprechenden Effektivrenditen aufgeführt, mit der sich jeweils der Umwandlungsbeitrag im Verlauf der Pensionszusage verzinst hat.[274]

Wie daraus zu entnehmen ist, spielt nicht nur die Vorsteuerverzinsung, sondern auch deren steuerpflichtiger Anteil eine gewichtige Rolle. Beispielsweise bleibt die Garantierente bei der Strategie 1 bzw. der Strategie 2 für die voll steuerpflichtige Vorsteuerrendite von 6 % hinter derselben bei identischer Vorsteuerrendite, die allerdings nur einen steuerpflichtigen Anteil von 50 % aufweist, um ca. 35 % bzw. 38 % zurück. Um die durch diese Steuerbefreiung der Rendite induzierte höhere Rente bei einer voll steuerpflichtigen Vorsteuerrendite zu erzielen, müsste die Verzinsung bei beiden Strategien eine Höhe von 8 % erreichen. Dieses Ergebnis ist auf zwei Ursachen zurückzuführen: Erstens implizieren sowohl die voll steuerpflichtige Vorsteuerrendite von 8 % als auch die zu 50 % steuerpflichtige von 6 % eine Nachsteuerverzinsung von 4,80 %. Zweitens ist der Steuervorteil aus der Pensionsrückstellungsbildung bei diesen Strategien unabhängig davon, ob die Nachsteuerüberrendite auf einer höheren Vorsteuerrendite ($i \uparrow \Rightarrow i_{\beta,s} \uparrow$) oder einer höheren steuerlich induzierten Überrendite ($\beta \downarrow \Rightarrow i_{\beta,s} \uparrow$) basiert. Die Rendite in Höhe von i, deren steuerpflichtiger Anteil β ist, wirkt daher wie eine fiktiv voll steuerpflichtige Rendite in Höhe von $i^{ft} = i\,(1 - \beta s)\,/\,(1 - s)$. Dagegen ist die Herkunft der Überschüsse nach Steuern bei der Strategie 3 von Bedeutung. Eine voll steuerpflichtige Rendite in Höhe von 8 % führt hier zu einer Rente von 15,14, während die entsprechende Rente bei einer Verzinsung von 6 % mit einem steuerpflichtigen Anteil von 50 % ($i^{ft} = 8$ %) höher ist und 15,70 beträgt. Diese Differenz entsteht dadurch, dass der Arbeitgeber die Anpassung der Garantieleistung bei der Erzielung der hälftig steuerbefreiten aber niedrigeren Vorsteuerverzinsung schon teilweise während der Ansparphase vornimmt. Dagegen hebt er sie bei der Erzielung der voll steuerpflichtigen höheren Rendite erst am Ende der Ansparphase auf die insgesamt angefallenen Überschüsse an. Folglich entsteht bei der Verzinsung von $i = 6$ % mit $\beta = 50$ % ein höherer Steuervorteil, der eine höhere Rentenleistung zulässt.

Wie ein Vergleich der verschiedenen Strategien zeigt, lohnt sich eine frühere Erhöhung der Garantieleistung während der Ansparphase insbesondere für hohe Vorsteuerrenditen, deren steuerpflichtiger Anteil niedrig ist. So überragt die Rente bei der Anpassung nach der Strategie 2

[274] Mathematisch gesprochen ergibt sich die Effektivverzinsung aus der Beziehung:

$$JDK \times refn\,(i_{eff}, m) = R \times rbfn\,(i_{eff}, n)\,.$$

Tabelle 20: Rente und Effektivverzinsung für den Standardfall in Abhängigkeit von der Vorsteuerrendite und ihrer Steuerpflichtigkeit bei Strategie 1

	Rente					**Effektivverzinsung**				
β,i	**0,0275**	**0,04**	**0,06**	**0,08**	**0,1**	**0,0275**	**0,04**	**0,06**	**0,08**	**0,1**
1	4,82	6,40	9,92	15,14	22,84	0,0235	0,0333	0,0481	0,0621	0,0756
0,75	5,36	7,43	12,27	19,93	31,97	0,0272	0,0383	0,0552	0,0711	0,0865
0,5	5,94	8,59	15,14	26,14	44,55	0,0308	0,0433	0,0621	0,0799	0,0972
0,25	6,59	9,92	18,62	34,18	61,85	0,0343	0,0481	0,0689	0,0886	0,1077
0	7,29	11,44	22,84	44,55	85,61	0,0377	0,0528	0,0756	0,0972	0,1182

Tabelle 21: Rente und Effektivverzinsung für den Standardfall in Abhängigkeit von der Vorsteuerrendite und ihrer Steuerpflichtigkeit bei Strategie 2

	Rente					**Effektivverzinsung**				
β,i	**0,0275**	**0,04**	**0,06**	**0,08**	**0,1**	**0,0275**	**0,04**	**0,06**	**0,08**	**0,1**
1	4,82	6,52	10,54	17,04	27,52	0,0235	0,0339	0,0501	0,0660	0,0816
0,75	5,39	7,65	13,40	23,46	40,98	0,0274	0,0393	0,0581	0,0764	0,0945
0,5	6,01	8,98	17,04	32,27	60,95	0,0312	0,0447	0,0660	0,0868	0,1073
0,25	6,71	10,54	21,65	44,37	90,48	0,0349	0,0501	0,0738	0,0970	0,1200
0	7,50	12,37	27,52	60,95	134,04	0,0387	0,0554	0,0816	0,1073	0,1326

Tabelle 22: Rente und Effektivverzinsung für den Standardfall in Abhängigkeit von der Vorsteuerrendite und ihrer Steuerpflichtigkeit bei Strategie 3

	Rente					**Effektivverzinsung**				
β,i	**0,0275**	**0,04**	**0,06**	**0,08**	**0,1**	**0,0275**	**0,04**	**0,06**	**0,08**	**0,1**
1	4,82	6,40	9,92	15,14	22,84	0,0235	0,0333	0,0481	0,0621	0,0756
0,75	5,39	7,50	12,48	20,41	32,94	0,0274	0,0387	0,0557	0,0719	0,0874
0,5	6,01	8,77	15,70	27,52	47,47	0,0312	0,0440	0,0633	0,0816	0,0992
0,25	6,71	10,27	19,75	37,09	68,35	0,0349	0,0492	0,0708	0,0913	0,1109
0	7,50	12,02	24,84	49,95	98,29	0,0387	0,0545	0,0783	0,1009	0,1226

Tabelle 23: Verhältnis der Renten und der Effektivzinsen bei den verschiedenen Strategien in Abhängigkeit von der Vorsteuerrendite und ihrer Steuerpflichtigkeit für den Standardfall

	Strategie 2 / Strategie 1					**Strategie 3 / Strategie 1**				
β,i	**0,0275**	**0,04**	**0,06**	**0,08**	**0,1**	**0,0275**	**0,04**	**0,06**	**0,08**	**0,1**
1	1,000	1,017	1,062	1,126	1,205	1,000	1,000	1,000	1,000	1,000
0,75	1,005	1,030	1,092	1,177	1,282	1,005	1,010	1,017	1,024	1,030
0,5	1,012	1,045	1,126	1,234	1,368	1,012	1,021	1,037	1,053	1,066
0,25	1,019	1,062	1,163	1,298	1,463	1,019	1,035	1,061	1,085	1,105
0	1,028	1,081	1,205	1,368	1,566	1,028	1,050	1,088	1,121	1,148

dieselbe der Strategie 1 für $i = 10$ % und $\beta = 0$ % um $56,6$ %, während sie naturgemäß bei Erwirtschaftung der garantierten Nachsteuerverzinsung $v_s = 1,65$ % identisch sind. Für das eingeführte Beispiel ($i = 6$ %, $\beta = 50$ %) ergibt sich eine um $12,6$ % höhere Rente.[275] Vergleicht man die verschiedenen Strategien miteinander, ist die Rente der Strategie 2 i. d. R. signifikant höher als die der Strategien 1 und 3. Die Renten der Strategie 3 sind demgegenüber nur ein wenig höher als die der Strategie 1, sofern man von hohen Vorsteuerrenditen mit niedriger Steuerpflichtigkeit absieht.

In der Effektivverzinsung des Umwandlungsbeitrags spiegeln sich die Mehr- oder Minderkosten wider, die der Arbeitnehmer durch die steuerlichen Rahmenbedingungen des internen Pensionsfonds implizit trägt. Sollte die Effektivrendite i_{eff} niedriger (höher) als die entsprechende Vorsteuerrendite i sein, so überwiegt der Nachteil (Vorteil) aus der Anwendung des Teilwertverfahrens (aus der teilweisen Steuerbefreiung der Anlageerträge). Keine Kosten für den Arbeitnehmer entstehen z. B. bei der Strategie 1, falls sich im Verlauf der Pensionszusage eine Vorsteuerverzinsung von 8 % einstellt, die zur Hälfte steuerpflichtig ist.[276] Demgegenüber schmälert der steuerliche Nachteil aus der Anwendung des Teilwertverfahrens diese Rendite um $1,8$ %, falls sie voll steuerpflichtig ist.[277]

6.4 Vorteilhaftigkeit Direktzusage und Pensionsfonds

Da sowohl der interne als auch der externe Pensionsfonds eine überschussbeteiligte Rente auszahlen und zudem den dadurch entstehenden Überschussanteil nicht zu einer Erhöhung der künftigen Garantierente nutzen, trägt der Arbeitgeber bei beiden Pensionsfonds in der Rentenphase dasselbe Nachschussrisiko. Das gilt auch während der Ansparphase, wenn der Arbeitgeber im Rahmen des internen Pensionsfonds die Strategie 3 zur Anpassung der Garantieleistung wählt. Auf dieser Basis wird im Folgenden die Vorteilhaftigkeit der beiden Pensionsfonds bestimmt.

[275] Man vergleiche das entsprechende Ergebnis, das bei der Modellierung der Ansparphase bereits abgeleitet wurde.

[276] *Kiesewetter* (2003), S. 1222 f., untersuchte die Mehr- oder Minderkosten für eine Kapitalzusage mit dem Ergebnis, dass bei der Durchführung der hier sogenannten Strategie 1 eine Vorsteuerverzinsung von 6 %, die zu 50 % steuerpflichtig ist, einen effektiv steuerfreien Aufbau des Deckungsstocks zulässt.

[277] Die Steuerpflichtigkeit der Erträge, bei der Effektiv- und Vorsteuerrendite übereinstimmen, wird im Rahmen des Vergleichs zwischen internem und externem Pensionsfonds ermittelt.

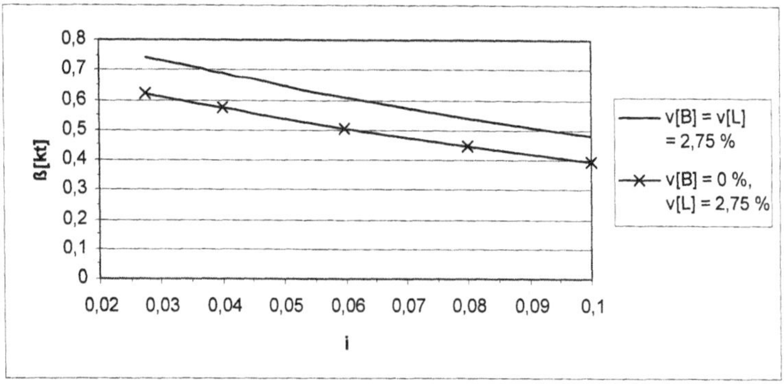

Abbildung 27: Kritische Steuerpflichtigkeit der Erträge für den Standardfall in Abhängigkeit von der phasenspezifischen Garantieverzinsung des Deckungsstocks

In Abbildung 27 ist die kritische Steuerpflichtigkeit der Erträge – die Steuerpflichtigkeit, die zu identischen Renten bei beiden Pensionsfonds führt – für den Standardfall veranschaulicht. Da der externe Pensionsfonds die Rendite steuerfrei vereinnahmt, stellt sie ebenfalls den β-Wert dar, der dem internen Pensionsfonds bei der Durchführung der Strategie 3 einen effektiv steuerfreien Aufbau des Deckungsstocks auf Basis der Vorsteuerrendite erlaubt ($i = i_{eff}$). Gegenüber der bisherigen Modellierung, bei der eine Garantieverzinsung von $v_B = 2,75$ % unterstellt ist, wird zusätzlich die Möglichkeit beleuchtet, dass der Arbeitgeber die Garantierente auf Basis von $v_B = 0$ % festlegt.[278]

Zwischen der kritischen Steuerpflichtigkeit und der Vorsteuerverzinsung besteht eine negative Korrelation. So muss der interne Pensionsfonds bei $i = 10$ % schon die Hälfte bzw. 60 % der Erträge steuerfrei vereinnahmen, damit er vorteilhaft ist. Bei einer Verzinsung von $2,75$ % reicht dagegen bereits eine Steuerbefreiung der Rendite von 26 % bzw. 38 % dafür aus. Der Nachteil aus der Anwendung des Teilwertverfahrens nimmt also mit steigendem Zinssatz zu. Dies ist damit zu erklären, dass die Vereinnahmung von Überschüssen nicht unmittelbar wie beim externen Pensionsfonds mit einer höheren Rückstellungsbildung verbunden ist. Ein Teil der Erträge verbleibt daher steuerbelastet, weshalb der Arbeitgeber die Rente entsprechend verringert.

Die Anwendung des steuerlichen Rechnungszinses von $r = 6$ % auf die Rückstellungsbildung der Mindestleistung bewirkt einen zusätzlichen Nachteil: Sie erfordert im Fall des planungsmäßigen Verlaufs die Vereinnahmung steuerbefreiter Erträge von 26 %, damit der Deckungsstock auf Basis der Garantierendite von $v = 2,75$ % steuerfrei aufgebaut wird. Dieser Nachteil nimmt

[278] Für den externen Pensionsfonds bedeutet dies, dass er für das Ende der Ansparphase die Summe der Umwandlungsbeiträge garantiert. Demgegenüber legt der Arbeitgeber im Rahmen des internen Pensionsfonds den Mindestbetrag für diesen Zeitpunkt ein wenig niedriger fest, weil er die Kosten aus der Anwendung des Teilwertverfahrens ($r = 6$ %) auf den Arbeitnehmer überwälzt.

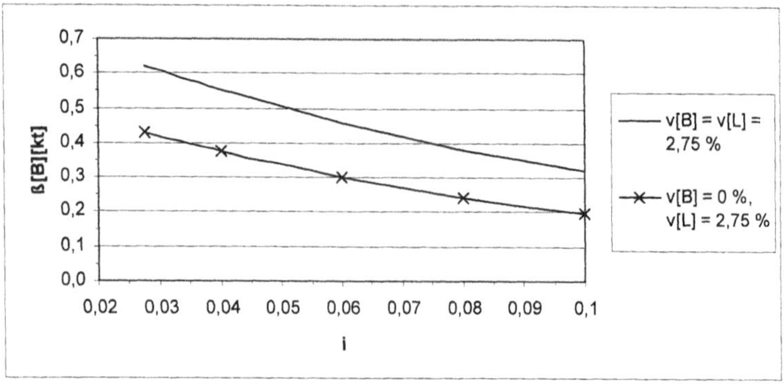

Abbildung 28: Kritische Steuerpflichtigkeit der Erträge in der Ansparphase für den Standardfall in Abhängigkeit von der phasenspezifischen Garantieverzinsung des Deckungsstocks

zu, je geringer die Garantierendite der Mindestleistung angesetzt ist. Die Steuerpflichtigkeit der Erträge muss deshalb bei $v_B = 0$ % nahezu unabhängig von der Verzinsung des Deckungsstocks zusätzlich um 10 % sinken, damit die negative Wirkung ausgeglichen wird, die von der noch stärker verzögerten Pensionsrückstellungsbildung induziert wird.

Geht man insgesamt für die Zusage von einer durchschnittlichen Verzinsung von 6 % aus, so beträgt die kritische Steuerpflichtigkeit 60 % für $v_B = 2,75$ % bzw. 50 % für $v_B = 0$ %. Damit beide Pensionsfonds gleich vorteilhaft sind, muss der Deckungsstock somit zu 80 % bzw. vollständig aus Aktien bestehen, wenn der Arbeitgeber in Form einer Personengesellschaft rechtlich organisiert ist. Im Fall der Rechsform einer Kapitalgesellschaft reicht dagegen hierfür ein Aktienanteil von ungefähr 40 % bzw. 50 % aus.

Sollte der Arbeitgeber am Ende der Ansparphase den Deckungsstock vollständig in zinstragende Titel und/oder Rückdeckungsversicherungen umschichten – es gilt also $\beta_L = 100$ % –, so muss der steuerpflichtige Anteil in der Ansparphase abhängig von der Höhe der Garantieleistung um weitere ca. 15 % bzw. 20 % niedriger sein, damit der Arbeitgeber indifferent zwischen beiden Pensionsfonds ist (vgl. Abbildung 28). Für $i > 5$ % ist damit der externe dem internen Pensionsfonds überlegen, sofern der Arbeitgeber die Rechtsform einer Personengesellschaft bekleidet. Für Kapitalgesellschaften ist dagegen die für diesen Zinssatz geltende kritische Steuerpflichtigkeit von 50 % durchaus zu erreichen. Hierfür ist ein Aktienanteil im Deckungsstock in ungefähr dieser Höhe notwendig.[279]

[279]Bspw. geben *Wagemann / Nuvoli* (2003), S. 4 und S. 10, für den Allianz Dresdner Pensionsfonds einen Aktienanteil von 50-100 % an. Der Chemie Pensionsfonds und der HVB Pensionsfonds weisen derzeit eine Aktienquote von 60 % aus (vgl. *FINANZtest* (2005), S. 32). *Grabner* (1999) und *Grabner / Bode / Stein* (2002) legen ihren Berechnungen einen Aktienanteil von 50-70 % zugrunde.

6.5 Prämissenkritik

- Kalkulation der Garantieleistung

Die Kalkulation der Garantieleistung gR der Direktzusage wird auf Basis einer während der Anspar- und Rentenphase vollständig steuerpflichtigen Rendite vorgenommen. Falls der Arbeitgeber für den internen Pensionsfonds eine bestimmte Mindestquote des Aktienanteils am Deckungsstock vorsieht, könnte man den daraus während der Versorgungszusage mindestens entstehenden Steuervorteil in der Kalkulation berücksichtigen, indem die Garantieleistung vorab entsprechend höher angesetzt wird. Die entsprechende Pensionsrückstellungsbildung induziert damit einen höheren Steuervorteil. Steuerlich induzierte Überschüsse werden dann soweit vereinnahmt, als die Aktienquote im Verlauf der Zusage höher als die bereits einkalkulierte ist. Gegenüber der in der Untersuchung verwendeten Modellierung besteht damit während der Zusage ein geringerer Anpassungsbedarf. Die Berücksichtigung der Mindestaktienquote in der Kalkulation der Garantieleistung bewirkt also einen höheren Steuervorteil aus der Rückstellungsbildung für die Garantieleistung, im Gegenzug vermindert sich allerdings auch der Steuervorteil, der aus ihrer Anpassung an die erwirtschafteten Überschüsse nach Steuern während der Zusage resultiert. Der Nettoeffekt wird im Folgenden für eine Steuerpflichtigkeit der Erträge von 75 % untersucht. Sie entspricht ungefähr einer Mindestquote des Aktienanteils am Deckungsstock von 25 % (50 %), falls eine Kapitalgesellschaft (Personengesellschaft) die beitragsorientierte Leistungszusage mit Mindestleistung erteilt. Unter ihrer Berücksichtigung ergibt sich die garantierte Rentenleistung auf Basis der Gleichung (172) mit $v = 2,75$ % sowie $v\,(1 - \beta s) = 0,0275\,(1 - 0,75 \times 0,4) = 1,93$ % zu $38,60/7,06 = 5,47$ mit

$$38,60 = (1 - 0,4)\,1,21 \times refn\,(0,0193; 37)$$

und

$$\begin{aligned} 7,06 &= rbfn\,(0,0193; 18) \\ &\quad - 0,4\left[rbfn\,(0,0193; 18) - \frac{1}{1,06^{18}} rbfn\,(0,0193; 0,06; 18)\right] \\ &\quad - 0,4 \frac{rbfn\,(0,06; 18)}{refn\,(0,06; 37)} refn\,(0,0193; 0,06; 37)\,. \end{aligned}$$

Sollte der Deckungsstock die Rendite von $i = v = 2,75$ % mit $\beta = 75$ % tatsächlich erzielen, so kann der Arbeitgeber diese Garantierente leisten. Kalkuliert er sie dagegen auf der Grundlage von $\beta = 100$ %, erhöht er sie periodisch im Laufe der Zusage. In diesem Fall zahlt er eine Rente von 5,39 (siehe Tabelle 22) aus. Die Antizipation der Mindestaktienquote führt damit c. p. zu einer um 1,5 % höheren Rente. Dieses Verhältnis wird geringfügig größer, sollte sich eine höhere Nachsteuerrendite $i_{\beta,s}$ einstellen. Im Vergleich zum externen Pensionsfonds wird summa summarum der interne Pensionsfonds durch die gewählte Modellierungsweise marginal benachteiligt.

- Sofortige Verlustverrechnung

Die Modellierung beider Pensionsfonds stützt sich auf die Annahme der sofortigen Verlustverrechnung. Daher stellt sich die Frage, ob dadurch Verzerrungen bezüglich ihrer Vorteilhaftigkeit induziert werden.
Die steuerliche Abzugsfähigkeit der Leistung des Umwandlungsbeitrags JDK an den externen Pensionsfonds setzt einen entsprechenden Gewinn des Arbeitgeberunternehmens voraus.
Für den internen Pensionsfonds muss die Frage, inwieweit Gewinne des Arbeitgeberunternehmens für eine sofortige Verlustverrechnung notwendig sind, differenziert beantwortet werden. Sollte die beitragsorientierte Leistungszusage mit Mindestleistung schon längere Zeit im Rahmen der vom Arbeitgeber angebotenen Leistungssysteme etabliert sein, so ergibt sich nicht nur ein Versorgungsbestand aus Aktiven, sondern auch aus Rentnern. Die ermittelten Verzerrungen zwischen Deckungsstockaufbau und Pensionsrückstellungsbildung, die für den einzelnen Versorgungsberechtigten dazu führen, dass der Deckungsstock in der Ansparphase steuerbelastet und in der Rentenphase mehr als steuerfrei aufgebaut wird, gleichen sich im Idealfall über den Gesamtbestand an Versorgungsberechtigten aus. Gegenüber dem externen wird damit der interne Pensionsfonds nur dadurch bevorteilt, dass außerplanmäßige Zuführungen zur Pensionsrückstellung, denen nicht in dieser Periode ein entsprechender steuerpflichtiger Ertrag des Deckungsstocks gegenübersteht, einen sofortigen Betriebsausgabenabzug bewirken.
In der Einführungsphase dieses Leistungssystems können indes diese phasenspezifischen Steuervor- oder -nachteile nicht ausgeglichen werden. In der Ansparphase liegen die Zuführungen zum Deckungsstock $JDK + v \times DST_{t-1}$ bei planmäßiger Verzinsung i. d. R.[280] über den Zuführungen zur Pensionsrückstellung $JB + r \times PRS_{t-1}$. Nach Ausgleich des Deckungsstockertrags $v \times DST_{t-1}$ wird durch die Pensionsrückstellungsbildung der Umwandlungsbeitrag JDK um den Betrag $JB + r \times PRS_{t-1} - v \times DST_{t-1}$ teilweise steuerlich entlastet. Dies setzt einen Gewinn im Kerngeschäft des Unternehmens in entsprechender Höhe voraus. In der Rentenphase verbleibt nach dem Ausgleich der Erträge des Deckungsstocks Aufwand in Höhe von $r \times PRS_{t-1} - v \times DST_{t-1}$. Dieser ist mit einem Betriebsausgabenabzug verbunden, sollten Gewinne im Kerngeschäft des Unternehmens in mindestens dieser Höhe erwirtschaftet werden. Wenn man nun die steuerpflichtigen Gewinne des internen mit denjenigen des externen Pensionsfonds vergleicht, die für den sofortigen steuerlichen Abzug notwendig sind, so bevorteilt die Annahme der sofortigen Verlustverrechnung den internen Pensionsfonds in der Rentenphase (notwendiger Gewinn des Kerngeschäfts: interner Pensionsfonds $r \times PRS_{t-1} - v \times DST_{t-1} >$ externer Pensionsfonds 0), wohingegen er in der Ansparphase benachteiligt wird (notwendiger Gewinn des Kerngeschäfts: interner Pensionsfonds $JB + r \times PRS_{t-1} - v \times DST_{t-1} <$ externer Pensionsfonds JDK). Über die gesamte Pensionszusage gesehen wird daher die Entscheidung zwischen den beiden Pensionsfonds bei planungsmäßiger Verzinsung des Deckungsstocks nicht

[280] Man vergleiche hierfür die Abbildung 23, die auf einer steuerfrei berechneten Garantierente basiert.

verzerrt. Der interne Pensionsfonds profitiert nur dann von dieser Annahme, wenn der Arbeitgeber die Garantieleistung anhebt und der damit einhergehenden außerplanmäßigen Zuführung zur Pensionsrückstellung keine entsprechenden steuerpflichtigen Erträge des Deckungsstocks gegenüberstehen. Dies ist insbesondere dann der Fall, wenn der Arbeitgeber die Garantieleistung auf Überschüsse aus außerplanmäßigen Vorsteuerrenditen nicht sofort, sondern zu einem späteren Zeitpunkt anpasst oder der Deckungsstock nicht vollständig steuerpflichtige Renditen erwirtschaftet. Die zeitliche Verschiebung der steuerlichen Geltendmachung dieses Verlustpotentials führt dann zu einem entsprechenden Zinsverlust. Da allerdings davon ausgegangen werden kann, dass Unternehmen regelmäßig Gewinne erzielen, wird der interne Pensionsfonds durch diese Annahme nur geringfügig bevorteilt.[281]

- Konstante Rentenleistungen

Dem Arbeitgeber obliegt bei der Beitragszusage mit Mindestleistung gemäß § 16 III Nr. 3 BetrAVG keine Anpassungsüberprüfungspflicht. Eine Dynamisierung der Rentenzahlungen ist damit im Rahmen des externen Pensionsfonds nicht erforderlich. Bei der Durchführung der beitragsorientierten Leistungszusage mit Mindestleistung über den internen Pensionsfonds muss sie dagegen beachtet werden. Sie führt allerdings zu keinen Kosten, wenn der Arbeitgeber die Dynamisierung bei Erteilung der Pensionszusage beachtet. Sollte er diese nicht antizipieren, so entstehen für ihn i. d. R. trotzdem keine Kosten; die überschussbeteiligte Rente, die er leistet, kompensiert in der weit überwiegenden Zahl der Fälle die durch die Anpassungsüberprüfungspflicht vorzunehmende Anhebung der Garantierente.

Fasst man die Wirkungen der Prämissen zusammen, so halten sie sich insgesamt die Waage. Der Vergleich zwischen internem und externem Pensionsfonds wird durch sie nicht verzerrt.

6.6 Zusammenfassung

Im Kapitel 6 wurde ein beitragsorientiertes Leistungssystem mit Mindestleistung untersucht. Bei diesem basiert die Versorgungsleistung des Arbeitgebers auf der Rendite, die der Deckungsstock des internen oder externen Pensionsfonds erwirtschaftet. Der Arbeitgeber wird dabei so gestellt, dass ihm weder Mehr- noch Minderkosten aus der Zusage entstehen.
Der Pensionsfonds führt eine Beitragszusage mit Mindestleistung i. S. d. § 1 II Nr. 2 BetrAVG durch. Da er den Deckungsstock dieser Zusage durch eine entsprechende Rückstellungsbildung steuerfrei aufbauen kann, ergibt sich die Höhe der Rentenleistung aus den Beiträgen des Arbeitgebers und der Verzinsung des dadurch aufgebauten Deckungsstocks.
Die Beitragszusage mit Mindestleistung i. S. d. § 1 II Nr. 2 BetrAVG bleibt dem Arbeitgeber für die Direktzusage nach der derzeit gültigen Rechtslage grundsätzlich verwehrt. Daher wurde eine beitragsorientierte Leistungszusage mit Mindestleistung so angepasst, dass ihre Durchführung

[281] Vgl. auch die entsprechende Beispielrechnung in Kapitel 5.7.

aus Sicht des Arbeitgebers mit denselben Risiken wie eine Beitragszusage mit Mindestleistung verbunden ist. Im ersten Schritt der Modellierung wurde festgestellt, dass die Pensionsrückstellungsbildung und der Deckungsstockaufbau für die Mindestleistung nicht kongruent erfolgen. Vielmehr ergibt sich durch die Anwendung des Teilwertverfahrens und des darin vorgeschriebenen Rechnungszinses von 6 % eine verzögerte Rückstellungsbildung. Die entsprechenden Kosten aus der dadurch verbleibenden Steuerbelastung des Deckungsstockaufbaus muss der Arbeitgeber folglich auf den Arbeitnehmer überwälzen, indem er sie in der Festsetzung der Garantierente berücksichtigt. Für den Standardfall impliziert dies, dass er die Garantierente gegenüber einer steuerfrei kalkulierten um ca. 11 % niedriger ansetzen muss. Die Beiträge haben sich damit nicht mit der Garantierendite des Deckungsstocks von 2,75 %, sondern effektiv mit einer um etwa 0,40 % geringeren Rendite verzinst.
Da die Mindestleistung vom Arbeitgeber vorsichtig angesetzt wird, ist die tatsächlich vom jeweiligen Pensionsfonds erwirtschaftete Rendite höher als die in der Mindestleistung einberechnete Rendite. Die entsprechenden Überschüsse stehen grundsätzlich dem Arbeitnehmer zu. Da die Pensionsrückstellungsbildung und damit auch der Steuervorteil der Direktzusage vom Zeitpunkt der betragsmäßigen Erhöhung der Garantieleistung abhängen, wurden für die Ansparphase 3 verschiedene Anpassungsstrategien der Garantieleistung an die erwirtschafteten Überschüsse entwickelt. Bei den ersten beiden passt der Arbeitgeber die Garantieleistung am Ende der Ansparphase bzw. periodisch an die erzielten Überschüsse nach Steuern an. Die dritte Strategie wurde im Hinblick auf den Vorteilhaftigkeitsvergleich mit dem Pensionsfonds modelliert. Sie impliziert eine periodische Anhebung der Garantierente auf die Überschüsse nach Steuern, die durch die sachliche Steuerbefreiung der Anlageerträge des Deckungsstocks von $1-\beta$ induziert werden. Am Ende der Ansparphase wird die Garantieleistung dann an die Überschüsse nach Steuern angepasst, die auf der Erzielung einer Vorsteuerüberrendite beruhen. In der Rentenphase leistet der Arbeitgeber eine überschussbeteiligte Rente. Dadurch entfällt in dieser Phase (weitgehend) das Problem der Anpassung der Garantieleistung an die erwirtschafteten Überschüsse.
Im Bereich von i zwischen 2,75 % und 10 % sowie von β zwischen 100 % und 0 % wurde für ausgewählte Kombinationen die Rente ermittelt, die der Arbeitgeber dem Arbeitnehmer leistet. Die höchste Rente ergibt sich unabhängig von der Überrendite nach Steuern bei der Strategie 2, gefolgt von der Strategie 3 und der Strategie 1.
Im anschließenden Vergleich mit dem Pensionsfonds wird bei der Direktzusage die Strategie 3 unterstellt, weil nur sie einen korrekten Vergleich der beiden Durchführungswege erlaubt. Die kritische Steuerpflichtigkeit der Erträge bewegt sich für einen unterstellten Garantiezins des Deckungsstocks von 2,75 % zinssatzabhängig in einem Bereich von 74 % bis 60 %. Dies entspricht einem Aktienanteil am jeweiligen Deckungsstock von etwa 26 % bis 40 % (52 % bis 80 %), wenn der Arbeitgeber als Kapitalgesellschaft (Personengesellschaft) rechtlich organisiert ist. Sie sinkt dabei grundsätzlich mit steigendem Zinssatz. Setzt der Arbeitgeber die Garantieverzinsung der Ansparphase dagegen auf den Wert null an, so sinkt die kritische Steuerpflichtigkeit der Erträge zinssatzunabhängig um weitere 10 %. Beschränkt sich die Anlage in Aktien auf die Anspar-

phase, ist die kritische Steuerpflichtigkeit um 15-20 % niedriger. Für Personengesellschaften ist der Pensionsfonds ab $i = 5$ % in diesem Fall unabhängig vom Aktienanteil des Deckungsstocks vorteilhaft.
Die Prämissenkritik zeigte auf, dass die Annahmen des Modells die Vorteilhaftigkeit von Direktzusage und Pensionsfonds nicht verzerren.

7 Leistungszusage bei Unsicherheit

7.1 Biometrische Rechnungsgrundlagen

Die bisher verfolgte Modellierung basierte auf der Annahme der Sicherheit, die es erlaubte, die grundlegenden Bestimmungsvariablen für den Vergleich von Direktzusage und Pensionsfonds auf Basis der relativ einfach handhabbaren Finanzmathematik abzuleiten.
Allerdings hängt im Rahmen der betrieblichen Altersversorgung die Erbringung der Versorgungsleistung vom Eintritt eines den Versorgungsanspruch auslösenden biologischen Ereignisses ab. Die Leistung des Arbeitgebers ist damit an ein ungewisses Ereignis der Zukunft gekoppelt, weshalb grundsätzlich in die Vorteilhaftigkeitsüberlegungen die Ungewissheitskomponente einzubeziehen ist. Daher wird ein Ausbau des finanzmathematischen auf ein versicherungsmathematisches Vorteilhaftigkeitskalkül vorgenommen.

Die Versicherungsmathematik ist eine um die mathematische Statistik erweiterte Finanzmathematik:[282] In der Zukunft mögliche Realisierungen werden finanzmathematisch bewertet, mit ihren jeweiligen Eintrittswahrscheinlichkeiten gewichtet und als Erwartungswert zusammengefasst. Der Barwert einer Verpflichtung ist daher nichts anderes als das gewichtete Mittel (der Erwartungswert) der finanzmathematischen Barwerte aller zukünftig möglichen Zahlungsströme der Verpflichtung.[283]
Eine der wesentlichen Aufgaben der Versicherungsmathematik ist die Ermittlung von Versicherungsleistungen aus Prämien. Sie erfolgt nach dem Äquivalenzprinzip: Zu Beginn der Verpflichtung bzw. des Versicherungsvertrags stimmt der Barwert der künftigen Leistungen mit dem Barwert der künftigen Prämien überein.[284]
Die biometrischen Rechnungsgrundlagen, mit denen die künftigen Zahlungsströme gewichtet werden, sind aus Ausscheideordnungen zu entnehmen. Wird eine Personengesamtheit betrachtet, bei der nur eine einzige Ausscheidungsursache möglich ist, handelt es sich um eine sogenannte einfache Ausscheideordnung. Sollten mehrere, sich gegenseitig ausschließende Ursachen möglich sein, so handelt es sich um eine zusammengesetzte Ordnung.[285] Da eine betriebliche Altersversorgung Leistungen sowohl der Alters-, Invaliden- als auch Hinterbliebenenversorgung umfassen kann, ist je nach deren Ausgestaltung eine einfache oder eine zusammengesetzte Ausscheideordnung zugrunde zu legen. In der Regel umfasst die Versorgungsleistung zumindest eine Altersrente, sodass für die Kalkulation der Versorgungsleistungen die statistischen Daten aus einer Sterbetafel benötigt werden.

[282] Vgl. *Isenbart / Münzner* (1994), S. 9.
[283] Vgl. *Neuburger* (1997), S. 49.
[284] Vgl. *Neuburger* (1997), S. 73.
[285] Vgl. *Neuburger* (1997), S. 37 ff.

7.1.1 Arten von Sterbetafeln

Bei den Sterbetafelwerken ist zwischen verschiedenen Arten zu unterscheiden:[286]

1. Basistafel (Bt)[287]: In der Basistafel sind die Ausscheidewahrscheinlichkeiten der Personengesamtheit im Zeitpunkt der Erhebung der Daten aufgeführt. Die Sterbewahrscheinlichkeit q ist daher für eine aktuell zum Zeitpunkt $t = 0$ x-jährige Person angegeben ($q = q(x, t_0)$). Beispiele für solche Tafeln sind die abgekürzten und allgemeinen deutschen Sterbetafeln.

2. Periodentafel (P): Eine Periodentafel ist die geschätzte bzw. erwartete Basistafel für einen Zeitpunkt in t Jahren in der Zukunft ($q = q(x, t_0 + t)$). Die bisherigen Richttafeln von Heubeck und berufsständische Richttafeln sind Periodentafeln.

3. Generationentafel (G): In einer Generationentafel ist die Ausscheidewahrscheinlichkeit für jeden Zeitpunkt der Zukunft in Abhängigkeit vom Geburtsjahr bzw. vom heutigen Alter angegeben ($q = q(x, t_0 + x)$). Generationentafeln sind beispielsweise die DAV-Rententafel 1994 R und 2004 R.

Tabelle 24 verdeutlicht die Unterschiede, indem für die aufgeführten Arten von Sterbetafeln die entsprechenden Sterbewahrscheinlichkeiten in Abhängigkeit vom Beobachtungsjahr und vom Alter der Person abgetragen sind.[288]

Tabelle 24: Sterbewahrscheinlichkeit für die verschiedenen Arten von Sterbetafeln in Abhängigkeit vom Beobachtungsjahr und vom Alter der Person

Alter,Jahr	2005	2015	2025	2035	2045	2055	2065	2075	2085	2095	2105
0	Bt/G		P								
10	Bt	G	P								
20	Bt		P/G								
30	Bt		P	G							
40	Bt		P		G						
50	Bt		P			G					
60	Bt		P				G				
70	Bt		P					G			
80	Bt		P						G		
90	Bt		P							G	
100	Bt		P								G

Ausgehend vom Bezugsjahr 2005 enthält die Basistafel die Sterbewahrscheinlichkeiten für das Jahr 2005 von 0- bis 100-jährigen Personen. Die Periodentafel von 2025 weist dagegen für das Jahr 2025 u. a. die Sterbewahrscheinlichkeiten der zu diesem Zeitpunkt 20- bis 100-jährigen

286 Vgl. *Herrmann* (2004), S. 8.

287 Diese systemwidrige Abkürzung wird gewählt, um eine Verwechslung mit der Abkürzung „B" für Beitragsphase zu vermeiden.

288 Vgl. auch *Bomsdorf* (2002), S. 15 ff.

aus, die im Jahr 2005 0-80 Jahre alt sind. Die geburtsjahrabhängigen Sterbewahrscheinlichkeiten einer Generationentafel erhält man durch die entsprechenden Sterbewahrscheinlichkeiten der künftigen Periodentafeln. So ist ein im Jahr 2005 Neugeborener im folgenden Jahr 2006 1 Jahr, im Jahr 2015 10 Jahre, im Jahr 2025 20 Jahre usw. alt, sodass sich die Sterbewahrscheinlichkeiten eines im Jahr 2005 Neugeborenen aus der Diagonale der Tabelle 24 ermitteln lassen. Wenn man die Sterbewahrscheinlichkeiten der Tafeln miteinander vergleicht, so sind die Werte künftiger Periodentafeln durch die Abnahme der Sterblichkeit, die u. a. im medizinischen Fortschritt begründet ist, niedriger als heute. Die Spaltenwerte nehmen daher mit jeder weiteren Spalte, die nach rechts abgetragen ist, ab.

7.1.2 Tafeln nach Autoren

Während im vorigen Abschnitt geklärt wurde, welche Arten von Tafeln Ausscheideordnungen zugrunde liegen können, wird nun der Fokus auf die konkreten Sterbetafeln gelegt. Diese Sterbetafeln wurden von verschiedenen Autoren für z. T. unterschiedliche Anwendungsgebiete ermittelt, wobei sie auf speziellen Ausgangsdaten und Trendannahmen basieren.

7.1.2.1 Statistisches Bundesamt

Das Statistische Bundesamt ermittelt seit 1871 allgemeine Sterbetafeln und seit 1959 periodisch abgekürzte Sterbetafeln für die Bevölkerung der Bundesrepublik Deutschland. In unregelmäßigen Abständen veröffentlicht es auch Vorausberechnungen der Bevölkerungsentwicklung Deutschlands; die 10. und bisher letzte im Juni 2003. Ihre Ausgangsdaten basieren auf fortgeschriebenen Volkszählungsergebnissen. Sie enthält u. a. die Lebenserwartung Neugeborener und die fernere Lebenserwartung 60-jähriger Personen in Abhängigkeit vom Geschlecht für die Jahre 2035 und 2050. Das Statistische Bundesamt setzt für die weitere Entwicklung der Lebenserwartung drei verschiedene Annahmen, die getrennt voneinander untersucht werden und zu einer niedrigen, einer mittleren und einer hohen Schätzung der künftigen Lebenserwartung führen.[289]

7.1.2.2 Heubeck-Richttafeln 1998

Heubeck-Richttafeln waren bislang als Periodentafeln angelegt, die im Erscheinungsjahr der Richttafeln die voraussichtliche Entwicklung der nächsten 20-30 Jahre berücksichtigen.[290] Die Heubeck-Richttafeln von 1998 sind somit nichts anderes als Periodentafeln, die voraussichtlich für ein bestimmtes Jahr im Zeitraum der Jahre von 2018 bis 2028 zutreffen. Sie werden in der betrieblichen Altersversorgung für Teilwertberechnungen und für Prognoserechnungen verwendet.

Im Rahmen ihrer Herleitung wurde als Ausgangsmaterial für die Ermittlung der Rentnersterblichkeit eine Statistik des Verbands Deutscher Rentenversicherungsträger (VDR) für die Jahre

[289] Eine Übersicht und weitere Modellannahmen für die Varianten können in *Statistisches Bundesamt* (2003), S. 19 ff., nachgelesen werden.

[290] *Heubeck* (1998), S. 11, und *Heubeck* (1982), S. 500 f.

1994-1996 verwendet, wobei sich dieses Material lediglich auf die alten Bundesländer bezieht. Da entsprechendes Datenmaterial für die neuen Bundesländer nicht ausreichend zuverlässig erschien, werden Unterschiede in der Sterblichkeit zwischen den alten und den neuen Bundesländern im Rahmen der Projektivität pauschal berücksichtigt.
Für den Altersbereich bis 65 Jahre wurde die Gesamtsterblichkeit aus der abgekürzten Sterbetafel 1994/96 hergeleitet.
Bei der Ermittlung der Richttafeln wurde die künftige Veränderung der Sterblichkeiten in einer Kombination von mittel- und langfristigem Trend berücksichtigt. Dabei wurde unterstellt, dass der mittelfristige Trend noch etwa zehn weitere Jahre wirkt und sich Sterblichkeitsveränderungen anschließend wieder dem Jahrhunderttrend nähern.[291]

7.1.2.3 Heubeck-Richttafeln 2005 G

Die im Jahr 2005 erschienenen Heubeck-Richttafeln 2005 G sind als Generationentafeln angelegt. Sie beruhen auf Statistiken für die alten Bundesländer. Die Rentnersterblichkeit wurde auf Grundlage einer Statistik des VDR für die Jahre 2001-2003 abgeleitet. Die Gesamtbestandswahrscheinlichkeit bis zum Alter von 65 Jahren basiert auf der abgekürzten Sterbetafel 1998/2000. Weiterhin wurde, wie schon bei den Richttafeln 1998, ein zweistufiger Trend zur Beschreibung der zukünftig zu erwartenden Sterblichkeitsveränderungen zugrunde gelegt. Der kurzfristige Trend, der für den Zeitraum ab dem Jahr 2005 für die nächsten 10 Jahre unterstellt wird, setzt sich dabei aus dem langfristigen Trend und einem Zuschlag darauf zusammen.[292]

7.1.2.4 IBS-Tafeln

Die Tafeln des Instituts für Bevölkerungsforschung und Sozialpolitik (IBS) liegen ursprünglich als Periodentafeln für den Zeitraum von 1997–2100 vor. Aus diesen Periodentafeln können dann die entsprechenden Generationentafeln abgeleitet werden. Das IBS setzt wie das Statistische Bundesamt für die weitere Entwicklung der Lebenserwartung drei verschiedene Annahmen und leitet auf deren Basis die entsprechenden Tafeln ab. Diese beinhalten somit eine niedrige, eine mittlere und eine hohe Variante der Sterbewahrscheinlichkeiten. Das IBS bietet seine Tafeln kostenlos im Internet auf seiner Homepage an.[293]

7.1.2.5 Bomsdorf-Tafeln

Die Bomsdorf-Tafeln liegen wie die IBS-Tafeln sowohl als Perioden- als auch Generationentafeln vor. Sie prognostizieren die Sterbewahrscheinlichkeiten der Bevölkerung Deutschlands für die Geburtsjahrgänge 1933 bis 2003 unter der Annahme, dass die Entwicklung zunehmender Überlebenswahrscheinlichkeiten im Zeitablauf anhält.[294]

291 Vgl. *Heubeck* (1998).
292 Vgl. *Heubeck* (2005b).
293 Vgl. *IBS* (2001).
294 Vgl. *Bomsdorf* (2002).

7.1.2.6 DAV 2004 R

Die Deutsche Aktuarvereinigung (DAV) hat 2004 die DAV-Rententafel 2004 ermittelt, die Lebensversicherer im Rahmen der Tarifierung von privaten Rentenversicherungsverträgen verwenden. Bei dieser Sterbetafel handelt es sich um ein System von Generationentafeln, das sich grundsätzlich aus den Basistafeln des Jahres 1999 und dem Sterblichkeitstrend zusammensetzt. Für beide Komponenten wurde jeweils eine Variante mit und eine ohne Sicherheitszuschläge ermittelt.[295] Die Basistafel ohne Sicherheitszuschläge (Basistafel 2. Ordnung) ist aus den Versichertendaten zu Rentenanwartschaften und fälligen Renten von über 20 deutschen Lebensversicherern aus den Jahren 1995 bis 2002 abgeleitet.

Für die Aufschub- und für die Rentenbezugszeit werden getrennte Basistafeln hergeleitet, um in der Rentenbezugszeit Selektionseffekte angemessen berücksichtigen zu können. Diese entstehen im Rahmen der privaten Rentenversicherung dadurch, dass überwiegend Personen, die sich selbst für gesund halten und die mit einer mindestens durchschnittlichen Lebenserwartung rechnen, eine sofort beginnende Rentenversicherung abschließen oder sich im Rahmen einer aufgeschobenen Rentenversicherung für einen Rentenbezug und gegen eine mögliche Kapitalabfindung entscheiden.[296] Bei der Basistafel für die Rentenbezugszeit handelt es sich um eine Selektionstafel, die doppelt nach dem aktuellen Alter und dem laufenden Jahr der Rentenbezugszeit abgestuft ist. Die Basistafel für die Aufschubzeit wird dagegen als Aggregattafel ohne Unterscheidung nach dem laufenden Versicherungsjahr ab Policenbeginn bestimmt, weil der Effekt der Selbstselektion in der Aufschubzeit deutlich weniger ausgeprägt ist. Der Versichertentrend wird durch Addition eines Zuschlags auf den Bevölkerungstrend ermittelt, um den höheren Trend der Sterblichkeitsreduktion bei Versicherten zu berücksichtigen.

Die DAV empfahl im Zeitpunkt der Herausgabe dieser Tafeln, die Rechnungsgrundlagen 1. Ordnung, die Sicherheitszuschläge bei Basistafel und Sterblichkeitstrend beinhalten, für die Beitragskalkulation und für die Berechnung der Deckungsrückstellung für die Bilanz zu verwenden. Die Rechnungsgrundlagen 2. Ordnung, die keine Sicherheitszuschläge umfassen, sollten in der Kalkulation der Überschussbeteiligung und für interne Modell- und Prognoserechnungen angewendet werden.[297] Inzwischen geht die DAV davon aus, dass die Sterblichkeitsentwicklung niedriger ist, als in den Rechnungsgrundlagen 2. Ordnung der DAV 2004 R zum damaligen Stand eingearbeitet wurde.[298]

7.1.3 Eignung und Vergleiche von Tafeln für Prognoserechnungen in der Theorie und ihre Umsetzung in der Praxis

Für die Einbindung biometrischer Wahrscheinlichkeiten in ein versicherungsmathematisches Kalkül ist zunächst zu überprüfen, welche Anforderungen Sterbetafeln hierfür erfüllen müs-

[295] Vgl. *DAV* (2004b), S. 6.
[296] Vgl. *DAV* (2004a), S. 2 f.
[297] Vgl. *DAV* (2004a), S. 8.
[298] Vgl. *DAV* (2005).

sen. Die Ableitung der biometrischen Wahrscheinlichkeiten einer bestimmten Sterbetafel ist daher grundsätzlich zu beleuchten. Sie basiert einerseits auf der verwendeten Basistafel für die Personengesamtheit – den Primärdaten – und andererseits auf den Trendannahmen für die Zukunft.

Um die künftige Sterblichkeit versorgungsberechtigter Arbeitnehmer bestmöglich schätzen zu können, muss die Basistafel aus Daten zur bisherigen Sterblichkeit solcher Arbeitnehmer abgeleitet werden, die in der Vergangenheit eine identische Versorgungszusage erhalten haben. Bislang liegen konkrete Erfahrungen und Statistiken der Träger der betrieblichen Altersversorgung hierzu nicht vor.[299]

Somit muss die Basistafel einer betrieblichen Altersversorgung zwangsläufig aus den Primärdaten eines anderen Kollektivs gewonnen werden. Für eine solche Übernahme ist zunächst die Frage zu beantworten, inwieweit diese Daten für die Gruppe der Versorgungsberechtigten repräsentativ sind. Die versicherungswissenschaftliche Literatur spricht in diesem Zusammenhang vom Selektionsrisiko, das immer dann besteht, wenn in die Rechnungsgrundlagen Annahmen über die Zusammensetzung und Risikoexposition des versicherten Kollektivs eingehen. Das Selektionsrisiko bemisst sich dabei am Abstand zwischen der Risikosituation der Versicherten und derjenigen der Referenzgruppe.[300] Individuelle Selektionsrisiken bzw. Selektionseinflüsse bestehen dann, wenn Individuen selbst entscheiden können, ob und in welchem Umfang sie sich versichern. Private Rentenversicherungen werden beispielsweise insbesondere von Individuen nachgefragt, die – wie bereits erwähnt – im Rahmen einer Selbsteinschätzung ihrer eigenen Lebenserwartung zu dem Ergebnis kommen, dass sie über eine äußerst robuste Gesundheit verfügen. Dieses Kollektiv aus freiwillig Versicherten weist somit eine gegenüber den Zwangsversicherten der gesetzlichen Rentenversicherung oder der Gesamtbevölkerung Deutschlands niedrigere Sterblichkeit auf.

Zusätzlich zu individuellen können des Weiteren kollektive Selektionseinflüsse bestehen, wenn z. B. ausschließlich Arbeitnehmer einer speziellen Branche oder eines Unternehmens versichert werden.[301] Die DAV geht daher davon aus, dass Versorgungsberechtigte einer betrieblichen Altersversorgung vermutlich aus sozioökonomischen Gründen eine im Allgemeinen niedrigere Sterblichkeit gegenüber der Gesamtbevölkerung aufweisen.[302] Im Hinblick darauf untersucht *Heubeck* (1998) die Todesfälle aus der Todesursachenstatistik des Statistischen Bundesamtes und gelangt zu dem Ergebnis, dass Selektionseinflüsse durchaus zu verzeichnen, aber ohne materielle Auswirkung auf die betriebliche Altersversorgung sind.[303]

Insgesamt müssen die Rechnungsgrundlagen der betrieblichen Altersversorgung also mangels eigener Statistiken aus anderen Personengesamtheiten übernommen werden. Hierbei müssen individuelle Selektionsrisiken bei der Auswahl der Personengesamtheit beachtet werden; eine

[299] Vgl. *Heubeck* (2005b), S. 3 f.
[300] Vgl. *DAV* (2002), S. 9.
[301] Vgl. *Herrmann* (2002), S. 7.
[302] Vgl. *DAV* (2002), S. 9.
[303] Vgl. *Heubeck* (1998), S. 4.

Übernahme anderer Statistiken als Rechnungsgrundlage der betrieblichen Altersversorgung ist daher möglich, wenn die individuellen Selektionsrisiken einerseits der Versorgungsberechtigten und andererseits der Referenzgruppe vergleichbar sind.
Je nach Gestaltung der Versorgungszusage und den sich daraus ergebenden Selektionsrisiken sind daher verschiedene Primärdaten für die Kalkulation heranzuziehen.

Um die allgemeine Bevölkerungssterblichkeit Deutschlands als Primärdaten verwenden zu können, muss die Versorgungszusage so gestaltet sein, dass seitens der Versorgungsberechtigten keine individuellen Einflussmöglichkeiten auf die Höhe der Versorgungsleistung bestehen; Zusagen müssen also wie die gesetzliche Rentenversicherung einen kollektiven Zwangscharakter aufweisen. Über diesen Zwangscharakter verfügen ausschließlich arbeitgeberfinanzierte Zusagen, bei denen einzig und allein der Arbeitgeber die Leistungs- bzw. die Auszahlungsform[304] bestimmt. Eine Übernahme der allgemeinen Bevölkerungssterblichkeit Deutschlands als Primärdaten ist damit möglich.

Sollten dagegen Zusagen als Entgeltumwandlung ohne oder mit Kapitalwahlrecht oder als arbeitgeberfinanzierte Zusage mit Kapitalwahlrecht ausgestaltet sein, bestehen Selektionseinflüsse. Die Primärdaten dieser Zusagen müssen daher von anderen Kollektiven übernommen oder abgeleitet werden.[305] In Frage kommen hierfür die Primärdaten der DAV 2004 R. Um bemessen zu können, ob sie für Zusagen ohne Zwangscharakter repräsentativ sind, muss ein Vergleich gezogen werden, inwieweit einerseits für Versicherte der privaten Rentenversicherung und andererseits für Versorgungsberechtigte einer betrieblichen Altersversorgung Möglichkeiten bestehen, während der Vertragszeit auf den Umfang der Versorgung Einfluss zu nehmen.[306]

Im Rahmen der privaten Rentenversicherung hat der Versicherte die Möglichkeit, während der Ansparphase den Vertrag zu stornieren. Dafür stehen ihm grundsätzlich die Wege der Beitragsfreistellung und des Rückkaufs offen. Sollte sich daher während der Ansparphase herausstellen, dass seine Lebenserwartung – anders als erwartet – tatsächlich unterdurchschnittlich ist, so kann er darauf reagieren, indem er entweder von der Rückkaufsmöglichkeit des Vertrags Gebrauch macht oder zumindest keine weiteren Beiträge in die Versicherung einzahlt. Zusätzlich besteht für ihn am Ende der Ansparphase die Option, sich das Kapital auszahlen zu lassen. Somit können kurzlebige Versicherte den Bezug einer Altersrente, die an ihr Leben gebunden ist, vermeiden. Im Umkehrschluss werden sich nur Versicherte das am Ende der Ansparphase vorhandene Deckungskapital verrenten lassen, die davon überzeugt sind, dass sie lange leben werden.[307]

[304]Eine Leibrente, eine Ratenzahlung (Zeitrente) und eine Kapitalauszahlung sind solche Leistungs- bzw. Auszahlungsformen.

[305]Gehaltsumwandlungszusagen können daher nicht mit den Heubeck-Richttafeln bewertet werden. Insofern wird der Heubeck AG widersprochen, deren Repräsentant Engbroks auf der aba-Jahrestagung als Anwendungsfall der Heubeck-Richttafeln Gehaltsumwandlungszusagen nannte (vgl. *Engbroks* (1999), S. 156).

[306]Es kann davon ausgegangen werden, dass sich die Lebenserwartung der Versicherten der Rentenversicherung bei Vertragsabschluss nicht von der der Arbeitnehmer bei Versorgungsbeginn unterscheidet.

[307]Zur adversen Selktion vgl. grundlegend *Warshawsky* (1988), *Friedman / Warshawsky* (1988), *Friedman / Warshawsky* (1990), *Mitchell et al.* (1999) und *Kiesewetter / Thaut* (2004).

Bei einer Entgeltumwandlung mit Kapitalwahlrecht hat der Versorgungsberechtigte dieselben Einflussmöglichkeiten wie ein Versicherter bei einer privaten Rentenversicherung: Er kann sowohl am Ende der Ansparphase das Kapitalwahlrecht ausüben als auch zuvor periodisch die Höhe des Betrags bestimmen, die vom Arbeitgeber in einen Rentenbaustein umgewandelt wird. Für Entgeltumwandlungen mit Kapitalwahlrecht kann daher bei der Kalkulation der Pensionszusage auf die Primärdaten der DAV 2004 R zurückgegriffen werden.

Bei Entgeltumwandlungen ohne Kapitalwahlrecht und arbeitgeberfinanzierten Zusagen mit Kapitalwahlrecht bestehen für den Versorgungsberechtigten grundsätzlich nicht die Einflussmöglichkeiten, die ein Versicherter der privaten Rentenversicherung besitzt. So haben Versorgungsberechtigte einer Entgeltumwandlung ohne Kapitalwahlrecht, im Gegensatz zur privaten Rentenversicherung, keine Zugriffsmöglichkeit (Rückkauf, Kapitalwahlrecht) auf die für die Betriebsrente bereits umgewandelten Entgelte. Sie können damit nicht auf eine Verschlechterung ihrer Lebenserwartung reagieren, indem sie die Rentenphase vermeiden. Alle Versorgungsberechtigten beziehen also in jedem Fall eine Altersrente als Versorgungsleistung, weshalb ihre durchschnittliche Lebenserwartung derjenigen der allgemeinen Bevölkerung entspricht. Allerdings können sie insoweit auf eine Verschlechterung ihrer Lebenserwartung reagieren, als sie ab dem Zeitpunkt dieser Erkenntnis keine weiteren Entgelte in Rentenbausteine umwandeln lassen. Durch diese Beitragsfreistellungsmöglichkeit werden Selektionseinflüsse induziert: Langlebige Versorgungsberechtigte werden über einen längeren Zeitraum Beiträge einzahlen, während kurzlebige vergleichsweise wenige Beiträge für ihre Altersversorgung reservieren lassen. Zudem werden weitere Selektionseinflüsse dadurch erzeugt, dass die Versorgungsberechtigten die Höhe ihrer Beiträge variieren können. Diese Möglichkeit können sie insbesondere, wenn sie in den letzten Jahren vor Beginn der Altersrente über eine robuste Gesundheit verfügen, für eine Höherversorgung nutzen.[308] Im gesamten Deckungsstock sind damit die Beiträge langlebiger gegenüber kurzlebiger Individuen überrepräsentiert. Zöge man nun die Sterblichkeit des Versorgungsbestandes, die – wie ermittelt – die allgemeine Bevölkerungssterblichkeit ist, unabhängig von der Höhe der Beitragsleistung heran, so bestimmte man für alle Versorgungsberechtigten einen einheitlich geltenden versicherungsmathematischen Umwandlungsfaktor, mit dem der Deckungsstock des einzelnen Versorgungsberechtigten in eine Altersrente umgewandelt werden würde. Dies führte unmittelbar dazu, dass hohe gegenüber niedrigen Versorgungsleistungen überrepräsentiert sind. Als Folge daraus reichte der am Ende der Ansparphase bestehende Deckungsstock für die Finanzierung der Versorgungsleistungen aller Berechtigten nicht aus.
Um diese Folgerung zu verdeutlichen, wird ein triviales, theoretisches Beispiel unter Sicherheit angeführt. Der Versorgungsbestand besteht aus zwei Arbeitnehmern, die im Alter von 28 Jahren eine Entgeltumwandlung ohne Kapitalwahlrecht mit ihrem Arbeitgeber vereinbaren, die eine Altersrente ab dem Alter von 65 Jahren vorsieht. Ein Arbeitnehmer davon stirbt kurz nach Erreichen des Alters von 65 Jahren und der andere stirbt im Alter von 85 Jahren. Beide haben hiervon zum Zeitpunkt des Vertragsabschlusses der Entgeltumwandlung keine

[308] Vgl. *VerBAV* (1998), S. 160.

Kenntnis. Unmittelbar danach erfährt der kurzlebige Arbeitnehmer, dass seine Lebenserwartung unterdurchschnittlich ist. Er wandelt daher keine Entgelte in Rentenbausteine um. Der andere Arbeitnehmer zahlt aufgrund seiner robusten Gesundheit periodisch Beiträge in seine betriebliche Altersversorgung ein. Sein angespartes Versorgungskapital am Ende der Ansparphase beläuft sich somit auf 100. Zieht man nun die Lebenserwartung des Gesamtbestands heran, um die Rente der Versorgungsberechtigten zu ermitteln, so ergibt sich diese, weil beide Arbeitnehmer im Versorgungsbestand sind, zu $(85+65)/2=75$. Ihre durchschnittliche Restlebenserwartung beträgt damit $75-65=10$ Jahre. Da der kurzlebige Arbeitnehmer keine Beiträge eingezahlt hat, erhält er auch keine Versorgungsleistung. Die Altersrente des langlebigen Versorgungsberechtigten beläuft sich dagegen durch seine Beitragszahlungen ohne den Einbezug von Zinsen in der Rentenphase auf $100/10=10$. Dem Arbeitgeber steht am Ende der Ansparphase ein Deckungsstock des internen Pensionsfonds zur Verfügung, der sich aus den aufgebauten Deckungsstöcken der einzelnen Versorgungsberechtigten zusammensetzt und damit im Beispiel $0+100=100$ beträgt. Dieser reicht demnach genau aus, um die Altersrente bis zum 75. Lebensjahr des überlebenden Versorgungsberechtigten zu decken. Die restlichen 10 Rentenzahlungen an den Versorgungsberechtigten, der im Alter von 85 Jahren stirbt, muss der Arbeitgeber folglich aus dem Cash Flow des Unternehmens finanzieren.[309]

Einerseits bestehen somit Einflussmöglichkeiten auf die Versorgungshöhe, die es nicht erlauben, dass die allgemeine Bevölkerungssterblichkeit als Primärdaten herangezogen werden. Andererseits ist der Einfluss im Vergleich zu einer privaten Rentenversicherung eingeschränkt, weil die Versorgungszusage insbesondere nicht über ein Kapitalwahlrecht verfügt; eine Anwendung der Primärdaten der DAV 2004 R auf das Kollektiv der Versorgungsberechtigten einer Entgeltumwandlung verbietet sich somit ebenfalls.

Im Rahmen von arbeitgeberfinanzierten Versorgungszusagen mit Kapitalwahlrecht hat der Arbeitnehmer am Ende der Ansparphase die Möglichkeit, sich den Deckungsstock auszahlen zu lassen.[310] Sollte er davon keinen Gebrauch machen, so entscheidet er sich bewusst für den Bezug der Altersrente. Da ihre Leistung an seine Lebenszeit gebunden ist, geht er damit eine Wette mit dem Arbeitgeber hinsichtlich seines Todeszeitpunkts ein; sein Wetteinsatz ist die mögliche Kapitalauszahlung, auf die er verzichtet. Sollte er relativ früh versterben, so wäre für ihn die Kapitalauszahlung günstiger gewesen. Sollte er relativ alt werden, so ist der Bezug einer Altersrente gegenüber der Kapitalauszahlung vorteilhaft. Aufgrund dieses Wettcharakters werden sich insbesondere langlebige Versorgungsberechtigte, die über eine robuste Gesundheit verfügen, für den Bezug einer Altersrente entscheiden. Vorerkrankte Versorgungsberechtigte werden dagegen die Kapitalauszahlung wählen. Da dieselbe Auszahlungsmöglichkeit auch bei einer aufgeschobenen privaten Rentenversicherung besteht bzw. eine Entscheidung des Versorgungsberechtigten für die Verrentung des Deckungsstocks mit dem Abschluss einer sofort

[309] Im Rahmen der Ableitung der DAV 2004 R begegnete man diesem Problem, indem die Sterblichkeiten rentenhöhengewichtet ermittelt wurden. Zudem wurde das Verhältnis zwischen diesen Sterblichkeiten und den Sterblichkeiten innerhalb verschiedener Rentenhöhenklassen bestimmt (vgl. *DAV* (2004b), S. 71).

[310] Die Direktzusage auf Grund-, Aufbau- und Zusatzsicherung der E.ON Energie AG ist ein Beispiel hierfür (vgl. *Wellisch* (2002), S. 110).

beginnenden Rentenversicherung zu vergleichen ist, kann davon ausgegangen werden, dass die Lebenserwartung einerseits von Versicherten der Rentenversicherung und andererseits von den Versorgungsberechtigten dieses Zusagentyps mit Beginn der Rentenphase identisch ist. Damit kann die Basistafel der privaten Rentenversicherung für die Rentenbezugszeit als Primärdaten einer arbeitgeberfinanzierten Zusage mit Kapitalwahlrecht übernommen werden. Einflussmöglichkeiten des Versorgungsberechtigten auf das Beitragsvolumen, das der Arbeitgeber in Rentenbausteine umwandelt, bestehen hingegen in der Ansparphase nicht. Für diese Phase können daher die Daten der allgemeinen Bevölkerungssterblichkeit Deutschlands herangezogen werden. Für arbeitgeberfinanzierte Zusagen mit Kapitalwahlrecht sind daher die Primärdaten der allgemeinen Bevölkerungssterblichkeit für die Ansparphase und die Primärdaten der DAV 2004 R für die Rentenphase als repräsentativ einzustufen.

Während bisher auf die Auswahl einer geeigneten Basistafel zur Ermittlung der Rechnungsgrundlagen der betrieblichen Altersversorgung eingegangen wurde, müssen Sterbetafeln eine zweite Voraussetzung erfüllen: Sie müssen als Generationentafeln angelegt sein, damit sie für versicherungsmathematische Bewertungen verwendet werden können. Periodentafeln berücksichtigen die weitere Sterblichkeitsverbesserung eines Jahrgangs nicht; sie bilden daher die Überlebenswahrscheinlichkeiten eines Versichertenbestandes verzerrt ab. Für versicherungsmathematische Kalkulationen sind sie somit ungeeignet.[311] Die Bewertung einer Altersrente in der Lebensversicherung ist daher seit 1956 zwingend mit einer Generationentafel vorzunehmen.[312]

Wendet man die beiden Anforderungskriterien Repräsentativität und Generationentafel auf die angeführten Sterbetafeln an, so kamen bis zum Jahr 2005 für arbeitgeberfinanzierte Zusagen ohne Kapitalwahlrecht nur zwei Sterbetafeln als Rechnungsgrundlage in Frage. Dies sind die IBS- und die Bomsdorf-Generationentafeln. Von diesen beiden ist aus Plausibilitätsgründen der IBS-Generationentafel (IBS-G) der Vorzug zu geben,[313] wobei unter dem Begriff der IBS-Tafel stets die mittlere Variante der IBS-Schätzungen verstanden wird. Mit der Umstellung der Heubeck-Richttafeln (HB) von Perioden- auf Generationentafeln im Jahr 2005 besteht inzwischen eine weitere Sterbetafel, die sich nunmehr für eine versicherungsmathematische Kalkulation eignet. Aufgrund ihres Erscheinungsjahres und des damit verbundenen Wissensvorsprungs bezüglich der Entwicklung der Sterblichkeit sind sie den IBS-Generationentafeln vorzuziehen. Diese neuen Richttafeln werden auch von den Finanzbehörden als biometrische Rechnungsgrundlage anerkannt und können ab 2005 für die Bewertung von Pensionsrückstellungen verwendet werden.[314] Bei arbeitgeber- bzw. bei arbeitnehmerfinanzierten Zusagen mit Kapitalwahlrecht ist die DAV 2004 R für die Rentenphase bzw. für die Anspar- und Rentenphase repräsentativ. Ihre Rechnungsgrundlagen 1. Ordnung sind für die Deckungsrückstellungsbildung und die Prämienberechnung anzuwenden. Für die Bestandsrechnung wird ebenfalls davon ausgegangen, dass ein

[311] Vgl. *Jaeger* (2001), S. 113, und *DAV* (2004b), S. 5.
[312] Vgl. *VerBAV* (1956), S. 2.
[313] Vgl. *Thaut* (2005), S. 5 ff.
[314] Vgl. BMF-Schreiben vom 16.12.2005, BStBl. I 2005 S. 1054.

Großteil des Sicherheitszuschlags, der in der DAV 2004 R 1. Ordnung eingearbeitet ist, im Verlauf der Pensionszusage tatsächlich benötigt wird. Als Begründung dafür ist anzuführen, dass die Überlebenswahrscheinlichkeiten der Heubeck-Richttafeln 2005 G gegenüber den IBS-Tafeln (Erscheinungsjahr 2001), den Bomsdorf-Tafeln (Erscheinungsjahr 2002) und den Tafeln des Statistischen Bundesamts (Erscheinungsjahr 2003) relativ hoch ausfallen, was durch einen Vergleich der tafelspezifischen mittleren Lebenserwartungen aus Tabelle 25 zu entnehmen ist;[315] die Sterblichkeitsentwicklung der letzten drei Jahre lässt darauf schließen, dass sie tatsächlich niedriger ist als in den Rechnungsgrundlagen 2. Ordnung der DAV 2004 R eingearbeitet.

Tabelle 25: Vergleich der mittleren Lebenserwartung der Generationentafeln für einen im Bezugsjahr 2005 28-jährigen Mann

Tafel	Bomsdorf	IBS-G	HB 2005 G	DAV 2004 R 2. O.	1. O.
Mittlere Lebenserwartung	52,96	55,57	59,18	61,39	66,71

Dies bestätigt auch inzwischen die DAV.[316] Einen weiteren Beleg hierfür liefert auch ein Vergleich der Kennzahl des Money's Worth;[317] sie beträgt auf Basis der Heubeck-Richttafeln 2005 G und der DAV 2004 R 1. Ordnung $86,3$ %.[318] Im Vergleich dazu beziffert sie sich auf $94,9$ %, wenn man die Heubeck-Richttafeln 2005 G und die DAV 2004 R 2. Ordnung zugrunde legt.[319] Gegenüber dem durchschnittlichen Wert von $88,0$ %, den internationale Studien ausweisen,[320] ist daher die Anwendung der DAV 2004 R 1. Ordnung der 2. Ordnung vorzuziehen. Sie wird folglich als beste Schätzung verwendet.

Für Entgeltumwandlungen ohne Kapitalwahlrecht existieren bis dato keine geeigneten biometrischen Rechnungsgrundlagen.

Tabelle 26: Angemessene biometrische Rechnungsgrundlagen in Abhängigkeit von der zugrunde gelegten Versorgungszusage

	bis zum Jahr 2005		ab dem Jahr 2005	
Finanzierung	Arbeitgeber	Arbeitnehmer	Arbeitgeber	Arbeitnehmer
ohne KWR	IBS-G	?	HB 2005	?
mit KWR	B: IBS-G L: DAV 2004(1994) R	DAV 2004 R (DAV 1994 R)	B: HB 2005 L: DAV 2004 R 1.O.	DAV 2004 R 1. O.

[315] Mittlere Lebenserwartung definiert als die zu erwartenden Lebensjahre l der Kohorte im Jahr 2005 $x =$ 28-jähriger Personen, für die gilt: $_{x+l}p_x = 0,5$ (Median). Die Überlebenswahrscheinlichkeiten der Tafeln des Statistischen Bundesamts liegen als Periodentafeln vor. Die Lebenserwartung einer Kohorte zu bestimmen, ist nicht möglich. Sie ist daher nicht in der Tabelle mit aufgeführt. Ihr Vergleich mit den entsprechenden IBS-Periodentafeln zeigt auf, dass ihre Überlebenswahrscheinlichkeiten nahezu gleich sind (vgl. *Thaut* (2005), S. 6).

[316] Vgl. *DAV* (2005).

[317] Diese Kennzahl wird in der versicherungswissenschaftlichen Literatur zur Bemessung der Kosten adverser Selektion verwendet (vgl. grundlegend *Kiesewetter / Thaut* (2004)).

[318] Der Rentenbarwertfaktor auf Basis der Heubeck-Richttafel 2005 G (DAV 2004 R 1. Ordnung) beträgt für den derzeit 28-jährigen Versorgungsberechtigten bei $r = 6$ % $11,30$ $(13,09)$. Daraus ergibt sich ein Money's Worth von $11,30/13,09 = 0,863$.

[319] Der Rentenbarwertfaktor auf Basis der DAV 2004 R 2. Ordnung beträgt für den derzeit 28-jährigen Versorgungsberechtigten bei $r = 6$ % $11,91$.

[320] Vgl. *Kiesewetter / Thaut* (2004), S. 225.

Die zusageabhängige Anwendung der geeigneten Sterbetafel sollte sich daher theoretisch in dreierlei Hinsicht niederschlagen. Erstens sollte der Arbeitgeber auf dieser Basis den versicherungsmathematischen Umrechnungsfaktor ermitteln, der das Verhältnis zwischen Beitrags- und Rentenhöhe festlegt.[321] Zweitens sollte er sie für Prognoserechnungen über die Zahlungswirkungen von Einzelzusagen oder seines Gesamtbestands an Versorgungszusagen einsetzen. Drittens sollte diese biometrische Rechnungsgrundlage in der Berechnung der Rückstellungen Anwendung finden, weil sich mit ihrer Hilfe die künftige Entwicklung der Versorgungsverpflichtungen des Unternehmens am besten abschätzen lässt.

Wenn man nun diese theoretischen Überlegungen mit den im Rahmen der betrieblichen Altersversorgung tatsächlich zugrunde gelegten biometrischen Rechnungsgrundlagen vergleicht, so stellt man mehrere Unterschiede fest.
An erster Stelle sind die biometrischen Rechnungsgrundlagen für die Rückstellungsberechnung anzuführen.
Wie bereits in den Kapiteln 3.1.2.2.1 und 3.2.2.2.1 dargelegt wurde, werden für die Pensionsrückstellungsbildung von Direktzusagen die Heubeck-Richttafeln angewendet, während für Pensionsfonds zur Berechnung der Deckungsrückstellung die DAV 2004 R vorgeschrieben sind. Die erforderliche Differenzierung der biometrischen Wahrscheinlichkeiten hinsichtlich des Charakters der Pensionszusage erfolgt somit nicht,[322] vielmehr werden von der Finanzverwaltung den Durchführungswegen pauschal Tafeln zugeordnet, die zur Rückstellungsberechnung zugelassen sind. Für arbeitgeberfinanzierte Zusagen mit Kapitalwahlrecht, die im Rahmen einer Direktzusage durchgeführt werden, sind folglich Pensionsrückstellungen auf Basis der Heubeck-Richttafeln zu bilden, obwohl Selektionseinflüsse bestehen, die eine Bewertung auf Basis der DAV 2004 R für die Rentenphase der Zusage erforderten. Dagegen bewerten Pensionsfonds Verpflichtungen aus einer arbeitgeberfinanzierten Leistungszusage, die Zwangscharakter aufweist, mit der DAV 2004 R, obwohl diese aus Daten von Versicherungen mit freiwilligem Charakter ermittelt wurden. Da für diese Fälle durch die biometrischen Rechnungsgrundlagen Bewertungsverzerrungen der Rückstellung vorprogrammiert sind, stellt sich unmittelbar die Frage, welche Vorteilhaftigkeitswirkung dadurch auf Direktzusage und Pensionsfonds induziert wird. Während bisher die Repräsentativität der Primärdaten der Sterbetafeln beleuchtet wurde, ergibt sich eine weitere Verwerfung zwischen Theorie und Praxis durch die bisherige Anwendung der Heubeck-Richttafeln für die Bewertung von Pensionsrückstellungen der Direktzusage.

[321] Ggf. ist in den Umrechnungsfaktor noch ein Sicherheitsabschlag einzurechnen.

[322] *Heubeck* (1999), S. 434, begründet die pauschale Ermittlungsweise der biometrischen Rechnungsgrundlagen der Heubeck-Richttafeln damit, dass ein Eingehen auf die spezifische Risikosituation des jeweiligen Kollektivs erstens im Allgemeinen nicht notwendig sei, weil ein Rückkauf bzw. eine Auszahlung der vorhandenen Deckungsmittel nur in wenigen Ausnahmefällen und bei geringfügigen Anwartschaften (§ 3 BetrAVG) zum Zuge käme, und zweitens in der Praxis in aller Regel auch nicht durchführbar sei. Damit wird im Umkehrschluss bestätigt, dass eine Differenzierung in den biometrischen Rechnungsgrundlagen für den Fall der Einräumung eines Kapitalwahlrechts bei Pensionszusagen theoretisch vorzunehmen ist. Praktische Gründe, die dagegen sprechen, werden durch *Heubeck* (1999) nicht angegeben.

Heubeck-Richttafeln waren bis dato als Periodentafeln angelegt und eignen sich daher nicht, um Rückstellungen für einzelne Versorgungsberechtigte adäquat zu bewerten.[323] Vor diesem Hintergrund erstaunt es, dass lediglich ein Autor die Umstellung der Heubeck-Richttafeln auf Generationentafeln gefordert hat.[324] *Heubeck* (1998) begründete die Anlage ihrer Richttafeln als Periodentafeln damit, dass sich eine Veröffentlichung als Generationentafel insbesondere im Hinblick auf die problemlose allgemeine Anwendbarkeit von Periodentafeln in der Praxis verbot.[325] Allerdings hat die Heubeck AG im Jahr 2005 im Rahmen der Herausgabe der Heubeck-Richttafeln 2005 G die Umstellung der bisherigen Periodentafeln auf Generationentafeln vorgenommen, die von den Finanzbehörden anerkannt werden. Da somit bis zum Jahr 2005 die Pensionsrückstellungen mit Periodentafeln bewertet wurden, sind die Kosten daraus für den Arbeitgeber zu beziffern.

Neben der Rückstellungsberechnung ergeben sich zweitens auch bei der Kalkulation der Zusagehöhe Abweichungen zwischen Theorie und Praxis. Anstelle der biometrischen Wahrscheinlichkeiten von Generationentafeln werden auch hier i. d. R. Periodentafeln zugrunde gelegt. Dass dies gängige Praxis ist, belegt das Schrifttum. So basieren die Prognoserechnungen von *Sturm* (1980) bzw. *Hagemann* (2004) auf der Allgemeinen Sterbetafel 1970/72 bzw. auf der Abgekürzten Sterbetafel 1997/99 des Statistischen Bundesamtes. *Engbroks / Heubeck* (1981), *Schwab* (1988), *Koenen* (1995), *Rhiel* (1997), *Hör* (2000), *Grabner / Bode / Stein* (2001), *Grabner / Bode / Stein* (2002) und *Ahrend / Förster / Rößler* (2005) legen ihren Prognoserechnungen die Heubeck-Richttafeln zugrunde. *Bogner* (1997) verwendet die Rechnungsgrundlagen von Ettl / Pagler, die das österreichische Pendant zu den Heubeck-Richttafeln darstellen.[326] In den zitierten Arbeiten werden Periodentafeln u. a. auch für die Kalkulation der versicherungsmathematischen Umrechnungsfaktoren verwendet.[327]
Welche Wirkungen die bislang als Periodentafeln angelegten Heubeck-Richttafeln auf die Kosten von Pensionszusagen entfalten, falls sie bisher, wie von der Heubeck AG empfohlen,[328] für Prognoserechnungen verwendet werden, ist daher eingehend zu überprüfen.

7.2 Modellannahmen

Im Rahmen des Designs des versicherungsmathematischen Kalküls werden Annahmen gesetzt, um die Wirkung auf die Vorteilhaftigkeit von Direktzusage und Pensionsfonds separieren zu können, die auf diesen Ausbau des bisher finanzmathematischen Kalküls zurückzuführen sind.

[323] Vgl. *Jaeger* (2001), S. 113, und *DAV* (2004b), S. 5.
[324] Vgl. *Jaeger* (2001), S. 113. Zu weiteren Kritikpunkten s. *Jaeger* (1999) und *Jaeger* (2000).
[325] Vgl. *Heubeck* (1998), S. 11, und *Heubeck* (2005b), S. 1.
[326] Vgl. *Ettl / Pagler* (1989). Im Jahr 1999 wurden die Perioden- durch Generationentafeln ersetzt.
[327] Vgl. u. a. *Engbroks / Heubeck* (1981), S. 2025, *Engbroks* (1999), S. 158 f., *Grabner / Bode / Stein* (2001), S. 1898, und *Grabner / Bode / Stein* (2002), S. 855.
[328] Vgl. *Heubeck* (1998), S. 41. Eine Einschränkung der Anwendung der Heubeck-Richttafeln auf die Teilwertberechnung ist auch aus *Heubeck* (1999) nicht zu entnehmen (a. A. *Jaeger* (2000)). Dies ist schon daran zu erkennen, dass *Heubeck* (2002) weiterhin die Heubeck-Richttafeln u. a. für die „Berechnung von Kaufpreisrenten u. ä." empfiehlt.

Der Arbeitgeber ist eine Personengesellschaft, wobei das Modell aufgrund der eingeführten Parameter auch unmittelbar auf Kapitalgesellschaften übertragbar ist.[329] Unterstellt wird ein bei Dienstantritt $x = 28$-jähriger Arbeitnehmer, der sofort eine Leistungszusage erhält. Sie beinhaltet eine nachschüssige, konstante Altersrente ab dem Alter von $x + m = 65$ Jahren, die aus dem konstanten Beitrag JDK finanziert wird.[330] Des Weiteren werden Invaliden- oder Hinterbliebenenversorgungsleistungen vernachlässigt; ihre Berücksichtigung erhöht lediglich die Komplexität des Entscheidungskalküls, ohne dass sich dadurch die Rangfolge von Direktzusage und Pensionsfonds verändert. Als einzige Ausscheideursache wird daher der Tod des Versorgungsberechtigten berücksichtigt. Insofern können die für die Kalkulation der Versorgungsleistung notwendigen statistischen Daten aus einer Sterbetafel, einer einfachen Ausscheideordnung, entnommen werden.

Bei den Rechenverfahren der Prognoserechnung kann die deterministische und die stochastische Methode unterschieden werden. Bei der deterministischen Methode wird die Entwicklung der Bestände mit den einjährigen Überlebenswahrscheinlichkeiten einer Sterbetafel sukzessive für den gewünschten Prognosezeitraum berechnet.[331] Das Ergebnis dieser Methode ist die Prognose künftiger Entwicklungen und die Ableitung versicherungsmathematischer Kennzahlen durch Erwartungswerte. Bei der stochastischen Methode wird die Fortentwicklung des Bestandes mittels eines Zufallsgenerators vorgenommen, der mit den Ausscheidewahrscheinlichkeiten gewichtet ist.[332] Beide Methoden führen bei hinreichend großen Beständen zu vergleichbaren Ergebnissen, weil durch das Gesetz der Großen Zahl die Zufälligkeiten der stochastischen Methode verschwinden.[333] Dadurch kommen die Grundwahrscheinlichkeiten des Zufallsprozesses wieder zum Vorschein. Um wiederum die grundsätzlichen Effekte eines versicherungsmathematischen Ausbaus des finanzmathematischen Kalküls herausfiltern zu können, wird auf die deterministische Methode zurückgegriffen, die von einem hinreichend großen Bestand an Versorgungsverpflichtungen ausgeht. Die stochastische Methode, die für die Risikoanalyse von Versorgungszusagen insbesondere für kleine Versorgungsbestände in der Praxis unerlässlich ist, wird nicht weiter verfolgt.

Als Zusagentyp wird eine Leistungszusage ohne Kapitalwahlrecht abgebildet, weil dies in der betrieblichen Praxis bis dato die Standardgestaltung einer Zusage ist. Zusätzlich wird bei der Direktzusage eine Leistungszusage mit Kapitalwahlrecht modelliert, um die Kosten aus der adversen Selektion zu bemessen. Da der Einsatz der Heubeck-Richttafeln im Rahmen dieser Untersuchung nur sehr eingeschränkt möglich ist, weil sie urheberrechtlich geschützt sind, werden des Weiteren statt ihnen die IBS-Generationentafeln verwendet. Um den höheren Überlebenswahrscheinlichkeiten der Heubeck-Richttafel 2005 G gerecht zu werden, die für den der-

[329] Man vergleiche hierfür die Ausführungen im Kapitel 5.6.

[330] Diese Modelldaten stimmen mit den entsprechenden des Referenzfalls überein. Die Auswirkungen seiner Modifikation wurden bereits im Rahmen des finanzwirtschaftlichen Kalküls untersucht.

[331] Vgl. *Heubeck* (1998), S. 41.

[332] Vgl. Heubeck (1998), S. 41.

[333] Vgl. auch *Bogner* (1997), S. 139 f., und *Kinski* (2001), S. 135 f. *Schanz* (1992), S. 111 ff., und *Schwab* (1988), S. 109 ff., verwenden bspw. die stochastische Methode.

zeit (Bezugsjahr 2005) 28-jährigen Versorgungsberechtigten eine gegenüber der IBS-Tafel um $59,18 - 55,57 = 3,61$ Jahre höhere Lebenserwartung impliziert, werden im Rahmen des Pensionsfonds nicht die Rechnungsgrundlagen 1. Ordnung der DAV 2004 R, sondern die der 2. Ordnung verwendet. Die damit verbundene Kürzung der Lebenserwartung um $66,71 - 61,39 = 5,32$ Jahre ist zwar ein wenig höher,[334] dies wirkt sich allerdings nur marginal aus. Allerdings stellt sich die Frage, ob die Vorteilhaftigkeit der Direktzusage gegenüber dem Pensionsfonds durch die beiderseitige Kürzung der Lebenserwartung verzerrt wird. Wenn man sich neben den Ausführungen im nachfolgenden Kapitel 7.5.1 ebenfalls die bisherigen im Kapitel 5.4.3.3 vor Augen führt, so zeigen die dortigen Abbildungen 13 und 14 auf, dass die kritische Steuerpflichtigkeit der Erträge ab einem Eintrittsalter unter 33 bis zumindest 28 nahezu konstant ist. Die Kürzung der Dauer der Versorgungszusage von zumindest 5 Jahren in diesem Bereich wirkt sich somit auf die Vorteilhaftigkeit der Durchführungsalternativen nicht aus. Die Verwendung von Sterbetafeln, in denen die Lebenserwartung um diesen Betrag niedriger ist, impliziert daher keine signifikante Verzerrung des Vorteilhaftigkeitsvergleichs. Er wird damit insgesamt auf Basis dieser Annahmen korrekt abgebildet.
Um auf die zuvor aufgeworfenen Fragestellungen eingehen zu können, muss das Modell hinsichtlich der Berücksichtigungsmöglichkeiten unterschiedlicher biometrischer Rechnungsgrundlagen möglichst flexibel angelegt werden. Es werden daher nach ihrem Anwendungsgebiet drei Überlebenswahrscheinlichkeiten unterschieden. Ihre Differenzierung erlaubt es, jede dieser Wahrscheinlichkeiten aus unterschiedlichen Sterbetafeln zu entnehmen:

1. Die biometrischen Überlebenswahrscheinlichkeiten p^A_{x+t}, auf deren Basis die Höhe der Altersrente A festgesetzt wird.

2. Die biometrischen Überlebenswahrscheinlichkeiten p^{ep}_{x+t}, die im Rahmen des deterministischen Rechenverfahrens als beste Prognose der Zukunft, also als beste Schätzung der ex-post (ep) Wahrscheinlichkeiten verwendet werden.

3. Die biometrischen Überlebenswahrscheinlichkeiten p^{TW}_{x+t}, die der Berechnung der Teilwerte TW der Pensionsrückstellung zugrunde liegen.

7.3 Direktzusage

7.3.1 Höhe der Leistung

Ausgehend von dem Umwandlungbeitrag JDK legt der Arbeitgeber die Versorgungshöhe der Leistungszusage auf Basis des auf $r = 6$ % festgelegten Rechnungszinses und der biometrischen

[334] Im Prinzip führte eine Kürzung der Lebenserwartung von den angeführten 3,61 Jahren zu einem besseren Ergebnis. Ausgehend von der DAV 2004 R 2. Ordnung müsste somit die Lebenserwartung der 1. Ordnung $61,39 + 3,61 = 65,00$ betragen. Diese wird erreicht, wenn man davon ausgeht, dass nicht der gesamte Sicherheitszuschlag zwischen der 1. und 2. Ordnung aufgebraucht wird – wie im Kapitel 7.1.3 bei Tabelle 26 ausgeführt wurde –, sondern lediglich $\frac{65,00-61,39}{66,71-61,39} \times 100\ \% \approx 68\ \%$ davon.

Rechnungsgrundlagen fest. Welche Sterbetafel er hierfür als biometrische Rechnungsgrundlage verwendet, wird zunächst offen gelassen.
Auf der Grundlage der Überlebenswahrscheinlichkeiten p_{x+t}^A legt der Arbeitgeber dann die Höhe der versicherungsmathematisch berechneten Rente A mit Hilfe des Äquivalenzprinzips fest; es besagt, dass der (erwartete)[335] Barwert der Leistungen dem (erwarteten) Barwert der Prämien bei Vertragsabschluss entspricht. Im Rahmen des Modells ergibt sich der (erwartete) Barwert der Leistungen EA_0 als die Summe der Rentenzahlungen, die für jeden Zeitpunkt der ϖ Jahre umfassenden Rentenphase mit ihren Eintrittswahrscheinlichkeiten gewichtet und mit dem Rechnungszins auf den heutigen Zeitpunkt diskontiert werden. Analog ist der (erwartete) Barwert der Prämien $EJDK_0$ die Summe der Beitragszahlungen, die für jeden Zeitpunkt der m Jahre umfassenden Ansparphase mit ihren Eintrittswahrscheinlichkeiten gewichtet und mit dem Rechnungszins auf den heutigen Zeitpunkt diskontiert werden.

$$EA_0^A = EJDK_0^A \Leftrightarrow \tag{258}$$

$$A\frac{{}_{x+m}p_x^A}{(1+r)^m}\sum_{t=m+1}^{m+\varpi}\frac{{}_{x+t}p_{x+m}^A}{(1+r)^{t-m}} = JDK\sum_{t=1}^{m}\frac{{}_{x+t}p_x^A}{(1+r)^t} \tag{259}$$

Aus dieser Beziehung lässt sich dann die Altersrente des Versorgungsberechtigten, die der Arbeitgeber dem Arbeitnehmer verspricht, zu

$$\begin{aligned} A &= JDK\sum_{t=1}^{m}\frac{(1+r)^{m-t}}{{}_{x+m}p_{x+t}^A}\left[\sum_{t=m+1}^{m+\varpi}\frac{{}_{x+t}p_{x+m}^A}{(1+r)^{t-m}}\right]^{-1} \\ &= JDK\frac{refn_{p^A,x,m;r,\overline{m}}}{rbfn_{p^A,x,m;r,\overline{\varpi}}} \end{aligned} \tag{260}$$

ableiten. $rbfn_{p^A,x,m;r,\overline{\varpi}}$ bzw. $refn_{p^A,x,m;r,\overline{m}}$ bezeichnet den versicherungsmathematischen nachschüssigen Rentenbarwert- bzw. Rentenendwertfaktor, der sich für einen bei Versorgungsbeginn x-jährigen Versorgungsberechtigten am Ende der Ansparphase zum Zeitpunkt m unter Zugrundelegung der biometrischen Wahrscheinlichkeiten p_{x+t}^A und des Zinssatzes r für $\overline{\varpi}$ bzw. $\overline{m}$ mögliche Zahlungen der Renten- bzw. der Ansparphase ergibt. Der hier als $rbfn_{p^A,x,m;r,\overline{\varpi}}$ notierte Barwert einer nachschüssigen Rente in Höhe von A bzw. der als $refn_{p^A,x,m;r,\overline{m}}$ notierte Endwert einer nachschüssigen Prämienzahlung in Höhe von JDK entspricht der in der Versicherungsmathematik üblicherweise verwendeten Notation von a_m bzw. ${}_m a_x \times_m p_x \frac{1}{v^m}$.[336] Auf diese Notation wird im Rahmen dieser Arbeit nicht zurückgegriffen. Dafür bestehen zwei wesentliche Gründe: Erstens soll damit der Bezug einerseits zum finanzmathematischen Teil dieser Arbeit und andererseits zu den zitierten Arbeiten aus der betriebswirtschaftlichen Steuerlehre und der Finanzwirtschaft gewahrt bleiben.[337] Zweitens sieht man schon anhand des

[335] In der finanzwirtschaftlichen Literatur verwendet man die Terminologie „erwarteter Barwert" der Leistungen, während in der versicherungswirtschaftlichen Literatur dies verkürzt als „Barwert" bezeichnet wird.
[336] Zur versicherungsmathematischen Notation vgl. *Neuburger* (1997), S. 48 ff., oder *Heubeck* (2005b), S. 20 ff.
[337] Vgl. z. B. *Brassat / Kiesewetter* (2003) und *Drukarczyk / Ebinger / Schüler* (2002).

obigen Beispiels für die Umsetzung des versicherungsmathematischen Rentenendwertfaktors der Ansparphase, dass die versicherungsmathematische Notation vergleichsweise aufwendiger ist.

7.3.2 Steuerfreier Aufbau des Deckungsstocks durch die Bildung der Pensionsrückstellung bei rechnungsmäßiger Verzinsung?

In einem ersten Schritt soll untersucht werden, ob im Rahmen des versicherungsmathematischen Modells die Pensionsrückstellungsbildung zu einem steuerfreien Aufbau des Deckungsstocks bei rechnungsmäßiger Verzinsung führt, wie dies für das finanzmathematische Modell unter analogen Annahmen der Fall ist.[338] Hierfür müssten der rechnungsmäßige, aus der periodischen Finanzanlage der Prämien aufgebaute Deckungsstock nach Steuern zum Zeitpunkt m und der für den Zeitpunkt m bewertete rechnungsmäßige Steuervorteil aus der Pensionsrückstellungsbildung genau dem für diesen Zeitpunkt bewerteten Barwert der Rentenleistungen entsprechen.

Der Arbeitgeber zahlt periodisch den Umwandlungsbeitrag JDK in den betriebsinternen Pensionsfonds ein. Da dieser nicht mit einem Betriebsausgabenabzug einhergeht, ist dieser Beitrag mit Steuern zu belasten. Die Einzahlung selbst ist dabei an das Erleben des Versorgungsberechtigten gebunden. Der Barwert zum Zeitpunkt 0 der Einzahlung zum Zeitpunkt t ergibt sich demnach, indem die Einzahlung in den Deckungsstock nach Steuern $(1-s)\,JDK$ mit deren Eintrittswahrscheinlichkeit ${}_{x+t}p_x^{ep}$ gewichtet und auf den heutigen Zeitpunkt mit dem Zinssatz nach Steuern r_s diskontiert wird. Der Barwert aller Einzahlungen nach Steuern zum Zeitpunkt 0 ergibt sich folglich aus der Summe der auf diese Weise berechneten Barwerte der einzelnen Zahlungen der Ansparphase. Dieser Barwert wird letztlich auf den Zeitpunkt m mit dem Zinssatz nach Steuern verzinst und durch die Eintrittswahrscheinlichkeit des Zeitpunkts m geteilt, um den Endwert der Beitragszahlungen nach Steuern zum Zeitpunkt m zu erhalten. Zu diesem Zeitpunkt steht dem Arbeitgeber aus der Anlage der periodischen Beiträge JDK für die Deckung der einzelnen Pensionszusagen folgender Deckungsstock nach Steuern zur Verfügung:

$$\begin{aligned} DST_{m,s}^{JDK} &= \frac{(1+r_s)^m}{{}_{x+m}p_x^{ea}}\left[\sum_{t=1}^{m}(1-s)\,JDK\frac{{}_{x+t}p_x^{ep}}{(1+r_s)^t}\right] \\ &= (1-s)\,JDK\sum_{t=1}^{m}\frac{(1+r_s)^{m-t}}{{}_{x+m}p_{x+t}^{ep}} \\ &= (1-s)\,JDK \times refn_{p^{ep},x,m;r_s,\overline{m}}. \end{aligned} \tag{261}$$

Wenn man an dieser Stelle den Bezug zum finanzmathematischen Kalkül herstellt (vgl. Kapitel 5.3.4), so hat sich gegenüber dem dort anzuwendenden periodischen Aufzinsungsfaktor $(1+r_s)$ durch den versicherungsmathematischen Ausbau der Aufzinsungfaktor zu $(1+r_s)\,/p_{x+t-1}$ verändert. Dieser wird im Folgenden als versicherungsmathematischer Aufzinsungsfaktor nach

[338] Vgl. Kapitel 5.3.4, *Sturm* (1980), S. 128 f., und *Schwinger* (1993), S. 234. *Kiesewetter* (2003), S. 1221, beweist dies für Kapitalzusagen.

Steuern bezeichnet. Gegenüber dem finanzmathematischen Rentenendwertfaktor nach Steuern von

$$refn\left(r_s, m\right) = \sum_{t=1}^{m} \left(1 + r_s\right)^{m-t} \tag{262}$$

modifiziert sich der Rentenendwertfaktor nach Steuern des versicherungsmathematischen Kalküls zu:

$$refn_{p^{ep},x,m;r_s,\overline{m}} = \sum_{t=1}^{m} \frac{\left(1 + r_s\right)^{m-t}}{{}_{x+m}p_{x+t}^{ep}}. \tag{263}$$

Hintergrund dieses versicherungsmathematischen Aufzinsungsfaktors ist die Begrenzung der Leistungsarten auf eine Altersrente: Sie führt dazu, dass der aufgebaute Deckungsstock eines Versorgungsberechtigten, der im Laufe der Pensionszusage verstirbt, nicht an dessen Hinterbliebenen ausgezahlt, sondern auf die überlebenden Versorgungsberechtigten in Form einer Erhöhung deren Deckungsstocks übertragen wird. Die überlebenden Versorgungsberechtigten des verbleibenden Gesamtbestands teilen sich damit den von den Verstorbenen finanzierten Deckungsstock untereinander auf, sodass sich ihr Deckungsstock mit $\left(1 + r_s\right)/p_{x+t-1}$ rentiert.

Für die Versorgungszusage hat der Arbeitgeber eine Pensionsrückstellung nach § 6a EStG zu bilden. Bei Berücksichtigung der Versicherungsmathematik ergibt sich nun der fiktiv gleichbleibende Jahresbetrag JB unter der Anwendung der „versicherungsmathematisch anerkannten Regeln" (vgl. § 6a III Satz 3 EStG). Diese Regeln beinhalten u. a. das bereits zuvor beschriebene versicherungsmathematische Äquivalenzprinzip. Der (erwartete) Barwert der Leistung muss daher zu jedem Zeitpunkt der Zusage dem (erwarteten) Barwert der Gegenleistung entsprechen. Der Rentenbarwert im Zeitpunkt m am Ende der Ansparphase (der Barwert der Leistung in m) beträgt unter Verwendung der für die Berechnung des Teilwerts TW zugrunde gelegten biometrischen Wahrscheinlichkeiten p_{x+t}^{TW} für einen im Zusagezeitpunkt x-jährigen Versorgungsberechtigten:

$$EA_m^{TW} = A \sum_{t=m+1}^{m+\varpi} \frac{{}_{x+t}p_{x+m}^{TW}}{\left(1 + r\right)^{t-m}} = A \times rbfn_{p^{TW},x,m;r,\varpi}. \tag{264}$$

Man sieht, dass dem finanzmathematischen Rentenbarwertfaktor

$$rbfn\left(r, \varpi\right) = \sum_{t=m+1}^{m+\varpi} \frac{1}{\left(1 + r\right)^{t-m}} \tag{265}$$

der versicherungsmathematische Rentenbarwertfaktor

$$rbfn_{p,x,m;r,\varpi} = \sum_{t=m+1}^{m+\varpi} \frac{{}_{x+t}p_{x+m}}{\left(1 + r\right)^{t-m}} \tag{266}$$

entspricht. Zum Zusagezeitpunkt 0 ist damit der Rentenbarwert der mit dem Erleben der Rentenphase gewichtete Rentenbarwert des Zeitpunkts m, der auf den heutigen Zeitpunkt auf Basis des Rechnungszinses r diskontiert wird. Er beträgt somit:

$$\begin{aligned} EA_0^{TW} &= \frac{{}_{x+m}p_x^{TW}}{(1+r)^m} EA_m^{TW} \\ &= \frac{{}_{x+m}p_x^{TW}}{(1+r)^m} A \times rbfn_{p^{TW},x,m;r,\overline{\varpi}}. \end{aligned} \tag{267}$$

Der (erwartete) Barwert des fiktiven Jahresbetrags JB berechnet sich als Summe der fiktiven Jahresbeträge der Ansparphase, die mit deren Eintrittswahrscheinlichkeiten gewichtet werden und auf den heutigen Zeitpunkt unter Verwendung des Rechnungszinses r diskontiert werden.

$$\begin{aligned} EJB_0^{TW} &= \sum_{t=1}^{m} \frac{{}_{x+t}p_x^{TW}}{(1+r)^t} JB \\ &= JB \times rbfn_{p^{TW},x,0;r,\overline{m}} \end{aligned} \tag{268}$$

Mit Hilfe des Äquivalenzprinzips der Versicherungsmathematik

$$EJB_0^{TW} = EA_0^{TW} \tag{269}$$

lässt sich dann der fiktive Jahresbetrag JB ermitteln als:

$$\begin{aligned} JB &= \frac{{}_{x+m}p_x^{TW}}{(1+r)^m} A \sum_{t=m+1}^{m+\varpi} \frac{{}_{x+t}p_{x+m}^{TW}}{(1+r)^{t-m}} \left[\sum_{t=1}^{m} \frac{{}_{x+t}p_x^{TW}}{(1+r)^t} \right]^{-1} \\ &= \frac{{}_{x+m}p_x^{TW}}{(1+r)^m} A \frac{rbfn_{p^{TW},x,m;r,\overline{\varpi}}}{rbfn_{p^{TW},x,0;r,\overline{m}}} \\ &= A \frac{rbfn_{p^{TW},x,m;r,\overline{\varpi}}}{refn_{p^{TW},x,m;r,\overline{m}}} \\ &= JDK \frac{refn_{p^A,x,m;r,\overline{m}}}{rbfn_{p^A,x,m;r,\overline{\varpi}}} \frac{rbfn_{p^{TW},x,m;r,\overline{\varpi}}}{refn_{p^{TW},x,m;r,\overline{m}}}. \end{aligned} \tag{270}$$

Auf Basis dieses Betrags kann der Teilwert der Pensionsverpflichtung für einen bestimmten Zeitpunkt t in der Ansparphase ermittelt werden. Dieser ergibt sich als Barwert der Leistungen abzüglich des Barwerts der ausstehenden fiktiven Jahresbeträge zu:

$$\begin{aligned} TW_t &= EA_t^{TW} - EJB_t^{TW} \\ &= \frac{{}_{x+m}p_{x+t}^{TW}}{(1+r)^{m-t}} A \times rbfn_{p^{TW},x,m;r,\overline{\varpi}} - JB \times rbfn_{p^{TW},x,t;r,\overline{m-t}} \\ &= JB \times refn_{p^{TW},x,t;r,\overline{t}} \\ &= A \frac{rbfn_{p^{TW},x,m;r,\overline{\varpi}}}{refn_{p^{TW},x,m;r,\overline{m}}} refn_{p^{TW},x,t;r,\overline{t}} \\ &= TW_{t-1} \frac{1+r}{p_{x+t-1}^{TW}} + JB. \end{aligned} \tag{271}$$

Wie man aus den durchgeführten Umformungen erkennt, kann der auf prospektive Weise gewonnene Teilwert auch auf retrospektive Weise ermittelt werden, indem die bislang in die Rückstellung eingestellten Jahresbeträge auf Basis des steuerlichen Rechnungszinses und der für die Teilwertberechnung vorgesehenen biometrischen Wahrscheinlichkeiten[339] versicherungsmathematisch auf den Zeitpunkt t aufgezinst werden.
Demnach kann der Teilwert der letztjährigen Pensionsrückstellung, dessen Ableitung für die Ermittlung des Steuervorteils der Zusage notwendig ist, aus den auf den letztjährigen Zeitpunkt $t-1$ versicherungsmathematisch aufgezinsten Jahresbeträgen berechnet werden.

$$\begin{aligned} TW_{t-1} &= JB \times refn_{p^{TW},x,t-1;r,\overline{t-1}} \\ &= A\frac{rbfn_{p^{TW},x,m;r,\overline{\varpi}}}{refn_{p^{TW},x,m;r,\overline{m}}} refn_{p^{TW},x,t-1;r,\overline{t-1}} \end{aligned} \tag{272}$$

Gegenüber dem finanzmathematischen Kalkül, bei dem der Versorgungsberechtigte mit Sicherheit das folgende Lebensjahr erlebt, führt die Einbeziehung der Unsicherheit in das Modell dazu, dass zwei verschiedene Möglichkeiten hinsichtlich des weiteren Lebensverlaufs des Arbeitnehmers zu berücksichtigen sind. Dies ist der Tod oder das Überleben des Arbeitnehmers. Für den Fall, dass der Arbeitnehmer das folgende Jahr überlebt, also den Zeitpunkt t erreicht, erhöht sich die Pensionsrückstellung um die Differenz zwischen dem letzt- und dem diesjährigen Teilwert, der folgende Zuführung zur Pensionsrückstellung ergibt:

$$\begin{aligned} zprs_t &= TW_t - TW_{t-1} \\ &= TW_{t-1}\frac{1+r}{p^{TW}_{x+t-1}} + JB - TW_{t-1} \\ &= TW_{t-1}\left(\frac{1+r}{p^{TW}_{x+t-1}} - 1\right) + JB \\ &= JB \times refn_{p^{TW},x,t;r,\bar{t}} - JB \times refn_{p^{TW},x,t-1;r,\overline{t-1}} \\ &= A\frac{rbfn_{p^{TW},x,m;r,\overline{\varpi}}}{refn_{p^{TW},x,m;r,\overline{m}}} \left(refn_{p^{TW},x,t;r,\bar{t}} - refn_{p^{TW},x,t-1;r,\overline{t-1}}\right). \end{aligned} \tag{273}$$

Sollte dagegen der Arbeitnehmer zwischen $t-1$ und t versterben, so erhalten dessen Hinterbliebene im Rahmen des zugrunde liegenden Modells, bei dem die Versorgungszusage ausschließlich aus der Leistung einer Altersrente besteht, keine Leistung; die für ihn gebildete Pensionsrückstellung des letzten Jahres ist damit erfolgserhöhend[340] aufzulösen.

[339]Die tatsächlichen Überlebenswahrscheinlichkeiten, die sich im Verlauf der Pensionszusage für den Versorgungsbestand einstellen, sind damit völlig unerheblich für die Bewertung der Pensionsrückstellung.

[340]Zwar wird der Deckungsstock auf die überlebenden Versorgungsberechtigten übertragen, allerdings führt dies unmittelbar nicht zu einer Erhöhung der Pensionsrückstellung. Dies ist darauf zurückzuführen, dass sich die Pensionsrückstellung aus der vereinbarten Altersrente ableitet, in deren Kalkulation bereits die Sterblichkeit berücksichtigt ist.

$$
\begin{aligned}
aprs_t &= TW_{t-1} \\
&= JB \times refn_{p^{TW},x,t-1;r,\overline{t-1}} \\
&= A\frac{rbfn_{p^{TW},x,m;r,\overline{w}}}{refn_{p^{TW},x,m;r,\overline{m}}} refn_{p^{TW},x,t-1;r,\overline{t-1}}
\end{aligned}
\tag{274}
$$

Für die Ermittlung des periodischen Steuervorteils aus der Rückstellungsbildung der Einzelzusage ist nun die Gewichtung der beiden Fälle mit deren Eintrittswahrscheinlichkeiten erforderlich.[341] Da die Zuführung zur Pensionsrückstellung das Erleben des Versorgungsberechtigten dieses Zeitpunkts voraussetzt, ist sie ausgehend vom Bezugszeitpunkt 0 mit der Erlebenswahrscheinlichkeit des Zeitpunkts t eines bei Versorgungsbeginn x-jährigen Versorgungsberechtigten ${}_{x+t}p_x^{ep}$ zu gewichten. Die an den Tod des Versorgungsberechtigten gebundene Auflösung der Pensionsrückstellung zum Zeitpunkt $t-1$ ist dagegen mit ${}_{x+t-1}p_x^{ep}\ q_{x+t-1}^{ep}$ zu gewichten, da der Arbeitnehmer den Zeitpunkt $t-1$ mit der Wahrscheinlichkeit ${}_{x+t-1}p_x^{ep}$ erlebt und dann mit der Wahrscheinlichkeit q_{x+t-1}^{ep} zwischen den Zeitpunkten $t-1$ und t verstirbt. Die entsprechenden Steuerent- und -belastungen sind auf den Bezugszeitpunkt 0 zu diskontieren und für jeden Zeitpunkt der Beitragsphase aufzusummieren. So erhält man folgenden Barwert des Steuervorteils dieser Phase:

$$
TS_{B,0} = s\sum_{t=1}^{m} zprs_t \frac{{}_{x+t}p_x^{ep}}{(1+r_s)^t} - s\sum_{t=1}^{m} aprs_t\ \frac{{}_{x+t-1}p_x^{ep}\ q_{x+t-1}^{ep}}{(1+r_s)^t}. \tag{275}
$$

Der Steuervorteil, der dem Deckungsstock eines Versorgungsberechtigten am Ende der Ansparphase zuzurechnen ist, der diesen Zeitpunkt erreicht, ergibt sich durch die versicherungsmathematische Aufzinsung des für den Zeitpunkt 0 bewerteten Barwerts des Steuervorteils $TS_{B,0}$.

$$
\begin{aligned}
TS_{B,m} &= \frac{(1+r_s)^m}{{}_{x+m}p_x^{ep}}\left[s\sum_{t=1}^{m} zprs_t\frac{{}_{x+t}p_x^{ep}}{(1+r_s)^t} - s\sum_{t=1}^{m} aprs_t\ \frac{{}_{x+t-1}p_x^{ep}\ q_{x+t-1}^{ep}}{(1+r_s)^t}\right] \\
&= s\sum_{t=1}^{m} zprs_t\frac{(1+r_s)^{m-t}}{{}_{x+m}p_{x+t}^{ep}} - s\sum_{t=1}^{m} aprs_t\ q_{x+t-1}^{ep}\frac{(1+r_s)^{m-t}}{{}_{x+m}p_{x+t-1}^{ep}} \\
&= s\sum_{t=1}^{m} (TW_t - TW_{t-1})\frac{(1+r_s)^{m-t}}{{}_{x+m}p_{x+t}^{ep}} - s\sum_{t=1}^{m} TW_{t-1}\ q_{x+t-1}^{ep}\frac{(1+r_s)^{m-t}}{{}_{x+m}p_{x+t-1}^{ep}} \\
&= s\sum_{t=1}^{m} TW_t\frac{(1+r_s)^{m-t}}{{}_{x+m}p_{x+t}^{ep}} - s\sum_{t=1}^{m} TW_{t-1}\left[p_{x+t-1}^{ep}\frac{(1+r_s)^{m-t}}{{}_{x+m}p_{x+t-1}^{ep}} + q_{x+t-1}^{ep}\frac{(1+r_s)^{m-t}}{{}_{x+m}p_{x+t-1}^{ep}}\right] \\
&= s\sum_{t=1}^{m} TW_t\frac{(1+r_s)^{m-t}}{{}_{x+m}p_{x+t}^{ep}} - s\sum_{t=1}^{m} TW_{t-1}\frac{(1+r_s)^{m-t}}{{}_{x+m}p_{x+t-1}^{ep}} \\
&= s\sum_{t=1}^{m} JB \times refn_{p^{TW},x,t;r,\overline{t}}\frac{(1+r_s)^{m-t}}{{}_{x+m}p_{x+t}^{ep}} - s\sum_{t=1}^{m} JB \times refn_{p^{TW},x,t-1;r,\overline{t-1}}\frac{(1+r_s)^{m-t}}{{}_{x+m}p_{x+t-1}^{ep}}
\end{aligned}
$$

[341] *Sturm* (1980), S. 162 ff., übersieht, dass die Steuerwirkung aus der Sterblichkeit berücksichtigt werden muss.

$$
\begin{aligned}
&= s \times A \frac{rbfn_{p^{TW},x,m;r,\overline{w}}}{refn_{p^{TW},x,m;r,\overline{m}}} \\
&\left[\sum_{t=1}^{m} refn_{p^{TW},x,t;r,\overline{t}} \frac{(1+r_s)^{m-t}}{_{x+m}p^{ep}_{x+t}} - \sum_{t=1}^{m} refn_{p^{TW},x,t-1;r,\overline{t-1}} \frac{(1+r_s)^{m-t}}{_{x+m}p^{ep}_{x+t-1}} \right] \\
&= A \times ts_{B,m}
\end{aligned}
\tag{276}
$$

Weshalb dieser an das Erleben des Versorgungsberechtigten des Zeitpunkts m gebundene Steuervorteil ebenfalls die Steuerbelastung aus der Auflösung der Pensionsrückstellung beinhaltet, die von der Todesfallwahrscheinlichkeit des Versorgungsberechtigten abhängt, ist unmittelbar einsichtig, wenn man sich vor Augen führt, dass der Hintergrund der Modellierung der Einzelzusage ein Bestand an Versorgungsberechtigten ist. Aus der Versorgungszusage, die eine ausschließliche Zahlung einer Altersrente vorsieht, resultiert daher nicht nur, dass die Überlebenden des Versorgungsbestandes vom Tod der Verstorbenen profitieren, weil deren Deckungsstock auf sie aufgeteilt wird, sondern auch, dass sie für den mit deren Tod verbundenen Nachteil aus der Auflösung der Pensionsrückstellung aufzukommen haben. Deshalb ist für den Versorgungsberechtigten, der die nächste Periode erlebt, neben dem Steuervorteil aus der Zuführung zur Pensionsrückstellung auch der Steuernachteil aus der Auflösung der Pensionsrückstellung der Verstorbenen zu berücksichtigen.[342]

Der Deckungsstock nach Steuern zum Zeitpunkt m, der dem Arbeitgeber zur Finanzierung der Pensionszusage eines Versorgungsberechtigten, der diesen Zeitpunkt erlebt, zur Verfügung steht, ergibt sich aus dem für diesen Zeitpunkt bewerteten Steuervorteil der Pensionsrückstellungsbildung und dem zu diesem Zeitpunkt aus der Anlage des periodischen Umwandlungsbeitrags finanzierten Deckungsstock nach Steuern:

$$
\begin{aligned}
DST^{DZ}_{m,s} &= DST^{JDK}_{m,s} + TS_{B,m} \\
&= (1-s)\, JDK \times refn_{p^{ep},x,m;r_s,\overline{m}} \\
&+ s \sum_{t=1}^{m} JB \times refn_{p^{TW},x,t;r,\overline{t}} \frac{(1+r_s)^{m-t}}{_{x+m}p^{ep}_{x+t}} \\
&- s \sum_{t=1}^{m} JB \times refn_{p^{TW},x,t-1;r,\overline{t-1}} \frac{(1+r_s)^{m-t}}{_{x+m}p^{ep}_{x+t-1}}.
\end{aligned}
\tag{277}
$$

Dieser Deckungsstock müsste, um die Pensionszusage rechnungsmäßig zu decken, steuerfrei aufgebaut worden sein, was zuträfe, wenn sich der Deckungsstock nach Steuern der Gleichung (277) zu

$$
DST^{DZ}_{m,s} = JDK \times refn_{p^{A},x,m;r,\overline{m}} = DST^{DZ}_{m} \tag{278}
$$

umformen ließe.

[342] Man vergleiche die Modellierung eines Versorgungsbestands in *Thaut* (2005), S. 32 ff.

Bedenkt man erstens, dass im Rahmen des finanzmathematischen Modells der Zinssatz r die Kalkulationsgrundlage darstellt und seine tatsächliche Erwirtschaftung $i = r$, sofern diese voll steuerpflichtig ist ($\beta = 100$ %), zu einem exakt steuerfreien Aufbau des Deckungsstocks führt (vgl. Kapitel 5.3.4), und überträgt man zweitens diese Überlegung auf das versicherungsmathematisch ausgebaute Modell, so muss überprüft werden, ob die periodische Steuerbelastung des rechnungsmäßigen Deckungsstocksaufbaus durch die Pensionsrückstellungsbildung aufgehoben wird, wenn Folgendes gilt:

$$p_{x+t}^{ep} = p_{x+t}^{A} = p_{x+t}^{TW} = p_{x+t}. \tag{279}$$

Setzt man diese Gleichung ein, so lässt sich damit auf der einen Seite die periodische Steuerbelastung der Zuführung zum rechnungsmäßigen Deckungsstock zu

$$s \times JDK + s \times r \frac{DST_{t-1}^{DZ}}{p_{x+t-1}} \tag{280}$$

ableiten, da ein Überlebender den Umwandlungsbeitrag in den Deckungsstock zum Zeitpunkt t einzahlt und gleichzeitig Zinsen auf den ihm durch das Versterben von q_{x+t-1} Personen nun zustehenden Deckungsstock in Höhe von DST_{t-1}^{DZ}/p_{x+t-1} versteuern muss.
Auf der anderen Seite ergibt sich die Steuerentlastung durch die Pensionsrückstellungsbildung für den Überlebenden aus der Zuführung zur letztjährigen Pensionsrückstellung und der Auflösung der Pensionsrückstellung der Verstorbenen. Diese wird auf den gesamten Bestand Überlebender umgelegt und betrifft den einzelnen Überlebenden folglich zu $1/p_{x+t-1} \times 100$ %.

$$s\left(zprs_t - aprs_t \frac{q_{x+t-1}}{p_{x+t-1}}\right) \tag{281}$$

Diese Formel lässt sich mit den Gleichungen (273) und (274) auch schreiben als:

$$\begin{aligned} & s\left(TW_t - TW_{t-1} - TW_{t-1}\frac{q_{x+t-1}}{p_{x+t-1}}\right) \\ &= s\left[TW_{t-1}\left(\frac{1+r}{p_{x+t-1}} - 1\right) + JB - TW_{t-1}\frac{q_{x+t-1}}{p_{x+t-1}}\right] \\ &= s\left(TW_{t-1}\frac{1+r-p_{x+t-1}-q_{x+t-1}}{p_{x+t-1}} + JB\right) \\ &= s\left(TW_{t-1}\frac{r}{p_{x+t-1}} + JB\right). \end{aligned} \tag{282}$$

Da bei $p_{x+t}^{A} = p_{x+t}^{ep} = p_{x+t}^{TW} = p_{x+t}$ der Jahresbetrag zur Pensionsrückstellung dem Umwandlungsbeitrag des Arbeitgebers entspricht ($JB = JDK$), wie man aus der Gleichung (270) erkennt, und der Teilwert der Pensionsrückstellung und der Deckungsstock zum Zeitpunkt 0 null betragen ($TW_0 = DST_0^{DZ} = 0$), lässt sich Formel (282) zu

$$s \times JDK + s \times r \frac{DST_{t-1}^{DZ}}{{}_{x+t}p_{x+t-1}} \tag{283}$$

umformen. Ein Vergleich der Formeln (280) und (283) zeigt, dass zu jedem Zeitpunkt der Ansparphase die Steuerentlastung der Rückstellungsbildung die Steuerbelastung der Deckungsstockbildung aufhebt. Die Gleichung (277) kann deswegen zu

$$\begin{aligned}
DST_{m,s}^{DZ} &= (1-s)\,JDK \times refn_{p,x,m;r_s,\overline{m}} \\
&+ s\sum_{t=1}^{m} JB \times refn_{p,x,t;r,\overline{t}} \frac{(1+r_s)^{m-t}}{{}_{x+m}p_{x+t}} \\
&- s\sum_{t=1}^{m} JB \times refn_{p,x,t;r,\overline{t-1}} \frac{(1+r_s)^{m-t}}{{}_{x+m}p_{x+t-1}} \\
&= (1-s)\,JDK \times refn_{p,x,m;r_s,\overline{m}} \\
&+ s\sum_{t=1}^{m} JDK \times refn_{p,x,t;r,\overline{t}} \frac{(1+r_s)^{m-t}}{{}_{x+m}p_{x+t}} \\
&- s\sum_{t=1}^{m} JDK \times refn_{p,x,t-1;r,\overline{t-1}} \frac{(1+r_s)^{m-t}}{{}_{x+m}p_{x+t-1}} \\
&= JDK \times refn_{p^A,x,m;r,\overline{m}} \\
&= DST_m^{DZ} \\
&= TW_m
\end{aligned} \tag{284}$$

vereinfacht werden. Der Arbeitgeber baut also c. p. den für die Finanzierung der Altersrente notwendigen Deckungsstock durch die Rückstellungsbildung zumindest für die Beitragsphase steuerfrei auf.

In der Rentenphase ergibt sich der Teilwert der Pensionsverpflichtung zum Zeitpunkt t (nach Auszahlung der Altersrente) als (erwarteter) Barwert der künftigen Rentenzahlungen zu:

$$\begin{aligned}
TW_t &= EA_t^{TW} \\
&= A\sum_{\tau=t+1}^{m+\varpi} \frac{{}_{x+\tau}p_{x+t}^{TW}}{(1+r)^{\tau-t}} \\
&= A \times rbfn_{p^{TW},x,t;r,\overline{m+\varpi-t}}.
\end{aligned} \tag{285}$$

Falls der Versorgungsberechtigte die nächste Periode erreicht, wird der letztjährigen Pensionsrückstellung der Betrag

$$\begin{aligned}
zprs_t &= TW_t^{vA} - TW_{t-1} \\
&= TW_{t-1}\left(\frac{1+r}{p_{x+t-1}^{TW}} - 1\right) \\
&= A + A\sum_{\tau=t+1}^{m+\varpi} \frac{{}_{x+\tau}p_{x+t}^{TW}}{(1+r)^{\tau-t}} - A\sum_{\tau=t}^{m+\varpi} \frac{{}_{x+\tau}p_{x+t-1}^{TW}}{(1+r)^{\tau-t+1}} \\
&= A\left(1 + rbfn_{p^{TW},x,t;r,\overline{m+\varpi-t}}\right) - A \times rbfn_{p^{TW},x,t-1;r,\overline{m+\varpi-t+1}}
\end{aligned} \tag{286}$$

zugeführt, bevor die Rentenzahlung (vA: vor Leistung der Rente A) erfolgsneutral ausbezahlt wird. Sollte der Versorgungsberechtigte dagegen versterben, ist die letztjährige Pensionsrückstellung erfolgserhöhend aufzulösen.

$$\begin{aligned} aprs_t &= TW_{t-1} \\ &= A \sum_{\tau=t}^{m+\varpi} \frac{{}_{x+\tau}p_{x+t-1}^{TW}}{(1+r)^{\tau-t+1}} \\ &= A \times rbfn_{p^{TW},x,t-1;r,\overline{m+\varpi-t+1}} \end{aligned} \tag{287}$$

Die beiden Fälle werden wie in der Ansparphase mit deren Eintrittswahrscheinlichkeiten gewichtet. In der Rentenphase wird damit ein Steuervorteil erzielt, dessen Höhe für den Zeitpunkt m bewertet

$$\begin{aligned} TS_{L,m} &= s \sum_{t=m+1}^{m+\varpi} \left({}_{x+t}p_{x+m}^{ep} zprs_t - {}_{x+t-1}\, p_{x+m}^{ep} \times q_{x+t-1}^{ep} aprs_t \right) (1+r_s)^{m-t} \\ &= s \sum_{t=m+1}^{m+\varpi} \left[{}_{x+t}p_{x+m}^{ep} \left(TW_t^{vA} - TW_{t-1} \right) - {}_{x+t-1}\, p_{x+m}^{ep} \left(1 - p_{x+t-1}^{ep} \right) TW_{t-1} \right] (1+r_s)^{m-t} \\ &= s \sum_{t=m+1}^{m+\varpi} \left({}_{x+t}p_{x+m}^{ep} TW_t^{vA} - {}_{x+t-1}\, p_{x+m}^{ep} TW_{t-1} \right) (1+r_s)^{m-t} \\ &= s \times A \\ &\sum_{t=m+1}^{m+\varpi} \left[\begin{array}{c} {}_{x+t}p_{x+m}^{ep} \left(1 + rbfn_{p^{TW},x,t;r,\overline{m+\varpi-t}} \right) \\ - {}_{x+t-1}p_{x+m}^{ep} \times rbfn_{p^{TW},x,t-1;r,\overline{m+\varpi-t+1}} \end{array} \right] (1+r_s)^{m-t} \\ &= A \times ts_{L,m} \end{aligned} \tag{288}$$

beträgt.

Damit der Arbeitgeber die Altersrente des Arbeitnehmers kostenfrei leisten kann, muss ihr Barwert zu Beginn der Rentenphase dem zu diesem Zeitpunkt vorhandenen Deckungsstock und dem für denselben Zeitpunkt bewerteten Steuervorteil aus der Pensionsrückstellungsbildung der Rentenphase[343] entsprechen.

$$\begin{aligned} A \sum_{t=m+1}^{m+\varpi} \frac{{}_{x+t}p_{x+m}^{ep}}{(1+r_s)^{t-m}} &= DST_{m,s}^{DZ} + TS_{L,m} \\ A \times rbfn_{p^{ep},x,m;r_s,\overline{\varpi}} &= DST_{m,s}^{JDK} + TS_{B,m} + TS_{L,m} \end{aligned} \tag{289}$$

[343] Da der Betriebsausgabenabzug der Rentenauszahlung m. E. im Teilwertverfahren nach § 6a EStG mitbegründet ist, wird der daraus resultierende Steuervorteil der Pensionsrückstellungsbildung zugerechnet, obwohl dieser auch ohne eine solche Pensionsrückstellungsbildung in der Rentenphase durch die steuerliche Abzugsfähigkeit der Rentenauszahlung angefallen wäre.

Die kostenfrei für den Arbeitgeber leistbare Rente ergibt sich deshalb zu:

$$A = \frac{DST_{m,s}^{JDK} + TS_{B,m} + TS_{L,m}}{rbfn_{p^{ep},x,m;r_s,\overline{\varpi}}} = \frac{DST_{m,s}^{DZ} + TS_{L,m}}{rbfn_{p^{ep},x,m;r_s,\overline{\varpi}}}. \tag{290}$$

Sollten nun wiederum die Bedingungen

$$i = r \text{ mit } \beta = 100\ \% \text{ und} \tag{291}$$

$$p_{x+t}^{ep} = p_{x+t}^{A} = p_{x+t}^{TW} = p_{x+t} \tag{292}$$

gelten, so lässt sich Formel (290) vereinfachen zu:

$$\begin{aligned} A &= \frac{DST_{m,s}^{DZ} + TS_{L,m}}{rbfn_{p,x,m;r_s,\overline{\varpi}}} \\ &= DST_{m,s}^{DZ} \frac{1}{rbfn_{p,x,m;r,\overline{\varpi}}} \\ &= JDK \frac{refn_{p^A,x,m;r,\overline{m}}}{rbfn_{p^A,x,m;r,\overline{\varpi}}}. \end{aligned} \tag{293}$$

Der Deckungsstock wird auch in der Rentenphase durch die Pensionsrückstellungsbildung steuerfrei aufgebaut.

Zum Beweis hierfür ist zu zeigen, dass für jeden Zeitpunkt dieser Phase der Steuervorteil aus der Rückstellungsbildung exakt die Steuerbelastung der Deckungsstockbildung ausgleicht. Letztere ist auf die Verzinsung der Deckungsstockmittel zurückzuführen, die nach dem Durchleben der letzten Periode für den Versorgungsberechtigten reserviert sind. Sie beträgt allgemein für jeden Zeitpunkt der Rentenphase:

$$s \times zdst_t^{DZ} = s \times r \frac{DST_{t-1}^{DZ}}{p_{x+t-1}}. \tag{294}$$

Dagegen besteht eine Steuerentlastung durch die Pensionsrückstellungsbildung in Höhe von:

$$\begin{aligned} & s\left(zprs_t - \frac{q_{x+t-1}}{p_{x+t-1}} aprs_t\right) \\ &= s\left(TW_t^{vA} - TW_{t-1} - \frac{q_{x+t-1}}{{}_{x+t}p_{x+t-1}} TW_{t-1}\right) \\ &= s\left[TW_{t-1}\left(\frac{1+r}{p_{x+t-1}} - 1\right) - TW_{t-1}\frac{q_{x+t-1}}{p_{x+t-1}}\right] \\ &= s \times TW_{t-1} \frac{1 + r - p_{x+t-1} - q_{x+t-1}}{p_{x+t-1}} \\ &= s \times r \frac{TW_{t-1}}{{}_{x+t}p_{x+t-1}}. \end{aligned} \tag{295}$$

Da zu Beginn der Rentenphase $DST_m^{DZ} = TW_m$ (vgl. Formel (284)) gilt, stimmen der Steuervorteil aus der Rückstellungsbildung und die Steuerbelastung des Deckungsstocks zum Zeitpunkt $m + 1$ und auch zu jedem weiteren Zeitpunkt der Rentenphase überein, weil stets

$DST_{t-1}^{DZ} = TW_{t-1}$ gilt. Somit kann der Deckungsstock der Rentenphase steuerfrei aufgebaut werden (q. e. d.).

Als Teilergebnis des versicherungsmathematischen Ausbaus des ursprünglich finanzmathematischen Modells kann also festgehalten werden, dass der Arbeitgeber den Deckungsstock steuerfrei aufbaut, sofern neben der Bedingung, dass der Deckungsstock eine voll steuerpflichtige Rendite in Höhe des Rechnungszinses der Pensionsrückstellung erwirtschaftet

$$i = r \text{ mit } \beta = 100~\% \tag{296}$$

folgende erfüllt ist:

$$p_{x+t}^{ep} = p_{x+t}^{A} = p_{x+t}^{TW} = p_{x+t}. \tag{297}$$

Die biometrischen Wahrscheinlichkeiten der Prognoserechnung, die die künftige Entwicklung des Bestandes an Versorgungsberechtigten bestmöglich schätzen, müssen sich in der Umrechnung der Beiträge in die Versorgungsleistung und in der Teilwertberechnung der Pensionsrückstellung niederschlagen, damit der Deckungsstock des internen Pensionsfonds steuerfrei aufgebaut wird. Der Arbeitgeber kann somit die Altersrente kostenfrei leisten, weil der aus der jährlichen Finanzanlage der Prämien während der Ansparphase aufgebaute Deckungsstock die Rentenzahlungen vollständig finanziert. Sollte dagegen Bedingung (297) nicht erfüllt sein, ergeben sich Verzerrungen, die zu Mehr- oder Minderkosten führen.

7.3.3 Kostenbarwert

Der Kostenbarwert des versicherungsmathematischen Modells besteht grundsätzlich aus denselben Komponenten wie der Kostenbarwert des finanzmathematischen Modells. Diese sind (1) die Höhe der Rente, die der Arbeitgeber dem Arbeitnehmer leistet, (2) der Steuervorteil durch die Pensionsrückstellungsbildung und (3) die Beiträge, die der Arbeitgeber aus dem Entgelt, das der Arbeitnehmer bezieht, finanziert. Diese Komponenten sind jeweils mit deren Eintrittswahrscheinlichkeiten im Rahmen des Kostenkalküls zu gewichten, auf den heutigen Zeitpunkt zu diskontieren und aufzusummieren.

$$\begin{aligned} K_{0,s}^{DZ} = & \overbrace{\sum_{t=m+1}^{m+\varpi} A \frac{{}_{x+t}p_{x+m}^{ep}}{(1+i_{\beta,s})^{t-m}} \frac{{}_{x+m}p_{x}^{ep}}{(1+i_{\beta,s})^{m}}}^{(1)} - \overbrace{s \sum_{t=1}^{m+\varpi} \left(zprs_t \frac{{}_{x+t}p_{x}^{ep}}{(1+i_{\beta,s})^{t}} - aprs_t \frac{{}_{x+t-1}p_{x}^{ep} \times q_{x+t-1}^{ep}}{(1+i_{\beta,s})^{t}} \right)}^{(2)} \\ & \underbrace{- (1-s) \sum_{t=1}^{m} JDK \frac{{}_{x+t}p_{x}^{ep}}{(1+i_{\beta,s})^{t}}}_{(3)} \end{aligned} \tag{298}$$

Der Steuervorteil aus der Pensionsrückstellungsbildung kann für die Anspar- und die Rentenphase aus den Gleichungen (276) und (288) entnommen werden, wobei darin der Rechnungszins nach Steuern r_s durch die tatsächliche Verzinsung nach Steuern $i_{\beta,s}$ zu ersetzen ist. Gleichung

(298) lässt sich damit umformen zu:[344]

$$
\begin{aligned}
K_{0,s}^{DZ} &= A \times rbfn_{p^{ep},x,m;i_{\beta,s},\overline{\varpi}} \frac{{}_{x+m}p_x^{ep}}{q_{\beta,s}^m} \\
&- s \times A \frac{rbfn_{p^{TW},x,m;r,\overline{\varpi}}}{refn_{p^{TW},x,m;r,\overline{m}}} \\
&\left(\sum_{t=1}^{m} refn_{p^{TW},x,t;r,\overline{t}} \frac{q_{\beta,s}^{m-t}}{{}_{x+m}p_{x+t}^{ep}} - \sum_{t=1}^{m} refn_{p^{TW},x,t-1;r,\overline{t-1}} \frac{q_{\beta,s}^{m-t}}{{}_{x+m}p_{x+t-1}^{ep}} \right) \frac{{}_{x+m}p_x^{ep}}{q_{\beta,s}^m} \\
&- s \times A \\
&\sum_{t=m+1}^{m+\varpi} \left[\begin{array}{c} {}_{x+t}p_{x+m}^{ep} \left(1 + rbfn_{p^{TW},x,t;r,\overline{m+\varpi-t}}\right) \\ - {}_{x+t-1}p_{x+m}^{ep} \times rbfn_{p^{TW},x,t-1;r,\overline{m+\varpi-t+1}} \end{array} \right] q_{\beta,s}^{m-t} \frac{{}_{x+m}p_x^{ep}}{q_{\beta,s}^m} \\
&- (1-s)\, JDK \times rbfn_{p^{ep},x,0;i_{\beta,s},\overline{m}} \\
&= A \times rbfn_{p^{ep},x,m;r_s,\overline{\varpi}} \frac{{}_{x+m}p_x^{ep}}{q_{\beta,s}^m} - A \times ts_{B,m} \frac{{}_{x+m}p_x^{ep}}{q_{\beta,s}^m} - A \times ts_{L,m} \frac{{}_{x+m}p_x^{ep}}{q_{\beta,s}^m} \\
&- (1-s)\, JDK \times rbfn_{p^{ep},x,0;i_{\beta,s},\overline{m}}. \qquad (299)
\end{aligned}
$$

Bei der Ermittlung dieses Kostenbarwerts wurde unterstellt, dass das Schlussalter der Sterbetafeln ϖ^{ep} und ϖ^{TW} identisch ist, aus denen die Wahrscheinlichkeiten p_{x+t}^{ep} und p_{x+t}^{TW} entnommen werden.

Falls $\varpi^{ep} < \varpi^{TW}$ gilt, ist die auf Basis des Schlussalters von $x + m + \varpi^{TW}$ gebildete Pensionsrückstellung im Zeitpunkt $m + \varpi^{ep}$ (Alter $x + m + \varpi^{ep}$) aufzulösen, weil danach alle Versorgungsberechtigten verstorben sind. Es können somit keine weiteren Versorgungsverpflichtungen bestehen. Für diesen Fall ist der Kostenbarwert folglich:

$$
\begin{aligned}
K_{0,s}^{DZ} &= \sum_{t=m+1}^{m+\varpi^{ep}} A \frac{{}_{x+t}p_{x+m}^{ep}}{(1+i_{\beta,s})^{t-m}} \frac{{}_{x+m}p_x^{ep}}{(1+i_{\beta,s})^m} - s \sum_{t=1}^{m+\varpi^{ep}} \left[zprs_t \frac{{}_{x+t}p_x^{ep}}{(1+i_{\beta,s})^t} - uprs_t \frac{{}_{x+t-1}p_x^{ep} \times q_{x+t-1}^{ep}}{(1+i_{\beta,s})^t} \right] \\
&+ s \times TW_{m+\varpi^{ep}} \frac{{}_{x+m+\varpi^{ep}}p_{x+m}^{ep}}{(1+i_{\beta,s})^{\varpi^{ep}}} \frac{{}_{x+m}p_x^{ep}}{(1+i_{\beta,s})^m} - (1-s) \sum_{t=1}^{m} JDK \frac{{}_{x+t}p_x^{ep}}{(1+i_{\beta,s})^t} \\
&= A \times rbfn_{p^{ep},x,m;r_s,\overline{\varpi^{ep}}} \frac{{}_{x+m}p_x^{ep}}{q_{\beta,s}^m} - A \times ts_{B,m} \frac{{}_{x+m}p_x^{ep}}{q_{\beta,s}^m} - A \times ts_{L,m} \frac{{}_{x+m}p_x^{ep}}{q_{\beta,s}^m} \\
&+ s \times TW_{m+\varpi^{ep}} \frac{{}_{x+m+\varpi^{ep}}p_{x+m}^{ep}}{q_{\beta,s}^{\varpi^{ep}}} \frac{{}_{x+m}p_x^{ep}}{q_{\beta,s}^m} - (1-s)\, JDK \times rbfn_{p^{ep},x,0;i_{\beta,s},m}. \qquad (300)
\end{aligned}
$$

Falls $\varpi^{ep} > \varpi^{TW}$ gilt, wird ab dem Schlussalters $x + m + \varpi^{TW}$ keine Pensionsrückstellung gebildet. Die nachfolgenden Rentenauszahlungen, die bis zum Zeitpunkt $m + \varpi^{ep}$ (Alter $x + m + \varpi^{ep}$) anfallen, sind somit als Betriebsausgabe abzugsfähig. Der Kostenbarwert ergibt sich

[344] Um den Kostenbarwert aus einem beitragsorientierten Blickwinkel zu betrachten, ist lediglich die Altersrente A durch die Beziehung $JDK \times refn_{p^A,x,m;r,\overline{m}} / rbfn_{p^A,x,m;r,\overline{z}}$ zu ersetzen.

daher zu:

$$
\begin{aligned}
K_{0,s}^{DZ} &= \sum_{t=m+1}^{m+\varpi^{ep}} A \frac{{}_{x+t}p_{x+m}^{ep}}{(1+i_{\beta,s})^{t-m}} \frac{{}_{x+m}p_x^{ep}}{(1+i_{\beta,s})^m} - s \sum_{t=1}^{m+\varpi^{TW}} \left[zprs_t \frac{{}_{x+t}p_x^{ep}}{(1+i_{\beta,s})^t} - aprs_t \frac{{}_{x+t-1}p_x^{ep} \times q_{x+t-1}^{ep}}{(1+i_{\beta,s})^t} \right] \\
&- s \sum_{t=m+\varpi^{TW}+1}^{m+\varpi^{ep}} A \frac{{}_{x+t}p_{x+m}^{ep}}{(1+i_{\beta,s})^{t-m}} \frac{{}_{x+m}p_x^{ep}}{(1+i_{\beta,s})^m} - (1-s) \sum_{t=1}^{m} JDK \frac{{}_{x+t}p_x^{ep}}{(1+i_{\beta,s})^t} \\
&= A \times rbfn_{p^{ep},x,m;r_s,\overline{\varpi^{ep}}} \frac{{}_{x+m}p_x^{ep}}{q_{\beta,s}^m} - A \times ts_{B,m} \frac{{}_{x+m}p_x^{ep}}{q_{\beta,s}^m} - A \times ts_{L,m} \frac{{}_{x+m}p_x^{ep}}{q_{\beta,s}^m} \\
&- (1-s)\, JDK \times rbfn_{p^{ep},x,0;i_{\beta,s},\overline{m}}. \qquad (301)
\end{aligned}
$$

Wohlgemerkt beruht der Unterschied zwischen den Kostenbarwerten (299), (300) und (301) nur darauf, dass die Autoren ihren Sterbetafeln unterschiedliche Schlussalter zugrunde gelegt haben. Er ist damit rein technischer Natur und ist grundsätzlich unabhängig davon, welches Niveau die Sterblichkeiten der Tafeln aufweisen.

Wie bereits erläutert wurde, müssen die Bedingungen der Gleichungen (296) und (297) erfüllt sein, damit der Kostenbarwert der Pensionszusage null ist. Im Umkehrschluss bestehen damit zwei Bedingungen, die für den Arbeitgeber, falls sie verletzt werden, zu Mehr- oder Minderkosten führen. Sollten beide Bedingungen gleichzeitig nicht erfüllt sein, so überlagern sich die daraus resultierenden Mehr- oder Minderkosten. Zum einen besteht dann die Möglichkeit, dass sich die einzelnen Kosten addieren. Allerdings können sie auch gegenläufigen Charakter aufweisen, der ggf. dazu führt, dass sie sich gegenseitig nivellieren. Das Kostenkalkül aus Gleichung (299) ermöglicht es daher nicht, die ermittelten Kosten einer bestimmten Kostenquelle zuzuordnen. Es muss daher entsprechend verfeinert werden.
Damit die Kostenquelle „Rendite" (Verletzung der Gleichung (296)) untersucht werden kann, ist die Annahme zu setzen, dass die Bedingung $p_{x+t}^{ep} = p_{x+t}^{A} = p_{x+t}^{TW} = p_{x+t}$ erfüllt ist.[345] Das allgemeine Kostenkalkül aus Gleichung (299) kann damit zu

$$
\begin{aligned}
K_{0,s}^{DZ} &= -\sum_{t=1}^{m+\varpi} (1-s)\, z_t^{DZ} \frac{{}_{x+t}p_x}{(1+i_{\beta,s})^t} \\
&= -\sum_{t=1}^{m+\varpi} (1-s) \frac{i^{ft}-r}{p_{x+t-1}} DST_{t-1}^{DZ} \frac{{}_{x+t}p_x}{q_{\beta,s}^t} \\
&= -(1-s)\left(i^{ft}-r\right) \sum_{t=1}^{m+\varpi} DST_{t-1}^{DZ} \frac{{}_{x+t-1}p_x}{q_{\beta,s}^t} \qquad (302)
\end{aligned}
$$

mit

$$DST_{t-1}^{DZ} = JDK \times refn_{p,x,t-1;r,\overline{t-1}} \qquad (303)$$

[345] Damit gilt auch $\varpi^{ep} = \varpi^{TW}$.

für die Anspar- und

$$DST_{t-1}^{DZ} = JDK \frac{refn_{p,x,m;r,\overline{m}}}{rbfn_{p,x,m;r,\overline{\varpi}}} rbfn_{p,x,t-1;r,\overline{m+\varpi-t+1}} \tag{304}$$

für die Rentenphase vereinfacht werden. Dies lässt sich aus folgender Überlegung herleiten: Wie gezeigt wurde, hebt der Steuervorteil aus der Pensionsrückstellungsbildung die Steuerbelastung der Deckungsstockbildung periodisch auf, sofern $i = r$ mit $\beta = 100$ % und $p_{x+t}^{A} = p_{x+t}^{ep} = p_{x+t}^{TW}$ gilt. Der tatsächliche Deckungsstock entspricht daher für einen beliebigen Zeitpunkt dem rechnungsmäßigen Deckungsstock, mit dem der Arbeitgeber die Rentenzahlung des Versorgungsberechtigten exakt finanzieren kann. Sollte daher der Deckungsstock eine fiktive Verzinsung über der für die Berechnung der Leistung rechnungsmäßigen Verzinsung erwirtschaften, so entstehen steuerpflichtige Überschüsse, die der Arbeitgeber vereinnahmt. Sollte dagegen der Rechnungszins nicht erreicht werden, muss der Arbeitgeber Beiträge nachschießen. Bis hierher entspricht der Gedankengang den Überlegungen, die bereits im finanzmathematischen Kalkül (Kapitel 5.3.5) angestellt wurden, um den Kostenbarwert bei der Erzielung einer außerrechnungsmäßigen Rendite zu bestimmen. Im Rahmen des versicherungsmathematischen Kalkül ist zusätzlich noch zu beachten, dass die Entwicklung des Deckungsstocks von den biometrischen Wahrscheinlichkeiten abhängig ist. Dadurch erzielt der Deckungsstock eines Versorgungsberechtigten nicht eine Rendite in Höhe von $\left(i^{ft} - r\right)$, wie sie für das finanzmathematische Kalkül abgeleitet wurde, sondern von $\left(i^{ft} - r\right)/p_{x+t-1}$. Insgesamt ergeben sich damit die Überschuss- bzw. Nachschusszahlungen zu einem beliebigen Zeitpunkt nach Steuern von:

$$(1-s)\left(i^{ft} - r\right)/p_{x+t-1} DST_{t-1}^{DZ}. \tag{305}$$

Sie sind mit ihrer Eintrittswahrscheinlichkeit zu gewichten und dann über alle Zeitpunkte aufzusummieren, um den Kostenbarwert der einzelnen Pensionszusage aus Gleichung (302) zu erhalten.

Mehr- oder Minderkosten für den Arbeitgeber aus der Kostenquelle „Wahrscheinlichkeiten" entstehen dann, wenn die Bedingung $p_{x+t}^{ep} = p_{x+t}^{A} = p_{x+t}^{TW} = p_{x+t}$ verletzt ist. Hierfür bestehen folgende Möglichkeiten:

$$p_{x+t}^{ep} \neq p_{x+t}^{A} = p_{x+t}^{TW} \text{ oder} \tag{306}$$

$$p_{x+t}^{ep} = p_{x+t}^{A} \neq p_{x+t}^{TW} \text{ oder} \tag{307}$$

$$p_{x+t}^{ep} = p_{x+t}^{TW} \neq p_{x+t}^{A} \text{ oder} \tag{308}$$

$$p_{x+t}^{ep} \neq p_{x+t}^{A} \neq p_{x+t}^{TW}. \tag{309}$$

Um diese Kosten zu isolieren, wird angenommen, dass die Bedingung $i = r$ mit $\beta = 100$ % erfüllt ist. In der Gleichung (299), die den allgemeinen Kostenbarwert beschreibt, ist der tatsächliche Vorsteuerzins i bzw. Nachsteuerzins $i_{\beta,s}$ folglich durch den Rechnungszins r bzw. den

Rechnungszins nach Steuern r_s zu ersetzen. Dies führt allerdings zu keiner signifikanten Vereinfachung des allgemeinen Kostenbarwerts, weswegen auf die formale Darstellung verzichtet wird.

Aufgrund der aufgeworfenen Fragestellungen nach der Angemessenheit von Sterbetafeln für die versicherungsmathematische Kalkulation[346] steht zunächst die Kostenquelle „Wahrscheinlichkeiten" im Mittelpunkt. Sie wird im Folgenden spezifisch für die Altersrente ohne und mit Kapitalwahlrecht untersucht. Dabei wird jeweils zunächst der Verlauf der Pensionszusage aufgezeigt, wenn sie auf der angemessenen biometrische Rechnungsgrundlage basiert. Anschließend werden die Kosten einer Direktzusage abgeschätzt, die aus der bisherigen Anwendung der Heubeck-Richttafeln 1998 für die Altersrente ohne Kapitalwahlrecht und aus der künftigen Anwendung der Heubeck-Richttafeln 2005 G für die Altersrente mit Kapitalwahlrecht resultieren.

7.3.4 Altersrente ohne Kapitalwahlrecht

7.3.4.1 IBS-Generationentafel als biometrische Rechnungsgrundlage

Die rechnungsmäßige Entwicklung des Deckungsstocks und der Pensionsrückstellung einer Zusage auf eine Altersrente mit Kapitalwahlrecht, die einem 28-jährigen Versorgungsberechtigten im Bezugsjahr 2005 erteilt wird, zeigt Tabelle 27 für die Anspar- und Tabelle 28 für die Rentenphase. Dabei wird angenommen, dass der Arbeitgeber ausschließlich die Daten der IBS-Generationentafel als Rechnungsgrundlage verwendet $\left(p_{x+t}^{IBS-G} = p_{x+t}^{ep} = p_{x+t}^{TW} = p_{x+t}^{A}\right)$.

Zum Zeitpunkt 0 verspricht der Arbeitgeber dem zu diesem Zeitpunkt $x = 28$-jährigen Arbeitnehmer eine Altersrente, die er auf Basis der Wahrscheinlichkeiten der IBS-Generationentafel 2005 auf[347]

$$\begin{aligned} A^{IBS-G05} &= DST_m^{DZ} / rbfn_{p^{IBS-G05},x,m;r,\varpi} \\ &= JDK \times refn_{p^{IBS-G05},x,m;r,\overline{m}} / rbfn_{p^{IBS-G05},x,m;r,\varpi} \\ &= 1,2085 \times 141,99/10,36 = 16,55 \end{aligned} \tag{310}$$

festlegt. Für die Deckung dieser Pensionszusage führt der Arbeitgeber zum Zeitpunkt 1 erstmalig den Beitrag $JDK = 1,2085$ dem Deckungsstock des Versorgungsberechtigten zu. Dieser Bruttobeitrag ist mit Steuern zu belasten. Allerdings bildet der Arbeitgeber eine Pensionsrückstellung nach § 6a EStG in Höhe des fiktiv gleichbleibenden Jahresbetrags JB, der sich zu

$$JB = A^{IBS-G05} \times rbfn_{p^{IBS-G05},x,m;r,\varpi} / refn_{p^{IBS-G05},x,m;r,\overline{m}} = 1,2085$$

[346] S. voriges Kapitel.

[347] Sofern beim versicherungsmathematischen Rentenbarwertfaktor nichts anderes angegeben ist, bezieht sich die Dauer der Rentenphase ϖ auf das Schlussalter der Sterbetafel, die im Rentenbarwertfaktor an erster Stelle der Indexierung angeführt ist. Bei $rbfn_{p^{IBS-G05},x,m;r,\varpi}$ ist das Schlussalter also aus der IBS-Sterbetafel zu entnehmen.

Tabelle 27: Entwicklung des Deckungsstocks und der Pensionsrückstellung während der Ansparphase unter Verwendung der IBS-Generationentafel 2005 bei rechnungsmäßiger Verzinsung

t	1	2	5	10	15	20	25	30	37
x+t	29	30	33	38	43	48	53	58	65
Sterbewahrscheinlichkeit									
q[x+t] pro Mille	0,83	0,89	1,09	1,40	1,82	2,84	4,17	6,47	12,15
Deckungsstock vor Steuern									
DST[t-1]	0,00	1,21	5,29	13,95	25,64	41,50	63,24	93,41	158,92
DST[t-1]/p[x+t-1]	0,00	1,21	5,30	13,97	25,69	41,62	63,51	94,02	160,88
JDK	1,21	1,21	1,21	1,21	1,21	1,21	1,21	1,21	1,21
r*DST[t-1]/p[x+t-1]	0,00	0,07	0,32	0,84	1,54	2,50	3,81	5,64	9,64
zdst[vS][t]	1,21	1,28	1,53	2,05	2,75	3,70	5,02	6,85	10,85
Pensionsrückstellung									
PRS[t-1]	0,00	1,21	5,29	13,95	25,64	41,50	63,24	93,41	158,92
JB	1,21	1,21	1,21	1,21	1,21	1,21	1,21	1,21	1,21
PRS[t-1]((1+r)/p[x+t-1]-1)	0,00	0,07	0,32	0,86	1,58	2,59	4,04	6,18	11,47
zprs[t]	1,21	1,28	1,53	2,06	2,79	3,80	5,25	7,39	12,68
aprs[t]	0,00	1,21	5,29	13,95	25,64	41,50	63,24	93,41	158,92
aprs[t]*wkt	0,00	0,0010	0,0047	0,02	0,04	0,10	0,23	0,54	1,82
PRS[t]	1,21	2,49	6,83	16,02	28,43	45,31	68,49	100,80	171,60
Deckungsstock nach Steuern									
s*JDK	0,48	0,48	0,48	0,48	0,48	0,48	0,48	0,48	0,48
(1-s)JDK	0,73	0,73	0,73	0,73	0,73	0,73	0,73	0,73	0,73
s*r*DST[t-1]/p[x+t-1]	0,00	0,0290	0,13	0,34	0,62	1,00	1,52	2,25	3,86
(1-s)r*DST[t-1]/p[x+t-1]	0,00	0,04	0,19	0,50	0,92	1,50	2,29	3,38	5,79
zdst[nS][t]	0,73	0,77	0,92	1,23	1,65	2,22	3,01	4,11	6,51
DST[nS,oTS][t]	0,73	1,98	6,21	15,20	27,33	43,83	66,48	98,06	167,26
s*zprs[t]	0,48	0,5128	0,61	0,83	1,12	1,52	2,10	2,95	5,07
s*aprs[t]*wkt	0,00	0,0004	0,0019	0,01	0,02	0,04	0,09	0,22	0,73
DST[nS][t] = DST[t]	1,21	2,49	6,83	16,02	28,43	45,31	68,49	100,80	171,60

berechnet. Wenn man ihn mit dem Bruttobeitrag des Arbeitgebers vergleicht, so fällt auf, dass sich beide Beträge entsprechen. Dies ist nicht überraschend, weil ihre Gleichheit für die getroffenen Annahmen bereits bei der allgemeinen Überprüfung der Frage, ob der Deckungsstock der Ansparphase durch die Pensionsrückstellungsbildung steuerfrei aufgebaut werden kann, gezeigt wurde (vgl. Kapitel 7.3.2). Die Steuerbelastung der Beitragszahlung wird daher durch die entsprechende Pensionsrückstellungsbildung aufgehoben, weshalb der Deckungsstock nach Steuern (vgl. Zeile „DST[nS][t] = DST[t]“) zum Zeitpunkt 1 exakt dem Bruttobeitrag $JDK = 1,2085$ entspricht; die Bildung der Pensionsrückstellung nach § 6a EStG in Höhe von $JB = JDK$ wirkt also wie der Betriebsausgabenabzug eines Beitrags, der an einen externen Versorgungsträger geleistet wird. Zum Zeitpunkt 2 wird vom Arbeitgeber wiederum der Betrag JDK dem Deckungsstock zugeführt. Inzwischen hat sich der letztjährige Deckungsstock rechnungsmäßig mit der Rendite r verzinst. Da seit dem letzten Jahr $q_{29}^{IBS-G05} = 0,83$ pro Mille der Versorgungsberechtigten verstorben sind, wird deren Deckungsstock auf die überlebenden Versorgungsberechtigten verteilt. Damit erhöhte sich der letztjährige Deckungsstock des Versorgungsberechtigten um die Zuführung zum Deckungsstock vor Steuern (vgl. Zeile „zdst[vS][t]") von

$$JDK + r \times DST_{t-1}^{DZ}/p_{x+t-1}^{IBS-G05} = JDK + r \times DST_{1}^{DZ}/p_{29}^{IBS-G05}$$
$$= 1,21 + 0,07 = 1,28,$$

wäre diese Erhöhung nicht mit Steuern in Höhe von

$$s \times zdst_2^{DZ} = s \times JDK + s \times r \times DST_1^{DZ}/p_{29}^{IBS-G05}$$
$$= 0,4834 + 0,0290 = 0,5124$$

belastet. Nach Steuern ergibt sich damit eine Zuführung (vgl. Zeile „zdst[nS][t]") von 0,77. Der Deckungsstock ohne die Einbeziehung des Steuervorteils aus der Rückstellungsbildung (vgl. Zeile „DST[nS,oTS][t]") beläuft sich dann auf 1,98. Zur Bemessung dieses Steuervorteils ist zunächst die Zuführung zur Pensionsrückstellung zu ermitteln, die sich für den überlebenden Versorgungsberechtigten aus dem fiktiven Jahresbetrag und der versicherungsmathematischen Verzinsung der letzten Pensionsrückstellung zu

$$zprs_t = JB + TW_{t-1}\left(\frac{1+r}{p_{x+t-1}^{TW}} - 1\right)$$
$$= 1,2085 + 0,0736 = 1,2821$$

ergibt; der daraus resultierende Steuervorteil beträgt folglich:

$$s \times zprs_t = 0,4 \times 1,2821 = 0,5128.$$

Allerdings ist auch die Steuerbelastung aus der Auflösung der Pensionsrückstellung für die seit dem letzten Jahr in Höhe von $q_{29}^{IBS-G05} = 0,83$ pro Mille verstorbenen Versorgungsberechtigten zu berücksichtigen, die in Analogie zur Deckungsstockbildung auf die überlebenden Versorgungsberechtigten aufzuteilen ist. Der einzelne Versorgungsberechtigte trägt folglich eine Steuerbelastung in Höhe von (vgl. Zeile „aprs[t]*wkt"[348]):

$$aprs_t \times q_{x+t-1}^{IBS-G05}/p_{x+t-1}^{IBS-G05} = TW_1 \times q_{29}^{IBS-G05}/p_{29}^{IBS-G05}$$
$$= 1,2085 \times 0,0083/0,9917 = 0,001.$$

Insgesamt verbleibt somit ein Steuervorteil aus der Pensionsrückstellungsbildung in Höhe von:

$$s \times zprs_2 - s \times aprs_2 \times q_{29}^{IBS-G05}/p_{29}^{IBS-G05} = 0,5128 - 0,0004 = 0,5124.$$

[348]Der Begriff „wkt" für Wahrscheinlichkeit wird in der Zeilenbezeichnung anstatt von q_{x+t-1}/p_{x+t-1} verwendet.

Er hebt sich exakt mit der Steuerbelastung der Deckungsstockbildung auf, weswegen der Deckungsstock nach Steuern insgesamt steuerfrei aufgebaut werden kann. Dieser entspricht damit dem rechnungsmäßigen Deckungsstock (vgl. Zeile „DST[nS][t] = DST[t]") und der Pensionsrückstellung (vgl. Zeile „PRS[t]") und beträgt:

$$JDK \times refn_{p^{IBS-G05},28,2;0,06,\overline{2}} = 2,49.$$

Die weitere Entwicklung des Deckungsstocks und der Pensionsrückstellung in der Ansparphase für ausgewählte Jahre kann aus Tabelle 27 entnommen werden. Wie schon allgemein für die getroffenen Annahmen bewiesen und wie auch der Vergleich der Tabellenzeilen „DST[nS][t] = DST[t]" und „PRS[t]" für einen beliebigen Zeitpunkt t der Ansparphase zeigt, wird der Deckungsstock durch die Möglichkeit der Rückstellungsbildung während der gesamten Ansparphase steuerfrei aufgebaut. Dem Arbeitgeber steht damit zum Zeitpunkt 37 zur Deckung der Versorgungszusage des Arbeitnehmers ein Deckungsstock in Höhe von $171,60$ zur Verfügung, der exakt dem für die Kalkulation der Altersrente zugrunde gelegten rechnungsmäßigen Deckungsstock (vgl. Formel (310)) von

$$DST_m^{DZ} = JDK \times refn_{p^{IBS-G05},x,m;r,\overline{m}} = 1,2085 \times 141,99 = 171,60 \tag{311}$$

entspricht. Davon entfallen auf den für den Zeitpunkt $m = 37$ bewerteten und aus den Beiträgen JDK finanzierten Deckungsstock nach Steuern

$$\begin{aligned} DST_{m,s}^{JDK} &= (1-s)\, JDK \times refn_{p^{IBS-G05},x,m;r_s,\overline{m}} \\ &= 0,6 \times 1,2085 \times 83,22 \\ &= 60,34 \end{aligned} \tag{312}$$

und auf den Steuervorteil der Pensionsrückstellungsbildung

$$\begin{aligned} TS_{B,m} &= s \sum_{t=1}^{m} zprs_t \frac{(1+r_s)^{m-t}}{{}_{x+m}p_{x+t}^{IBS-G05}} - s \sum_{t=1}^{m} aprs_t \; q_{x+t-1}^{IBS-G05} \frac{(1+r_s)^{m-t}}{{}_{x+m}p_{x+t-1}^{IBS-G05}} \\ &= 111,26. \end{aligned} \tag{313}$$

In der Rentenphase leistet der Arbeitgeber die versprochene Altersrente in Höhe von $A^{IBS-G05} = 16,55$, bis der Arbeitnehmer verstirbt. Das Schlussalter – das maximale Alter, das der Arbeitnehmer theoretisch erreichen kann – ist bei der IBS-Generationentafel auf $x + m + \varpi^{IBS} = 106$ Jahre festgelegt. Dieses Alter entspricht einer Dauer der Rentenphase von $\varpi^{IBS} = 41$ Jahren. Erstmalig wird die Altersrente zum Zeitpunkt 38, also im Alter von $x + t = 66$ Jahren des Arbeitnehmers ausgezahlt. Bis zu diesem Zeitpunkt erwirtschaftet der letztjährige Deckungsstock von $171,60$ eine Rendite in Höhe von $r = 6$ %. Gleichzeitig erhöht sich der Deckungsstock anteilig um den bis zu diesem Zeitpunkt verzinsten Deckungsstock der seit dem letzten Jahr in Höhe von $q_{65}^{IBS-G05} = 12,15$ pro Mille verstorbenen Versorgungsberechtigten. Da in dieser

Tabelle 28: Entwicklung des Deckungsstocks und der Pensionsrückstellung während der Rentenphase unter Verwendung der IBS-Generationentafel 2005 bei rechnungsmäßiger Verzinsung

t	38	39	40	50	60	70	78
x+t	66	67	68	78	88	98	106
Sterbewahrscheinlichkeit							
q[x+t] pro Hundert	1,34	1,39	1,52	3,84	11,76	26,59	100,00
Deckungsstock vor Steuern							
DST[t-1]	171,60	167,58	163,49	116,62	66,26	32,55	3,47
DST[t-1]/p[x+t-1]	173,71	169,85	165,79	120,55	74,12	42,27	15,61
r*DST[t-1]/p[x+t-1]	10,42	10,19	9,95	7,23	4,45	2,54	0,94
Pensionsrückstellung							
PRS[t-1]	171,60	167,58	163,49	116,62	66,26	32,55	3,47
zprs[t]	12,53	12,46	12,25	11,16	12,31	12,26	13,09
aprs[t]	171,60	167,58	163,49	116,62	66,26	32,55	3,47
aprs[t]*wkt	2,11	2,27	2,30	3,93	7,86	9,72	12,15
PRS[vA][t]	184,13	180,05	175,74	127,78	78,57	44,81	16,55
Deckungsstock nach Steuern							
s*r*DST[t-1]/p[x+t-1]	4,17	4,08	3,98	2,89	1,78	1,01	0,37
(1-s)r*DST[t-1]/p[x+t-1]	6,25	6,11	5,97	4,34	2,67	1,52	0,56
DST[nS,oTS,vA][t]	179,96	175,97	171,76	124,89	76,79	43,79	16,18
s*zprs[t]	5,01	4,99	4,90	4,46	4,92	4,90	5,23
s*aprs[t]*wkt	0,84	0,91	0,92	1,57	3,15	3,89	4,86
DST[nS,vA][t]	184,13	180,05	175,74	127,78	78,57	44,81	16,55
A	16,55	16,55	16,55	16,55	16,55	16,55	16,55
DST[nS,nA][t] = DST[t]	167,58	163,49	159,19	111,23	62,02	28,26	0,00
PRS[nA][t] = PRS[t]	167,58	163,49	159,19	111,23	62,02	28,26	0,00

Phase keine Beiträge vom Arbeitgeber gezahlt werden, steigt somit der Deckungsstock des Versorgungsberechtigten vor Steuern um $r \times DST_{37}^{DZ}/p_{65}^{IBS-G05} = 10,42$ an. Die Steuerbelastung dieser Zuführung ergibt sich zu $s \times r \times DST_{37}^{DZ}/p_{65}^{IBS-G05} = 4,17$, sodass ohne die Berücksichtigung des Steuervorteils aus der Rückstellungsbildung eine Zuführung nach Steuern in Höhe von $6,25$ verbleibt.

Der Steuervorteil aus der Rückstellungsbildung resultiert, wie schon für die Ansparphase beschrieben, zum einen aus der Zuführung zur Pensionsrückstellung, die sich für den Überlebenden zu $TW_{37}\left[(1+r)/p_{65}^{IBS-G05}-1\right] = 12,53$ ergibt. Zum anderen sind seit dem letzten Jahr $12,15$ pro Mille der Versorgungsberechtigten verstorben, weswegen deren Pensionsrückstellungen in Höhe von jeweils $TW_{37} = 171,60$ erfolgserhöhend aufzulösen sind. Die daraus entstehenden Betriebseinnahmen hat der überlebende Versorgungsberechtigte anteilig in Höhe von $1/p_{65}^{IBS-G05}$ zu tragen. Der Steuervorteil beträgt somit insgesamt für den überlebenden Versorgungsberechtigten

$$s\left\{TW_{37}\left[(1+r)/p_{65}^{IBS-G05}-1\right] - q_{65}^{IBS-G05}/p_{65}^{IBS-G05} \times TW_{37}\right\}$$
$$= s \times r \times TW_{37}/p_{65}^{IBS-G05} = s \times r \times DST_{37}^{DZ}/p_{65}^{IBS-G05} = 4,17,$$

was exakt der Steuerbelastung der Zuführung zum Deckungsstock entspricht. Der Aufbau des Deckungsstocks wird daher durch die Pensionsrückstellungsbildung vor einer Besteuerung geschützt. Damit besteht ein Deckungsstock vor Auszahlung der Altersrente in Höhe von:[349]

$$\begin{aligned} &DST_{37}^{DZ} + (1-s)\, r \times DST_{37}^{DZ} / p_{65}^{IBS-G05} + s \times r \times DST_{37}^{DZ} / p_{65}^{IBS-G05} \\ &= DST_{37}^{DZ} + r \times DST_{37}^{DZ} / p_{65}^{IBS-G05} = 184,13. \end{aligned}$$

Deckungsstock und Pensionsrückstellung (vgl. Zeilen „DST[nS,nA][t] = DST[t]" und „PRS[nA][t] = PRS[t]") vermindern sich jeweils nach der Auszahlung der Altersrente um deren Höhe. Da sich der Ertrag aus der Auflösung der Pensionsrückstellung und der Aufwand, der durch die Auszahlung der Altersrente an den Arbeitnehmer entsteht, nivellieren, erfolgt ihre Auszahlung insgesamt erfolgsneutral.

Der weitere Verlauf des Deckungsstocks und der Pensionsrückstellung in der Rentenphase ist in Tabelle 28 für ausgewählte Jahre dargestellt. Daraus ist zu entnehmen, dass der Deckungsstock steuerfrei aufgebaut werden kann. Dies zeigt sich einerseits daran, dass sich Deckungsstock und Pensionsrückstellung zu jedem Zeitpunkt der Rentenphase entsprechen. Andererseits stimmen zum Zeitpunkt 78 im Schlussalter von 106 Jahren die letzte Rentenzahlung und der Deckungsstock nach Steuern vor ihrer Auszahlung überein. Der in der Ansparphase durch die eingezahlten Beiträge aufgebaute Deckungsstock reicht wegen des steuerfreien Aufbaus genau aus, um die letzte Rentenzahlung zu finanzieren. Hätte sich dagegen ein Deckungsstock nach Auszahlung der Rente ungleich null ergeben, so wäre dies unter den getroffenen Annahmen nur darauf zurückzuführen, dass die Bildung der Pensionsrückstellung nicht zu einem steuerfreien Aufbau des Deckungsstocks führt. Wäre dieser nach der Auszahlung größer als null, hätte die Pensionsrückstellungsbildung nicht nur einen steuerfreien Aufbau ermöglicht, sondern es wäre zusätzlicher Aufwand verblieben, der es dem Arbeitgeber erlaubt hätte, steuerpflichtige Gewinne aus dem Kerngeschäft steuerfrei zu vereinnahmen. Ergäbe sich dagegen ein Deckungsstock kleiner als null, so hätte der Steuervorteil aus der Pensionsrückstellungsbildung nicht ausgereicht, um seinen Aufbau vor einer Besteuerung zu schützen. Als Folge bestünden Nachschussverpflichtungen des Arbeitgebers. Fasst man die periodischen Steuervorteile der Rentenphase zusammen und bewertet sie zum Beginn der Rentenphase in $t = m$, so wird durch die Pensionsrückstellungsbildung ein Steuervorteil in Höhe von

$$\begin{aligned} TS_{L,m} &= s \sum_{t=m+1}^{m+\varpi} \left({}_{x+t}p_{x+m}^{IBS-G05} zprs_t - {}_{x+t-1}\, p_{x+m}^{IBS-G05} \times q_{x+t-1}^{IBS-G05} aprs_t \right) (1+r_s)^{m-t} \\ &= 41,46 \end{aligned} \tag{314}$$

induziert.

[349] Durch die vorgenommenen Rundungen bei den einzelnen Summanden können die in der Tabelle ausgewiesenen Werte von der Summe der einzelnen Summanden abweichen.

Neben den zwei beschriebenen Überlegungen, die den steuerfreien Aufbau des Deckungsstocks zeigen, könnte dies auch auf anderem Wege belegt werden. Hierfür müsste der Steuervorteil der Anspar- und der Rentenphase zusammen mit den Beiträgen der Ansparphase ausreichen, um die Rentenzahlungen zu finanzieren; mathematisch ausgedrückt müsste in diesem Fall die Beziehung der Formel (289)

$$A^{IBS-G05} \times rbfn_{p^{ep},x,m;r_s,\varpi} = DST_{m,s}^{JDK} + TS_{B,m} + TS_{L,m}$$

erfüllt sein. Da der aus den Beiträgen JDK finanzierte Deckungsstock nach Steuern $DST_{m,s}^{JDK}$, der Steuervorteil der Ansparphase $TS_{B,m}$ und der Steuervorteil der Rentenphase $TS_{L,m}$, jeweils für den Zeitpunkt m bewertet, bereits berechnet wurden (vgl. Formeln (312),(313) und (314)) und die Summe daraus

$$DST_{m,s}^{JDK} + TS_{B,m} + TS_{L,m} = 60,34 + 111,26 + 41,46 = 213,08$$

ergibt, ist noch der Barwert der Rentenzahlungen nach Steuern zu ermitteln.

$$A^{IBS-G05} \times rbfn_{p^{IBS-G05},x,m;r_s,\varpi} = 16,55 \times 12,87 = 213,08 \tag{315}$$

Die Beziehung der Formel (289) ist damit erfüllt.

$$A^{IBS-G05} \times rbfn_{p^{ep},x,m;r_s,\varpi} = DST_{m,s}^{JDK} + TS_{B,m} + TS_{L,m}$$

Der Arbeitgeber kann also den Deckungsstock steuerfrei aufbauen, sodass er die Altersrente an den Arbeitnehmer c. p. kostenfrei leisten kann. Dabei finanziert der Fiskus durch den Steuervorteil aus Anspar- und Rentenphase in Höhe von $111,26 + 41,46 = 152,72$ die Pensionszusage des Arbeitgebers, die zu einem Barwert nach Steuern in $t = m$ von $213,08$ führt, zu $152,72/213,08 = 71,68$ %. Von den restlichen $28,32$ % bringt der Arbeitnehmer durch seinen Lohnverzicht $l = 1$ $28,32$ %$/1,21 = 23,43$ % auf und $4,89$ % schießt der Arbeitgeber aufgrund der mit dem Lohnverzicht des Arbeitnehmers verbundenen Sozialabgabenersparnis zu.[350]

7.3.4.2 Kosten aus der bisherigen Anlage der Heubeck-Richttafeln als Periodentafeln

Während bisher der in Bezug auf die Biometrie theoretische Idealfall für diese Versorgungszusage analysiert wurde, sind bislang die Heubeck-Richttafeln 1998 für die Berechnung der Pensionsrückstellung zu verwenden. Zum anderen werden sie in der Praxis eingesetzt, um Prognoserechnungen durchzuführen und insbesondere um Umrechnungsfaktoren zwischen der Altersrente und den Beitragsleistungen zu bestimmen.

[350] Da für den Arbeitgeber gegenüber der Lohnzahlung keine Mehrkosten entstehen, tragen letztlich die Sozialversicherungen, denen Einnahmen entgehen, und der Arbeitnehmer, dessen Leistungsansprüche an die Sozialversicherung z. T. reduziert werden, diesen Teil der Kosten.

Heubeck-Richttafeln sind bislang als Periodentafeln angelegt und sind daher für eine bestimmte künftige Zeitspanne gültig. Durch die Verbesserung der Sterblichkeit im Zeitablauf ist eine turnusmäßige Anpassung erforderlich.[351] Weil die Heubeck-Richttafeln die voraussichtliche Entwicklung der ab dem Aktualisierungszeitpunkt nächsten 20 bis 30 Jahre berücksichtigen,[352] stellen sie die Schätzung einer von diesem Zeitpunkt an gerechnet ungefähr 25 Jahre in der Zukunft liegenden Periodentafel dar.[353] Somit bilden sie die Überlebenswahrscheinlichkeiten eines Versichertenbestandes verzerrt ab. Aus der praktischen Verwendung der bislang als Periodentafeln angelegten Heubeck-Richttafel ergeben sich zwei Fragen:

1. Welche Steuervor- oder -nachteile ergeben sich durch die Verwendung der bislang als Periodentafeln angelegten Heubeck-Richttafeln in der Bewertung von Pensionsrückstellungen?
2. Welche Mehr- oder Minderkosten resultieren für den Arbeitgeber, der eine Leistungszusage auf der Grundlage der als Periodentafeln angelegten Heubeck-Richttafeln kalkuliert?

7.3.4.2.1 Verwendung von Periodentafeln in der Ermittlung des steuerlichen Teilwerts

Für die Bemessung der Kosten, die aus der Anwendung von Periodentafeln im Rahmen des Teilwertverfahrens entstehen, ist grundsätzlich auf eine Einzelzusage abzustellen. Die Analyse eines Musterbestandes von Versorgungsberechtigten erlaubt dagegen keine verallgemeinerungsfähigen Aussagen.[354] Dies lässt sich damit begründen, dass erstens jedes Unternehmen eine unterschiedliche Altersstruktur ihrer Beschäftigten und Rentner aufweist. Sie ist daher allenfalls für Unternehmen von Interesse, deren Bestand an Versorgungsberechtigten dem Musterbestand ähnelt. Zweitens setzte eine solche Analyse voraus, dass das Unternehmen bereits bei Gründung oder bei Einführung einer betrieblichen Altersversorgung einen Gesamtbestand aufweist, der auch Rentner umfasst; nur dann kann der Finanzierungsbeitrag des Arbeitnehmers zu seiner Altersversorgung während der Beitragsphase korrekt erfasst werden bzw. nur dann können die Kosten der Einzelzusage durch die Zugrundelegung eines Bestandes angenähert werden. Da allerdings bei Gründung des Unternehmens kein Rentnerbestand vorhanden ist bzw. bei Einführung einer betrieblichen Altersversorgung keine Altersrente an Arbeitnehmer gezahlt wird, die zuvor keinen Lohnverzicht geübt haben – dies widerspräche dem Entgeltcharakter der Pensionszusage –, ist der Gedanke zu verwerfen, die Analyse auf Basis eines Musterbestands an Versorgungszusagen vorzunehmen.
Die Bemessung der Kosten auf Basis der Einzelzusage erfordert damit für einen bestimmten Bezugszeitpunkt eine Schätzung zum einen einer Generationentafel und zum anderen mehrerer Periodentafeln, die für den Turnus der Heubeck-Richttafeln von ungefähr 25 Jahren ab dem Bezugszeitpunkt vorliegen muss. Eine solche Schätzung stellen die beschriebenen Tafeln des

351 Vgl. *Herrmann* (2004), S. 21.
352 Vgl. *Heubeck* (1982), S. 500 f., und *Heubeck* (1998), S. 11. Dieser Anpassungsrhythmus besteht seit der Erstauflage dieser Tafeln im Jahr 1959 (vgl. *Thaut* (2005), S. 36).
353 Vgl. *Heubeck* (2005b), S. 10, und *Heubeck* (2005c), S. 725.
354 So das Vorgehen bei *Kerstein / Ohm* (2000) und *Herrmann* (2004).

Tabelle 29: Sterbewahrscheinlichkeiten der IBS-Generationentafel 2005 und der IBS-Periodentafeln von 2030, 2055 und 2080

Alter/Jahr	**2005**	**2010**	**2020**	**2030**	**2040**	**2050**	**2055**	**2060**	**2070**	**2080**	**2083**
28	0,0008	-	-	0,0006	-	-	0,0005	-	-	0,0004	-
33	0,0011	0,0011	-	0,0008	-	-	0,0007	-	-	0,0006	-
43	0,0023	-	0,0018	0,0016	-	-	0,0013	-	-	0,0012	-
53	0,0061	-	-	0,0042	-	-	0,0034	-	-	0,0031	-
63	0,0158	-	-	0,0112	0,010	-	0,0094	-	-	0,0087	-
73	0,0422	-	-	0,0301	-	0,026	0,0253	-	-	0,0237	-
78	0,0642	-	-	0,0458	-	-	0,0384	-	-	0,0360	-
83	0,1025	-	-	0,0775	-	-	0,0684	0,0665	-	0,0650	-
93	0,2450	-	-	0,2153	-	-	0,2009	-	0,1933	0,1939	-
103	0,5887	-	-	0,5830	-	-	0,5986	-	-	0,6128	-
106	1,0000	-	-	1,0000	-	-	1,0000	-	-	1,0000	1,00

IBS dar, auf deren Basis die Kosten der Anlage der Heubeck-Richttafeln als Periodentafeln abgebildet werden können.[355]

Bezogen auf das der Analyse zugrunde liegende Bezugsjahr 2005, ist die IBS-Periodentafel 2030 in der Zeitspanne vom Jahr 2005 bis zum Jahr 2030 als Richttafel zu verwenden. Turnusmäßig würde dann diese Richttafel im Jahr 2030 aktualisiert. Die zu diesem Zeitpunkt aktualisierte Richttafel ist die dann bis zum Jahr 2055 gültige IBS-Periodentafel 2055. Sie wird im Jahr 2055 durch die IBS-Periodentafel 2080 ersetzt und wird fortan bis ins Jahr 2083, in dem der dann 106-jährige Versorgungsberechtigte mit Sicherheit stirbt, als Richttafel verwendet.[356] In Tabelle 29 sind für einen im Jahr 2005 28-jährigen Versorgungsberechtigten neben ausgewählten Sterbewahrscheinlichkeiten der Basistafel die entsprechenden Sterbewahrscheinlichkeiten der IBS-Periodentafeln der Jahre 2030, 2055 und 2080 aufgeführt, die für (fiktive) künftige Aktualisierungen der Heubeck-Richttafeln für die Zeiträume 2005-2030, 2031-2055 und 2056-2080 stehen. Zusätzlich sind in der Tabelle die Sterbewahrscheinlichkeiten der Generationentafel 2005 angegeben.[357] Aus der Tabelle ist ersichtlich, dass die Sterbewahrscheinlichkeit zukünftig absinkt. So stirbt derzeit ein 63-jähriger Mann im folgenden Jahr mit einer Wahrscheinlichkeit von $1,58$ %, während in 75 Jahren im Jahr 2080 die Sterbewahrscheinlichkeit auf $0,87$ % gefallen ist. Summa summarum führt die künftig sinkende Sterbewahrscheinlichkeit zu einer Steigerung der Lebenserwartung.

Auf Basis der IBS-Generationentafel 2005 und der IBS-Periodentafeln 2030, 2055, 2080 lassen sich die Teilwerte der Pensionsrückstellung für den betrachteten Modellfall ermitteln. Aus der Entwicklung des Teilwerts im Zeitablauf errechnen sich die aufwandswirksamen Zuführungen zur Pensionsrückstellung sowie die hieraus resultierende Steuerentlastung im gesamten Rechnungszeitraum. Dabei wird die angemessene aus der IBS-Generationentafel 2005 abgeleitete Altersrente in Höhe von $A^{IBS-G05} = 16,55$ zugrunde gelegt.

[355] Es wird davon ausgegangen, dass ein eventueller Unterschied zwischen den von der Heubeck AG und dem IBS für die Entwicklung der Generationen- und Periodentafeln verwendeten Trendannahmen für die Kostenhöhe bedeutungslos ist.

[356] Eine neuerliche Aktualisierung im Jahr 2080 wird nicht modelliert, weil die Teilwerte ab diesem Zeitpunkt beinahe null sind.

[357] Vgl. *IBS* (2001).

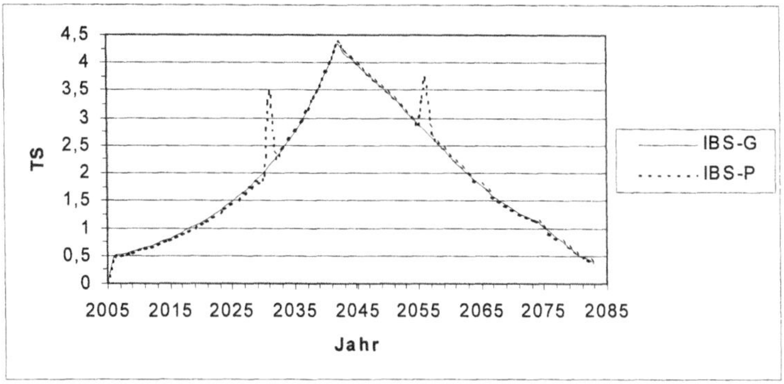

Abbildung 29: Periodischer Steuervorteil in Abhängigkeit von der Anlagetechnik der Richttafeln für Anspar- und Rentenphase; Erteilungszeitpunkt der Pensionszusage und Aktualisierungszeitpunkt der Periodentafel fallen zusammen

In Abbildung 29 ist der periodische Steuervorteil TS dargestellt, der sich ergibt, wenn die Richttafel entweder als Periodentafel, die ab ihrem Aktualisierungszeitpunkt 25 Jahre gültig ist, oder als Generationentafel angelegt ist. Im erstgenannten Fall erfolgt die Zusageerteilung daher kurz nach Aktualisierung der Richttafel. Der Steuervorteil bei Verwendung von Periodentafeln einerseits und einer Generationentafel andererseits unterscheidet sich zu jedem Zeitpunkt. Die Unterschiede zwischen beiden fallen im Allgemeinen gering aus, wobei diese hauptsächlich für die Ansparphase zu erkennen sind. Hier ist der periodische Steuervorteil bei Anwendung der Generationentafel i. d. R. höher als bei Anwendung der Periodentafeln.

Die Steuervorteilsspitzen in den Jahren 2030 und 2055 sind durch die jeweilige Aktualisierung der Periodentafeln bedingt: Zu diesen Zeitpunkten erhöht sich der Teilwert der Pensionsrückstellung durch die jeweilige Umstellung auf eine zu diesem Zeitpunkt 25 Jahre in der Zukunft liegende Periodentafel außergewöhnlich.[358] Es erfolgt eine entsprechend hohe, aufwandswirksame Zuführung zur Rückstellung. Nach der Umstellung verläuft der Aufbau der Pensionsrückstellung wieder rechnungsmäßig. In den der Grafik zugrunde liegenden Modellrechnungen sind die Steuervorteile des Arbeitgebers aus der Rückstellungsbildung bei Verwendung von Generationen- bzw. Periodentafeln annähernd gleich. Der Steuervorteil bei Verwendung der Periodentafeln ist um den Bruchteil eines Prozents höher als bei Verwendung der adäquaten Generationentafel.[359] Die Anlagetechnik der Richttafeln erweist sich für den untersuchten Fall als irrelevant. Der Modellfall stellt insofern einen Extremfall dar, als sowohl der Erteilungszeitpunkt der Pensionszusage als auch der Aktualisierungszeitpunkt der Periodentafel auf das Jahr

[358] Es wird angenommen, dass die Erhöhung der Pensionsrückstellung, die aus der Anwendung der zu diesem Zeitpunkt aktualisierten Richttafel resultiert, der Pensionsrückstellung sofort vollständig zugeführt werden kann. Bei den bisherigen Anpassungen der Heubeck-Richttafeln schrieb der Gesetzgeber dagegen eine Verteilung dieses Zuführungsbetrags auf drei Jahre vor.

[359] Die Ergebnisse der Modellrechnungen sind bei *Thaut* (2005) detailliert dokumentiert.

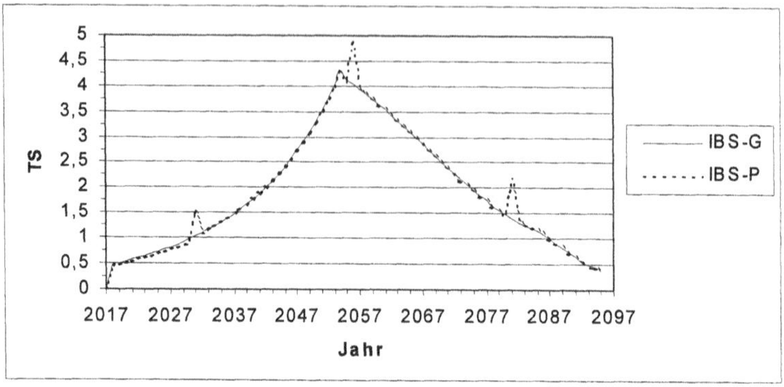

Abbildung 30: Periodischer Steuervorteil in Abhängigkeit von der Anlagetechnik der Richttafeln für Anspar- und Rentenphase; Erteilungszeitpunkt der Pensionszusage 12 Jahre nach Aktualisierung der Periodentafel

2005 fallen, so dass die Teilwertberechnung für volle 25 Jahre auf dieser Periodentafel basiert. Weitere Modellrechnungen zeigen, dass die festgestellte Irrelevanz der Anlagetechnik der Richttafeln bei der Teilwertberechnung verallgemeinerbar ist. Sollte der Arbeitgeber beispielsweise kurz vor dem Aktualisierungszeitpunkt der Periodentafel, also kurz vor Ablauf ihrer 25-jährigen Gültigkeit, die Pensionszusage erteilen, gelangt man zu einem ähnlichen Bild. Bereits zum Bilanzstichtag nach Zusageerteilung liegt die aktualisierte Periodentafel vor, und die Rückstellungsbildung verläuft ähnlich wie im ersten Fall. Die Abweichung von der Teilwertberechnung, die auf der Generationentafel basiert, ist ebenfalls gering. Zwischen diesen beiden Extremfällen wird repräsentativ der Fall untersucht, bei dem zwischen Erteilung der Pensionszusage und Aktualisierung der Periodentafel ein Zeitraum von 12 Jahren liegt. Dies entspricht ihrer halben Gültigkeitsdauer. Hierfür wird angenommen, dass der Arbeitgeber erst im Jahr 2017 einem zu diesem Zeitpunkt 28-jährigen Versorgungsberechtigten eine Pensionszusage erteilt. Abbildung 30 zeigt den Verlauf der periodischen Steuervorteile für diesen Fall. Zu erkennen sind drei Steuervorteilsspitzen, die in den Jahren 2030, 2055 und 2080 im Rahmen der Aktualisierung der Periodentafeln auftreten. Sie sind kleiner als die Steuervorteilsspitzen der bislang analysierten Fälle. Der Barwert der in Abbildung 30 dargestellten Steuerminderzahlungen ist auch hier bei Verwendung von Generationen- und Periodentafel nahezu identisch.

Als Ergebnis ist festzuhalten, dass sich die Abweichungen der periodischen Steuervorteile aus der Rückstellungsbildung im Zeitverlauf, die bei der Anlage der Richttafel als Periodentafel gegenüber einer Generationentafel entstehen, barwertig nivellieren. Dies gilt unabhängig davon, wie stark der Erteilungszeitpunkt der Pensionszusage und der Aktualisierungszeitpunkt der Periodentafel auseinander fallen. Im Hinblick auf die Höhe des Steuervorteils ist die Anlagetechnik der Richttafeln irrelevant. Die Länge der Zeitspanne zwischen dem Aktualisierungszeitpunkt

der Periodentafel und dem Erteilungszeitpunkt der Pensionszusage spielt nur insoweit eine Rolle, als sich die Höhe der einzelnen Steuervorteilsspitzen in den Jahren der Aktualisierung der Periodentafel ändert.
Hieraus folgt, dass die im Jahr 2005 erfolgte Umstellung der Heubeck-Richttafeln auf Generationentafeln zwar zu veränderten Teilwerten einer Einzelzusage führt, jedoch bleibt der Finanzierungszuschuss des Fiskus für die Pensionszusage in Form des dafür gewährten Steuervorteils identisch. Die Anerkennung der Generationentafeln als versicherungsmathematische Rechnungsgrundlage zur Bestimmung der Teilwerte nach § 6a EStG durch die Finanzverwaltung spielt c. p. für den Arbeitgeber offensichtlich nur insoweit eine Rolle, als sich der insgesamt konstant bleibende Steuervorteil auf die einzelnen Perioden anders verteilt. Da im Rahmen des Modells Neuzusagen untersucht werden, können keine Aussagen darüber getroffen werden, inwieweit sich die Umstellung auf die Steuereinnahmen des Fiskus im Fiskaljahr 2005 auswirkt. Hierfür müsste man die Entwicklung der Teilwerte für bestehende Pensionszusagen alters- bzw. jahrgangspezifisch untersuchen. Nach dem Zeitpunkt der Umstellung ist für den Fiskus allerdings eine gleichmäßigere zeitliche Verteilung der Steuerminderzahlungen aus der Rückstellungsbildung zu erwarten.

7.3.4.2.2 Verwendung von Periodentafeln für die Kalkulation der Leistungshöhe

Im nächsten Schritt wird wiederum auf Basis der IBS-Sterbetafeln überprüft, ob eine Kalkulation der zuzusagenden Leistungshöhe auf Basis von Periodentafeln mit Mehr- oder Minderkosten für den Arbeitgeber verbunden ist. Dies ist dann der Fall, wenn die derart errechnete Leistungshöhe die gemäß einer Generationentafel angemessene Leistungshöhe über- bzw. unterschreitet. Wie hoch eine eventuelle Abweichung ausfällt, hängt davon ab, wie sehr sich die biometrischen Wahrscheinlichkeiten der Periodentafel von denjenigen der Generationentafel unterscheiden. Wegen der im Zeitablauf steigenden Überlebenswahrscheinlichkeiten ist für den Vergleich von Bedeutung, auf welches Jahr sich die Periodentafel bezieht. Wenn man weiterhin als Bezugsjahr das Jahr 2005 heranzieht, so unterschätzt beispielsweise die Periodentafel 2005 die Überlebenswahrscheinlichkeiten der Generationentafel 2005, während die in 100 Jahren aktuelle Periodentafel 2105 die Lebenserwartung der Generationentafel 2005 bei weitem überschätzen wird.
Unter der Annahme einer 25-jährigen Gültigkeit würde der Arbeitgeber die Leistung auf Basis der Periodentafel 2030 kalkulieren, sofern die Zusage im Jahr 2005 nach der Aktualisierung der Periodentafel erfolgt. Für diesen Fall ergibt sich eine Rentenleistung in Höhe von:

$$\begin{aligned} A^{IBS-P30} &= JDK \frac{refn_{p^A,x,m;r,\overline{m}}}{rbfn_{p^A,x,m;r,\overline{w}}} \\ &= JDK \frac{refn_{p^{IBS-P30},x,m;r,\overline{m}}}{rbfn_{p^{IBS-P30},x,m;r,\overline{w}}} \\ &= 1,21 \frac{142,35}{10,02} = 17,16. \end{aligned}$$

Allerdings besteht auch die Möglichkeit, dass der Arbeitgeber die Pensionszusage kurz vor der Aktualisierung der Periodentafel erteilt hat. In diesem Fall ist als Richttafel noch die IBS-Periodentafel 2005 gültig, auf deren Basis der Arbeitgeber eine Altersrente in Höhe von

$$\begin{aligned} A^{IBS-P05} &= JDK \frac{refn_{p^{IBS-P05},x,m;r,\overline{m}}}{rbfn_{p^{IBS-P05},x,m;r,\overline{\omega}}} \\ &= 1,21 \frac{149,44}{9,18} = 19,68 \end{aligned}$$

erteilt. Hätte der Arbeitgeber dagegen nicht eine Perioden-, sondern eine Generationentafel verwendet, so hätte er in jedem Fall die Altersrente auf $A^{IBS-G05} = 16,55$ festgelegt, die er im Modell kostenfrei leisten kann.[360] In Tabelle 30 sind die versicherungsmathematischen Umrechnungsfaktoren des Beitrags JDK und die daraus resultierende Altersrente jeweils für die IBS-Generationentafel 2005 und die IBS-Periodentafeln 2030 und 2005 dargestellt. Daneben wird das Verhältnis zwischen den auf Basis der Periodentafeln ermittelten Umrechnungsfaktoren bzw. Altersrenten zu denen angeführt, die unter Verwendung der IBS-Generationentafel 2005 angemessen kalkuliert sind.

Tabelle 30: Höhe der Altersrente für einen im Bezugsjahr 2005 28-jährigen Versorgungsberechtigten bei verschiedenen biometrischen Rechnungsgrundlagen im Vergleich

	refn	rbfn	A
(1) IBS-Generationentafel 2005	141,99	10,37	16,55
(2) IBS-Periodentafel 2030	142,35	10,02	17,16
(3) IBS-Periodentafel 2005	149,44	9,18	19,68
(2)/(1)	1,003	0,967	1,037
(3)/(1)	1,052	0,885	1,189

Aus Tabelle 30 ist ersichtlich, dass der sich auf die Ansparphase der Pensionszusage beziehende versicherungsmathematisch berechnete Rentenendwertfaktor der IBS-Generationentafel 2005 beinahe dem der IBS-Periodentafel 2030 entspricht. Offenbar heben sich einerseits die Überschätzung der Überlebenswahrscheinlichkeiten des im Bezugsjahr 2005 28-jährigen Versorgungsberechtigten bis ins Jahr 2030 und andererseits ihre Unterschätzung ab diesem Jahr 2030 bis zum Ende der Ansparphase im Jahr 2042 durch die IBS-Periodentafel 2030 gegenseitig auf. In der Rentenphase, die im Jahr 2042 beginnt, setzt die IBS-Periodentafel 2030 die Überlebenswahrscheinlichkeiten des Versorgungsberechtigten zu niedrig an. Als Folge hiervon wird der Rentenbarwertfaktor von $10,02$, auf dessen Basis der am Ende der Ansparphase vorhandene Deckungsstock in eine Rente umgewandelt wird, gegenüber dem angemessenen von $10,37$ zu niedrig angesetzt. Das führt dazu, dass der Arbeitgeber dem versorgungsberechtigten Arbeitnehmer eine um $3,7$ % zu hoch ausfallende Altersrente verspricht.

Noch höher legt der Arbeitgeber die Altersrente fest, wenn er kurz vor der Aktualisierung der Periodentafel eine Pensionszusage erteilt. Die oben kalkulierte Altersrente von $19,68$ übersteigt

[360] Vgl. das vorige Kapitel.

die angebrachte Altersrente von 16,55 um 18,9 %. Diese enorme Abweichung zugunsten des Arbeitnehmers lässt sich darauf zurückführen, dass die Überlebenswahrscheinlichkeiten dieser IBS-Periodentafel die tatsächlichen periodischen Überlebenswahrscheinlichkeiten im gesamten Verlauf der Pensionszusage unterschätzen. Als Folge dieser Unterschätzung setzt der Arbeitgeber zum einen den Deckungsstock am Ende der Ansparphase, der ihm zur Deckung der einzelnen Zusage zur Verfügung steht, zu hoch an, weil er den Bestand an Zusagen durch die zu hoch angesetzten Sterbewahrscheinlichkeiten in der Beitragsphase unterschätzt. Zum anderen setzt der Arbeitgeber die erwartete Rentendauer zu kurz an, was sich in der Festlegung einer überhöhten Altersrente niederschlägt.
Insgesamt ist festzuhalten, dass in den Modellrechnungen grundsätzlich zu hohe Zusagen erteilt werden, wenn Periodentafeln als Kalkulationsgrundlage dienen. Entscheidend für das Ausmaß der Abweichung gegenüber einer angemessen kalkulierten Zusage ist das Alter der verwendeten Periodentafel. Bei der unterstellten Gültigkeitsdauer von 25 Jahren ist die Zusage bestenfalls um 3,7 % überhöht, falls eine soeben aktualisierte Periodentafel zugrunde gelegt wurde. Wird eine Zusage kurz vor Aktualisierung der Periodentafel erteilt, so wird die Altersrente um 18,9 % zu hoch angesetzt.
Um bemessen zu können, mit welchen Kosten die Anwendung einer 25 Jahre gültigen Periodentafel für die Festlegung der Altersrente verbunden ist, werden die Kostenbarwerte für die beiden oben angeführten Extremfälle einer Zusagekalkulation kurz vor bzw. kurz nach dem Aktualisierungszeitpunkt der Periodentafel ermittelt. Hierfür wird angenommen, dass die biometrischen Wahrscheinlichkeiten der IBS-Generationentafel 2005 der Teilwertberechnung und dem deterministischen Rechenmodell zugrunde liegen. Mathematisch ausgedrückt wird also die Konstellation

$$p_{x+t}^{ea} = p_{x+t}^{TW} = p_{x+t}^{IBS-G05} \neq p_{x+t}^{A} = p_{x+t}^{IBS-P}$$

untersucht, wobei im Rahmen der Untersuchung der beiden Extremfälle für p_{x+t}^{A} – die Überlebenswahrscheinlichkeiten der IBS-Periodentafel 2030 $p_{x+t}^{IBS-P30}$ und der IBS-Periodentafel 2005 $p_{x+t}^{IBS-P05}$ – herangezogen werden.[361]
Tabelle 31 weist die Höhe des Deckungsstocks aus, der am Ende der Ansparphase erreicht werden muss, um eine Pensionszusage vollständig zu decken, die alternativ auf den biometrischen Rechnungsgrundlagen der IBS-Generationentafel 2005, der IBS-Periodentafel 2030 und der IBS-Periodentafel 2005 festgesetzt wurde.
Für die Altersrente der IBS-Periodentafel 2005 in Höhe von 19,68 wird am Ende der Ansparphase bzw. zu Beginn der Rentenphase ein Deckungsstock benötigt, der sich aus diesem Rentenbetrag und dem angemessenen versicherungsmathematischen Rentenbarwertfaktor $rbfn_{p^{IBS-G05},x,m;r,\varpi}$ der IBS-Generationentafel 2005 in Höhe von 10,37 zu 204,00 ergibt. Könnte

[361] Hätte man zusätzlich die biometrischen Daten der Teilwertberechnung im Hinblick auf die im geltenden Steuerrecht zulässigen Heubeck-Richttafeln aus entsprechenden Periodentafeln entnommen, so wären die Kosten aus ihrer dortigen Verwendung mit den Kosten aus ihrer Verwendung im Rahmen der Kalkulation der Leistungszusage vermischt worden. Dies wäre allerdings im Ergebnis ohne Bedeutung, weil im vorausgehenden Kapitel gezeigt wurde, dass praktisch keine Kosten aus ihrer Verwendung im Rahmen der Teilwertberechnung entstehen.

Tabelle 31: Deckungsstock bei steuerfreiem Aufbau und der am Ende der Ansparphase notwendige Deckungsstock in Abhängigkeit von der für die Kalkulation der Altersrente zugrunde gelegten biometrischen Rechnungsgrundlage

	Notwendiger Deckungsstock	Deckungsstock bei steuerfreiem Aufbau
IBS-Generationentafel 2005	171,60	171,60
IBS-Periodentafel 2030	177,96	
IBS-Periodentafel 2005	204,00	

aus jährlichem Lohnverzicht und ersparten Sozialabgaben in Höhe von 1,21 ein Deckungsstock steuerfrei aufgebaut werden, so betrüge dieser unter Verwendung der angemessenen Sterbewahrscheinlichkeiten der IBS-Generationentafel 2005: $171,60$.[362] Zwischen notwendigem und steuerfrei aufgebautem Deckungsstock entstünde für den Arbeitgeber eine Deckungslücke in Höhe von $204,00 - 171,60 = 32,40$. Der Arbeitgeber müsste demnach $32,4$-mal den Lohnverzichtsbetrag des Arbeitnehmers (bzw. $32,40/1,21 = 26,78$-mal den Jahresbeitrag JDK) zuschießen, der selbst für den Aufbau dieses Deckungsstocks während der Ansparphase nur 37-mal auf eine Geldeinheit seines Bruttolohns verzichtet hat. Demgegenüber fällt die Deckungslücke bei Verwendung der IBS-Periodentafel 2030 deutlich niedriger aus: Für die Altersrente in Höhe von $17,16$ ist zur Deckung der Pensionsverpflichtung ein Deckungsstock am Ende der Ansparphase von $177,96$ notwendig, weswegen die Deckungslücke gegenüber einem steuerfrei aufgebauten Deckungsstock $6,36$ beträgt.

Tatsächlich wird aber nach § 6a EStG die Pensionsrückstellung nach dem prospektiv ausgerichteten Teilwertverfahren ermittelt, das unabhängig von den Beitragszahlungen des Arbeitgebers ist, die dieser an den internen Pensionsfonds leistet. Für die Höhe der Pensionsrückstellung ist die Höhe der zugesagten Leistung – bei dieser Versorgungszusage die Altersrente – entscheidend, weshalb der Deckungsstock des Arbeitgebers nicht zwangsläufig steuerfrei aufgebaut wird. Vielmehr ist der Aufbau der Pensionsrückstellung und damit auch die Höhe des Steuervorteils der Zusage sowohl in der Anspar- als auch in der Rentenphase direkt von der versprochenen Altersrente abhängig, was auch anhand der Formeln (276) und (288) zu erkennen ist. Für die Pensionsrückstellungsbildung der Altersrenten, die auf der IBS-Periodentafel 2030 ($A^{IBS-P30} = 17,16$) bzw. 2005 ($A^{IBS-P05} = 19,68$) basieren, bedeutet dies, dass sie verglichen mit der Rückstellungsbildung für die angemessene Altersrente ($A^{IBS-G05} = 16,55$) um denselben Faktor (vgl. Tabelle 30) höher sind wie die Rentenzusage selbst. Dies gilt sowohl für den konstanten Jahresbetrag der Zuführung zur Rückstellung nach § 6a EStG als auch für die Rückstellungshöhe in allen Zeitpunkten als schließlich auch für den Steuervorteil.

Da die Steuerentlastung aus der Rückstellungsbildung in der Ansparphase gemäß Formel (313) für die Altersrente der IBS-Generationentafel 2005 von $16,55$ bezogen auf $t = m$ $111,26$ beträgt, beziffert sie sich für die aus der IBS-Periodentafel 2030 abgeleitete Altersrente auf $17,16/16,55 \times 111,26 = 1,037 \times 111,26 = 115,38$ und für die Altersrente der IBS-Periodentafel

[362] Vgl. Wert aus Formel (311).

2005 entsprechend auf $19,68/16,55 \times 111,26 = 1,189 \times 111,26 = 132,27$. Die in der Ansparphase umgewandelten Beiträge JDK zum Deckungsstock sind von der Zusagehöhe unabhängig,[363] womit sich der aus ihnen finanzierte Deckungsstock nach Steuern vor Berücksichtigung der Steuerentlastung aus der Rückstellungsbildung auf

$$DST_{m,s}^{JDK} = (1-s)\,JDK \times refn_{p^{ep},x,m;r_s,\overline{m}} = 0,6 \times 1,21 \times 83,22 = 60,34$$

beläuft. Rechnet man die Steuerentlastung aus den jährlichen Zuführungen zur Rückstellung dem Deckungsstock zu, ergibt sich am Ende der Ansparphase ein Deckungsstock nach Steuern in Höhe von $60,34 + 115,38 = 175,72$ für die Altersrente $A^{IBS-P30} = 17,16$ und $60,34 + 132,27 = 192,60$ für $A^{IBS-P05} = 19,68$. Auch in der Rentenphase hängt der Steuervorteil aus weiterhin vorzunehmenden Zuführungen zur Pensionsrückstellung gemäß Formel (288) von der versprochenen Altersrente ab. Da dieser sich für die Altersrente von 16,55 bezogen auf den Zeitpunkt m auf 41,46 beläuft,[364] beträgt er bei Kalkulation der Altersrente mit der IBS-Periodentafel 2030 bzw. der IBS-Periodentafel 2005 $1,037 \times 41,46 = 42,99$ bzw. $1,189 \times 41,46 = 49,29$.
Zusammengefasst beträgt die Steuerentlastung der Anspar- und der Rentenphase bezogen auf $t = m$ für die Zusage von $A^{IBS-P2030} = 17,16$: $115,38 + 42,99 = 158,37$ bzw. für $A^{IBS-P2005} = 19,68$: $132,27 + 49,29 = 181,55$. Bezogen auf den Barwert nach Steuern der Rentenleistungen in $t = m$ in Höhe von

$$A^{IBS-P30} \times rbfn_{p^{ep},x,m;r_s,\varpi} = A^{IBS-P30} \times rbfn_{p^{IBS-G05},x,m;r_s,\varpi} = 17,16 \times 12,87 = 220,95$$

bzw.

$$A^{IBS-P05} \times rbfn_{p^{ep},x,m;r_s,\varpi} = A^{IBS-P05} \times rbfn_{p^{IBS-G05},x,m;r_s,\varpi} = 19,68 \times 12,87 = 253,28$$

werden durch den Fiskus unabhängig von der Kalkulationsgrundlage (IBS-Periodentafel 2005 bzw. 2030) $158,37/220,95 = 181,55/253,28 = 71,68$ % finanziert.

Abbildung 31 veranschaulicht den Verlauf des Deckungsstocks und der Pensionsrückstellung, falls der Arbeitgeber dem Versorgungsberechtigten eine Altersrente verspricht, die er auf Basis der IBS-Generationentafel 2005 bzw. der IBS-Periodentafel 2005 kalkuliert hat. Für die Altersrente, die sich bei Verwendung der IBS-Periodentafel 2030 ergibt, ist lediglich der Deckungsstockverlauf dargestellt, weil sich die entsprechende Pensionsrückstellung nahezu identisch mit derjenigen der IBS-Generationentafel 2005 entwickelt. In dieser Abbildung sind die angeführten Zusammenhänge zwischen der Höhe der Altersrente, dem Niveau der Pensionsrückstellungsbildung und die Höhe des Deckungsstockverlaufs offensichtlich.

---

[363] Vgl. Formeln (312) und (44).
[364] Vgl. Formel (314).

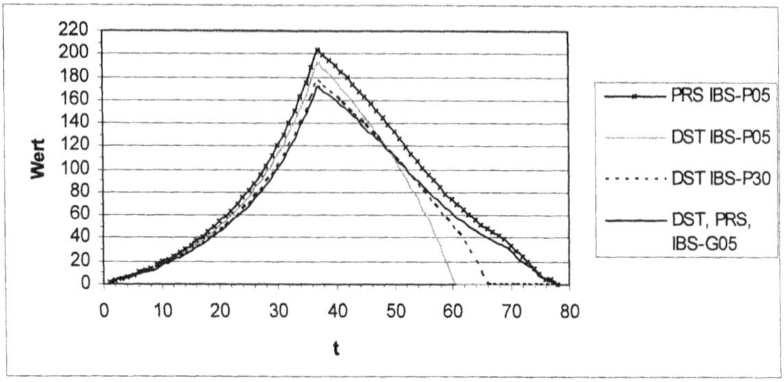

Abbildung 31: Deckungsstock und Pensionsrückstellung im Verlauf der Zusage in Abhängigkeit von der für die Kalkulation der Altersrente zugrunde gelegten biometrischen Rechnungsgrundlage

Während die angemessene Rentenhöhe von 16,55 einen Rückstellungsverlauf impliziert, der einen steuerfreien Aufbau des Deckungsstocks erlaubt, ist die Rückstellung für die Rente von 19,68 (IBS-Periodentafel 2005) deutlich höher. Aus dem Steuervorteil werden neben dem jährlichen Umwandlungsbetrag noch Erträge des Kerngeschäfts des Unternehmens steuerfrei stellt; die Steuerersparnis wird dem Deckungsstock zugerechnet. Daher liegt der Deckungsstock bei Zugrundelegung der Altersrente der IBS-Periodentafel 2005 von 19,68 über dem für die angemessene Altersrente von 16,55 steuerfrei aufgebauten Deckungsstock. Dasselbe Muster ergibt sich auch für die Rente von 17,16 in abgeschwächter Form.

Dass der aufgebaute Deckungsstock dennoch nicht ausreicht, stellt sich im Verlauf der Rentenphase heraus: Durch die überhöhte Rentenzusage wird der zu ihrer Deckung am Ende der Ansparphase aufgebaute Deckungsstock bereits im Verlauf der Rentenphase aufgebraucht. Bei Verwendung der IBS-Periodentafel 2030 reicht der Deckungsstock zum Zeitpunkt 65 im Alter von 93 Jahren nicht mehr aus, um die Rentenleistung zu finanzieren, falls der Arbeitnehmer diesen Zeitpunkt erlebt. Sollte der Arbeitgeber dagegen die Altersrente auf Basis der IBS-Periodentafel 2005 kalkuliert haben, so zehren die Rentenzahlungen den Deckungsstock bereits zum Zeitpunkt 61 auf, zu diesem Zeitpunkt ist der Arbeitnehmer 89 Jahre alt. Die nach diesen Zeitpunkten anfallenden Rentenzahlungen muss der Arbeitgeber somit aus dem Cash Flow des Unternehmens finanzieren.

Die Höhe dieser Nachschussverpflichtungen ist dabei vor und nach Steuern des Arbeitgebers identisch, weil der Steuervorteil der prospektiv ausgerichteten Ermittlung der Pensionsrückstellung unabhängig von der Finanzierung bzw. Deckung der Pensionszusage ist.[365] Um die daraus resultierenden Kosten zu bemessen, wird der Kostenbarwert des Zeitpunkts 0 der For-

[365] Vgl. auch *Thaut* (2005), S. 55 f.

mel (299) versicherungsmathematisch mit $(1+r)^m / {}_{x+m}p_x$ aufgezinst, um den Kosten- bzw. Nachschussbarwert im Zeitpunkt m zu erhalten:

$$\begin{aligned} K_{m,s}^{DZ} &= A \times rbfn_{p^{ep},x,m;r_s,\varpi} - A \times ts_{B,m} - A \times ts_{L,m} \\ &- (1-s)\, JDK \times refn_{p^{ep},x,m;i,\overline{m}} \end{aligned} \tag{316}$$

Aus dem zweiten und dritten Summanden der Formel ist ersichtlich, dass der absolute Beitrag des Fiskus zur Pensionszusage direkt von der Höhe der versprochenen Altersrente abhängt. Gleichzeitig ist der Barwert der Rentenzahlungen, der erste Summand dieser Formel, ebenfalls linear von der versprochenen Altersrente abhängig. Setzt man nun diesen ins Verhältnis zum Steuervorteil der Pensionszusage, erhält man:

$$\frac{A\,(ts_{B,m} + ts_{L,m})}{A \times rbfn_{p^{ep},x,m;r_s,\varpi}} = \frac{ts_{B,m} + ts_{L,m}}{rbfn_{p^{ep},x,m;r_s,\varpi}}. \tag{317}$$

Dieses Verhältnis stellt den relativen Beitrag des Fiskus zum Barwert der Rentenzahlungen dar, der offensichtlich unabhängig von der Höhe der Altersrente ist. Dieses Verhältnis beträgt, wie zuvor berechnet, 71,68 %, sodass die ersten drei Summanden der Formel (316) c. p. als

$$(1-0,7168)\, A^{IBS-G05} \times rbfn_{p^{IBS-G05},x,m;r_s,\varpi}$$

geschrieben werden können. Damit ergibt sich der Kostenbarwert der Altersrente auf Basis der IBS-Periodentafel 2005 in $t=m$ zu:

$$\begin{aligned} K_{m,s}^{DZ} &= (1-0,7168)\, A^{IBS-P05} \times rbfn_{p^{IBS-G05},x,m;r_s,\varpi} \\ &- (1-s)\, JDK \times refn_{p^{IBS-G05},x,m;r_s,\overline{m}} \\ &= 0,2832 \times 19,68 \times 12,87 - 0,6 \times 1,2085 \times 83,22 \\ &= 11,39. \end{aligned}$$

Dies entspricht genau der Differenz zwischen der Pensionsrückstellung in Höhe von 204,00 und dem Deckungsstock von 192,61 (s. Abbildung 31). Der prospektiven Rückstellungsbewertung ist es zu verdanken, dass die Kosten angesichts der um 18,9 % überhöhten Rente nicht höher ausfallen. Für die Rentenzusage aufgrund der IBS-Periodentafel 2030 beträgt der Kostenbarwert in $t=m$:[366]

$$\begin{aligned} K_{m,s}^{DZ} &= (1-0,7168)\, A^{IBS-P2030} \times rbfn_{p^{IBS-G05},x,m;r_s,\varpi} \\ &- (1-s)\, JDK \times refn_{p^{IBS-G05},x,m;r_s,\overline{m}} \\ &= 2,24 \end{aligned}$$

[366] Alternativ ergibt sich der Kostenbarwert aus der Differenz zwischen der für diese Altersrente abgeleiteten Pensionsrückstellung in Höhe von 177,96 und dem Deckungsstock von 175,72 (s. Abbildung 31 und Tabelle 31).

Im Durchschnitt der beiden Fallkonstellationen entstehen für den Arbeitgeber damit zum Zeitpunkt m bewertete Kosten aus der auf Basis von Periodentafeln überhöht festgelegten Altersrente in Höhe des $(11,39+2,24)/2 = 6,82$fachen Lohnverzichts des Arbeitnehmers. Dies entspricht den Kosten eines sozialabgabenpflichtigen Zusatzlohns von $6,82/\left[(1-s)(1+0,5b_B)\right] = 9,41$-mal dem jährlichen Lohnverzicht. Anders ausgedrückt: Für den Arbeitgeber ist das ergebnisgleich mit einem Szenario, in dem keine oder eine angemessen kalkulierte Pensionszusage erteilt worden ist und dem Arbeitnehmer für den Fall seines Ruhestandseintritts eine sozialabgabenpflichtige Einmalzahlung in Höhe des $9,41$fachen jährlichen Lohnverzichts gewährt wird. Selbst für beitragsorientierte Zusagen, in deren Rahmen der Arbeitgeber die Beiträge nach dem Versicherungsprinzip auf Basis der zum Umwandlungszeitpunkt der jeweiligen Beiträge gültigen Periodentafel umwandelt, entstehen Kosten in ungefähr dieser Höhe. Dies ist darauf zurückzuführen, dass die Beitragsumwandlungen, die zeitlich nahe am Aktualisierungszeitpunkt der Periodentafel liegen, relativ genau in den entsprechenden Rentenbaustein umgewandelt werden, während Beitragsumwandlungen, die kurz vor der Aktualisierung der Periodentafel vorgenommen werden, zu überhöhten Rentenbausteinen führen. Während der gesamten Ansparphase der Pensionszusage stellt sich damit im Rahmen der Umwandlung der Beiträge in Rentenbausteine ein durchschnittlicher Fehler ein, der ebenfalls zu Kosten für den Arbeitgeber in ungefähr der ermittelten Höhe führt.

7.3.5 Altersrente mit Kapitalwahlrecht

7.3.5.1 Ansparphase IBS-Generationentafel und Rentenphase DAV 2004 R 2. Ordnung als biometrische Rechnungsgrundlage

Für die Kalkulation der Versorgungszusage mit Kapitalwahlrecht ist aufgrund des Selektionseffekts für die Rentenphase die DAV 2004 R 2. Ordnung (DAV2O) heranzuziehen, weshalb der Arbeitgeber eine Altersrente in Höhe von

$$A^{IBS-G05;DAV2O-05} = JDK \frac{refn_{p^{IBS-G05},x,m;r,\overline{m}}}{rbfn_{p^{DAV2O-05},x,m;r,\overline{\omega}}} = 1,21 \frac{141,99}{11,91} = 14,40 \qquad (318)$$

verspricht. Alternativ dazu kann sich der Arbeitnehmer für die Kapitalauszahlung am Ende der Ansparphase in Höhe von

$$JDK \times refn_{p^{IBS-G05},x,m;r,\overline{m}} = A^{IBS-G05;DAV2O-05} \times rbfn_{p^{DAV2O-05},x,m;r,\overline{\omega}} = 171,60 \qquad (319)$$

entscheiden. Die biometrischen Daten der IBS-Generationentafel bzw. der DAV 2004 R 2. Ordnung sollten sich dann für die Anspar- bzw. die Rentenphase sowohl in der Teilwertberechnung als auch im determistischen Rechenverfahren niederschlagen.
In den Tabellen 32 und 33 ist der rechnungsmäßige Verlauf der Anspar- und Rentenphase einer Versorgungszusage mit Kapitalwahlrecht dargestellt, die auf den Annahmen $i = r$ mit $\beta = 100\ \%$ und $p^{A}_{x+t} = p^{ep}_{x+t} = p^{TW}_{x+t} = p^{IBS-G05}_{x+t}; B \wedge p^{A}_{x+t} = p^{ep}_{x+t} = p^{TW}_{x+t} = p^{DAV2O-05}_{x+t}; L$ beruht.

Tabelle 32: Deckungsstock und Pensionsrückstellung in der Ansparphase bei rechnungsmäßiger Verzinsung

t	1	2	5	10	15	20	25	30	37
x+t	29	30	33	38	43	48	53	58	65
Sterbewahrscheinlichkeit									
q[x+t] pro Mille	0,83	0,89	1,09	1,40	1,82	2,84	4,17	6,47	12,15
Deckungsstock vor Steuern									
DST[nS][t-1]	0,00	1,21	5,29	13,95	25,64	41,50	63,24	93,41	158,92
DST[nS][t-1]/p[x+t-1]	0,00	1,21	5,30	13,97	25,69	41,62	63,51	94,02	160,88
JDK	1,21	1,21	1,21	1,21	1,21	1,21	1,21	1,21	1,21
r*DST[nS][t-1]/p[x+t-1]	0,00	0,07	0,32	0,84	1,54	2,50	3,81	5,64	9,64
zdst[vS][t]	1,21	1,28	1,53	2,05	2,75	3,70	5,02	6,85	10,85
Pensionsrückstellung									
PRS[t-1]	0,00	1,21	5,29	13,95	25,64	41,50	63,24	93,41	158,92
JB	1,21	1,21	1,21	1,21	1,21	1,21	1,21	1,21	1,21
PRS[t-1]((1+r)/p[x+t-1]-1)	0,00	0,07	0,32	0,86	1,58	2,59	4,04	6,18	11,47
zprs[t]	1,21	1,28	1,53	2,06	2,79	3,80	5,25	7,39	12,68
aprs[t]	0,00	1,21	5,29	13,95	25,64	41,50	63,24	93,41	158,92
aprs[t]*wkt	0,00	0,0010	0,0047	0,02	0,04	0,10	0,23	0,54	1,82
PRS[t]	1,21	2,49	6,83	16,02	28,43	45,31	68,49	100,80	171,60
Deckungsstock nach Steuern									
s*JDK	0,48	0,48	0,48	0,48	0,48	0,48	0,48	0,48	0,48
(1-s)JDK	0,73	0,73	0,73	0,73	0,73	0,73	0,73	0,73	0,73
s*r*DST[nS][t-1]/p[x+t-1]	0,00	0,0290	0,13	0,34	0,62	1,00	1,52	2,25	3,86
(1-s)r*DST[nS][t-1]/p[x+t-1]	0,00	0,04	0,19	0,50	0,92	1,50	2,29	3,38	5,79
zdst[nS][t]	0,73	0,77	0,92	1,23	1,65	2,22	3,01	4,11	6,51
DST[nS,oTS][t]	0,73	1,98	6,21	15,20	27,33	43,83	66,48	98,06	167,26
s*zprs[t]	0,48	0,5128	0,61	0,83	1,12	1,52	2,10	2,95	5,07
s*aprs[t]*wkt	0,00	0,0004	0,0019	0,01	0,02	0,04	0,09	0,22	0,73
DST[nS][t] = DST[t]	1,21	2,49	6,83	16,02	28,43	45,31	68,49	100,80	171,60

Zum Zeitpunkt 1 dotiert der Arbeitgeber erstmalig den Deckungsstock des Versorgungsberechtigten in Höhe des Bruttobeitrags von $JDK = 1,21$, wobei dieser Beitrag noch mit Steuern zu belasten ist. Wegen der Erteilung der Versorgungszusage hat der Arbeitgeber eine Pensionsrückstellung nach § 6a EStG in Höhe des fiktiv gleichbleibenden Jahresbetrag

$$\begin{aligned} JB &= A^{IBS-G05;DAV2O-05} \times rbfn_{p^{DAV2O-05},x,m;r,\overline{\varpi}} / refn_{p^{IBS-G05},x,m;r,\overline{m}} \\ &= JDK \times refn_{p^{IBS-G05},x,m;r,\overline{m}} / refn_{p^{IBS-G05},x,m;r,\overline{m}} \\ &= JDK = 1,21 \end{aligned} \quad (320)$$

zu bilden. Dieser Jahresbetrag entspricht dem Bruttobeitrag JDK, sodass dessen Steuerbelastung aufgehoben wird. Auch im weiteren Verlauf der Ansparphase wird der Deckungsstock steuerfrei aufgebaut. Dies ist darauf zurückzuführen, dass die Bedingungen $i = r$ mit $\beta = 100$ % und $p_{x+t}^{A} = p_{x+t}^{ep} = p_{x+t}^{TW} = p_{x+t}$ erfüllt sind. Am Ende der Ansparphase steht dem Arbeitgeber damit, wie im Fall einer Zusage ohne Kapitalwahlrecht, ein steuerfrei aufgebauter Deckungsstock in Höhe von 171, 60 zur Verfügung, der die Versorgungsleistung rechnungsmäßig finanziert. Der Steuervorteil der Ansparphase lässt sich dabei als Differenz zwischen diesem Deckungsstock und dem aus den Umwandlungsbeiträgen finanzierten Deckungsstock nach Steuern ermitteln. Er beziffert sich auf

$$\begin{aligned} TS_{B,m} &= JDK \times refn_{p^{IBS-G05},x,m;r,\overline{m}} - JDK \times refn_{p^{IBS-G05},x,m;r_s,\overline{m}} \\ &= 171,60 - 60,34 = 111,26 \end{aligned} \tag{321}$$

und entspricht also dem, der bei der entsprechenden Zusage ohne Kapitalwahlrecht induziert wird. Sollte nun der Arbeitnehmer von seinem Kapitalwahlrecht Gebrauch machen, reicht dieser Deckungsstock genau aus, um die versprochene Kapitalauszahlung an den Arbeitnehmer zu leisten. Sie erfolgt insgesamt erfolgsneutral, weil sich die Betriebsausgabe in Höhe der Kapitalauszahlung und die erfolgserhöhende Auflösung der Pensionsrückstellung, die in der Höhe des Deckungsstocks gebildet wurde, gegenseitig nivellieren.

Tabelle 33: Deckungsstock und Pensionsrückstellung in der Rentenphase bei rechnungsmäßiger Verzinsung

t	38	39	40	60	80	93
x+t	66	67	68	88	108	121
Sterbewahrscheinlichkeit						
q[x+t] pro Hundert	0,57	0,61	0,65	7,71	24,64	100
Deckungsstock vor Steuern						
DST[nS][t-1]	162,64	159,46	156,35	72,43	32,03	8,44
DST[nS][t-1]/p[x+t-1]	172,32	169,22	165,98	81,93	44,35	13,59
r*DST[nS][t-1]/p[x+t-1]	9,80	9,62	9,44	4,66	2,52	0,77
Pensionsrückstellung						
PRS[t-1]	162,64	159,46	156,35	72,43	32,03	8,44
zprs[t]	10,48	10,54	10,40	9,87	12,53	5,21
aprs[t]	162,64	159,46	156,35	72,43	32,03	8,44
aprs[t]*wkt	0,68	0,92	0,96	5,22	10,00	4,44
PRS[vA][t]	173,12	170,00	166,75	82,31	44,55	13,65
Deckungsstock nach Steuern						
s*r*DST[nS][t-1]/p[x+t-1]	3,92	3,85	3,78	1,86	1,01	0,31
(1-s)r*DST[nS][t-1]/p[x+t-1]	5,88	5,77	5,66	2,80	1,51	0,46
DST[nS,oTS,vA][t]	169,20	166,15	162,97	80,44	43,55	13,34
s*zprs[t]	4,19	4,22	4,16	3,95	5,01	2,08
s*aprs[t]*wkt	0,27	0,37	0,38	2,09	4,00	1,78
DST[nS,vA][t]	173,12	170,00	166,75	82,31	44,55	13,65
A	13,65	13,65	13,65	13,65	13,65	13,65
DST[nS,nA][t] = DST[t]	159,46	156,35	153,10	68,66	30,90	0,00
PRS[nA][t] = PRS[t]	159,46	156,35	153,10	68,66	30,90	0,00

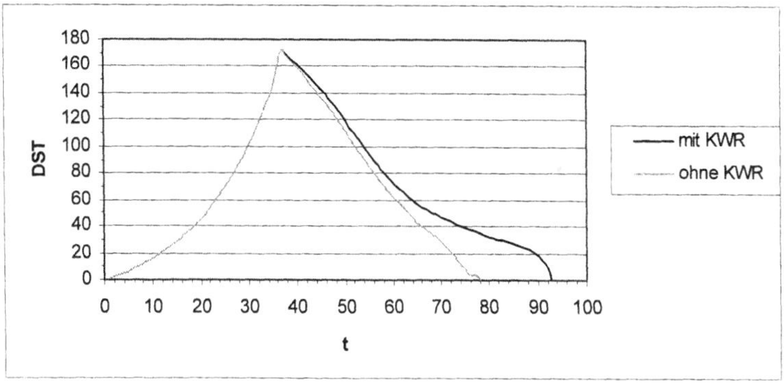

Abbildung 32: Rechnungsmäßiger Deckungsstock des internen Pensionsfonds bei einer Zusage mit und ohne Kapitalwahlrecht

Sollte sich der Arbeitnehmer für den Bezug der Altersrente von 14,40 entscheiden, so wird der Deckungsstock in der anschließenden Rentenphase wegen der Gültigkeit der angeführten Bedingungen weiterhin steuerfrei aufgebaut. Die Rentenzahlungen werden damit vollständig finanziert (vgl. Tabelle 33). Der Steuervorteil der Rentenphase lässt sich deshalb aus der Beziehung (289) zu

$$\begin{aligned} TS_{L,m} &= A^{IBS-G05;DAV2O-05} \times rbfn_{p^{DAV2O-05},x,m;r_s,\varpi} - DST_m^{DZ} \\ &= 14,40 \times 15,27 - 171,60 = 48,29 \end{aligned} \tag{322}$$

ableiten.

Sowohl bei der Kapitalauszahlung als auch bei der Leistung einer Altersrente entstehen also für den Arbeitgeber c. p. keine Kosten aus der Erteilung der Versorgungszusage mit Kapitalwahlrecht.

Um die Wirkung bemessen zu können, die von einer Einräumung eines Kapitalwahlrechts ausgeht, wird der rechnungsmäßige Verlauf einer Zusage mit Kapitalwahlrecht und ohne Kapitalwahlrecht (KWR) in der Abbildung 32 abgetragen.

Darin wird veranschaulicht, dass der rechnungsmäßige Deckungsstockverlauf in der Ansparphase bei beiden Versorgungszusagen identisch ist. Dies ist einsichtig, weil der Arbeitgeber bei beiden dasselbe Beitragsvolumen reserviert, ohne dass der Arbeitnehmer hierauf durch Rückkauf oder Beitragsfreistellung Einfluss nehmen kann.

Mit dem Beginn der Rentenphase unterscheiden sich dann beide Deckungsstöcke. Dies ist darauf zurückzuführen, dass bei der Zusage mit Kapitalwahlrecht durch die Möglichkeit einer Kapitalabfindung ein Selektionseffekt induziert wird. 65-jährige Versorgungsberechtigte dieser Zusage weisen deshalb eine mittlere Lebenserwartung von 25,11 Jahren auf und leben damit im

Vergleich zu Versorgungsberechtigten einer Zusage, die ausschließlich die Zahlung einer Altersrente vorsieht, durchschnittlich $25,11 - 20,27 = 4,84$ Jahre länger.[367] Da der Arbeitgeber somit durchschnittlich über einen längeren Zeitraum die Altersrente leisten muss, setzt er diese niedriger an als bei der Zusage ohne Kapitaloption, obwohl bei beiden Zusagen der Deckungsstock am Ende der Ansparphase identisch ist. Durch die niedrigere Altersrente sinkt der Deckungsstock des Arbeitgebers in der Rentenphase bei dieser Zusage langsamer ab, als wenn ein Kapitalwahlrecht ausgeschlossen wäre. So beträgt er im Alter von 106 Jahren des Arbeitnehmers noch $35,02$, während der Deckungsstock einer Zusage ohne Kapitalwahlrecht bereits aufgebraucht ist. Im Alter von 121 Jahren verstirbt dann der Versorgungsberechtigte mit Sicherheit, wobei der noch vorhandene Deckungsstock genau ausreicht, um dessen Altersrente zu finanzieren.
Für den untersuchten Idealfall ergeben sich daher für den Arbeitgeber sowohl bei der Kapital- als auch bei der Rentenzahlung keine Kosten.

7.3.5.2 Kosten der adversen Selektion bei der Anwendung der Heubeck-Richttafeln 2005 G

Während bisher der theoretische Idealfall analysiert wurde, werden ab dem Jahr 2005 in der Praxis die Heubeck-Richttafeln 2005 G für die Teilwertberechnung, die Prognoserechnung und die Kalkulation der Altersrente verwendet.[368] Ihre biometrischen Daten weisen allerdings, wie auch die vergangenen Heubeck-Richttafeln, keine Differenzierungsmöglichkeit hinsichtlich der zugrunde liegenden Versorgungszusage auf. Eine solche Differenzierung wäre aber notwendig, um den durch das Kapitalwahlrecht induzierten Selektionseffekt berücksichtigen zu können. Dieser impliziert, dass der (erwartete) Barwert der Rentenleistungen einer solchen Zusage bei identischer Altersrente höher ist als der entsprechende Barwert einer Zusage ohne Kapitalwahlrecht. Die Teilwerte einer Zusage mit Kapitalwahlrecht werden daher systematisch zu niedrig angesetzt. Sollte der Arbeitgeber zudem die Altersrente auf Basis dieser Richttafeln kalkulieren, setzt er diese zu hoch an. Dies beruht darauf, dass die Heubeck-Richttafeln die tatsächlichen Überlebenswahrscheinlichkeiten aufgrund des Selektionseffekts in der Rentenphase unterschätzen.
Für den Arbeitgeber stellen sich vor diesem Hintergrund zwei Fragen:

1. Welche Steuernachteile bzw. welche Kosten entstehen dadurch, dass die Heubeck-Richttafeln 2005 G als versicherungsmathematische Berechnungsgrundlage des Teilwerts nach § 6a EStG fungieren?

2. Welche Kosten entstehen, wenn der Arbeitgeber die Heubeck-Richttafeln 2005 G zusätzlich für die Kalkulation der Zusage verwendet?

[367] Die mittlere Lebenserwartung des im Jahr 2042 65-Jährigen bezieht sich auf die IBS-Generationentafel und die DAV 2004 R 2. Ordnung. Sie beträgt für die Heubeck-Richttafeln 2005 G 23,60 und für die DAV 2004 R 1. Ordnung 30,26.

[368] Dies ergibt sich aus dem BMF-Schreiben vom 16.12.2005, BStBl. I 2005 S. 1054, und *Heubeck* (2005b), S. 44.

Da die Heubeck-Richttafeln urheberrechtlich geschützt sind, werden – wie bereits im Kapitel 7.2 erläutert – die IBS-Generationentafeln herangezogen. Im Gegenzug wird anstelle der DAV 2004 R 1. Ordnung dieselbe 2. Ordnung eingesetzt. Auf diese Weise können die Kosten aus der Verwendung der Heubeck-Richttafeln abgeschätzt werden.

7.3.5.2.1 Verwendung der Heubeck-Richttafeln 2005 G für die Teilwertberechnung

In einem ersten Schritt werden die Kosten aus der Verwendung der Heubeck-Richttafeln 2005 G für die Teilwertberechnung bemessen. Hierfür wird zum einen angenommen, dass der Arbeitgeber die Altersrente des Versorgungsberechtigten angemessen auf die bereits in Formel (318) ermittelte Höhe von 14, 40 festlegt. Alternativ dazu kann sich der Arbeitnehmer am Ende der Ansparphase für eine Kapitalauszahlung in Höhe von 171, 60 entscheiden. Zum anderen werden die Teilwerte der Pensionsrückstellung sowohl für die Anspar- als auch die Rentenphase auf Basis der Überlebenswahrscheinlichkeiten der IBS-Generationentafel ermittelt. Formal handelt es sich also um den Fall:

$$\begin{aligned} p_{x+t}^{TW} &= p_{x+t}^{IBS-G05} \\ p_{x+t}^{ep} &= p_{x+t,B}^{IBS-G05} \wedge p_{x+t,L}^{DAV2O-05} \\ p_{x+t}^{A} &= p_{x+t,B}^{IBS-G05} \wedge p_{x+t,L}^{DAV2O-05}. \end{aligned}$$

Da $\varpi^{DAV} > \varpi^{IBS}$ ist, kann der Kostenbarwert aus Gleichung (301) zu

$$\begin{aligned} K_{0,s}^{DZ} &= A^{IBS-G05;DAV2O-05} \times rbfn_{p^{DAV2O-05},x,m;r_s,\varpi} \frac{{}_{x+m}p_x^{IBS-G05}}{(1+r_s)^m} \\ &- A^{IBS-G05;DAV2O-05} \times ts_{B,m} \frac{{}_{x+m}p_x^{IBS-G05}}{(1+r_s)^m} - A^{IBS-G05;DAV2O-05} \times ts_{L,m} \frac{{}_{x+m}p_x^{IBS-G05}}{(1+r_s)^m} \\ &- (1-s)\, JDK \times rbfn_{p^{IBS-G05},x,0;r_s,\overline{m}} \end{aligned} \tag{323}$$

umgeformt werden. Da $K_{0,s}^{DZ} = 0$ für $p_{x+t}^{TW} = p_{x+t}^{ea} = p_{x+t}^{A} = p_{x+t} = p_{x+t,B}^{IBS-G05} \wedge p_{x+t,L}^{DAV2O-05}$ ist und die für die Rentenphase unangemessenen Daten der IBS-Generationentafel ausschließlich in der Teilwertberechnung verwendet werden, reflektiert der zu ermittelnde Kostenbarwert $K_{0,s}^{DZ} > 0$ die Steuerbelastung des Deckungsstockaufbaus, der durch die Pensionsrückstellungsbildung nicht aufgehoben wird.

Für die Teilwertberechnung ist zunächst der fiktiv gleichbleibende Jahresbetrag zu berechnen. Dabei wird – rein begriffsmäßig – zwischen der Ausgestaltung einer „Altersrente mit Kapitalwahlrecht" und einer „Kapitalauszahlung mit Verrentungsoption" unterschieden, um zu analysieren, ob der Arbeitgeber die Altersrente oder die Kapitalauszahlung als Berechnungsgrundlage der Pensionsrückstellung heranziehen sollte. Im Rahmen einer als Altersrente mit Kapitalwahlrecht ausgestalteten Zusage ist, wie durch diesen Begriff gekennzeichnet, die Altersrente die grundsätzlich vorgesehene Versorgungsleistung; die Pensionsrückstellung wird auf Basis der Al-

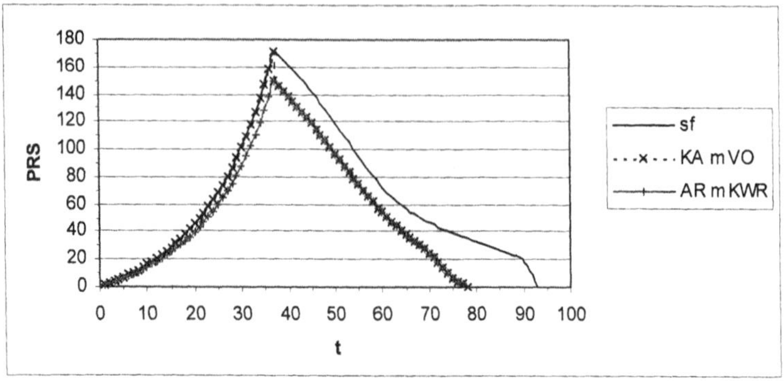

Abbildung 33: Rechnungsmäßiger Deckungsstock und die Pensionsrückstellung einer Altersrente mit Kapitalwahlrecht und einer Kapitalauszahlung mit Verrentungsoption im Vergleich

tersrente gebildet. Bei einer als Kapitalauszahlung mit Verrentungsoption bezeichneten Zusage wird dagegen grundsätzlich die Kapitalauszahlung als Versorgungsleistung gesehen, sodass sich die Pensionsrückstellung aus ihr ableitet. Für den Arbeitnehmer ist es dabei unerheblich, wie der Arbeitgeber die Zusage im konkreten Fall tituliert, denn in seiner Entscheidung für die eine oder andere Auszahlungsform ist er – unabhängig von der vom Arbeitgeber gewählten Bezeichnung – gleichermaßen frei.

In Abbildung 33 ist die Pensionsrückstellungsentwicklung einer Altersrente mit Kapitalwahlrecht (AR m KWR) und einer Kapitalauszahlung mit Verrentungsoption (KA m VO) veranschaulicht. Zusätzlich ist der bereits im vorigen Kapitel ermittelte Verlauf des rechnungsmäßigen Deckungsstocks abgetragen; eine Rückstellungsbildung auf seiner Basis führt bei rechnungsmäßiger Verzinsung zu einem steuerfreien (sf) Aufbau des Deckungsstocks.

Wie diese Abbildung verdeutlicht, unterscheidet sich die Rückstellungsbildung einer Altersrente mit Kapitalwahlrecht von derjenigen einer Kapitalauszahlung mit Verrentungsoption; ob der Arbeitgeber die Pensionsrückstellung auf Basis der Kapital- oder der Rentenzahlung ableitet, ist somit von Bedeutung. So führt im Rahmen der Altersrente mit Kapitalwahlrecht die Zugrundelegung der Altersrente von 14,40 zusammen mit den auf Basis der IBS-Generationentafel gewonnenen versicherungsmathematischen Faktoren von $refn_{p^{IBS-G05},x,m;r,\overline{m}} = 141,99$ und $rbfn_{p^{IBS-G05},x,m;r,\overline{\varpi}} = 10,37$ zu einem fiktiv gleichbleibenden Jahresbetrag in Höhe von:

$$A^{IBS-G05;DAV2O-05}\frac{rbfn_{p^{IBS-G05},x,m;r,\overline{\varpi}}}{refn_{p^{IBS-G05},x,m;r,\overline{m}}} = 14,40\frac{10,37}{141,99} = 1,0517.$$

Bei der Kapitalauszahlung mit Verrentungsoption – die Pensionsrückstellungsbildung beruht auf der Kapitalauszahlung am Ende der Ansparphase in Höhe von 171,60 – berechnet sich dagegen der Jahresbetrag unter Berücksichtigung des Faktors $refn_{p^{IBS-G05},x,m;r,\overline{m}} = 141,99$ zu:

$$\frac{DST_m^{DZ}}{refn_{p^{IBS-G05},x,m;r,\overline{m}}} = \frac{171,60}{141,99} = 1,2085.$$

Der Jahresbetrag der Kapitalauszahlung mit Verrentungsoption überragt somit denjenigen der Altersrente mit Kapitalwahlrecht um $1,2085/1,0517 = 14,91$ %. Vom jeweiligen fiktiven Jahresbetrag ausgehend, werden beide Pensionsrückstellungen in gleichem Maße aufgebaut, weil der Teilwertberechnung bei beiden Zusagen dieselben biometrischen Daten – die IBS-Daten – zugrunde liegen. Bei der Altersrente mit Kapitalwahlrecht besteht damit eine Pensionsrückstellung am Ende der Ansparphase von 149,34; diese ergibt sich aus der Multiplikation des Jahresbetrags 1,0517 mit dem versicherungsmathematischen Rentenendwertfaktor der Ansparphase von 141,99. In Analogie dazu berechnet sich die Pensionsrückstellung am Ende der Ansparphase bei der Kapitalauszahlung mit Verrentungsoption zu $1,2085 \times 141,99 = 171,60$. Dieser Wert entspricht natürlich der versprochenen Kapitalauszahlung, da auf ihrer Basis die Rückstellung gebildet wurde. Entscheidet sich der Arbeitnehmer nun im Rahmen der Kapitalauszahlung mit Verrentungsoption für die Kapitalauszahlung, wird die in dieser Höhe gebildete Pensionsrückstellung erfolgsneutral aufgelöst. Sollte sich der Arbeitnehmer dagegen für den Bezug einer Altersrente entscheiden, muss der Teilwert nunmehr als Barwert der Rentenleistungen berechnet werden. Dieser ergibt sich, wie für die als Altersrente mit Kapitalwahlrecht ausgestaltete Zusage bereits ermittelt wurde, zu 149,34; die Differenz zwischen dieser und der auf Basis der Kapitalauszahlung gebildeten Pensionsrückstellung von $-149,34 + 171,60 = 22,26$ ist deshalb erfolgserhöhend aufzulösen.

Dieser Sprung in der Rückstellungsbewertung entsteht dadurch, dass der Arbeitgeber die Altersrente angemessenerweise auf Basis der DAV 2004 R 2. Ordnung kalkuliert. Dagegen sieht die Teilwertberechnung als biometrische Rechnungsgrundlage der Rentenphase die IBS-Generationentafel vor, deren Überlebenswahrscheinlichkeiten niedriger als dieselben der DAV-Sterbetafel sind. Wenn man die IBS-Generationentafel zugrunde legt, wäre auf Basis des rechnungsmäßigen Deckungsstocks am Ende der Ansparphase, zugleich die mögliche Kapitalauszahlung, eine Altersrente von

$$\frac{DST_m^{DZ}}{rbfn_{p^{IBS-G05},x,m;r,\overline{\omega}}} = \frac{171,60}{10,37} = 16,55$$

vorzusehen. Die angemessen ermittelte Altersrente in Höhe von

$$\frac{DST_m^{DZ}}{rbfn_{p^{DAV2O-05},x,m;r,\overline{\omega}}} = \frac{171,60}{11,91} = 14,40$$

ist damit scheinbar zu niedrig angesetzt. Daher wird der Teilwert der angemessen ermittelten Altersrente (14,40) niedriger bewertet als die dazugehörende Kapitalauszahlung (171,60). Als Folge daraus führt die Entscheidung des Arbeitnehmers für den Bezug einer Altersrente zu der beschriebenen sprunghaften Verringerung des Teilwerts.

Die bisherigen Ausführungen gelten auch vice versa für die Altersrente mit Kapitalwahlrecht.

Bei einer Kapitalauszahlung am Ende der Ansparphase ist die bisherige Pensionsrückstellung von 149, 34 auf die Höhe der Kapitalauszahlung von 171, 60 zu erhöhen, was eine Erfolgsminderung in Höhe von 22, 26 impliziert.[369] Im Fall der Leistung einer Altersrente ist die Pensionsrückstellung nicht zu verändern.
In der Rentenphase unterscheiden sich natürlich die Rückstellungsbewertung der Kapitalauszahlung mit Verrentungsoption und die der Altersrente mit Kapitalwahlrecht nicht mehr, weil sie beide auf der Altersrente basieren.

Aus der Abbildung 33 ist ebenfalls ein Vergleich der zusagenspezifischen Bildung der Pensionsrückstellung mit dem Aufbau des rechnungsmäßigen Deckungsstocks zu entnehmen.
Von diesem unterscheidet sich die Rückstellung einer als Altersrente mit Kapitalwahlrecht gestalteten Zusage zu jedem Zeitpunkt. Dies ist darauf zurückzuführen, dass sich die für die Rentenphase unangemessenen Daten der IBS-Generationentafel nicht nur in der Rentenphase selbst, sondern auch durch die Ableitung des fiktiv konstanten Jahresbetrags JB auf ihrer Basis schon während der Ansparphase in einer zu niedrig bewerteten Pensionsrückstellung niederschlagen.
Im Rahmen der Zusage, die als Kapitalauszahlung mit Verrentungsoption gestaltet ist, sieht dies zumindest für die Ansparphase anders aus: Die aus dieser Gestaltungsart abgeleitete Pensionsrückstellung entspricht dem rechnungsmäßigen Deckungsstock bis zum Ende der Ansparphase; der Deckungsstock wird damit bei rechnungsmäßiger Verzinsung in dieser Phase steuerfrei aufgebaut. Die Ursache hierfür liegt in der Kalkulation der Kapitalauszahlung $JDK \times refn_{p^{IBS-G05},x,m;r,\overline{m}} = 171,60$, die ausschließlich wie die Pensionsrückstellungsbildung der Ansparphase auf der IBS-Generationentafel basiert. Die für die Rentenphase unangemessenen biometrischen Daten der IBS-Generationentafel wirken sich erstmalig am Ende der Ansparphase aus, sofern sich der Arbeitnehmer für den Bezug der Altersrente entscheidet. Zu diesem Zeitpunkt muss die für die Kapitalauszahlung in Höhe von 171, 60 gebildete Pensionsrückstellung infolge der nunmehr vorgesehenen Versorgungsleistung der Altersrente von 14, 40 neu kalkuliert werden. Sie muss daher, wie bereits erläutert, auf 149, 34 modifiziert werden. Fortan erreicht sie den rechnungsmäßigen Deckungsstock nicht mehr, weil ihre Bewertung der Rentenzahlungen auf Basis der IBS-Generationentafel grundsätzlich niedriger ist als die auf der Grundlage der angemessenen DAV-Sterbetafel.

Da somit die Rückstellung zum einen je nach Ausgestaltung der Zusage und zum anderen je nach Wahlverhalten des Arbeitnehmers am Ende der Ansparphase in unterschiedlichem Maße vom rechnungsmäßigen Deckungsstock abweicht, müssen die Kosten des Arbeitgebers in Abhängigkeit davon ermittelt werden. Sie entsprechen der Steuerbelastung des Deckungsstockaufbaus, die durch die Bildung der Pensionsrückstellung nicht aufgehoben wird.

[369] Wird die Pensionsrückstellungserhöhung unterlassen, so entsteht durch die Kapitalauszahlung von 171, 60 auf der einen Seite eine in dieser Höhe steuerlich abzugsfähige Betriebsausgabe. Auf der anderen Seite muss der Arbeitgeber die in Höhe von 149, 38 gebildete Pensionsrückstellung erfolgserhöhend auflösen, weil seine Versorgungsverpflichtung mit dieser Kapitalleistung erfüllt ist. Insgesamt ergibt sich somit ein abzugsfähiger Betrag in der angeführten Höhe von 22, 26.

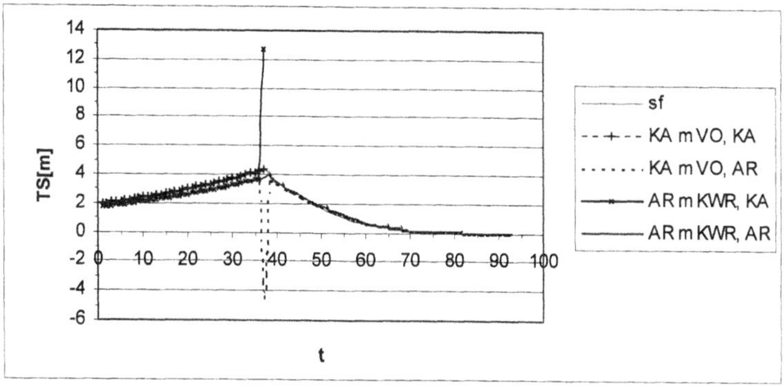

Abbildung 34: Barwert in $t = m$ des periodischen Steuervorteils bei rechnungsmäßiger Verzinsung in Abhängigkeit von Zusagentyp und Versorgungsleistung

Die Abbildung 34 stellt den für den Zeitpunkt m bewerteten Barwert des Steuervorteils dar, der sich im Verlauf der Zusage zum einen für die Altersrente mit Kapitalwahlrecht und zum anderen für die Kapitalauszahlung mit Verrentungsoption jeweils für den Fall einer Kapitalauszahlung und den Fall des Bezugs einer Altersrente ergibt. Dieser steuerliche Vorteil wird dem auf denselben Zeitpunkt bewerteten Barwert des periodischen Steuervorteils gegenübergestellt, der insgesamt zu einem steuerfreien Aufbau des Deckungsstocks führt (Soll-Steuervorteil); er basiert also auf den Zuführungen zum rechnungsmäßigen Deckungsstock. Da durch die beiden „Ausreißer" im Zeitpunkt 37 eine bessere Auflösung dieser Abbildung technisch nicht möglich ist, werden die beiden folgenden Abbildungen 35 und 36 zusätzlich herangezogen, um zum einen den Verlauf der Rückstellung bei Kapitalauszahlung und zum anderen den bei Bezug einer Altersrente darzustellen.[370]

Sollte der Arbeitgeber die Zusage als Kapitalauszahlung mit Verrentungsoption gestaltet haben und optiert der Arbeitnehmer am Ende der Ansparphase für die Kapitalauszahlung (vgl. Abbildung 35, „KA m VO, KA"), wird durch die gegenüber dem rechnungsmäßigen Deckungsstock identische Rückstellungsentwicklung ein Steuervorteil in Höhe von 111,26 (vgl. Gleichung (321)) induziert; dieser lässt folglich einen steuerfreien Aufbau des Deckungsstocks zu. Wählt der Arbeitnehmer dagegen die Altersrente als Leistung, wird im Zeitpunkt m die Pensionsrückstellung infolge der nunmehr vorgesehenen Versorgungsleistung neu kalkuliert; die bisherige Pensionsrückstellung in $t = m$ in Höhe von 171,60 muss auf 149,34 modifiziert werden. Durch die damit verbundene Auflösung der Pensionsrückstellung in Höhe von 22,26 wird ein Steuernachteil von $0,4 \times 22,26 = 8,90$ erzeugt. Zusammen mit dem bisherigen, in der letzten Periode induzierten Steuervorteil von $r \times PRS_{36} = 4,34$ ergibt sich damit insgesamt ein Steuernach-

[370] Auf die Abbildung 34 wurde nicht verzichtet, weil diese einen Bezug zwischen der als Kapitalauszahlung mit Verrentungsoption und der als Altersrente mit Kapitalwahlrecht gestalteten Zusage herstellt.

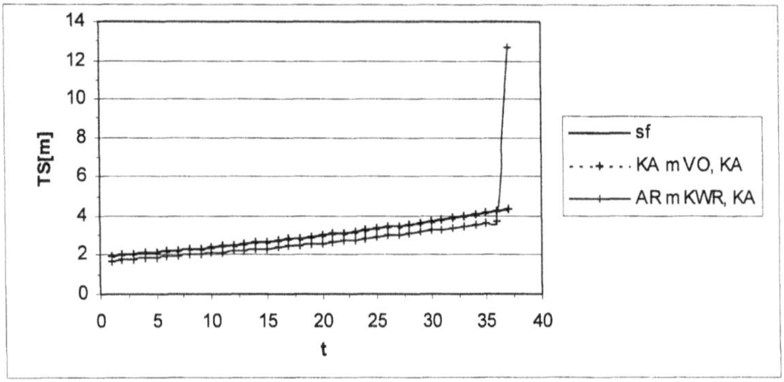

Abbildung 35: Barwert in $t = m$ des periodischen Steuervorteils bei rechnungsmäßiger Verzinsung in Abhängigkeit vom Zusagentyp bei einer Kapitalauszahlung

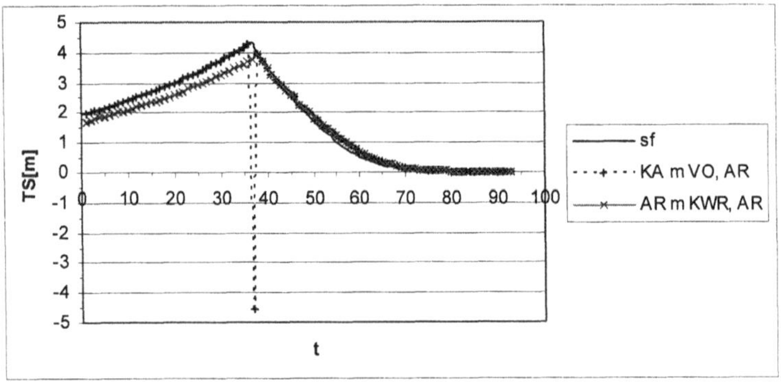

Abbildung 36: Barwert in $t = m$ des periodischen Steuervorteils bei rechnungsmäßiger Verzinsung in Abhängigkeit vom Zusagentyp bei einer Rentenzahlung

teil von 4,56 (vgl. Abbildung 36, „KA m VO, AR"). Summiert man die für den Zeitpunkt m bewerteten Barwerte der periodischen Steuervorteile auf, so subventioniert der Fiskus die Zusage in Höhe von 102,36. Allerdings erreicht dieser Steuervorteil durch die Neu-Kalkulation der Pensionsrückstellung im Zeitpunkt 37 nicht den Soll-Steuervorteil in Höhe von 111,26.
In der Rentenphase wird ein Steuervorteil in Höhe von 52,18 induziert. Dieser ist im Gegensatz zur Ansparphase leicht höher als der Soll-Steuervorteil von 48,29 (vgl. Gleichung (322)). Fasst man den Steuervorteil der Anspar- und der Rentenphase zusammen, wird bei dieser Zusage – sollte sich der Versorgungsberechtigte für den Bezug der Altersrente entscheiden – ein Steuervorteil durch die Rückstellungsbildung aufgebaut, der, zum Zeitpunkt m bewertet, 154,54 beträgt. Er reicht allerdings nicht aus, um den Deckungsstock steuerfrei aufzubauen; dies erforderte ein Steuervorteil in Höhe von $111,26 + 48,29 = 159,55$. Dem Arbeitgeber entstehen folglich zu diesem Zeitpunkt Kosten in Höhe des ungefähr 5fachen Lohnverzichts des Arbeitnehmers,[371] um die Versorgungsverpflichtungen erfüllen zu können.

Bei der als Altersrente mit Kapitalwahlrecht gestalteten Zusage besteht am Ende der Ansparphase – wie beschrieben – eine Pensionsrückstellung in Höhe von 149,38. Bei Kapitalauszahlung ist sie auf 171,60 zu erhöhen. Da diese Zuführung erfolgsmindernd ist, löst die Kapitalauszahlung somit einen Steuervorteil von 8,90 aus.[372] Dieser wird vom Arbeitgeber zusätzlich zum Steuervorteil in Höhe von 3,78 vereinnahmt, der aus der bisherigen Erhöhung der Pensionsrückstellung zwischen den Zeitpunkten 36 und 37 herrührt. Insgesamt beträgt daher der Steuervorteil 12,68 (vgl. Abbildung 35, „AR m KWR, KA"). Der Arbeitgeber erhält somit in der Ansparphase eine Steuerentlastung in Höhe von 105,73. Da diese allerdings nicht ausreicht, um einen steuerfreien Aufbau des Deckungsstocks zu gewährleisten, verbleibt eine Steuerbelastung von $111,26 - 105,73 = 5,53$. Diese Kosten, ungefähr 6 Mal den Lohnverzicht des Arbeitnehmers, muss der Arbeitgeber tragen. Sollte der Arbeitnehmer sich dagegen für den Bezug einer Altersrente entscheiden, so verläuft die Pensionsrückstellungsbildung plangemäß (vgl. Abbildung 36, „AR m KWR, AR"); in der Ansparphase wird damit ein Steuervorteil in Höhe von 96,83 induziert.[373] Dieser erreicht den Soll-Steuervorteil von 111,26 bei Weitem nicht. Mit Beginn der Rentenphase bestehen dann keine weiteren Unterschiede zwischen den Zusagentypen der Altersrente mit Kapitalwahlrecht und der Kapitalauszahlung mit Verrentungsoption, weil die Bezugsgröße der Rückstellungsbewertung der beiden – die Altersrente von 14,40 – identisch ist; in der Rentenphase wird daher auch für die Altersrente mit Kapitalwahlrecht ein Steuervorteil von 52,18 induziert. Fasst man den Steuervorteil der Anspar- und der Rentenphase zusammen, so beträgt er für den Fall der Leistung einer Altersrente 149,00. Damit verbleibt eine Steuerbelastung des Deckungsstockaufbaus von 10,55, sodass der Arbeitgeber Kosten in dieser Höhe trägt.

---

[371] $159,55 - 154,54 = 5,01$.
[372] Man vergleiche auch den entsprechenden Steuernachteil zum gleichen Zeitpunkt für die Kapitalauszahlung mit Verrentungsoption, falls der Arbeitgeber sich für den Bezug einer Altersrente entscheidet.
[373] Man sehe $105,73 - 8,90 = 96,83$.

Nachdem nun die Frage geklärt ist, welche Kosten aus einer einerseits als Altersrente mit Kapitalwahlrecht und andererseits einer als Kapitalauszahlung mit Verrentungsoption gestalteten Zusage entstehen, ist darauf einzugehen, ob der Arbeitgeber die Altersrente oder die Kapitalauszahlung als Berechnungsgrundlage der Pensionsrückstellung heranziehen sollte.

Tabelle 34: Kosten der auf Basis der IBS-Generationentafel durchgeführten Teilwertberechnung für $i = 6$ % in Abhängigkeit von Zusagentyp und Auszahlungsform

Zusagentyp	Auszahlungsform	KA/AR 171,60/14,40
AR m KWR	KA	5,53
	AR	10,55
KA m VO	KA	0
	AR	5,01

Wie die Tabelle 34 verdeutlicht, ist die Zusage einer Kapitalauszahlung mit Verrentungsoption der einer Altersrente mit Kapitalwahlrecht überlegen. Dies beruht darauf, dass der Steuervorteil bei der Kapitalauszahlung mit Verrentungsoption sowohl im Fall der Kapitalauszahlung als auch im Fall des Bezugs einer Altersrente höher ist. Da sich in der Rentenphase, wie bereits erwähnt, zwischen den beiden Zusagentypen keine Unterschiede ergeben, rühren deren spezifische Steuervorteile aus der Ansparphase her. Dass in dieser Phase der Steuervorteil der Altersrente mit Kapitalwahlrecht nicht den der Kapitalauszahlung mit Verrentungsoption erreicht, ist auf den nach § 6a III EStG zu ermittelnden konstanten Jahresbetrag zurückzuführen. Während dieser durch die Verwendung der für die Rentenphase unangemessenen Daten der IBS-Generationentafel zu niedrig in Höhe von $1,0517$ angesetzt wird, erfolgt die Pensionsrückstellungsbildung der Kapitalauszahlung mit Verrentungsoption auf Basis des angemessenen Jahresbetrags von $1,2085$. Im Vergleich dazu wird folglich die Pensionsrückstellung der als Altersrente mit Kapitalwahlrecht angelegten Zusage langsamer aufgebaut. Dadurch entsteht ein Zinsverlust, der einen vergleichsweise niedrigeren Steuervorteil impliziert.

7.3.5.2.2 Verwendung der Heubeck-Richttafeln 2005 G für die Teilwertberechnung und für die Kalkulation der Leistungshöhe

Im vorigen Kapitel beschränkte sich die Verwendung der Heubeck-Richttafeln 2005 G auf die Teilwertberechnung nach § 6a III EStG. Die Altersrente in Höhe von $14,40$ wurde indes auf Basis der angemessenen Überlebenswahrscheinlichkeiten angesetzt. Im Folgenden werden nun die Kosten abgeschätzt, die entstehen, wenn der Arbeitgeber die Heubeck-Richttafeln 2005 G zusätzlich für die Kalkulation der Altersrente einsetzt, anstatt die biometrischen Daten der Rentenphase aus der DAV 2004 R 1. Ordnung zu entnehmen.

Auf Basis der IBS-Generationentafel verspricht der Arbeitgeber dem Arbeitnehmer bei einer entweder als Altersrente mit Kapitalwahlrecht oder als Kapitalauszahlung mit Verrentungsoption gestalteten Zusage eine Altersrente von

$$A^{IBS-G05} = JDK \frac{refn_{p^{IBS-G05},x,m;r,\overline{m}}}{rbfn_{p^{IBS-G05},x,m;r,\overline{\varpi}}} = 16,55. \qquad (324)$$

Alternativ kann sich der Arbeitnehmer am Ende der Ansparphase für eine Kapitalauszahlung in Höhe von 171,60 entscheiden. Diese Höhe der Kapitalauszahlung entspricht dabei derjenigen, die bereits im vorigen Kapitel untersucht wurde, weil in beiden Modellierungen die IBS-Generationentafel als Kalkulationsgrundlage der Kapitalauszahlung fungiert. Gegenüber der angemessen ermittelten Rente von 14,40 setzt der Arbeitgeber dagegen die Altersrente von 16,55 durch die Verwendung der IBS-Generationentafel in der Rentenphase um

$$16,55/14,40 \times 100\ \% = 14,91\ \%$$

zu hoch an. Im Fall des Bezugs einer Altersrente kommen deshalb zusätzlich zu den Kosten, die durch die Rückstellungsbildung auf Basis dieser Daten verursacht werden, weitere hinzu. Für deren Ermittlung (vgl. Gleichung (298)) wird der Barwert der übernommenen Versorgungsverpflichtung und der Barwert des Steuervorteils benötigt, der für diese Altersrente durch die Rückstellungsbildung induziert wird.

Für die Altersrente mit Kapitalwahlrecht ergibt sich ausgehend von der Rentenleistung 16,55 ein nach § 6a III EStG zu ermittelnder fiktiver Jahresbetrag von:

$$A^{IBS-G05} \times rbfn_{p^{IBS-G05},x,m;r,\overline{\varpi}} / refn_{p^{IBS-G05},x,m;r,\overline{m}} = JDK = 1,2085.$$

Derselbe berechnet sich für die Kapitalauszahlung mit Verrentungsoption auf Basis des Kapitalauszahlungsbetrags von 171,60 zu:

$$JDK \times refn_{p^{IBS-G05},x,m;r,\overline{m}} \times 1/refn_{p^{IBS-G05},x,m;r,\overline{m}} = 1,2085.$$

Der Jahresbetrag einer Kapitalauszahlung mit Verrentungsoption stimmt somit mit dem einer Altersrente mit Kapitalwahlrecht überein. Da folglich die Pensionsrückstellungen beider Zusagetypen identisch aufgebaut werden, stimmt der Steuervorteil der beiden c. p. überein.

Wählt der Arbeitnehmer die Kapitalauszahlung, wird bei beiden der Deckungsstock steuerfrei aufgebaut. Für den Arbeitgeber entstehen somit keine Kosten.

Bei Bezug einer Altersrente lässt sich der für beide Zusagetypen identische Steuervorteil aus dem im Rahmen der Altersrente mit Kapitalwahlrecht für die Altersrente von 14,40 ermittelten Steuervorteil von 149,01 ableiten. Er beträgt durch den linearen Zusammenhang[374] zwischen Rentenhöhe und Steuervorteil $149,01/14,40 \times 16,55 = 171,26$. Bedenkt man nun, dass sich der aus den Umwandlungsbeiträgen finanzierte Deckungsstock der Ansparphase nach Steuern auf $DST_{m,s}^{JDK} = 60,34$ (vgl. Formel (312)) beläuft, ergeben sich die Kosten zum Zeitpunkt m im

[374] Vgl. Gleichung (301).

Fall des Bezugs einer Altersrente zu (vgl. Gleichung (301)):

$$\begin{aligned} K_{m,s}^{DZ} &= A^{IBS-G05} \times rbfn_{p^{DAV2O-05},x,m;r_s,\overline{w}} - A^{IBS-G05} \left(ts_{B,m} + ts_{L,m}\right) \\ &- (1-s)\, JDK \times refn_{p^{IBS-G05},x,m;r_s,\overline{m}} \\ &= 252,72 - 171,26 - 60,34 = 21,11. \end{aligned}$$

Wie man aus einem Vergleich mit dem vorigen Kapitel erkennt, ist ungefähr ein Viertel dieser Kosten durch die Anwendung der IBS-Generationentafel bei der Rückstellungsbewertung unvermeidlich. Die restlichen drei Viertel beruhen damit auf der überhöhten Festsetzung der Altersrente.

Tabelle 35: Kosten für $i = 6\,\%$ in Abhängigkeit von Zusagentyp, Auszahlungsform und Leistungshöhe

Zusagentyp	Auszahlungsform	KA/AR 171,60/14,40	KA/AR 171,60/16,55
AR m KWR	KA	5,53	0
	AR	10,55	21,11
KA m VO	KA	0	0
	AR	5,01	21,11

In der Tabelle 35 sind die Ergebnisse nochmals zusammengefasst.

Überträgt man nun das Modellergebnis auf die Heubeck-Richttafeln 2005 G, so entstehen durch ihre Verwendung dann keine Kosten, wenn der Arbeitgeber die Zusage als Kapitalauszahlung mit Verrentungsoption gestaltet und der Arbeitnehmer für die Kapitalauszahlung optiert. Die Ursache hierfür liegt in der Kombination des Zusagentyps und der Auszahlungsform: Sie wirkt, als hätte der Arbeitgeber dem Arbeitnehmer eine Kapitalzusage (ohne Verrentungsoption) versprochen, die keine Rentenphase umfasst. Somit spielen die für die Rentenphase unangemessenen biometrischen Daten der Heubeck-Richttafeln 2005 G keine Rolle.

Vergleicht man die fallabhängig ermittelten Werte, so fällt auf, dass die Kosten bei einer Kapitalauszahlung durchweg niedriger sind als die bei Bezug einer Altersrente. Die Kosten für den Arbeitgeber sind damit umso geringer, je mehr Arbeitnehmer sich für die Kapitalauszahlung entscheiden. Um für den Arbeitnehmer einen Anreiz zu schaffen, sich für eine Kapitalauszahlung zu entscheiden, könnte der Arbeitgeber beispielsweise eine Sonderzahlung zusätzlich zu der ohnehin vorgesehenen Kapitalauszahlung leisten. Bei einer entsprechenden Festsetzung ihrer Höhe werden dann die Kosten des Arbeitgebers insgesamt gesenkt.[375]

Möchte der Arbeitgeber dem Arbeitnehmer sowohl die Möglichkeit der Kapital- als auch die der Rentenzahlung bieten, so sollte er sich für die Kapitalzusage mit Verrentungsoption entscheiden.

[375] Legt man bspw. die Zusage zugrunde, die eine Kapitalauszahlung von $171,60$ oder eine Altersrente von $16,55$ vorsieht, so betragen die Kosten im Fall der Kapitalauszahlung null und im Fall des Bezugs der Altersrente $21,11$. Damit sich der Arbeitgeber durch Kapitalauszahlung und Sonderzahlung besser stellt als durch die Leistung der Altersrente, kann er c. p. eine sozialabgabenpflichtige Sonderzahlung bis in Höhe von $21,11/\left(1+0,5b_B\right)(1-s) = 29,11$ anbieten.

In diesem Fall wird die Kapitalauszahlung und nicht die Altersrente als Rechnungsgrundlage der Pensionsrückstellung herangezogen. Die Kosten aus der Anwendung der Heubeck-Richttafeln 2005 G im Rahmen der Teilwertberechnung werden so minimiert.[376] Sie belaufen sich am Ende der Ansparphase einerseits bei einer Kapitalauszahlung auf null und andererseits bei einer Rentenauszahlung ungefähr auf die Höhe des 5fachen Lohnverzichts des Arbeitnehmers.[377] Im Vergleich dazu sind alle anderen Zusagetypen – unabhängig von der versprochenen Rentenzahlung – kostenintensiver.

7.4 Pensionsfonds bei der Zusage auf eine Altersrente ohne Kapitalwahlrecht

Für den Pensionsfonds beschränkt sich das Modell auf die Zusage einer Altersrente ohne Kapitalwahlrecht.

7.4.1 Leistungshöhe

Wie bei der Durchführung über die Direktzusage, legt der Arbeitgeber im Rahmen einer Zusage ohne Kapitalwahlrecht die Altersrente auf

$$A^{IBS-G05} = JDK\frac{refn_{p^A,x,m;r,\overline{m}}}{rbfn_{p^A,x,m;r,\overline{\varpi}}} = JDK\frac{refn_{p^{IBS-G05},x,m;r,\overline{m}}}{rbfn_{p^{IBS-G05},x,m;r,\overline{\varpi}}} = 16,55$$

fest.

7.4.2 Klassische Leistungszusage

Im Rahmen der klassischen Leistungszusage garantiert der Pensionsfonds die vom Arbeitgeber versprochene Leistungshöhe vollständig versicherungsförmig. Er verlangt hierfür vom Arbeitgeber periodische Dotierungen in Höhe von

$$\begin{aligned} JPF &= A^{IBS-G05}\frac{rbfn_{p^{DRS},x,m;v,\overline{\varpi}}}{refn_{p^{DRS},x,m;v,\overline{m}}} \\ &= A^{IBS-G05}\frac{rbfn_{p^{DAV20-05},x,m;v,\overline{\varpi}}}{refn_{p^{DAV20-05},x,m;v,\overline{m}}} \\ &= 16,55\frac{16,83}{66,14} = 4,21, \end{aligned}$$

die er auf Basis des Rechnungszinses $v = 2,75$ % und der biometrischen Daten der DAV 2004 R 2. Ordnung ableitet. Gegenüber dem für den Arbeitgeber kostenneutralen Umwandlungsbeitrag von $JDK = 1,21$ verlangt er damit einen ungefähr $3,5$ Mal so hohen Beitrag. Entnähme

[376] Ein weiterer Vorteil dieser Gestaltung besteht dadurch, dass der Arbeitgeber die Höhe der Altersrente nicht im Zeitpunkt der Pensionszusage, sondern erst am Ende der Ansparphase festsetzen muss. Er kann somit auf Veränderungen der Sterblichkeitsentwicklung reagieren, die sich in diesem Zeitraum ergeben haben.

[377] Auf Basis der Heubeck-Richttafeln 2005 G und der DAV 2004 R 1. Ordnung ergeben sich für diesen Fall Kosten in Höhe des 7fachen Lohnverzichts des Arbeitnehmers.

der Pensionsfonds die biometrischen Daten der Rückstellungsberechnung aus der angemessenen IBS-Generationentafel (${}_{x+t}p_x^{ea} = {}_{x+t}\, p_x^{DRS} = {}_{x+t}\, p_x^{A} = {}_{x+t}\, p_x^{IBS-G05}$), so ergäbe sich ein kalkulatorischer (kl) Dotierungsbetrag in Höhe von:[378]

$$JPF^{kl} = A^{IBS-G05} \frac{rbfn_{p^{IBS-G05},x,m;v,\overline{\varpi}}}{refn_{p^{IBS-G05},x,m;v,\overline{m}}} = 16,55 \frac{14,00}{69,54} = 3,33.$$

Prozentual verursacht demnach der Rechnungszins von $v = 2,75$ % $(3,33 - 1,21)/3,00 = 2,12/3,00 = 70,67$ % und die DAV-Sterbetafel als biometrische Rechnungsgrundlage 29,33 % der Überdotierung.

Die prospektive gebildete Deckungsrückstellung, gleichzeitig der auf den Rechnungsgrundlagen des Pensionsfonds steuerfrei aufgebaute Deckungsstock, beträgt damit:

$$DRS_t^{PF(kLZ)} = DST_t^{PF(kLZ)} = \begin{cases} JPF \times refn_{p^{DAV2O-05},x,m;v,\overline{m}} & ; \quad B \\ A^{IBS-G05} \times rbfn_{p^{DAV2O-05},x,t;r,\overline{m+\varpi-t}} & ; \quad L \end{cases}. \tag{325}$$

Analog zur Herleitung im finanzmathematischen Modell ergeben sich die Überschüsse des Pensionsfonds bis zum Schlussalter der IBS-Generationentafel als Differenz zwischen der tatsächlichen (auf Basis von i und $p_{x+t-1}^{IBS-G05}$) und der rechnungsmäßigen (auf Basis von v und $p_{x+t-1}^{DAV2O-05}$) versicherungsmathematischen Verzinsung des letztjährigen rechnungsmäßigen Deckungsstocks.

$$\begin{aligned} z_t^{PF(kLZ)} &= \frac{1+i}{p_{x+t-1}^{IBS-G05}} DST_{t-1}^{PF(kLZ)} - \frac{1+v}{p_{x+t-1}^{DAV2O-05}} DST_{t-1}^{PF(kLZ)} \\ &= \begin{cases} \left(\frac{1+i}{p_{x+t-1}^{IBS-G05}} - \frac{1+v}{p_{x+t-1}^{DAV2O-05}} \right) & \\ JPF \times refn_{p^{DAV2O-05},x,t-1;v,\overline{t-1}} & ; \quad 0 < t \le m \\ \left(\frac{1+i}{p_{x+t-1}^{IBS-G05}} - \frac{1+v}{p_{x+t-1}^{DAV2O-05}} \right) & \\ A^{IBS-G05} \times rbfn_{p^{DAV2O-05},x,t-1;v,\overline{m+\varpi-t+1}} & ; \quad m < t \le m + \varpi^{IBS} \end{cases} \end{aligned} \tag{326}$$

Diese werden an den Arbeitgeber transferiert, weil sie andernfalls steuerpflichtige Erträge des Pensionsfonds darstellen. Zum Schlussalter der IBS-Generationentafel wird zusätzlich zu diesen Überschüssen der rechnungsmäßige Deckungsstock ausbezahlt, weil nach der IBS-Generationentafel zu diesem Zeitpunkt alle Versorgungsberechtigten verstorben sind.

$$\begin{aligned} DST_{m+\varpi^{IBS}}^{PF(kLZ)} &= A^{IBS-G05} \times rbfn_{p^{DAV20-05},x,m+\varpi^{IBS};r,\overline{m+\varpi^{DAV}-m-\varpi^{IBS}}} \\ &= A^{IBS-G05} \times rbfn_{p^{DAV20-05},x,m+\varpi^{IBS};r,\overline{\varpi^{DAV}-\varpi^{IBS}}} \Rightarrow \end{aligned} \tag{327}$$

$$\begin{aligned} z_{m+\varpi^{IBS}}^{PF(kLZ)} &= \left(\frac{1+i}{p_{x+m+\varpi^{IBS}-1}^{IBS-G05}} - \frac{1+v}{p_{x+m+\varpi^{IBS}-1}^{DAV20-05}} \right) \\ &\times A^{IBS-G05} \times rbfn_{p^{DAV},x,m+\varpi^{IBS}-1;v,\overline{\varpi^{DAV}-\varpi^{IBS}+1}} \\ &+ DST_{m+\varpi^{IBS}}^{PF(kLZ)} \end{aligned} \tag{328}$$

[378] Man beachte, dass die Höhe dieses Dotierungsbetrags nur um 5 % höher ist als der im Modell bei Sicherheit.

Dieser ist allerdings vernachlässigbar, weil der zu Versorgungsbeginn 28-jährige Versorgungsberechtigte dieses Alter nur mit einer Wahrscheinlichkeit von ${}_{106}p_{28}^{IBS-G05} = 8,70 \times 10^{-5}$ erlebt; in der formalen Darstellung ist er also nur vollständigkeitshalber berücksichtigt. Der Kostenbarwert der klassischen Leistungszusage berechnet sich damit zu:

$$\begin{aligned} K_{0,s}^{PF(kLZ)} &= (1-s)\sum_{t=1}^{m} JPF\frac{{}_{x+t}p_x^{IBS-G05}}{q_{\beta,s}^t} - (1-s)\sum_{t=1}^{m} JDK\frac{{}_{x+t}p_x^{IBS-G05}}{q_{\beta,s}^t} \\ &- (1-s)\sum_{t=1}^{m+\varpi^{IBS}} z_t^{PF(kLZ)}\frac{{}_{x+t}p_x^{IBS-G05}}{q_{\beta,s}^t} \\ &= (1-s)\sum_{t=1}^{m} (JPF - JDK)\, rbfn_{p^{IBS-G05},x,0;i_{\beta,s},\overline{m}} \\ &- (1-s)\sum_{t=1}^{m+\varpi^{IBS}} z_t^{PF(kLZ)}\frac{{}_{x+t}p_x^{IBS-G05}}{q_{\beta,s}^t}. \end{aligned} \tag{329}$$

7.4.3 Beitragsdotierte Leistungszusage

Im Rahmen der beitragsdotierten Leistungszusage entrichtet der Arbeitgeber periodisch einen Beitrag in Höhe von $JDK = 1,21$. Der Pensionsfonds übernimmt dann eine versicherungsförmige Garantie für eine Rentenhöhe, die sich auf Basis des Rechnungszinses von $v = 2,75$ % und der biometrischen Rechnungsgrundlage der DAV 2004 R 2. Ordnung zu

$$\begin{aligned} A^g &= JDK\frac{rbfn_{p^A,x,m;v,\overline{\varpi}}}{refn_{p^A,x,m;v,\overline{m}}} \\ &= JDK\frac{rbfn_{p^{DAV2O-05},x,m;v,\overline{\varpi}}}{refn_{p^{DAV2O-05},x,m;v,\overline{m}}} \qquad (330) \\ &= 4,75 \qquad (331) \end{aligned}$$

berechnet (A^g: garantierte Altersrente).

Da der Arbeitgeber dem Arbeitnehmer eine höhere Rente verspricht, als der Pensionsfonds bei der Dotierung von JDK versicherungsförmig garantiert, setzt der Arbeitgeber mit dem Pensionsfonds vertraglich fest, dass jener Überschüsse solange zu einer Erhöhung des Rentenanspruchs des Arbeitnehmers verwendet, bis er die gesamte vom Arbeitgeber versprochene Rentenhöhe von 16,55 versicherungsförmig garantieren kann. Die Höhe dieses Deckungsstocks $DST_t^{PF(bLZ),\max}$ berechnet sich als Barwert der Rente abzüglich des Barwerts der vom Arbeitgeber noch zu entrichtenden Beiträge. Er beläuft sich somit zum Zeitpunkt t in der Ansparphase auf

$$\begin{aligned} DST_t^{PF(bLZ),\max} &= DRS_t^{PF(bLZ),\max} \\ &= \begin{pmatrix} A^{IBS-G05} \times rbfn_{p^{DAV2O-05},x,m;v,\overline{\varpi}} \\ -JDK \times refn_{p^{DAV2O-05},x,m;v,\overline{m-t}} \end{pmatrix} \frac{{}_{x+m}p_{x+t}^{DAV2O-05}}{(1+v)^{m-t}} \end{aligned}$$

$$= A^{IBS-G05} \frac{{}_{x+m}p_{x+t}^{DAV2O-05}}{(1+v)^{m-t}}$$

$$\left(rbfn_{p^{DAV2O-05},x,m;v,\varpi} - \frac{rbfn_{p^{IBS-G05},x,m;r,\varpi}}{refn_{p^{IBS-G05},x,m;r,\overline{m}}} refn_{p^{DAV2O-05},x,m;v,\overline{m-t}} \right) \quad (332)$$

und in der Rentenphase auf

$$DST_t^{PF(bLZ),\max} = DRS_t^{PF(bLZ),\max}$$
$$= A^{IBS-G05} \times rbfn_{p^{DAV2O-05},x,t;v,\overline{m+\varpi-t}}. \quad (333)$$

Bis zu dieser Höhe führt der Pensionsfonds die Erhöhung des Deckungsstocks für Rechnung und Risiko des Arbeitnehmers durch, weswegen er eine retrospektive Deckungsrückstellung entsprechend der Entwicklung des Deckungsstocks bildet. Diese lässt soweit zusammen mit der prospektiven Deckungsrückstellung, die für die Garantierente des Pensionsfonds von $A^g = 4,75$ gebildet wird, einen steuerfreien Aufbau des Deckungsstocks auf Basis von i zu. Dieser beläuft sich auf

$$DST_t^{PF(bLZ),i,IBS-G} = \begin{cases} JDK \times refn_{p^{IBS-G05},x,t;i,\overline{t}} & ; B \\ JDK \times refn_{p^{IBS-G05},x,m;i,\overline{m}} \frac{(1+i)^{t-m}}{{}_{x+t}p_{x+m}^{IBS-G05}} & \\ -A^{IBS-G05} \times refn_{p^{IBS-G05},x,t;i,\overline{t-m}} & ; L \end{cases}, \quad (334)$$

weil aufgrund des Zwangscharakters der Zusage $p_{x+t}^{ea} = p_{x+t}^{IBS-G05}$ gilt.[379] Sollte er zu einem bestimmten Zeitpunkt erstmalig über seine maximal steuerfrei aufbaubare Höhe hinausgehen, werden die entsprechenden Überschüsse an den Arbeitgeber ausgezahlt.

$$DST_t^{PF(bLZ),i,IBS-G} - DST_t^{PF(bLZ),\max} \quad (335)$$

Im Pensionsfonds verbleibt somit der maximal steuerfrei aufbaubare Deckungsstock. In der Periode danach verzinst sich dieser versicherungsmathematisch mit $(1+i)/p_{x+t-1}^{IBS-G05}$ und der Umwandlungsbeitrag JDK wird zugeführt. Weil der maximale Deckungsstock zu diesem Zeitpunkt

$$DST_t^{PF(bLZ),\max} = DST_{t-1}^{PF(bLZ),\max} \frac{1+v}{p_{x+t-1}^{DAV2O-05}} + JDK \quad (336)$$

beträgt, bestehen Überschüsse in Höhe von:

$$DST_{t-1}^{PF(bLZ),\max} \frac{1+i}{p_{x+t-1}^{IBS-G05}} + JDK - DST_t^{PF(bLZ),\max}$$
$$= \left(\frac{1+i}{p_{x+t-1}^{IBS-G05}} - \frac{1+v}{p_{x+t-1}^{DAV20-05}} \right) DST_{t-1}^{PF(bLZ),\max}. \quad (337)$$

[379] Zur Herleitung vgl. Formel (37) und Fn. 126.

Dadurch, dass sich die Rendite i auch in den weiteren Perioden einstellt, werden diese Überschüsse auch zukünftig an den Arbeitgeber ausbezahlt, wobei ihre Höhe auch für die Rentenphase gilt. In Formel (338) sind die Zahlungen an den Arbeitgeber zusammengefasst.[380]

$$z_t^{PF(bLZ)} = \begin{cases} \begin{array}{c} DST_t^{PF(bLZ),i,IBS-G} \\ -DST_t^{PF(bLZ),\max} \end{array} & ; \begin{array}{c} DST_{t-1}^{PF(bLZ),i,IBS-G} < DST_{t-1}^{PF(bLZ),\max} \wedge \\ DST_t^{PF(bLZ),\max} < DST_t^{PF(bLZ),i,IBS-G} \end{array} \\ \left(\begin{array}{c} \frac{1+i}{p_{x+t-1}^{IBS-G05}} \\ -\frac{1+v}{p_{x+t-1}^{DAV2O-05}} \end{array} \right) DST_{t-1}^{PF(bLZ),\max} & ; \quad DST_{t-1}^{PF(bLZ),i,IBS-G} \geq DST_{t-1}^{PF(bLZ)\max} \end{cases} \tag{338}$$

Für den Fall, dass der Pensionsfonds nicht den Rechnungszins $r = 6\ \%$ erreicht, schießt der Arbeitgeber periodisch Beiträge nach, die die entstandene Deckungslücke in Höhe von

$$z_t^{PF(bLZ)} = \frac{i-r}{p_{x+t-1}^{IBS-G05}} DST_{t-1}^{PF(bLZ)} \tag{339}$$

zum aus Sicht des Arbeitgebers rechnungsmäßigen Deckungsstock

$$DST_t^{PF(bLZ)} = \begin{cases} JDK \times refn_{p^{IBS-G05},x,t;r,\bar{t}} & ; \ B \\ A \times rbfn_{p^{IBS-G05},x,t;r,\overline{m+\varpi-t}} & ; \ L \end{cases} \tag{340}$$

schließen. Der Kostenbarwert der beitragsdotierten Leistungszusage ergibt sich dann in Analogie zu Formel (80) als Barwert der Transferzahlungen zwischen Arbeitgeber und Pensionsfonds zu:

$$K_{0,s}^{PF(bLZ)} = -(1-s) \sum_{t=1}^{m+\varpi^{IBS}} z_t^{PF(bLZ)} \frac{{}_{x+t}p_x^{IBS-G05}}{q_{\beta,s}^t}. \tag{341}$$

7.5 Vorteilhaftigkeit Direktzusage und Pensionsfonds

7.5.1 Grundsätzliches Verhältnis zwischen dem Kostenbarwert bei Sicherheit und bei Unsicherheit

Als Einstieg in die Analyse wird zunächst der Frage nachgegangen, inwieweit die für das finanzmathematische Modell ermittelten Kosten sich durch den versicherungsmathematischen Ausbau grundsätzlich verändern. Um dies messen zu können, ist im versicherungsmathematischen Modell vom Idealfall auszugehen: Die biometrischen Wahrscheinlichkeiten, die für die Kalkulation der Altersrente verwendet werden, die geschätzten ex-post Wahrscheinlichkeiten des Prognosemodells und die biometrischen Wahrscheinlichkeiten der Teilwertberechnung sind identisch ($p_{x+t}^A = p_{x+t}^{ep} = p_{x+t}^{TW} = p_{x+t}$) und werden aus der Sterbetafel entnommen, die für die jeweilige Versorgungszusage angemessen sind.

[380] Zum Schlussalter der IBS-Generationentafel wird zusätzlich der bestehende Deckungsstock an den Arbeitgeber ausbezahlt. Er wird in der formalen Darstellung nicht berücksichtigt, weil sein Einfluss auf den Kostenbarwert vernachlässigbar ist (vgl. die Ausführung bei Formel (328)).

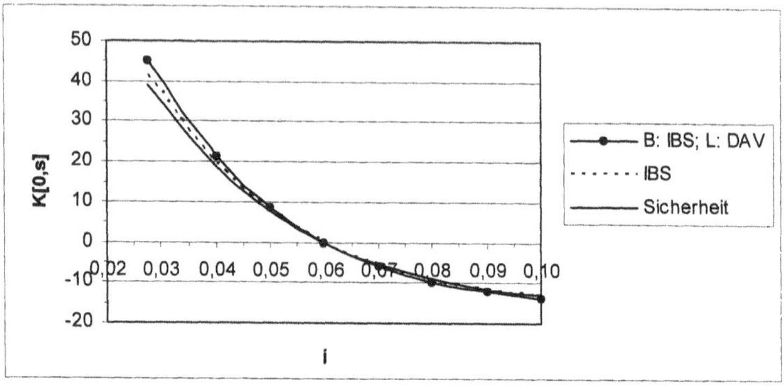

Abbildung 37: Kostenbarwert zum Zeitpunkt 0 der Direktzusage in Abhängigkeit von der zusageabhängigen Sterbetafel und vom Zinssatz

Durch die Identität der zusageabhängig eingesetzten biometrischen Wahrscheinlichkeiten sind mögliche Unterschiede zwischen den Kostenbarwerten des finanz- und des versicherungsmathematischen Modells ausschließlich mit der im finanzmathematischen Modell angenommenen Dauer der Versorgungszusage bzw. der Rentenphase zu erklären.

Abbildung 37 veranschaulicht am Beispiel der Direktzusage den unter der Bedingung $p_{x+t}^{A} = p_{x+t}^{ep} = p_{x+t}^{TW} = p_{x+t}$ in Gleichung (302) für die Kostenquelle „Rendite" abgeleiteten Kostenbarwert in Abhängigkeit vom Zinssatz und von der zusageabhängigen Sterbetafel, die den Idealfall darstellt; für die Zusage ohne bzw. mit Kapitalwahlrecht gilt also $p_{x+t}^{A} = p_{x+t}^{ep} = p_{x+t}^{TW} = p_{x+t}^{IBS-G05}$ bzw. $p_{x+t}^{A} = p_{x+t}^{ep} = p_{x+t}^{TW} = p_{x+t}^{IBS-G05}; B \wedge p_{x+t}^{A} = p_{x+t}^{ep} = p_{x+t}^{TW} = p_{x+t}^{DAV2O-05}; L$. Der Kostenbarwert des finanzmathematischen Modells ist darin ebenfalls abgetragen.

Auf den ersten Blick erkennt man, dass die verschiedenen Kostenbarwerte einen ähnlichen Verlauf aufweisen. Je geringer der erwirtschaftete Zins des Deckungsstocks ist, desto höher fallen die drei Kostenbarwerte aus. Null ist der Kostenbarwert des versicherungsmathematischen Modells, wie bereits schon allgemein (Kapitel 7.3.2) und konkret anhand dieser Zusage (Kapitel 7.3.4.1) gezeigt wurde, genau dann, wenn der Deckungsstock den Rechnungszins von 6 % erwirtschaftet. Insgesamt kann daraus als erstes Ergebnis abgeleitet werden, dass das einfache finanzmathematische Modell unter den getroffenen Annahmen grundsätzlich geeignet ist, um das versicherungsmathematische Modell anzunähern oder sogar zu ersetzen.

Allerdings fallen bei eingehender Betrachtung der einzelnen Verläufe der Kostenbarwerte geringe Differenzen auf. So ist für die Zinsspanne zwischen 2,75 % und etwa 5 % zu erkennen, dass der Kostenbarwert bei Sicherheit am niedrigsten und bei Zugrundelegung der IBS-Generationentafel für die Anspar- und der DAV 2004 R 2. Ordnung für die Rentenphase am höchsten ist. Diese Relation besteht bis zum Zinssatz von 6 % fort und dreht sich dann für höhere Zinssätze um,

wobei der Kostenbarwert auf Basis der IBS-Generationentafel stets zwischen diesen beiden Kostenbarwerten liegt.
Bedenkt man, dass die Lebenserwartung bei Anwendung der IBS-Generationentafel niedriger ist als bei Anwendung der DAV 2004 R 2. Ordnung (vgl. Tabelle 25), ist der Verlauf der aus diesen Sterbetafeln abgeleiteten Kostenbarwerte einsichtig: Da der Deckungsstock die Rentenzahlungen aus der Vereinnahmung von Zinserträgen mitfinanziert, muss er sich bei einer höheren Lebenserwartung des Versorgungsberechtigten über einen längeren Zeitraum hinweg mit der rechnungsmäßigen Verzinsung rentieren, damit für den Arbeitgeber keine Kosten entstehen. Eine höhere Lebenserwartung impliziert daher einerseits einen höheren Kostenbarwert, falls der Deckungsstock die Rendite der Leistungszusage von 6 % nicht erwirtschaftet und andererseits einen niedrigeren Kostenbarwert, wenn der Deckungsstock eine höhere Verzinsung als 6 % erreicht. Der Betrag im mathematischen Sinne des Kostenbarwerts ist also mit der Lebenserwartung des Versorgungsberechtigten positiv korreliert. Damit lassen sich die beiden unterschiedlichen Verläufe der Kostenbarwerte erklären.

Überträgt man diese Überlegung in einem weiteren Schritt auf den Verlauf des Kostenbarwerts des finanzmathematischen Modells, so ist zu erkennen, dass der darin gewählte Todeszeitpunkt im Alter von 83 Jahren des Versorgungsberechtigten erstens insgesamt zu niedrig angesetzt wurde und zweitens nach der Gestaltung der Direktzusage hätte differenziert werden müssen. Dies hätte zu einer (noch) besseren Approximation des versicherungsmathematischen Modells geführt.
Da die Lebenserwartung von 55, 57, die sich für den bei Vertragsabschluss 28-jährigen Versorgungsberechtigten nach der IBS-Generationentafel ergibt (vgl. Tabelle 25), mit dem im Rahmen des finanzmathematischen Modells gewählten Todeszeitpunkt in $t = 55$ im Alter von 83 Jahren approximativ übereinstimmt, ist offensichtlich, dass die unterschiedlichen Verläufe der beiden daraus abgeleiteten Kostenbarwerte nicht einzig und allein auf die Lebenserwartung des Versorgungsberechtigten zurückzuführen sind. Vielmehr ist darauf zu schließen, dass die Wahl des Todeszeitpunkts, der einen bestmöglichen Ersatz des versicherungsmathematischen Modells durch das finanzmathematische Modell impliziert, durch einen zweiten Einflussfaktor determiniert wird.
Bei der Suche nach diesem wird man fündig, wenn man bedenkt, dass die Kosten nicht nur von der Höhe der Rendite, sondern auch von der Höhe des Deckungsstocks abhängig sind. So erwirtschaftet der Arbeitgeber für eine bestimmte Überrendite einen betragsmäßig höheren Überschuss, je höher der bisher aufgebaute Deckungsstock ist. Der unterschiedliche Verlauf der Kostenbarwerte bei Sicherheit und bei Zugrundelegung der IBS-Generationentafel muss folglich darauf beruhen, dass sich der Deckungsstock des finanzmathematischen von demjenigen des versicherungsmathematischen Modells unterscheidet.
Im Hinblick darauf wurde in Abbildung 38 die Entwicklung des Deckungsstocks des internen Pensionsfonds abgetragen, der sich zum einen auf der Grundlage der IBS-Generationentafel und zum anderen für die Annahme der Sicherheit ergibt, wenn an 100.000 im Jahr 2005 28-

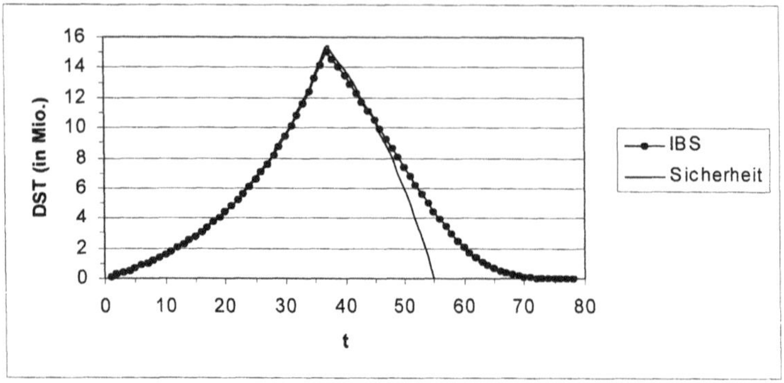

Abbildung 38: Verlauf des rechnungsmäßigen Deckungsstocks einer Versorgungszusage an 100.000 28-jährige Arbeitnehmer bei Sicherheit und bei Unsicherheit unter Verwendung der IBS-Generationentafel

jährige Versorgungsberechtigte eine als Altersrente ohne Kapitalwahlrecht gestaltete Zusage erteilt wird.

Wie aus dieser Abbildung zu entnehmen ist, unterscheiden sich die beiden Deckungsstöcke sichtlich zum ersten Mal zu Beginn der Rentenphase. Bis zum Zeitpunkt 45 ist der Deckungsstock bei Sicherheit höher als der Deckungsstock bei Anwendung der IBS-Generationentafel.[381] Danach dreht sich dieses Verhältnis um. Beispielsweise besteht zum Zeitpunkt 55 bei Zugrundelegung der IBS-Daten ein Deckungsstock von ungefähr 4,5 Millionen, während er bei Sicherheit bereits völlig aufgebraucht ist. Offenbar resultiert aus der Berücksichtigung der biometrischen Wahrscheinlichkeiten, mit denen Versorgungsberechtigte aus dem Bestand ausscheiden, dass der für die Annahme der Sicherheit ermittelte Deckungsstock zeitlich gestreckt wird. Deshalb sind die Kostenbarwerte des finanzmathematischen und des mit den IBS-Daten unterlegten versicherungsmathematischen Modells trotz der nahezu identischen Lebenszeit bzw. Lebenserwartung des Versorgungsberechtigten unterschiedlich hoch, sofern der Deckungsstock nicht den Rechnungszins von 6 % erwirtschaftet.

Diese zeitliche Streckung erfordert daher, dass der Todeszeitpunkt im finanzmathematischen Modell höher als die Lebenserwartung eines Versorgungsberechtigten angesetzt werden sollte. Für einen unterstellten Zinssatz von null Prozent müsste dieser so gewählt werden, dass - bildlich gesprochen - die Flächen zwischen der somit gegenüber der Abbildung nach rechts gedehnten Kurve „Sicherheit" und der Kurve „IBS" links und rechts ihres Schnittpunktes genau identisch sind. Für einen Zinssatz größer als null Prozent muss die linke Fläche, wegen der entsprechenden Diskontierung der Zahlungen, ein wenig kleiner sein als die rechte. Als Todeszeitpunkt ist damit ungefähr auf den Zeitpunkt 58 abzustellen.

[381] Dieses Verhältnis besteht auch schon während der Ansparphase. Dies ist allerdings aus der Abbildung nicht zu erkennen.

Das finanzmathematische nähert daher das versicherungsmathematische Modell am besten an, wenn für die Kalkulation ein Zuschlag auf die Lebenserwartung, die an dieser Stelle auf Basis der IBS-Generationentafel ermittelt wurde, von ungefähr $58 - 55,57 \approx 2,5$ Jahren vorgenommen wird.

Als Gesamtergebnis lässt sich daher festhalten, dass der Todeszeitpunkt im untersuchten finanzmathematischen Modell höher und abhängig von der Gestaltung der Versorgungszusage festgelegt hätte werden sollen. Das gewählte Todesalter zum Zeitpunkt 55 führt allerdings auch ohne Berücksichtigung dieses Aspekts zu Kostenbarwerten, die diejenigen des versicherungsmathematischen Modells annähern. Durch den bloßen Ausbau des finanzmathematischen Modells entstehen folglich nur geringfügige Effekte.
Bislang wurde jedoch vorausgesetzt, dass im versicherungsmathematischen Modell die Bedingung $p^A_{x+t} = p^{ep}_{x+t} = p^{TW}_{x+t} = p_{x+t}$ erfüllt ist. Diese ist allerdings für die modellierten Zusagen zumindest bei einem der beiden Durchführungswege verletzt. Von der Approximation des versicherungsmathematischen Modells durch das finanzmathematische Modell kann damit nicht mehr ausgegangen werden. Durch die Annahmensetzung wurde allerdings die wichtige Erkenntnis gewonnen, dass der bloße versicherungsmathematische Ausbau des finanzmathematischen Modells nur zu geringfügigen Effekten führt. Verzerrungen zwischen den Ergebnissen der beiden Modelle sind somit nicht darauf zurückzuführen, sondern müssen aus der Verletzung der Bedingung $p^A_{x+t} = p^{ep}_{x+t} = p^{TW}_{x+t} = p_{x+t}$ resultieren.

7.5.2 Analyse der Versorgungszusage ohne Kapitalwahlrecht

7.5.2.1 Variation der Vorsteuerrendite

Zunächst werden die zinssatzabhängigen Kostenbarwerte der verschiedenen Durchführungsalternativen verglichen, wenn ausschließlich die Vorsteuerrendite ($\beta = 100$ %) variiert wird. Der für diese Zusage hergeleitete Kostenbarwert des Pensionsfonds mit klassischer bzw. mit beitragsdotierter Leistungszusage ist in Gleichung (329) bzw. (341) ermittelt worden. Der Kostenbarwert der Direktzusage ist in Gleichung (299) dargestellt, weil c. p. $\omega^{ep} = \omega^{TW} = \omega^{IBS}$ gilt.
In der Abbildung 39 sind die Kostenbarwerte abgetragen, die sich für die verschiedenen Durchführungsalternativen in Abhängigkeit vom Zinssatz ergeben.
Unverkennbar ist die Ähnlichkeit zwischen dieser Abbildung und Abbildung 1, in der die Kostenbarwerte unter der Annahme der Sicherheit veranschaulicht sind. So ist auch hier der Kostenbarwert des Pensionsfonds mit klassischer Leistungszusage den anderen Durchführungsalternativen überlegen. Des Weiteren sind die Kostenbarwerte der beitragsdotierten Leistungszusage und der Direktzusage bis zum Rechnungszins der Zusage von 6 % identisch, bei höheren Zinssätzen ist derjenige des Pensionsfonds niedriger als derjenige der Direktzusage.
Trotz aller Übereinstimmungen bestehen allerdings auch signifikante Unterschiede zwischen beiden Abbildungen. So ist die Kostenbarwertkurve des Pensionsfonds mit klassischer Leistungs-

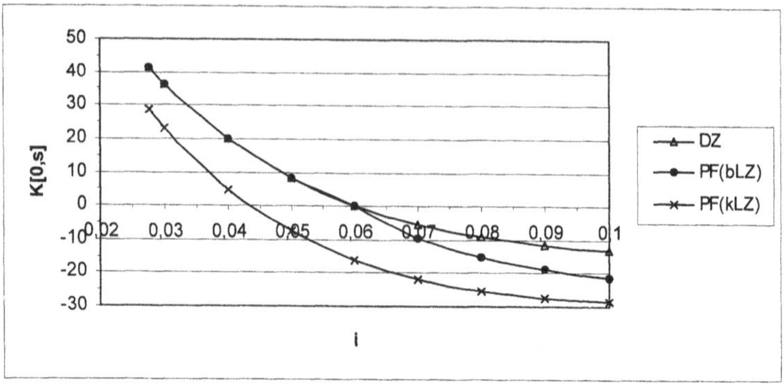

Abbildung 39: Kostenbarwert zum Zeitpunkt 0 in Abhängigkeit von der Durchführungsalternative und vom Zinssatz

zusage deutlich gegenüber der bei Sicherheit nach unten verschoben; beispielsweise erreicht der Kostenbarwert des Modells bei Sicherheit bei einem Zinssatz von ungefähr 5 % den Wert null, während er diesen Wert im Modell bei Unsicherheit bereits bei einem Zinssatz von ungefähr 4,3 % erreicht. Der Pensionsfonds mit klassischer Leistungszusage profitiert also durch die Einbeziehung der Unsicherheit in das Modell. Diese Veränderung beruht auf einer Verletzung der Bedingung $p^A_{x+t} = p^{ep}_{x+t} = p^{TW}_{x+t} = p_{x+t}$. Sie ergibt sich daraus, dass der Pensionsfonds die biometrischen Daten der DAV-Sterbetafel für die Berechnung der Deckungsrückstellung verwendet, obwohl hierfür die Daten der IBS-Generationentafel angemessen sind. Als Folge daraus ist der Überdotierungseffekt stärker ausgeprägt als im Modell unter Sicherheit.[382]
Da auch der Pensionsfonds mit beitragsdotierter Leistungszusage ab einer Rendite des Deckungsstocks von 6 % eine vergleichsweise höhere Rückstellung aufbauen kann, ist der Kostenbarwert niedriger als der im Modell bei Sicherheit (vgl. Abbildungen 1 und 39).
Lediglich der Kostenbarwert der Direktzusage ist mit dem unter Sicherheit (nahezu) identisch, weil die Bedingung $p^A_{x+t} = p^{ep}_{x+t} = p^{TW}_{x+t} = p_{x+t} = p^{IBS-G05}_{x+t}$ erfüllt ist.

7.5.2.2 Variation der Nachsteuerrendite

Im Modell bei Sicherheit wurden zunächst die Auswirkungen einer Variation der Nachsteuerrendite auf die Kostenbarwerte der Durchführungsalternativen untersucht, indem für einen gegebenen Vorsteuerzins die Steuerpflichtigkeit der Erträge verändert wurde (vgl. Kapitel 5.4.3.2.1). Diese Vorgehensweise diente dazu, den Zusammenhang zwischen der Höhe des Kostenbarwerts und der Steuerpflichtigkeit der Erträge für die verschiedenen Durchführungsalternativen aufzuzeigen und zu erklären. Da die dortigen Ausführungen auch für dieses Modell zutreffen, wird hier auf eine erneute Darstellung verzichtet.

[382] Man vergleiche die Werte des Dotierungsbetrags und des kalkulatorischen Dotierungsbetrags in diesem Modell mit dem aus dem Modell bei Sicherheit.

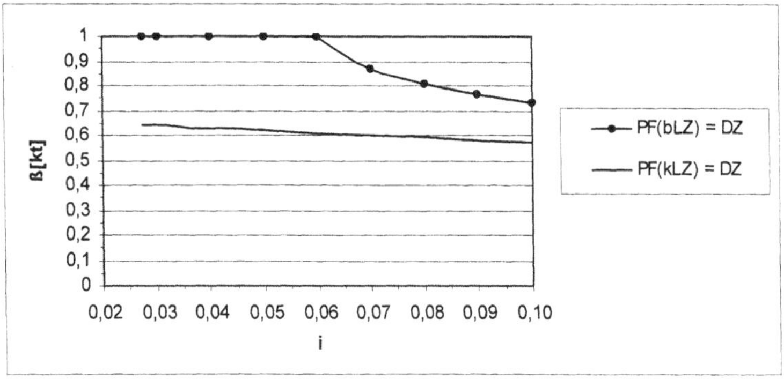

Abbildung 40: Kritische Steuerpflichtigkeit der Erträge zwischen der Direktzusage und den Gestaltungsmöglichkeiten des Pensionsfonds in Abhängigkeit vom Zinssatz

Es wird folglich ausschließlich auf die Vorteilhaftigkeit der verschiedenen Durchführungsalternativen eingegangen, die sich je nach Vorsteuerrendite und Steuerpflichtigkeit unterschiedlich für den Arbeitgeber darstellt.

Abbildung 40 zeigt die Höhe der Steuerpflichtigkeit der Erträge in Abhängigkeit von der Vorsteuerverzinsung auf, bei der der Kostenbarwert der Direktzusage mit dem Kostenbarwert der jeweiligen Gestaltungsmöglichkeit des Pensionsfonds übereinstimmt.
Auch sie weist eine Ähnlichkeit zu der unter Sicherheit abgeleiteten Abbildung 11 auf.
Der Direktzusage ist gegenüber dem Pensionsfonds mit beitragsdotierter Leistungszusage der Vorzug zu geben, sofern die Rendite den Rechnungszins der Zusage von 6 % nicht erreicht. Die Ursache hierfür liegt darin, dass ausschließlich der Deckungsstock des internen Pensionsfonds Erträge vereinnahmt, die nach dem Halbeinkünfteverfahren sachlich steuerbefreit sein können; dagegen erwirtschaftet der externe Pensionsfonds unabhängig von der Vermögensanlage voll steuerpflichtige Erträge. Für Zinssätze über 6 % sinkt die kritische Steuerpflichtigkeit der Erträge mit zunehmendem Zinssatz ab. Dies ist auf die Möglichkeit des externen Pensionsfonds zurückzuführen, eine retrospektive Deckungsrückstellung zu bilden. Mit dieser kann er eine über den Rechnungszins von 6 % hinausgehende Überrendite vorübergehend steuerfrei akkumulieren. Vergleicht man die kritische Steuerpflichtigkeit der Erträge dieses Modells mit derjenigen des Modells unter Sicherheit, so nimmt sie in diesem für Zinssätze höher als 6 % vergleichsweise stärker ab. Beispielsweise liegt sie für einen Zinssatz von 10 % bei 73 %, während sie im Modell unter Sicherheit 79 % beträgt. Diese Verbesserung der Vorteilhaftigkeit des Pensionsfonds mit beitragsdotierter Leistungszusage gegenüber der Direktzusage liegt, wie bereits erläutert, darin begründet, dass der Pensionsfonds für die Berechnung der retrospektiven Rückstellung die biometrischen Daten der DAV-Sterbetafel verwendet. Die Direktzusage muss folglich eine ver-

gleichsweise höhere Aktienquote aufweisen, damit sie in diesem Zinsbereich zumindest gleich vorteilhaft wie der Pensionsfonds mit beitragsdotierter Leistungszusage ist.
Die Verwendung dieser Daten führt beim Pensionsfonds mit klassischer Leistungszusage ebenfalls dazu, dass der Überdotierungseffekt bzw. sein Vorteil gegenüber der Direktzusage bei diesem Modell ausgeprägter ist. Dies zeigt der Vergleich der entsprechenden Kurven der erwähnten Abbildungen. So muss die Steuerpflichtigkeit der Erträge für die untersuchte Zinsspanne bei unterstellter Sicherheit lediglich 70 % unterschreiten, während sie in diesem Modell schon unter 57 % liegen muss, damit die Direktzusage im Vergleich vorteilhaft ist. Andererseits ist dem Pensionsfonds mit klassischer Leistungszusage zinsunabhängig der Vorzug zu geben, wenn in diesem Modell β über 64 % beträgt, während unter Sicherheit diese Grenze bereits bei $\beta = 77$ % erreicht wird.
Wie man anhand dieses Vergleichs und der entsprechenden Kurven in den erwähnten Abbildungen erkennt, führt die Erweiterung des finanzmathematischen Modells auf ein versicherungsmathematisches Modell insgesamt dazu, dass die kritische Steuerpflichtigkeit der Erträge c. p. nahezu zinssatzunabhängig ungefähr 13 % niedriger ist als im Modell unter Sicherheit.
Darüber hinaus ist zu konstatieren, dass die Einbeziehung der Unsicherheit in das Modell für niedrige Zinssätze die relativ größten und für hohe Zinssätze die relativ geringsten Auswirkungen hat, weil die absolute Veränderung der kritischen Steuerpflichtigkeit der Erträge, wie beschrieben, nahezu zinssatzunabhängig ist. Man sehe, dass für einen unterstellten Zinssatz von 2,75 % die relative Veränderung der kritischen Steuerpflichtigkeit der Erträge bei $(1 - 0{,}64) / (1 - 0{,}77) - 1 = 0{,}36/0{,}23 - 1 = 56$ % liegt, während sie für einen unterstellten Zinssatz von 10 % bei $(1 - 0{,}57) / (1 - 0{,}70) - 1 = 43$ % beträgt. Diese mit steigendem Zinssatz sinkende relative Veränderung ist dadurch zu erklären, dass der Überdotierungseffekt des Pensionsfonds auf der Verwendung der biometrischen Daten der DAV-Sterbetafel basiert und sich diese biometrischen Daten relativ stärker im Verhältnis zum Zinssatz auswirken, je niedriger dieser ist.

Insgesamt hat die Berücksichtigung der Unsicherheit bei der Zusage ohne Kapitalwahlrecht dazu geführt, dass die Gestaltungsarten des Pensionsfonds, insbesondere davon die klassische, gegenüber der Direktzusage profitiert haben. Als Ursache hierfür ist die Verwendung der DAV-Sterbetafel für die Kalkulation der Deckungsrückstellung zu nennen, obgleich die Verwendung der IBS-Generationentafel angemessen wäre. Der sowohl im Rahmen des Pensionsfonds mit klassischer, als auch mit beitragsdotierter Leistungszusage signifikante Effekt legt offen, dass eine Einbeziehung der Unsicherheit in das Modell unbedingt erforderlich ist, um eine Entscheidung zwischen den verschiedenen Durchführungsalternativen angemessen treffen zu können.[383]

[383] Zur Prämissenkritik s. Kapitel 5.7.

7.6 Implikationen für die Beitragszusage bzw. die beitragsorientierte Leistungszusage mit Mindestleistung

Bei der Beitragszusage bzw. bei der beitragsorientierten Leistungszusage mit Mindestleistung wird hingegen das Vorteilhaftigkeitskalkül dadurch, dass sich das Modell auf die Annahme der Sicherheit stützt, nicht verzerrt. Dies ist darauf zurückzuführen, dass zum einen für die Direktzusage – wie auch bei der Modellierung der Leistungszusage – die Bedingung $p_{x+t}^{A} = p_{x+t}^{ep} = p_{x+t}^{TW} = p_{x+t} = p_{x+t}^{IBS-G}$ bzw. p_{x+t}^{HB05-G} erfüllt ist. Zum anderen wirkt sich beim Pensionsfonds die Verwendung der unangemessenen Daten der DAV-Sterbetafel für die Bildung der Deckungsrückstellung nicht aus; Überschüsse werden im Deckungsstock ohnehin unbegrenzt steuerfrei akkumuliert, weil der Pensionsfonds sie für Rechnung und Risiko des Arbeitnehmers vereinnahmt.

Da, wie für die Leistungszusage ermittelt wurde, der Todeszeitpunkt im finanzmathematischen Modell zu niedrig festgesetzt wurde,[384] dadurch aber nur geringfügige Effekte auf den Kostenbarwert induziert werden, ergeben sich durch den versicherungsmathematischen Ausbau des finanzmathematischen Modells der Beitragszusage bzw. bei der beitragsorientierten Leistungszusage mit Mindestleistung keine Verzerrungen der Vorteilhaftigkeit von Direktzusage und Pensionsfonds, zumal die (geringfügigen) Effekte bei beiden bestehen.

Ein Ausbau des finanzmathematischen Modells wird daher nicht vorgenommen, vielmehr wird auf die entsprechenden Ergebnisse im Modell unter Sicherheit verwiesen.

7.7 Zusammenfassung

Versorgungsleistungen sind an den Eintritt eines biologischen Ereignisses gebunden. Daher wurde im Kapitel 7 ein Modell unter Unsicherheit entwickelt, das auf dem finanzmathematischen Modell aus Kapitel 5 basiert. Das Modell erfordert die Verwendung von geeigneten biometrischen Rechnungsgrundlagen, mit denen die künftigen Zahlungsströme geschätzt werden können. Bei Versorgungszusagen, die ausschließlich eine Altersrente vorsehen, eigneten sich bis zum Jahr 2005 die IBS-Generationentafeln. Sie wurden im Jahr 2005 durch die Heubeck-Richttafeln 2005 G abgelöst. Bei Versorgungszusagen, bei denen der Arbeitnehmer zwischen einer Kapitalauszahlung und einer Altersrente wählen kann, sind vor bzw. ab dem Jahr 2005 die IBS-Generationentafeln bzw. die Heubeck-Richttafeln 2005 G für die Anspar- und die DAV 2004 R 2. Ordnung bzw. 1. Ordnung für die Rentenphase angemessen. Würde sowohl der Pensionsfonds als auch der Arbeitgeber im Rahmen der Direktzusage diese zusageabhängig geeigneten Sterbetafeln verwenden, so würde sich das Ergebnis des versicherungsmathematischen Modells von demjenigen des finanzmathematischen nur geringfügig unterscheiden.

[384] Ausgehend von der Lebenserwartung eines im Jahr 2005 28-jährigen Versorgungsberechtigten in Höhe von 59,18 (vgl. Tabelle 25), die auf der Heubeck-Richttafel 2005 G basiert, sollte ein Todeszeitpunkt im finanzmathematischen Modell von $t = 59,18 + 2,5 \approx 62$ angesetzt werden. Der Zuschlag von 2,5 rührt dabei daher, dass der Deckungsstock des versicherungsmathematischen gegenüber dem des finanzmathematischen Modells zeitlich gestreckt wird (vgl. Kapitel 7.5.1).

Allerdings werden in der Praxis der betrieblichen Altersversorgung sowohl beim Pensionsfonds als auch bei der Direktzusage regelmäßig andere Sterbetafeln angewendet.
So basierten versicherungsmathematische Berechnungen bis zum Jahr 2005 auf Heubeck-Richttafeln, die aufgrund ihrer bisherigen Anlage als Periodentafeln die Überlebenswahrscheinlichkeiten eines Versorgungsberechtigten nicht zutreffend abschätzten. Sie wurden zusageunabhängig zum einen für die Rückstellungsberechnung und zum anderen für die Kalkulation der Zusage eingesetzt. Unterstellt man eine Zusage auf eine Altersrente ohne Kapitalwahlrecht, so wurde gezeigt, dass die Teilwerte gegenüber den angemessenen Teilwerten, die auf einer Generationentafel basieren, im Zeitablauf verzerrt ermittelt werden. Allerdings führt dies für den Arbeitgeber weder zu Mehr- noch zu Minderkosten gegenüber der Verwendung einer Generationentafel, weil sich Vor- und Nachteile barwertig annähernd ausgleichen. Die bisherige Anlage der Heubeck-Richttafeln als Periodentafeln führt jedoch für Arbeitgeber dann zu Mehrkosten, wenn auf ihrer Grundlage die Höhe der Versorgungsleistung ermittelt wird. Diese fallen allerdings noch relativ gering aus, weil der Fiskus durch die prospektive Ausrichtung des Teilwertverfahrens den Großteil der Mehrkosten aus den zu hoch kalkulierten Zusagen trägt.
Für Direktzusagen, bei denen der Arbeitnehmer zwischen einer Kapitalauszahlung und einer Altersrente wählen kann, werden aufgrund der derzeit gültigen Rechtslage zumindest für die Rückstellungsbewertung die Heubeck-Richttafeln 2005 G verwendet. Wie gezeigt wurde, entstehen dem Arbeitgeber durch die Selektion der langlebigen Versorgungsberechtigten am Ende der Ansparphase Kosten für Zusagen, bei denen sich die Arbeitnehmer für den Bezug einer Altersrente entscheiden. Ihre Höhe hängt davon ab, ob der Rückstellungsberechnung der Ansparphase die Altersrente oder die Kapitalauszahlung zugrunde liegt, wobei letztere geringere Kosten impliziert. Sollte der Arbeitgeber die Heubeck-Richttafeln 2005 G zusätzlich für die Kalkulation der Altersrente einsetzen, entstehen erhebliche Mehrkosten im Fall der Rentenauszahlung.
Bei Ausbau des finanzmathematischen Modells verschlechtert sich die Vorteilhaftigkeit der Direktzusage gegenüber dem Pensionsfonds durch die in der betrieblichen Praxis verwendeten Rechnungsgrundlagen. Unterstellt man eine Zusage auf eine Altersrente, finanziert sich die Direktzusage weiterhin bei Erwirtschaftung eines Zinssatzes von 6 % selbst. Dagegen reicht dem Pensionsfonds mit klassischer Leistungszusage hierfür nicht die im finanzmathematischen Modell ermittelte Rendite von etwa 5 %, sondern schon eine Rendite von ca. 4,3 % aus. Dies ist darauf zurückzuführen, dass er für die Teilwertberechnung die ungemessen hohen Überlebenswahrscheinlichkeiten der DAV-Sterbetafel verwendet. Dadurch wird der ohnehin bereits durch die Verwendung des Rechnungszinses von 2,75 % bestehende Überdotierungseffekt verstärkt. Entsprechend ist die kritische Steuerpflichtigkeit der Erträge im versicherungsmathematischen Modell zinssatzunabhängig um etwa 13 % niedriger als die im finanzwirtschaflichen Modell.
Auf Basis der gewonnenen Erkenntnisse wurden anschließend die Gründe angeführt, weshalb ein versicherungsmathematischer Ausbau des finanzmathematischen Modells für die Beitragszusage bzw. beitragsorientierte Leistungszusage mit Mindestleistung nicht vorgenommen wird.

8 Umstellung der Direktzusage auf den Pensionsfonds

8.1 Motivation einer Umstellung

Viele Unternehmen streben in jüngster Zeit eine Ausfinanzierung ihrer bislang nach dem Umlageverfahren finanzierten Direktzusagen an.[385] Hierfür besteht eine Vielzahl von Gründen, wovon als wesentliche die Vermeidung eines bilanziellen Ausweises von Pensionsverpflichtungen bei internationaler Rechnungslegung und die Verbesserung der Bilanzkennzahlen sowie des Ratings zu nennen sind.[386] Eine solche Ausfinanzierung kann der Arbeitgeber u. a. durch die Umstellung der Direktzusage auf einen externen Pensionsfonds oder durch die Einrichtung eines internen Pensionsfonds vornehmen.

Bislang wurde für eine Neuzusage untersucht, unter welchen Bedingungen dem internen gegenüber dem externen Pensionsfonds der Vorzug zu geben ist. Hieran schließt sich jetzt die Fragestellung an, ob eine Direktzusage, die bislang nach dem Umlageverfahren finanziert wird, auf einen internen oder externen Pensionsfonds wirtschaftlich ausgelagert werden sollte.[387] Um an die bisherige Modellierung anzuknüpfen, wird bei dem nachfolgend vorgestellten Vorteilhaftigkeitskalkül unterstellt, dass die Direktzusage bislang über einen internen Pensionsfonds finanziert wurde. Sollte sich dabei herausstellen, dass eine Umstellung auf den externen Pensionsfonds für den Arbeitgeber vorteilhaft ist, so folgt daraus zweierlei. Erstens sollte der Arbeitgeber die Finanzierung über den internen Pensionsfonds aufgeben und für einen externen Pensionsfonds optieren. Zweitens sollte er eine bislang nach dem Umlageverfahren finanzierte Direktzusage auf einen externen Pensionsfonds auslagern, anstatt dafür einen internen Pensionsfonds einzurichten.[388]

8.2 Arbeitsrechtliche Rahmenbedingungen einer Umstellung

Der Arbeitgeber kann grundsätzlich frei über einen Wechsel des gewählten Durchführungswegs entscheiden.[389] Durch einen solchen Wechsel kann er seine Haftung grundsätzlich nicht einschränken. Sie bleibt im Rahmen seiner Grundverpflichtung aus dem Arbeitsverhältnis bestehen, die auch ihren Niederschlag in seiner Einstandspflicht gemäß § 1 I Satz 3 BetrAVG gefunden hat.[390] Er hat demnach für die Erfüllung der von ihm zugesagten Leistungen unabhängig davon einzustehen, welche Versorgungsleistung der externe Versorgungsträger erbringt. Eine rechtliche Enthaftung durch eine schuldbefreiende Übernahme bzw. Übertragung[391] gemäß

[385] Vgl. z. B. *Nowak et al.* (2004), S. 73, und *Wellisch / Schwinger* (2004), S. 246.

[386] Vgl. z. B. *Goverts* (2005), S. 1, *Nowak et al.* (2004), S. 73 ff. und S. 78 ff., *Ortlieb* (2003), S. 1 f., und *Rhiel* (2000), S. 296. Weitere Gründe werden insbesondere in *Nowak et al.* (2004), S. 76 ff. und S. 80 ff., angeführt und erläutert.

[387] Der Begriff der Auslagerung, der in der Literatur auch die Umstellung der Direktzusage auf den Pensionsfonds bezeichnet, wird aufgrund seiner Mehrdeutigkeit nicht verwendet.

[388] Dies wird in Kapitel 8.12 begründet.

[389] Vgl. *Höfer* (2005), Rn. 1297.

[390] Vgl. *Höfer* (2005), Rn. 1292.

[391] Der Begriff „Übernahme“ wurde durch das Alterseinkünftegesetz zum Begriff „Übertragung“ abgeändert.

§ 4 BetrAVG findet nicht statt, vielmehr wird der Arbeitgeber durch den externen Versorgungsträger wirtschaftlich enthaftet.[392] Der Arbeitnehmer erhält also neben seinem Arbeitgeber einen weiteren Schuldner. Die Zustimmung des Begünstigten zum Wechsel des Durchführungswegs ist deshalb grundsätzlich nicht erforderlich.[393] Sie ist allerdings dann erforderlich, wenn damit auch eine Änderung des materiellen Inhalts der Versorgungszusage zum Nachteil des Arbeitnehmers verbunden ist. Individualrechtliche Zusagen können nur mit Einzelzustimmung geändert werden, es sei denn, die Zusage ist betriebsvereinbarungsoffen. Kollektivrechtliche Zusagen können nur kollektivrechtlich, also mit dem Betriebsrat bzw. dem Tarifvertragspartner, modifiziert werden.[394] Eine Verschlechterung der Versorgungssituation braucht dabei nicht notwendig in einer Herabsetzung der eigentlichen Versorgungsleistungen begründet zu sein. Steuerliche Nachteile des Arbeitnehmers, die mit dem Wechsel des Durchführungswegs einhergehen, sind ebenfalls beachtlich.[395]

8.3 Steuer- und sozialversicherungsrechtliche Rahmenbedingungen einer Umstellung

Um zu bemessen, ob der Wechsel von einer Direktzusage zu einem externen Pensionsfonds vorteilhaft ist, muss insbesondere die steuerrechtliche Behandlung des Übertragungsbetrags (Arbeitgeber- und Arbeitnehmerseite) und der Versorgungsleistung (Arbeitnehmer) betrachtet werden.[396] Sie hängt grundsätzlich davon ab, ob der Arbeitgeber von der durch das AVmG geschaffenen Möglichkeit Gebrauch macht, einen Antrag nach § 4e III Satz 1 EStG zu stellen. Sollte er davon keinen Gebrauch machen, darf er grundsätzlich den gesamten an den Pensionsfonds geleisteten Übertragungsbetrag gemäß § 4e I EStG steuerlich in vollem Umfang als Betriebsausgabe abziehen, soweit er auf einer festgelegten Verpflichtung beruht.

Auf Arbeitnehmerseite führt dann der Teil des Übertragungsbetrags, der über den Höchstbetrag des § 3 Nr. 63 Satz 1 EStG hinausgeht, zu einem steuerpflichtigen (und daran anknüpfend sozialabgabenpflichtigen) Arbeitslohn,[397] weil der Arbeitnehmer einen eigenen Rechtsanspruch auf Leistungen des Pensionsfonds erwirbt. Bei der Übertragung von Versorgungsverpflichtungen einer Direktzusage auf einen Pensionsfonds kommt es damit zu einem Wechsel von einem Durchführungsweg mit nachgelagerter Besteuerung zu einem Durchführungsweg mit grundsätzlich vorgelagerter Besteuerung beim Versorgungsberechtigten.[398]

---

392 Vgl. *Meier / Bätzel* (2004), S. 1437.

393 Vgl. BAG vom 12.12.1989 - 3 AZR 540/88 - EzA § 9 BetrAVG Nr. 3; BAG vom 14.9.1999 - AZR 731/98. Vgl. *Seeger* in: *Kirchhof* (2004), § 4e, Rn. 5.

394 Vgl. *Sprick* (2004), S. 12.

395 Vgl. *Höfer* (2005), Rn. 1299, *Pott / Jeske* (2004), S. 190, *Knortz* (2003), S. 2400, und *Meier / Bätzel* (2004), S. 1438 f. Anderer Ansicht sind *Friedrich / Weigel* (2003), S. 2565.

396 Der Begriff „Übertragung" wird synonym zum Begriff „Wechsel des Durchführungsweges" verwendet. Er ist damit nicht i. S. d. § 4 BetrAVG zu verstehen, der für eine Übertragung mit schuldbefreiender Wirkung Anwendung findet.

397 Der Zusatzhöchstbetrag des § 3 Nr. 63 Satz 3 EStG von 1.800 € kann für Zusagen, die vom Arbeitgeber nach dem 31. 12. 2004 erteilt wurden, steuerlich geltend gemacht werden. Für ihn besteht allerdings keine Beitragsfreiheit in der Sozialversicherung.

398 Vgl. *Ahrend / Förster / Rößler* (2005), Teil 5a, Rz. 327.

Im Ergebnis ist deshalb der Übertragungsbetrag zwar beim Arbeitgeber als Betriebsausgabe steuerlich abzugsfähig, gleichzeitig aber größtenteils sofort beim Arbeitnehmer zu versteuern.[399] Daher wird dieser dem Wechsel nicht zustimmen, es sei denn, dass der Arbeitgeber die Leistung vor Steuern des Arbeitnehmers so anhebt, dass dieser nach Steuern durch den Wechsel nicht schlechter gestellt wird. Da eine solche Anhebung mit erheblichen Mehrkosten für den Arbeitgeber verbunden wäre, wird die Möglichkeit ausgeschlossen, dass der Arbeitgeber keinen Antrag nach § 4e III Satz 1 EStG stellt.[400]

Stellt der Arbeitgeber einen Antrag nach § 4e III Satz 1 EStG, erfolgt die Übernahme der bestehenden Versorgungsverpflichtung durch den Pensionsfonds für den Arbeitnehmer gemäß § 3 Nr. 66 EStG lohnsteuerfrei.[401] Gleichzeitig ist dieser Betrag nach § 2 II Nr. 6 ArEV sozialversicherungsfrei. Künftige Beitragszahlungen an den Pensionsfonds erfolgen ebenfalls steuer- und sozialversicherungsfrei, wenn diese periodisch den Höchstbetrag des § 3 Nr. 63 Satz 1 EStG nicht überschreiten.[402] Die daraus in der Rentenphase fließenden Versorgungsleistungen werden als sonstige Einkünfte gemäß § 22 Nr. 5 Satz 1 EStG besteuert. Wie schon die Leistungen aus der ursprünglichen Direktzusage werden damit Leistungen des Pensionsfonds, die auf diesen steuerlich geförderten Beitragszahlungen beruhen, nachgelagert besteuert.
Zwischen den Leistungen der Direktzusage und den Leistungen des Pensionsfonds bestehen allerdings unterschiedliche Freibetragsregelungen.[403] Die Leistungen der Direktzusage werden als Bezüge aus einem früheren Dienstverhältnis den Einkünften nach § 19 EStG zugerechnet; der Arbeitnehmer kann einen Versorgungsfreibetrag nach § 19 II Satz 1, Satz 3 EStG in Höhe von derzeit (Bezugsjahr 2005) 40 % der Versorgungsbezüge, maximal 3.000 €, zuzüglich eines Zuschlags zum Versorgungsfreibetrag von 900 € geltend machen. Durch die Einführung des Alterseinkünftegesetzes zum 1.1.2005 werden dieser Versorgungsfreibetrag und dieser Zuschlag schrittweise bis ins Jahr 2040 abgeschmolzen. Beide richten sich dabei nach dem Jahr des Versorgungsbeginns und gelten gemäß § 19 II Satz 8 EStG für die gesamte Laufzeit des Versorgungsbezugs.[404] Tabelle 36 weist die entsprechenden Beträge aus.

Leistungen des Pensionsfonds zählen dagegen zu den sonstigen Einkünften nach § 22 Nr. 5 Satz 1 EStG. Grundsätzlich mindert der Altersentlastungsbetrag gemäß § 24a EStG die steuer-

---

[399] Vgl. *Meier / Bätzel* (2004), S. 1438.

[400] Vgl. z. B. *Ley* (2002), S. 197, und *Niermann / Plenker* (2002), S. 1889. Das Wahlrecht des § 4e III EStG erweist sich somit als Wahlpflicht (vgl. *Starke / Wendt* in: *Herrmann / Heuer / Raupach* (2005), § 3 Nr. 66, Anm. J 01-4).

[401] Die alternativ in § 3 Nr. 66 EStG angeführte Übernahme von Versorgungsanwartschaften bezieht sich auf den Wechsel von einer Unterstützungskasse zu einem Pensionsfonds (vgl. *v. Beckerath* in: *Kirchhof / Söhn / Mellinghoff* (2005), § 3 Nr. 66, Rn. B 66/52).

[402] Vgl. Fn. 397.

[403] Die bis zum 31.12.2004 geltenden unterschiedlichen Pauschbeträge für Werbungskosten wurden mit dem In-Kraft-treten des Alterseinkünftegesetzes zum 1.1.2005 beseitigt, sodass sie sowohl für die Leistungen der Direktzusage als auch für die Leistungen des Pensionsfonds einheitlich 102 € (vgl. § 9a Satz 1 Nr. 1 Buchstabe b und Nr. 3 EStG) betragen.

[404] Für Versorgungsberechtigte, die Leistungen einer Direktzusage beziehen, wird also die Besteuerungssituation jeweils in dem Zustand eingefroren, der im Jahr seines Eintritts in die Rente vorgelegen hat (vgl. *Sachverständigenkommission* (2003), S. 68).

Tabelle 36: Übersicht über die Schritte der Abschmelzung des Freibetrags nach § 19 II EStG

	Abschmelzung um jährlich	
	2006-2020	2021-2040
Versorgungsfreibetrag in % der Bezüge	1,6 %	0,8 %
Versorgungsfreibetrag/Höchstbetrag	120 €	60 €
Zuschlag zum Versorgungsfreibetrag	36 €	18 €

pflichtigen Einkünfte nach § 22 Nr. 5 Satz 1 EStG. Gemäß § 24a Satz 3 EStG ist Voraussetzung für die Gewährung des Altersentlastungsbetrags, dass der Versorgungsberechtigte vor Beginn des Kalenderjahres, in dem er sein Einkommen bezogen hat, das 64. Lebensjahr vollendet hatte. Der Altersentlastungsbetrag ist derzeit ein Betrag von 40 % des Arbeitslohns und der positiven Summe der Einkünfte, die nicht solche aus nichtselbständiger Arbeit sind (vgl. § 24a Satz 1, Satz 5 EStG). Im Rahmen der Bemessung dieses Betrags bleiben dabei Versorgungsbezüge des § 19 II EStG, Einkünfte aus Leibrenten i. S. d. § 22 Nr. 1 Satz 3 Buchstabe a EStG und Einkünfte i. S. d. § 22 Nr. 4 Satz 4 EStG außer Betracht (vgl. § 24a Satz 2 EStG). Der Höchstbetrag des Altersentlastungsbetrags beträgt derzeit 1.900 €. Der Altersentlastungsbetrag wird schrittweise bis ins Jahr 2040 in dem Maße abgeschmolzen, wie der Versorgungsfreibetrag des § 19 II EStG reduziert wird.

Tabelle 37: Übersicht über die Schritte der Abschmelzung des Altersentlastungsbetrags nach § 24a EStG

	Abschmelzung um jährlich	
	2006-2020	2021-2040
Altersentlastungsbetrag in % der Einkünfte	1,6 %	0,8 %
Altersentlastungsbetrag / Höchstbetrag	76 €	38 €

Die unterschiedlichen Freibetragsregelungen werden somit in gleichen Schritten harmonisiert, bis sie gleichzeitig im Jahr 2040 abgeschafft und damit identisch sind. Bis dahin bleiben aber Unterschiede zwischen ihnen bestehen.
Ausgenommen hiervon werden Leistungen aus Direktzusagen, die erstmals vor dem 1.1.2002 bezogen wurden, weil § 52 XXXIVb EStG für sie eine gesonderte Übergangsregelung vorsieht, wonach die Freibetrags- und Werbungskostenregelungen der ursprünglichen Direktzusage nach dem Wechsel auf den Pensionsfonds weiterhin anzuwenden sind.

Der Arbeitgeber selbst verpflichtet sich mit dem Antrag nach § 4e III Satz 1 EStG, die zur teilweisen oder vollständigen Übernahme an den Pensionsfonds insgesamt erforderlichen Leistungen – soweit sie über die aufzulösende Pensionsrückstellung hinausgehen – über die folgenden zehn Wirtschaftsjahre gleichmäßig verteilt als Betriebsausgaben abzuziehen (vgl. § 4e III Satz 1, Satz 3 EStG).[405] Dies ist der Preis, den der Fiskus vom Arbeitgeber für die steuer- und sozialabga-

[405] Für die Handelsbilanz stellt der Übertragungsbetrag i. d. R. in vollem Umfang Aufwand dar, weswegen sich die Handelsbilanz von der Steuerbilanz unterscheidet (vgl. *Pott / Jeske* (2004), S. 191).

benneutrale Übertragungsmöglichkeit sowohl auf Arbeitgeber- als auch auf Arbeitnehmerseite verlangt.[406]

8.4 Wahl und Vorstellung ausgewählter Umstellungsmodelle

Für den Arbeitgeber bestehen verschiedene Modelle, um eine Umstellung der Direktzusage auf den Pensionsfonds zu vollziehen. Die folgenden vier Faktoren sind dabei zu berücksichtigen: Erstens muss sich der Arbeitgeber entscheiden, welche Versorgungsgruppen – Aktive, Bestandsrentner, Ausgeschiedene mit unverfallbarer Anwartschaft etc. – er auf den Pensionsfonds übertragen möchte.

Zweitens muss er den Grad festlegen, mit dem er Verpflichtungen auf den Pensionsfonds ausfinanziert.[407] Dieser Grad spiegelt sich dann einerseits in der Höhe des Übertragungsbetrags und andererseits in dem Risiko wider, zu einem späteren Zeitpunkt Nachschussverpflichtungen für die durch den Pensionsfonds übernommenen Versorgungszusagen erfüllen zu müssen.

Drittens stellt sich für den Arbeitgeber die Frage nach der Finanzierung des Übertragungsbetrags, die in einem engen Zusammenhang mit der Frage nach der für ihn frei verfügbaren Liquidität steht. Bei der Ausfinanzierung muss er insbesondere das Verhältnis zwischen Einmalbetrag und laufenden Beitragszahlungen determinieren.

Viertens sind mit jedem Umstellungsmodell unterschiedliche steuerliche Konsequenzen für den Arbeitgeber und den Arbeitnehmer verbunden, welche die Wahl des Arbeitgebers entscheidend beeinflussen können.

Nachfolgend werden ausgewählte idealtypische Übertragungsmodelle dargestellt und hinsichtlich ihrer steuerlichen Wirkungen überprüft. Alternative Mischformen zwischen diesen Modellen sind bei der Umstellung von der Direktzusage auf den Pensionsfonds möglich.

8.4.1 Umstellungsmodell I: Einmalbetrag in Höhe der Pensionsrückstellung und ggf. Nachschussbeiträge für den bisher erdienten Anspruch und laufende Beiträge in Höhe des Umwandlungsbeitrags für den zukünftig erdienungsfähigen Anspruch

In der betrieblichen Praxis liegt es nahe, dass der Arbeitgeber bei der Umstellung der betrieblichen Altersversorgung auf einen Pensionsfonds Deckungsmittel in Höhe der im Rahmen der Direktzusage gebildeten Pensionsrückstellung auf den Pensionsfonds überträgt.[408]

Der Arbeitgeber muss danach die gebildete Pensionsrückstellung erfolgserhöhend auflösen, weil er die wirtschaftliche Verpflichtung auf den Pensionsfonds übertragen hat.[409] Insgesamt erfolgt

[406]Von der steuerneutralen Übertragungsmöglichkeit auf Seiten des Arbeitnehmers profitiert der Arbeitgeber, weil er sonst i. d. R. die Bruttoleistung anheben müsste, damit die Arbeitnehmer dem Wechsel des Durchführungsweges zustimmen.

[407]Vgl. *Meier / Bätzel* (2004), S. 1440.

[408]Vgl. *Pott / Jeske* (2004), S. 193.

[409]S. auch R 41 XXII EStR.

die Umstellung für den Arbeitgeber erfolgsneutral, weil sich der Betriebsausgabenabzug aus der Zahlung dieser Mittel an den Pensionsfonds und die ertragswirksame Auflösung der entsprechenden Pensionsrückstellung gegenseitig ausgleichen.
Da die Pensionsrückstellung auf dem Rechnungszins von 6 % und den Heubeck-Richttafeln basiert, der Pensionsfonds jedoch die Versorgungsleistungen auf Grundlage des für ihn maximal zulässigen Rechnungszinses von 2,75 % und der DAV-Sterbetafeln bewertet, hat der Arbeitgeber damit einen Teil des vom Arbeitnehmer bisher erdienten Versorgungsanspruchs (sog. Past Service) ausfinanziert. Für diesen übernimmt der Pensionsfonds eine versicherungsförmige Garantie. Zur Ausfinanzierung des verbleibenden Past Service wird des Weiteren im Rahmen des Übernahmevertrags vereinbart, dass hierfür zunächst Überschüsse des Pensionsfonds verwendet werden. Sollten diese nicht ausreichen, schießt der Arbeitgeber entsprechende Beiträge nach. Diese Beiträge führen gemäß § 4e I EStG zu einem entsprechenden Betriebsausgabenabzug im Zahlungszeitpunkt, weil sie auf einer festgelegten Verpflichtung des Arbeitgebers beruhen.[410]
Auf Seiten des Arbeitnehmers stellt sich die Frage, ob auch diese variablen Beiträge der Regelung des § 3 Nr. 66 i. V. m. § 4e III Satz 1 EStG unterliegen und somit unabhängig vom Höchstbetrag des § 3 Nr. 63 Satz 1 EStG nicht zu steuerlichen Zuflüssen führen, an die auch über § 2 II Nr. 6 ArEV die Sozialabgabenpflicht geknüpft ist. Wie schon *Pott / Jeske* (2004), S. 193 f., zutreffend argumentieren, ist Tatbestandsvoraussetzung für die Steuerfreiheit der Beiträge nach dem Wortlaut des § 3 Nr. 66 EStG, dass der Arbeitgeber Leistungen zur Übernahme bestehender Versorgungsverpflichtungen an einen Pensionsfonds vollbringt. Der Gesetzgeber stellt damit ausschließlich auf die vertragliche Übernahme der Versorgungsverpflichtung ab, ohne einen Bezug zum tatsächlichen Liquiditätsabfluss auf Seiten des Arbeitgebers herzustellen. Für diese Auslegung des § 3 Nr. 66 EStG spricht auch das BMF-Schreiben vom 5.8.2002, wonach die Steuerfreiheit nach § 3 Nr. 66 EStG auch dann gilt, wenn beim übertragenden Unternehmen keine Leistungen i. S. v. § 4e III Satz 1 EStG im Zusammenhang mit der Übernahme einer Versorgungsverpflichtung anfallen.[411] Deshalb wird – wie *Pott / Jeske* (2004) – davon ausgegangen, dass die Regelung des § 3 Nr. 66 EStG auch für laufende Beiträge greift, die zwischen Arbeitgeber und Pensionsfonds für die Ausfinanzierung des Past Service vereinbart werden.[412]

Für die Finanzierung des zukünftig erdienungsfähigen Anspruchs (Future Service) entrichtet der Arbeitgeber laufende Beiträge an den Pensionsfonds. Ihre Förderung ist steuerlich und sozialabgabenrechtlich auf den Höchstbetrag des § 3 Nr. 63 Satz 1 EStG beschränkt.[413]
Soweit diese Beiträge zur Finanzierung des Future Service nicht ausreichen, leistet der Arbeitgeber Nachschussbeiträge. Die so im Rahmen des Übernahmevertrags vereinbarten Nachschussbeiträge führen auf Arbeitgeberseite gemäß § 4e I EStG zu einer Betriebsausgabe.[414]

[410] Vgl. *Becker* in: *Herrmann / Heuer / Raupach* (2005), Anm. J 01-12.
[411] Vgl. BMF-Schreiben vom 5.8.2002, Rz. 177, BStBl. I 2002 S. 786.
[412] Bislang liegen hierzu keine Kommentierungen in den einschlägigen Kommentaren zum EStG oder zum Steuerrecht der betrieblichen Altersversorgung vor. Man vergleiche *Schmidt* (2005), *Herrmann / Heuer / Raupach* (2005), *Kirchhof / Söhn / Mellinghoff* (2005) sowie *Ahrend / Förster / Rößler* (2005).
[413] Vgl. Fn. 397.
[414] Vgl. Fn. 410.

Auf der Seite des Arbeitnehmers bleibt allerdings der periodische Höchstbetrag des § 3 Nr. 63 Satz 1 EStG bestehen, weil diese Regelung keine zusätzliche Möglichkeit vorsieht, nachträglich erforderliche Beitragszahlungen des Arbeitgebers steuerlich zu fördern.[415]

8.4.2 Umstellungsmodell II: Übernahme einer versicherungsförmigen Garantie seitens des Pensionsfonds mit der Ausfinanzierung einerseits des bisher erdienten Anspruchs über einen Einmalbetrag und andererseits des zukünftig erdienungsfähigen Anspruchs über laufende Beiträge

Im Modell II übernimmt der Pensionsfonds eine versicherungsförmige Garantie für den erdienten Anspruch des Versorgungsberechtigten und fordert dafür einen entsprechenden Übertragungsbetrag bzw. eine Einmalprämie vom Arbeitgeber. Für die Übernahme einer versicherungsförmigen Garantie des zukünftig erdienungsfähigen Anspruchs werden zwischen Pensionsfonds und Arbeitgeber laufende Beiträge vereinbart. Von dieser idealtypischen Umstellung der Versorgungsverpflichtungen ist der Gesetzgeber offensichtlich ausgegangen.[416]
Um den Past Service versicherungsförmig zu garantieren, legt der Pensionsfonds die Einmalprämie, die nach dem Wortlaut des § 4e III Satz 1 EStG „insgesamt erforderlichen Leistungen" des Arbeitgebers, auf Basis des Rechnungszinses von 2,75 % fest. Da hingegen die Bewertung der Pensionsrückstellung bei der Direktzusage auf einem Rechnungszins von 6 % basiert, überragt die Einmalprämie an den Pensionsfonds für die Übernahme einer versicherungsförmigen Garantie – die „insgesamt erforderlichen Leistungen" – die Höhe der gebildeten Pensionsrückstellung.[417]
Bei Übernahme der Versorgungsverpflichtung bildet einerseits der Pensionsfonds eine prospektive Deckungsrückstellung in Höhe der Einmalprämie. Sie entspricht damit dem nach den Rechnungsgrundlagen des Pensionsfonds bewerteten Past Service der Versorgungsverpflichtung. Der Arbeitgeber andererseits muss die gebildete Pensionsrückstellung erfolgserhöhend auflösen. Allerdings führt die Beitragszahlung in Höhe der Pensionsrückstellung zu einer steuerlich abzugsfähigen Betriebsausgabe, weshalb sich der Ertrag aus der Rückstellungsauflösung und der Aufwand aus der entsprechenden Beitragszahlung an den Pensionsfonds nivellieren. Den Unterschiedsbetrag zwischen der insgesamt vom Pensionsfonds geforderten Leistung und der Pensionsrückstellung darf der Arbeitgeber gemäß § 4e III Satz 1, Satz 3 EStG erst zeitlich getreckt über die folgenden zehn Jahre steuerlich geltend machen.

Die steuerliche Behandlung der Beiträge zur Finanzierung des Future Service und diejenige von eventuell anfallenden Nachschussbeiträgen sind aus dem letzten Absatz des vorigen Kapitels zu entnehmen.

[415] Vgl. auch *v. Beckerath* in: *Kirchhof / Söhn / Mellinghoff* (2005), § 3 Nr. 63, Rn. B 63/135.
[416] Vgl. *Pott / Jeske* (2004), S. 192.
[417] Vgl. *Ortlieb* (2003), S. 2.

8.4.3 Umstellungsmodell III: Vollständige Ausfinanzierung des bisher erdienten und des zukünftig erdienungsfähigen Anspruchs durch einen Einmalbetrag

Als drittes Modell ist ebenfalls eine vollständige Ausfinanzierung der Versorgungszusage durch einen Einmalbetrag denkbar. Diese umfasst sowohl den bisher erdienten als auch den zukünftig erdienungsfähigen Anspruch. Fraglich ist allerdings, ob die Leistung eines solchen Betrags unter die Regelungen des § 3 Nr. 66 i. V. m. § 4e III Satz 1 EStG fällt. Danach beziehen sich die vom Arbeitgeber für die Übernahme insgesamt erforderlichen Leistungen dem Wortlaut nach auf „bestehende" Versorgungsverpflichtungen. Was als „bestehende" Versorgungsverpflichtung gilt, ist in der Literatur umstritten.

Friedrich / Weigel[418] gehen davon aus, dass der gesamte Anspruch, den der Arbeitnehmer bis zur Pensionierung erdienen kann (Past + Future Service), durch eine Einmalprämie ausfinanziert werden darf. Ihre Argumentation, dass auch bei Pensionskassen und Direktversicherungen der Betriebsausgabenabzug einer Einmalprämie gestattet ist, die für die gesamte bis zur Pensionierung erdienbare Versorgungsverpflichtung entrichtet wird, vermag allerdings nicht zu überzeugen; der Betriebsausgabenabzug bezieht sich nach dem Wortlaut des § 4c EStG, in dem die steuerliche Behandlung von Dotierungen an Pensionskassen geregelt ist, auf eine „festgelegte" Verpflichtung (vgl. § 4c I Satz 1 EStG). Dieselbe Terminologie wird vom Gesetzgeber auch in § 4e I EStG verwendet. Dieser regelt allerdings ausschließlich die steuerliche Behandlung von Beitragszahlungen an Pensionsfonds, wenn kein Antrag nach § 4e III Satz 1 EStG gestellt wird; in diesem Fall ist dann, wie bereits erwähnt, der Betrag sowohl für den Past als auch den Future Service als Betriebsausgabe steuerlich sofort abzugsfähig. Stellt der Arbeitgeber dagegen einen Antrag nach § 4e III Satz 1 EStG, verwendet der Gesetzgeber nicht die Terminologie der „festgelegten", sondern der „bestehenden" Versorgungsverpflichtung. Aufgrund dieser vom Gesetzgeber höchstwahrscheinlich bewusst gewählten unterschiedlichen Terminologie zwischen § 4e I und § 4e III Satz 1 EStG trifft die Argumentation von *Friedrich / Weigel* m. E. nicht zu.[419]

Jeske / Pott (2004), S. 192, interpretieren die Terminologie „bestehend" als die Versorgungsverpflichtung, die vom Arbeitnehmer bereits erdient ist. Sie führen aus, dass die Vorwegnahme einer zukünftig erst entstehenden Verpflichtung dem Prinzip der periodengerechten Abgrenzung von Betriebsausgaben widerspräche. Folglich werde die Auslagerung sowohl des Past Service als auch des Future Service steuerlich nicht zulässig sein.

Im vorliegenden Beitrag wird davon ausgegangen, dass ausschließlich der Past Service durch die Regelungen des § 3 Nr. 66 i. V. m. § 4e III Satz 1 EStG gedeckt ist. Diese Auslegung gründet sich zunächst darauf, dass der Gesetzgeber, wie beschrieben, eine unterschiedliche Terminologie zwischen § 4e I und § 4e III Satz 1 EStG gewählt hat. Zudem spricht für diese Auslegung, dass andernfalls der Arbeitgeber die nach § 3 Nr. 63 EStG steuerlich begrenzte Förderung des Fiskus der künftigen Beiträge an den Pensionsfonds einfach unterlaufen könnte. So könnte er künftige

[418] Vgl. *Friedrich / Weigel* (2003), S. 2565 f., und (2004), S. 2236.

[419] So auch *Harder-Buschner* (2005a), S. 13252.

Beitragszahlungen, die über die Fördergrenze hinausgehen, durch die Leistung einer entsprechend höheren Einmalprämie im Zeitpunkt der Umstellung vorwegnehmen. Die Konsequenz daraus wäre, dass die Regelungen des § 3 Nr. 63 und des § 3 Nr. 66 EStG nicht miteinander harmonierten. Dies kann nicht Intention des Gesetzgebers sein.[420]
Der Future Service kann folglich auf den Pensionsfonds nicht steuerlich gefördert übertragen werden. Das Modell der vollständigen Ausfinanzierung der Versorgungszusage wird deshalb nicht analysiert.[421]

8.5 Zeitpunkt der Umstellung und Auswahl bestimmter Versorgungsberechtigter

Durch die Regelungen des § 3 Nr. 66 und des § 4e III EStG schafft der Gesetzgeber für den Arbeitgeber Freiräume, die er im Rahmen der Umstellung einer Direktzusage auf einen Pensionsfonds nutzen kann. Insbesondere sind diese Regelungen weder auf eine einmalige Anwendung oder eine bestimmte Versorgungsgruppe beschränkt noch zeitlich begrenzt.[422]
Für den Arbeitgeber stellt sich daher die Frage, welche Versorgungsberechtigten bzw. Gruppen von Versorgungsberechtigten und welchen Zeitpunkt er für eine Umstellung der Direktzusage auf einen Pensionsfonds wählen sollte (siehe nachfolgende Tabelle).[423]

Tabelle 38: Zeitpunkt der Umstellung und Auswahl bestimmter Versorgungsberechtigter

Alter bei Versorgungsbeginn	Alter im Jahr 2005	Jahr des Versorgungsbeginns	Jahr der möglichen Übertragung				
			2005	2027	2047	2067	2083
28	28	2005	?	?	?	?	?
	50	1983	?	?	?		
	70	1963	?	?			
	90	1943	?				
	106	1927	?				

In der bisherigen Literatur,[424] die die Auslagerung von Pensionsverpflichtungen behandelt, wird davon ausgegangen, dass eine Umstellung erstens ausschließlich für den Gesamtbestand an Versorgungszusagen und zweitens ausschließlich zum jetzigen Zeitpunkt in Betracht kommt. Die Durchführung dieser „jetzt oder nie"-Strategie wird damit nicht den flexiblen Gestaltungsmöglichkeiten gerecht, die der Gesetzgeber für den Wechsel auf den Pensionsfonds geschaffen hat. Dies bezieht sich dabei sowohl auf die zeitliche Umstellung der Direktzusage als auch darauf, nur einen bestimmten Versorgungsbestand auf einen Pensionsfonds zu übertragen.

Da in der bisherigen versicherungsmathematischen Modellierung ausschließlich eine Versorgungszusage untersucht wurde, die ein Arbeitgeber einem im Jahr 2005 28-jährigen Arbeitneh-

[420]So auch *Förster / Meier / Weppler* (2005), S. 729 f.
[421]Im Übrigen scheiterte i. d. R. eine solche Übertragung schon an der mangelnden Liquidität des Arbeitgebers.
[422]Vgl. auch *v. Beckerath* in: *Kirchhof / Söhn / Mellinghoff* (2005), § 3 Nr. 66, Rn. B 66/37.
[423]Da die IBS-Tafel zugrunde gelegt wird, beträgt das maximale Alter, das in der Tabelle angegeben wird, 106 Jahre. Dieses erreicht ein im Jahr 2005 28-jähriger Versorgungsberechtigter im Jahr 2083.
[424]Vgl. z. B. *Rhiel* (2002), *Meier / Bätzel* (2004) und *Ortlieb* (2003).

mer erteilt, bietet es sich zunächst an, die Vorteilhaftigkeit einer Umstellung der Direktzusage auf den Pensionsfonds im Zeitablauf dieser Versorgungszusage zu analysieren (3. Zeile der Tabelle). Hierdurch wird die Grundlage gelegt, um die mit den §§ 3 Nr. 63, Nr. 66, 4e EStG verbundene Umstellungsproblematik zu verstehen. Sodann kann die Analyse der Umstellung eines Bestandes an Versorgungsberechtigten, die derzeit älter als 28 Jahre alt sind (2. Spalte der Tabelle), vorgenommen werden; wie sich herausstellen wird, können dann die zuvor gewonnenen, grundlegenden Erkenntnisse darauf übertragen werden.

8.6 Modellannahmen

In der Analyse wird eine als Altersrente ohne Kapitalwahlrecht gestaltete Leistungszusage untersucht. Aufgrund der bereits angesprochenen Probleme bei der Verwendung der Heubeck-Richttafeln 2005 G werden die biometrischen Daten der IBS-Generationentafeln als beste Schätzung der ex-post Wahrscheinlichkeiten $p_{x+t}^{ep} = p_{x+t}^{IBS-G}$ und ebenso als biometrische Rechnungsgrundlage $p_{x+t}^{A} = p_{x+t}^{IBS-G}$ der Altersrente verwendet. Die Teilwertberechnung $p_{x+t}^{TW} = p_{x+t}^{IBS-G}$ basiert ebenfalls auf ihnen. Hingegen wird für die Berechnung der Deckungsrückstellung des Pensionsfonds vergleichskonform die DAV 2004 R 2. Ordnung eingesetzt.

Der Arbeitgeber ist eine Personengesellschaft, wobei das Modell auf Kapitalgesellschaften übertragbar ist.[425] Zudem gelten folgende, stichpunktartig aufgeführte Modellannahmen (vgl. Kapitel 7.3.4):

- Eintritt eines 28-jährigen Arbeitnehmers in das Unternehmen mit sofortiger Erteilung einer Versorgungszusage
- Pensionierung im Alter von 65 Jahren
- Leistungszusage über eine konstante Altersrente ohne Kapitalwahlrecht, die auf dem steuerlichen Rechnungszins von $r = 6$ % und den Überlebenswahrscheinlichkeiten der IBS-Generationentafel $p_{x+t}^{A} = p_{x+t}^{IBS-G}$ basiert.
- volles Asset Funding
- $p_{x+t}^{ep} = p_{x+t}^{IBS-G}$
- $p_{x+t}^{TW} = p_{x+t}^{IBS-G}$
- $p_{x+t}^{DRS} = p_{x+t}^{DAV2O}$

Um den Bezug zur bisherigen Arbeit herzustellen, basieren die folgenden Formeln auf der Altersrente von $A^{IBS-G05} = A = 16,55$ bzw. auf dem Umwandlungsbeitrag $JDK = 1,21$; beide wurden bereits im Kapitel 7.3.4 als Grundlage verwendet. Eine solche Darstellung ist möglich,

[425] Man vergleiche hierfür die Ausführungen im Kapitel 5.6.

weil die nachfolgend ausgewiesenen Werte allesamt linear von der Höhe der Altersrente abhängig sind. So ist der Teilwert einer Altersrente der Direktzusage von beispielsweise $A^{DZ} = 1.655$ zu einem beliebigen Zeitpunkt $A^{DZ}/A = 100$-mal so hoch wie der Teilwert, der auf der in der Modellierung verwendeten Altersrente von $A = 16,55$ basiert.
Des Weiteren werden ausschließlich solche Altersrenten analysiert, die auch bei Durchführung über den Pensionsfonds der nachgelagerten Besteuerung unterliegen und in der Ansparphase keine Sozialabgabenpflicht auslösen. Jährliche Altersrenten von über $A/JDK \times 2.496$ € $=$ $16,55/1,21 \times 2.496$ € ≈ 34.100 €, die eine Beitragszahlung über der derzeit im Rahmen der Sozialabgaben geförderten Grenze von 2.496 € erforderten, werden somit durch das Modell nicht erfasst.[426]
Es werden die im Kapitel 8.4 vorgestellten ersten beiden Umstellungsmodelle entwickelt und hinsichtlich ihrer Vorteilhaftigkeit bei der Umstellung der Direktzusage auf den Pensionsfonds analysiert. Dabei wird danach differenziert, ob der Arbeitgeber die Versorgungsleistung im Zuge der Umstellung anheben muss oder nicht.

8.7 Ohne Anhebung der Versorgungsleistung bei Umstellung

8.7.1 Umstellungsmodell I

Im Umstellungsmodell I leistet der Arbeitgeber einen Übertragungsbetrag bzw. eine Einmalprämie P_T^I in Höhe des rechnungsmäßigen Deckungsstocks bzw. der Pensionsrückstellung der Direktzusage. Ihr Teilwert für einen gewissen Übertragungs- bzw. Umstellungszeitpunkt T ergibt sich zu (vgl. Gleichungen (271) und (285)):

$$\begin{aligned} P_T^I &= TW_T \\ &= DST_T^{DZ} \\ &= \begin{cases} JB \times refn_{p^{IBS-G},x,T;r,\overline{T}} & ; \quad B \\ A \times rbfn_{p^{IBS-G},x,T;r,\overline{m+\varpi-T}} & ; \quad L \end{cases} \\ &= A \begin{cases} \frac{rbfn_{p^{TW},x,m;r,\overline{\varpi}}}{refn_{p^{TW},x,m;r,\overline{m}}} refn_{p^{IBS-G},x,T;r,\overline{T}} & ; \quad B \\ rbfn_{p^{IBS-G},x,T;r,\overline{m+\varpi-T}} & ; \quad L \end{cases} . \end{aligned} \tag{342}$$

Der Pensionsfonds übernimmt mit dieser Beitragszahlung eine versicherungsförmige Garantie für den Teil der Altersrente, der sich aus dem Verhältnis zwischen der Einmalprämie bei kompletter Übernahme einer versicherungsförmigen Garantie des Past Service und der in dieser Modellierungsvariante geleisteten Einmalprämie in Höhe des Teilwerts der Pensionsverpflichtung ergibt. Beim Arbeitgeber ist dann die Pensionsrückstellung erfolgserhöhend aufzulösen. Diese Auflösung nivelliert sich mit der Auszahlung der Einmalprämie an den Pensionsfonds, sodass die Umstellung insgesamt steuerneutral erfolgt.

[426] Da der Zusatzhöchstbetrag des § 3 Nr. 63 Satz 3 EStG nur für Zusagen gilt, die nach dem 31.12.2004 erteilt wurden, müsste dieser ohnehin nur für Neuzusagen des Jahres 2005 berücksichtigt werden.

Für die Finanzierung des Future Service wird zwischen Arbeitgeber und Pensionsfonds vereinbart, dass der Arbeitgeber den Umwandlungsbeitrag JDK leistet.

Mit dieser Festlegung der Einmalprämie auf den Teilwert der Pensionsrückstellung und des laufenden Beitrags auf den Umwandlungsbeitrag kann der Pensionsfonds die Altersrente finanzieren, wenn er eine Rendite in Höhe des Rechnungszinses der Leistungszusage von 6 % erreichen sollte.
Insgesamt basiert daher das Umstellungsmodell I auf dem Modell des Pensionsfonds mit beitragsdotierter Leistungszusage, der bislang für Neuzusagen analysiert wurde.
Sollte der Deckungsstock keine Rendite in Höhe des Rechnungszinses erwirtschaften ($i < r$), schießt der Arbeitgeber periodisch entsprechende Beiträge nach, die die entstandene Deckungslücke schließen (vgl. Gleichung (339)).

$$z_t^I = \frac{i-r}{p_{x+t-1}^{IBS-G}} DST_{t-1}^{PF(bLZ)} \tag{343}$$

Diese führen gemäß § 4e I EStG zu einem vollen Betriebsausgabenabzug beim Arbeitgeber. Auf Arbeitnehmerseite erfolgt die Leistung der Einmalprämie wegen § 3 Nr. 66 i. V. m. § 4e III Satz 1 EStG und § 2 II Nr. 6 ArEV lohnsteuer- und sozialversicherungsfrei. Für die laufenden Beitragszahlungen und eventuell anfallende Nachschussverpflichtungen des Arbeitgebers wird angenommen, dass sie den Freibetrag des § 3 Nr. 63 Satz 1 EStG nicht überschreiten und damit ebenfalls lohnsteuer- und sozialversicherungsfrei sind.

Sollte der Pensionsfonds dagegen eine Verzinsung über 6 % erwirtschaften, werden diese solange zu einer Erhöhung des Rentenanspruchs des Arbeitnehmers verwendet, bis er die gesamte vom Arbeitgeber versprochene Rentenhöhe $A = 16,55$ versicherungsförmig garantieren kann. Die Höhe dieses Deckungsstocks $DST_t^{PF(bLZ),\max}$ wurde bereits in den Gleichungen (332) und (333) ermittelt. Die künftigen Überschusszahlungen ergeben sich folglich in Höhe von (vgl. Gleichungen (334) und (338)):[427]

$$\begin{aligned} z_t^I &= z_t^{PF(bLZ)} \\ &= \begin{cases} \begin{array}{c} DST_t^{PF(bLZ),i,IBS-G} \\ -DST_t^{PF(bLZ),\max} \end{array} & ; \quad \begin{array}{c} DST_{t-1}^{PF(bLZ),i,IBS-G} < DST_{t-1}^{PF(bLZ),\max} \wedge \\ DST_t^{PF(bLZ),\max} < DST_t^{PF(bLZ),i,IBS-G} \end{array} \\ \left(\frac{1+i}{p_{x+t-1}^{IBS-G}} - \frac{1+v}{p_{x+t-1}^{DAV2O}}\right) DST_{t-1}^{PF(bLZ),\max} & ; \quad DST_{t-1}^{PF(bLZ),i,IBS-G} \geq DST_{t-1}^{PF(bLZ),\max} \end{cases} . \end{aligned} \tag{344}$$

[427]Zum Schlussalter der IBS-Generationentafel wird zusätzlich der bestehende Deckungsstock an den Arbeitgeber ausbezahlt. Er wird in der formalen Darstellung nicht berücksichtigt, weil sein Einfluss auf den Kostenbarwert vernachlässigbar ist (vgl. die Ausführung bei Formel (328)).

Der Überschussbarwert des Pensionsfonds im Umstellungszeitpunkt beläuft sich daher auf:

$$Z_T^I = \sum_{t=T+1}^{m+\varpi^{IBS}} z_t^I \frac{{}_{x+t}p_{x+T}^{IBS-G}}{q_{\beta,s}^{t-T}} = \sum_{t=T+1}^{m+\varpi^{IBS}} z_t^{PF(bLZ)} \frac{{}_{x+t}p_{x+T}^{IBS-G}}{q_{\beta,s}^{t-T}}. \tag{345}$$

Da sich in diesem Modell bei der Umstellung der Direktzusage auf den Pensionsfonds weder für den Arbeitgeber noch für den Arbeitnehmer steuerliche Konsequenzen ergeben und der laufende Beitrag der kostenneutrale Umwandlungsbeitrag des Arbeitgebers ist, beläuft sich der Kostenbarwert des Pensionsfonds im Übertragungs- bzw. Umstellungszeitpunkt T auf den – mathematisch gesprochen – mit einem negativen Vorzeichen versehenen Überschussbarwert des Pensionsfonds nach Steuern des Arbeitgebers.

$$K_{T,s}^I = -(1-s)\, Z_T^I \tag{346}$$

8.7.2 Umstellungsmodell II

Im zweiten Umstellungsmodell übernimmt der Pensionsfonds eine versicherungsförmige Garantie für den bisher erdienten Anspruch des Versorgungsberechtigten. Hierfür verlangt er eine Einmalprämie P_T^{II} in Höhe des Barwerts des erdienten Anspruchs, den er auf Basis des Rechnungszinses des Pensionsfonds von 2,75 % und den biometrischen Rechnungsgrundlagen der DAV 2004 R 2. Ordnung ermittelt.

Der erdiente Pensionsanspruch eines Rentners ist der Barwert der laufenden Leistungen.[428] Was allerdings als erdienter Pensionsanspruch eines Aktiven gilt, ist gesetzlich nicht geregelt. Da von einer Fortsetzung des Arbeitverhältnisses auszugehen ist, erscheint es sinnvoll, den nach versicherungsmathematischen Grundsätzen ermittelten Barwert der Rentenverpflichtung zur Bewertung des Past Service zu verwenden.[429] Der Barwert des erdienten Pensionsanspruchs eines Anwärters ergibt sich daher als Barwert der zugesagten Altersrente abzüglich des Barwerts noch ausstehender Beitragszahlungen: Dies entspricht dem Endwert dieser Beitragszahlungen, wenn der Arbeitgeber die Versorgungszusage von Beginn an über den Pensionsfonds mit klassischer Leistungszusage abgewickelt hätte. Der Barwert des erdienten Pensionsanspruchs eines Bestandsrentners und eines aktiven Anwärters beträgt also

$$\begin{aligned}
P_T^{II} &= \begin{cases} JPF \times refn_{pDAV2O,x,T;v,\overline{T}} & ; \quad B \\ A \times rbfn_{pDAV2O,x,T;v,\overline{m+\varpi-T}} & ; \quad L \end{cases} \\
&= A \begin{cases} \dfrac{rbfn_{pDAV2O,x,m;v,\overline{\varpi}}}{refn_{pDAV2O,x,m;v,\overline{m}}} refn_{pDAV2O,x,T;v,\overline{T}} & ; \quad B \\ rbfn_{pDAV2O,x,T;v,\overline{m+\varpi-T}} & ; \quad L \end{cases} \\
&= DRS_T^{PF(kLZ)} \\
&= DST_T^{PF(kLZ)}
\end{aligned} \tag{347}$$

[428]Rentner können keine über die laufenden Leistungen hinausgehenden Anwartschaften erdienen.

[429]Vgl. auch *Unger / Bartels* (2004), S. 242 f. Aus diesem Grund wird nicht die nach § 2 I BetrAVG berechnete unverfallbare Anwartschaft zur Bewertung des Past Service herangezogen.

und stimmt mit der Deckungsrückstellung bzw. dem rechnungsmäßigen Deckungsstock eines Pensionsfonds mit klassischer Leistungszusage überein. Diese Einmalprämie wird vom Arbeitgeber zum Zeitpunkt T aufgewendet. Den Differenzbetrag

$$\begin{aligned} D_T &= P_T^{II} - TW_T \\ &= DRS_T^{PF(kLZ)} - TW_T \\ &= DST_T^{PF(kLZ)} - DST_T^{DZ} \end{aligned} \tag{348}$$

zwischen der Einmalprämie P_T^{II} und der Pensionsrückstellung TW_T bzw. dem rechnungsmäßigen Deckungsstock der Direktzusage DST_T^{DZ} finanziert der Arbeitgeber zu einem Anteil α aus Zahlungsüberschüssen und zum Anteil $1-\alpha$ aus den sonstigen Vermögensmitteln unter Hebung stiller Reserven.[430] Da diese Aufdeckung der stillen Reserven (stR) in Höhe von $(1-\alpha)\,D_T$ zur Finanzierung des Differenzbetrags Folge der Umstellung ist, muss die daraus im Übertragungszeitpunkt resultierende Steuerbelastung TS_T^{stR} zunächst in diesem Modell berücksichtigt werden. Diese beläuft sich je nach der sachlichen Steuerpflichtigkeit ε der aufgedeckten stillen Reserven auf:

$$TS_T^{stR} = s\,(1-\alpha)\,\varepsilon \times D_T. \tag{349}$$

Da der Arbeitgeber einen Antrag nach § 4e III Satz 1 EStG stellt, kann er den Differenzbetrag nicht im Übertragungszeitpunkt, sondern erst in den danach folgenden zehn Jahren gleichmäßig verteilt als Betriebsausgaben abziehen; der dadurch induzierte periodische Steuervorteil TS_t^D ergibt sich über diesen Zeitraum von $T+1 \leq t \leq T+10$ zu:

$$TS_t^D = s\frac{D_T}{10} = s\frac{P_T^{II} - TW_T}{10} = s\frac{DRS_T^{PF(kLZ)} - TW_T}{10}. \tag{350}$$

Der Steuervorteil aus der Verteilung des Differenzbetrags auf die nächsten zehn Jahre beträgt dann im Übertragungszeitpunkt:[431]

$$TS_T^D = \sum_{t=T+1}^{T+10} TS_t^D q_{\beta,s}^{T-t} = s\frac{DRS_T^{PF(kLZ)} - TW_T}{10} \sum_{t=T+1}^{T+10} q_{\beta,s}^{T-t}. \tag{351}$$

Damit beläuft sich der unmittelbare Steuervorteil aus der Umstellung der Direktzusage auf den Pensionsfonds zum Übertragungszeitpunkt T auf:

$$TS_T = -TS_T^{stR} + TS_T^D. \tag{352}$$

Des Weiteren wird zwischen Pensionsfonds und Arbeitgeber vereinbart, dass der Pensionsfonds für die gesamte Versorgungsleistung eine versicherungsförmige Garantie übernehmen soll. Hier-

[430] Die Aufnahme von Fremdkapital zur Finanzierung wurde in Kapitel 5.7 problematisiert. Im Prinzip hätte man auch dort bereits die nachfolgenden Überlegungen, ob die Finanzierung der Überdotierung aus stillen Reserven Steuernachteile impliziert, anstellen können. Allerdings fallen sie hier deutlicher ins Auge.

[431] Falls $\beta_B = \beta_L = \beta$ gilt, dann ist $\sum_{t=T+1}^{T+10} q_{\beta,s}^{T-t} = rbfn\,(i_{\beta,s}, 10)$.

für verlangt der Pensionsfonds daher neben der Einmalprämie P_T^{II} laufende Beiträge der Höhe:

$$JPF = A \frac{rbfn_{p^{DAV2O},x,m;v,\overline{\varpi}}}{refn_{p^{DAV2O},x,m;v,\overline{m}}}. \tag{353}$$

Für den Arbeitnehmer erfolgt die Leistung der Einmalprämie infolge des Antrags nach § 4e III Satz 1 EStG lohnsteuer- und sozialversicherungsfrei. Wie auch bisher in der Modellierung angenommen, überschreiten die laufenden Beiträge den Höchstbetrag des § 3 Nr. 63 Satz 1 EStG nicht, sodass diese ebenfalls lohnsteuer- und sozialversicherungsfrei sind.

Insgesamt liegt daher dem Umstellungsmodell II das Modell des Pensionsfonds mit klassischer Leistungszusage zugrunde, das bislang für Neuzusagen analysiert wurde.
Die Überschüsse des Pensionsfonds ergeben sich somit in Höhe von (vgl. Gleichung (326)):[432]

$$z_t^{II} = z_t^{PF(kLZ)} = \frac{1+i}{p_{x+t-1}^{IBS-G}} DST_{t-1}^{PF(kLZ)} - \frac{1+v}{p_{x+t-1}^{DAV2O}} DST_{t-1}^{PF(kLZ)}. \tag{354}$$

Der Überschussbarwert des Pensionsfonds zum Zeitpunkt T beträgt folglich:

$$Z_T^{II} = \sum_{t=T+1}^{m+\varpi^{IBS}} z_t^{II} \frac{{}_{x+t}p_{x+T}^{IBS-G}}{q_{\beta,s}^{t-T}} = \sum_{t=T+1}^{m+\varpi^{IBS}} z_t^{PF(kLZ)} \frac{{}_{x+t}p_{x+T}^{IBS-G}}{q_{\beta,s}^{t-T}}. \tag{355}$$

Der vorläufige (vl) Kostenbarwert besteht aus der Leistung des Differenzbetrags und dessen unmittelbaren steuerlichen Folgen. Er beinhaltet ebenfalls den Überschussbarwert und in der Ansparphase den Barwert aus der künftigen periodischen Überdotierung des Pensionsfonds, jeweils nach Steuern des Arbeitgebers.

$$K_{T,s,vl}^{II} = \begin{cases} \begin{array}{c} D_T - TS_T^D + TS_T^{stR} \\ +(1-s)(JPF - JDK)\, rbfn_{p^{IBS-G05},x,T;i_{\beta_B,s},\overline{m-T}} \\ -(1-s)\, Z_T^{II} \end{array} & ; \quad B \\ D_T - TS_T^D + TS_T^{stR} - (1-s)\, Z_T^{II} & ; \quad L \end{cases} \tag{356}$$

Mäße man nun die Vorteilhaftigkeit des Umstellungsmodells II auf Basis dieses vorläufigen Kostenbarwerts gegenüber den anderen Alternativen – der internen Durchführung über eine Direktzusage, die an späterer Stelle modelliert wird, und der Umstellung auf den Pensionsfonds im Rahmen des Modells I –, so hätte man die Auflösung dieser stillen Reserven zum Übertragungszeitpunkt und deren Steuerbelastung TS_T^{stR} in diesem Umstellungsmodell einkalkuliert, ohne die steuerlichen Folgen ihrer Nichtaufdeckung im Übertragungszeitpunkt bei den alternativen Umstellungsmodellen zu berücksichtigen. Bei der internen Durchführung über eine Direktzusage oder der Umstellung nach dem Modell I bleiben die stillen Reserven $(1-\alpha)\, D_T$

[432] Vgl. Fn. 427.

bestehen, bis sie zu einem beliebigen Zeitpunkt der Zukunft $T+\kappa$ aufgedeckt werden. Da sie zu diesem Zeitpunkt dann $(1-\alpha)\, D_T \times q_{\beta,s}^{\kappa}$ betragen, beläuft sich die aus der Aufdeckung dieser stillen Reserven zum Zeitpunkt $T+\kappa$ resultierende Steuerbelastung auf $s\,(1-\alpha)\, D_T \times q_{\beta,s}^{\kappa}$. Diskontiert man diese Steuerbelastung auf den Übertragungszeitpunkt, so ergibt sich eine solche von $s\,(1-\alpha)\, D_T$. Sie entspricht exakt derjenigen, die im Umstellungsmodell II durch die sofortige Aufdeckung der stillen Reserven induziert wird. Aus steuerlicher Sicht ergeben sich folglich c. p. aus der Aufdeckung stiller Reserven keine Nachteile, weil die alternative Auflösung der für einen gewissen Zeitpunkt der Zukunft dann vorhandenen stillen Reserven barwertig gleich ist.[433] Ein Steuervorteil aus der zeitlich verzögerten Aufdeckung stiller Reserven existiert nicht.[434]

Für einen auf identischer Basis stehenden Vergleich muss man folglich die Steuerbelastung aus der Hebung stiller Reserven entweder in alle Kostenbarwerte integrieren oder sie aus allen herausnehmen.

Dieser zweite Weg wird beschritten mit der Begründung, dass die Steuerbelastung aus der Aufdeckung der stillen Reserven ohnehin angefallen wäre, sodass sie der Umstellungsentscheidung nicht zurechenbar ist. Steuerwirkungen aus der Auflösung stiller Reserven sind somit entgegen der Literaturmeinung[435] nicht im Vorteilhaftigkeitskalkül zu berücksichtigen. Der Kostenbarwert beträgt daher endgültig:

$$K_{T,s}^{II} = \begin{cases} \begin{array}{c} D_T - TS_T^D + (1-s)\,(JPF - JDK)\, rbfn_{p^{IBS-G05},x,T;i_{\beta,s},\overline{m-T}} \\ -\,(1-s)\, Z_T^{II} \end{array} & ; \; B \\ D_T - TS_T^D - (1-s)\, Z_T^{II} & ; \; L \end{cases}$$

$$= \begin{cases} \begin{array}{c} \left(DRS_T^{PF(kLZ)} - TW_T\right)\left(1 - \frac{1}{10}\sum_{t=T+1}^{T+10} q_{\beta,s}^{T-t}\right) \\ +\,(1-s)\,(JPF - JDK)\, rbfn_{p^{IBS-G05},x,T;i_{\beta,s},\overline{m-T}} - (1-s)\, Z_T^{II} \end{array} & ; \; B \\ \left(DRS_T^{PF(kLZ)} - TW_T\right)\left[1 - \frac{1}{10} rbfn\left(i_{\beta_L,s}, 10\right)\right] - (1-s)\, Z_T^{II} & ; \; L \end{cases} . \qquad (357)$$

8.8 Mit Anhebung der Versorgungsleistung bei Umstellung – Umstellungsmodell I und II

Sofern der Versorgungsberechtige nicht bereits vor dem 1.1.2002 Bestandsrentner war, gelten nach dem Wechsel des Durchführungswegs andere Freibetragsregelungen für die Versorgungsleistungen. Sollten diese zu steuerlichen Nachteilen für den Arbeitnehmer führen, ist der Wechsel mit einer Änderung des materiellen Inhalts der Versorgungszusage zum Nachteil des Arbeitneh-

[433] Vgl. auch *Elser* (2001), S. 805 ff., und die Ausführungen zur Ermittlung des Kostenbarwerts einer Kapitalgesellschaft in Kapitel 5.6.

[434] Ein Kostenvorteil aus der zeitlich verzögerten Auflösung entsteht nur, falls das Unternehmen die Steuerzahlung aus der Auflösung der aktuellen stillen Reserven nicht sofort, sondern erst eine entsprechende Steuerzahlung zu einem späteren Zeitpunkt aus Vermögensmitteln finanzieren kann. Im Vergleich fällt diese allerdings durch die Verzinsung der stillen Reserven höher aus.

[435] Vgl. *Sartoris* (2004), S. 3, und *Goverts* (2005), S. 1.

mers verbunden. Einem solchen Wechsel muss der Arbeitnehmer zustimmen. Für den Arbeitgeber ist es daher im Allgemeinen erforderlich, den Nachteil des Arbeitnehmers auszugleichen. Er muss also beim Wechsel zu einem Pensionsfonds die Bruttorente in dem Maße erhöhen, dass der Arbeitnehmer danach dieselbe Nettorente erhält wie zuvor.

Inwieweit sich die Nettorente der ursprünglichen Direktzusage von derjenigen des Pensionsfonds ohne Anhebung der Bruttoleistung unterscheidet, müsste dabei grundsätzlich für jeden Einzelfall überprüft werden. Geht man von der maximalen Höhe des Versorgungsgesamtfreibetrags (Versorgungsfreibetrag + Zuschlag) und des Altersentlastungsbetrags aus, so entstehen durch den Wechsel von der Direktzusage auf den Pensionsfonds bis ins Jahr 2040 steuerliche Nachteile für Versorgungsberechtigte, die vor diesem Jahr in den Ruhestand gehen, weil der Versorgungsgesamtfreibetrag bis dahin grundsätzlich höher als der Altersentlastungsbetrag ist.[436] Die Nettorente, die der Arbeitnehmer bezieht, sinkt allein schon unter diesem Aspekt durch den Wechsel zu einem Pensionsfonds.

Darüber hinaus stellt sich insbesondere die Frage, in welchem Umfang die Freibetragsregelungen der §§ 19 II, 24a EStG vom Versorgungsberechtigten für die Minderung der Einkünfte aus der Versorgungsleistung genutzt werden können; für die Beurteilung der steuerlichen Folgen eines Wechsels muss also bestimmt werden, inwieweit diese Freibetragsregelungen bereits durch bestehende andere Einkunftsquellen beim Versorgungsberechtigten ausgeschöpft sind.

Bei der Direktzusage dürfte der Versorgungsgesamtfreibetrag nach § 19 II EStG beim Versorgungsberechtigten vollständig zu einer entsprechenden Steuerentlastung führen, weil dieser Freibetrag speziell für Einkünfte aus nichtselbständiger Arbeit gewährt wird und der Versorgungsberechtigte im Ruhestand neben den Einkünften aus der Versorgungszusage i. d. R. keine zusätzlichen Einkünfte aus einer aktiven i. S. d. § 19 EStG nichtselbständigen Tätigkeit vereinnahmt.

Anders sieht dies für den Altersentlastungsbetrag nach § 24a EStG aus. Er bezieht sich auf eine Reihe von Einkünften, wie beispielsweise Einkünfte aus Kapitalvermögen (§ 20 EStG), Einkünfte aus Vermietung und Verpachtung (§ 21 EStG) usw. Bedenkt man seine maximale Höhe von derzeit 1.900 €, so dürfte dieser entweder ganz oder zumindest größtenteils durch bestehende Einkünfte des Versorgungsberechtigten beansprucht werden.[437] Eine steuerliche Entlastung der Leistungen des Pensionsfonds durch den Altersentlastungsbetrag ist daher nicht oder allenfalls in einem geringen Maße gegeben.[438] Aus diesem Grund umfasst das nachfolgende Modell den Altersentlastungsbetrag nicht.

Damit folglich durch den Wechsel von der Direktzusage auf den Pensionsfonds für den Arbeitnehmer keine steuerlichen Nachteile entstehen, muss der Arbeitgeber die Bruttorente A^{DZ} so

[436] Vgl. Tabellen 36 und 37.

[437] Man beachte, dass hierfür – abgesehen von sonstigen Freibetragsregelungen – bei einer unterstellten Verzinsung festverzinslicher Wertpapiere von 5 % bereits ein Anlagevolumen von ca. 40.000 € ausreicht. Sollte der Versorgungsberechtigte Einkünfte aus Vermietung und Verpachtung beziehen, ist der Altersentlastungsbetrag i. d. R. ausgeschöpft.

[438] Dies übersehen offenbar sowohl *Friedrich / Weigel* (2003), S. 2565, als auch *Meier / Bätzel* (2004), S. 1438 f.

anheben, dass die Nettorente des Arbeitnehmers $A_{s_L}^{DZ}$, die er bei Fortführung der Direktzusage in der Rentenphase bezieht, identisch mit der Nettorente $A_{s_L}^{PF}$ nach dem Wechsel auf den Pensionsfonds ist.

$$A_{s_L}^{DZ} = A_{s_L}^{PF}$$

$$A^{DZ} - s_L \left(A^{DZ} - FB_{J,(X)}^{DZ}\right) = (1 - s_L)\left(1 + e_{J,(X)}\right) A^{DZ} \tag{358}$$

s_L ist der Steuersatz des Arbeitnehmers in der Leistungsphase und FB der Freibetrag der Direktzusage DZ.[439] Letzterer ist mit J indexiert, weil seine Höhe vom Jahr abhängt, in dem der Versorgungsberechtigte in den Ruhestand geht. Da angenommen wird, dass die Rentenphase des Versorgungsberechtigten im Alter von 65 Jahren beginnt und als Bezugsjahr 2005 herangezogen wird, ist der Freibetrag ebenso mittelbar vom Alter des Versorgungsberechtigten X im Jahr 2005 abhängig, sodass der Freibetrag zusätzlich mit (X) indexiert wird.
Die Nettorente $A_{s_L}^{DZ}$ des Versorgungsberechtigen bei Fortführung der Direktzusage ergibt sich aus der Bruttorente abzüglich der Steuern auf die – um den Freibetrag des § 19 II EStG gekürzte – Bruttorente.
Dagegen beläuft sich die Nettorente des Versorgungsberechtigten nach dem Wechsel der Direktzusage auf den Pensionsfonds auf $(1 - s_L)\left(1 + e_{J,(X)}\right) A^{DZ}$. $1 + e_{J,(X)}$ ist der Erhöhungsfaktor, wobei $e_{J,(X)}$ die relative Erhöhung ist, um die die ursprüngliche Bruttorente der Direktzusage angehoben werden muss, damit der Arbeitnehmer vor und nach dem Wechsel dieselbe Nettorente bezieht. Wie aus Formel (358) folgt, beträgt die relative Erhöhung allgemein:

$$e_{J,(X)} = \frac{s_L}{1 - s_L} \frac{1}{A^{DZ}} FB_{J,(X)}^{DZ}. \tag{359}$$

Demnach besteht zwischen der relativen Erhöhung und dem Versorgungsgesamtfreibetrag bzw. der Altersrente ein proportionales bzw. ein reziprokes Verhältnis. Die relative Erhöhung und der Steuersatz des Arbeitnehmers in der Rentenphase sind positiv korreliert.[440]

Da die Einmalprämie des Pensionsfonds sowohl im Umstellungsmodell I (M I) als auch im Umstellungsmodell II (M II) proportional von der Rentenhöhe abhängig ist (vgl. Formeln (342) und (347)) und diese wegen der unterschiedlichen Freibetragsregelungen von Direktzusage und Pensionsfonds um den Faktor $1 + e_{J,(X)}$ vom Arbeitgeber zu erhöhen ist, fordert der Pensionsfonds vom Arbeitgeber für die erhöhte Altersrente eine Einmalprämie P_T^e in Höhe von:

$$P_T^e = \left(1 + e_{J,(X)}\right) P_T$$

[439]Durch die Anhebung der Bruttorente ist das zu versteuernde Einkommen nach der Umstellung auf den Pensionsfonds höher als bei der ursprünglichen Direktzusage. Prinzipiell müsste daher zwischen dem Grenzsteuersatz in der Rentenphase vor und nach der Umstellung differenziert werden. Eine entsprechende modellendogene Bestimmung des Differenzsteuersatzes vor und nach der Umstellung kann jedoch unterbleiben, weil sich dies auf die Ergebnisse der nachfolgenden Analyse nicht auswirkt (für weitere Ausführungen vgl. Fn. 461).

[440]Die 1. Ableitung der Funktion nach der Variablen s_L ist $1/(1 - s_L)^2$. Sie ist damit größer als null.

$$= \begin{cases} \left(1+e_{J,(X)}\right) P_T^I & ; \text{ M I} \\ \left(1+e_{J,(X)}\right) P_T^{II} & ; \text{ M II} \end{cases}$$

$$= \begin{cases} \left(1+e_{J,(X)}\right) TW_T & ; \text{ M I} \\ \left(1+e_{J,(X)}\right) DRS_T^{PF(kLZ)} & ; \text{ M II} \end{cases}. \tag{360}$$

Wechselt der Arbeitgeber daher den Pensionsfonds und erhöht danach die Pensionszusage um den Faktor $e_{J,(X)}$, so kann er den Differenzbetrag $D_T^{e,nW}$ (nW: Erhöhung nach Wechsel)

$$D_T^{e,nW} = \begin{cases} \left(1+e_{J,(X)}\right) TW_T - TW_T & ; \text{ M I} \\ \left(1+e_{J,(X)}\right) DRS_T^{PF(kLZ)} - TW_T & ; \text{ M II} \end{cases}$$

$$= \begin{cases} e_{J,(X)} \times TW_T & ; \text{ M I} \\ \left(1+e_{J,(X)}\right) DRS_T^{PF(kLZ)} - TW_T & ; \text{ M II} \end{cases} \tag{361}$$

– da er einen Antrag nach § 4e III Satz 1 EStG stellt – erst in den auf den Übertragungszeitpunkt folgenden zehn Jahren gleichmäßig verteilt als Betriebsausgaben abziehen. Der dadurch induzierte, zum Übertragungszeitpunkt bewertete Steuervorteil beträgt dann:

$$TS_T^{e,nW} = \begin{cases} s\frac{e_{J,(X)} TW_T}{10} \sum_{t=T+1}^{T+10} q_{\beta,s}^{T-t} & ; \text{ M I} \\ s\frac{\left(1+e_{J,(X)}\right) DRS_T^{PF(kLZ)} - TW_T}{10} \sum_{t=T+1}^{T+10} q_{\beta,s}^{T-t} & ; \text{ M II} \end{cases}. \tag{362}$$

Besser wäre es allerdings für den Arbeitgeber, das Einverständnis des Arbeitnehmers einzuholen, dass dessen Versorgungsanspruch im Zuge der Umstellung auf den Pensionsfonds um $e_{J,(X)}$ erhöht wird. Danach könnte er diese Erhöhung zunächst bei der Direktzusage vornehmen, bevor der Wechsel auf den Pensionsfonds erfolgt. Bei diesem Vorgehen führt die Anhebung der Versorgungszusage um $e_{J,(X)}$ zu einer entsprechenden Erhöhung der Pensionsrückstellung um $e_{J,(X)}$.[441] Damit entsteht durch diese im Gegensatz zur erstbeschriebenen Vorgehensweise eine sofort abzugsfähige Betriebsausgabe, die einen Steuervorteil von $s \times e_{J,(X)} \times TW_T$ erzeugt. Nach Steuern führt somit die im Zuge der Umstellung vorzunehmende Erhöhung der Direktzusage zu einer Auszahlung von $(1-s)\, e_{J,(X)} \times TW_T$ für den Arbeitgeber.

Der Differenzbetrag $D_T^{e,vW}$ bei Erhöhung der Versorgungsleistung vor dem Wechsel beträgt also

$$D_T^{e,vW} = \begin{cases} 0 & ; \text{ M I} \\ \left(1+e_{J,(X)}\right) \left(DRS_T^{PF(kLZ)} - TW_T\right) & ; \text{ M II} \end{cases}, \tag{363}$$

und der darauf basierende Steuervorteil beläuft sich auf:

$$TS_T^{e,D^{vW}} = \begin{cases} 0 & ; \text{ M I} \\ s\frac{\left(1+e_{J,(X)}\right)\left(DRS_T^{PF(kLZ)} - TW_T\right)}{10} \sum_{t=T+1}^{T+10} q_{\beta,s}^{T-t} & ; \text{ M II} \end{cases}. \tag{364}$$

[441] Vgl. Formeln (271) und (285).

Insgesamt beträgt der Steuervorteil aus der Umstellung der Direktzusage auf den Pensionsfonds:

$$TS_T^{e,vW} = s \times e_{J,(X)} \times TW_T + TS_T^{e,D^{vW}}. \tag{365}$$

Damit wird ein Steuervorteil erzielt, der bei dieser gegenüber der erstbeschriebenen Vorgehensweise um

$$\begin{aligned}
\Delta TS_T^{e,vW,nW} &= TS_T^{e,vW} - TS_T^{e,nW} \\
&= \begin{cases} s \times e_{J,(X)} \times TW_T - s\frac{e_{J,(X)}TW_T}{10}\sum_{t=T+1}^{T+10} q_{\beta,s}^{T-t} & ; \text{ M I} \\ s \times e_{J,(X)} \times TW_T + s\frac{\left(1+e_{J,(X)}\right)\left(DRS_T^{PF(kLZ)}-TW_T\right)}{10}\sum_{t=T+1}^{T+10} q_{\beta,s}^{T-t} \\ \quad -s\frac{\left(1+e_{J,(X)}\right)DRS_T^{PF(kLZ)}-TW_T}{10}\sum_{t=T+1}^{T+10} q_{\beta,s}^{T-t} & ; \text{ M II} \end{cases} \\
&= s \times e_{J,(X)} \times TW_T \left(1 - \frac{1}{10}\sum_{t=T+1}^{T+10} q_{\beta,s}^{T-t}\right)
\end{aligned} \tag{366}$$

höher ist.[442] Aufgrund der Überlegenheit der zuletzt beschriebenen Vorgehensweise beschränkt sich die nachfolgende Analyse auf diese; der Arbeitgeber hebt im Zuge der Umstellung zuerst die Versorgungsleistung an, bevor er die Einmalprämie an den Pensionsfonds entrichtet.

Neben der Einmalprämie muss der Arbeitgeber noch laufende Beiträge an den Pensionsfonds leisten, wenn sich der Versorgungsberechtigte noch in der Ansparphase der Zusage befinden sollte. Wegen der Erhöhung der Versorgungsleistung um $e_{J,(X)}$ müssen ebenso die Beiträge an den Pensionsfonds um $e_{J,(X)}$ erhöht werden.

$$\left.\begin{matrix} JDK^e \\ JPF^e \end{matrix}\right\} = \begin{cases} \left(1+e_{J,(X)}\right) JDK & ; \text{ M I} \\ \left(1+e_{J,(X)}\right) JPF & ; \text{ M II} \end{cases} \tag{367}$$

Die Belastung des Arbeitgebers aus der Höherdotierung (ΔDot) gegenüber dem kostenneutralen Umwandlungsbeitrag beträgt somit nach Steuern:

$$\begin{aligned}
\Delta Dot_{T,s}^e &= (1-s)\,\Delta Dot_T^e \\
&= (1-s)\begin{cases} \Delta Dot_T^{e,I} & ; \text{ M I} \\ \Delta Dot_T^{e,II} & ; \text{ M II} \end{cases} \\
&= (1-s)\begin{cases} \sum_{t=T+1}^{m}\left[\left(1+e_{J,(X)}\right)JDK - JDK\right]\frac{{}_{x+t}p_{x+T}^{ea}}{q_{\beta_B,s}^{t-T}} & ; \text{ M I} \\ \sum_{t=T+1}^{m}\left[\left(1+e_{J,(X)}\right)JPF - JDK\right]\frac{{}_{x+t}p_{x+T}^{ea}}{q_{\beta_B,s}^{t-T}} & ; \text{ M II} \end{cases}
\end{aligned}$$

[442] Wohlgemerkt besteht hier die Möglichkeit, die Entstehung eines Differenzbetrags, der dann erst über 10 Jahre verteilt als Betriebsausgabe abgezogen werden kann, zu verhindern, nur deshalb, weil die Versorgungsleistung selbst erhöht wird. Dagegen ist der Differenzbetrag, der im Umstellungsmodell II ohne die Anhebung der Versorgungsleistung entsteht, nicht zu verhindern, weil dieser auf den unterschiedlichen Rechnungsgrundlagen der Direktzusage und des Pensionsfonds beruht.

$$= (1-s)\begin{cases} e_{J,(X)} \times JDK \times rbfn_{p^{IBS-G},x,T;i_{\beta_B,s},\overline{m-T}} & ; \text{ M I} \\ \left[\left(1+e_{J,(X)}\right) JPF - JDK\right] rbfn_{p^{IBS-G},x,T;i_{\beta_B,s},\overline{m-T}} & ; \text{ M II} \end{cases}. \tag{368}$$

Infolge der um $e_{J,(X)}$ höheren Dotierung des Pensionsfonds entstehen gleichsam auch periodisch um diesen Faktor $e_{J,(X)}$ höhere Überschüsse beim Pensionsfonds

$$z_t^e = \begin{cases} \left(1+e_{J,(X)}\right) z_t^I & ; \text{ M I} \\ \left(1+e_{J,(X)}\right) z_t^{II} & ; \text{ M II} \end{cases}, \tag{369}$$

sodass der Überschussbarwert des Pensionsfonds zum Zeitpunkt T

$$Z_T^e = \begin{cases} \left(1+e_{J,(X)}\right) Z_T^I & ; \text{ M I} \\ \left(1+e_{J,(X)}\right) Z_T^{II} & ; \text{ M II} \end{cases} \tag{370}$$

nach Steuern des Arbeitgebers $Z_{T,s}^e = (1-s)\, Z_T^e$ beträgt.

Der Kostenbarwert des Arbeitgebers aus der Umstellung der Direktzusage auf den Pensionsfonds beträgt somit, wenn er, wie angenommen, zuerst die Direktzusage um $e_{J,(X)}$ erhöht und dann die Zusage auf den Pensionsfonds überträgt:[443]

$$K_{T,s}^e = K_{T,s}^{e,vW} = \begin{cases} K_{T,s}^{I,e} & ; \text{ M I} \\ K_{T,s}^{II,e} & ; \text{ M II} \end{cases}$$
$$= \begin{cases} (1-s)\, e_{J,(X)} TW_T + D_T^{e,vW,I} - TS_T^{e,D^{vW,I}} + \Delta Dot_{T,s}^{e,I} - Z_{T,s}^{e,I} & ; \text{ B, M I} \\ (1-s)\, e_{J,(X)} TW_T + D_T^{e,vW,I} - TS_T^{e,D^{vW,I}} + Z_{T,s}^{e,I} & ; \text{ L, M I} \\ (1-s)\, e_{J,(X)} TW_T + D_T^{e,vW,II} - TS_T^{e,D^{vW,II}} + \Delta Dot_{T,s}^{e,II} - Z_{T,s}^{e,II} & ; \text{ B, M II} \\ (1-s)\, e_{J,(X)} TW_T + D_T^{e,vW,II} - TS_T^{e,D^{vW,II}} - Z_T^{e,II} & ; \text{ L, M II} \end{cases}$$
$$= \begin{cases} \begin{array}{c} (1-s)\, e_{J,(X)} TW_T \\ + (1-s)\, e_{J,(X)} JDK \times rbfn_{p^{IBS-G},x,T;i_{\beta_B,s},\overline{m-T}} \\ - (1-s)\left(1+e_{J,(X)}\right) Z_T^I \end{array} & ; \text{ B, M I} \\ (1-s)\, e_{J,(X)} TW_T - (1-s)\left(1+e_{J,(X)}\right) Z_T^I & ; \text{ L, M I} \\ \begin{array}{c} (1-s)\, e_{J,(X)} TW_T \\ + \left(1+e_{J,(X)}\right)\left(DRS_T^{PF(kLZ)} - TW_T\right)\left(1 - s\frac{1}{10}\sum_{t=T+1}^{T+10} q_{\beta,s}^{T-t}\right) \\ + (1-s)\left[\left(1+e_{J,(X)}\right) JPF - JDK\right] rbfn_{p^{IBS-G},x,T;i_{\beta_B,s},\overline{m-T}} \\ - (1-s)\left(1+e_{J,(X)}\right) Z_T^{II} \end{array} & ; \text{ B, M II} \\ \begin{array}{c} (1-s)\, e_{J,(X)} \times TW_T \\ + \left(1+e_{J,(X)}\right)\left(DRS_T^{PF(kLZ)} - TW_T\right)\left[1 - s\frac{1}{10} rbfn\left(i_{\beta_L,s}, 10\right)\right] \\ - (1-s)\left(1+e_{J,(X)}\right) Z_T^{II} \end{array} & ; \text{ L, M II} \end{cases}. \tag{371}$$

[443] Sollte der Arbeitgeber zuerst den Wechsel auf den Pensionsfonds vornehmen und dann die Versorgungszusage erhöhen, ergibt sich der Kostenbarwert aus der Umstellung zu $K_{T,s}^{e,nW} = K_{T,s}^{e,vW} + \Delta TS_T^{e,vW,nW}$.

8.9 Interne Fortführung der Direktzusage

Alternativ zum Wechsel des Durchführungswegs hin zu einem externen Pensionsfonds kann die Direktzusage weiterhin über den internen Pensionsfonds finanziert werden. Der Barwert der entstehenden Kosten zum möglichen Übertragungszeitpunkt der internen Fortführung besteht aus vier Komponenten,

1. dem Barwert der noch ausstehenden Rentenzahlungen
2. dem Steuervorteil aus der künftigen Pensionsrückstellungsbildung
3. dem Vorteil aus dem Entlohnungsverzicht des Arbeitnehmers
4. und dem bereits in rechnungsmäßiger Höhe aufgebauten Deckungsstock, der dem Teilwert der Pensionsrückstellung wegen $p_{x+t}^{ep} = p_{x+t}^{A} = p_{x+t}^{TW} = p_{x+t}^{IBS-G}$ entspricht.

Er beträgt daher bei einer Umstellung innerhalb der Ansparphase

$$\begin{aligned} K_{T,s}^{DZ} = & \overbrace{\sum_{t=m+1}^{m+\varpi^{IBS}} A \frac{{}_{x+t}p_{x+m}^{IBS-G}}{\left(1+i_{\beta_L,s}\right)^{t-m}} \frac{{}_{x+m}p_{x+T}^{IBS-G}}{\left(1+i_{\beta_B,s}\right)^{m-T}}}^{1.} \\ & \overbrace{- s \sum_{t=T+1}^{m+\varpi^{IBS}} \left[zprs_t \frac{{}_{x+t}p_{x+T}^{IBS-G}}{\left(1+i_{\beta,s}\right)^{t-T}} - aprs_t \frac{{}_{x+t-1}p_{x+T}^{IBS-G} \times q_{x+t-1}^{IBS-G}}{\left(1+i_{\beta,s}\right)^{t-T}} \right]}^{2.} \\ & \overbrace{- (1-s) \sum_{t=T+1}^{m} JDK \frac{{}_{x+t}p_{x+T}^{IBS-G}}{\left(1+i_{\beta_B,s}\right)^{t-T}}}^{3.} - \overbrace{TW_T}^{4.} \end{aligned} \tag{372}$$

bzw. innerhalb der Rentenphase

$$\begin{aligned} K_{T,s}^{DZ} = & \overbrace{\sum_{t=T+1}^{m+\varpi^{IBS}} A \frac{{}_{x+t}p_{x+T}^{IBS-G}}{\left(1+i_{\beta_L,s}\right)^{t-T}}}^{1.} \\ & \overbrace{- s \sum_{t=T+1}^{m+\varpi^{IBS}} \left(zprs_t \frac{{}_{x+t}p_{x+T}^{IBS-G}}{\left(1+i_{\beta_L,s}\right)^{t-T}} - aprs_t \frac{{}_{x+t-1}p_{x+T}^{IBS-G} \times q_{x+t-1}^{IBS-G}}{\left(1+i_{\beta_L,s}\right)^{t-T}} \right)}^{2.} \\ & - \overbrace{TW_T}^{4.}. \end{aligned} \tag{373}$$

Da die Bedingung $p^{A}_{x+t} = p^{ep}_{x+t} = p^{TW}_{x+t} \left(= p^{IBS-G}_{x+t}\right)$ erfüllt ist, lässt er sich in Analogie zur Herleitung der Gleichung (302) zu

$$\begin{aligned} K^{DZ}_{T,s} &= -\sum_{t=T+1}^{m+\varpi^{IBS}} (1-s)\, z^{DZ}_{t} \frac{{}_{x+t}p^{IBS-G}_{x+T}}{(1+i_{\beta,s})^{t-T}} \\ &= -\sum_{t=T+1}^{m+\varpi^{IBS}} (1-s)\, \frac{i^{ft}-r}{p^{IBS-G}_{x+t-1}} DST^{DZ}_{t-1} \frac{{}_{x+t}p^{IBS-G}_{x+T}}{(1+i_{\beta,s})^{t-T}} \\ &= -(1-s)\left(i^{ft}-r\right) \sum_{t=T+1}^{m+\varpi^{IBS}} DST^{DZ}_{t-1} \frac{{}_{x+t-1}p^{IBS-G}_{x+T}}{(1+i_{\beta,s})^{t-T}} \end{aligned} \tag{374}$$

mit

$$DST^{DZ}_{t-1} = \begin{cases} JDK \times refn_{p^{IBS-G},x,t-1;r,\overline{t-1}} & ; \quad \text{B} \\ JDK \frac{refn_{p^{IBS-G},x,m;r,\overline{m}}}{rbfn_{p^{IBS-G},x,m;r,\overline{\varpi}}} rbfn_{p^{IBS-G},x,t-1;r,\overline{m+\varpi-t+1}} & ; \quad \text{L} \end{cases} \tag{375}$$

vereinfachen.

8.10 Umstellungswert und Umstellungsbarwert der Direktzusage auf den Pensionsfonds

Der Umstellungswert der Umstellung der Direktzusage auf den Pensionsfonds ist die Differenz zwischen dem Kostenbarwert der Direktzusage bei interner Fortführung und dem Kostenbarwert des Pensionsfonds zum betrachteten Übertragungszeitpunkt.

$$U_{T,s} = K^{DZ}_{T,s} - K^{PF}_{T,s} \tag{376}$$

Die Höhe dieses Werts hängt vom zugrunde liegenden Umstellungsmodell und davon ab, ob der Arbeitgeber die Versorgungsleistung bei Umstellung anhebt.

$$U_{T,s} = \begin{cases} U^{I}_{T,s} = K^{DZ}_{T,s} - K^{I}_{T,s} & ; \quad \text{M I} \\ U^{II}_{T,s} = K^{DZ}_{T,s} - K^{II}_{T,s} & ; \quad \text{M II} \\ U^{I,e}_{T,s} = K^{DZ}_{T,s} - K^{I,e}_{T,s} & ; \quad \text{M I, e} \\ U^{II,e}_{T,s} = K^{DZ}_{T,s} - K^{II,e}_{T,s} & ; \quad \text{M II, e} \end{cases} \tag{377}$$

Positive Umstellungswerte sind dahingehend zu interpretieren, dass eine Umstellung im betrachteten Übertragungszeitpunkt für den Arbeitgeber vorteilhaft ist. Negative Umstellungswerte bedeuten hingegen, dass der Arbeitgeber die Direktzusage zu diesem Zeitpunkt nicht auf den externen Pensionsfonds übertragen, sondern weiterhin durch den internen Pensionsfonds decken sollte. Sollte er die Direktzusage nach dem Umlageverfahren finanzieren, so sollte er einen internen Pensionsfonds einrichten, anstatt sie auf den externen Pensionsfonds umzustellen.
Um die Entscheidungsgrundlage zu schaffen, zu welchem Zeitpunkt $t < T$ einer einzelnen Zusage eine Umstellung der Direktzusage auf den Pensionsfonds optimal ist, werden die Werte

aller möglichen Umstellungszeitpunkte dann zu einem einheitlichen Bezugszeitpunkt – dem Zeitpunkt der Erteilung der Direktzusage in $t = 0$ – bewertet.

$$U_{0,(T),s} = \frac{{}_{x+T}p_x^{ea}}{q_{\beta,s}^T} U_{T,s} = \frac{{}_{x+T}p_x^{IBS-G}}{q_{\beta,s}^T} U_{T,s} \tag{378}$$

Dieser auf den Zeitpunkt der Zusagenerteilung versicherungsmathematisch diskontierte künftige Umstellungswert wird fortan als „Umstellungsbarwert" bezeichnet. Die Umstellung der Direktzusage ist folglich in dem Zeitpunkt T vorzunehmen, der den höchsten Umstellungsbarwert aufweist.

8.11 Vorteilhaftigkeit der Umstellung

8.11.1 Neuzusage in deren Zeitablauf

Nachfolgend wird auf Basis der oben entwickelten Modelle untersucht, zu welchem Zeitpunkt eine im Jahr 2005 an einen 28-jährigen Versorgungsberechtigten neu erteilte Direktzusage umgestellt werden sollte (3. Zeile der Tabelle 38). Eine Anhebung der Versorgungsleistung ist im Zuge der Umstellung nicht erforderlich, weil ein Freibetrag nach § 19 II EStG in dem Jahr, in dem der Versorgungsberechtigte in den Ruhestand geht, nicht mehr besteht.

8.11.1.1 Umstellungsmodell I

8.11.1.1.1 Variation der Vorsteuerrendite

Zunächst wird im Rahmen der Analyse die Vorsteuerrendite ($\beta = 100$ %) variiert.
Für Zinssätze bis 6 % ist der Umstellungswert und damit auch der Umstellungsbarwert null, weil der Deckungsstock der Direktzusage und der des Pensionsfonds mit beitragsdotierter Leistungszusage im Zeitablauf identisch verlaufen.[444] Für Zinssätze über 6 % besitzt dagegen der Pensionsfonds einen spezifischen Vorteil, weil er die Möglichkeit besitzt, eine retrospektive Deckungsrückstellung zu bilden. Damit kann er im Gegensatz zum internen Pensionsfonds die erzielten Überschüsse zumindest kurzfristig steuerfrei akkumulieren.
In Abbildung 41 ist der Umstellungswert der Direktzusage auf den Pensionsfonds für $i = 10$ % in Abhängigkeit vom Übertragungszeitpunkt dargestellt. Zusätzlich ist darin der Kostenbarwert des Pensionsfonds und der Direktzusage abgetragen, deren Differenz den Umstellungswert ergibt.
Bei Erteilung der Pensionszusage, also im Übertragungszeitpunkt 0, beträgt der Kostenbarwert der Direktzusage $-13,16$ (Überschussbarwert nach Steuern von $13,16$) und der des Pensionsfonds $-21,40$ (Überschussbarwert nach Steuern von $21,40$). Diese Werte müssen und stimmen auch mit den Werten überein, die bei der Modellierung der als Altersrente ohne Kapitalwahrecht gestalteten Versorgungszusage ermittelt wurden.[445] Sowohl der für den jeweiligen Über-

[444] Vgl. auch Abbildung 39 und die entsprechenden Ausführungen im Kapitel 7.5.2.1.
[445] Vgl. die Modellierung im Kapitel 7.4.3 und das Ergebnis im Kapitel 7.5.2.1.

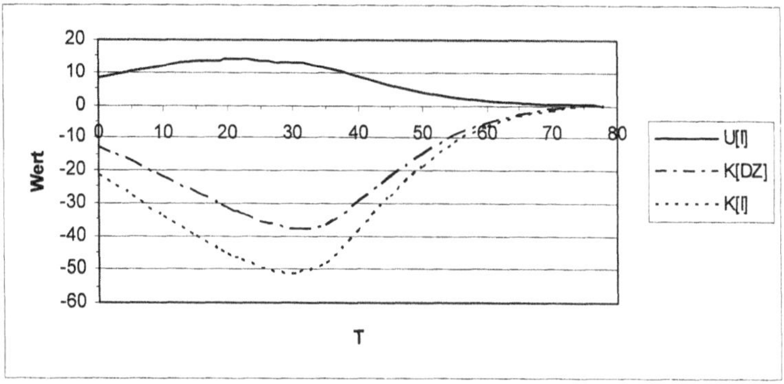

Abbildung 41: Umstellungswert sowie Kostenbarwert des Pensionsfonds und der Direktzusage für $i = 10$ % in Abhängigkeit vom Übertragungszeitpunkt

tragungszeitpunkt bewertete Kostenbarwert des Pensionsfonds $K_{T,s}^{I}$ als auch der Direktzusage $K_{T,s}^{DZ}$ sinken zunächst, je später der Übertragungszeitpunkt gewählt wird. Sie erreichen jeweils ihr Minimum in $T = 30$ bzw. $T = 31$ im Alter von 58 bzw. 59 Jahren des Versorgungsberechtigten. Danach steigen sie, bis sie zum Schlussalter von 106 Jahren, also zum Zeitpunkt 78, beide null betragen.

Dieser Verlauf der Kostenbarwerte ist auf drei Faktoren zurückzuführen. Erstens ist der Kostenbarwert – der bei diesen Durchführungsalternativen dem, mathematisch gesprochen, mit einem negativen Vorzeichen versehenen Überschussbarwert nach Steuern entspricht – von der Anzahl der künftigen Zeitpunkte abhängig, zu denen der betrachtete Pensionsfonds Überschüsse erwirtschaftet; unterstellte man konstante Überschüsse über die Laufzeit der Zusage, sinkt mit deren zunehmender Dauer die Summe der Überschüsse zum jeweiligen Übertragungszeitpunkt. Im Umkehrschluss stiege ein ohne Berücksichtigung von Zinsen ermittelter Kostenbarwert an. Zweitens wird die Höhe der Überschüsse selbst von der Höhe des Deckungsstocks bestimmt, wobei zwischen beiden durch die unterstellte konstante Verzinsung eine lineare Abhängigkeit besteht. Drittens ist der Bezugszeitpunkt des Kostenbarwerts zu berücksichtigten, weil ein früherer eine entsprechende Bewertung des künftigen Kostenbarwerts mit dessen Eintrittswahrscheinlichkeit und der bis dahin entstehenden Zinskosten erfordert; Kostenbarwerte, die dieselben Überschüsse eines bestimmten Zeitraums erfassen, steigen daher, je früher der Bezugszeitpunkt gewählt wird.

Bezieht man nun diese drei Faktoren auf die in der Abbildung 41 dargestellten Verläufe, so sinkt (steigt) der Kostenbarwert (Überschussbarwert nach Steuern) in der Ansparphase bis zum Übertragungszeitpunkt 30 bzw. 31 beim externen bzw. internen Pensionsfonds, weil die Bewertungsdifferenz aus der einperiodischen versicherungsmathematischen Diskontierung $p_{x+T-1}/q_{\beta,s}$ des für den nächsten Übertragungszeitpunkt bewerteten Kostenbarwerts (Überschussbarwerts nach

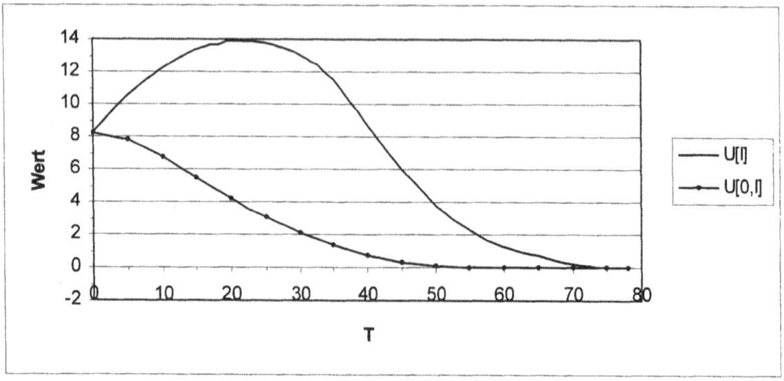

Abbildung 42: Umstellungsbarwert sowie Umstellungswert für $i = 10\ \%$ in Abhängigkeit vom Übertragungszeitpunkt

Steuern) höher ist als der Überschuss dieser Periode. Diese Relation dreht sich jeweils danach um, sodass der Kostenbarwert (Überschussbarwert nach Steuern) des jeweiligen Pensionsfonds steigt (sinkt), bis er den Wert null im Schlussalter des Versorgungsberechtigten erreicht.
Der Umstellungswert $U^I_{T,s}$, die Differenz zwischen beiden Kostenbarwerten, nimmt grundsätzlich den spiegelverkehrten Verlauf wie die Kostenbarwerte des internen und externen Pensionsfonds, weil ihr jeweiliger Verlauf identisch und der Kostenbarwert des externen Pensionsfonds auf einem niedrigeren Niveau ist. Allerdings erreicht der Umstellungswert sein Maximum schon für den Übertragungszeitpunkt 22, was einem Alter des Versorgungsberechtigten von 50 Jahren entspricht.

In der Abbildung 42 sind die Umstellungsbarwerte (Kurve „U[0,I]") abgetragen, die auf den Umstellungswerten aus Abbildung 41 basieren und für den einheitlichen Bezugszeitpunkt 0 bewertet sind. Gleichzeitig ist in dieser Abbildung nochmals der Verlauf des Umstellungswerts miteinbezogen, um damit anschaulich einen direkten Vergleich mit dem entsprechenden Barwert zu ermöglichen.
Ausgehend vom Zeitpunkt der Erteilung der Direktzusage sinkt demnach der Umstellungsbarwert, je weiter eine mögliche Umstellung auf den Pensionsfonds in die Zukunft verschoben wird. Dies ist darauf zurückzuführen, dass der Vorteil des Pensionsfonds aus seiner vorübergehenden steuerfreien Ansparmöglichkeit der entstehenden Überschüsse abnimmt, je geringer der Zeitraum dafür ist. Für den Arbeitgeber ist es daher c. p. vorteilhaft, die Direktzusage möglichst früh auf den Pensionsfonds zu übertragen.

Um einen anschaulichen Bezug dieses Umstellungsbarwerts zum Umstellungswert herzustellen, wird ein Bestand von 100.000 Arbeitnehmern zu Beginn der Direktzusage angenommen. Stellte man sie sofort nach ihrer Erteilung auf den Pensionsfonds um ($T = 0$), entstünde ein Vorteil

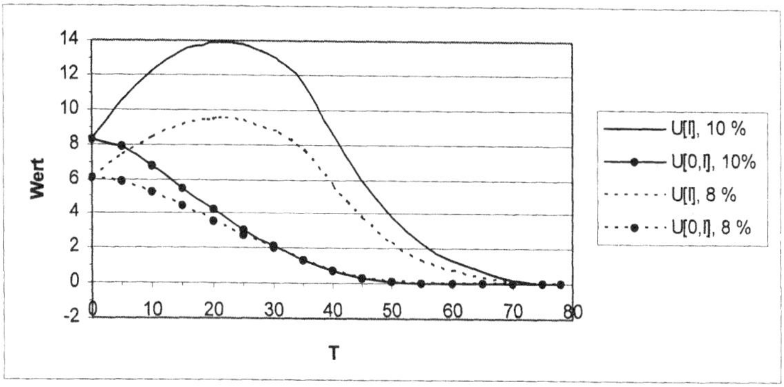

Abbildung 43: Umstellungsbarwert sowie Umstellungswert für $i = 8$ % und $i = 10$ % in Abhängigkeit vom Übertragungszeitpunkt

in Höhe des Umstellungs(bar-)werts von 8,24, multipliziert mit dem Versorgungsbestand von 100.000, insgesamt 824.000. Wartet der Arbeitgeber dagegen bis zum Zeitpunkt 22 ab, bei dem der Umstellungswert seine maximale Höhe erreicht, befinden sich im Bestand noch ${}_{50}p_{28}^{IBS-G05} \times 100.000 = 0,966 \times 100.000 = 96.600$ Versorgungsberechtigte. Da der Umstellungswert zu diesem Zeitpunkt 13,93 beträgt, beziffert sich der Vorteil zu diesem Zeitpunkt auf $96.600 \times 13,93 = 1.345.638$. Sein für den Zeitpunkt 0 bewerteter Barwert beläuft sich dann unter Bezugnahme auf den angenommenen Nachsteuerzins von $(1 - s)\, i = 0,06$ auf $1.345.638/1,06^{22} = 165.306$. Durch das Abwarten des Arbeitgebers entsteht daher ein zum Zeitpunkt 0 bewerteter Mindervorteil von $824.000 - 165.306 = 658.694$.

In Abbildung 43 ist gegenüber der Abbildung 42 noch zusätzlich der Umstellungswert und der Umstellungsbarwert für den Zinssatz von 8 % dargestellt.
Wie daraus zu entnehmen ist, nehmen beide auch für diese Rendite jeweils den Verlauf, der bereits für den Zinssatz von 10 % erläutert wurde; die Senkung der Rendite von 10 % auf 8 % bewirkt lediglich, dass das Niveau des Umstellungswerts und seines Barwerts verringert wird. Das Ergebnis dieses Vergleichs lässt sich demnach auf alle Renditen über 6 % verallgemeinern. Der Vorteil aus der vorübergehenden steuerfreien Ansparmöglichkeit des Pensionsfonds mit beitragsdotierter Leistungszusage nimmt folglich unabhängig vom Übertragungszeitpunkt mit der Überrendite zu.[446]

8.11.1.1.2 Variation der Nachsteuerrendite

Damit die Möglichkeit besteht, dass die Umstellung der Direktzusage auf den Pensionsfonds mit beitragsdotierter Leistungszusage vorteilhaft ist, muss die Verzinsung über $r = 6$ % liegen. In Abbildung 44 ist daher für $i = 10$ % die Steuerpflichtigkeit der Erträge abgetragen, die den

[446] Vgl. auch die entsprechenden Ergebnisse aus den Kapiteln 5.4.3.2.2 und 7.5.2.2.

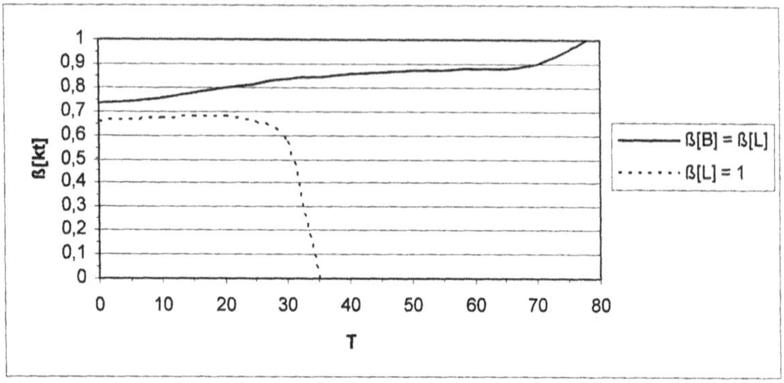

Abbildung 44: Kritische Steuerpflichtigkeit der Erträge für $i = 10$ % in Abhängigkeit vom Übertragungszeitpunkt

Arbeitgeber zu einem bestimmten Übertragungszeitpunkt indifferent zwischen der Umstellung auf den Pensionsfonds und der weiteren internen Durchführung der Direktzusage stellt.[447] Die Kurve „ß[B] = ß[L]" zeigt den Verlauf von β^{kt}, falls β nach dem Übertragungszeitpunkt über die verbleibende Dauer der Pensionszusage konstant ist. Bei Erteilung der Direktzusage im Alter von 28 Jahren ist $\beta^{kt} = 73,3$ %.[448] Dies bedeutet, dass die Umstellung auf den Pensionsfonds vorteilhaft ist, wenn β größer als dieser Wert ist, anderenfalls sollte der Arbeitgeber die interne Fortführung bevorzugen. Je länger der Übertragungszeitpunkt in der Zukunft liegt, desto höher ist β^{kt}. Bedenkt man, dass ausschließlich die Direktzusage von einem abnehmenden Wert profitiert, ist der Verlauf von β^{kt} konform mit dem bisherigen Ergebnis, dass der Umstellungsbarwert sinkt, je länger der Übertragungszeitpunkt hinausgezögert wird.[449]
Die Kurve „ß[L] = 1" zeigt dagegen den Verlauf von β_B^{kt}, falls der Übertragungszeitpunkt in der Ansparphase liegt und für die Rentenphase $\beta_L = 100$ % gilt. Sie liegt unter der Kurve „ß[B] = ß[L]", weil der Vorteil der Direktzusage aus $\beta_B < 100$ % auf die Ansparphase begrenzt ist. Unter diesen Annahmen ergibt sich ebenfalls bis zu einem Übertragungszeitpunkt von $T = 15$ ein leicht ansteigender Verlauf von β_B^{kt}. Danach sinkt β_B^{kt} zunächst wenig, dann ungefähr nach dem Übertragungszeitpunkt 29 deutlich ab, bis β_B^{kt} für den Übertragungszeitpunkt 35 im Alter von 63 Jahren des Versorgungsberechtigten null beträgt. Dieser Verlauf beruht darauf, dass durch die Annahme $\beta_L = 100$ % die Umstellung der Direktzusage auf den Pensionsfonds mit klassischer Leistungszusage am Ende der Ansparphase zum Zeitpunkt 37 vorteilhaft ist;[450] je näher das Ende der Ansparphase rückt, desto niedriger muss daher β_B sein, damit sich der daraus ergebende Vorteil der Direktzusage, der auf die restliche Ansparphase beschränkt ist,

[447] Es gilt also für β^{kt}: $U_{0,(T),s} = \frac{{}_{x+T}p_x^{IBS-G}}{q_{\beta,s}^T} U_{T,s} = 0 \Leftrightarrow U_{T,s} = 0$.
[448] Vgl. auch den entsprechenden Wert aus Abbildung 40 in Kapitel 7.5.2.2.
[449] Man vergleiche Abbildung 43 und die entsprechenden Ausführungen im vorigen Kapitel.
[450] Vgl. den Umstellungswert in $T = 37$ aus Abbildung 42.

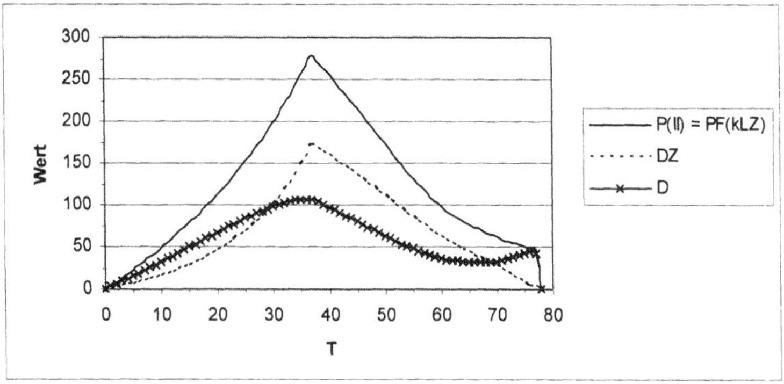

Abbildung 45: Höhe der Einmalprämie und des Differenzbetrags für $i = 6$ % in Abhängigkeit vom Übertragungszeitpunkt

den sich für die Rentenphase ergebenden Vorteil aus einer Umstellung auf den Pensionsfonds ausgleicht. Zum Übertragungszeitpunkt 35 kann der auf den Zeitraum von $t = 35$ bis $t = 37$ begrenzte Vorteil der Direktzusage aus $\beta_B < 100$ % nicht mehr den Vorteil des Pensionsfonds aus der Rentenphase ausgleichen. Danach ist die Umstellung auf den Pensionsfonds c. p. stets vorteilhaft.

8.11.1.2 Umstellungsmodell II

Sollte der Arbeitgeber die Direktzusage im Rahmen des Umstellungsmodells II auf den Pensionsfonds übertragen wollen, so muss der Arbeitgeber im Übertragungszeitpunkt eine Einmalprämie P_T^{II} leisten. Diese legt der Pensionsfonds auf den Barwert der Versorgungsleistung fest, den er auf Basis des Rechnungszinses von 2,75 % und der biometrischen Rechnungsgrundlagen der DAV-Sterbetafel ermittelt. Übertragen auf die bisherige Modellierung ist P_T^{II} nichts anderes als der Deckungsstock bzw. die Deckungsrückstellung eines Pensionsfonds mit klassischer Leistungszusage. Da der Deckungsstock, der bisher bei der Direktzusage aufgebaut wurde, durch die vorsichtiger gewählten Rechnungsgrundlagen des Pensionsfonds für jeden Zeitpunkt der Versorgungszusage niedriger ist als die für die Übernahme erforderliche Einmalprämie, muss der Arbeitgeber den Differenzbetrag D_T zuschießen. Die Höhe der Einmalprämie und des Differenzbetrags sind in der Abbildung 45 in Abhängigkeit vom Übertragungszeitpunkt dargestellt.[451]

8.11.1.2.1 Variation der Vorsteuerrendite

Analog zur bisherigen Vorgehensweise wird als Einstieg in die Analyse ausschließlich die Vorsteuerrendite ($\beta = 100$ %) variiert.

[451] Man vergleiche die entsprechende Abbildung 3 des finanzwirtschaftlichen Modells, die den rechnungsmäßigen Deckungsstock bzw. die Rückstellung im Zeitablauf veranschaulicht.

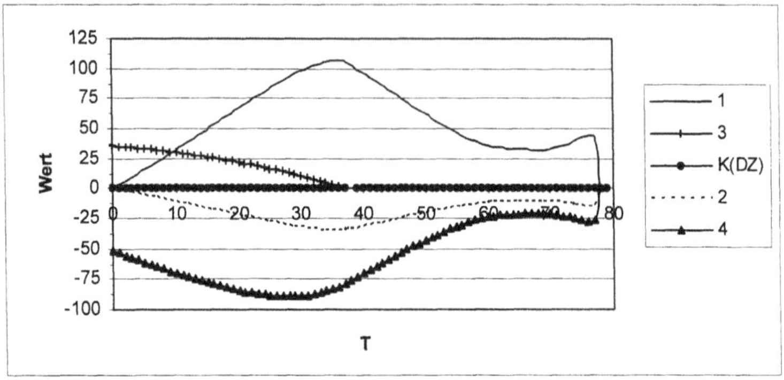

Abbildung 46: Summanden des Kostenbarwerts des Pensionsfonds mit klassischer Leistungszusage aus Gleichung (357) und der Kostenbarwert der internen Durchführung über die Direktzusage für $i = 6$ % in Abhängigkeit vom Übertragungszeitpunkt

In Abbildung 46 sind die Summanden

$$\overbrace{D_T}^{1} - \overbrace{TS_T^D}^{2} + \overbrace{(1-s)\,(JPF - JDK)\, rbfn_{p^{IBS-G05},x,T;i_{\beta,s},\overline{m-T}}}^{3} - \overbrace{(1-s)\,Z_T^{II}}^{4}$$

des Kostenbarwerts des Pensionsfonds mit klassischer Leistungszusage aus Gleichung (357) und der Kostenbarwert der internen Durchführung über die Direktzusage für $i = 6$ % ($\beta = 100$ %) dargestellt.

Letzterer ist unabhängig vom jeweiligen Übertragungszeitpunkt null, weil sich der interne Pensionsfonds gemäß den Rechnungsgrundlagen der Zusage entwickelt.

Der Differenzbetrag D_T, der vom Arbeitgeber für den jeweiligen Zeitpunkt im Fall einer Umstellung aufgewendet werden muss, und der Steuervorteil TS_T^D aus seiner gestreckten steuerlichen Abzugsfähigkeit entwickeln sich analog zur Deckungsrückstellung bzw. Pensionsrückstellung des Pensionsfonds bzw. der Direktzusage. Dies beruht darauf, dass Deckungs- und Pensionsrückstellung bei Erteilung der Zusage zum Zeitpunkt 0 identisch sind, sich dann durch die unterschiedlichen Prämien JPF und JB zunehmend unterscheiden, bis sie den Zeitpunkt m erreichen, zu dem ihre Differenz maximal ist. In der Rentenphase nehmen die Deckungs- und die Pensionsrückstellung durch die Leistung der Altersrente ab. Ihre Differenz verringert sich daher i. d. R.,[452] bis beide wieder zum Schlussalter zum Zeitpunkt 78 identisch sind.[453] Der Überschussbarwert nach Steuern nimmt ebenfalls einen Verlauf, wie er bereits im Umstellungsmodell I bei Abbildung 41 erläutert wurde.

[452]Das in der Abbildung veranschaulichte Zunehmen der Differenz am Ende der Rentenphase ist auf die unterschiedlichen Schlussalter der DAV-Sterbetafel und der IBS-Generationentafel zurückzuführen.

[453]Zu diesem Zeitpunkt sind bei dieser Zusage alle Versorgungsberechtigte verstorben. Auch beim Pensionsfonds ist deshalb die Deckungsrückstellung null, obgleich das Schlussalter der DAV-Sterbetafel 121 Jahre beträgt.

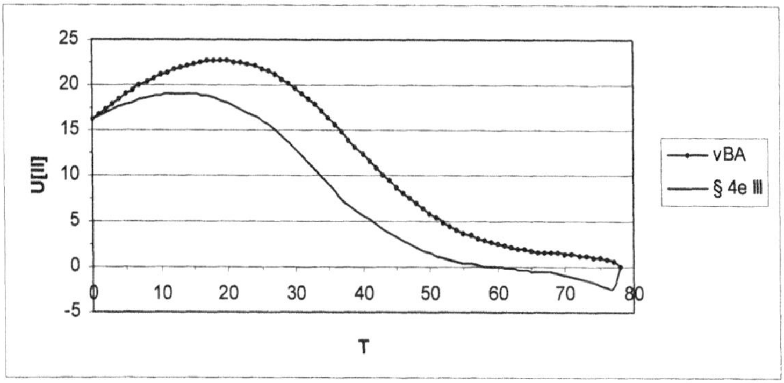

Abbildung 47: Umstellungswert der Direktzusage auf den Pensionsfonds für $i = 6$ % in Abhängkeit vom Übertragungzeitpunkt

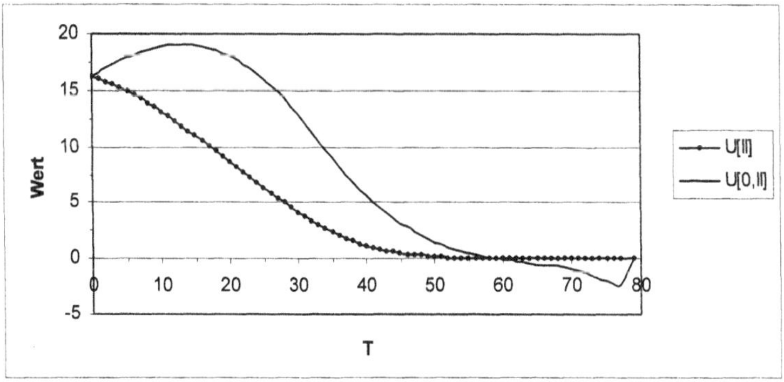

Abbildung 48: Umstellungswert und Umstellungsbarwert für $i = 6$ % in Abhängigkeit vom Übertragungszeitpunkt

Der Umstellungswert des jeweiligen Zeitpunkts T ist in der Abbildung 47 dargestellt und wird darin als „§ 4e III“ bezeichnet. Zu Beginn der Zusage beträgt er $16,21$.[454] Bis zum Zeitpunkt $T = 13$ im Alter von 41 Jahren des Versorgungsberechtigten steigt der Umstellungswert an. Danach sinkt er fortlaufend bis er einen Wert von null zwischen $T = 58$ und $T = 59$ erreicht, was einem Alter des Versorgungsberechtigten von 86 und 87 Jahren entspricht. Bis dahin ist demnach die Umstellung einer Direktzusage auf den Pensionsfonds für den Arbeitgeber vorteilhaft. Da für höhere Alter der Wert negativ ist, lohnt sich eine Umstellung ab diesem Alter des Versorgungsberechtigten nicht.

Um die Auswirkungen der zeitlichen Streckung des Betriebsausgabenabzugs über 10 Jahre auf die Vorteilhaftigkeit der Umstellung beurteilen zu können, wird in der Abbildung 47 zusätzlich der Umstellungswert dargestellt, der sich ergäbe, falls der Arbeitgeber den Differenzbetrag im Jahr der Umstellung als volle Betriebsausgabe (vBA) geltend machen könnte. Dieser Umstellungswert liegt natürlich durch den damit verbundenen höheren Steuervorteil für jeden möglichen Übertragungszeitpunkt über dem sich infolge der gesetzlichen Regelungen ergebenden. Eine Umstellung der Direktzusage auf den Pensionsfonds wäre demnach für jeden Übertragungszeitpunkt vorteilhaft, weil der Arbeitgeber ausschließlich durch die Überdotierung des Pensionsfonds profitierte. Da hingegen der § 4e III EStG den sofortigen Betriebsausgabenabzug des Differenzbetrags nicht zulässt, sondern die beschriebene zeitliche Streckung vorsieht, wird der Vorteil des Pensionsfonds durch seine Überdotierung im Fall eines hohen Alters des Versorgungsberechtigten mehr als aufgebraucht.

In der Abbildung 48 sind die Umstellungsbarwerte (Kurve„U[0,II]“) abgetragen, die sich für den einheitlichen Bezugszeitpunkt 0 aus den Umstellungswerten der Abbildung 47 ergeben. Wie daraus zu entnehmen ist, sinkt der Umstellungsbarwert, je länger der Übertragungszeitpunkt hinausgezögert wird. Deshalb ist es für den Arbeitgeber vorteilhaft, sobald wie möglich die Umstellung der Direktzusage auf den Pensionsfonds vorzunehmen. Für Übertragungszeitpunkte, die nach dem Zeitpunkt 58 liegen, ist der Umstellungswert infolge der zeitlichen Streckung des Differenzbetrags sogar leicht negativ.[455]

Für verschiedene Zinssätze nehmen sowohl der Umstellungswert als auch der Umstellungsbarwert jeweils denjenigen Verlauf, der bereits für den Zinssatz von 6 % erläutert wurde. Dies ist damit zu erklären, dass sich die Überdotierungsmöglichkeit des Pensionsfonds stets vorteilhaft für den Arbeitgeber auswirkt. Daher wird auf eine Variation der Vorsteuerrendite nicht näher eingegangen, sondern es werden lediglich die Abbildungen 49 und 50 vollständigkeitshalber angeführt.

---

[454]Vgl. Abbildung 39, aus der das entsprechende Ergebnis zu entnehmen ist.

[455]Dies ist durch die starke Diskontierung der Umstellungswerte aus Abbildung 47 nicht zu erkennen.

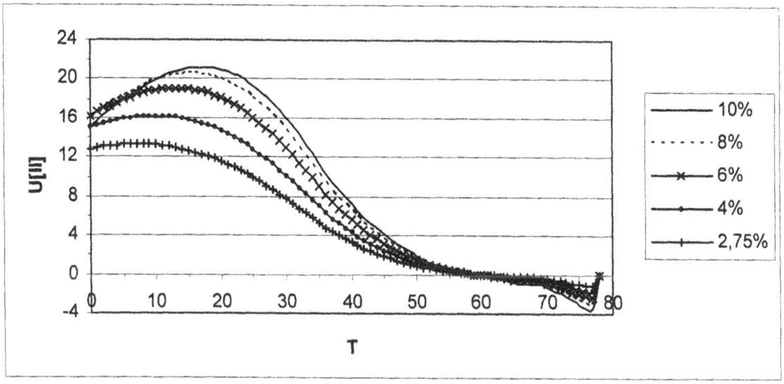

Abbildung 49: Umstellungswert in Abhängigkeit vom Übertragungszeitpunkt für ausgewählte Zinssätze

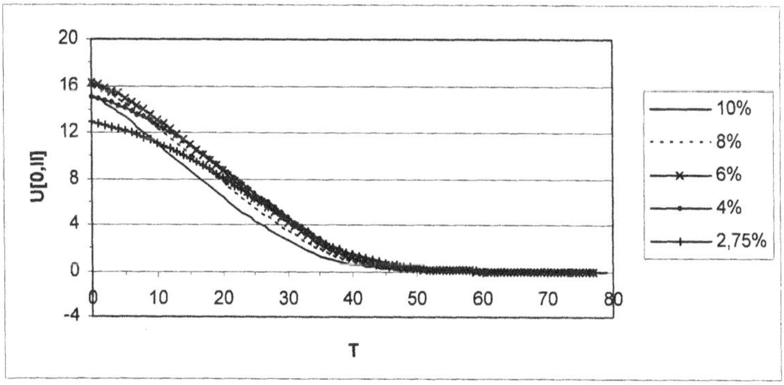

Abbildung 50: Umstellungsbarwert in Abhängigkeit vom Übertragungszeitpunkt für ausgewählte Zinssätze

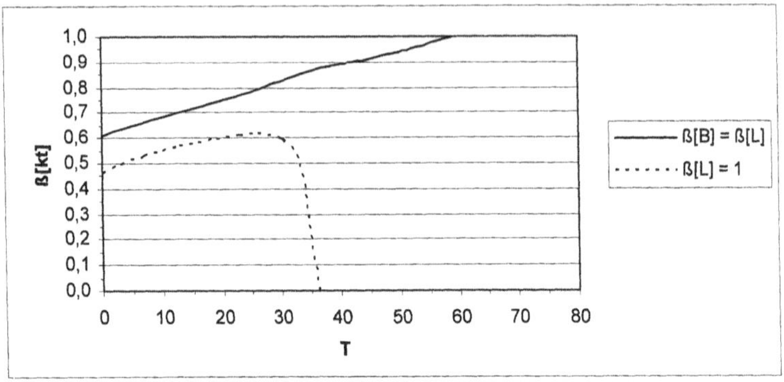

Abbildung 51: Kritische Steuerpflichtigkeit der Erträge in Abhängigkeit vom Übertragungszeitpunkt für $i = 6$ %

8.11.1.2.2 Variation der Nachsteuerrendite

Abbildung 51 veranschaulicht die kritische Steuerpflichtigkeit der Erträge für einen Zinssatz von 6 % in Abhängigkeit vom Übertragungszeitpunkt.
Falls β konstant ist, beträgt die kritische Steuerpflichtigkeit der Erträge im Alter von 28 Jahren $61,0$ %;[456] der Arbeitgeber sollte daher eine Umstellung der Direktzusage auf den Pensionsfonds vornehmen, wenn β über diesen Wert hinausgeht. Ein zunehmendes Alter des Versorgungsberechtigten bewirkt ein Ansteigen der kritischen Steuerpflichtigkeit, wobei, wie aus der Abbildung zu entnehmen ist, ein nahezu linearer Zusammenhang zwischen ihr und dem Umstellungszeitpunkt besteht. Ab dem Übertragungszeitpunkt 59 ist die interne Fortführung der Pensionszusage über die Direktzusage unabhängig von β vorteilhaft.
Dieser Verlauf ist wiederum konform mit den Ergebnissen aus der Variation der Vorsteuerrendite: Erstens sollte der Arbeitgeber sobald als möglich eine Umstellung auf den Pensionsfonds vornehmen und zweitens lohnt sich eine Umstellung auf den Pensionsfonds ab dem Übertragungszeitpunkt 59 nicht mehr. Eine weitere Erläuterung des Verlaufs von β^{kt} ist daher nicht notwendig, vielmehr wird auf die Ausführungen und Abbildungen des vorigen Kapitels verwiesen.
Für den Fall, dass für die Rentenphase $\beta_L = 100$ % gilt, steigt β_B^{kt} bis zum Übertragungszeitpunkt von $T = 26$ an. Danach sinkt β_B zunächst langsam, dann deutlich ab. In $T = 37$ im Alter von 65 Jahren des Versorgungsberechtigten ist die Umstellung auf den Pensionsfonds unabhängig von β_B vorteilhaft. Wie schon im Rahmen des Umstellungsmodells I erläutert, ist dieser Verlauf von β_B^{kt} für die Ansparphase auf den auf die restliche Ansparphase begrenzten Vorteil der Direktzusage aus $\beta_B < 100$ % zurückzuführen.

[456] Vgl. auch Abbildung 40.

Insgesamt ist i. d. R. dem Umstellungsmodell II gegenüber dem Modell I der Vorzug zu geben. Eine Ausnahme besteht für Versorgungsberechtigte, wenn sie bereits das hohe Alter von 87 Jahren erreicht haben. Ob und zu welchem Zeitpunkt der Arbeitgeber die Direktzusage auf den Pensionsfonds umstellen sollte, hängt von der Steuerpflichtigkeit der Erträge ab. Geht man von einem Aktienanteil aus, der nach dem möglichen Zeitpunkt einer Umstellung konstant ist, so muss dieser mindestens 39 % bzw. 78 % betragen, damit die Umstellung für den Arbeitgeber, der als Kapital- bzw. Personengesellschaft rechtlich organisiert ist, zu keinem Zeitpunkt vorteilhaft ist. Für niedrigere Werte ist periodisch zu überprüfen, ob die zu diesem Zeitpunkt künftige Aktienquote des Deckungsstocks so niedrig ist, dass sich die Umstellung auf den Pensionsfonds für den Arbeitgeber lohnt.

8.11.2 Bestand an Versorgungszusagen im Bezugsjahr 2005

Während bisher die Vorteilhaftigkeit der Umstellung einer neu im Bezugsjahr 2005 an einen 28-jährigen Versorgungsberechtigten erteilten Direktzusage in ihrem zeitlichen Ablauf analysiert wurde (3. Zeile der Tabelle 38), wird nun die Vorteilhaftigkeit einer derzeitigen Umstellung von bereits bestehenden Versorgungszusagen untersucht (4. Spalte der Tabelle 38).

8.11.2.1 Ohne Anhebung der Versorgungsleistung bei Umstellung

Zunächst wird davon ausgegangen, dass eine Anhebung der Rentenleistung bei der Umstellung der Direktzusage auf den Pensionsfonds nicht vorzunehmen ist.
Wie angenommen wurde, erhält jeder Versorgungsberechtigte eine Direktzusage bei Dienstantritt im Alter von 28 Jahren. Geht man nun von einem derzeitigen Bestand (Bezugsjahr 2005) von Versorgungsberechtigten aus, die nach der Sterbetafel der IBS-Generationentafel bis zu 106 Jahre alt werden können, so kommen für den Bestand der Direktzusage Berechtigte in Frage, deren Geburtsjahr im Zeitraum von 1899 bis 1977 liegt. Da zum einen die Berechnung des Teilwerts bzw. des rechnungsmäßigen Deckungsstocks und zum anderen die Kalkulation der Altersrente auf der jahrgangspezifischen Generationentafel basiert, erforderte eine exakte Analyse der Vorteilhaftigkeit einer solchen Umstellung eine Modellierung eines jeden dieser Jahrgänge. Nun wurde bereits der Umstellungswert für einen beliebigen Übertragungszeitpunkt im Zeitablauf einer Zusage ermittelt, die an einen im Jahr 2005 28-jährigen Versorgungsberechtigten erteilt wurde; auf dieser Basis wurde die kritische Steuerpflichtigkeit der Erträge bestimmt, bei der der Arbeitgeber zu einem bestimmten künftigen Zeitpunkt T bzw. bei einem bestimmten Alter des Versorgungsberechtigten indifferent ist zwischen der internen Fortführung der Direktzusage und der Umstellung auf den Pensionsfonds. Um den enormen Modellierungsaufwand, der sich aus einer jahrgangsspezifischen Analyse ergäbe, zu vermeiden, stellt sich die Frage, inwieweit die bereits für den derzeit 28-jährigen abgeleiteten Ergebnisse für den Versorgungsbestand repräsentativ sind. Da sich die Modellierung der Einzelzusage und die des Bestands an Versorgungszusagen ausschließlich durch die vom Geburtsjahrgang abhängigen biometrischen Daten unterscheidet, muss daher ihr Einfluss auf die Vorteilhaftigkeit der Umstellung beurteilt werden.

Wie bereits ausgeführt, steigt die fernere Lebenserwartung eines Geburtsjahrgangs im Zeitablauf an; ein heute bspw. 28-jähriger Versorgungsberechtigter hat eine höhere fernere Lebenserwartung als ein bspw. vor zehn Jahren gleichaltriger. Dies bedeutet, dass die durchschnittliche Dauer der Zusagen des aktuellen Bestandes überschätzt wird, wenn man die weitere durchschnittliche Lebensdauer eines derzeit 28-jährigen Versorgungsberechtigten im entsprechenden Alter zugrunde legt. Diese Überschätzung nimmt dabei zu, je weiter die Geburtsjahrgänge auseinander liegen.

8.11.2.1.1 Variation der Vorsteuerrendite

Welche Wirkung diese Überschätzung auf den Umstellungswert ausübt, wird klar, wenn man sich nochmals das Ergebnis des Kapitels 7.5.1 vergegenwärtigt, dass der Betrag – im mathematischen Sinne – des Kostenbarwerts mit der Lebenserwartung des Versorgungsberechtigten zwar positiv korreliert, allerdings der daraus resultierende Effekt gering ist.[457] Da sich zudem die Wirkung dieser Überschätzung sowohl auf den Kostenbarwert der Direktzusage als auch auf den des Pensionsfonds erstreckt, stimmen die Umstellungswerte des aktuellen Bestandes an Versorgungsberechtigten nahezu mit den Umstellungswerten überein, die sich im Verlauf der Zusage an den derzeit 28-jährigen Versorgungsberechtigten ergeben.[458]

8.11.2.1.2 Variation der Nachsteuerrendite

Zur Überprüfung dieser Schlussfolgerung wird ein bestimmtes Alter für die Modellierung herangezogen, um dann das daraus erzielte Ergebnis mit dem entsprechenden Ergebnis bei Unterstellung eines derzeit 28-jährigen Versorgungsberechtigten zu vergleichen. Dieses Alter muss dabei so gewählt werden, dass der Effekt aus der Verlängerung der Lebenserwartung im Zeitablauf bemessen werden kann. Vor dem Hintergrund, dass die Berechtigten eines aktuellen Versorgungsbestands nach den Daten des IBS ein Alter von bis zu maximal 106 Jahren aufweisen können, ist eine Festlegung des zu untersuchenden Alters ungefähr in der Mitte der Altersspanne von 28 bis 106 vernünftig.

Als Umstellungsmodell wird das zweite Modell gewählt. Unterlegt man dieses mit den biometrischen Daten eines derzeit 65-jährigen Versorgungsberechtigten und verzinst sich der Deckungsstock mit 6 %, ergibt sich ein Umstellungsbarwert von null für eine Steuerpflichtigkeit der Erträge von 91, 1 %. Im Vergleich dazu beläuft sich β^{kt} für einen derzeit 28-jährigen Versorgungsberechtigten im Alter von 65 Jahren ($T = 37$) auf 88, 1 % (vgl. Abbildung 51). Da die bestehende Differenz zwischen beiden Werten von 3 % als geringfügig einzustufen ist, sind die für den derzeit 28-jährigen Versorgungsberechtigten ermittelten Werte von β^{kt} repräsentativ.[459]

[457] Da die Lebenserwartung vom Geburtsjahr des Versorgungsberechtigten abhängt, ist dieser geringfügige Effekt für Bestandsrentner stärker ausgeprägt als für Aktive.

[458] Da bei der ausschließlichen Variation der Vorsteuerrendite der Pensionsfonds übermäßig von einer längeren Lebenserwartung profitiert – der Überdotierungseffekt aus $p_{x+t}^{DRS} \neq p_{x+t}^{ep} = p_{x+t}^{A}$ ist stärker ausgeprägt –, wird der Umstellungswert damit ein wenig zu hoch beziffert. Für Bestandsrentner sehr hohen Alters wird daher die Vorteilhaftigkeit von Direktzusage und Pensionsfonds leicht verzerrt. Allerdings spielt diese Altersgruppe nur eine geringfügige Rolle, weil nur wenige Versorgungsberechtigte ein solches Alter erleben.

[459] Da bei einer Variation der Steuerpflichtigkeit der Erträge ausschließlich die Direktzusage begünstigt wird,

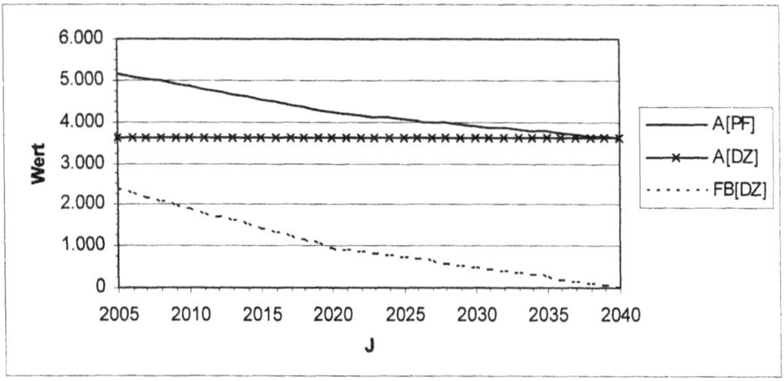

Abbildung 52: Bruttorente des Pensionsfonds bei einem Ruhestandbeginn des Arbeitnehmers im Jahr J für $s_L = 40$ % und einer Bruttorente der Direktzusage von 3.600 €

Die Ergebnisse und Ausführungen zur kritischen Steuerpflichtigkeit der Erträge und zum Umstellungswert der Direktzusage auf den Pensionsfonds, die für das Umstellungsmodells I und II in den Kapiteln 8.11.1.1 und 8.11.1.2 angeführt sind, lassen sich folglich an dieser Stelle übernehmen. Sie stellen somit für bestehende Direktzusagen die Grundlage dar, um die Vorteilhaftigkeit einer derzeitigen Umstellung zu bemessen.

8.11.2.2 Mit Anhebung der Versorgungsleistung bei Umstellung

Das Modell mit Anhebung der Versorgungsleistung unterscheidet sich vom bislang ermittelten ausschließlich dadurch, dass die Bruttoleistung im Zuge der Umstellung um den Faktor $1 + e_{J,(X)}$ erhöht wird. Der Wertbereich von $e_{J,(X)}$ wird folglich in einem ersten Schritt ermittelt. Sodann wird die Vorteilhaftigkeit der Umstellung auf Basis des auf diese Weise ermittelten Umstellungswerts bemessen.
In Abbildung 52 ist die erhöhte Bruttorente des Pensionsfonds in Abhängigkeit des Jahres J bei Rentenbeginn veranschaulicht, der sich für eine Bruttorente der Direktzusage von 3.600 € und einen Grenzsteuersatz des Versorgungsberechtigten in Höhe von $s_L = 40$ % ergibt; letzterer entspricht dem in der Modellierung angenommenen Spitzengrenzsteuersatz von 40 %; die Höhe der periodischen Altersrente wird im Hinblick darauf gewählt, dass sie ungefähr das gegenwärtige Durchschnittsniveau der Betriebsrenten widerspiegelt.[460]
Wie aus der Abbildung zu entnehmen ist, muss der Arbeitgeber die Altersrente eines im Jahr 2005 in den Ruhestand gehenden Versorgungsberechtigten, der also gegenwärtig 65 Jahre alt ist, um $e_{J,(X)} = 43,3$ % von 3.600 € auf 5.160 € anheben, damit er ohne die Zustimmung des Arbeitnehmers den Wechsel vornehmen kann. Man sehe, dass somit die Nettorente des

ist dieses Ergebnis konform mit der Bemerkung aus Fn. 458.
[460] Vgl. *Höfer* (2005), Rn. 12.

Pensionsfonds nach Erhöhung

$$(1 - s_L)\left(1 + e_{J,(X)}\right) A^{DZ} = 0,6 \times 5.160 \text{ €} = 3.096 \text{ €}$$

der Nettorente der Direktzusage von

$$A^{DZ} - s_L\left(A^{DZ} - FB^{DZ}_{J,(X)}\right) = 3.600 \text{ €} - 0,4\,(3.600 \text{ €} - 2.340 \text{ €}) = 3.096 \text{ €}$$

entspricht, wobei sich der Versorgungsgesamtfreibetrag nach § 19 II EStG aus dem Versorgungsfreibetrag von 40 % × 3.600 € = 1.440 € und dem Zuschlag zum Versorgungsfreibetrag in Höhe von 900 € zusammensetzt.[461] Weil der Versorgungsgesamtfreibetrag jährlich abgeschmolzen wird, ist der Erhöhungsfaktor umso geringer, je weiter das Jahr des Renteneintritts in der Zukunft liegt. Dies impliziert für den Bestand an Versorgungszusagen, dass bei dem unterstellten konstanten Renteneintrittsalter von 65 Jahren der Erhöhungsfaktor ansteigt, je älter der Versorgungsberechtigte im Bezugsjahr 2005 ist. Sollte der Arbeitnehmer jünger als 30 Jahre sein, so kommt er nach dem Jahr 2040 in Rente. Ab diesem Jahr ist ein Freibetrag nicht mehr vorhanden, weshalb der Arbeitgeber derzeit oder später zu einem beliebigen Zeitpunkt die Direktzusage auf den Pensionsfonds umstellen kann, ohne dabei die Versorgungsleistung anzupassen.

Insgesamt gesehen liegt der Erhöhungsfaktor auf einem hohen Niveau, wenn man bedenkt, dass der Arbeitgeber die Bruttorente für Arbeitnehmer im Bereich des mittleren Alters der Aktiven von etwa 45 Jahren (Rentenbeginn 2025) immerhin um 13 % anheben muss. Die Ursache dafür liegt darin, dass der Freibetrag trotz dessen Abschmelzung im Verhältnis zur Durchschnittsrente von derzeit 3.600 € bedeutend ist. Arbeitgeber, die eine Umstellung der Direktzusage auf den Pensionsfonds vornehmen möchten, müssen daher mit erheblichen Erhöhungen der Zusage rechnen.

In Abbildung 53 wird neben dem Verlauf von $e_{J,(X)}$ noch zusätzlich das Verhältnis zwischen dem Freibetrag nach § 19 II EStG und der Höhe der Altersrente abgetragen. Dadurch kann für eine beliebige Höhe der Altersrente ihre relative Erhöhung bestimmt werden, um die sie im Zuge der Umstellung auf den Pensionsfonds angehoben werden muss, sofern das für diese Altersrente

[461] Durch die Anhebung der Bruttorente ist das zu versteuernde Einkommen nach der Umstellung auf den Pensionsfonds höher als bei der ursprünglichen Direktzusage. Abgesehen von dem beschriebenen Fall, bei dem die niedrigere Bruttorente aus der Direktzusage bereits mit dem Spitzengrenzsteuersatz besteuert wird, müsste deshalb prinzipiell zwischen dem Grenzsteuersatz in der Rentenphase vor und nach der Umstellung differenziert werden. Dies ist aber ohne Einfluss auf die Ergebnisse, wie folgender Beispielfall zeigt: $A^{DZ} = 3.600$ €, $s_L = 30$ % und 65 Jahre als Alter des Versorgungsberechtigten. Beim Steuersatz von 30 % beträgt das zu versteuernde Einkommen ca. 22.800 €. Das zu versteuernde Einkommen aus der Direktzusage beträgt dabei $A^{DZ} - FB^{DZ}_{J,(X)} = 2.160$ €. Bei Umstellung auf den Pensionsfonds müsste die Bruttorente von 3.600 € auf 4.217 € erhöht werden. Das zu versteuernde Einkommen nach Auslagerung beträgt damit 22.800 € + (4.217 €+ 2.160 €) = 24.857 €. Der Grenzsteuersatz beträgt hier ca. 31 %. Die Differenz zwischen den Grenzsteuersätzen vor und nach Auslagerung beläuft sich daher auf 1 %. Eine modellendogene Bestimmung des Steuersatzes nach der Umstellung kann also vernachlässigt werden, zumal bei der vorstehenden Rechnung noch ein 65jähriger unterstellt ist, bei dem der Freibetrag und dementsprechend die Differenz der Grenzsteuersätze noch hoch ausfällt.

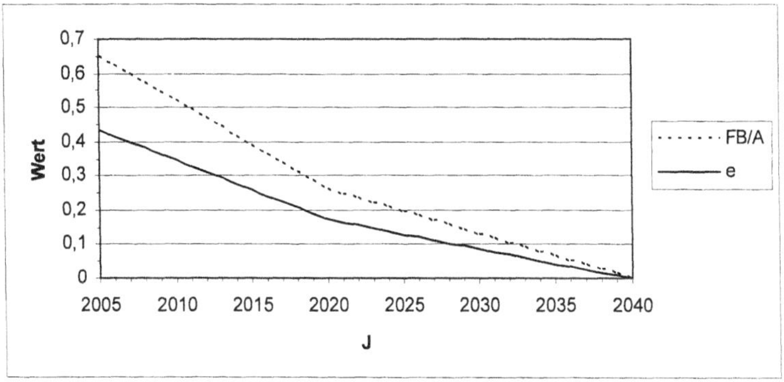

Abbildung 53: Relative Erhöhung $e_{J,(X)}$ bei einem Wechsel im Jahr J für $s_L = 40$ % und einer Bruttorente der Direktzusage von 3.600 €

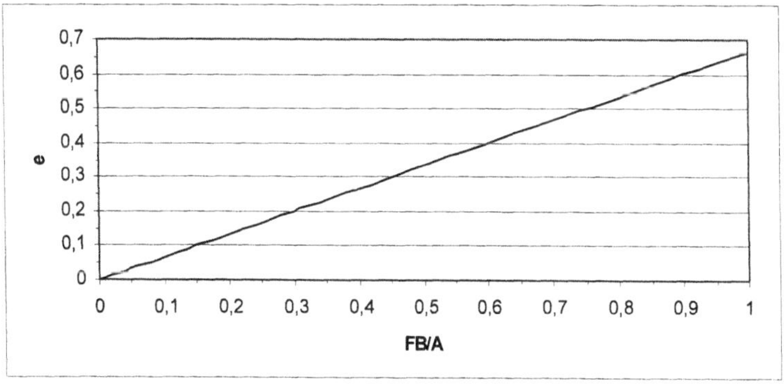

Abbildung 54: Relative Erhöhung der Versorgungszusage in Abhängigkeit vom Verhältnis zwischen Freibetrag und Altersrente

ermittelte Verhältnis von $FB_{J,(X)}^{DZ}/A^{DZ}$ im dargestellten Bereich von 0 bis 0,65 liegt. Um diese Überlegung zu verdeulichen, wird ein Beispiel herangezogen.
Die Altersrente sei 2.000 €. Sollte der Versorgungsberechtige im Bezugsjahr 2005 50 Jahre alt sein, so entlastete ein Versorgungsgesamtfreibetrag von

$$\max(0,16 \times 2.000\ €; 1.200\ €) + 360\ € = 680\ €$$

die Altersrente.[462] Das Verhältnis zwischen beiden ist somit 680 €/2.000 € = 0,34. Dieses besteht, wie aus der Abbildung 53 zu entnehmen ist, bei der dort unterstellten Altersrente von 3.600 € im Jahr 2017. Folglich beläuft sich die für die Altersrente von 2.000 € entsprechende relative Erhöhung auf ungefähr 23 %.
Dieser Gedankengang lässt sich verallgemeinern. Die Höhe von $e_{J,(X)}$ wird daher in Abhängigkeit des Verhältnisses von $FB_{J,(X)}^{DZ}/A^{DZ}$ ermittelt und in Abbildung 54 veranschaulicht. Darin zeigt sich, dass die relative Erhöhung für einen gegebenen Steuersatz linear vom Verhältnis zwischen Freibetrag und Altersrente abhängig ist. Mit der ersten Ableitung der Gleichung (359) nach $FB_{J,(X)}^{DZ}/A^{DZ}$ lässt sich die Steigung der Kurve bei einem unterstellten Steuersatz des Versorgungsberechtigten in der Rentenphase von $s_L = 40\ \%$ auf $s_L/(1 - s_L) = 66,67\ \%$ beziffern. Zwischen dem Freibetrag und der Altersrente ergibt sich dabei maximal ein Verhältnis von eins, weil die Höhe des Freibetrags nach § 19 II EStG auf die Höhe der Einkünfte aus nichtselbständiger Arbeit beschränkt ist.[463] Beispielsweise werden Altersrenten bis 1.500 €, die im Jahr 2005 erstmals bezogen werden, wegen der Freibetragsregelung steuerfrei vereinnahmt. Für den angenommenen Spitzengrenzsteuersatz von $s_L = 40\ \%$ beträgt der für den Arbeitgeber ungünstigste Wert daher $e_{J,(X)} = 66,67\ \%$. Der günstigste Wert von $e_{J,(X)}$ in Höhe von 0 % ergibt sich dann, wenn entweder der Steuersatz des Versorgungsberechtigten null oder wenn die Höhe des Freibetrags gegenüber der Altersrente vernachlässigbar ist.

$$0\ \% \leq e_{J,(X)} \leq 66,67\ \% \tag{379}$$

Nachfolgend werden die beiden entwickelten Umstellungsmodelle getrennt voneinander analysiert. Um die grundsätzlichen Effekte einer Anhebung der Altersrente auf die Vorteilhaftigkeit der Umstellung zu filtern, wird dabei eine Rendite in Höhe des Rechnungszinses der Direktzusage von 6 % angenommen. Bei der Variation der Nachsteuerrendite wird davon ausgegangen, dass die Steuerpflichtigkeit der Erträge über die nach der Umstellung verbleibende Dauer der Zusage konstant ist.

8.11.2.2.1 Umstellungsmodell I

Aufgrund der Komplexitätsstruktur wird zuerst das Umstellungsmodell I analysiert. Abbildung 55 zeigt den Verlauf des Umstellungswerts mit Erhöhung der Altersrente unter den An-

[462] Zur Berechnung vgl. Tabelle 36.
[463] Dies ergibt sich aus § 19 II Satz 5 EStG.

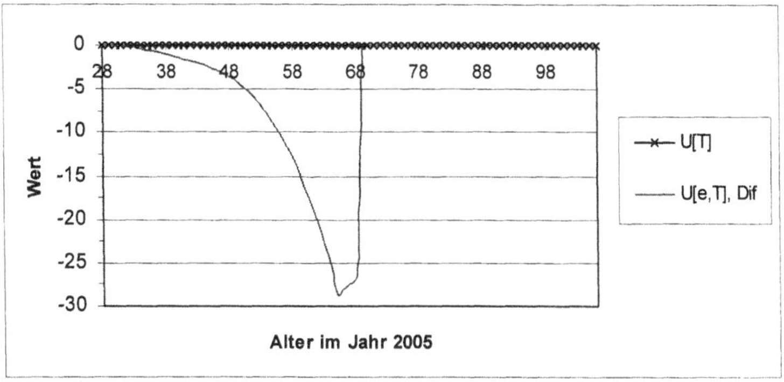

Abbildung 55: Umstellungswert im Bezugsjahr 2005 bei $i = 6$ %, $\beta = 100$ %, $A^{DZ} = 3.600$ € und $s_L = 30$ % in Abhängigkeit vom Alter des Versorgungsberechtigten in diesem Jahr

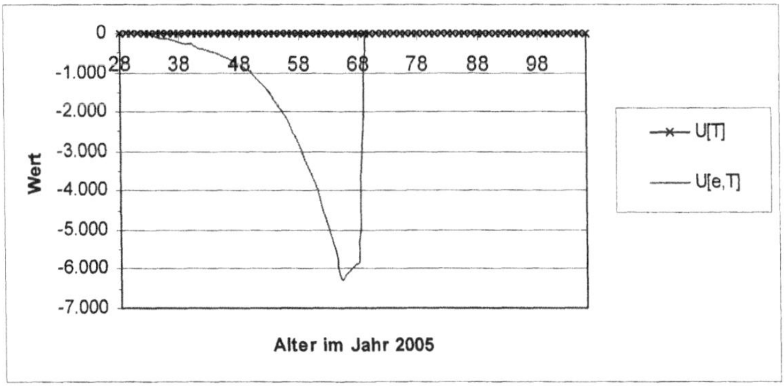

Abbildung 56: Absoluter Umstellungswert im Bezugsjahr 2005 bei $i = 6$ %, $\beta = 100$ %, $A^{DZ} = 3.600$ € und $s_L = 30$ % in Abhängigkeit vom Alter des Versorgungsberechtigten in diesem Jahr

nahmen $A^{DZ} = 3.600$ € und $s_L = 30$ %. Des Weiteren ist der Umstellungswert ohne eine solche Anpassung abgetragen. Damit können die Kosten der Umstellung bemessen werden, die durch die unterschiedlichen Freibetragsregelungen von Pensionsfonds und Direktzusage entstehen. In Abbildung 56 ist jeweils der entsprechende absolute Umstellungswert dargestellt. Er ergibt sich aus dem jeweiligen auf die Altersrente von 16,55 (€) normierten Umstellungswert der Abbildung 55, wenn man die Normierung auf diese Altersrente aufhebt und statt dessen die unterstellte Altersrente von $A^{DZ} = 3.600$ € einsetzt.

$$absoluter\ Umstellungswert = Umstellungswert\ /\ 16,55\ \times unterstellte\ Rente \tag{380}$$

Er wird an dieser Stelle mit angeführt, weil in der Analyse die relative Erhöhung $e_{J,(X)}$ (Formel (359)) auf die auf $A = 16,55$ (€) normierte Altersrente angewendet wird, sie jedoch auf einer höheren Altersrente (hier: $A^{DZ} = 3.600$ €) basiert. Absoluter Umstellungswert und Umstellungswert verlaufen c. p. gleich, jedoch auf einem anderen Niveau.

Der Umstellungswert ohne Anhebung der Altersrente beträgt null, weil sowohl der Kostenbarwert der Direktzusage als auch der des Pensionsfonds mit beitragsdotierter Leistungszusage null ist. Der Umstellungswert mit Anhebung der Altersrente um $e_{J,(X)}$ sinkt ab dem Alter von 31 Jahren und erreicht sein Minimum im Alter von 65 Jahren des Versorgungsberechtigten. Er beträgt für einen Versorgungsberechtigten null, der älter als 68 Jahre ist.

Die Differenz (Dif) zwischen dem Umstellungswert mit und ohne Anhebung der Versorgungsleistung ist ausschließlich auf die zum Übertragungszeitpunkt erfolgende Höherdotierung des internen Pensionsfonds um $e_{J,(X)} \times TW_T$ und die notwendige Erhöhung der zukünftig während der Ansparphase an den externen Pensionsfonds zu leistenden Beitragszahlungen $\left(1 + e_{J,(X)}\right) JDK$ zurückzuführen.

Insgesamt erklärt sich der dargestellte Verlauf des Umstellungswerts mit Erhöhung der Altersrente zum einen durch die Teilwertentwicklung der Direktzusage und zum anderen durch die vom derzeitigen Alter des Versorgungsberechtigten abhängige Erhöhung der Zusage um $e_{J,(X)}$. Diese ist in der nächsten Abbildung 57 abgetragen (Kurve „s[L] = 30 %"). Für Versorgungsberechtigte, die ein Alter von 30 Jahren noch nicht erreicht haben, ist $e_{J,(X)}$ null, weil ab dem Jahr 2040 der Freibetrag des § 19 II EStG nicht mehr besteht. Ab dem Alter von 31 Jahren nimmt $e_{J,(X)}$ mit zunehmendem Alter zu: Dies liegt darin begründet, dass der Freibetrag nach § 19 II EStG ab dem Jahr 2005 bis ins Jahr 2040 abgeschmolzen wird. Aufgrund dieser Regelung gilt für Versorgungsberechtigte, die im Bezugsjahr 2005 65 bis 68 Jahre alt sind, derselbe Freibetrag. Für Versorgungsberechtigte, die älter sind, greift die Regelung des § 52 XXXIVb EStG, wonach die Freibetragsregelung der Direktzusage nach der Umstellung auf den Pensionsfonds weiterhin anzuwenden ist. Daher ist $e_{J,(X)}$ ab dem Alter von 69 Jahren des Versorgungsberechtigten null. Bis zum Alter von 30 Jahren ist der Umstellungswert ebenfalls null. Dies beruht darauf, dass der Arbeitgeber im Zuge der Umstellung auf den Pensionsfonds eine Erhöhung der Zusage nicht vornehmen muss. Das Minimum des Umstellungswerts im Alter von 65 Jahren des Versorgungsberechtigten lässt sich des Weiteren darauf zurückführen, dass zum einen die Erhöhung

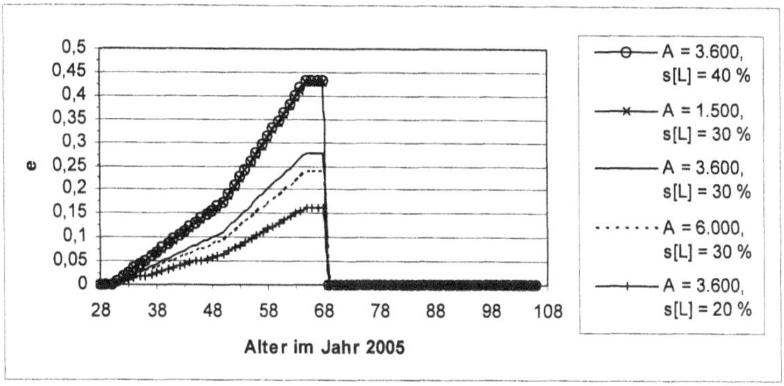

Abbildung 57: $e_{J,(X)}$ in Abhängigkeit vom Alter des Versorgungsberechtigten im Bezugsjahr 2005 für ausgewählte Kombinationen von Steuersätzen und Altersrenten der Direktzusage

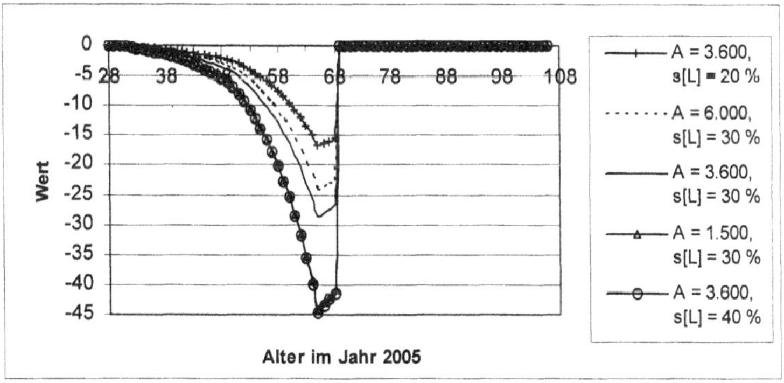

Abbildung 58: Umstellungswert im Bezugsjahr 2005 bei $i = 6$ % und $\beta = 100$ % für ausgewählte Kombinationen von Steuersätzen und Altersrenten der Direktzusage in Abhängigkeit vom Alter des Versorgungsberechtigten in diesem Jahr

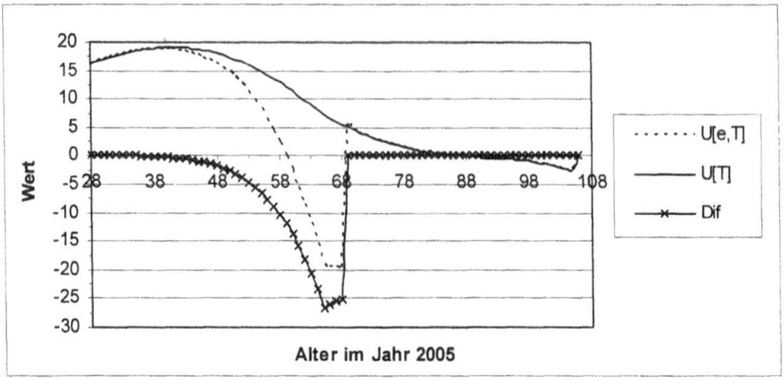

Abbildung 59: Umstellungswert im Bezugsjahr 2005 für $i = 6\ \%$, $\beta = 100\ \%$, $A^{DZ} = 3.600$ € und $s_L = 30\ \%$ in Abhängigkeit vom Alter des Versorgungsberechtigten in diesem Jahr

um $e_{J,(X)}$ der Versorgungszusage für dieses Alter am höchsten ist und zudem der Teilwert für dieses Alter sein Maximum erreicht. Weil sich dieser ab dem Alter von 65 Jahren verringert, nimmt der Umstellungswert von 65 bis ins Alter von 68 Jahren trotz der Konstanz von $e_{J,(X)}$ im Bereich dieser Altersspanne zu.

Insgesamt lässt die Abbildung erkennen, dass die Umstellung auf den Pensionsfonds unabhängig vom Alter des Versorgungsberechtigten unvorteilhaft ist. Dies gilt ebenfalls selbst dann, wenn der Steuersatz des Versorgungsberechtigten und/oder die Altersrente der Direktzusage variiert wird. Je nach dem daraus resultierenden Erhöhungsfaktor (vgl. Abbildung 57) ändert sich lediglich das Niveau des Umstellungswerts, weiterhin lohnt sich allerdings eine Umstellung auf den Pensionsfonds nicht (vgl. Abbildung 58).

8.11.2.2.2 Umstellungsmodell II

Abbildung 59 veranschaulicht den Umstellungswert im Bezugsjahr 2005 für das Modell II unter den Annahmen $A^{DZ} = 3.600$ € und $s_L = 30\ \%$ in Abhängigkeit vom Alter des Versorgungsberechtigten in diesem Jahr. Wie daraus hervorgeht, unterscheidet sich der Umstellungswert mit Erhöhung der Altersrente von demjenigen ohne eine solche Erhöhung erst ab einem Alter von ungefähr 38 Jahren des Versorgungsberechtigten. Dies ist zunächst überraschend, denn der Arbeitgeber hat für Versorgungsberechtigte der gegenwärtigen Altersspanne von 31 bis 38 Jahren eine Erhöhung der Versorgungsleistung vorzunehmen, die für den 38-jährigen Versorgungsberechtigten immerhin $4,5\ \%$ beträgt (vgl. die Abbildung 57). Trotz Erhöhung der Altersrente um bis zu $4,5\ \%$ stimmen also der Umstellungswert mit Erhöhung der Altersrente und derselbe ohne eine solche Erhöhung überein. Die Ursache dafür lässt sich anhand der Abbildungen 1 und 2 erläutern. Darin wurde veranschaulicht, dass zum einen der Kostenbarwert des Pensionsfonds mit klassischer Leistungszusage null ist, falls sich eine Vorsteuerverzinsung von etwa 5 % Prozent einstellt. Diese liegt dabei unterhalb des Rechnungszinses der Leistungszusage, weil der Arbeitgeber von der Überdotierungsmöglichkeit des Pensionsfonds profitiert. Zum anderen ist der Auszahlungsbarwert des Arbeitgebers bei einem Zinssatz von ungefähr 7 % null; eine auf Basis des Rechnungszinses von 6 % kalkulierte Zusage finanziert sich also für einen Zinssatz von 7 % selbst, wenn man ihr einen Geschenkcharakter unterstellt. Übertragen auf die erhöhte Versorgungsleistung impliziert dies, dass die Erhöhung einen „Geschenkcharakter" in dem Sinne aufweist, dass der Arbeitnehmer dafür im Gegenzug nicht zusätzlich auf Lohn verzichten muss; dagegen verbleibt der Entgeltcharakter der bisherigen, vor der Umstellung erteilten Zusage. Je stärker der Arbeitgeber eine Erhöhung der Zusage vornehmen muss, desto höher wird der Anteil daran, der „Geschenkcharakter" aufweist. Bildlich gesprochen verschiebt sich damit die Kurve „PF(kLZ)" der Abbildung 1, die den Kostenbarwert darstellt, weiter nach rechts, bis sie mit der Kurve „PF(kLZ)" der Abbildung 2 identisch ist, die den Auszahlungsbarwert veranschaulicht. Geringfügige Erhöhungen der Versorgungsleistung, die durch die Umstellung bedingt sind, führen folglich zu keinen Kosten für den Arbeitgeber, weil sie sich bei der unterstellten Verzinsung von 6 % selbst finanzieren.

Ab dem Alter von 38 Jahren sinkt der Umstellungswert mit Erhöhung der Altersrente zunehmend, weil der steigende „Geschenkanteil" der erhöhten Zusage sich nicht mehr vollständig selbst finanziert. Für ein Alter von 59 Jahren ist dann der Umstellungswert null; der Vorteil des Pensionsfonds mit klassischer Leistungszusage aus seiner Überdotierungsmöglichkeit ist durch seinen Nachteil gegenüber der Direktzusage bezüglich der unterschiedlichen Freibetragsregelungen und durch den Nachteil aus der gestreckten steuerlichen Geltendmachung des Differenzbetrags vollständig aufgebraucht. Bis zum Alter von 68 Jahren ist dann der Umstellungswert negativ. Ab dem Alter von 69 Jahren entsprechen sich der Umstellungswert mit Erhöhung und ohne Erhöhung, weil diese Versorgungsberechtigten eine Altersrente vor dem Stichtag 1.1.2002 bezogen haben und deshalb die Ausnahmeregelung des § 52 XXXIVb EStG greift. Für Alter ab 87 Jahren ist der Umstellungswert aufgrund der gestreckten steuerlichen Geltendmachung des Differenzbetrags negativ.

Eine Umstellung der Direktzusage auf den Pensionsfonds ist damit c. p. für den derzeitigen Altersbereich von 28 bis 59 und von 69 bis 86 Jahren für den Arbeitgeber vorteilhaft.

Wenn man die Differenz (Dif) zwischen den Umstellungswerten mit und ohne Erhöhung der Altersrente des Modells I (Abbildung 55) und die miteinander vergleicht, die sich analog für das Modell II ergibt, so verlaufen beide ähnlich. Der Grund hierfür liegt darin, dass der Effekt aus der Erhöhung der Versorgungszusage vergleichsweise am stärksten wiegt. Für den Unterschied zwischen beiden ist zum einen der zusätzliche Überdotierungseffekt und zum anderen die gestreckte steuerliche Geltendmachung des Differenzbetrags verantwortlich, die jeweils beide im Modell II bestehen. Insgesamt ist dieses Modell dem Modell I bis zum Alter von 86 Jahren des Versorgungsberechtigten vorzuziehen.

Wie sich unterschiedliche Steuersätze auf den Umstellungswert unter Berücksichtigung der Erhöhung der Altersrente auswirken, illustrieren die Abbildungen 57 und 60. Der Umstellungswert

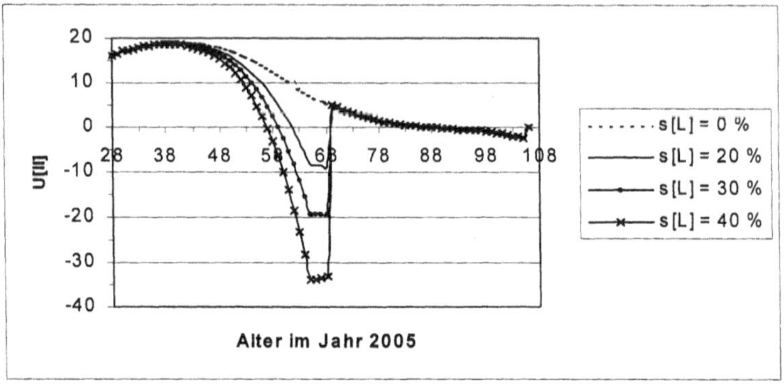

Abbildung 60: Umstellungswert im Bezugsjahr 2005 bei $i = 6$ %, $\beta = 100$ % und $A^{DZ} =$ 3.600 € für ausgewählte Steuersätze in Abhängigkeit vom Alter des Versorgungsberechtigten

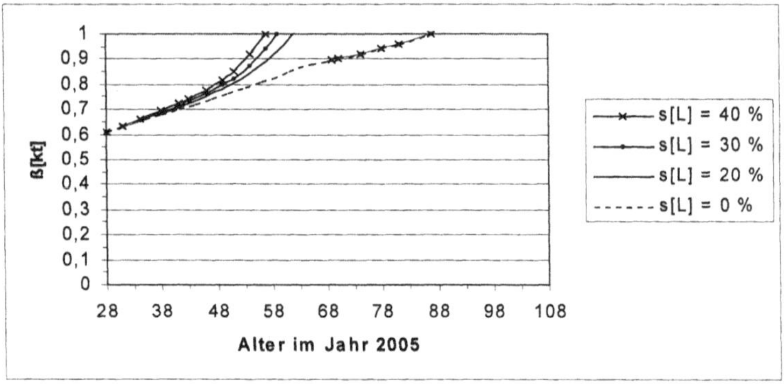

Abbildung 61: Kritische Steuerpflichtigkeit der Erträge für $i = 6$ %, $A^{DZ} = 3.600$ € und ausgewählte Steuersätze in Abhängigkeit vom Alter des Versorgungsberechtigten

sinkt demnach, je höher der Steuersatz des Arbeitnehmers in der Rentenphase ist. So ist er für $s_L = 40$ % schon ab dem Alter des Versorgungsberechtigten von 57 Jahren negativ, während dies für $s_L = 20$ % erst ab einem Alter von 62 Jahren zutrifft. Ursache hierfür ist die positive Korrelation zwischen der Erhöhung der Altersrente und dem Steuersatz des Versorgungsberechtigten.[464] In der Rentenphase ab dem Alter von 68 Jahren ist der Steuersatz des Versorgungsberechtigten ohne Einfluss auf den Umstellungswert, weil der Arbeitgeber die Zusage aufgrund der Regelung des § 52 XXXIVb EStG bei einer Umstellung nicht anheben muss.
Der Umstellungswert spiegelt sich auch entsprechend in der kritischen Steuerpflichtigkeit wider, deren Verlauf in der Abbildung 61 in Abhängigkeit vom Alter des Versorgungsberechtigten im Jahr 2005 dargestellt ist. Je höher der Steuersatz des Versorgungsberechtigten ist, desto höher ist $e_{J,(X)}$, desto höher ist die kritische Steuerpflichtigkeit der Erträge, sofern der Versorgungsberechtigte ein Alter zwischen ca. 38 und 68 Jahren aufweist. In diesem Bereich ist daher die Steigung der jeweiligen Kurve mit dem Steuersatz positiv korreliert. Sollte der Steuersatz null betragen, ist keine Anhebung der Versorgungsleistung vorzunehmen, weil der Versorgungsberechtigte keinen steuerlichen Nachteil aus der Umstellung auf den Pensionsfonds erleidet. Die Kurve „s[L] = 0“ in dieser Abbildung entspricht daher derjenigen aus Abbildung 51, die mit „ß[B] = ß[L]“ bezeichnet ist.
Für einen 28-jährigen Versorgungsberechtigten – es wird also die Umstellung der Direktzusage kurz nach ihrer Erteilung auf den Pensionsfonds geprüft – beträgt die kritische Steuerpflichtigkeit der Erträge 61 %, wobei dieses Ergebnis konform mit demjenigen aus Kapitel 7.5.2.2 (vgl. Abbildung 40) ist. Wie schon durch den negativen Umstellungswert zuvor angezeigt wurde, ist für rentennahe Versorgungsberechtigte die Fortführung der Direktzusage stets vorteilhaft. Für Rentner, die über 68 Jahre alt sind, dürfte sich eine Umstellung für den Arbeitgeber ebenfalls nicht lohnen: Zwar muss der Arbeitgeber keine Erhöhung der Altersrente vornehmen, jedoch reicht schon eine Steuerfreiheit der Erträge von 10 % aus, damit die interne Fortführung vorteilhaft ist. Insgesamt ist der Verlauf der kritischen Steuerpflichtigkeit spiegelverkehrt gegenüber dem Umstellungswert, er bedarf daher keiner weiteren Erläuterung.

Aus Abbildung 62 ist der Umstellungswert für $s_L = 30$ % und ausgewählte Altersrenten in Abhängigkeit vom Alter des Versorgungsberechtigten zu entnehmen. Darin zeigt sich, dass der Umstellungswert stärker abnimmt, je geringer die Altersrente ist. Dies beruht darauf, dass sie mit dem Erhöhungsfaktor negativ korreliert ist. Eine Umstellung auf den Pensionsfonds ist demnach für die Altersgruppe bis 57 bzw. 60 und von 69 bis 86 bei einer Altersrente von 1.500 € bzw. 6.000 € vorteilhaft. Daher ergibt sich auch der in Abbildung 63 abgetragene Verlauf der kritischen Steuerpflichtigkeit der Erträge für diese Modellannahmen.

Der Vollständigkeit halber wird des Weiteren die Abbildung 64 angeführt. Sie veranschaulicht den absoluten Umstellungswert, der sich für die bei Abbildung 62 gewählten Annahmen ergibt. Vergleicht man diese beiden Abbildungen, so lassen sich aus beiden Unterschiede erkennen. Sie

[464] Vgl. auch Abbildung 57.

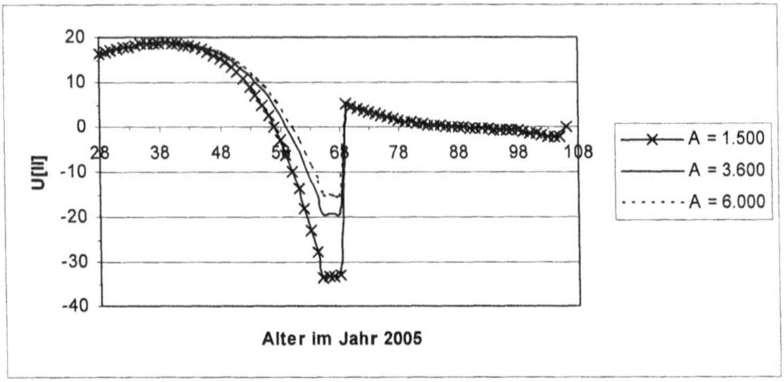

Abbildung 62: Umstellungswert im Bezugsjahr 2005 für $i = 6$ %, $\beta = 100$ % und $s_L = 30$ % in Abhängigkeit vom Alter und von der Höhe der Altersrente des Versorgungsberechtigten

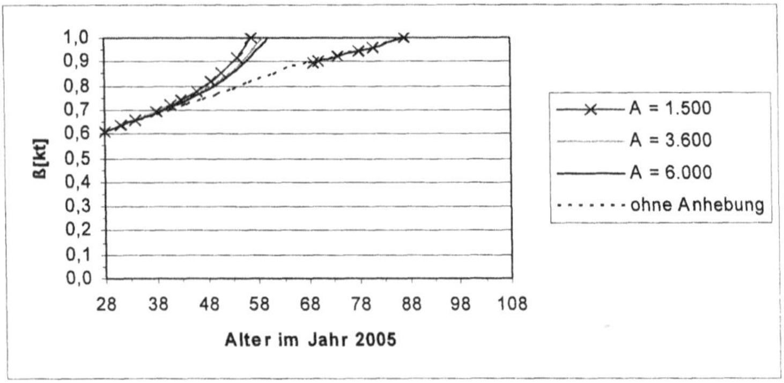

Abbildung 63: Kritische Steuerpflichtigkeit der Erträge für $i = 6$ % und $s_L = 30$ % in Abhängigkeit vom Alter und von der Höhe der Altersrente des Versorgungsberechtigten

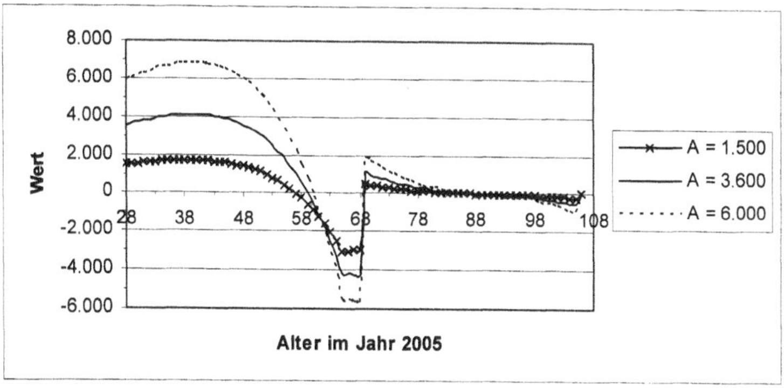

Abbildung 64: Absoluter Umstellungswert im Bezugsjahr 2005 für $i = 6\ \%$, $\beta = 100\ \%$ und $s_L = 30\ \%$ in Abhängigkeit vom Alter und von der Höhe der Altersrente des Versorgungsberechtigten

ergeben sich für diesen Fall dadurch, dass der für die Altersrente von $A = 16,55$ (€) normierte Umstellungswert natürlich in seiner absoluten Höhe von der zugrunde gelegten Altersrente abhängig ist. Für die Entscheidung zwischen der Umstellung auf den Pensionsfonds und der internen Fortführung der Direktzusage ist er allerdings ohne Belang.[465]

Vergleicht man nochmals die Ergebnisse miteinander, so lässt sich festhalten, dass das Modell II dem Modell I unabhängig von den Einflussgrößen bis zu einem Alter von 86 Jahren des Versorgungsberechtigten vorzuziehen ist. Dies ist auf die Überdotierung des Pensionsfonds zurückzuführen.

8.12 Implikationen für die Umstellung einer umlagefinanzierten Direktzusage

Wie bereits angeführt, lassen die gewonnenen Ergebnisse Rückschlüsse darauf zu, ob die Auslagerung einer umlagefinanzierten Direktzusage auf einen externen Pensionsfonds vorteilhaft ist oder ob der Arbeitgeber sich statt dessen für die Einrichtung eines betriebsinternen Pensionsfonds entscheiden sollte. Diese Rückschlussmöglichkeit lässt sich damit begründen, dass sich das vorgestellte Modell sowohl beim internen als auch beim externen Pensionsfonds darauf stützt, dass der Arbeitgeber bereits den rechnungsmäßigen Deckungsstock in Höhe des Teilwerts der Pensionsrückstellung aufgebaut hat. Sollte die Direktzusage nach dem Umlageverfahren finanziert worden sein, so ist im Zuge einer Auslagerung bei beiden Pensionsfonds zunächst dieser

[465]Man beachte, dass die Schnittpunkte mit der Abszisse bei beiden Abbildungen identisch ist. Im Rahmen der Untersuchung wurde nicht der absolute, sondern der auf die Altersrente von 16, 55 normierte Umstellungswert verwendet, weil dessen Verlauf spiegelverkehrt zur kritischen Steuerpflichtigkeit der Erträge ist. Diese Eigenschaft weist hingegen der absolute Umstellungswert nicht auf.

Sockelbetrag aufzubringen. Seine Finanzierung verursacht daher bei beiden denselben Liquiditätsabfluss, was identische Finanzierungskosten impliziert.
Unterschiede können sich folglich nur dadurch ergeben, dass die Steuerbelastung der stillen Reserven, welche zur Finanzierung dieses Betrags aufgedeckt werden, eine Rolle spielt. Wie bereits im Rahmen des Umstellungsmodells II für den Pensionsfonds ausgeführt wurde, ist der Steuernachteil aus der sofortigen Aufdeckung von stillen Reserven und der Steuernachteil aus ihrer zeitlich verzögerten Aufdeckung barwertig gleich. Interne und externe Lösung unterscheiden sich demnach nur durch den Zeitpunkt der Steuerbelastung bzw. der Aufdeckung der stillen Reserven.[466]
Insgesamt entstehen daher sowohl bei der Einrichtung eines betriebsinternen Pensionsfonds als auch bei der Auslagerung auf einen externen Pensionsfonds dieselben Finanzierungskosten und Steuerbelastungen.

8.13 Zusammenfassung

Im Kapitel 8 wurde zunächst die Motivation einer Umstellung beschrieben. Drei ausgewählte Umstellungsmodelle wurden vorgestellt und insbesondere hinsichtlich ihrer steuerlichen Rahmenbedingungen beleuchtet. Anschließend wurden das Alter der Versorgungsberechtigten und der Zeitpunkt problematisiert, die für eine Auslagerung in Frage kommen. Da die Umsetzung eines der beschriebenen Modelle an den steuerlichen Rahmenbedingungen scheitert, wurden die anderen beiden Umstellungsmodelle entwickelt. Sie basieren auf den Modellen, die bereits für Neuzusagen hergeleitet wurden.
In einem ersten Schritt wurde die Umstellung einer Direktzusage in deren Zeitablauf untersucht. Wie sich für das Modell I herausstellt, ist die interne Fortführung der Zusage stets vorteilhaft, sofern die Steuerpflichtigkeit der Erträge geringer als ungefähr 73 % ist. Je länger die Direktzusage dabei andauert, desto höher wird die kritische Steuerpflichtigkeit. Damit eine Umstellung nach dem Modell II für den Arbeitgeber in Frage kommt, muss die Steuerpflichtigkeit der Erträge über 61 % betragen. Die kritische Steuerpflichtigkeit steigt ebenfalls an, je später der Zeitpunkt einer möglichen Umstellung gewählt wird. 59 Jahre nach der Zusageerteilung ist eine Umstellung nicht mehr vorteilhaft, weil der Arbeitgeber den Differenzbetrag zwischen der Einmalprämie, die der Pensionsfonds verlangt, und dem Teilwert der Direktzusage gemäß § 4e III Satz 1, Satz 3 EStG nur zeitlich gestreckt steuerlich geltend machen kann. Sieht man von solchen Zeitpunkten einer Umstellung ab, so ist das Umstellungsmodell II unabhängig von den Einflussgrößen dem Modell I überlegen. Dies liegt im Überdotierungseffekt begründet, der im Modell II beim Pensionsfonds induziert wird.
In einem weiteren Schritt wurde eine entsprechende Analyse für einen derzeitigen (Bezugsjahr 2005) Versorgungsbestand vorgenommen. Wie abgeleitet wurde, können die Umstellungswerte

[466] Ein Kostenvorteil aus der zeitlich verzögerten Auflösung entsteht nur, falls das Unternehmen die Steuerzahlung aus der Auflösung der aktuellen stillen Reserven nicht sofort, sondern erst eine entsprechende Steuerzahlung zu einem späteren Zeitpunkt aus Vermögensmitteln finanzieren kann. Im Vergleich fällt diese allerdings durch die Verzinsung der stillen Reserven höher aus.

und die Werte der kritischen Steuerpflichtigkeit, die für die Einzelzusage in deren Zeitbablauf ermittelt wurden, für Zusagen eines Versorgungsbestands übernommen werden. Hierbei ist Voraussetzung, dass der Arbeitgeber die Zusage bei Umstellung nicht anheben muss. Da dies allerdings durch die unterschiedlichen Freibetragsregelungen von Direktzusage und Pensionsfonds in der weit überwiegenden Zahl der Zusagen notwendig sein dürfte, wurde anschließend im Modell eine Anhebung der Versorgungsleistung berücksichtigt. Sie liegt auf einem hohen Niveau, weil der Freibetrag für Renten aus Direktzusagen – trotz der in den nächsten Jahren gesetzlich festgelegten Abschmelzung – im Vergleich zur aktuellen Durchschnittsrente in Deutschland noch bedeutend ist.

Eine Umstellung der Direktzusage auf den Pensionsfonds nach dem Modell I impliziert daher stets Mehrkosten.

Im Modell II ist die interne Fortführung ab einem Alter von 87 Jahren aufgrund der Regelung des § 4e III Satz 1, Satz 3 EStG vorzuziehen. Die unterschiedlichen Freibetragsregelungen der Direktzusage und des Pensionsfonds machen sich insbesondere für Versorgungsberechtigte bemerkbar, die derzeit kurz vor ihrem Ruhestand stehen oder bis zu 68 Jahre alt sind. Eine Umstellung auf den Pensionsfonds ist in dieser Altersspanne der Berechtigten mit deutlichen Nachteilen für den Arbeitgeber verbunden. Bei Rentnern, die über 68 Jahre alt sind, dürfte sich eine Umstellung ebenfalls nicht lohnen, weil die interne Fortführung schon ab einer Steuerfreiheit der Erträge von 10 % vorteilhaft ist. Für junge Aktive und solche mittleren Alters hängt die Vorteilhaftigkeit einer Umstellung von einer Vielzahl von Faktoren (Steuerpflichtigkeit der Erträge, Altersrente, Steuersatz des Versorgungsberechtigten in der Rentenphase) ab. Sie ist daher eingehend im Einzelfall zu prüfen.

Anhang

A.1 Umformung Formel (21)

$$
\begin{aligned}
&\sum_{t=m+1}^{m+n} (1+v_L)^{t-1-m-n} (1+v_{L,s})^{m-t} \\
&= \frac{1}{(1+v_L)^{m+n}} \sum_{t=m+1}^{m+n} (1+v_L)^{t-1} (1+v_{L,s})^{m-t} \\
&= \frac{1}{(1+v_L)^{m+n}} \left[\sum_{t=1}^{m+n} (1+v_L)^{t-1} (1+v_{L,s})^{m-t} - \sum_{t=1}^{m} (1+v_L)^{t-1} (1+v_{L,s})^{m-t} \right] \\
&= \frac{1}{(1+v_L)^{m+n}} (1+v_{L,s})^{m} \left[\sum_{t=1}^{m+n} (1+v_L)^{t-1} (1+v_{L,s})^{-t} - \sum_{t=1}^{m} (1+v_L)^{t-1} (1+v_{L,s})^{-t} \right]
\end{aligned}
$$

Da

$$
\sum_{t=1}^{m+n} (1+v_L)^{t-1} (1+v_{L,s})^{-t} = \frac{(1+v_{L,s})^{m+n} - (1+v_L)^{m+n}}{(1+v_{L,s})^{m+n} (v_{L,s} - v_L)}
$$

und entsprechend

$$
\sum_{t=1}^{m} (1+v_L)^{t-1} (1+v_{L,s})^{-t} = \frac{(1+v_{L,s})^{m} - (1+v_L)^{m}}{(1+v_{L,s})^{m} (v_{L,s} - v_L)}
$$

ist, lässt sich obiger Term weiter vereinfachen zu:

$$
\begin{aligned}
&\frac{1}{(1+v_L)^{m+n}} (1+v_{L,s})^{m} \left[\sum_{t=1}^{m+n} (1+v_L)^{t-1} (1+v_{L,s})^{-t} - \sum_{t=1}^{m} (1+v_L)^{t-1} (1+v_{L,s})^{-t} \right] \\
&= \frac{(1+v_{L,s})^{m}}{(1+v_L)^{m+n}} \left[\frac{(1+v_{L,s})^{m+n} - (1+v_L)^{m+n}}{(1+v_{L,s})^{m+n} (v_{L,s} - v_L)} - \frac{(1+v_{L,s})^{m} - (1+v_L)^{m}}{(1+v_{L,s})^{m} (v_{L,s} - v_L)} \right] \\
&= \frac{(1+v_{L,s})^{m}}{(1+v_L)^{m+n}} \left[\frac{(1+v_{L,s})^{m+n} - (1+v_L)^{m+n} - (1+v_{L,s})^{m+n} + (1+v_L)^{m} (1+v_{L,s})^{n}}{(1+v_{L,s})^{m+n} (v_{L,s} - v_L)} \right] \\
&= \frac{(1+v_{L,s})^{m}}{(1+v_L)^{m+n}} \left[\frac{-(1+v_L)^{m+n} + (1+v_L)^{m} (1+v_{L,s})^{n}}{(1+v_{L,s})^{m+n} (v_{L,s} - v_L)} \right] \\
&= \frac{1}{(1+v_L)^{n}} \left[\frac{(1+v_{L,s})^{n} - (1+v_L)^{n}}{(1+v_{L,s})^{n} (v_{L,s} - v_L)} \right].
\end{aligned}
$$

A.2 Umformung Formel (24)

$$
\begin{aligned}
& rbfn\left(v_L,n\right)+s\times rbfn\left(v_{L,s},n\right)-s\frac{1}{\left(1+v_L\right)^n}rbfn\left(v_{L,s},v_L,n\right)\\
= & \frac{\left(1+v_L\right)^n-1}{\left(1+v_L\right)^n v_L}+s\frac{\left[1+v_L\left(1-s\right)\right]^n-1}{\left[1+v_L\left(1-s\right)\right]^n v_L\left(1-s\right)}\\
& -s\frac{1}{\left(1+v_L\right)^n}\frac{\left[1+v_L\left(1-s\right)\right]^n-\left(1+v_L\right)^n}{\left[1+v_L\left(1-s\right)\right]^n\left[v_L\left(1-s\right)-v_L\right]}\\
= & \frac{\left(1+v_L\right)^n-1}{\left(1+v_L\right)^n v_L}+s\frac{\left[1+v_L\left(1-s\right)\right]^n-1}{\left[1+v_L\left(1-s\right)\right]^n v_L\left(1-s\right)}-\frac{1}{\left(1+v_L\right)^n}\frac{\left[1+v_L\left(1-s\right)\right]^n-\left(1+v_L\right)^n}{\left[1+v_L\left(1-s\right)\right]^n v_L}\\
= & \left[\begin{array}{c}\left[\left(1+v_L\right)^n-1\right]\left[1+v_L\left(1-s\right)\right]^n\left(1-s\right)+s\left[\left(1+v_L\left(1-s\right)\right)^n-1\right]\left(1+v_L\right)^n\\ -\left(1-s\right)\left(1+v_L\right)^n+\left(1-s\right)\left[1+v_L\left(1-s\right)\right]^n\end{array}\right]\\
& \frac{1}{\left(1+v_L\right)^n\left[1+v_L\left(1-s\right)\right]^n v_L\left(1-s\right)}\\
= & \left\{\left(1+v_L\right)^n\left[1+v_L\left(1-s\right)\right]^n-\left(1+v_L\right)^n\right\}\frac{1}{\left(1+v_L\right)^n\left[1+v_L\left(1-s\right)\right]^n v_L\left(1-s\right)}\\
= & \frac{\left(1+v_L\right)^n\left[\left(1+v_L\left(1-s\right)\right)^n-1\right]}{\left(1+v_L\right)^n\left[1+v_L\left(1-s\right)\right]^n v_L\left(1-s\right)}\\
= & rbfn\left(v_{L,s},n\right)
\end{aligned}
$$

A.3 Herleitung Formel (92)

Es ist zu beweisen, dass der allgemeine Kostenbarwert aus Formel (89)

$$K_{m,s}^{DZ} = \sum_{t=m+1}^{m+n} R \times q_{\beta,s}^{m-t} - s \sum_{t=1}^{m+n} zprs_t \times q_{\beta,s}^{m-t} - (1-s) \sum_{t=1}^{m} JDK \times q_{\beta,s}^{m-t}$$

und der Kostenbarwert aus der Formel (92)

$$\begin{aligned}
K_{m,s}^{DZ} &= -\sum_{t=1}^{m+n} (1-s)(i-r) DST_{t-1}^{DZ} q_s^{m-t} \\
&= -(1-s)\frac{i-r}{r} JDK \times refn(i_s, r, m) + (1-s)\frac{i-r}{r} JDK \times refn(i_s, m) \\
&\quad -(1-s)\frac{i-r}{r} JDK \frac{refn(r,m)}{rbfn(r,n)} rbfn(i_s, n) \\
&\quad +(1-s)\frac{i-r}{r} JDK \frac{refn(r,m)}{rbfn(r,n)} \frac{1}{(1+r)^n} rbfn(i_s, r, n)
\end{aligned}$$

äquivalent sind. Die Formel (89) lässt sich mit den Formeln (56) und (61), bei denen r_s durch i_s zu ersetzen ist, zu

$$\begin{aligned}
K_{m,s}^{DZ} &= \sum_{t=m+1}^{m+n} R \times q_s^{m-t} - s \sum_{t=1}^{m+n} zprs_t \times q_s^{m-t} - (1-s) \sum_{t=1}^{m} JDK \times q_s^{m-t} \\
&= JDK \frac{refn(r,m)}{rbfn(r,n)} rbfn(i_s, n) - s \times JDK \times refn(i_s, r, m) \\
&\quad -s \times JDK \frac{refn(r,m)}{rbfn(r,n)} rbfn(i_s, n) \\
&\quad +s \times JDK \frac{refn(r,m)}{rbfn(r,n)} \frac{1}{(1+r)^n} rbfn(i_s, r, n) - (1-s) JDK \times refn(i_s, m)
\end{aligned}$$

ableiten. Allgemein lässt sich dann zeigen, dass

$$\begin{aligned}
& JDK \frac{refn(r,m)}{rbfn(r,n)} rbfn(i_s, n) - s \times JDK \times refn(i_s, r, m) \\
& -s \times JDK \frac{refn(r,m)}{rbfn(r,n)} rbfn(i_s, n) + s \times JDK \frac{refn(r,m)}{rbfn(r,n)} \frac{1}{(1+r)^n} rbfn(i_s, r, n) \\
& -(1-s) JDK \times refn(i_s, m) \\
= & -(1-s)\frac{i-r}{r} JDK \times refn(i_s, r, m) + (1-s)\frac{i-r}{r} JDK \times refn(i_s, m) \\
& -(1-s)\frac{i-r}{r} JDK \frac{refn(r,m)}{rbfn(r,n)} rbfn(i_s, n) \\
& +(1-s)\frac{i-r}{r} JDK \frac{refn(r,m)}{rbfn(r,n)} \frac{1}{(1+r)^n} rbfn(i_s, r, n)
\end{aligned}$$

ist.

A.4 Umformung Formel (109)

Die Umformung

$$\sum_{\tau=1}^{t-1}(1+d)^{\tau-1}(1+r)^{t-1-\tau}=\frac{(1+r)^{t-1}-(1+d)^{t-1}}{r-d}$$

lässt sich auf Basis der Formel (14)

$$\sum_{\tau=1}^{t}(1+d)^{\tau-1}(1+r)^{t-\tau}=\frac{(1+r)^{t}-(1+d)^{t}}{r-d}$$

beweisen. Beide angeführten Summen unterscheiden sich ausschließlich durch den jeweiligen Endzeitpunkt.

$$\sum_{\tau=1}^{t}(1+d)^{\tau-1}(1+r)^{t-\tau}=\left[\sum_{\tau=1}^{t-1}(1+d)^{\tau-1}(1+r)^{t-1-\tau}\right](1+r)+(1+d)^{t-1}$$

Um die Umformung zu beweisen, müsste daher

$$\frac{(1+r)^{t-1}-(1+d)^{t-1}}{r-d}(1+r)+(1+d)^{t-1}=\frac{(1+r)^{t}-(1+d)^{t}}{r-d}$$

gelten. Dies lässt sich durch nachfolgende Rechenschritte belegen.

$$\begin{aligned}\frac{(1+r)^{t-1}-(1+d)^{t-1}}{r-d}(1+r)+(1+d)^{t-1} &= \frac{(1+r)^{t}-(1+d)^{t-1}(1+r)+(1+d)^{t-1}(r-d)}{r-d}\\ &= \frac{(1+r)^{t}-(1+d)^{t-1}-d(1+d)^{t-1}}{r-d}\\ &= \frac{(1+r)^{t}-(1+d)^{t-1}(1+d)}{r-d}\\ &= \frac{(1+r)^{t}-(1+d)^{t}}{r-d}\end{aligned}$$

A.5 Herleitung Formel (196)

Ausgangspunkt der Herleitung ist der Endwert einer unendlichen konstanten Rente R, die nachschüssig gezahlt wird und auf dem Zinssatz i basiert. Er ergibt sich allgemein zu:[467]

$$\sum_{t=1}^{m=\infty} R\,(1+i)^{m-t} = \frac{R}{i}$$

Ensprechend gilt also

$$\sum_{t=1}^{m=\infty} DST_{m,s}^{vE}\,(\lambda)^{m-t} = \frac{DST_{m,s}^{vE}}{\lambda - 1}$$

und

$$\sum_{t=1}^{m=\infty} DST_{m,s}^{vE} \left[s\frac{rbfn\,(r,n)}{rbfn\,(v_{L,eff},n)} \right]^{m-t} = \frac{DST_{m,s}^{vE}}{s\frac{rbfn(r,n)}{rbfn\left(v_{L,eff},n\right)} - 1}$$

bzw.

$$\sum_{t=1}^{m=\infty} gDST_{m,s} \left[s\frac{rbfn\,(r,n)}{rbfn\,(v_{L,eff},n)} \right]^{m-t} = \frac{gDST_{m,s}}{s\frac{rbfn(r,n)}{rbfn\left(v_{L,eff},n\right)} - 1}$$

Da

$$\begin{aligned} &DST_{m,s}^{vE} + s\frac{rbfn\,(r,n)}{rbfn\,(v_{L,eff},n)} DST_{m,s}^{vE} + \left[s\frac{rbfn\,(r,n)}{rbfn\,(v_{L,eff},n)} \right]^2 DST_{m,s}^{vE} \\ &+ \ldots + \left[s\frac{rbfn\,(r,n)}{rbfn\,(v_{L,eff},n)} \right]^{\infty} DST_{m,s}^{vE} = \\ &DST_{m,s}^{vE} + \sum_{t=1}^{m=\infty} DST_{m,s}^{vE} \left[s\frac{rbfn\,(r,n)}{rbfn\,(v_{L,eff},n)} \right]^{m-t} \end{aligned}$$

ist, gilt

$$\begin{aligned} DST_{m,s}^{vE} + \sum_{t=1}^{m=\infty} DST_{m,s}^{vE} \left[s\frac{rbfn\,(r,n)}{rbfn\,(v_{L,eff},n)} \right]^{m-t} &= DST_{m,s}^{vE} + \frac{DST_{m,s}^{vE}}{s\frac{rbfn(r,n)}{rbfn\left(v_{L,eff},n\right)} - 1} \\ &= \frac{DST_{m,s}^{vE}}{1 - s\frac{rbfn(r,n)}{rbfn\left(v_{L,eff},n\right)}} \end{aligned}$$

und entsprechend auch

$$\frac{gDST_{m,s}}{s\frac{rbfn(r,n)}{rbfn\left(v_{L,eff},n\right)} - 1} = \frac{gDST_{m,s}}{1 - s\frac{rbfn(r,n)}{rbfn\left(v_{L,eff},n\right)}} - gDST_{m,s}.$$

[467] Vgl. *Kruschwitz* (1995), S. 116.

Daher lässt sich

$$DST^{vE}_{m,s} + s\frac{rbfn\,(r,n)}{rbfn\,(v_{L,eff},n)}\left(DST^{vE}_{m,s} - gDST_{m,s}\right) + \left[s\frac{rbfn\,(r,n)}{rbfn\,(v_{L,eff},n)}\right]^2\left(DST^{vE}_{m,s} - gDST_{m,s}\right) + \ldots + \left[s\frac{rbfn\,(r,n)}{rbfn\,(v_{L,eff},n)}\right]^\infty\left(DST^{vE}_{m,s} - gDST_{m,s}\right)$$

zu

$$\frac{DST^{vE}_{m,s}}{1 - s\frac{rbfn(r,n)}{rbfn\left(v_{L,eff},n\right)}} - \left[\frac{gDST_{m,s}}{1 - s\frac{rbfn(r,n)}{rbfn\left(v_{L,eff},n\right)}} - gDST_{m,s}\right]$$

$$= \frac{DST^{vE}_{m,s}}{1 - s\frac{rbfn(r,n)}{rbfn\left(v_{L,eff},n\right)}} - \frac{gDST_{m,s} - gDST_{m,s}\left[1 - s\frac{rbfn(r,n)}{rbfn\left(v_{L,eff},n\right)}\right]}{1 - s\frac{rbfn(r,n)}{rbfn\left(v_{L,eff},n\right)}}$$

$$= \frac{1}{1 - s\frac{rbfn(r,n)}{rbfn\left(v_{L,eff},n\right)}}\left[DST^{vE}_{m,s} - s\frac{rbfn\,(r,n)}{rbfn\,(v_{L,eff},n)}gDST_{m,s}\right]$$

$$= \frac{1}{1 - s\frac{rbfn(r,n)}{rbfn\left(v_{L,eff},n\right)}}JDK$$

$$\left[\begin{array}{c} (1-s)\,refn\,(i_{\beta,s},m) + s\frac{refn\left(v_{B,eff},m\right)}{rbfn\left(v_{L,eff},n\right)}\frac{rbfn(r,n)}{refn(r,m)}refn\,(i_{\beta,s},r,m) \\ -s\frac{rbfn(r,n)}{rbfn\left(v_{L,eff},n\right)}refn\,(v_{B,eff},m) \end{array}\right]$$

umformen.

Literatur

Ahrend, P. / Förster, W. / Rößler, N. (2005): Steuerrecht der betrieblichen Altersversorgung, Loseblattsammlung, 2 Bände, 4. Auflage, Köln, Stand: November 2005.

Ahrend, P. / Förster, W. / Rühmann, J. (2002): Gesetz zur Verbesserung der betrieblichen Altersversorgung, 8. Auflage, München.

BaFin (2004): Rundschreiben 9 / 2004, URL: http://www.bafin.de, Stand: 29.12.2004.

BaFin (2005): Pensionsfonds – Fragen und Antworten, URL: http://www.bafin.de, Stand: 2.6.2005.

Berger, A. / Ellrot, H. / Förschle, G. / Heuse, B. (2003): Beck'scher Bilanzkommentar Handels- und Steuerrecht, 5. Auflage, München.

Berner-Lüll, A. / Drochner, S. (1998): Novellierung des Betriebsrentenrechts, in: Betriebliche Altersversorgung, S. 198-203.

Blome, S. / Zwiesler, H.-J. (2003): Asset Funding in der betrieblichen Altersversorgung, in: Zeitschrift für die gesamte Versicherungswissenschaft, S. 95-127.

Blomeyer, W. (1997): Flexibilisierung des Betriebsrentenrechts durch Beitragszusagen, in: Der Betrieb, S. 1921-1926.

Blumenstein, M. (2004): Änderung des Gesetzes zur Verbesserung der betrieblichen Altersversorgung im Rahmen des Entwurfes eines Alterseinkünftegesetzes, in: Betriebliche Altersversorgung, S. 236-239.

Blumenstein, M. / Krekeler, N. (1999): Auswirkungen des neuen Betriebsrentenrechts auf die Praxis, in: Betriebliche Altersversorgung, S. 52-59.

Bode, C. / Grabner, E. (2002): Pensionsfonds und Entgeltumwandlung in der betrieblichen Altersversorgung, München.

Bode, C. / Obenberger, T. (2005): Die betriebliche Altersversorgung nach dem Betriebsrentenrecht ab 2005, Berlin.

Bogner, S. (1996): Der erwartete steuerliche Beitrag zur Finanzierung unmittelbarer betrieblicher Pensionszusagen unter Berücksichtigung von Inflation und realen Gehaltssteigerungen, in: Zeitschrift für betriebswirtschaftliche Forschung, S. 56-64.

Bogner, S. / Swoboda, P. (1994): Der steuerliche Beitrag zur Finanzierung unmittelbarer betrieblicher Pensionszusagen unter Berücksichtigung von Inflation und realen Gehaltssteigerungen, in: Zeitschrift für betriebswirtschaftliche Forschung, S. 568-581.

Bogner, S. (1997): Unmittelbare betriebliche Rentenzusagen aus finanzwirtschaftlicher Sicht, Wiesbaden.

Bomsdorf, E. (2002): Neue Generationensterbetafeln für die Geburtsjahrgänge 1933 bis 2003, Köln.

Brassat, M. / Kiesewetter, D. (2003): Steuervorteile durch arbeitgeberfinanzierte Versorgungszusagen, in: Zeitschrift für Betriebswirtschaft, S. 1051-1076.

Budinger, I. (2002): Fondsgebundene Leistungspläne in der betrieblichen Altersversorgung, Dissertation, Köln.

Clemens, F. (2005): Entgeltumwandlung zur betrieblichen Altersversorgung, Berlin.

DAV (2002): Biometrische Rechnungsgrundlagen für Pensionsfonds und Pensionskassen, DAV-Mitteilung, Köln.

DAV (2004a): Vorschlag der Arbeitsgruppe Biometrie der Deutschen Aktuarvereinigung zur Einführung neuer Sterbetafeln für private Rentenversicherungen, Köln.

DAV (2004b): Herleitung der DAV-Sterbetafel 2004 R für Rentenversicherungen, Köln, Stand: 22.2.2005.

DAV (2005): Trendansatz 2005 in der Bewertungstafel DAV 2004 R-Bestand, Köln.

DIA (2005): Deckungsmittel in der Betrieblichen Altersversorgung, URL: http://www.dia-vorsorge.de/df_040206.htm, Stand: 12.12.2005.

Dirrigl, H. (1997): Die Kosten von Direktzusagen auf betriebliche Altersversorgung unter Berücksichtigung der Lohn- und Steuerfinanzierung, in: *Wagner, F. W.* (Hrsg.): Steuerberatung im Spannungsfeld von Betriebswirtschaft und Recht, Stuttgart, S. 53-79.

Drukarczyk, J. (1990): Was kosten betriebliche Altersversorgungszusagen?, in: Die Betriebswirtschaft (1990), S. 333-353.

Drukarczyk, J. (1993): Theorie und Politik der Finanzierung, 2. Auflage, München.

Drukarczyk, J. / Schüler, A. (2000): Direktzusagen, Lohnsubstitution, Unternehmenswert und APV-Ansatz, in: *Andresen, B.-J. / Förster, W. / Doetsch, P. A.* (Hrsg.): Betriebliche Altersversorgung im Zeichen der Globalisierung, S. 33-55.

Drukarczyk, J. / Ebinger, G. / Schüler, A. (2002): Direktzusage, Lohnsubstitution und Unternehmenswert, Regensburger Diskussionsbeiträge zur Wirtschaftswissenschaft, Nr. 358.

Drukarczyk, J. / Ebinger, G. / Schüler, A. (2005): Zur Vorteilhaftigkeit entgeltsubstituierender Direktzusagen aus Arbeitnehmer- und Anteilseignersicht, in: Zeitschrift für Bankrecht und Bankwirtschaft, S. 237-254.

Ebinger, G. (2001): Neue Modelle der betrieblichen Altersversorgung, Frankfurt am Main.

Ebinger, G. / Knoll, L. (1999): Deferred Compensation: Zur Struktur (para-)fiskalischer Vorteile, in: *Kossbiel, H.* (Hrsg.): Modellgestützte Personalentscheidung, Band 3, München, S. 77-101.

Eckert, C. / Mössle, K. / Wolff, U. (2005): Aspekte des Risikomanagements bei der Fundierung von Leistungs- und Beitragszusagen in der bAV, in: Betriebliche Altersversorgung, S. 233-237.

Elser, T. (2001): Warum die GmbH nur selten als Spardose taugt, in: Betriebs-Berater, S. 805-810.

Engbroks, H. (1999): Übergang auf die Richttafeln 1998 in der Praxis, in: Betriebliche Altersversorgung, S. 156-159.

Engbroks, H. / Heubeck, K. (1981): Direktversicherung und Pensionszusage im wirtschaftlichen Vergleich, in: Der Betrieb, S. 2025-2030.

Esser, K. (1990): Betriebliche Altersversorgung ist teuer, in: Die Betriebswirtschaft, S. 418-421.

Esser, K. / Sieben, G. (1997): Betriebliche Altersversorgung, Stuttgart.

Ettl, W. / Pagler, F. W. (1989): Rechnungsgrundlagen der Pensionsversicherung, Wien.

FINANZtest (2005): Chance auf mehr Rendite, in: FINANZtest, Nr. 5, S. 30-36.

Fink, W. (1998): Betriebliche Altersversorgung als Vergütungsbestandteil, Wiesbaden.

Finkelstein, A. / Poterba, J. M. (2000): Adverse Selection in Insurance Markets: Policyholder Evidence from the U.K. Annuity Market, NBER Working Paper Nr. W8045.

Förster, W. (2003): Betriebliche Altersversorgung im Meinungsbild der Unternehmen, in: Betriebliche Altersversorgung, S. 715-719.

Förster, W. / Meier, K. / Weppler, T. (2005): Steuerliche Zweifelsfragen aus der Änderung des § 112 VAG, in: Betriebliche Altersversorgung, S. 726-732.

Franke, G. / Hax, H. (1988): Finanzwirtschaft des Unternehmens und Kapitalmarkt, Berlin.

Friedman, B. M. / Warshawsky, M. (1988): Annuity Prices and Saving Behavior in the United States, in: *Bodie, Z. / Shoven, J. / Wise, D.* (Hrsg.): Pensions in the U.S. economy, Chicago, S. 53-77.

Friedman, B. M. / Warshawsky, M. (1990): The cost of annuities: implications for saving behavior and bequests, in: The Quarterly Journal of Economics, S. 135-154.

Friedrich, K. / Weigel, H.-J. (2003): Übertragung von Pensionsverpflichtungen auf einen Pensionsfonds, in: Der Betrieb, S. 2564-2566.

Friedrich, K. / Weigel, H.-J. (2004): Die steuerliche Behandlung verschiedener Finanzierungsmodelle bei der Auslagerung unmittelbarer Versorgungszusagen und Unterstützungskassenzusagen auf einen Pensionsfonds, in: Der Betrieb, S. 2282-2287.

GDV (2001): Pressemitteilung vom 5.11.2001, URL: http://www.gdv.de/presseService/15774.htm, Stand: 20.12.2003.

Gerke, W. / Pellens, B. (2003): Pensionsrückstellungen, Pensionsfonds und das Rating von Unternehmen – eine kritische Analyse, Forschungsgutachten im Auftrag von der ThyssenKrupp AG, der Deutschen Post AG und der Linde AG, URL: http://www.bankundboerse.wiso.uni-erlangen.de/__Forschung/_Gutachten/Gutachten_deutsch_final.pdf, Stand: 18.4.2004.

Gohdes, A. E. (1997): Versicherungsmathematische Finanzierungsverfahren für betriebliche Versorgungsverpflichtungen, in: *Neuburger, E.* (Hrsg.): Mathematik und Technik betrieblicher Pensionszusagen, 2. Auflage, Karlsruhe, S. 192-213.

Gohdes, A. E. / Haferstock, B. / Schmidt, R. (2001): Pensionsfonds nach dem AVmG aus heutiger Sicht, in: Der Betrieb, S. 1558-1562.

Gohdes, A. E. / Meier, K. (2003): Pensionsverpflichtungen im Unternehmensrating: Fremdkapital besonderer Art, in: Betriebs-Berater, S. 1375-1380.

Goverts, S. (2005): Steuerfragen bei Contractual Trust Arrangements, in: deutsche pensions & investmentnachrichten, Beitrag vom 1.3.2005, URL: http://www.dpn-online.com, Stand: 24.6.2005.

Grabner, R. (1999): Der betriebsinterne Pensionsfonds, in: Der Betrieb, S. 903-908.

Grabner, E. / Bode, C. / Stein, M. (2001): Brutto-Entgeltumwandlung vs. „Riester-Förderung“, in: Der Betrieb, S. 1893-1899.

Grabner, E. / Bode, C. / Stein, M. (2002): Finanzierungsalternativen für eine betriebliche Altersversorgung aus Entgeltumwandlung, in: Der Betrieb, S. 853-859.

Grawert, A. / Knoll, L. (1998): Steuerliche Auswirkungen von Deferred Compensation aus Arbeitnehmer- und Arbeitgebersicht, in: Deutsches Steuerrecht, S. 1692-1696.

Haegert, L. (1987): Besteuerung, Unternehmensfinanzierung und betriebliche Altersversorgung, in: *Schneider, D.* (Hrsg.): Kapitalmarkt und Finanzierung, Berlin, S. 155-168.

Haegert, L. / Schwab, H. (1990): Die Subventionierung direkter Pensionszusagen nach geltendem Recht zu einer neutralen Besteuerung, in: Die Betriebswirtschaft, S. 85-102.

Hagemann, T. (2004): Pensionsrückstellungen, Karlsruhe.

Hanau, P. / Arteaga, M. / Kessel, H. (1997): Änderungsvorschläge zur Neufassung des Betriebsrentengesetzes, in: Der Betrieb, S. 1401-1406.

Harder-Buschner, C. (2005a): Aktueller Rechtsstand der betrieblichen Altersversorgung, in: Neue Wirtschafts-Briefe, Fach 3, S. 13217-13252.

Harder-Buschner, C. (2005b): Aktueller Rechtsstand der betrieblichen Altersversorgung, in: Neue Wirtschafts-Briefe, Fach 3, S. 13253-13280.

Hauner, K. / Menßen, J. (2000): Asset Funding und Bilanzgestaltung mit Spezialfonds, in: *Kleeberg, J. / Schlenger, C.* (Hrsg.): Handbuch Spezialfonds, S. 231-262.

Herrmann, R. (2002): Biometrische Rechnungsgrundlagen bei Pensionskassen und Pensionsfonds, URL: http://www.heubeck.de, Stand: 28.6.2004.

Herrmann, R. (2004): Anwendung von Generationentafeln in der betrieblichen Altersversorgung, aba-Herbsttagung der Fachvereinigung Mathematische Sachverständige, URL: http://www.heubeck.de, Stand: 18.1.2005.

Herrmann, C. / Heuer, G. / Raupach, A. (2005), Kommentar zum EStG, Köln.

Heubeck, K. (1982): Neue Rechnungsgrundlagen für die betriebliche Altersversorgung „Richttafeln 1982", in: Blätter der Deutschen Gesellschaft für Versicherungsmathematik, S. 493-508.

Heubeck, K. (1998): Richttafeln 1998 – Textband –, Köln.

Heubeck, K. (1999): Einige Anmerkungen zu den Ausführungen von H. Jaeger: „Kritische Anmerkungen zu den Richttafeln 1998", in: Blätter der Deutschen Gesellschaft für Versicherungsmathematik, S. 433-437.

Heubeck, K. (2002): Richttafeln 1998 von Prof. Dr. Klaus Heubeck, Preisliste gültig ab 1.1.2002, Köln.

Heubeck, K. / Seeger, N. (2004): „Ungedeckte" Pensionsverpflichtungen im Rating von Unternehmen, in: Der Betrieb, S. 993-998.

Heubeck, K. (2005a): Auswirkungen der Alterung auf die betriebliche Altersversorgung, 6. Handelsblatt Jahrestagung, Berlin, URL: http://www.heubeck.de, Stand: 31.3.2005.

Heubeck, K. (2005b): Richttafeln 2005 G – Textband –, Köln.

Heubeck, K. (2005c): Die neuen Richttafeln 2005 G, in: Betriebliche Altersversorgung, S. 722-726.

Hieber, O. (1986): Der Einfluß der betrieblichen Altersversorgung auf den Unternehmenswert – Ein Beitrag zur Unternehmensbewertung, Frankfurt am Main.

Höfer, H. (1998): Impulse aus dem novellierten Betriebsrentengesetz und aus neuen Versorgungsformen – Auszüge aus einer Umfrage, in: Betriebliche Altersversorgung, S. 205-209.

Höfer, R. (2003): Das neue Betriebsrentenrecht, München.

Höfer, R. (2005): Gesetz zur Verbesserung der betrieblichen Altersversorgung, Band 1, Arbeitsrecht, Loseblattsammlung, München, Stand: Januar 2005.

Hör, M. (2000): Betriebliche Altersversorgung in Deutschland, Berlin.

Horschitz, H. / Gross, W. / Weidner, W. (2000): Bilanzsteuerrecht und Buchführung, 8. Auflage, Stuttgart.

Hundsdoerfer, J. (2001): Halbeinkünfteverfahren und Lock-In-Effekt, in: Steuer und Wirtschaft, S. 113-125.

IBS (2001): Schätzung der altersspezifischen Sterbewahrscheinlichkeiten der Bevölkerung in Deutschland von 1997 bis 2100, URL: http://www.ibs.uni-bielefeld.de/lebenserwartung, Stand: 15.12.2003.

IDW (2000): Wirtschaftsprüfer Handbuch, Band 1, 12. Auflage, Düsseldorf.

IDW (2002): Stellungnahme zur Rechnungslegung: Auslegung des § 341b HGB, in: Die Wirtschaftsprüfung, S. 475-477.

Isenbart, F. / Münzner, H. (1994): Lebensversicherungsmathematik für Praxis und Studium, 3. Auflage, Wiesbaden.

Jaeger, H. (1999): Kritische Anmerkungen zu den Richttafeln 1998, in: Blätter der Deutschen Gesellschaft für Versicherungsmathematik, S. 335-370.

Jaeger, H. (2000): Nochmals: Kritische Anmerkungen zu den Richttafeln 1998, in: Blätter der Deutschen Gesellschaft für Versicherungsmathematik, S. 602-606.

Jaeger, H. (2001): Kritik der Richttafeln III, in: Blätter der Deutschen Gesellschaft für Versicherungsmathematik, S. 111-136.

Jasper, T. / Delvai, K. (2004): Betriebliche Altersversorgung im Fokus des Kapitalmarkts, in: Finanz Betrieb, S. 389-395.

Jasper, T. / Delvai, K. (2005): Betriebliche Altersversorgung im Fokus des Kapitalmarkts, in: Finanz Betrieb, S. 506-512.

Jasper, T. / Schwinger, R. / Delvai, K. (2004): Finanzierungsrisiken in der betrieblichen Altersversorgung – Ansätze zur Immunisierung, in: Finanz Betrieb, Beilage 1, S. 3-9.

Jeske, U. / Pott, K. (2004): Umstellung einer Direktzusage auf einen Pensionsfonds, in: *Kolvenbach, P. / Sartoris, J.* (Hrsg.): Bilanzielle Auslagerung von Pensionsverpflichtungen, Stuttgart, S. 185-198.

Kemper, K. / Kisters-Kölkes, M. (2004): Arbeitsrechtliche Grundzüge der betrieblichen Altersversorgung, 3. Auflage, München.

Kerstein, E. / Ohm, O. (2000): Neue Rechnungsgrundlagen in der betrieblichen Altersversorgung in Österreich, in: Der Betrieb, S. 840-841.

Kiesewetter, D. (2003): Welche Rückstellungsbildung für wertpapiergebundene Pensionszusagen ist im Halbeinkünfteverfahren begründet?, in: Betriebs-Berater, S. 1220-1223.

Kiesewetter, D. (2004): Die Steuerbelastung der Durchführungswege und Zusageformen der betrieblichen Altersversorgung, in: Finanz Betrieb, Beilage 1, S. 10-16.

Kiesewetter, D. / Thaut, M. (2004): Private Rentenversicherung, Besteuerung und adverse Selektion, in: Zeitschrift für die gesamte Versicherungswissenschaft, S. 221-250.

Kinski, U. (2001): Unternehmensbewertung und Pensionszusagen, Frankfurt am Main.

Kirchhof, P. (2004): Einkommensteuergesetz, Kommentar, 4. Auflage, Heidelberg.

Kirchhof, P. / Söhn, H. / Mellinghoff, R. (2005): Einkommensteuergesetz, Kommentar, Heidelberg.

Knoll, L. (2003):Wertpapiergebundene Pensionszusagen, eine neue Imparität und die unvermutete Rückkehr des Korrespondenzprinzips, in: Steuern und Bilanzen, S. 307-310.

Knoll, L. (2004): Nachgelagerte Besteuerung, Halbeinkünfteverfahren und fiskalische Betriebssparkasseneffekte, in: Deutsche Steuer-Zeitung, S. 105-110.

Knortz, H.-G. (2003): Auslagerung von Pensionsverpflichtungen aus der Bilanz, in: Der Betrieb, S. 2399-2401.

Koenen, S. (1995): Der Einfluß der betrieblichen Altersversorgung auf den Entscheidungswert eines Unternehmens, Aachen.

Kolvenbach, P. / Sartoris, J. (2004): Bilanzielle Auslagerung von Pensionsverpflichtungen, Stuttgart.

Krahnen, J. P. (1990): Über den Wert impliziter Treueprämien, in: Zeitschrift für betriebswirtschaftliche Forschung, S. 199-215.

Krahnen, J. P. / Meran, G. (1991): Lohn, Pension und Besteuerung, in: Zeitschrift für betriebswirtschaftliche Forschung, S. 119-129.

Kranz, N. (1998): Die Bundeszuschüsse zur Sozialversicherung, Berlin.

Kruschwitz, L. (1995): Finanzmathematik, 2. Auflage, München.

Kruschwitz, L. / Lodowicks, A. (2003): Bewertung von Pensionszusagen, Diskussionsbeitrag Nr. 2003/15 des Fachbereichs Wirtschaftswissenschaft der Freien Universität Berlin, URL: http://www.wiwiss.fu-berlin.de/kruschwitz/Forschung/Dokumente/Zusage.pdf, Stand 20.10.2004.

Kruschwitz, L. / Lodowicks, A. (2004): Bewertung von Pensionszusagen, in: Finanz Betrieb, S. 273-284.

Küpper, P. (1998): Neue Gestaltungsmöglichkeiten bei der Betriebsrentenanpassung (§ 16 Abs. 2 bis 4 BetrAVG), in: *Höfer, R.* (Hrsg.): Neue Chancen für Betriebsrenten, Stuttgart, S. 75-92.

Küppers, C. / Louven, C. / Schröder, J. (2005): Contractual Trust Arrangements – Insolvenzsicherung und Bilanzverkürzung, in: Betriebs-Berater, S. 763-770.

Langohr-Plato, U. (2002): Betriebliche Altersversorgung, 2. Auflage, Recklinghausen.

Ley, U. (2002): Steuer- und sozialversicherungsrechtliche Behandlung der betrieblichen Altersversorgung unter Berücksichtigung des Altersvermögensgesetzes, in: Deutsches Steuerrecht, S. 193-198.

Lohneiß, H. (1997): Pensionsfonds für die betriebliche Altersversorgung, in: Betriebliche Altersversorgung, S. 214-222.

Meier, K. / Bätzel, M. (2004): Auslagerung von Pensionsrückstellungen auf einen Pensionsfonds, in: Der Betrieb, S. 1437-1441.

Mitchell, O. S. / Poterba, J. M. / Warshawsky, M. / Brown, J. R. (1999): New Evidence on the Money's Worth of Individual Annuities, in: American Economic Review, S. 1299-1318.

Neuburger, E. (1997): Pensionsversicherungsmathematik, in: *Neuburger, E.* (Hrsg.): Mathematik und Technik betrieblicher Pensionszusagen, 2. Auflage, Karlsruhe, S. 30-98.

Niermann, W. (2004): Alterseinkünftegesetz – Die steuerlichen Änderungen in der betrieblichen Altersversorgung, in: Der Betrieb, S. 1449-1460.

Niermann, W. / Plenker, J. (2002): Steuerliche Förderung der betrieblichen Altersversorgung durch das Altersvermögensgesetz (einschließlich Gehaltsumwandlung), in: Deutsches Steuerrecht, S. 1882-1890.

Nowak, H. / Kolvenbach, P. / Simon, M. / Jurk, A. (2004): Zielvorstellungen und Lösungsansätze zur Auslagerung von Pensionsverpflichtungen – Überblick und Orientierungshilfe, in: *Kolvenbach, P. / Sartoris, J.* (Hrsg.): Bilanzielle Auslagerung von Pensionsverpflichtungen, Stuttgart, S. 70-96.

Ortlieb, E. (2003): Outsourcing von Rückstellungen an Pensionsfonds, in: deutsche pensions & investmentnachrichten, Beitrag vom 3.9.2003, URL: http://www.dpn-online.com, Stand: 24.6.2005.

Päsler, R. H. (2000): Steuerliche Rahmenbedingungen für Spezialfonds sowie Vertragsbedingungen, in: *Kleeberg, J. / Schlenger, C.* (Hrsg.): Handbuch Spezialfonds, Bad Soden, S. 59-115.

Pott, U. / Jeske, K. (2004): Umstellung einer Direktzusage auf einen Pensionsfonds, in: *Kolvenbach, P. / Sartoris, J.* (Hrsg.): Bilanzielle Auslagerung von Pensionsverpflichtungen, Stuttgart, S. 185-198.

PSV (2003): Durchführung der Melde- und Beitragspflichten zur Insolvenzsicherung des Pensionsfonds, Merkblatt 210/M 23, Köln.

Rhiel, R. (1997): Betriebswirtschaftlich-versicherungsmathematische Prognoserechnungen: die betriebswirtschaftlichen Auswirkungen von Pensionszusagen, in: *Neuburger, E.* (Hrsg.): Mathematik und Technik betrieblicher Pensionszusagen, 2. Auflage, Karlsruhe. S. 149-191.

Rhiel, R. (2000): Externe Finanzierung von Pensionsverpflichtungen, in: Finanz Betrieb, S. 296-300.

Rhiel, R. (2002): Pensionszusagen und Treuhandmodelle – Alternativen zu Pensionsfonds?, in: Betriebliche Altersversorgung, S. 533-536.

Ruppert, W. (1994): Verbreitung der betrieblichen Altersversorgung nimmt ab, in: ifo Schnelldienst, Nr. 10/11, S. 7-14.

Sachverständigenkommission zur Neuordnung der Altersbesteuerung (2003): Abschlussbericht der Sachverständigenkommission zur Neuordnung der steuerrechtlichen Behandlung von Altersvorsorgeaufwendungen und Altersbezügen, URL: http://www.bundesfinanzministerium.de/Anlage17689/Abschlussbericht-der-Sachverstaendigenkommission-Acrobat-3.0-u.-4.0.pdf, Stand: 17.3.2003.

Sartoris, J. (2004): Bilanzielle Auslagerung von Pensionsverpflichtungen, in: deutsche pensions & investmentnachrichten, Beitrag vom 4.5.2004, URL: http://www.dpn-online.com, Stand: 24.6.2005.

Schacht, U. / Schareck, C. B. (2002): Pensionsfonds – auch in Deutschland bei den Betriebsrenten bald führend, in: Versicherungswirtschaft, S. 222-226.

Schäfer, M. / Wojtysiak, C. (2002): Pensionsfonds als Instrument zur innovativen Ausgestaltung von Versorgungswerken im Rahmen der betrieblichen Altersversorgung, in: Finanz Betrieb 2002, S. 349-360.

Schanz, T. (1992): Risikobewältigung in der betrieblichen Altersversorgung mittelständischer Unternehmen: eine betriebswirtschaftliche Untersuchung zur Vorteilhaftigkeit der Integration von Versicherungskomponenten, Frankfurt am Main.

Schanz, T. (1997): Steuerliche und wirtschaftliche Fallstricke bei aus Gehaltsumwandlung der Mitarbeiter finanzierten Versorgungszusagen, in: Betriebliche Altersversorgung, S. 16-24.

Schanz, T. (2002): Passivierung von rückstellungsfinanzierten Versorgungsverpflichtungen nach dem Wechsel des Durchführungswegs, in: Betriebs-Berater, S. 2655-2662.

Scheffler, W. (2005): Besteuerung von Unternehmen I: Ertrag-, Substanz- und Verkehrsteuern, 8. Auflage, Stuttgart.

Schildbach, T. (1997): Der handelsrechtliche Jahresabschluss, 5. Auflage, Berlin.

Schmidt, L. (2005): Einkommensteuergesetz, Kommentar, 24. Auflage, München.

Schnabel, R. (2003): Die neue Rentenreform: Die Nettorenten sinken, Studie des Deutschen Instituts für Altersvorsorge, Köln.

Schwab, H. (1988): Die Betriebliche Altersversorgung – ein praktisches Modell für die Planung und Gestaltung, Hamburg.

Schwetzler, B. (2003): Innenfinanzierung durch Pensionsrückstellungen und Unternehmenswert, in: *Richter, F. / Schwetzler, B. /Schüler, A.* (Hrsg.): Kapitalgeberansprüche, Marktwertorientierung und Unternehmenswert, München, S. 407-440.

Schwinger, R. (1992): Einkommens- und konsumorientierte Steuersysteme, Heidelberg.

Schwinger, R. (1993): Der Einfluß der Einkommensbesteuerung auf die Vorteilhaftigkeit einer Pensionszusage, in: Zeitschrift für betriebswirtschaftliche Forschung, S. 227-245.

Seeger, N. (2003): Pensionsverpflichtungen und Rating, in: Betriebliche Altersversorgung, S. 500-505.

Sieben, G. / Thelen, K.-P. (1990): Stellungnahme zum Beitrag von Haegert und Schwab, in: Die Betriebswirtschaft, S. 403-406.

Siegmund, O. (2004): Versicherungsunternehmen und das Halbeinkünfteverfahren: Bisherige, neue und systematisch gebotene Besteuerung, in: Unternehmensbewertung & Management, S. 23-28.

Spengel, C. / Schmidt, F. (1997a): Der Wechsel von Pensionsrückstellungen zu Pensionsfonds als Durchführungsform der betrieblichen Altersversorgung, in: Betriebs-Berater, S. 2097-2104.

Spengel, C. / Schmidt, F. (1997b): Pensionsfonds als Allheilmittel zur stärkeren Verbreitung der betrieblichen Altersversorgung?, in: Betriebliche Altersversorgung, S. 83-88.

Spitzenverbände der Sozialversicherungsträger (1998), in: Betriebs-Berater, S. 2166.

Sprick, A. (2004): Auslagerung von Pensionsverpflichtungen aus arbeitsrechtlicher Sicht, in: *Kolvenbach, P. / Sartoris, J.* (Hrsg.): Bilanzielle Auslagerung von Pensionsverpflichtungen, Stuttgart, S. 2-13.

Statistisches Bundesamt (2003): Bevölkerung Deutschlands bis 2050, 10. koordinierte Bevölkerungsvorausberechnung, Wiesbaden.

Steinmayer, H.-D. (1991): Betriebliche Altersversorgung und Arbeitsverhältnis, München.

Stöhr, J.-P. (1998): Betrieblicher Pensionsfonds in Form einer Treuhand findet Anerkennung als „funded pension plan“ nach US-GAAP, in: Der Betrieb, S. 2233-2234.

Stöhr, J.-P. (2000): Pensionsverpflichtungen als Funded Plan – Möglichkeiten zur Bilanzverkürzung nach internationalem Handelsrecht, in: Betriebliche Altersversorgung, S. 430-431.

Sturm, N. (1980): Die Entscheidung über die Einführung betrieblicher Altersrenten, Göttingen.

Thaut, M. (2003): Die individuelle Vorteilhaftigkeit der privaten Rentenversicherung – Steuervorteile, Lebenserwartung und Stornorisiken, Tübinger Diskussionsbeitrag Nr. 264, URL: http://www.uni-tuebingen.de/uni/w04/bibliothek/DiskBeitraege/264.pdf, 15.9.2003.

Thaut, M. (2005): Die Umstellung der Anlage der Heubeck-Richttafeln von Perioden- auf Generationentafeln – Wirkungen auf den Steuervorteil, auf Prognoserechnungen und auf die Kosten des Arbeitgebers einer Pensionszusage, arqus Diskussionsbeitrag Nr. 9, Arbeitskreis Quantitative Steuerlehre, URL: http://www.arqus.info, Stand: 10.10.2005.

Thelen, K.-P. (1990): Ökonomische Analyse der betrieblichen Altersversorgung, Bergisch Gladbach.

Unger, L. / Bartels, S. (2004): Preisbildung bei unterschiedlichen Auslagerungsmodellen, in: *Kolvenbach, P. / Sartoris, J.* (Hrsg.): Bilanzielle Auslagerung von Pensionsverpflichtungen, Stuttgart, S. 240-267.

VerBAV (1956): R 13/55, Veröffentlichungen des Bundesaufsichtsamtes für das Versicherungswesen 1956.

VerBAV (1998): R 8/98, Veröffentlichungen des Bundesaufsichtsamtes für das Versicherungswesen 1998.

Wagemann, W. / Nuvoli, G. (2003): Die Allianz: Der Komplettanbieter in der bAV mit intelligenten Vertriebslösungen, URL: http://www.allianz.de, Stand: 11.9.2004.

Wagner, F. W. (2005): Besteuerung, in: *Bitz, M. / Domsch, M. / Ewert, R. / Wagner, F. W.* (Hrsg.): Vahlens Kompendium der Betriebswirtschaftslehre, Band 2, 5. Auflage, München, S. 407-477.

Wagner, F. W. / Dirrigl, H. (1980): Die Steuerplanung der Unternehmung, Stuttgart.

Wagner, H. (1994): Die Entscheidungsrelevanz von Aufwendungen für die betriebliche Altersversorgung, in: *Wagner, H.* (Hrsg.): Betriebswirtschaftslehre und Unternehmensforschung, Wiesbaden, S. 169-194.

Wagner, W. / Jonas, M. / Ballwieser, W. / Tschöpel, A. (2004): Weiterentwicklung der Grundsätze zur Durchführung von Unternehmensbewertungen (IDW S1), in: Die Wirtschaftsprüfung, S. 889-898.

Warshawsky, M. (1988): Private Annuity Markets in the United States, in: Journal of Risk and Insurance, S. 518-528.

Wellisch, D. (2002): Analyse betrieblicher Altersvorsorgemodelle, in: Bertelsmann Stiftung Vorsorgestudien 11, URL: http://www.vorsorgestudien.de, Stand: 28.9.2005.

Wellisch, D. (2003): Steuerplanung der betrieblichen Altersvorsorge in Deutschland, in: Steuer und Wirtschaft, S. 3-20.

Wellisch, D. (2004): Unternehmensbesteuerung und die Finanzierung der betrieblichen Altersversorgung, in: Schmalenbachs Zeitschrift für betriebswirtschaftliche Forschung, S. 599-617.

Wellisch, D. / Bartlitz, T. (2003): § 3c Abs. 1 EStG und Rückstellungen für wertpapiergebundene Leistungszusagen an Arbeitnehmer, Deutsches Steuerrecht, S. 1642-1646.

Wellisch, D. / Näth, M. (2002): Betriebliche Altersvorsorge – steuerliche und sozialversicherungsrechtliche Behandlung und Gestaltungsansätze, in: Betriebs-Berater, S. 1393-1402.

Wellisch, D. / Schwinger, R. (2004): Einzelbewertung oder korrespondierende Bewertung: Die Bilanzierung von Pensionszusagen mit Asset Funding, in: *Dirrigl, H. / Wellisch, D. / Wenger, E.* (Hrsg.): Steuern, Rechnungslegung und Kapitalmarkt, Festschrift zum 60. Geburtstag von Franz W. Wagner, Wiesbaden, S. 245-263.

Wellisch, D. / Schwinger, R. / Mühlberger, M. (2003): Rückstellungen für wertpapiergebundene Pensionszusagen nach § 6a EStG, in: Der Betrieb, S. 628-630.

Westerheide, P. (2002): Politikansätze zur Förderung der privaten und betrieblichen Altersvorsorge, Auswertung einer internationalen Expertenumfrage, in: Bertelsmann Stiftung Vorsorgestudien 2, URL: http://www.vorsorgestudien.de, Stand: 28.9.2005.

Winnefeld, R. (2002): Bilanz-Handbuch, 3. Auflage, München.

FSC
www.fsc.org
MIX
Papier | Fördert
gute Waldnutzung
FSC® C083411

Kolibri 360 GmbH
Ferdinand-Jühlke-Straße 7
99095 Erfurt, Deutschland
produktsicherheit@kolibri360.de